国家社科基金艺术学项目研究成果（13EH146）

麻三山 ◎ 著

# 海洋文明
## 复兴导源

### 环北部湾海洋文化遗产
抢救、挖掘与创意产业廊道构建

中国社会科学出版社

图书在版编目（CIP）数据

海洋文明复兴导源：环北部湾海洋文化遗产抢救、挖掘与创意产业廊道构建 / 麻三山著. —北京：中国社会科学出版社，2019.3
ISBN 978-7-5203-2701-5

Ⅰ.①海⋯ Ⅱ.①麻⋯ Ⅲ.①海洋—文化遗产—保护—研究—广西 Ⅳ.①K878.04

中国版本图书馆 CIP 数据核字（2018）第 120741 号

| 出 版 人 | 赵剑英 |
| --- | --- |
| 责任编辑 | 郭晓鸿 |
| 特约编辑 | 邱孝萍 |
| 责任校对 | 韩海超 |
| 责任印制 | 戴 宽 |

| 出　　版 | 中国社会科学出版社 |
| --- | --- |
| 社　　址 | 北京鼓楼西大街甲 158 号 |
| 邮　　编 | 100720 |
| 网　　址 | http://www.csspw.cn |
| 发 行 部 | 010-84083685 |
| 门 市 部 | 010-84029450 |
| 经　　销 | 新华书店及其他书店 |
| 印刷装订 | 北京君升印刷有限公司 |
| 版　　次 | 2019 年 3 月第 1 版 |
| 印　　次 | 2019 年 3 月第 1 次印刷 |
| 开　　本 | 880×1230  1/16 |
| 印　　张 | 39.25 |
| 插　　页 | 2 |
| 字　　数 | 803 千字 |
| 定　　价 | 158.00 元 |

凡购买中国社会科学出版社图书，如有质量问题请与本社营销中心联系调换
电话：010-84083683
版权所有　侵权必究

# 序 一

回顾历史，张骞西行、鉴真东渡、郑和远航，这些名垂青史的文明交往佳话，无不体现中华民族海纳百川的大同思想，无不折射中华民族协和万邦的高尚信念，无不记载中华民族对人类文明作出的伟大贡献。中华民族对人类文明作出的贡献是全方位、多民族、全疆域的。说它是全方位的，是指是中华民族在经济、政治、文化、社会、科技、人文等方面都对人类文明作出了巨大贡献；说它是多民族的，是指我国56个民族都对人类文明作出了巨大贡献；说它是全疆域的，是指在中华大地上到处保留着中华民族对人类文明作出贡献的印迹。

麻三山同志所著的《海洋文明复兴导源——环北部湾海洋文化遗产抢救、挖掘与创意产业廊道构建》用挖掘出来的宝贵历史资料及其研究成果，展现了我国广西尤其是北海和环北部湾地区曾为人类文明作出重大贡献留下的佐证，比如，公布了首张"古海上丝绸之路骨架图"的"硬软"考古发现等。"一带一路"是以习近平同志为核心的党中央提出的重大战略，也是新时代的中国对人类文明继续作出贡献的宣言。"一带一路"倡议提出后，极大推进了各个领域对它的研究。我国历史学界在研究"海上丝绸之路"后形成了一个重要共识，即我国历史上的"海上丝绸之路"应是"多线、多点"的，此书挖掘出来的宝贵资料有力支持了这一观点，这是此书的亮点和重要价值。

麻三山同志所著此书的另一重要价值在于：从历史资料挖掘和现实研究的结合层面，回应了海洋文明时代到来对我们提出的挑战。

21世纪是海洋世纪，是人类走向海洋、探索海洋、保护和开发海洋的新纪元。2001年，联合国正式文件中首次提出了"21世纪是海洋世纪"。海洋世纪的到来，使人类的生产、科技、组织、制度、社会、思想等各个领域都将产生巨大变革，可以说未来社会的激烈竞争将是海洋实力即蓝色实力的竞争。早在2500年前古希腊海洋学者狄米斯托克利预言："谁控制了海洋，谁就控制了世界。"近些年来，西方发达国家在全球范围内掀起了"蓝色圈地"运动、"蓝色计划"，都在制定和实施各种名目的"国家蓝色战略""蓝色计划"，正在进行一场没有终点的"蓝色大比拼"。对此，我们要冷静观察、有力有效应对。

我国是世界海洋文明的重要起源地之一，有着漫长的海岸线、浩瀚的蓝色国土，中华民族海洋文化遗产璀璨多姿、数量庞大。党的十八大就提出了建设海洋强国战略，将经略海洋提升到国家战略高度，标志着我国发展进入"蓝色时代"。要实现中华民族伟大复兴，必须依托幅员辽阔的海洋，开拓蓝色生存空间，善待海洋，经略海洋，加快实现海洋强国梦想。

推进我国海洋发展战略要以海洋文化复兴为引领，而海洋文化遗产则是海洋文化的精髓。全面了解、发现、挖掘海洋文化遗产这个宝贵资源，是建设我国海洋强国的应有之义。2017年4月19日至21日，习近平总书记在广西考察工作时指出，"向海之路是一个国家发展的重要途径，这里围绕古代海上丝绸之路陈列的文物都是历史、是文化。要让文物说话，让历史说话，让文化说话。加强文物保护和利用，加强历史研究和传承，使中华优秀传统文化不断发扬光大。要增强文化自信，在传承中华优秀传统文化基础上发展社会主义先进文化，加快建设社会主义文化强国"。本书的出版是对习近平总书记这个重要讲话的一种落实，因而非常有意义。

作者在书中论述推进我国海洋发展战略要以海洋文化复兴为引领，同时提出了这个重要观点：在蓝色实力激烈较量的背后实质是各国海洋文化的竞争。但是，由于种种原因，在我国这一问题长期被忽略，造成了与国外相比有明显差距，也造成了诸多海洋遗产濒临灭绝等，这种状况若不改变，将对我国海洋发展战略造成巨大的潜在危机。针对这一重要问题，作者在书中提出应把我国海洋文化遗产保护上升为国家战略。作者以我国环北部湾为例，以蓝色时代到来为背景，探索如何对海洋文化遗产审视、抢救、挖掘和创意设计等，对通过何种途径实现海洋文明繁荣复兴进行了深入研究并提出了很好的对策建议。

虽然我不是这方面的专家，但是看了此书稿后感到作者在书中提出的这几个重要观点很有意义，对我，也相信对很多读者都有启发：1. 海洋时代已经到来。海洋是最大的资源宝藏，随着陆地资源迅速衰竭，未来人类生存所需资源的根本依赖已不再是陆地，而是转向海洋。未来综合国力竞争，必将体现为海洋实力的竞争。2. 环北部湾是世界蓝色文明重要发源地之一，是东方海洋文明的重要亚类。因而，有力驳斥了西方一些人持有的"中国无海洋文明"论。3. 海洋文化遗产研究，是跨领域、跨专业、跨学科的，内涵博大精深。4. 海洋时代的竞争是海洋实力大比拼，而最高层次的竞争是海洋文化的竞争。海洋文化遗产是海洋文明的积淀与结晶，是海洋文化的底蕴，是蓝色竞争力的源泉。因而海洋文化遗产是未来发展的"命脉"，是蓝色时代的金矿。

5. 海洋文化遗产复兴，关键要走艺术之路即创意之路。文化遗产要复兴，不仅要靠抢救、保护，更要靠挖掘、传承、创新。

此外，作者在书中还提出几个重要创新观点和发现：1. 环北部湾是世界蓝色文明重要发源地之一，中华海洋文明是世界海洋文明体系的重要板块。2. 首次勾画了环北部湾海洋文明较为完整系统的"全景图"。3. 揭示了首张"古海上丝绸之路骨架图"及诸多重大发现。4. 虽然北部湾这个古代海上丝绸之路始发港区域现已备受关注，但刚刚破题，还有许多空白和"黑洞"需要研究。5. 提出了"远古渔猎漂移迁徙之路""血脉之路"等重要见解。6. 用"命脉理论"表达海洋文化遗产的时代和战略价值。7. 提出了环北部湾海洋创意产业廊道系统构建的"五段线""四级跳"的理论构想。

最后我需要指出的是：这是一本融考古学、历史学、人类学、民族学、艺术学、海洋学、地理学、生物学、社会学、管理学、经济学、文化创意、规划设计等多学科、多专业的专著。作者不是年过古稀的老者，而是一位充满朝气、渴望研究、无惧困难的阳光青年。在我与他的接触中了解到：他为研究这个"冷僻"课题，克服了种种困难（有的困难是他人难以想象的）走访调研了不同国籍、不同民族、不同文化背景的人，查阅了大量的史料，历经5年时间的潜心钻研，获得了许多宝贵的第一手资料和重要考古发现，从而为该领域的研究做出基础性的工作，并且提出了诸多新观点新发现，使此书具有很高的学术价值。这对于进一步深入研究、挖掘我国海洋文化遗产，保护我国海洋文化资源，提升国家软实力，推进21世纪海上丝绸之路国家战略的实施，加快建设社会主义文化强国，推动构建人类命运共同体等，具有重要的参考价值和借鉴意义。

我在欣然答应作者要我写序的请求后，只是浏览一下这本书稿，就足以让我感到后生可畏，更加体会到古人讲的"芳林新叶催陈叶，流水前波让后波"的含义。我希望更多的年轻人都能像麻三山同志这样好学、上进、吃苦、低调，在深入扎实研究的基础上形成经得起时空检验的成果，我愿成为这样成果的读者和作序者。

严书翰[*]

2018年4月于中央党校

---

[*] 严书翰，中共中央党校（国家行政学院）教授、博士生导师，马克思主义理论研究和建设工程课题组首席专家，中国社会科学院世界社会主义研究中心副主任、博士研究生导师。

# 序  二

  海洋是地球上最大的资源宝库，蕴藏着丰富的人类生活资源。生命从海洋诞生，人类依赖海洋发展，相对大陆而言，形成浩瀚的海洋文化。环北部湾海洋文化是整个海洋文化的重要组成部分，有着特殊的地域文化地位。

  环北部湾距今一万年前已有人类繁衍生息。他们靠山吃山，靠海吃海，向海生活，形成聚落。从海南岛周围，到雷州半岛，经广西北海、钦州、防城港，再到越南海防、清化、河静，形成一个海边贝丘遗址文化圈。以广西防城亚婆山遗址、马兰嘴遗址、杯较山遗址和东兴社山遗址为代表，其主要经济形态为水产捕捞和狩猎，这种贝丘遗址在距今5000多年前分布在越南义安、河静沿海地区，其琼文文化与广西防城的贝丘遗址都有诸多相似的文化面貌；分布于越南宁平、清化沿海平原的多种文化，经济活动也以捕捞水产为主，其葬俗、石器和陶器的制作技术、器形、纹饰与广西南宁地区的顶蛳山文化有诸多相似；这些文化遗址上堆积如山的螺壳、蚌壳，出土的石制蚝蛎啄，就是他们向海生活，进行渔猎活动的明证。他们依托大海，也向内陆发展，距今4000多年前，开始了锄耕种植。史籍记载："土地有雒田，其田从潮水上下，民垦食其田，因名雒民"（北魏·郦道元《水经注》卷三七叶榆河注）。雒民即骆民，骆越之民。他们环北部湾分布开来，形成环北部湾民族共同体，是海洋文化的奠基者，成为百越民族的重要组成部分。他们留下的锄耕农具的代表是磨制的双肩石器，随后是双肩大石铲。他们更大的创造是编织竹筏和凿制独木舟，驶向深海，沿着海岸线向东南亚和南亚及更远的地方开发。越人"以船为车，以楫为马，往若飘风，去则难从"（《越绝书》卷八）。他们与中国内地关系密切，采集的珠贝、龟版向中央王朝奉献，也通过这个海道吸引"外夷"四方来朝，开辟了海上丝绸之路。先秦时期南海丝路即从北部湾沿岸起步。

  秦汉时期，中央王朝已控制北部湾，在环北部湾地区设郡立县，派遣官员直接管理，推动越文化与汉文化融合。汉武帝时官方开通了海上丝绸之路，这件事明确记载于正史《汉书·地理志》。广西出土的铜鼓铭刻着复杂的船纹，船上有海鸟，水中有海龟、鲨鱼，是驶向大海，与大海深度接触的印记。汉晋时期越人的造船技术已能做到分舱抗沉，造出水密舱，所造之船不怕海浪的搏击。合浦寮尾东汉墓出土的绿釉陶壶口沿有直棱，呈水平方向外撇、长颈鼓腹、肩部带单把手、有圈足，从器形、胎、釉特征看，是伊拉克南部和伊朗西南部公元前247—公元226年间帕提亚王朝时期的产品。汉代文献记载，与汉朝往来的西亚国家主要是安息和条支，安息就是西方文献中的帕提亚。同座墓出土的嵌珠金饰片在古希腊迈尼锡文化遗址可找到原型。

自汉代起已形成环北部湾铜鼓文化圈。黑格尔Ⅰ类（东山型、石寨山型）铜鼓从大陆扩散到海南岛，黑格尔Ⅱ类（灵山型、北流型）从广西钦州、北海，广东湛江到海南，形成环北部湾铜鼓密集区。"看儿调小象，打鼓试新船。"（唐·项斯《蛮家诗》）铜鼓习俗覆盖了整个环北部湾。

汉晋以来，佛教从北部湾登陆。在广西合浦、贵港、梧州，广东广州等地的东汉墓中出土的"胡人"陶俑，是南亚来的佛教徒形象。中国最早的佛教著作《理惑论》，其作者牟子就是广西苍梧的儒生，成书的地点就在北部湾。三国时一些印度僧人途经交趾北上，到吴国都城传教，如第一个在中国南方设像布教的康僧会，赤乌十年（247）从交趾到建业（今南京），吴主孙权为之盖建初寺。西晋惠帝末年，天竺僧人耆域"自发天竺，至于扶南，经诸海滨，是涉交、广"（梁·慧皎《高僧传》卷九）。东晋时期，罽宾（今克什米尔）僧人昙摩耶舍"喻历名邦，履践郡国"，以隆安（397—401）中，初达广州，在王园寺（今光孝寺）传教（《高僧传》卷一）。南朝时期，罽宾僧人求那跋摩随商人船至广州，宋文帝于元嘉元年（424）派人迎至建康（今南京）；中天竺僧人求那跋陀罗由师子国"随舶泛海"，元嘉十二年（435）至广州，宋太祖遣使迎至京师（梁·慧皎《高僧传》卷三）；天竺僧人拘那罗陀（亦名真谛）于梁大同十二年（546）从扶南至南海（今广州），后北至建业（今南京）（唐·道寅《续高僧传》卷一），等等。晋和南朝时期的"广州"，辖区包括今广东、广西大部分地区，这些外国僧人到所谓广州，其中也应包括在广西合浦登岸者。据唐僧义净撰《大唐西域求法高僧传》记载，唐初的道宏、贞固、智弘等高僧都曾到过广西桂林，并由桂林前往印度。这时来中国的印度僧人，和从印度、南洋回国的中国僧人，取道北部湾北上，进入中国大陆的也为数不少。

唐宋以来，历代船家，扬帆南海，驰骋于南海广阔海域，还形成了南下的陶瓷之路、茶叶之路，北上的香料之路。

环北部湾是历史文化积淀深厚的地方，亟须进行发掘、整理、研究。《海洋文明复兴导源》适应时代要求，历数年艰苦卓绝的努力，对环北部湾海洋文化遗产进行了完整系统的调查研究，从浩如烟海的物质文化和非物质文化中披沙拣金，搜集到的海洋文化遗产涵盖了不可移动文物、可移动文物和非物质文化遗产，名目繁多，博大精深。海洋文化遗产是海洋文化的精髓，是涉海先民的智慧沉淀和伟大创造的结晶。作者对海洋文化和海洋文化遗产作了详细论述，突出了环北部湾的历史地位。从物理空间、资源、文明、产业、社会转型、发展支撑，以及未来社会实力竞争等角度，深刻阐明了海洋时代已经到来，研究广泛、系统而又深入。作者强调了海洋不仅是地球生命的摇篮，也是人类文明起源的根基和发展进步的平台，更是未来产业振兴的战略空间、科技创新激烈竞赛的领域，是人类创造力的源泉，人类活动的蓝色家园。21世纪的综合国力竞争，最终将表现为海洋实力大比拼。《海洋文明复兴导源》是研究环北部湾海洋文化遗产的开拓之作，是开启海洋文明神秘世界的巨著。作者正确地阐述了海洋的重要性，认为海洋世纪已经到来，当代是人类探索海洋、开发海洋、发展海洋的新纪元，对海洋文化遗产的抢救、发掘和传承刻不容缓。

《海洋文明复兴导源》探索了在蓝色时代到来的大背景下，如何对海洋文化遗产发掘、抢救、保护传承及创新，如何实现海洋文明的复兴与繁荣。列举出了典型的艺术遗产图，梳理出环北部湾海洋文化（艺术）遗产的支架、资源分布图谱及空间运动轨迹，提出了海洋文化遗产复兴的突破之路、根本之路是艺术之路，即创意之路，具有重要的现实意义。作者站在新时代高度，视野宏阔，研究成果具有前瞻性。

20世纪80年代广西已有学者提出要关注北部湾那片海，提出了构建北部湾经济圈的设想。21世纪中国正式进入海洋战略时代，海洋文化研究步入了新的历史高峰期。参与"一带一路"，必须陆海并举，要释放海的潜力，抢占"一带一路"战略前沿和制高点。

北部湾海洋文化遗产研究越来越受到广泛关注，已深入到人们视野的各个领域，层次越来越深厚。大量的海洋考古成果表明，中国先民最先开发了北部湾，这些成果对见证中国领土、维护中国主权具有特殊价值和深远意义。

摸清文化遗产家底，为做好保护工作奠定了基础。文化遗产工作的核心是保护、利用。保护为主，抢救第一，有效保护，合理使用，加强管理。保护的目的是利用，利用就要创新。只有保护好，才能利用好，让文化遗产真正活起来。

习近平主席2016年11月16日给在深圳召开的国际博物馆高级别论坛的贺信中说："博物馆是保护和传承人类文明的重要殿堂，是连接过去、现在、未来的桥梁，在促进世界文化交流互鉴方面具有特殊性作用。"2017年4月他到合浦汉代文化博物馆考察，详细了解了汉代合浦港口情况和汉代北部湾地区对外通商交往历史，明确指出：向海之路是一个国家发展的重要途径，这里围绕古代海上丝绸之路陈列的文物都是历史，是文化。要让文物说话，让历史说话。要加强文物保护和利用，加强历史研究和传承，使中华优秀传统文化不断发扬光大。要增强文化自信,在传承中华优秀传统文化基础上发展社会主义先进文化,加快建设社会主义文化强国。

21世纪是海洋世纪,让我们从北部湾再出发,谱写海上丝绸之路新辉煌。

蒋廷瑜[*]

2018年3月25日于南宁铜鼓书屋

---

[*] 蒋廷瑜,曾任广西壮族自治区博物馆馆长、广西考古研究所所长,兼中国考古学会理事、中国古代铜鼓研究会理事长、广西历史学会副会长、广西考古学会副会长等,为北部湾海洋考古开拓者、百越文化研究著名专家。

# 目 录

绪 论 ·················································································· 1

**第一章 环北部湾海洋文化遗产的特殊性**
　　　——文化艺术宝藏（上） ················································ 29
　第一节 环北部湾的重要性 ························································ 29
　第二节 调查说明 ··································································· 53
　第三节 环北部湾海洋物质文化遗产资源——不可移动文物部分 ··············· 55
　第四节 环北部湾海洋物质文化遗产资源——可移动文物部分 ················· 129
　第五节 环北部湾海洋物质文化遗产资源——历史文化名城、街区、村镇
　　　　 及其他 ···································································· 133

**第二章 环北部湾海洋文化遗产的特殊性**
　　　——文化艺术宝藏（下） ··············································· 155
　第一节 环北部湾海洋文化遗产资源——非物质文化遗产部分 ················· 155
　第二节 典型的艺术遗产 ·························································· 203
　第三节 环北部湾海洋文化（艺术）遗产的支架、资源分布图谱及轨迹分析 ····· 269

**第三章 海洋文化遗产的深层内涵与艺术价值**
　　　——璀璨的明珠 ·························································· 277
　第一节 符号现象学——遗产艺术符号内涵阐释原理 ··························· 277
　第二节 环北部湾海洋文化遗产的艺术内涵剖析 ································· 283

· 1 ·

第三节 环北部湾海洋艺术遗产的特征、本质 ……………………………… 402

## 第四章 迅速消逝的远古海洋文明 ……………………………………… 410
第一节 濒危状况：逐渐消失的海洋文明宝藏 …………………………… 410
第二节 案例访谈（略） …………………………………………………… 421
第三节 环北部湾海洋文化遗产濒危统计及变化趋势预测 ……………… 421
第四节 环北部湾文化遗产濒危原因分析 ………………………………… 424

## 第五章 战略反思——寻找失落的海洋文明 …………………………… 429
第一节 再反思：海洋时代的国家核心战略资源 ………………………… 429
第二节 复兴的焦点 ………………………………………………………… 439
第三节 海洋文化遗产复兴的突破之路、根本之路——艺术之路 ……… 443
第四节 海洋文化遗产的艺术创意模式探索 ……………………………… 486

## 第六章 海洋文明复兴的蓝色图腾艺术廊道勾勒 ……………………… 495
第一节 总体构架 …………………………………………………………… 495
第二节 创意产业廊道内部功能系统构成 ………………………………… 508
第三节 空间总体布局 ……………………………………………………… 591
第四节 管理、人才、技术、资金等支撑体系及运作机制 ……………… 593
第五节 超理念层：蓝色梦想、蓝色信仰、蓝色血液和心灵精神空间廊道
——血脉共同体、梦想共同体、命运共同体、信仰共同体的铸就 …… 594

展　望 …………………………………………………………………………… 596

参考文献 ………………………………………………………………………… 598

鸣　谢 …………………………………………………………………………… 611

# 绪　　论

## 一　海洋对人类的重要性

海洋，这个与星球、宇宙、太空紧密联系在一起的空间概念，这个普通而又极度神奇的名词，穿越万古，运动不止，生命不息，与日月同辉。波澜壮阔的海洋，不仅给人们一望无际、茫茫无边的无限震撼，更以波涛汹涌的巨大能量、排山倒海的惊世壮美，蕴藏了无限生机，造就了无数生命与活力，造就了多少壮美神秘的世界。海洋，包括太平洋、大西洋、印度洋、北冰洋、南冰洋以及诸多湾、海等（见图0-1），总面积约3.6亿平方千米，占地球表面近71%。[1] 不管从任何角度来说，海洋占据了地球表面的绝大部分空间，影响着人类的生存发展，对人类的未来生存有着绝对的重要性。

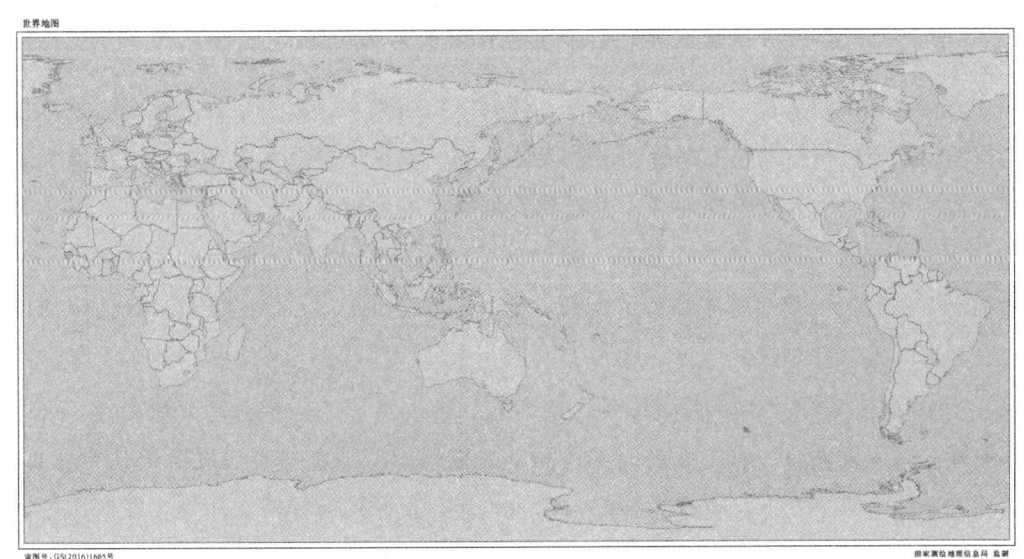

图0-1　全球海洋地图

---

[1] 百度：海洋（https://baike.baidu.com/item/%E6%B5%B7%E6%B4%8B/523?fr=aladdin）。

## （一）资源获取的"无尽宝藏"

海洋面积约占地球总面积的3/4，占据了地球的绝大部分物理空间。辽阔的海洋蕴藏着巨大能量，孕育无限生机，埋藏着无穷宝藏。海洋是地球上最大的"资源宝库"，自然资源储量占地球总量65%以上。仅以物种数量来算，海洋生物种类达到约20万种，其中已知鱼类约1.9万种，甲壳类约2万种，为人类提供了丰富的食物资源[1]。据测算，海洋食物提供能力相当于全球陆地农产品产量的1000多倍。以每公顷的年产量折合为蛋白质来计算，2014年产量最高的陆地农作物只有0.71吨，而科学实验表明，同样面积的海水饲养产量最高可达27.8吨，两者相差39倍多[2]，海洋因此又被誉为"未来粮仓"。海洋微生物种类繁多，绝大部分蕴藏于深海海底，对人类未来发展影响不可估量。仅以海洋真菌顶头孢菌霉为例，由其研制的头孢类抗生素已成为全球对抗感染性疾病的主力药物，年市场需求总量将达600亿美元以上。国外已从各类海洋微生物中筛选出140多种酶，其中新型酶达20余种。同时，海洋是地球最大的"天然矿床"，其锰、镍、铜、钴储量分别为陆地的400倍、1000倍、88倍、5000多倍[3]。以锰为例，仅太平洋海底的锰结核就以每年约1000万吨的速度不断生长。海洋还储藏着各类丰富能源，包括石油、天然气、潮汐能、海流能、温差能、盐差能、风能、地热能等，其中石油蕴藏量达1000多亿吨，天然气140万亿吨。仅温差能蕴藏量每年可达$18.99 \times 1020$焦耳，约合600亿千瓦，海洋能总可用量达30亿千瓦以上[4]。许多海洋新能源将引发能源革命。海洋的巨大天然宝藏，为人类的未来发展提供了雄厚的能源资源保障。

## （二）地球生命的摇篮、地球生态系统的重要组成部分

海洋是生命的摇篮。水是生命之源，任何生物脱离水，都将会失去生命。地球作为行星，之所以与浩瀚宇宙中绝大多数天体不同，就在于它是太阳系中唯一拥有大量液态水的星球。从太空俯视地球，可看到人类居住的地球是一个蓝色大水球，陆地则是"飘"在浩瀚海洋上的数个孤岛，整个地球可称为"水球"。庞大的水体促成了生命的诞生。数亿年前，海洋孕育了生命。化学起源学说认为：地球约有46亿年的历史，早期的地球是炽热的球体，地球上一切元素呈气体状态，主要成分为氨、氢、甲烷、水蒸气等。随着地球的慢慢冷却，原始大气中的水蒸气后来凝固变成海洋。在宇宙射线、太阳紫外线、雷电、火山等作用下，空气中的无机物经过复杂的化学变化，转化为一些有机小分子，随着降雨汇入原始海洋。在原始海洋的温床里，在海洋的永

---

[1] 杨金森：《海洋生物资源知多少》，《海洋世界》2001年第5期。
[2] 百度：海洋（https://baike.baidu.com/item/%E6%B5%B7%E6%B4%8B/523?fr=aladdin）。
[3] 百度：海底矿产（http://baike.baidu.com/link?url=EX5YJ0e03ZZoprLmL_jNl3FP）。
[4] 同上。

恒运动催化下，这些有机小分子经亿万年的相互作用及能量积累，形成了较复杂的有机大分子物质，如原始蛋白质、核酸等。这些物质初步具有新陈代谢和个体增殖功能，生命得以萌芽。经过漫长的演变进化，终于诞生出生命，孕育出千千万万物种。据考证，海洋生命诞生比人类早几亿年。因此说，海洋是生命的温床，是生命的摇篮。从这个角度来说，人的生命也来自海洋，人类发展进步依赖的环境是海洋。时至今日，人类的生存发展更离不开海洋，海洋是地球生态系统的重要组成部分，是保护调节气候、维护生态平衡的屏障，更是维持地球物种多样性的环境土壤及能量源泉。

(三) 文明起源的根基、人类文明发展进步的平台

海洋是人类文明的重要发祥地。整个人类文明由两大部分组成：陆地文明与海洋文明。海洋文明是与陆地文明相对应的另一种文明形态，是人类文明的另一半。海洋是人类文明的发源地，海洋文明伴随着人类的产生而产生。人类的生活资料获取靠海洋，发展进步更依赖海洋，海洋一直以来是人类活动的重要空间。就文明起源来说，在沿海很多地方，发现了大量贝丘遗址，包括大量的螺、贝、鱼、虾、动物骨头以及陶片等，多为旧石器时代、新石器时代产物，表明人类早期在海边从事鱼、虾、蟹、贝捕捞，以鱼骨为箭弩捕获禽兽，进而饲养家禽、种植稻谷等，说明海洋是人类文明的重要发源地。考古学家在太平洋两岸发现砖石质网坠、岩浆岩质石臼，我国浙江的河姆渡遗址，以及海南岛、北部湾等地的贝丘遗址绳纹瓦器皿残片等，就是古代印记。海洋是推动人类发展进步的力量，是人类交流开放的天然平台。在陆地，两地如需要连通，则必须修建公路或铁路，有的地方甚至要架桥或炸山开洞，工程浩大，数百米轨道动辄花上几千万甚至几亿元。而海洋却恰恰相反：流动是水的本性。海洋覆盖整个地球，以水的巨大流动性，任何一个角落的海水都可能流动或渗透至地球的其他任何角落。每滴水都等同于高速公路、铁路的"路基"。陆地公路、铁路只能靠人工一点一点铺设成线，海洋上的"公路""铁路"却是天然一片，无须铺设。只要有一寸海面就可使天堑变通途。海洋面向人类开放，只需一叶扁舟，就可能靠浮力或风力漂到世界任何一个角落。正因如此，在人类文明发展进程中，世界各大古文明的中心、港口、城市大多都环海而生，如环地中海、环中国海、环加勒比海等，足见海洋在人类文明发展史上的重要性。海洋孕育着人类开放，孕育着交流、贸易、科技和探索精神。资本主义的兴起繁荣，直接源于海上贸易。航海的发现，造就了欧洲文明。世界进程，包括从欧洲文艺复兴、工业革命、西方称霸全球，到今天的全球化、信息大爆炸、科技创新，无不与海洋有关，海洋成为近现代资本主义孕育和现代化发轫的摇篮。近代历史舞台上的世界大国，无一不是海洋强国。不管是15—16世纪的葡萄牙和西班牙，17—19世纪的英国，还是20世纪的美国，无不凭借海洋控制命脉，称霸全球。也正是凭借海洋，西方国家不断推进现代化步伐，掀起新的一轮轮全球化浪潮。尽管如此，

海洋成为世界各民族开放交流的重要舞台，成为推进文明现代化进程的重要媒介。在某种意义上，海洋已成为"国际化"的代名词。

### （四）产业振兴的战略空间、科技创新激烈竞赛的对象领域

21世纪，人类进入了大规模开发利用海洋的时代。海洋已成为产业崛起的根本支撑，对经济发展起到战略决定作用。这种决定性作用不仅体现于海洋资源的种类绝对丰富性、储量、产业群的聚集性等，更体现于海洋产业的前瞻性、战略性、开创性三个方面：其一，海洋内部空间辽阔，鱼类、虾类、贝类、螺类、藻类等生物种类达20多万种，仅已识别鱼类就达19000多种，可谓"美食天堂"。海洋的食物提供力为陆地的1000多倍，为人类"未来粮仓"；海洋矿产、石油、天然气、潮汐能丰富，仅矿物储量就为陆地的1000多倍，潜力巨大。挖掘海洋资源，是发展新兴产业、实现人类可持续发展的巨大资本。其二，从产业空间布局发展规律来看，世界经济最发达的区域，大多集中于距海岸线60公里以内的范围。英国60%以上的产业集中在沿海地区。而日本仅凭靠东京湾100公里海岸线，就形成了深水港集群和大城市群，该狭小区域内产出的GDP就占整个日本的1/3。这种情况在我国也是如此，以广东珠三角为例，这个大湾区9市的陆地面积仅占整个广东省的15%，人口占全省53.8%，但这9市以3.4万亿元的经济总量占据广东省GDP竟然高达81%[1]。我国最发达地区聚集于沿海，沿海地区GDP占全国总量达60%左右。从世界范围来看，世界贸易总值70%以上来自海运，全世界旅游收入的1/3依赖海洋。根据联合国《21世纪议程》，预计到2020年，世界人口将超过80亿，60%的世界人口将聚集至沿海地区[2]。其三，从产业前景来看，传统产业将被淘汰，各类海洋战略性新兴产业将取而代之，前景无限。据Datamonitor公司预测，2012年及2013年世界海洋产业价值增长率分别将达到14.7%、16.8%[3]，其中位居前列的海洋产业包括海洋石油和天然气生产、石油和天然气勘探与开发、海洋交通运输、海军支出、海底通信和休闲旅游。随着全球工业化加快与陆地资源迅速枯竭之间的矛盾日益尖锐，人类生存发展所需的生产生活资料越来越依赖海洋，而海洋的绝大部分奥秘还没被揭示，海底空间、海洋矿产、海洋能源、海洋生物、新兴医药、海洋新材料等将成为未来竞争的热点。21世纪科技进军的主阵地已由陆地转入海洋，海洋高科技创新成为各国激烈竞赛的焦点。海洋新兴产业已成为21世纪产业可持续发展的战略支点。

### （五）情感的纽带、人类创造力的源泉

海洋是人类情感的纽带、梦想的寄托、财富的源泉、精神的家园，是艺术的源泉、

---

[1] 李文：《3.4万亿元！粤珠三角9市GDP总量占全省八成多》，2017年8月4日，腾讯·大粤网（ttp://gd.qq.com/a/20170804/016687.htm）。
[2] 联合国《可持续发展二十一世纪议程》。
[3] Datamonitor. Global Marine Industry Profile. 2005—2009.

情感的依靠，更是人类无穷智慧和创造力的源泉。地球的生命起源于海洋，人类居住依傍海洋，人类生产生活更是依赖海洋。大海的温暖、大海的胸怀、大海的壮美，成为一代又一代人讴歌的对象；大海的波涛声、大海的呢喃、大海的轻柔歌声，多少人枕着海浪摇篮曲沉入梦乡；大海的壮美、大海的宽阔、大海的坚定、大海的永恒，使多少人甘愿"海誓山盟"，海枯石烂千古不变；传说中海底龙宫、珍珠、美人鱼，激起无数代人的梦想；海面上的帆船点点、满仓的鱼虾、扬帆起航的海上丝绸之路船队、气势磅礴的跨洋之行，曾燃起多少人的激情与热血澎湃。在狂风呼啸、变幻多端、深不可测，给人带来巨大的恐怖、危险、挑战的同时，海洋更以激情之美、力量之美、深邃之美、辽阔之美，成为人们讴歌的对象、情感的寄托和理想的追求目标。海洋催生文化艺术，推动交流传播，促进情感信念交融。因而，海洋是自然博大精神的象征，是艺术的源泉，更是精神力量的源泉。正因如此，海洋给予人类广阔的神秘空间，给人类无限素材，给人类无穷体验，成为科技开拓创新的重要领域，成为人类智慧的源泉，成为不断开启人类创造力的源泉。海洋在构成各国硬实力核心部件的同时，海洋文化也成了国家软实力的芯片部分。

（六）人类蓝色家园、可持续发展的战略后备空间

虽然人类在不断发展进步，但整个地球的生态环境不断恶化。工业革命之后，机器大生产导致全球原材料巨大消耗，资本主义仅仅用两三百年，其资源消耗量就超过了之前人类所有时期资源消耗量的总和。随着工业化、城市化步伐的加快，整个地球的生态环境遭受了前所未有的灭绝式破坏。冰山急剧融化，物种迅速消失，生态圈遭严重污染破坏。很多森林、草原、土地被剃光头，被推土机掘地数尺建高楼大厦、马路、停车场、商场、工厂、工业园、旅游区等；城市人口、交通越来越拥挤，雾霾越来越严重；污染物排放过量，垃圾堆积成山无法处理，水资源、土地资源遭严重污染；很多地方河流干枯，土地荒漠化，不再适合人生存；高温、洪水、冰雹、酸雨、雾霾等自然灾害和极端气候频发，后患无穷。人类过度榨取破坏自然之后，必将遭到大自然的无情报复。人类越来越陷入自身贪婪导致的巨大生存危机之中，可生存空间不断被"蚕食"，"包围圈"越来越小。在这种危机下，很多国家特别是西方发达国家纷纷放眼未来，竭力探索人类未来发展空间，寻找使人类能摆脱危机的种种可能及战略后备空间。在西方发达国家，星球计划、太空计划、宇宙飞船计划等，成为国家战略的重中之重。不容置疑，海洋计划也成为发达国家的核心战略。相对于遥远的星球、太空，海洋近在眼前，开发成本更低，技术更为成熟，资源极其丰富，食物能源及安全等更有保障，对人类今后的生存发展影响更直接、更现实，因而，更容易被首选为人类生存的战略后备空间乃至"地球最后空间"。特别是随着海洋科技、建筑技术、生物技术的创新，"浮居""水居"，包括"深海水居"并不是没有可能，将会为人类的生存居住、历史发展翻开新的一页。

## 二 海洋文化遗产概述

### (一) 海洋文化与海洋文明

什么是海洋文化？定义很多，至今尚无统一的标准。从广义上来说，海洋文化是人类在社会历史发展过程中创造的与海洋有关的一切物质财富和精神财富的总和，是相对于大陆文化的文化类型。也就是说，它是人类在探索、认识、把握、开发、利用海洋，调整人与海洋关系的社会实践过程中创造的精神和物质成果的总和。张开城定义为："海洋文化是人海互动及其产物和结果，是人类文化中具有涉海性质的部分。"[①]从狭义上来说，它仅侧重人类社会的意识形态，如知识、经验、智慧、科学、艺术、情感、表达、思想、观念等结晶，以及相关物化形态。而曹锡仁认为，海洋文化是"人类在海洋领域所留下来的一切行动中所渗透出来的人类的精神、观念和价值"[②]。也就是说，海洋文化是人类以海洋为对象，在认知过程中留下的一切痕迹中能够表达出人类的价值系统和观念系统的部分。曲金良认为，广义的海洋文化，"就是和海洋有关的文化，就是缘于海洋而生成的文化，即人类对海洋本身的认识、利用和因有海洋而创造出来的精神的、行为的、社会的和物质的文明生活内涵"[③]。总而言之，海洋文化的本质，就是人类与海洋的互动关系及其产物，是由人类生产方式决定的意识反映。

海洋文化包罗万象，内容庞杂，凡因海洋产生的文化都属于海洋文化。从内容上来说，它不仅包括涉海人类族群的生活方式，如生产方式、衣食住行、行为方式、经济结构、法规制度、习俗礼仪、社会管理等，更包括因海而生的文学、艺术、表达方式、认识、思想、观念、情感、意识、哲学、宗教信仰等。从形态上来说，又有硬件和软件之分。从现象上来说，其范围更为广泛，海洋环境、海岛海礁、海风海浪、海洋景观、海洋建筑、海洋考古、港口码头、航海技术、航线航标、渔业捕捞、海洋生产、产品加工、科学技术、远航运输、语言文字、诗歌文学、海洋歌舞、海洋书画、海洋探险、海洋旅游、海洋军事、商贸交流、道德伦理、渔业禁忌、民俗节庆、海洋信仰等，无一不属于海洋文化。海洋文化是人类文明进步的表征。

人类的海洋文明源远流长。海洋文明既有文明的一般属性，又具有自身特殊性，有其独特的发展规律。自新石器时代独木舟出现后，人类海洋文明就初成体系，开辟了历史新纪元。海洋文明的形成是一个长期的历史过程，是一个逐渐积累、量变到质变突破的漫长过程。海洋文化离不开海，但并不等于有海就会有海洋文化。鉴于世界

---

[①] 张开城、徐质斌：《海洋文化与海洋文化产业研究》，海洋出版社 2008 年版，第 3 页。
[②] 《海洋文化：国际旅游岛建设海洋事业智力支撑》，2014 年 9 月，腾讯网（http://news.qq.com/a/20100629/0003.htm）。
[③] 曲金良：《海洋文化概论》，青岛海洋大学出版社 1999 年版，第 3 页。

各地的自然环境、物产、族群、历史、文化、经济、社会发展状况不一，所形成的海洋文化差异性极大，因而塑造了不同区域的海洋文明。就以中国来说，农耕文化、中原文化、儒家文化深度形塑了中国的海洋文化，使中国海洋文化呈现出浓厚的农耕性，形成与西方海洋文化截然不同的特点。

海洋文明的分类有多种角度。文明是指人类或特定群体在一定时期内创造的成就的总和，也可以说是文化所创造的积极成果的总和，文明更多超出文化的界限。以地球的东西半球来划分，世界海洋文明有"西方海洋文明"和"东方海洋文明"之分，前者较典型的如《圣经》里的诺亚方舟神话、古希腊罗马海神神话、雅典神庙、《鲁滨逊漂流记》、哥伦布环球冒险、海盗节、古罗马的海上贸易等；东方文明较典型的如古海上丝绸之路沿线遗产、海龙王信仰、妈祖习俗、八仙过海、珍珠艺术、疍家习俗、赛龙舟等。如按世界各区文明类型来划分，海洋文明较典型的有太平洋海洋文明（如环绕地球的"日石文化"、古波利尼西亚文明）、古中国海洋文明（如古东夷海洋文明、古百越海洋文明、渔猎文明、龙图腾、古海上丝绸之路文明）、古地中海文明（如古腓尼基文明、古希腊文明等）、加勒比海洋文明、古印度海洋文明、波斯湾海洋文明、非洲海洋文明、美洲印第安海洋文明、北大西洋海洋文明等。丰富多样的海洋文明类型，深刻反映了人类文明的多样性、繁杂性和创造性。

海洋文化是人类文明的重要体现，它是千百年来人类和海洋互动的结果，是智慧、勇气和情感的结晶。海洋文化往往代表了各地特定时期的某种先进文化，体现色彩斑斓、超乎寻常的想象力，展露出强烈的天生外向性、开放性、海阔天空不受羁勒的追求自由精神、千帆竞发的竞争精神、顶狂风战恶浪的进取拼搏精神、不畏艰险探索世界的冒险精神，展示出百川汇流、深度交融的包容吸纳精神，互通有无、平等交融的商贸精神，以及敢于冒险、探索真理的科学精神。因而，海洋文化往往与丰富多彩的移民文化紧密联系，能体现人类文明的最新成果。海洋品格、海洋情感、思维方式、海洋价值观、海洋信仰等，是海洋文化的深层精神部分。

人类文明由陆地文明和海洋文明共同构成。海洋文明以独特形态，构成人类文明的另一半，两者相互影响、相互融合、相互促进。因海洋水体无孔不入、随处流动的自然属性，更加上人类对海洋的认识和充分利用，海洋文化从总体上来说已不再囿于一域一处，而是面向全世界开放交流的文化。人类借助海洋的四通八达，源源不断向四面八方传播，源源不断向世界各地传播，不断交流、融合、创新，共同推进人类社会跳跃式发展。

（二）海洋文化遗产概述

根据1972年联合国教科文组织通过的《保护世界文化和自然遗产公约》，文化遗产是指"从历史、艺术、科学或审美、人种学、人类学角度看，具有突出价值和普遍价值的各类文物、建筑群和遗址"[①]。文化遗产类型多样，划分角度不一，但从构成来看，整个人类文化遗产由陆地文化遗产和海洋文化遗产共同组成。海洋文化遗产（Marine Cultural Heritage）定义多种多样，国内外专家学者从各自领域对海洋文化遗产进行了界定。吴春明认为："海洋文化遗产是历代海洋文化史上形成并积淀下来的具有历史、艺术、科学价值和经济、环境、景观、生态等内涵的物质与非物质文化遗产形态，是先民在认识和征服海洋、利用和开发海洋、创造多样海洋文化中的直接、真实的历史记忆。"[②] 有人认为，海洋文化遗产是涉海族群在依赖海洋的历史发展过程中，在环境、生产、生活、情感、制度及意识形态等领域形成的一切实践成果的总和。也有学者认为，海洋文化遗产是"涉海群体与其所处的海洋环境长期协同进化和动态适应下所形成的海洋利用系统和海洋景观"。综合上述观点，本书认为，海洋文化遗产是以探索、认识、开发、保护及利用海洋为目标，中华民族在与海洋的长期历史发展互动中创造、积淀下来并传承至今的文化存在及文化经验。

海洋文化遗产的内涵丰富而又深刻。在内容上，海洋文化遗产不仅包含"水下文化遗产"，含战争或海难沉船、海底遗物，如"南海一号"等，也包括"海上文化线路遗产"，即水面的"线性"航路遗产、岸边遗产，以及更多形形色色的历史记忆、知识、文学、艺术、观念、民俗等，既有实物性的、技术性的，也有情感性的。在空间范围上，我国海洋文化遗产不仅包括内缘的海洋文化遗产，也包括"环中国海"外缘的海洋文化遗产，如，海上丝绸之路沿线遗产等。海洋文化遗产包含内容非常广泛，难以一一列举，但大致如表0-1所示。

表0-1　　　　　　　　　海洋文化遗产分类

| 遗产类型 | 内容 | 举例 | 备注 |
| --- | --- | --- | --- |
| 海洋水下遗产 | 水下沉船（水下商船货船、水下渔船、水下战船、岛礁沉船等）、沉物、水下陶瓷、水下钱币、水下村庄、水下古城；其他各类海底遗物 | 如"南海一号"沉船等 | — |
| 海洋水面遗产 | 古地理图、古地形图、古航海图、天气常识；历史航道、古航线遗产；古渔场、航海遗产、交通遗产；古传统航海技术、航海技艺、古航海秘诀或秘本；古作业区线路、渔业线路、商贸线路、海洋商路史迹、古族群迁徙线路、古"秘密出海通道"；海面生态保护系统，船只或残片，各类交通用具等 | 如南海航道更路经、古海上丝绸之路等 | 重点是航路遗产，即线性遗产、文化线路 |

---

① 《保护世界文化和自然遗产公约》，2014年10月，联合国教育、科学与文化组织官网（http://www.unesco.org/new/zh/unesco）。

② 吴春明：《中华海洋文化遗产亟待抢救与保护》，《中国文物报》2012年5月11日第2版。

续表

| 遗产类型 | 内容 | 举例 | 备注 |
|---|---|---|---|
| 海洋岸线遗产 | 历史港湾、古出海口、古港口(含渔港、商港、军港);历史码头、古渡口、古船坞、古船标、古灯塔、古航标、海岸弃船;海堤、水道;庭院、庄园、古街区、古城古镇等 | 如合浦大浪码头遗址(汉)、防城港潭蓬运河 | 重点是海岸各类文化遗存 |
| 滨海生态遗产 | 海洋化石、恐龙化石、古生物化石、古人类化石、地质公园、史前海岸;鱼类文化、虾类文化、螺贝文化、珊瑚文化及各类标本;阳光文化、沙滩文化、天气文化、滩涂文化、植物文化等,人居环境系统,岸线生态保护系统、海洋景观 | 如海南黎族椰图腾、茂名祭荔枝神、合浦美人鱼传说等 | 主要指海洋岸线的生态遗产 |
| 涉海遗址遗产 | 诸多人类洞穴遗址或文化遗址、贝丘遗址、史前考古点;相关石窟石刻、壁画、造像、墓碑;古墓葬、古海洋聚落及形态、古城遗址;各类造船遗址、古作坊、古窑址、古作业区、古村落、烽火台、蕃人墓地、海防城堡、水师营寨、炮台遗址;名人遗迹、各类涉海官衙或民间遗迹 | 如广西灵山人遗址、三亚落笔洞遗址、广西合浦汉墓群等 | |
| 涉海建筑遗产 | 滨海历史街区(街巷/城镇)、古建筑或建筑群、海神庙(龙王庙)、岸上庙宇、商埠、商铺、会馆、馆舍、海关、道路、桥梁;海港村落、渔民宅居、特色街巷、名人故居、雕刻艺术、装饰艺术;涉海各个族群传统民居或民族传统建筑、外来影响建筑或西洋建筑 | 北海骑楼、疍家棚、海南黎族船形屋、北海近代西洋建筑群等 | |
| 涉海记忆遗产 | 海洋传统知识与宇宙观念、历史图谱;航海记忆、渔猎追逐记忆空间、漂流技艺、海岛开发记忆、航线开拓记忆、族群迁徙记忆;海洋神话、海洋传说、海峡传说、海底传说、名人遗迹、渔民族谱、航海秘诀或秘本、各类地图、古航海日志、舟船民族志、航海文献、古典籍、古手稿、古资料、书信、传说记忆,口头传统、口头记忆、各种"隐形"符号记忆遗产,如雕刻、服饰、仪式;涉海语言,各类图书资料 | 如珠还合浦典故、马援传说、南海航道更路经、古海上丝绸之路相关传说等 | |
| 海洋舟楫遗产及漂流技艺 | 史前舟楫文明;原始制舟及原始漂移器具制作、原始漂流技艺;筏的制作;古造船技艺或法式、织网、传统航海技术;制船绝艺;各类行船技艺、行规及风俗,各类驾船绝技等 | 如黎族渡水腰舟、坐"箕"过海习俗 | |

续 表

| 遗产类型 | 内容 | 举例 | 备注 |
|---|---|---|---|
| 海洋生产性遗产 | 涉海生产利用系统、各类涉海生产工程遗迹,各类生产工具、装备、器具及实物遗迹;古海塘、渔场、盐场、采珠场;古造船场、仓库、陶瓷坊遗址;海洋生物知识、捕捞技艺、渔业生产;海产品生产技术、海洋传统养殖加工技术、盐业生产;各类雕刻技艺;涉海各类传统工艺;各类国外产品、作坊、商号、货行、信局、钱庄、镖局、洋行、蕃坊驿馆等 | 远海近海捕鱼技艺、渔谚;古珠场;贝雕、根雕、椰雕;海洋物种传统知识 | 分生产性遗产遗迹和技术性遗产遗迹 |
| 海洋生活性遗产 | 集市、渔埠、商埠、馆舍;海产品烹调、海鲜美食技艺、海洋服饰习俗、首饰制作及习俗、传统医药等 | 如北海沙蟹汁、疍粥 | |
| 海洋表达类遗产 | 海洋文学、海洋诗歌、寓言童话、海洋故事、海洋民歌、海洋音乐、海洋歌曲、海洋舞蹈、海洋戏剧、海洋曲艺等各类表演艺术;海洋美术、渔画、剪纸、刺绣;海洋雕塑,贝雕、椰雕、根雕、木刻、石刻及其他各类雕刻;各类杂技绝活,各类海洋及外来艺术品,相关实物遗存 | 如咸水歌、京族独弦琴、渔鼓、渔灯、湛江人龙舞等 | |
| 海洋民俗类遗产 | 涉海族群民俗、造船秘诀、祭船习俗、船家禁忌、祭海习俗、婚俗、体育健身、游戏娱乐、民间制度,各地习俗,各类礼仪、庆典、管理习俗;宗教法器;外交文化,相关实物;各类海洋节庆,相关文化空间 | 如疍家婚礼、海南黎族椰神习俗、海龙王信俗等 | |
| 文明交流与贸易物品遗存类遗产 | 各类涉外出土文物、出水文物,以及其他相关遗产,包括各类艺术品、珠宝、饰品、香料、药材、文具、日用品及驿馆、驿站等。各类购入品、宣传品、图章、票据、货币,各类武器装备等 | 如合浦汉墓群出土古印度金花球、波斯陶壶等 | |
| 对外交往、贸易及管理类遗产 | 海外贸易交流遗址遗迹、物品、历代舶来品;古集市、圩场、市舶司(海关);海外贸易、贸易组织、社会组织、行业协会、船政制度、渔政制度、契约、公约、条约、合同、法律制度、贸易规则、商贸、外交文化,相关管理机构;各类对外文书、电报、报告、请示、公告、手稿、照片、报刊等;各类徽章;海洋防御性遗产、实物遗存体系,相关概念、知识和经验等。 | 如海南铁权、石称,合浦汉墓出土金花球、金箔、古罗马蓝色玻璃碗等 | |

续表

| 遗产类型 | 内容 | 举例 | 备注 |
|---|---|---|---|
| 海洋传统知识与哲学智慧 | 传统地理知识、天气知识；海洋道德伦理、海洋哲学、海洋思维、海洋精神、海洋意识、观念、信念和价值观 | 各类海洋谚语、渔谚等 | |
| 海洋崇拜信仰类遗产 | 海洋神灵崇拜；海龙王信仰、龙母信俗、妈祖信俗、珍珠公主观念、美人鱼崇拜、京族鱼伯公民间信仰；出海仪式、远航出海上刀山下火海及傩原始驱邪祭祖仪式、庙会；各类海洋节庆、涉海族群信仰（自然崇拜、祖先崇拜、各类信仰崇拜）、海洋信仰祭祀；涉海古宗教遗址、古庙宇、相关建筑，海洋自然观、社会观等哲学宗教类遗产 | 如海龙王民间信仰、妈祖崇拜、龙母庙会、南海祭兄弟公、南海岛屿珊瑚石庙等 | 分各类层次 |

注：分类参考依据：（1）联合国教科文组织《保护世界文化和自然遗产公约》文物分类标准；（2）联合国教科文组织《保护非物质文化遗产公约》（Convention for the Safeguarding of the Intangible Cultural Heritage）遗产分类标准；（3）国内相关文件、相关研究成果；（4）其他相关分类办法。

海洋文化遗产不仅包括一般意义上的海洋物质载体、知识、技术、观念，还包括历史悠久、结构合理的传统海洋景观和系统完整性。前者强调对特定知识、经验和技术的传承保存，后者更侧重遗产的地域性，是典型的社会—人—自然复合生态系统；前者更侧重个人的主观能动性和价值取向，后者则强调自然与文化的综合作用，更侧重保护与发展的关系协调。因而，海洋文化遗产不仅包括海洋文化遗产内部系统，也包括由此衍生出的各类文化现象，涉及遗产赖以生存的各类相关环境。

海洋文化遗产具有复合性、历史性、动态性、脆弱性、不可再生性等特征，其形成不仅有其自然环境、经济结构、物质生产、技术水平等渊源，更有族群差异性、文化历史、社会结构、行为方式、制度习惯和社会价值观等深层背景。因而，文化遗产的概念是不断发展变化的，其内涵随着时代发展不断得到丰富。

遗产是先人的伟大创造。人类发展到今天，之所以能成为这个星球的主宰者，正是因为人类具有文化和创造力。这种文化和创造力是代代相传的。什么是文化？文化是一条流淌的历史长河，它从远古一直流到今天，还要向未来流淌。尽管历史千变万化，但总会有某种血脉符号或基因使人类"定格"，总保持特性不变，保留着祖先的基因。这些"基因链"就是文化遗产。遗产是历史的印记，是时间的缩影，是人类世世代代的劳动创造积淀及杰出贡献。通过研究遗产，我们可以认识自己从何处来，我们的祖先如何从过去一步一步走到今天，由此推测如何更好地走向明天、走向未来。因此可以说，研究文化遗产，就是研究人的生存状态，研究人的过去和未来。

### 三 国内外相关研究状况

#### （一）国外的研究状况

海洋文化研究一直是国外特别是西方发达国家的强项及热点，是西方国家崛起的秘诀之一。欧洲文化起源于地中海文明，后来迅速发展壮大，最后称霸全球，直接与这个文明起源有关。世界古文明如尼罗河文明、幼发拉底河文明、印度河流域文明等，几乎都产生于河流谷地，唯独由爱琴海起源的古希腊文明是个例外。作为整个西方世界血脉根基的古希腊文化，是在爱琴岛沿岸及其星罗棋布的岛屿基础上发展起来的。欧洲的第一个城市不是产生于大陆，而是出现于克里特岛。西方文明的起源依赖地中海，其发展、进步和繁荣更是依赖海洋。航海技术发展、探险热、发现新大陆、掠夺非洲、贩奴热、鸦片贸易、军事争夺与殖民地分割，西方资本主义的兴起繁荣，包括15世纪之后葡萄牙、西班牙、荷兰、英国的先后崛起，无不与航海有关，都是靠海上霸权发家的。《鲁滨逊漂流记》《基督山恩仇记》等著作，深刻映射出这个时期的特点。靠强大的海上扩张，英国战胜了海上霸主西班牙，又打垮了横行四海的"海上马车夫"荷兰、法国。18世纪，英国掀起最早的工业革命，垄断了海外贸易，称霸全球，成为"日不落帝国"。19世纪之后，美国紧紧依靠大西洋海岸及太平洋沿岸，以波士顿、纽约、巴尔的摩、华盛顿、西雅图、旧金山、洛杉矶和圣地亚哥为核心，着力推动沿海工业化，培育了世界最发达的沿海沿湖工业城市带，通过全球海外贸易网络推广，最终得以称霸全球。可以说，海洋是近现代资本主义和现代化的摇篮。因而，有关海洋文化研究，一直是西方国家的核心，国外开始得很早。以地中海文明、加勒比文明为典型，发达国家对于早期文明起源、大航海时期探险文化、远洋贸易，以及海洋产业等研究较为广泛、系统和深入，许多研究被纳入国家重点战略框架。在亚洲，日本、韩国等紧紧依靠远洋运输、海岸工业和海外贸易迅速崛起。新加坡借助马六甲海峡咽喉控制世界贸易，仅用40多年就跃升为世界四大金融中心之一。21世纪到来，世界经济科技贸易形势已产生巨大变化，西方发达国家更是把海洋战略提升到前所未有的高度，纷纷加紧对世界各大洋的资源争夺、空间争夺，纷纷加大开发研究，竞争越来越激烈，呈现出许多新特点。现实表明，任何国家只要发展，都绝不能摆脱海洋。海洋问题成为21世纪举世瞩目的焦点，成为各国发展面临的重大战略问题。

西方发达国家始终把海洋作为其发展崛起的立足点，任何时期都没有偏离过这个核心，不管是在产业层面，还是在科技层面，或是理论政策或国民精神层面。越在发展关键时期或转型期,越把海洋文化摆在突出位置,甚至举全国之力做强海洋文化。因而在西方国家的不同历史发展时期,其文化均以海洋特色为主线。纵观世界西方发达国家的海洋文化研究,大多数把重心集中于科技文化、海洋探险、海洋交通、新兴产业、海洋贸易、海洋艺术,以及国民海洋精神塑造等领域。海洋文化遗产方面的研究,则更多集中于海底探险、探索发现、历史研究、海洋考古、博物馆、艺术体验、旅游设计、城市规划和文化创意产业等领域。随着21世纪科技信息时代的到来,海洋文化遗产研究总体呈现出5大趋势:越来越"宽",越来越"硬",越来越"软",越来越"新",越来越"热"。越来越"宽",即研究的领域越来越广泛,深入渗透至每个领域;视野宽,能有更高更广的角度,跳出特定区域的狭窄性、局限性。越来越"硬",即海洋文化研究层次越来越深,触及精神性、灵魂性的中枢部位;与产业、经济的融合越来越深,显示出"硬实力",呈现出全球交融扩张的强硬势态。越来越"软",即研究目标从"硬领域"逐渐向"软领域"集中转移,特别是哈佛大学约瑟夫·奈提出"软实力"理论之后,"软实力"竞争成为热点。越来越"新",即与科技、创意、产业的融合越来越深,成果越来越有新意。越来越"热",即对海洋文化、海洋文化遗产的研究呈现出较火热的潮流势态,这种势态将继续保持很长一段时期。例如,对中国古海上丝绸之路的研究,国外就开始较早,也较深入,成果突出。在地理学家李希霍芬最初提出"丝绸之路"[①]概念之后,古海上丝绸之路马上被国际关注,以日本、美国最为火热。较有影响的如日本早稻田大学藤田丰八、松田寿男、长泽和俊等教授,小原流艺术参考馆三杉隆敏[②]、日本大学石田幹之助教授、东京大学三上次男教授,美国学者罗伯特·维克斯(Robert S. Wicks)、马克·吉尔伯特(Marc Gilbert)、詹姆斯·安德森(James A. Anderson)、诺拉·库克、李·塔纳,以及德国慕尼黑大学汉学研究所刘心如博士等人的研究,在学术界产生较大影响。

仅以亚洲国家日本为例,日本是岛国,也是世界海洋大国,历来重视对海洋文化的研究。日本不仅重视其海洋领土的权益保护,更重视本土之外的海洋历史文化及相关问题研究,把海上丝绸之路研究提升到前所未有的战略高度。日本学者对海上丝绸之路的研究,有着为本国政治、经济服务的目的。例如,三杉隆敏以中国陶瓷为线索,对中国沿海深入研究之后,对菲律宾、印度尼西亚、缅甸、印度、斯里兰卡、巴基斯坦、阿富汗、伊朗、土耳其、埃及,以及东非海岸的中国古代瓷器遗

---

[①] "丝绸之路"的概念,最初由德国地理学家李希霍芬在1877年出版的《中国》一书中提出。
[②] 三杉隆敏,日本小原流艺术参考馆副馆长、中国西南大学客座教授、著名旅行家,曾游历了古代海上丝绸之路到达或辐射到的东南亚、南亚、西亚、北非等的越南、菲律宾、印度尼西亚、新加坡、泰国、缅甸、印度、斯里兰卡、土耳其、阿富汗、伊朗、沙特阿拉伯、埃及等地,专门考察海上丝绸之路相关物证。1963年6月,三杉隆敏游历美国、欧洲以及土耳其等地,在伊斯坦布尔对奥斯曼帝国托卡比皇宫(Topkap Saray)收藏的1.2万余件以唐宋之后为主的中国瓷器进行了调查研究之后,在其所著的游记《探寻海上丝绸之路——东西陶瓷交流史》中首次提出"海上丝绸之路"的概念。之后接着对汉代"海上丝绸之路"深入探索,有著述《海上丝绸之路——中国瓷器的海上运输与青花瓷器编年研究》等。

存进行了实地调查之后,最早提出"海上丝绸之路"的概念。该研究不仅解决了海上丝绸之路的渊源、年代、形成、路线、产品、贸易等学术问题,而且为战后日本经济的复兴和向海外经济扩张提供服务。三杉隆敏对海上丝绸之路的研究,受到了日本财团的资助,其足迹踏遍中国、东南亚、西亚、非洲及地中海各个贸易港口。通过三杉隆敏等人的研究,日本很快就把丰田汽车等产品远销东南亚、西亚及北非等地,并运回了阿拉伯等地的大量石油。通过设立项目,鼓励学者研究,发动企业界和社会力量支持,日本取得了许多重要的学术成果和意外惊喜,抢占领先地位,在全球范围内产生了重要影响。

(二)国内研究状况

我国是海洋大国,是世界海洋文明的摇篮之一。早在数万年前的旧石器时代,我国沿海许多地区就有人类活动,留下大量古人类遗迹。辽阔的海洋及长达数万公里的海岸线,使中华先民创造了灿烂辉煌的海洋文明。从贝丘遗址、大石铲出土等考古发现来看,中国的海洋文明萌芽于旧石器时代。我国海洋文明源远流长,一度世界领先,以古海上丝绸之路等为标志,其灿烂辉煌程度,从史书中可见一斑。到了近代,海洋文化被边缘化,甚至被忽略。清代和民国时期有一定的研究,以魏源、张之洞等人为代表。然而,对海洋文化的真正深入研究,并以此为一门系统学科,可以说是在中华人民共和国成立之后才开始。根据文献检索,最早涉足"海洋文化"的论文为1960年发表于《电影艺术》杂志的一篇电影评论,之后中断近30年,直至1987年改革开放才出现;1960年后的50年间以"海洋文化"为关键词的公开发表论文仅有353篇[①]。改革开放后,特别是随着20世纪90年代《联合国海洋法公约》(1994)、《中国海洋21世纪议程》(1996)、《中国海洋事业的发展》白皮书(1998)等颁布之后,海洋领域突然备受关注,海洋文化研究如雨后春笋,蓬勃发展,涌现出一大批专家学者及学术成果,我国真正有了较深入系统的海洋文化研究。较有影响或较典型的有:曲金良的海洋文化史、海洋文化理论,开创了海洋研究的新局面;王颖的海洋地质学;杨国祯等人的海洋文明史与发展理论研究;丁德文的海洋环境文化研究;林稚珩等人的海洋聚落研究;司徒尚纪的南海海洋文化研究;张开城、赵宏、苏勇军等人的海洋文化产业研究;谭业庭等人的文化软实力研究,冯梁、廉德瑰、雷小华、时宏远等人的海洋战略比较研究;等等。随着文化遗产被社会关注,成为热点,各地的海洋文化不断被研究、挖掘、整理,形成许多地方海洋文化品牌,如渤海湾文化、妈祖文化、南海文化、舟山文化、潮汕文化、宁波文化等。各地学者纷纷从各自角度深入探索了海洋文化,成果丰硕。官方机构、相关研究机构和各种学术团体也越来越多,特别是以中

---

① 郭亚贞、刘金立:《大陆地区海洋文化研究与建设》,《农业图书情报学刊》2010年第11期。

国海洋大学、大连海事大学、厦门大学成立专门研究机构为标志,海洋文化研究阵容不断增强,研究领域不断拓展,理论深度不断提升,标志着新的历史阶段的开始。特别是自 2000 年以后,在国家的高度重视和政策推动下,本领域研究得到迅猛发展,涌现出大量课题、专著、论文、研讨会等,展示出百花齐放、百家争鸣的学术繁荣大好局面。中国知网上以海洋文化为题的文章就达到 3489 篇。2009 年,随着中国正式进入"海洋战略"时代,海洋文化研究步入新的历史高峰期。

海洋文化遗产是海洋文化的精髓,是无数涉海先民千百年来的智慧沉淀和伟大创造的结晶,被誉为"海洋王冠上的宝石"。海洋文化遗产是中华海洋文化之源,是海洋文化的根基和灵魂,是中华文化宝库核心组成部分。由于种种原因,国内学术界传统上对本领域关注很少。国内的研究,集中于内地的和少数民族抢救保护的多,研究边境地区的少;聚焦于内陆传统农耕文明的多,关注海洋文化遗产的少之又少;针对经济领域的研究多,针对其他领域的研究很少。而且在上述领域,对文物、建筑、遗址等硬件研究多,对无形的、软件的遗产研究少,呈现出非均衡状态。虽然起步较晚,但 2005 年后,海洋文化遗产研究领域突飞猛进,成果累累,形势喜人。纵观国内状况,较有影响的如吴传钧、李庆新、龚缨晏、蒋廷瑜、王忠强、金开诚、梁二平、陈达生等人的海上丝绸之路研究,魏启宇、丁毓玲等人的海外交通史研究,周运中、王日根的中国南洋交通史研究,吴春明的海洋考古学与环中国海文化遗产研究,赵嘉斌、周春水、刘淼、贾兴和、李锦辉、傅崐成等人的水下文化遗产研究(含古代沉船、水下陶瓷等),佟珊的沿海史前岩画研究,蒋维锬、徐晓望、周濯街、蔡长奎等人的妈祖信仰及艺术研究,刘月莲等人的妈祖信仰与海上交通研究,彭维斌的妈祖文化东南传播空间轨迹研究,蒋明智的龙母信仰研究,彭兆荣等人的海峡西岸海洋遗产艺术人类学研究,杨国桢等的海洋开放史研究,杨晓强、许利平、葛红亮、吴士存等人的海上丝绸之路东盟合作研究,等等。山东、浙江、福建、广东、广西、海南等各地成果丰硕。2011 年我国管辖海域内水下遗产联合执法会议召开之后,水下遗产成为热点,备受关注,海洋文化遗产研究进入新的历史阶段。

在国家政策支持和环境推动下,全国各地区域性海洋文化遗产研究蓬勃发展。以北部湾为例,较有影响的如:司徒尚纪、赵康太等人的中国南海海洋文化研究,崔勇、张永强的南海一号文物研究,潘琦、吕余生、吴小玲等人的北部湾历史文化研究,陈炎、吴传钧、韩湖初、周永卫、蒋廷瑜、王元林、黄德海、邓家倍、范翔宇等人的古海上丝绸之路研究,熊昭明的海上丝绸之路汉墓群与合浦始发港考古研究,王戈的海上丝绸之路古窑址研究,陈洪波的汉代海丝路出土金珠饰品考古研究,郝思德的海南史前遗址研究,周家干、韩鹏初等人的南珠研究,陈海春、罗新、刘其光、黄新美等人的疍家研究,蓝武芳、钟珂、黄安辉等人的京族渔捞习俗研究,赵全鹏的南海诸岛渔业史研究,阎根齐的骆越人海上丝绸之路研究;张金莲的古代中越陆地边境交通研究，廖国一的环北部湾海洋考古与少数民族文化保护，阳国亮、王雪芳、陈文捷等人的北部湾旅游发展研究，陈智勇、包亚宁等人的海南海洋文化研究，雷小华、何颖、黄小明等人的东盟文化研究，官秀成、王锋等的海洋文化发展战略研究，以及各地系列海洋论坛论文集，等等。以吴春明的"环中国海海洋文化遗产调查研究"项目启动，以及沿海各城市的系列海洋文化论坛成功召开为标志，本领域获得重大突破，海洋文化遗产研究进入快速发展时期。2016年菲律宾南海仲裁案严重侵害中国海权，触动了国内的神经，海内外华人维护海洋权益热情高涨，也促使中国南海海洋文化关注度飙升。

### （三）研究差距

尽管近些年来海洋文化遗产研究取得了迅猛发展，在很多领域取得跨越性成果，但由于起步晚、人才队伍整合等原因，总体来说仍较为薄弱。这种薄弱性表现有五：其一，热度差距。西方文明起源于地中海，海洋文化一直是西方发达国家精神的源泉、文化的根源。2500年前古希腊海洋学者狄米斯托克利就预言：谁控制了海洋，谁就控制了世界。足见其起源之早。在国外，海洋文化领域一直都是研究热点，多数发达国家把千百年来传承下来的海洋文化遗产作为立国之基石，并往往能将这种精神发挥至极致。21世纪是海洋世纪、科技信息时代，西方对海洋文化之重视更是达到前所未有的高度，不断掀起一轮轮研究热潮。在国内，虽然在一些领域内掀起研究热潮，但与国外相比，仍差距太大。其二，系统性之差距。不够系统，链条尚未形成。国外的海洋文化研究基本为一环扣一环，形成研究链、专业链或产业链，严密性强。而国内对海洋的研究仍缺乏足够重视，尤其是国际背景研究；相关研究大多尚处于自发状态，各自为政，重复建设，零零碎碎，在很多领域存在不少薄弱环节和真空，缺乏系统的战略规划设计。其三，布局不均衡、重点不突出。国内研究重陆地轻海洋，重长江黄河流域、轻沿海，重经济、轻文化，重硬件、轻软件，重"死"材料、轻"活"素材等现象仍不同程度存在。随着遗产濒危加速，矛盾越来越尖锐化。其四，不深入。很多研究仍把主要精力集中于调查、观察、统计等层次，真正探索精神深层、体现水平高度的专题研究成果尚不多。其五，缺乏创意，前瞻性不够。大多研究仅停留于记录整理，深度挖掘不够，不能创新弘扬；针对国内国际的形势变化，突破性、革命性的成果不多见，创新力不够，竞争力不强，缺乏自己的海洋文化品牌。前瞻性不足，与实践或地方现代化建设的需求吻合度不够，与未来需求融合不深；与国家海洋强国、"一带一路"倡议的需要切合度不够，所起的引领作用不显著。

因此，国内与国外的研究差距，特别是与西方发达国家的海洋文化遗产研究的差距，不仅体现在学科理念、视野角度、技术方法等方面，也体现于研究成果的巨大差距上：不仅在"量"上，更重要的是体现在"质"上，即研究成果的水平、高度和开拓创新性差距。然而,最本质的差距体现在国民素质、蓝色精神的差异上。由于地中海的特殊地理条件及环状封闭性,欧洲人的文化扩散在精神和空间轨迹上一直充满"走向海洋""穿越海洋"的特质。海洋对他们而言不是屏障,而是联系他国的天然纽带,而相比之下,我国国民骨子里或多或少存在"天险""惧海"等排斥倾向。中华海洋文明过去长期处于被忽略的边缘状态,虽在近期迅猛发展,却尚未形成主流。海洋文化遗产研究更是如此。然而,随着陆地资源逐渐枯竭,海洋成为人类未来战略生存后备空间,海洋世纪到来。海洋世纪呼唤海洋文化,中华崛起需要海洋文化、海洋精神。为了中华民族的生存发展,需要复兴海洋文明,需要开发海洋。海洋文化遗产这种薄弱的研究状况,不仅会导致遗产宝库灭绝,更不利于维护国家文化安全,不利于国家重点战略布局推进,不利于海洋强国国家整体战略的实现,值得警惕。

(四)海洋文化遗产研究热的背后原因分析

为什么近年以来全世界范围内会掀起这种研究热?是什么原因导致这么多国家如此关注海洋文化遗产,掀起这股热浪?原因当然是多方面的,既有经济、科技方面的背景,也有政治、文化、社会原因;既有浅层单方面的原因,也有深层次综合因素。但不管怎么样,以下五方面因素非常关键:其一,文明的传承与积累。任何一种文明都不是无中生有、从天而降的,都需要经过长期的萌芽、积累、发展和突破过程。任何社会的发展,都不能脱离历史而存在,其任何变化,不管是延续存在、转型,还是发展、崛起等,都必须以过去的家底及现有状况为基础。因此,面对未来时代海洋文明的巨大需求,保存好现有资源和财富,无疑具有决定性意义。要发展海洋文明,必须做好海洋文明的传承与积累,延续血脉,保持定力,塑造中流,积蓄爆发的能量。其二,资源的激烈争夺。随着工业化、城市化的快速发展,掠夺性开采使陆地环境遭严重破坏,资源急剧衰竭,已无法支撑人类日益膨胀的物质需求,即将面临崩溃。在这种局面下,转向辽阔的海洋谋取生存资料,要资源、要空间,已变得急不可待。然而,如何认识海洋、开发海洋、利用海洋,正极大程度考验着人类智慧。海洋文化遗产是人类各个族群千百年来关于海洋的伟大创造力及智慧的结晶,是人类开发海洋、利用海洋的智慧宝库,因而,是现代和未来人们走向海洋的有力武器。它也是见证历史、维护主权的有力工具,因而备受国际关注。其三,科技时代的创新推动。当今时代已迈入科技信息时代,科技革命、高科技成果、战略性新兴产业成为时代焦点,人类的主战场已由陆地逐渐转向海洋。海洋遗产作为人类长期探索海洋、认识海洋、利用海洋和发展海洋的物质精神智慧宝藏,包含有许多哲学知识、科技原理和科学因素,可被人们挖掘利用。其四,生态文明时代的到来。21世纪,人类已步入生态文明时代。也只有立足生态文明,人类社会才可能彻底抛弃高消耗、高排放、高污染的发展路径,才能避免自身的毁灭,实现可持续发展。海洋文化遗产是濒危的珍稀资源,是海洋生态文明的核心灵魂。能否保护好已濒危的海洋文化遗产,是衡量一国家或地区是否达到生态文明水准的重要标志。因而,遗产研究热掀起。其五,智慧时代、文化软实力时代的到来。当今时代是智慧时代、创造力时代,是情感时代,更是文化软实力激烈竞拼的时代。当今社会的发展,已经进入科技信息发展的时代,进入人的较高自由发展阶段。在这个阶段里,人的智慧、灵感、创造力已取代过去的技术、资本、土地等资本,成为最宝贵的资源。但是,如何培育、激发人的智慧和创造力,创造氛围,提供环境土壤,文化或文明成为具决定性的底蕴根基。发明、专利、知识产权源于创造力,创造力源于智慧,而文化则为智慧的根基土壤。同时,未来时代是人的自由发展阶段,也可以说是人的个性充分发展时代、情感时代、艺术时代和能力时代,如何发展个性,如何凝聚社会共识,塑造开拓精神,铸实文明根基,推进人类文明进程,文化成为最关键的因素,遗产热应运而生。以上是海洋文化遗产研究热产生的重要原因,而造成研究热的真正背后推力,是海洋时代的到来。

## 四 时代剧转:蓝色时代的到来

### (一) 海洋世纪的到来

21世纪是海洋世纪,是人类挑战海洋、探索海洋、开发海洋、保护及发展海洋的新纪元。2001年,联合国正式文件中首次提出了"21世纪是海洋世纪"。没过几年,这个预言马上得到证实,"海洋世纪"已汹涌而来,全世界所有国家、地区,所有的民族或族群,都别无选择地步入或被卷入海洋时代的巨大洪流之中。什么是"海洋世纪"?总的来说,就是人类生存的根本已不再依赖陆地,而转为严重依靠海洋的世纪。也可说是未来社会激烈竞争之成败,不再是取决于陆地,而是取决于海洋的时代。由于工业革命之后,人类近300年的掠夺式开采、毁灭式滥用,陆地的很多重要资源已开发殆尽,只能维持人类一段时期甚至一二十年的消耗储量。美国杜克大学斯图尔特·匹姆研究揭示,人类活动导致物种灭绝的速度比其自然淘汰速度要快1000倍[1]。据《自然气候变化》杂志统计公布,仅2000—2012年的13年间,印尼原始森林损失就达6万平方公里[2]。人口压力越来越大,陆地资源消耗居高不下,日趋枯竭,环境被严重污染破坏,资源争夺越来越激烈,人类的生存空间越来越狭小,陷入了自身造成的严重生存危机。工业化产生的全球温室效应,使南北极冰川不断融化,海平面上升,气候骤变,极端气候及自然灾害频频爆发,人类的灾祸接踵而至。面对危机,必须绝

---

[1] [美] Stuart Pimm:《多样性及物种灭绝的速率、分布以及保护》,转引自常旭昊《人类活动导致物种灭绝速度加快1000倍》,2014年6月,人民网(http://www.people.com.cn/)。

[2] 人民网环保频道:《印尼原始森林损失超6万平方公里》,2014年7月(http://env.people.com.cn/n/2014/0704/c1010-25239777.html)。

处逢生，谋求出路，这时，人类不得不把继续生存的希望转向海洋，聚焦于海洋。海洋占据地球表面的71%，不仅有着巨大的物理空间，更蕴藏着丰富的资源和无穷动能，是人类的最大资源宝库，将为摆脱人类生存危机开辟另一个希望世界。海洋被看作未来文明的根本出路，人们不得不重新审视海洋。海洋转为国际角逐的蓝色热土，成为牵动全局的力量，成为举世瞩目的竞争焦点，成为决定各国未来生死存亡的开关等，标志着"海洋世纪"已经到来。

"海洋世纪"有什么特征？至少包括以下七个层面。其一，它是以海洋资源（含动物资源、植物资源、微生物资源、矿产资源和动量能源等）为整个人类主要生存根基的世纪。其二，它是以海洋产业链为核心支撑，突破原有产业整体结构，推动产业转型跨越升级的"产业革命"时代，也是海洋生产力高度发达、产业竞争最为激烈的时代。其三，它是以海洋生态文明为整个人类可持续性发展提供先决性基础和前提的时代。海洋生态环境得以根本改观，人海关系和谐自然，人们乐于"以海为家"，海陆生态系统平衡协调，资源循环可持续发展，海体环境洁净优美，海洋生态文明高度发达。其四，它是海洋高科技时代。它是各类海洋高端技术、尖端专利发明井喷，人的创造潜力最大程度迸发的时代。其五，它是海洋文明、海洋价值和海洋思维支撑引领、释发巨大能量的时代。海洋时代不仅是立足海洋做大做强海洋产业、海洋文化生活极度丰富的时代，更是艺术大繁荣，海洋文化、海洋价值支撑引领时代发展的时代。这个时代是弘扬"博大、包容、和谐、进取"的海洋精神，彰显海洋文明特殊价值，最大限度激发人的创造性，海洋创造力和人的自由解放得到最大限度提升的时代。其六，它是海洋决定未来，促使人类由陆地向海洋空间不断拓展的时代。生命诞生于海洋，人类也不例外。人类得到发展之后要"重返海洋""以海为家"，重返生命摇篮，不断开拓人类的生存空间。其七，它是构建全球人类命运共同体、优化海洋管理、共塑新的价值理念、建立国际海洋新秩序的新的历史阶段。

（二）各国实践：从开发保护到国家战略蓝色化

海洋世纪是各国集中力量打造海洋强国、竞相制造绝对竞争优势的世纪，是海洋硬实力大比拼、海洋软实力争夺战群雄并起的时代。研究世界历史可以发现：整个人类现代化史几乎就是一部海洋文化史。在海权时代之前，几乎没有任何国家、任何民族能称霸全球。而"海权时代"之后，近现代历史舞台上相继崛起的西班牙、荷兰、意大利、英国、美国等世界性大国，无一不是海洋强国，它们通过大航海，殖民拓土，掠夺资源，遏制全球交通，垄断海上贸易。其称霸全球的核心支撑，就是凭借海洋。近些年来西方发达国家间的全球范围内"蓝色圈地"运动，由此引起激烈竞争，愈演愈烈，如北极之争、南极资源开发大追逐、日韩岛屿争端等，无一不显示出海洋的巨大威力。为更好把握主动权，抢占新时代先机，各国纷纷调整战略，制定目标，转变行动，不同程度实现国家战略蓝色化。如美国国会先后发布《21世纪海洋蓝皮书》（2004年）、《美国海洋行动计划》《美国国家海洋政策实施计划》《美国21世纪海权合作战略》等。英国出台《英国海洋条令》。德国出台《德国海洋发展计划》，制定一体化海洋政策等。法国制定《法国南印度洋蓝皮书》。日本也出台诸多政策计划，包括制定《海洋基本法》、"救礁计划"等。例如，冲之鸟礁位于日本本州以南约1700公里，是涨潮有2块岩石、退潮时露出5块岩石，面积仅2.6平方米的一个珊瑚礁，非常不起眼。然而，日本花费几百亿日元筑堤加固、设置气象观测装置等，努力变礁为岛。因为根据《联合国海洋法公约》有关规定，只要保住这一方寸之地不沉没，日本就能拥有其周围43万平方公里的专属海域，比日本本土面积37.7万平方公里还要多出5万多平方公里①。可见，世界对海洋的争夺和控制，已经到了"寸海不让"的地步。纵观世界各海洋大国，其海洋实践轨迹大致都经历这样一个过程：开发、竞争、保护、战略调整、蓝色化。目前在全球范围内，各国都在进行一场没有终点的蓝色实力大比拼或蓝色战略大竞赛。著名海权理论创始人马汉从大量历史事实中总结出结论："所有帝国的兴衰，决定性的因素在于是否控制了海洋。"② 马克思也如是说："对于一种地域性蚕食体制来说，陆地是足够的；但对于一种世界性侵略体制来说，水域就成为不可缺少的了。"这一切，正如早在2500年前古希腊海洋学者狄米斯托克利所预言："谁控制了海洋，谁就控制了世界。"③ 可以说，谁拥有海洋，谁就拥有资源和希望。

（三）21世纪最终综合国力竞争——海洋实力竞争

海洋世纪的到来，使人类的生产、科技、组织、制度、社会、思想等各个领域产生了巨大变革，这种变革的力量是突破性的，作用是长期的，影响是深远的。这种变革及影响悄悄地发生于各行各业、各个领域，在不同行业领域呈现出不同特点，都有各自的规律。这种集聚变革的结果，体现于最高层面，就是海洋综合实力、国家综合实力，即海洋竞争力的塑成。很多国家未雨绸缪，纷纷把眼光投向海洋，把行动重心转向海洋。为在新一轮海洋国际竞争中获取主动权和竞争优势，很多国家特别是发达国家制定海洋战略，发展海洋科技，创新海洋产业，繁荣海洋艺术，激发国民海洋意识，竭尽全力冲刺，提升自身海洋竞争力，为全球竞争提供支撑。然而，由于各国的基础、情况、发展路径及机遇不同，其发展态势及综合实力必将产生差异，决定其在国际竞争整体格局中的地位不同。然而，这种局面是短暂的、容易打破的：每个国家都在集中所有优势，竭尽全力提升海洋竞争力，都在激烈进行海洋硬软实力马拉松竞赛，一旦脚步慢下来了，其他国家就会马上赶超，如此无穷反复，也导致整个格局不

---

① 黄顺力：《海洋迷失：中国海洋观的传统与变迁》，江西高校出版社1999年版，第39—41页。
② [美]马汉：《海权对历史的影响》，安常容等译，解放军出版社2006年版，第159页。
③ [德]马克思：《十八世纪外交史内幕》，人民出版社1979年版，第80—81页。

断处于变动状态。由此可见，21世纪各国的最终综合国力竞争，将是海洋实力竞争、蓝色实力大比拼。

### （四）蓝色激烈竞争的背后实质是海洋文化竞争

21世纪是海洋世纪。海洋世纪的内涵极其丰富，不仅包括海洋环境、海洋资源、海洋产品、海洋工程，以及海洋科技、海洋信息、海洋文化、海洋艺术等，更重要的是它蕴藏的超越物质层面的、代表该时代内涵的各类精神文化。海洋时代世界各国之间的强弱胜负，取决于海洋综合实力的大比拼。而一个国家的海洋综合实力大小，不仅取决于海洋经济、产品、资源、科技等"硬实力"，更取决于决策水平、战略思维、整合团结、进取精神、价值观、创造力等"软实力"。软件依托硬件而存在，硬件也因软件而得以转型提升。随着时代的发展，综合实力的软实力部分发挥的功能价值将远远超出硬件部分，最终占据决定性的地位。因而，在国家综合实力发展布局中，软件即文化软实力将会越来越产生关键性、决定性作用。特别是在当今科技信息时代，产业革命、经济发展取决于技术发明，科技发明和专利是载体，但科技发明和专利取决于人的智慧、创造力，而人的智慧、创造力的土壤源泉则是文化。因而，文化是统筹整体计划、组织社会生产劳动、创造社会产品、协调社会关系的思想根基、指导原则及动力源泉等，是超出物质层面的精神灵魂，是整个社会生产系统中层次最高、最核心的部分。因而，可以说，海洋竞争里层次最高的竞争，是文化的竞争。各种海洋大比拼的背后，世界各海洋大国之间综合国力竞争的背后，实质是海洋文化的竞争。竞争格局和态势发展，最后的成败，不仅取决于装备、技术等硬件，更取决于硬件背后不同操控者的思维、观念、决策水平、整合力、价值观、哲学观、创造力等因素。文化成为决定未来激烈竞争胜败的关键因素。特别值得注意的是，未来时代将为创意时代，当代经济已向创造力经济迈进。在文化决定一切的时代里，海洋时代需要海洋文化的强大支撑。

### 结论 国家战略蓝色化——我国海洋文化遗产上升为国家战略的紧迫性

我国是海洋大国，是世界海洋文明摇篮之一、世界海洋文明圈中的重要一环。我国管辖海域300多万平方公里，从东北鸭绿江入海口起，一直往南抵达广西东兴北仑河入海口，大陆海岸线长达1.8万多公里，岛屿海岸线1.4万公里，500平方米以上的海礁岛屿6500多个[①]，横跨几大自然地理带，跨度之大，为世界少见，成为屹立于世界东方的海洋大国。我国是世界海洋文明的重要发源地之一。浩瀚的蓝色国土、漫长的海岸线，使中华民族先民早在人类社会发展初期，就依赖所处的海洋自然环境

---

① 蔡尚伟：《大力弘扬海洋文化，全面构建海洋战略》，2014年5月，求是理论网（http://www.qstheory.cn/）。

就地获取生存资料，开发利用海洋，开创了中华远古海洋文明。中华民族先民在成千上万年的海洋生产生活实践奋斗中，创造了巨大物质财富，积累了知识经验，创造了灿烂辉煌、震撼人心的海洋文明，推动人类社会不断发展。因而，中华海洋文化遗产数量庞大、璀璨多姿。然而，长期以来国内各界对内陆文化遗产、农耕文化遗产研究较集中，海洋文化遗产长期处于一种被忽略、被遗忘的地位，近几年虽取得蓬勃发展，但相对于数量庞大、亟须抢救保护的海洋遗产来说，研究保护显得杯水车薪。种种薄弱的状况，使这些珍贵的遗产难以抵挡住时代大潮冲击，许多遗产消亡加速，濒危加剧。当前，要集中力量开展抢救保护，扭转局面。特别是在海洋时代到来之时，保护好这些珍贵宝藏，将海洋文化遗产上升为国家战略已极为紧迫，主要原因有以下六点。

### （一）从国际国内背景、时代趋势来看，它是实现中华民族伟大复兴中国梦的力量支撑

21世纪是海洋世纪。随着近300年来的工业化、城市化运动，人口急剧膨胀，陆地资源被掠夺式开采，环境遭污染破坏，许多重要资源已消耗殆尽，人类陷入可怕的生存危机。在陆地资源面临衰竭的巨大危机背景下，海洋被看作未来人类生存发展的根本出路所在。海洋拥有绝对丰富的资源能源和广阔的物理空间，包括鱼类、甲壳类、藻类等，物种达20多万种，食物提供能力相当于全球陆地农产品总量的1000多倍；矿产资源是陆地的1000多倍；各类能源储量丰富，仅我国南海已探明的石油储量为400多亿吨，天然气16万亿立方米，可燃冰地质约700亿吨油当量，远景储量达千亿吨油当量，堪称"第二个波斯湾"[1]。此外，海洋还蕴藏着千千万万的生物基因，是未来提升能量、开拓人类生命极限的源泉。因而，海洋是人类未来生存发展的后备资源，是人类未来生存竞相开发的时代金矿，是战略争夺的"内太空"。谁占有海洋多，谁就拥有大量资源，反之，将面临巨大危机。谁能驾驭海洋，谁就拥有主动权。因而，世界各国特别是发达国家纷纷制定长远战略，想尽一切办法，不惜代价集中优势进军海洋。世界各国激烈竞争的舞台中心，已由陆地逐渐转向海洋。各国在未来激烈竞争中是成是败，关键取决于海洋。中华民族要生存发展，必须依靠海洋，绝不能离开海洋。中华民族要实现伟大复兴，必须首先从海上复兴，从海上崛起。任何蔑视海洋、放弃海洋、忽视海洋的历史虚无主义，将会给中华民族带来极其可怕的灾难后果，最终被历史淘汰。2012年，中共十八大提出建设海洋强国，将经略海洋提升到国家战略的高度，标志着中国正式进入"蓝色时代"，也标志着中国文化将全面转型。要实现海洋强国梦想，必须依托海洋，向海洋要生存空间，关心海洋，经略海洋[2]，以文化为蓝色大国崛

---

[1] 刘赐贵：《坚决扛起建设海洋强国的历史使命》，《求是》2016年第15期。
[2] 习近平：《进一步关心海洋认识海洋经略海洋推动海洋强国建设不断取得新成就》，2013年7月，新华网。

起的支撑引领。因而，中华民族的海洋崛起，首先要从海洋文化复兴开始。海洋文化遗产是海洋文化之精髓，是海洋文化之源、文明之魂、智慧之根、动力之撑。中华民族要实现崛起，就要迅速"充电"，挖掘这些宝贵资源，使中华民族伟大复兴插上腾飞的翅膀，插上蓝色文化的翅膀，迅速崛起。

### （二）从中华文明古国屈辱的近代史来看，它是吸取教训、吸收力量迅速提升海洋竞争力之所迫

我国是世界文明古国，是世界海洋文明摇篮之一。古中国与古巴比伦、古埃及、古印度，并称世界四大文明古国。中国作为拥有数万公里海岸线的泱泱大国，中华民族世世代代居住生活于此，在漫长的历史发展过程中，创造了灿烂辉煌的海洋文化，成为人类海洋文明的主要缔造者之一，铸就了许多世界之最。中华海洋文明源远流长，考古表明早在旧石器时代中国沿海地区就已有了人类活动的足迹。18000年前山顶洞人已使用海蚶壳做的装饰品，中国沿海发现诸多贝丘遗址，7000多年前的河姆渡独木舟及石锛、河姆渡母系氏族时期的雕花水纹木桨、古百越人最早发明的筏（新石器时代）、甲骨文涉海文字的出现，以及珍珠文化、渔业文化、古海上丝绸之路等，都是很好的见证。中华大地同地中海、加勒比等地区一样，都是人类海洋文明的重要发祥地。中华民族不仅早在7000多年前创造了辉煌的航海历史，而且通过持续不断的渔猎大追逐及漫长的航海漂移，把发达的人类文明成果、科学技术带到了美洲和世界各地[1]。诸多史实，足证海洋一直以来都是中华文化的根基和渊源。然而，近代以来，特别是清代以来，由于实行海禁，闭关自守，盲目自大，国力迅速衰败，中国被西方坚船利炮炸开国门，从此中华民族跌入炮火交加、黑暗无边、血泪横飞的痛苦深渊，沦为被侵略、被奴役的对象。据不完全统计，鸦片战争后的百余年间，西方列强从海上入侵中国达84次，入侵舰艇达1860多艘次，入侵兵力累计达47万人次[2]，向中国勒索战争赔款13亿两，中华民族付出了血的代价。由辉煌帝国沦为半封建半殖民地，需要深刻反思。中华的惨败是从海上被突破的，因海洋改变了命运：直接原因是被坚船利炮打开了国门。然而，这种原因是表面性的，装备、技术差距是背后原因，更深层的原因是我们缺乏对坚船利炮这种装备、技术的推崇、热爱和探索，对技术研发嗤之以鼻，甚至视为雕虫小技，对于坚船利炮赖以横行的广阔海洋空间更是缺乏推崇、热爱和探索。缺乏大胆探索的冒险精神，缺乏巨大刺激的尝试欲望，缺乏全球开放的进取精神，因而，惨败命中注定，不可避免。孙中山曾说："世界大势变迁，国力之盛衰，常在海而不在陆，其海上权力优胜者，其国力常占优胜。"也就是说，国家强盛与否，已经取决于海洋实力。为了不重蹈覆辙，今天我们必须吸取历史教训，从根本上重视海洋，

---

[1] 房仲甫、李二和：《中国水运史》，新华出版社2003年版，第25页。
[2] 许华：《近代中国海权问题的历史反思》，载《光明日报》1999年11月19日第6版。

以海洋为支撑，培育海洋产业，创新海洋科技，繁荣海洋文化，提升我国海洋硬软实力。所有这一切，首先必须从观念做起，从文化做起。然而，做强海洋文化，绝不是凭空而起，必须依靠历史积淀，利用已有成果，不断开拓创新。海洋文化遗产是海洋文明的历史积淀，是海洋文化的血脉根基，更是开创未来海洋文明的力量支撑。因此，需要从人类发展的历史高度，守护好这个血脉根基，挖掘海洋文明宝藏，吸收人类一切伟大智慧，转化为巨大动能，急剧提升我国海洋竞争力。

### （三）从国内外巨大差距来看，它是依托海洋文明换思路、推动经济社会转型升级之所迫

历史发展到今天，人类海洋文明已达到相当高的水平，以西方发达国家最为典型。海洋战略越来越成为国家的核心战略，对海洋的探索、开发利用的深度广度不断提升，创新成果持续涌现，科学难关不断突破，不断引发科技革命；科技与产业融合越来越深，海洋新兴产业不断出现，成为新的增长点，产业领域亮点纷呈。就我国来说，沿海地区GDP占全国的60%左右，进出口贸易占全国90%以上。很多战略性海洋新兴产业蓬勃发展，已成为国民经济支柱产业；科技成果喷发，产业技术日新月异。在产业方面，更注重增长质量的提升，更注重人的创造力，不断向智慧产业或文化型产业升级转型。在社会生活和文化领域，我国已有4亿多人聚集至沿海地区，海洋越来越走进人们的生活，成为人们生活的支撑引领：海外投资、海外贸易、海外科技、海外教育日趋火热，滨海居住、滨海休闲、滨海度假、海鲜美食、滨海运动、出国旅游已成为许多人必不可少的生活方式。海洋歌舞、海洋文学、海洋艺术、海洋电影、海洋旅游、海洋探险已成为许多人的高端享受。遨游海洋、探索海洋、探险海洋已不再是遥远的梦想，只需电话订票或手指轻轻一按，即可实现"人在海洋"。世界各类丰富的产品、服务或虚拟世界，轻轻一点，交易即可实现，海洋服务业将引领世界产业发展的新潮流。在精神领域，海洋的高度流动性、开放性、合作性精神越来越渗透进每个人的心灵，创新性、开拓性、冒险性已成为许多人追求的高层价值目标。虽然如此，但相对于已上升至一个新历史阶段的西方发达国家来说，我国仍处于起步阶段、低端水平，不管是在"硬实力"，包括经济、科技、装备、手段、产业结构状况等，还是"软实力"，包括人才、社会文化、生活方式、价值观念、进取精神、研究创新能力等方面，与西方发达国家相距甚远。这种巨大差距对我国参与国际竞争特别不利。为消除差距，必须利用一切资源，调动一切积极因素，迅速提升我国海洋综合实力。海洋文化遗产是千百年来海洋智慧创造的成果，更是海洋时代的未来金矿，是我国急剧提升海洋实力、扭转世界海洋地位劣势的关键密码。因而，必须着眼长远，将经略海洋文化提升到国家战略的新高度。

### （四）从濒危状况及国内外形势来看，它是维护国家主权、捍卫文化身份安全之严峻形势所迫

我国的海洋文化遗产数量丰富、灿烂辉煌，是一座巨型宝藏。这些遗产是中华民族千百年来与海洋互动的生产生活实践成果，是知识、经验、科技、管理等的智慧结晶，是中华伟大创造力的见证。这些遗产是中华民族海洋文明的血脉根基，是中华民族凝聚力、亲和力、感召力的重要源泉。很多遗产或具备某些独特的历史价值、文化价值、艺术价值、社会价值以及科学价值、生态价值、经济价值，或兼备数种价值。很多海洋文化遗产是中华远古先民开发海洋、耕耘海洋、保护海洋的历史见证，不仅具有文化或经济价值，更具备见证中国领土（海）、见证历史、维护中国主权的特殊价值。例如，一些沉船、水下瓷器、南海航道更路经（簿）、古航线图、作业区遗迹、南海海岛珊瑚石庙宇等，是中国先民开发海洋、先占为主和历史拥有的见证；一些古代民俗遗风，如龙图腾、文身、三月三节、铜鼓文化、妈祖文化等，在东南亚及其他地区很多国家也同时存在，形成共同文化带或文化圈，是中华民族历史上生产开发、迁徙、传播、交往活动的见证，是中华民族与东南亚诸多族群共同起源、共同血缘或血缘交融的证据，对于我国与周边国家厘清族群源流关系、增强交流、促进内部认同、推进共同繁荣等，有十分重要的意义。尽管如此，但由于各种各样的原因，包括房地产开发、工业园区建设、港口修建、旅游开发、道路施工、渔场开垦、海水污染，以及各类违法犯罪活动等，使不计其数的海洋文化遗产遭受不同程度损害。有的遗产已经消失，以海洋类非物质文化遗产表现最为明显；有的几乎消失殆尽，有的尚挣扎在濒危的边缘。一些外在危险因素长期潜伏，对海洋文化遗产安全构成隐患。例如，过去菲律宾非法侵占我国南沙岛礁蓄谋已久，特别是近些年来，受西方国家指使，组织民间力量深入我国管辖海域，对我国的水下遗产包括沉船、陶瓷等蓄意破坏。周边个别国家不仅妄图侵占中国南海领海，开采油气，安装导弹，在水下遗产领域也蓄谋制造混乱。水下遗产这些宝贵财富一旦损失，则永远无法恢复，将会给国家带来无可挽回的损失，将对国家主权的捍卫产生巨大影响等。因而，维护海洋权益、抢救海洋文化遗产，已刻不容缓，必须采取行动，加大力度，从时代需要的角度将海洋遗产保护上升为国家战略（见图0-2）。

### （五）蓝色遗产战略，为解决我国现代化系列现实问题及重大问题之所需

现代化建设不仅是经济建设，更是经济建设、社会建设、文化建设、生态建设和政治文明建设的高度统一，五者结为一体，相互渗透，相互影响。虽然领域各有分工，但总的来说，现代化建设的总目标，是为了解决人的现代化问题，解决人在现代社会的全面发展。而人的本质是社会性动物。马林诺夫斯基说："所谓的人，就是躺在自己

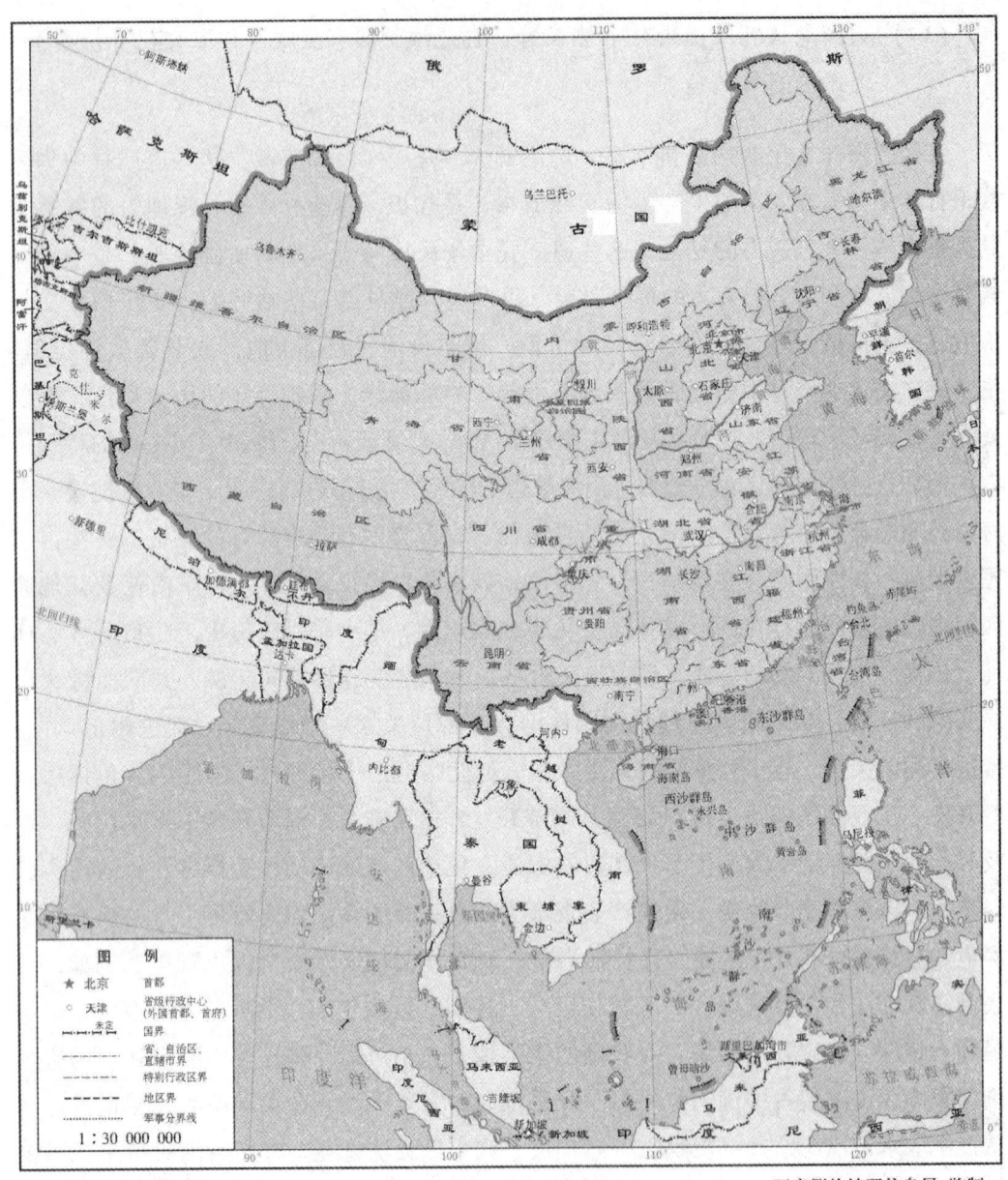

图 0-2　中华人民共和国全图

所编织的意义之网里的特殊动物。"[①] 人之所以成为人，是因为劳动的创造，更是因为文化的力量。以马克思的社会结构论来分析，文化属于意识形态，是社会结构中层次最高、最活跃、最具能动性的部分。抓好这个上层建筑，可反作用于经济基础，推动经济基础和其他领域的建设，促使许多关键性矛盾解决。近些年来，我国现代化建设步伐加快，取得举世瞩目的重大成就，面貌日新月异，但也暴露出不少问题。特别是

---

① [英]马林诺夫斯基：《文化论》，费孝通译，台湾商务印书馆2016年版，第43页。

在我国的沿海地区,虽然经济发展速度惊人,但文化建设、社会建设严重滞后,造成城乡二元分化严重、外来务工、犯罪、吸毒、抢劫、流行病、污染等社会问题,很多问题难以根治。在海洋时代到来的今天,我国的经济社会结构必将面临重大转型的问题,必将经历一个阵痛期,产生出许多现代化重大现实问题。文化的问题最终还需要靠文化来解决,在这时未雨绸缪,从文化的角度来分析预测,来预防并解决未来可能出现的危机,已变得非常紧迫。在科技信息时代,人是最宝贵的资源,尤其是人的才智和创造力。现代化建设的核心,是要实现人的全面发展,实现人的最大价值。海洋文化遗产是人类的智慧结晶,加强海洋文化遗产抢救挖掘,不仅是解决产业支撑的问题,更关系到深层的族群身份问题、资源结构问题、传统与现代融合问题、民心问题,涉及千家万户的小康生活幸福指数问题、精神素养问题,最重要的是关系到人的全面发展和社会进步的核心支撑问题。在当代,文化在综合国力中的地位越来越凸显,越来越成为国家凝聚力、创造力和竞争力的源泉。这时,撬动海洋文化的一切能量关系重大。因此,要从国家战略高度,抓好蓝色文化遗产的抢救保护与弘扬振兴。

### (六)从国家长远战略来看,它是培育海洋意识,推进21世纪海上丝绸之路共筑、提升国际感召力、拓展生存空间的支撑所在

从历史发展趋势来看,和平、发展、共赢将成为世界发展的主题。各国间的竞争也会存在并更加激烈,但焦点将集中于经济、科技和文化,会越来越"软"化。以知识创新为核心,世界已由资本权力时代进入了知识权力时代、智慧创新时代、文化权力时代。文化的竞争是层次最高的竞争。海洋时代各大国之间的综合实力大比拼,将是海洋文化的大比拼。谁的文化强,越具有创新性,越充满活力,产生的影响力、感召力和竞争力就越强,就容易制胜。反之,就容易被掩盖、侵犯和同化泯灭,最终将消失于历史大潮之中。因而,文化具有战略决定性作用。亨廷顿甚至将未来世界秩序构建的基础不是归结于政治即国家的界限,也不是经济、科技,而是归结于文明的界限,即各大文明之间格局分布和力量对比变化,足见文化的重要地位。就我国的未来形势来分析,海洋文化建设任务紧迫:海洋时代的到来,需要海洋文化的力量支撑;海洋强国战略的实施,离不开海洋文化的内层塑造。从产业来说,要由"中国制造"向"中国创造"转化,实现"科技强国""人才强国""文化强国",更需要依靠文化的创造或改造。做强做大海洋产业,发展战略性新兴产业,推动产业转型升级,必须依靠海洋文化的 DNA。要统一目标、凝聚力量、攻坚克难,必须依靠文化的力量;要深化改革,激发各方面的创造活力,必须依靠文化。21世纪海上丝绸之路是我国面向全世界深化开放合作的宏伟蓝图,是我国实施海洋强国的重大决策。它面向全世界,开展更全领域、更高目标、更深层次的开放合作,推动沿线国家合作共赢,通过深度交融、互联互通、文明互鉴、共同发展、共同繁荣,最终打造利益共同体、命运共同

体和责任共同体①。而在这宏伟蓝图实施过程中,文化是灵魂,始终起到战略性决定作用和凝聚作用。要复兴中华海洋文明,推进21世纪海上丝绸之路建设,必须以文化、理想、信念为支撑,倡导新时代海洋文明,建立平等互助合作共赢的新价值体系,共筑人类命运共同体,促进人类共同繁荣。海洋文化遗产是海洋文化的根基,是精髓和灵魂。在海洋强国的宏伟目标指引下,必须尽最大可能吸收一切有利因素,挖掘一切潜能,激发一切活力,使文化遗产这个过去社会的支撑再次"活"起来,纳入国家海洋综合实力体系建设,推动国家长远战略实现,重铸中华海洋文明辉煌史。因此,必须将海洋文化遗产保护上升为国家战略,推动国家战略蓝色化。

---

① 国家发展改革委、外交部、商务部2015年3月28日联合发布:《推动共建丝绸之路经济带和21世纪海上丝绸之路的愿景与行动》,新华网(http://www.xinhuanet.com/)。

# 第一章 环北部湾海洋文化遗产的特殊性
## ——文化艺术宝藏（上）

### 第一节 环北部湾的重要性

#### 一 环北部湾范围界定

（一）北部湾地理范围

北部湾，英文名称"Beibu Gulf"，旧称东京湾，位于我国南海的西北部，是指中国海南岛、雷州半岛和广西壮族自治区及越南社会主义共和国之间的海湾，总面积约12.8万平方公里。北部湾是一个半封闭性的大陆架海域，东临我国的雷州半岛和海南岛，北临广西壮族自治区，西临越南，背靠泰国、老挝、柬埔寨，南接南海，与马来西亚、新加坡、文莱、菲律宾和印度尼西亚等国家相望，交通便利，地理位置特殊（见图1-1、图1-2、图1-3、图1-4）。

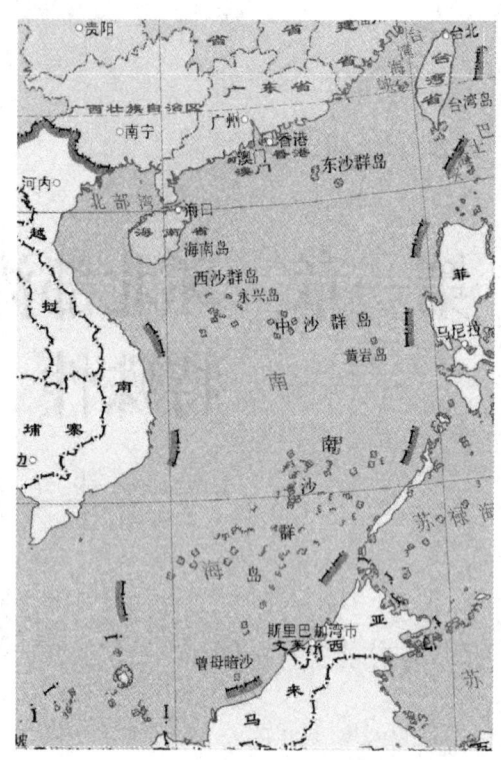

图 1-1 北部湾地图　　　　图 1-2 北部湾南海区位图

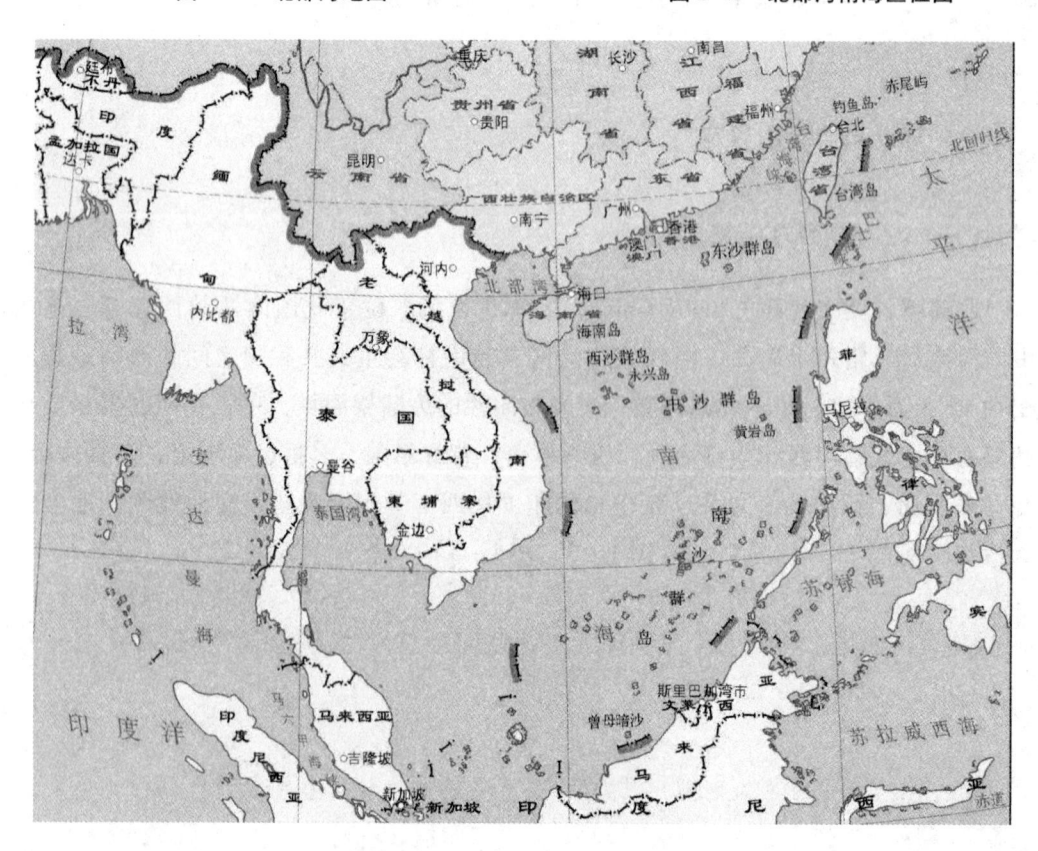

图 1-3 北部湾周边国家分布图

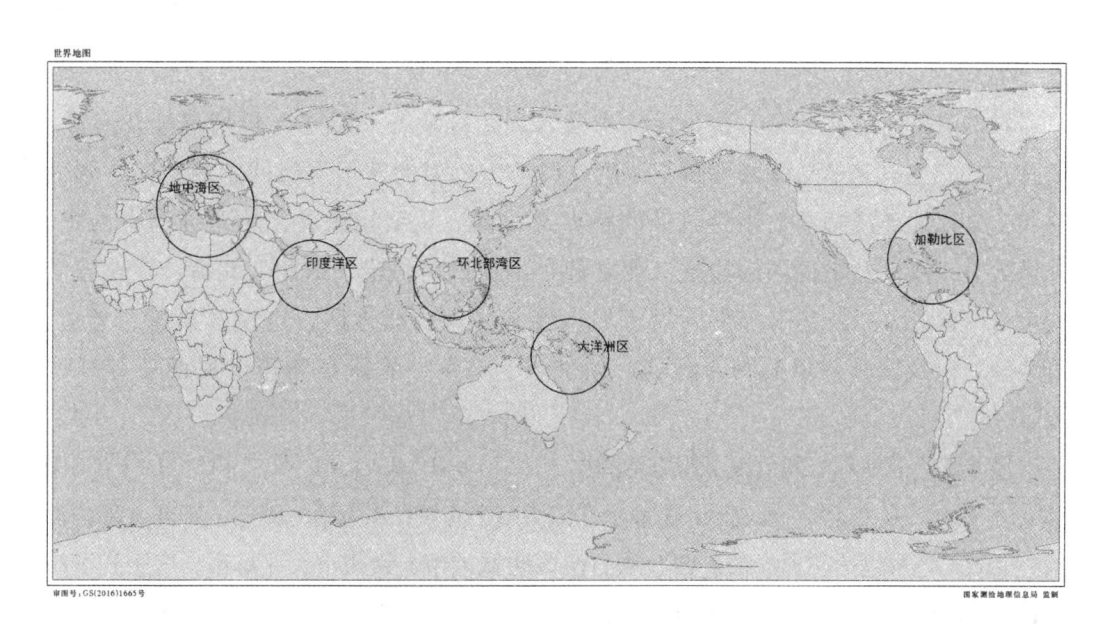

图 1-4 北部湾世界区位图

北部湾三面陆地环抱，全部处在大陆棚上。大陆棚宽约130公里，平均水深42米，水深由岸边向中央区域逐渐加深。由于只有南流江、红河等注入，河流不多，夹带入海湾中的泥沙较少。海底比较单纯，属于新生代大型沉积盆地，沉积层厚达数千米，石油和天然气蕴藏相当丰富。北部湾渔业资源丰富，自古以来为著名的渔场。2004年6月25日，中越划定北部湾边界，通过了《北部湾划界协定》（见图1-5）。北部湾主要港口有中国的防城港、钦州港和北海港，茂名的水东港、博贺港，海南的海口港、洋浦港，以及越南的边水、海防等。

钦州港　　　　　　　　　　北海港

图 1-5 北部湾划界示意

(二) 环北部湾空间范围

本书研究的环北部湾，是指北部湾及其周边区域若干圈层（包括陆地及海洋）的总和。它是以北部湾海域为圆心，向四周产生辐射的若干层级的不规则同心圆的总和，是以北部湾海洋文化为纽带的跨界文化圈。从结构来看，环北部湾有内核、外缘之分，既涉及中国国内段的广西壮族自治区的防城港、钦州、北海，广东省湛江市，海南省，以及越南东部的沿海城市及地区等内核地区，也涉及泰国、老挝、柬埔寨，以及隔海相望的马来西亚、新加坡、文莱、菲律宾和印度尼西亚等外缘地带。

环北部湾的地理空间范围可用以下圈层 A［1］+B［3+1+1+x］+C［9+y］+D［8+n］+E［1+1+8］来表示：A 表示北部湾整个海域；B 为第一圈层，即环北部湾的核心区域，范围包括中国段的广西壮族自治区防城港市、钦州市、北海市，广东省湛江市，以及海南省全境；国外段（x），主要为越南社会主义共和国毗邻北部湾的城市或地区，包括芒街、海防、宁平、清化、荣市、同海、永灵等地市；C 为第二圈层，即环北部湾的直接内缘区域，即中国国内段广西壮族自治区的南宁市、玉林市、崇左市，以及广东省的茂名市；国外段，主要为越南毗邻北部湾的非沿海地区（y）；D 为第三圈层，属间接的内缘地区，包括广西、广东全境，以及云南省、贵州省、湖南省、湖北省、重庆市、四川省；国外段为越南其他区域，以及背靠越南的周边国家（n）；E 为第四圈层，属外缘区域，主要指在直接辐射范围内的广阔区域，涵盖中国的中原地区及东部沿海地区，背靠北部湾的泰国、老挝、柬埔寨，以及隔海相望的马来西亚、新加坡、文莱、菲律宾和印度尼西亚等弧形外缘地带。

处于第一、二圈层内的越南区域，是环北部湾的内核；而处于第四圈层的诸多国家区域，是环北部湾的重要组成部分，区域内东盟国家有各类港口 100 多个，为绝不可或缺的一环。但因本项目跨国调查能力、语言沟通、技术手段、出国审批、人员团队、时间精力等严重不足，无力顾及国外部分，更无法前往越南及其他东南亚国家调查，只能留待专家学者以后填补空白，在此特别说明。因而，为突出重点，本书所指的"环北部湾"，仅限于第一、二圈层的中国国内地段，具体包括广西壮族自治区的防城港市、钦州市、北海市，及南宁、崇左和玉林；广东省湛江市、茂名市，以及海南省全省，即"8 市 1 省"。国内其他地区，以及越南等国外部分暂不涉及。环北部湾的区域范围如表 1-1、图 1-6 所示：

表1-1　　　　　　　　　　环北部湾沿线城市行政区一览表

| 省 | 市/地 | 下辖区县或镇名称 | 区县数 | 人口(万) | 备注 |
|---|---|---|---|---|---|
| 广西部分 | 南宁市 | 兴宁区、江南区、青秀区、西乡塘区、邕宁区、良庆区、武鸣区;横县、宾阳县、上林县、马山县、隆安县;南宁高新技术产业国家级开发区、南宁经济技术国家级开发区、广西-东盟经济技术国家级开发区 | 共7区5县,3个国家级开发区 | 740.23(2015年),聚居11个民族,壮族55% | 内缘区 |
| | 玉林市 | 玉州区、福绵区、北流市、容县、陆川县、博白县、兴业县、玉东新区,共108个乡镇 | 共1市2区4县,1新区 | 717.32(2016年) | 内缘区 |
| | 崇左市 | 江州区、扶绥县、大新县、天等县、宁明县、龙州市、凭祥市 | 共1市2区4县 | 245.37(2012年)壮族占88.5% | 内缘区 |
| | 防城港 | 防城区、港口区、上思县、东兴市,辖24个乡镇,2个街道办事处,284个村委会和14个居委会 | 共2区1县1市 | 108.84(2015年),少数民族占48%,壮族占39.7% | 核心区 |
| | 钦州市 | 灵山县、浦北县、钦南区、钦北区,设钦州港经济技术开发区和三娘湾旅游管理区。辖57个镇、7个街道办事处、98个社区、932个村委会 | 共2区2县 | 404.10(2015年) | 核心区 |
| | 北海市 | 海城区、银海区、铁山港区、合浦县,设涠洲岛管委会。共21个镇、2个乡、7个街道办、342个村委会、84个社区居委会 | 共3区1县 | 172(2016年) | 核心区 |

续 表

| 省 | 市/地 | 下辖区县或镇名称 | 区县数 | 人口(万) | 备注 |
|---|---|---|---|---|---|
| 广东部分 | 湛江市 | 赤坎区、霞山区、麻章区、坡头区、遂溪县、徐闻县、雷州市、廉江市、吴川市 | 共4区2县3市 | 727.3(2016年) | 核心区 |
| | 茂名市 | 茂南区、电白区、高州市、化州市、信宜市。设滨海新区、水东湾新城、高新技术产业开发区 | 共2区3市 | 757.69,侨胞60多万人(2012年) | 内缘区 |
| 海南部分 | 海口市 | 秀英、龙华、美兰、琼山,辖21个街道、22个镇,共43个乡级政区 | 共4个区 | 917.13(2016年) | 核心区② |
| | 三亚市 | 吉阳区、崖州区、天涯区、海棠区 | 4个区 | | |
| | 三沙市① | 西沙群岛、中沙群岛、南沙群岛的岛礁及海域 | 三大群岛及海域 | | |
| | 儋州市 | 那大镇、白马井镇、木棠镇、王五镇、雅星镇、大成镇、中和镇、峨蔓镇、南丰镇、兰洋镇、和庆镇、海头镇、排浦镇、东成镇、光村镇、新州镇 | 共16个镇 | | |
| | 其他县级市及县 | 文昌市、琼海市、万宁市、东方市、五指山市,定安县、屯昌县、澄迈县、临高县,白沙黎族自治县、昌江黎族自治县、乐东黎族自治县、陵水黎族自治县、保亭黎族苗族自治县、琼中黎族苗族自治县;洋浦开发区 | — | | |

① 三沙市由280多个岛、沙洲、暗礁、暗沙和暗礁滩及其海域组成,陆地面积约10平方公里,海域约200万平方公里。

② 海南省地形:紧邻北部湾的县市含海口市、澄迈县、临高县、儋州市、昌江黎族自治县、东方市、乐东黎族自治县、三亚市、三沙市等9县市。背靠北部湾的县市:五指山市、保亭黎族苗族自治县、琼中黎族苗族自治县、白沙黎族自治县、琼海市、定安县、文昌市、万宁市、屯昌县、陵水黎族自治县。

第一章 环北部湾海洋文化遗产的特殊性

**北部湾经济区**
面积72755平方公里
常住人口1990.52万
2012年DGP5910.17亿
人均GDP29546元

北部湾经济区6个地级市，3个县级市

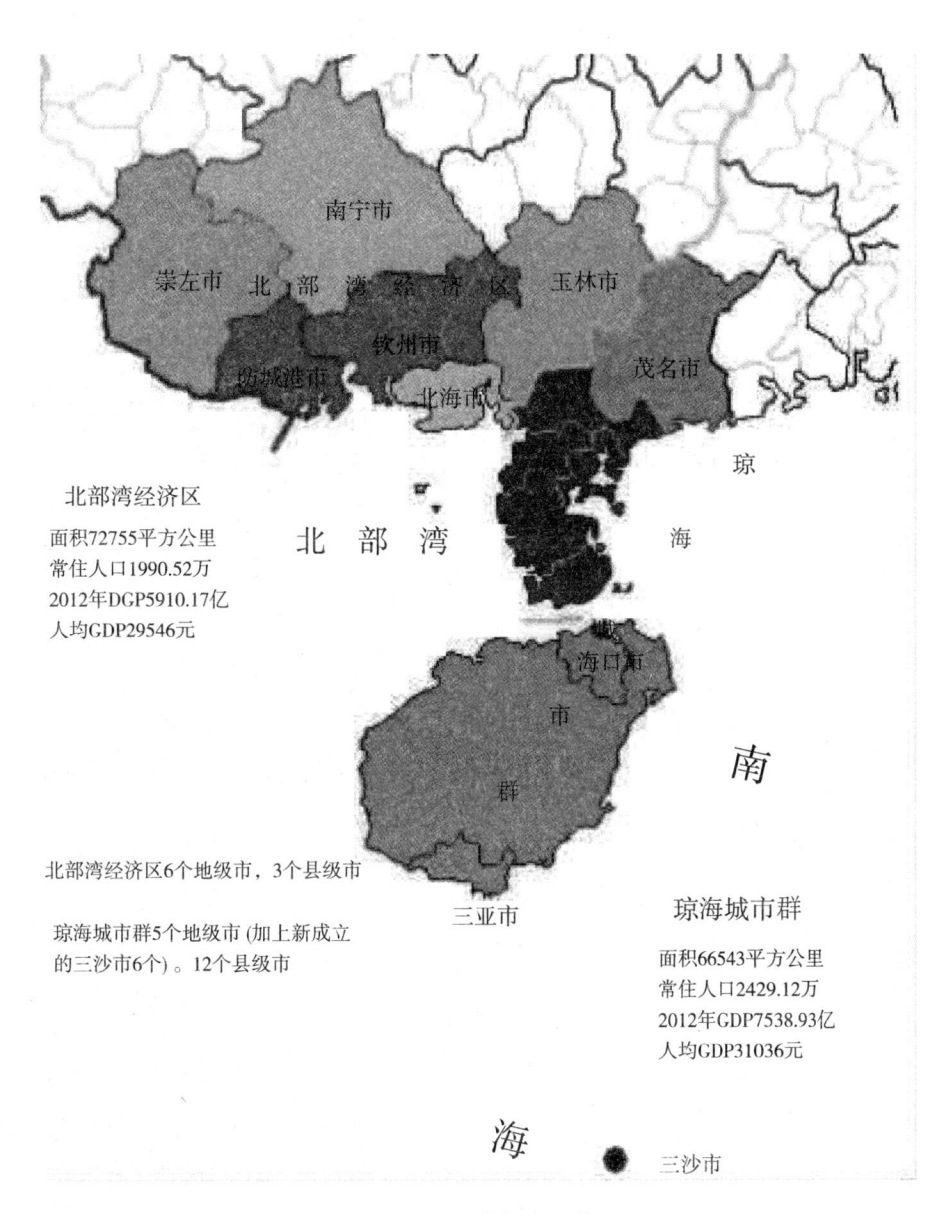

琼海城市群5个地级市（加上新成立的三沙市6个）。12个县级市

**琼海城市群**
面积66543平方公里
常住人口2429.12万
2012年GDP7538.93亿
人均GDP31036元

● 三沙市

图1-6 环北部湾区域图

环北部湾的概念，既与北部湾（广西）经济区①、泛北部湾经济合作区②有一定的空间交叉重合，但也有着更为严格的界限区别。

---

① 北部湾（广西）经济区位于广西壮族自治区南部，位于东经107°22′—109°51′、北纬21°27′—24°3′，包括广西的南宁、北海、钦州和防城港四市，同时将玉林、崇左两市的交通和物流纳入规划发展布局，即"4+2"，总面积约为42670平方公里，人口2100万人（2013年）。北部湾（广西）经济区海岸线长1595公里，滩涂500平方公里，海域面积约13万平方公里。

② 泛北部湾经济合作区包括中国、越南、菲律宾、马来西亚、新加坡、印尼、文莱等国家，是世界港口富集区，区域内东盟国家共有各类港口100多个，其中印尼40多个，马来西亚33个，越南43个，菲律宾24个，辐射性强，涉及面广。

· 35 ·

## 二 自然条件

环北部湾（中国段）位于东经106°33′—119°10′，北纬3°20′—23°32′，区域面积约226.3万平方公里（陆地面积132979.5平方公里，海域面积约213万平方公里），海岸线约5559.36公里。地形以冲积平原、丘陵和低山为主（见表1-2）。

表1-2　　　　　　　　　　环北部湾自然概况一览表

| 区域 | 经度纬度 | 陆地面积（平方公里） | 管辖海域（平方公里） | 海岸线（公里） | 滨海湿地（公顷） | 岛屿数（个） | 地质状况及典型地貌 |
|---|---|---|---|---|---|---|---|
| 南宁市 | 东经107°45′—108°51′，北纬22°13′—23°32′ | 22112 | 非靠海 | — | — | — | 属珠江流域，有郁江、右江、左江等。典型地貌有青秀山、大明山、龙虎山、龙山、三十六弄—陇均等 |
| 玉林市 | 东经109°39′—110°18′，北纬22°19′—23°01′ | 12838 | 非靠海 | — | — | — | 地处桂东南丘陵台地，境内有江河72条，平原占17.4%，丘陵49.4%，山地33% |
| 崇左市 | 东经106°33′—108°6′，北纬21°36′—23°22′ | 17440（其中边境线533公里） | 非靠海 | — | — | — | 地势由西北西南向东倾斜，多丘陵平原，以泥盆纪、二叠纪和三叠纪为地质基层，流域集水面积200平方公里以上的河流31条 |
| 防城港市 | 东经107°28′—108°36′，北纬20°36′—22°22′ | 6238.5 | 1916 | 552.93km | 54709.61 | 海岛284个，其中无居民岛282个 | 全市属中低山及丘陵区，中间高，典型地貌有江山半岛①、珍珠湾、金滩、京族三岛，十万大山。陆地边境线230多公里 |

---

① 江山半岛，海岸线延绵32公里，海滩最宽处约2.8公里，最长达5公里。

续 表

| 区域 | 经度纬度 | 陆地面积（平方公里） | 管辖海域（平方公里） | 海岸线（公里） | 滨海湿地（公顷） | 岛屿数（个） | 地质状况及典型地貌 |
|---|---|---|---|---|---|---|---|
| 钦州市 | 东经107°27′—109°56′，北纬21°35′—22°41′ | 10895 | 1838 | 599.91 | 51370.03 | 大小岛屿294个（有居民岛6个） | 茅尾海、三娘湾、月亮湾、龙门群岛、七十二泾、沙督岛、麻兰岛、六峰山、王岗山 |
| 北海市 | 东经108°50′45″—109°47′28″，北纬20°26′—21°55′ | 3337 | 3132 | 553.67 | 滨海湿地101149.9 | 68个 | 地势从北向南倾斜，境内大小河流290多条，典型地貌有银滩、涠洲岛、斜阳岛、星岛湖、山口红树林等 |
| 湛江市 | 东经109°31′—110°55′，北纬20°—21°35′ | 13260 | 20000 | 2043 | 滩涂490000公顷 | 东海岛、硇洲岛等140多个岛屿 | 市境大部分由半岛和岛屿组成，典型地貌雷州半岛、金沙湾、吉兆湾、雷州湾、硇洲岛、特呈岛、湖光岩 |
| 茂名 | 东经110°19′—111°41′，北纬21°22′—22°42′ | 11459 | 75 | 迂回海岸线220公里 | — | 岛屿12个 | 地势由东北向西南依次为山地、丘陵、台地、平原，以沙坝泻湖海岸体系为主 |
| 海南省 | 东经107°50′—119°10′，北纬3°20′—20°18′ | 35400 | 2000000 | 1823 | 湿地5类18型，总面积32.00万公顷 | 600个岛屿、礁、滩和绿洲 | 全岛四周低平，中间高，入海河流154条，港湾84处。典型地貌有二沙群岛、曾母暗沙、亚龙湾、天涯海角、呀诺达雨林等 |

环北部湾西括越南，北经广东省和广西壮族自治区抵达内地，东跨雷州半岛、海南岛至菲律宾，南至马来西亚、文莱、印度尼西亚等国家，背接泰国、老挝、柬埔寨等东南亚国家。独特的自然区位优势，使这里与东盟国家陆海天然相连，水陆交织，血脉相通。自古以来，这里成为中国最早的古海上丝绸之路始发港、我国西南最便捷的出海大通道。不管是从中国中原地区还是东部沿海出发，由此去马来西亚、新加坡、印度尼西亚、菲律宾等东南亚国家，以及印度、斯里兰卡、西亚、北非和地中海周边

国家地区，海上航线距离最近，交通最为便捷。因而，自古以来这里成为中国对外开放、传播友谊和走向世界的前沿地带和重要门户。随着开放的加快，今天这里处于我国华南经济圈、西南经济圈和东盟经济圈的结合部，开放桥头堡的地位更为凸显。

### 三　气候状况

环北部湾地处低纬度地带，北回归线横贯北部。其北部中低山及丘陵地带夏季长且高温多雨，冬季温暖干燥，属南亚热带季风气候；广西防城港、钦州、北海、广东雷州半岛冬无严寒，夏无酷暑，温、光、雨源充沛，属于典型的南亚热带海洋性季风气候；海南总体属于典型的热带海洋性气候。这里太阳辐射强烈，年平均日照数约1700—2700小时，年平均气温较高，均为20℃以上，年降水量丰富。海水盐度方面，其中海南夏季为29.8—34.29，冬季31—33.9，酸碱度约为8.3；海水透明度4.5—20米，由北向南渐增[①]。独特的南海区位及自然条件，使环北部湾时常遭受热带风暴袭击，每年约有5次台风经过。

### 四　资源物产

环北部湾地理位置特殊，海洋鱼类、虾类、螺类、贝类、珊瑚、藻类种类繁多，动物、植物、矿产品类丰富，各类景区景点、自然保护区等多种多样，各类资源数据大体如表1-3至表1-11所示。

表1-3　　　　　　　　　　　　环北部湾海洋动物资源

| 地市/省 | 物种清单（含海鱼、虾类、蟹类、螺类、贝类、海蛇类、珊瑚、头足类等） |
|---|---|
| 南宁 | 非靠海，不纳入统计范围 |
| 崇左 | 非靠海，不纳入统计范围 |
| 玉林 | 非靠海，不纳入统计范围 |
| 防城港 | 海鱼500多种，虾类200多种，蟹类20多种，贝类近100种，头足类近50种，其他略 |
| 钦州 | 20米等深线内有海鱼326种，主要经济鱼类20余种；虾类35种，蟹类191种，螺类143种，贝类178种，头足类17种，其他种类略 |
| 北海 | 登记海洋动植物共1500多种，其中浮游动物109种，底栖生物832种，滩涂生物47科140种。主要海鱼500多种，虾类230种，药用海蛇20种，珊瑚5目18科22属至少66种，其他种类略。珍稀物种：海牛（儒艮，俗称"美人鱼"）、海马、中国鲎等。 |

---

① 张福将、张慧：《中国海军百科全书》（上册），海潮出版社1998年版，第39页。

续 表

| 地市/省 | 物种清单(含海鱼、虾类、蟹类、螺类、贝类、海蛇类、珊瑚、头足类等) |
|---|---|
| 湛江 | 海鱼超过1000种,经济鱼类520种;贝类547种,虾类28种,藻类10多种,潮间生物1500多种 |
| 茂名 | 域内有鱼类、虾类、蟹类、贝类多种,此外有海胆、海星、海蜇等海洋生物140多种 |
| 海南省 | 海鱼超过1000种,经济鱼类600种以上;虾类17种,贝类45种,主要海参8种、海龟5种,珊瑚共分110和5亚种,分属13科,34属和2亚属①。其他种类略 |
| 汇总 | 北部湾有记录的生物达7390多种,其中鱼类1000多种,虾类200多种,头足类近50种,蟹类190多种,有种类众多的贝类和其他海产动物、藻类等,成为世界上海洋生物多样性最丰富的地区之一。仅广西沿海20米等深线内,海洋生物1766种,含海洋植物179种,动物1588种②,已知鱼类500多种,大宗经济鱼类30多种③ |

表1-4　　　　　　　　　　环北部湾非海洋动物资源

| 地市/省区 | | 非海洋动物资源种类统计清单 |
|---|---|---|
| 广西壮族自治区 | 南宁 | 野生脊椎动物有31目90科208属272种,其中两栖类19种,爬行类42种,鸟类151种,哺乳类60种(截至2012年年底) |
| | 崇左 | 共有陆生野生脊椎动物4纲34目696种,其中国家一级重点保护动物15种,国家二级重点保护动物88种,自治区级重点保护动物112种。白头叶猴约120群937只 |
| | 玉林 | 有陆生脊椎野生动物368种,其中国家一级重点保护野生动物1种,国家二级重点保护野生动物21种;广西重点保护的野生动物有59种 |
| | 防城港 | 共有陆生野生脊椎动物4纲34目92科255属412种,含兽类79种,两栖类34种,爬行类69种,鸟类230种。其中,珍稀物种国家一级保护6种,二级59种。被誉为"中国白鹭之乡"的白鹭种群数30万只以上 |
| | 钦州 | 共有陆生野生脊椎动物76科271种,含哺乳类62种,爬行类21种,两栖类7种,鸟类186种(2014年数据) |
| | 北海 | |

---

① 海南省珊瑚的主要种类有滨珊瑚、蜂巢珊瑚、角状蜂巢珊瑚、扁脑珊瑚等巨大珊瑚礁块体,以及成片生长的鹿角状珊瑚、牡丹珊瑚、陀螺珊瑚、杯形珊瑚等。珊瑚资源主要分布在清澜至博鳌岸段、亚龙湾野猪岛岸段、洋浦湾至峻壁角岸段、三亚岸段、儋县岸段和临高县岸段,以及西沙群岛、南沙群岛、中沙群岛珊瑚礁段。
② 其中包括原索动物1181种,脊椎动物406种。
③ 广西壮族自治区通志馆编:《广西概况》,广西人民出版社1995年版,第319—320页。

续 表

| 地市/省区 | | 非海洋动物资源种类统计清单 |
|---|---|---|
| 广东 | 茂名 | 野生脊椎动物5纲27目85科225种,其中国家重点保护动物20种,国家一级保护动物有鳄蜥、巨蜥、蟒蛇和云豹等 |
| | 湛江 | 脊椎野生动物种类有100种以上。主要爬行动物纲有鳖、龟、蛤蚧、马鬃蛇、金环蛇、南蛇、银环蛇、眼镜蛇、蟒蛇等;鸟纲有禾花雀、毛鸡、斑鸠、野鸡、鹧鸪等 |
| 海南 | 海南省 | 共有陆生野生脊椎动物660种,含爬行类104种、哺乳类82种(含兽类21种),两栖类37种,鸟类344种。其中,国家一级重点保护野生动物25种,二级重点保护动物98种。在国家重点保护的陆栖脊椎动物中,有23种为海南特有 |

表1-5　　　　　　　　　　　　环北部湾植物资源

| 地市/省 | 野生植物 | 红树林① | 被子植物 | 裸子植物 | 蕨类植物 | 乔木和灌木 | 国家珍稀物种 | 森林覆盖率(%) |
|---|---|---|---|---|---|---|---|---|
| 南宁 | 209科764属3000余种 | 非靠海,无 | 160科671属1755种 | 7科9属18种 | 42科84属250种 | 600种以上 | — | 47.66 |
| 崇左 | 234科1123属3071种 | 非靠海,无 | — | — | — | — | 国家一级保护9种,二级32种;自治区级183种 | 54 |
| 玉林 | 230科1170属2896种 | 非靠海,无 | — | — | — | — | — | 60.49 |
| 防城港 | 230科926属2247种 | 2390.2公顷,10科13属18种 | 191科840属2080种 | 8科9属16种 | 31科77属151种 | 1500多种 | 国家一级保护植物3种,二级13种 | 57.54 |
| 钦州 | 150科476属765种 | 15科22种 | 128科441属723种 | 6科10属11种 | 16科25属31种 | — | — | 54.2 |

① 红树林,滨海特殊物种,生长于海水中,涨潮时被淹没,退潮时露出水面。与世上植物一般是籽生不同,红树林为胎生植物,有"海底森林""海洋之肺"之称。

续 表

| 地市/省 | 野生植物 | 红树林 | 被子植物 | 裸子植物 | 蕨类植物 | 乔木和灌木 | 国家珍稀物种 | 森林覆盖率（%） |
|---|---|---|---|---|---|---|---|---|
| 北海 | 浅海浮游植物307种 | 11科14属14种 | 浮游植物69种 | — | — | — | — | 36.3 |
| 湛江 | 湛江湾浮游生物8门92属231种 | — | — | — | — | — | — | 45.8 |
| 茂名 | — | — | — | — | — | — | — | 59.4 |
| 海南省 | 维管束植物4622种，海藻类162种（药材植物3100多种①） | — | — | — | — | 2200余种 | 国家级珍稀树木91种，国家级保护植物55种 | 62 |

表1-6　　　　　　　　　　环北部湾主要物产和土特产

| 地/省 | 各地市/省主要特产 |||||||
|---|---|---|---|---|---|---|---|
| 南宁 | 全国粮食生产先进市 | 中国茉莉之乡 | 淮山之乡 | 酸梅之乡 | 鱼生、莲藕 | 香芋 | 壮锦、绣球 | 有40余种亚热带水果 |
| 玉林 | 南方药都、中国荔枝之乡 | 中国桂圆之乡、沙田柚之乡 | 中国三黄鸡之乡 | 中国绿色动力之都 | 世界裤子之都（福绵） | 中国编织工艺品之都 | 中国铁锅之都（陆川） | 世界日用陶瓷之都 |
| 崇左 | 中国红木之都 | 中国糖都、甘蔗 | 中国木棉之乡 | 中国白头叶猴之乡 | 苦丁茶之乡 | 龙眼、荔枝 | 天等辣椒 | 波萝蜜 |

---

① 海南的维管束植物种类占全国种类的15%，其中有491种系海南特有种，有48种被列为国家一、二级重点保护植物。

续表

| 地/省 | 各地市/省主要特产 | | | | | | |
|---|---|---|---|---|---|---|---|
| 防城港 | 白龙珍珠 | 金花茶之乡 | 肉桂之乡 | 八角之乡 | 火龙果 | 香糯 | 东兴红薯 | 玉桂 |
| 钦州 | 海豚之乡 | 大蚝之乡 | 对虾之乡 | 青蟹之乡 | 石斑鱼 | 荔枝之乡、香蕉之乡 | 奶水牛之乡 | 坭兴陶之都 |
| 北海 | 南珠（最佳养殖面积8287公顷） | 儒艮（美人鱼）、文昌鱼、中国鲎 | 沙虫、海参、石斑鱼、乌贼 | 大蚝、对虾、青蟹、石斑鱼四大名产 | 文蛤、日月贝、鱿鱼、墨鱼 | 香山鸡嘴荔、龙眼 | 贝雕、爆竹烟花 | 中国"四大渔场"之一 |
| 广东湛江 | 海鲜、对虾 | 珍珠 | 菠萝之乡 | 香蕉之乡 | 芒果之乡 | 红橙之乡 | 土猪 | 糖蔗、剑麻、桉树 |
| 茂名 | 水果之乡 | 荔枝 | 龙眼 | 香蕉 | 橘红 | 罗非鱼 | 芥菜 | "岭南佳果" |
| 海南省 | 椰子、槟榔、咖啡、橡胶 | 屯昌黑猪、琼中绿橙、永兴黄皮 | 油棕，三亚芒果、澄迈福橙 | 永兴荔枝、儋州蜜柚、胡椒、剑麻 | 文昌鸡、和乐蟹、海盐 | 粽子、保亭树仔菜、香茅、珍珠 | 番石榴、红毛丹、腰果、可可 | 天然药库 |

表1-7　　　　　　　　　　环北部湾主要矿产及能源

| 地市/省 | 各类主要资源及主要矿种 |
|---|---|
| 南宁 | 已发现矿产63种,共有矿床、矿点590处。主要矿产保有资源储量:煤炭60510.299万吨、铁矿2562.84万吨、钛铁矿($TiO_2$)631664.31吨、锰2766.6万吨、钒矿($V_2O_5$)1530343吨、钨矿($WO_3$65%)151552.6吨、铜矿143822吨、铅10662.64吨、锌2268.57吨、金矿9567千克、银矿767.87吨、砷9817万吨、耐火黏土542.72万吨、铝土矿34.59万吨等(截至2007年年底) |

续　表

| 地市/省 | 各类主要资源及主要矿种 |
| --- | --- |
| 崇左 | 地处桂西矿产资源富集区南段,矿产资源丰富,已发现36个矿种,已经查明资源储量的矿产地有60处,优势矿种包括锰、膨润土、铁、煤、石灰石等四个矿种。各类矿产保有资源储量:锰矿石1.65亿吨,褐铁矿0.87亿吨,瘦煤褐煤0.82亿吨,膨润土6.4亿吨,铝土矿0.80亿吨(2010年年底) |
| 玉林 | 已发现矿产44种,共有矿产地(不含砂石黏土开采点)221处。优势矿产主要有:水泥用石灰岩、萤石矿、高岭土、饰面花岗岩,钨、锡、钼矿床,金银矿,稀土、稀有金属矿,铅锌矿、硫铁矿、铁矿、沸石矿、磷矿等 |
| 防城港 | 共发现矿产种类有48种,占广西已发现矿产(145种)的33%,非金属矿产22种,以及温泉、矿泉水等。已查明储量矿产有28种,金属矿查明资源储量很少,以非金属矿产为主,缺少有工业意义的金属矿产 |
| 钦州 | 已发现46种矿产,矿床及矿点共176种。主要矿产有铅锌矿、煤、锰矿、陶瓷土、石膏矿、钛铁矿、铁矿、石灰岩、花岗岩、磷矿、稀土矿、高岭土。此外,海砂资源储量也很丰富 |
| 北海 | 已发现矿产39种,其中金属矿产10种,非金属矿产22种,矿产地计有181处(不含石油、天然气、地下水),优势矿产有6种。查明高岭土资源储量2.95亿吨,玻璃石英砂2.2975亿吨,石膏2.7129亿吨,陶土1.89亿吨,钛铁储量162万吨,陶瓷黏土945.5万吨,铁矿资源量388.4万吨等 |
| 湛江 | 已发现矿产资源共42种,矿产地337处。优势矿产有滨海稀有稀土砂矿、玻璃用砂、银矿、水晶、高岭土、泥炭土、硅藻土、玄武岩、地下水、矿泉水、地下热水、南海石油及天然气等13种。仅高岭土资源总量就达1.3亿吨,远景储量超过2.5亿吨;硅藻土储量接近7000万吨(2007年数据) |
| 茂名 | 已探明矿藏近100种,查明有资源储量的矿产37种,矿产地166处。各矿种累计资源储量:铁矿28865千吨,钛铁矿3912千吨,伴生锆英石5.5万吨,锡矿154670吨,铅矿64.673千吨,锌矿21.246千吨,钼矿112.079千吨,金矿7811千克,高岭土419744.9千吨,标准石英砂矿11335.9千吨(2007年数据) |
| 海南省 | 矿产88种。煤总储量约9000万吨,石油潜量至少290亿吨,天然气至少50万亿立方米,铁矿4亿多吨,铬铁矿2.188万吨,锰9.8万吨,探明钨矿总储量超1000吨,锡矿1100多吨,铝2200万多吨,铅锌7.3万多吨,钛矿2000多万吨,非金属矿多种。南海海水含80多种元素(2010年数据) |
| 小计 | 被誉为"中国六大油气盆之一"。目前已探明石油储量接近5000万吨,远景储量预计可超过10亿吨,天然气资源量1000亿立方米。其他略 |

表 1-8　　　　　　　　　　　气候资源

| 地市/省 | 年平均温度（℃） | 年均日照数（小时） | 年均太阳总辐射（千卡/平方厘米） | 降雨量（毫米/年） | 无霜期（天） | 气候类型 | 备注 |
| --- | --- | --- | --- | --- | --- | --- | --- |
| 南宁 | 21.7 | 1537 | 4278.20 | 1424.90 | 364.2 | 亚热带季风海洋气候 | 2012年数据 |
| 崇左 | 20.8—22.4 | 1811 | 4190—5016 | >1200 | 340 | 亚热带季风气候 | 人均可利用水量5636立方米 |
| 玉林 | 22 | 1795 | 4190—5016 | 1650 | 346 | 亚热带季风气候 | 水资源总量116.89亿立方米 |
| 防城港 | 22.7 | 1600 | 4190—5016 | 2802 | >360 | 南亚热带季风气候 | 2013年数据 |
| 钦州 | 22.5 | 1800 | 4190—5016 | 2173.9 | >350 | 属南亚热带向热带过渡气候 | 水资源总量107.5亿立方米 |
| 北海 | 22.9 | 2009 | 4190—5016 | 1775.4 | >350 | 亚热带海洋性季风气候 | 氧离子比内陆高50—100倍 |
| 湛江 | 23.2 | 1864—2160 | 4521—5024 | 1523 | 358—365 | 亚热带海洋性季风气候 | 热带风暴多 |
| 茂名 | 22.3—23 | 1939.3—2161.4 | 4196—4980 | 1530—1770 | 362.2 | 热带亚热带季风性气候 | 属热带和北亚热带的过渡带 |
| 海南 | 23—26 | 2200 | 5145—6113 | >1600（地表水378.7亿立方米） | >360 | 热带季风海洋气候 | 空气质量优良天数97.9% |

表 1-9　　　　　　　　　　　环北部湾主要景区、景点统计

| 地区\等级 | 5A | 4A | 3A | 2A | 合计 |
| --- | --- | --- | --- | --- | --- |
| 南宁市 | 1 | 19 | 17 | 0 | 37 |
| 崇左市 | 0 | 5 | 9 | 0 | 14 |
| 玉林市 | 0 | 5 | 10 | 3 | 18 |
| 防城港 | 0 | 6 | 4 | 1 | 11 |
| 钦州市 | 0 | 5 | 12 | 2 | 19 |
| 北海市 | 0 | 9 | 5 | 1 | 15 |
| 湛江市 | 0 | 2 | 6 | 4 | 12 |
| 茂名市 | 0 | 4 | 3 | 0 | 7 |
| 海南省 | 7 | 14 | 18 | 7 | 46 |
| 小计 | 8 | 69 | 84 | 18 | 179 |

表 1-10　　　　　　　　　　环北部湾各级自然保护区统计清单

| 地市/省或自治区 |  | 自然保护区级别及数量 |  |  |  | 总数 |
| --- | --- | --- | --- | --- | --- | --- |
|  |  | 国家级 | 省级 | 市级 | 县级 |  |
| 广西 | 南宁 | 2 | 7 | — | — | 9 |
|  | 玉林 | — | 4 | — | — | 4 |
|  | 崇左 | 3 | 4 | — | 2 | 9 |
|  | 防城港 | 3 | — | — | 5 | 8 |
|  | 钦州 | 1 | 4 | — | 1 | 6 |
|  | 北海 | 3 | 4 | — | — | 7 |
| 广东 | 湛江 | 3 | — | 3 | 17 | 23 |
|  | 茂名 | — | 1 | 3 | 26 | 30 |
| 海南 | 海南省 | 11 | 28 | 19 | 17 | 75 |

注：海洋类保护区包括于上述国家、省、市级自然保护区之内

表 1-11　　环北部湾主要城市荣誉

| 地/省 | 地市各类主要荣誉 ||||||
|---|---|---|---|---|---|---|
| 广西南宁 | 中国绿城、国家生态园林城市、中国优秀旅游城市 | 中国人居环境奖、中华宝钢环境奖 | 养生休闲之都、福布斯中国大陆最佳商业城市 | 中华宝钢环境奖、国家节水型城市、羽毛球之乡 | 全国文明城市、国家卫生城市、双拥模范城 | 联合国人居奖、2015中国十大幸福城市 |
| 崇左 | 国家森林城市、广西园林城市 | 岩画之都、中国红木之都 | 中国糖都、木棉花之乡 | 国家珍贵树种培育示范市 | 中国锰都、全国双拥模范城 | 绿色宝库、中国长寿之乡 |
| 玉林 | 国家森林城市、中国南方药都、中国药材之都 | 世界日用陶瓷之都、千年古州、岭南都会 | 国家园林城市、全国绿化模范城市 | 中国动力之都、铁锅之都、中国优秀旅游城市 | 中国和谐管理城市、广西的温州 | 广西最大侨乡，侨民占总人口数10% |
| 防城港 | 中国氧都（十万大山）、中国长寿之乡、中国金花茶之乡 | 首个"中国白鹭之乡"、广西园林城市 | 中国十佳海洋旅游目的地（江山半岛度假区） | 红树林的城市、世界三大红树林示范区之一 | 全国双拥模范城市、中国十佳和谐可持续发展城市 | 西南门户、边陲明珠、广西第二大侨乡 |
| 钦州 | 中华白海豚之乡、中国大蚝之乡 | 中国十佳绿色城市 | 中国香蕉之乡、中国荔枝之乡（灵山、浦北） | 中国养蛇之乡（浦北）、中国奶水牛之乡（灵山、浦北） | 中国坭兴陶之都 | 中国十佳投资环境城市（连获四次） |
| 北海 | 古代"海上丝绸之路"最早始发港、南珠之乡 | 中国"四大渔场"之一、中国十大休闲城市 | 中国优秀旅游城市、国家园林城市、中国最大天然氧吧 | 全国10个空气质量最好的城市、国家卫生城市 | 中国旅游竞争力百强城市、中国十佳人居城市 | 国家历史文化名城（2010）、中国人居环境范例奖 |

续 表

| 地/省 | 地市各类主要荣誉 ||||||
|---|---|---|---|---|---|---|
| 湛江 | 花园城市、国家园林城市、中国十佳绿色生态城市、百果之乡 | 中国优秀旅游城市、中国十大休闲城市 | 全国绿化达标城市、中国人居环境范例城市、中国最适合洗肺城市 | 中国海鲜美食之都、珍珠之乡、中国对虾之都、南方青岛、中国菠萝的海 | 中国十大避寒旅游名城、中国十大低碳生态城市、国家卫生城市 | 全国首批对外开放城市、中国书法之乡、中国大陆最佳商业城市 |
| | 中国民间文化艺术之乡（雷州）、醒狮之乡（遂溪） | 中国书法之乡（雷州）、版画之乡 | 广东省文明城市 | 全国双拥模范城市、中国百佳投资城市 | 中国城乡建设范例城市 | 国家知识产权试点城市、全国综合实力百强市 |
| 茂名 | 国家园林城市、中国优秀旅游城市 | 南方油城、石化之乡 | 果菜之乡、全国最大水果生产基地 | 中国罗非鱼之都、广东卫生城市 | 全国双拥模范城、中国硬笔书法城 | 著名侨乡、最佳中国魅力城市 |
| 海南省 | "天然大温室" | 热带水果之乡 | 南药王国 | 世界长寿岛 | 热带宝地 | 中国"天然药库" |
| | 海南各地市荣誉——海口：中国优秀旅游城市、国家园林城市、国家历史文化名城、中国人居环境奖、国家环境保护模范城市。万宁市：世界长寿之乡、世界冲浪胜地、中国槟榔之乡、中国长寿之乡、中国书法之乡、温泉之乡、南药之乡、植物王国、佛教圣地、美食之都。儋州：中国书法之乡、中国金钱龟之乡。琼海：中国雾莲之乡。其他略 ||||||

## 五 历史渊源

环北部湾地区历史悠久。由于毗邻大海，水陆交融，气候温暖湿润，物产丰富，适合人居，因而在很早时期就出现大量人类活动，就有人类重要支系在此产生、进化、繁衍。这里是人类文明重要发源地，是中华民族发源形成的诸多支系中的重要一环。这一点，无论是从考古挖掘发现及人类学研究，还是从其他诸多领域，都可以得出结论。不管是从钦州灵山更新世晚期的古人类化石洞穴遗址、三亚落笔洞遗址发现，还是数以百计的贝丘遗址或古海上丝绸之路沿线遗址，都足以说明环北部湾对于人类文明起源的重要性。以海洋为生存环境依赖，早在远古时期，北部湾的人类活动就活跃频繁，直到今天，在广西防城港、钦州、北海，广东湛江和海南等地均发现大量旧石器时代遗址，以及近百处贝丘遗址，如防城港的亚菩山贝丘遗址、社山贝丘遗址、马兰嘴遗址，钦州市的芭蕉墩，北海合浦的牛屎环塘遗址等，年代大多为新石器时代早中期，距今约9000—6000年[1]。环北部湾古属百越之地。秦统一中国后，在岭南设桂林郡、象郡、南海郡，本区域分属象郡、南海郡。秦末，南海郡尉赵佗自建南越国，环北部湾处其境内。元鼎六年（前111），汉武帝灭南越国，将岭南分九郡[2]。因区位独特，出海方便，秦汉之后，这里成为中央王朝的开发重地，中央王朝派出大量兵力镇守，扩大生产，保护边疆。秦代大兴土木，修筑工事，积极开拓对外，"海上民间商道""海上秘密通道"活跃。汉代时期，汉武帝开辟古海上丝绸之路，北部湾成为中央王朝海外贸易规模最大、最红火、最繁忙，也是最为集中的区域。合浦、徐闻，成为史书记载最早的中国古海上丝绸之路始发港，成为中国对外交流的最繁华、最便捷、最重要的出海口，其地位之显赫其他任何地方难以超出。直至今天，面积达68平方公里、拥有近万座汉墓的国家级重点文物保护单位——合浦汉墓群，就是当年港口繁华和显赫地位的证据。秦汉之后，海上丝绸之路一直保持蓬勃兴盛的势头，不断跳跃升级。但后来随着其他航线的开辟，北部湾中心地位有所下降，但仍非常突出，这种状况一直延续到明末清初海禁之后，始得消沉。鸦片战争惨败，1876年清政府被强迫与英国签订《中英烟台条约》，北海等被辟为对外通商口岸。北海成为八国联军殖民中国、剥夺中国的重要据点，成为英国、法国、德国等西方列强商人重要的贸易中心，先后有8个国家在北海设置领事机构或商务机构。北部湾地位又空前提升。中华人民共和国成立以后，这里分属于广西、广东和海南省。由于优越的区位及海上交通优势，环北部湾城市受中央的高度重视。1984年，湛江、北海（含防城港）等被国务院确定为第一批14个中国沿海对外开放城市，成为中国沿海开放的重要阵地，由此掀起一轮轮开放大潮。随着中国对外开放的深入，北部湾成为中国—东盟自由贸易区的桥头堡。最为重要的是，随着"一带一路"倡议的实施，作为两千多年前最早的海上丝绸之路始发地，北部湾已成为国家"一带一路"倡议的最核心区位，将辐射全国和沿线国家，在未来开放发展中发挥至为关键的支撑引领作用。

## 六 族群、社会和文化

环北部湾背靠大西南、中南和华南地区，毗邻东南亚，水陆汇集，交通方便。如北海的"合浦"县，自汉代就见于史书，为"百江汇流""百江交织入海"之意，足见其交通发达程度。以天然地理优势为支撑，环北部湾自古以来一直是中国从大西南

---

[1] 廖国一：《广西环北部湾原始文化的考古发现和研究》，《钦州师范高等专科学校学报》2002年第4期。
[2] 即儋耳、珠崖、南海、苍梧、郁林、合浦、交趾、九真、日南，共九郡。

走向东南亚、南亚、西亚、北非乃至地中海的大通道、大枢纽、大码头。正因为如此，各地各族群汇集于此，环北部湾文化呈现出大汇集、大融合的码头文化特点。中原文化是核心特征，但因环北部湾远离中原王朝，古属南蛮之地，其原生文化多样性也相当重要，数者相互交织。因而，这里既是官员被流放地方之一，也是传说中神仙出没、民族文化色彩斑斓的地方，如"南海龙王"、《西游记》的"南海观音""珍珠公主"、美人鱼、疍家文化、文身艺术、龙图腾文化等，既有中原文化因素，更具古百越神秘色彩。在环北部湾区域，居住的主要族群有客家人、疍家人、京族、黎族、苗族、瑶族、回族、壮族等群体。因而，本区域的文化类型，主要有古海上丝绸之路文化、渔业文化、珍珠文化、疍家文化、京族文化、黎族文化、苗族文化、伊斯兰文化、壮族文化、迁徙文化（含华侨文化），以及近现代开放文化等。总体来说，环北部湾的社会文化特点，呈现出以海洋文化、渔业文化为根基，以海上丝绸之路文化为重心，以珍珠文化为特色，以疍家、京族、黎族、苗族、瑶族、回族、壮族和客家等族群文化和大融合文化为基因，以开放文化、商贸文化和外来文化交流为支撑的复杂综合体系结构。

## 七 经济发展状况

因属于交通枢纽原因，除个别地区之外，环北部湾绝大多数地市在历史上都出现过经济大繁荣。秦始皇统一中国后，大力开发南疆，极大促进当地的经济发展与繁荣。汉代又在此基础上向外拓展，积极发展海外贸易，开辟了历史最早的"海上丝绸之路"，形成了世界贸易交往的网络格局，产生了持续繁荣的核心优势，为汉王朝成为当时世界最强大的帝国奠定了基础。汉代之后，"海上丝绸之路"历代延续、升级与发展，在唐、宋、元、明等时期出现过数次繁荣高峰。随着后来历代王朝的更替和对外开放的深入，经济中心往泉州、漳州、广州等地转移，环北部湾地位有所衰落，但地位仍十分突出。鸦片战争之后，北海被刀辟对外通商口岸，使环北部湾的对外开放度空前提高，与西方经济社会融合加深，对外依赖性强。中华人民共和国成立后，特别是改革开放之后，这里成为中国对外改革开放的最前沿。1984年，湛江、北海被列为中国14个首批对外开放试点城市，发展迅猛，各项经济指标平在国内排名飙升。随着中国对外开放的深入，中国－东盟自由贸易合作区（CAFTA）翻开历史新的一页，环北部湾这个天然桥梁的巨大潜能得到发挥，经济发展连创佳绩，许多城市的GDP连续多年保持两位数以上增长，造就了"北部湾速度"，创造了中国经济发展的奇迹。环北部湾的经济奇迹、"北部湾现象""北部湾经济圈"，造就了"中国经济增长的新的一极"，形成了新的对外经济圈。从近期来看，其主要经济指标如下表1-12所示。

表 1-12　　　　　　　　　　环北部湾各地市经济汇总

| 城市 | GDP（亿元） | 人均GDP（元） | 财政收入（亿元） | 固定资产投资（亿元） | 规模以上工业总产值（亿元） | 进出口总值（亿美元） | 备注 |
| --- | --- | --- | --- | --- | --- | --- | --- |
| 南宁 | 3703.39 | 52724 | 613.83 | 3824.73 | 3537.05 | 416.23 | 2016年 |
| 崇左 | 682.82 | 33355 | 75.15 | 691.57 | 15967 | 201.33 | 2015年 |
| 玉林 | 1446.13 | 25444 | 139.57 | 1351.09 | 1590.49 | 4.5092 | 2015年 |
| 防城港 | 620.72 | 67972 | 70.64 | 549.74 | 1323.06 | 86.01 | 2015年 |
| 钦州 | 944.42 | 29693 | 162.23 | 866.23 | 1373.88 | 58.27 | 2015年 |
| 北海 | 892.1 | 55409 | 142.9 | 932.54 | 1871.38 | 37.90 | 2015年 |
| 湛江 | 2584.78 | 35617 | 466.19 | 1531.60 | 2553.33 | 304.44 | 2016年 |
| 茂名 | 2636.74 | 43211 | 487.2 | 1262.76 | 2492.73 | 104.17 | 2016年 |
| 海南 | 4044.51 | 44252 | 1080.81 | 3747.03 | 1797.24 | 748.40 | 2016年 |

## 八　对外开放国家战略

环北部湾自古以来为中国对外开放开发的重要通道，是通往世界各大文明圈的大动脉，甚至在中国与世界大联通的陆上丝绸之路被沙漠、恶劣气候或战争阻塞之时，这条鲜为人知的海上秘密通道却一直紧密联系，反倒更加繁忙，几乎从来没有中断过，保持了很长历史时期的繁荣。在全球化一体化加快、我国改革开放深入推进的今天，环北部湾的对外开放国家战略地位更是提升到了前所未有的高度，主要集中体现于以下五个方面。

第一，国家的出海口、咽喉之地。环北部湾位于中国大陆最南端，背靠华南中南西南，连通中原，内接桂粤港澳台，接壤东南亚数国，自古以来为中国对外出海的交通命脉。它处于中国南海和中原之间，中国东部沿海与东南亚、西亚和地中海之间的连接点，为中国进出南海、进入印度洋之咽喉，为古海上丝绸之路的始发地，我国内地由此去马来西亚、新加坡、印度尼西亚、菲律宾等东南亚国家及南亚、西亚、北非和地中海地区距离最近、最为便捷。

第二，沿海开放战略。环北部湾处于我国大西南经济圈、泛珠三角经济圈、泛北部湾经济圈和东盟经济圈的结合部，不仅是我国沿海开放开发的桥头堡，也是我国西部地区唯一的沿海地区。这里处于中国与东盟自由贸易区、大湄公河次区域合作圈、中越"两廊一圈"经济圈等多区域合作的交汇点，同时享受沿海开放、西部大开发、少数民族和边境开放政策叠加待遇，发展空间无限。因此，环北部湾的开放建设，不仅关系到中国沿海地区的快速升级跳跃，影响到"中国西南中南地区开放发展新的战略支点[①]"布局，更关系到能否产生示范作用和辐射力，带动周边国家的发展。这个特殊区域的改革开放成效，将影响到国际形象，决定我国走向世界战略的成败（见图1-7）。

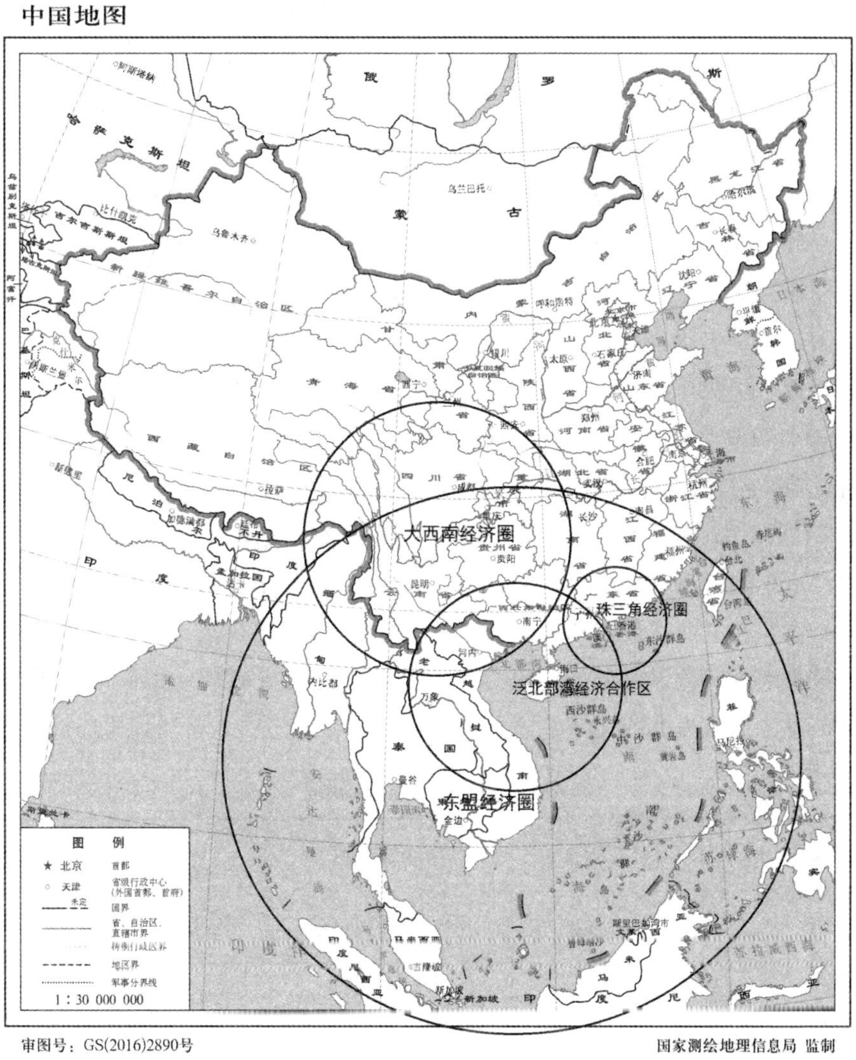

中国地图

图1-7 北部湾的经济圈交汇图

第三，经济增长极战略。国际国内经验表明，沿海地区历来都是产业布局的重心，世界产业最发达的区域，绝大多数集中于沿海。如日本仅靠东京湾100公里海岸线，造就出大量深水港、产业群和大城市群，产值占全国总量1/3。环北部湾有着漫长的海岸线，仅广西段就达1629公里，规划港口岸线267公里，迄今开发不到10%，这里海洋、生物、

---

① 李克强：《广西要成为西南、中南地区开放发展的新的战略支点——钦州港码头视察重要讲话》，广西新闻网2013年7月3日。

矿产、土地、淡水、农林和旅游资源丰富，是适宜培育大型港口群、重点产业群和城市群，能发挥乘积效应的国家重点经济圈。而且随着经济不断科技化、信息化、创意化、艺术化、生态化，经济逐渐蓝色化，环北部湾拥有巨大的历史机遇，必将形成新的经济增长极，形成对外开放的重要支撑点，在中国的经济版图占据极其重要的地位。

第四，中国-东盟自由贸易区合作开放战略。环北部湾与东盟陆海相连，渊源深厚，族源相近或相同，文化相通，经济互补，脉搏相连，命运相依。在亚洲版图中，处于中国-东盟经济合作圈的核心区及中国-南亚经济合作圈的辐射区，环北部湾作为开放发展的桥头堡，能否率先跨越式发展，直接影响到中国-东盟自由贸易区及经济圈的发展进程，关系到各成员国的发展红利，影响到我国对外开放、走向世界的成败。

第五，21世纪海上丝绸之路建设。21世纪海上丝绸之路是中国面向全世界开放合作的宏伟蓝图，是尊重历史、延续历史、再创历史辉煌的重大举措[1]，是提升国力、推动海洋强国、实现中华民族伟大复兴的重大战略部署。北部湾与东盟国家天然接壤，是古海上丝绸之路发祥地，在历史上创造了无数辉煌，是21世纪海上丝绸之路的核心区域（见表1-13）。习近平总书记高瞻远瞩，指出："广西要发挥与东盟国家陆海相连的独特优势，构建面向东盟的国际大通道，打造西南中南地区开放发展新的战略支点，形成21世纪海上丝绸之路和丝绸之路经济带有机衔接的重要门户。"[2] 21世纪吹响了向海洋进军的新海丝路号角，环北部湾这个古海丝路起源地，将面临千载难逢的历史机遇，古老的生命将被重新唤起，巨大生机活力将被激发，它将以多条路和多条带，深入推进中国与世界全方位开放合作，创造新的历史辉煌，引领时代不断向新的美好目标前进，构筑人类的美好幸福未来。

表1-13　　　　　　　　　　环北部湾各地区口岸状况

| 口岸类型 | 口岸名称及分布 | 小计 |
| --- | --- | --- |
| 航空口岸 | 广西：南宁、北海；广东：湛江；海南：海口、三亚 | 5个 |
| 水运口岸 | 广西：防城港、企沙、江山、钦州、北海、石头埠；广东：湛江、水东；海南：海口、洋浦、三亚、八所、清澜 | 13个 |
| 铁路口岸 | 广西：凭祥 | 1个 |
| 公路口岸 | 广西：东兴、友谊关、水口 | 3个 |

---

[1] 2013年10月，习近平主席在印度尼西亚国会发表演讲时提出共建21世纪海上丝绸之路，指出："中国愿与东盟东盟国家优势互补，互利共赢，共同战胜困难和挑战，促进本地区发展繁荣。"
[2] 2015年3月9日，习近平参加全国人大会议广西代表团审议时发表重要讲话，指出"一带一路"的广西优势。

## 第二节 调查说明

环北部湾海洋文化遗产的整体构成，不仅包括"环北部湾"内缘的海洋文化遗产，也包括"环北部湾"外缘的海洋文化遗产。也就是说，环北部湾海洋文化遗产的整体空间边界，是由"环北部湾"的内缘和外缘共同构成的海陆空间框架范围内的海洋文化遗产系统。因而，环北部湾海洋文化遗产的整体内涵，就是环绕北部湾这一海洋空间中心，中华民族在与海洋互动过程中作为活动主体探索海洋、利用海洋、保护海洋和发展海洋创造并积淀下来的文化存在及文化意识。

环北部湾海洋文化遗产类型丰富，是一座巨型宝藏。近些年来，随着文化遗产成为世界性焦点问题，环北部湾的海洋文化遗产保护也备受关注，各方面工作都取得了很大进步，特别是文物普查和非物质文化遗产调查摸底，基本摸清了轮廓。但因文化遗产红火不久，走热仅十几年，很多遗产仍属于空白，有待于人们去挖掘、发现。特别是在我国国内，文化遗产调查明显不均，在内地做得系统深入、透彻，在边区做的较单薄粗糙；多年来形成的重陆地、轻海洋的局面尚未根本改变，致使海洋文化遗产这座宝藏仍未被充分关注、发现、挖掘，使很多遗产被埋没在海边海底及野外，逐渐淡出人们的记忆之外，濒危日益严重化。

文化遗产保护专业性强，涉及学科多，研究方法多种多样，但田野调查是最基本、最重要的技术方法，因而，本研究以田野调查作为最基本方法，以此为本项目的首要任务，对环北部湾海洋文化遗产深入系统调查研究，力图从大量实地材料中取得理论的以下5个重大突破。

1. 调查的宗旨、目的和考虑因素

调查的宗旨是为了更全面、深入、系统掌握环北部湾海洋文化遗产的真实面貌，发掘真实"历史记忆"，摸清家底，包括遗产的总量、门类、内涵、特色、演变、保存状况等，从而更好地把握环北部湾海洋文化遗产产生发展的客观规律，更有力地保护环北部湾基因和海洋文化特色，从海洋文化遗产角度重新谱写中国海洋文化辉煌史，为推进环北部湾的国际化建设提供文化支撑。调查的原则是系统性原则、本真性原则、科学性原则。调查对象虽然锁定于海洋文化遗产，但因文化涉及面广，为了更清晰地把握文化遗产的内涵、特征和脉搏动向，不仅要搞清楚文化本身的内部结构，也必须全面把握文化背后的各类影响因素、各种相关背景，因而，自然环境、地理、物产、资源、生态、历史、经济、产业、贸易、艺术、科技、民俗等相关因素，也纳入了本项目调查的重要内容。

2. 调查的范围

调查的空间范围仅为环北部湾地理空间四大圈层中的第一、二圈层区域范围内，即直接涉海的核心区域，范围为广西壮族自治区的防城港市、钦州市、北海市，广东省湛江市，海南省全境①，加上外围的广西南宁市、崇左市、玉林市，以及广东茂名市。对于第三圈层，即间接的内缘地区，以及属于第四圈层的外缘区域，因时间精力不够等原因，暂不能前往实地调查。

调查的内容范围，主要为现存的涉海的各类文化遗产，包括涉海文物和涉海非物质文化遗产两大门类。按内容来罗列，主要有七：其一，古文化遗址、古墓葬、古建筑、石窟寺、石刻、壁画、近现代重要史迹和近现代代表性建筑，以及强调整体保护的历史文化名城、街区、村镇等9类"不可移动文物"；其二，历史上各时代重要实物、艺术品、文献、手稿、图书资料、代表性实物等6类"可移动文物"②；其三，人类口头传统和表现形式（包括作为非物质文化遗产媒介的语言）；其四，表演艺术；其五，传统手工艺；其六，社会实践、礼仪、节庆活动；其七，有关自然界和宇宙的知识和实践③。

3. 调查的方案确定、线路图

根据项目的目标定位、研究内容、海洋文化遗产内部体系构成，以及环北部湾的特殊性，及需要解决的问题等，研究小组通过专门设计、专门研究，尝试不同的实现路径，探索评估其效果及可行性，最后确定了本课题的调查方案。根据方案，本项目调查的线路图为：广西南宁、玉林、崇左—防城港—钦州—北海—广东湛江市—海南省。在技术方法上，总体采取初步普查—重点调查—案例选取—案例调查—案例剖析—补充调查—归纳概括—初步结论。因而，整个项目研究的基本线路为：资料收集—现状调查—案例分析—理论探讨、创新—总结、建立模型。在案例的选取上，以北海为重点案例选取地区。

4. 调查的技术手段、筹备及保障

文化遗产是历史遗留至今的有积极意义的物质遗存及精神财富的总和，门类广泛，包罗万象，单靠某一学科或某项技术根本无法解决问题，必须采用多学科交叉、多技术结合的复合方法。因而，在理论上，本项目借鉴考古学、历史学、海洋学、航海学、船舶学、民族学、人类学、民俗学、文学、音乐学、舞蹈学、艺术学、美学、宗教学、建筑学、地理学、生态学、经济学、管理学、社会学、环境学、文献学等多学科理论，综合开展田野、多角度深入剖析研究；在研究方法上，主要采用田野调查法、文献收

---

① 海南省的重点调查地区主要为直接毗邻北部湾的海南西岸沿线各市县，主要是海口市、澄迈县、临高县、儋州市、白沙县、昌江县、东方市、乐东县、三亚市、三沙市，共10县市。
② 分类参考标准：2002年颁布的《文物保护法》的文物分类标准。
③ 分类参考标准：联合国教科文组织《保护非物质文化遗产公约》（2003年10月第32届大会通过）。

集法、案例法、数理统计法、归纳法、系统法、模型分析法和多学科交叉法等。在不同的阶段，研究的技术手段会有不同的变化与重心。在研究手段上，强调理论与实践结合，定性与定量结合，共性与个性互补，突出本真性。同时，根据项目研究的任务和调查目标定位，积极筹备各种事务，加强各方面衔接，合理安排人力、时间和调查点，强化各种保障措施，确保田野调查工作的圆满完成。

5. 调查的经过

为摸清环北部湾海洋文化遗产的真实状况，田野调查是整个研究工作的基础和重心。本项目的整个重点，也集中于田野调查。自2014年2月至2015年10月，前前后后一年半多的时间，专题进行田野调查。调查共5套问卷。按阶段性和频率来分，整个田野调查主要分为5个阶段。

第一，初步调查，2014年2月至7月，分5次分别赴广西防城港、钦州、湛江、海南西线，以及北海进行初步调查。

第二，重点案例调查。2014年9月至11月，主要在北海、钦州、防城港，以及湛江市进行重点案例调查。

第三，重点案例调查。2015年3月，海南省海口市、儋州市、三亚市、琼中县等重点案例调查。

第四，重点案例跟踪。2015年6月至7月，北海、钦州、防城港、湛江市重点案例调查跟踪。

第五，补充调查。2015年11月，北海、防城港部分重点案例补充调查。

6. 调查结果说明、其他

整个田野调查共发放问卷1200份，访谈人次200多人次，收集资料800多份，拍摄照片5000多张，视频69个。经过资料的集中、分类、整理和统计，基本摸清了环北部湾海洋文化遗产的门类、保存状况、内涵和特色。通过调查，虽然在一些数据的取得上比较困难，难免存在一些误差，包括各类数据比较庞大，统计分析存在不少难题等，但相对于以前来说，确实取得了较大突破，填补了环北部湾海洋文化遗产调查的许多空白，发掘了许多被前人及现在各界所忽视的珍贵遗产，为环北部湾海洋文化遗产保护及创新繁荣迈出了坚实一步。

## 第三节 环北部湾海洋物质文化遗产资源——不可移动文物部分

文物的定义及分类：文物是作为社会生产和社会生活的历史遗存。文物的类型多种多样，从不同的角度，就会有不同的分类方法。例如根据文物的体量，可分为不可移动文物和可移动文物；根据价值，可分为珍贵文物和一般文物；以质地来分，就有石器、玉器、铜器、铁器、金银器、纺织品、陶瓷、竹器、木器、骨角、牙器等；根据功能及用法，可分为农具、兵器、盛器、炊器、乐器、宗教器具等。但总体来说，根据现有法律规定，文物共有2大类（不可移动文物与可移动文物），15个亚类（其中不可移动文物9类，可移动文物6类）。其中，"不可移动文物"分为"古文化遗址、古墓葬、古建筑、石窟寺、石刻、壁画、近代现代重要史迹和近现代代表性建筑"8大类，后又增加了一项重要内容，即强调整体保护的历史文化名城、街区、村镇。可移动文物，则包括历史上各时代重要实物、艺术品、文献、手稿、图书资料、代表性实物等6大类。

本研究界定的海洋物质文化遗产，是指直接涉海的或非直接涉海但海洋关联性强的物质文化遗产，包括可移动遗产和不可移动遗产，范围包含涉海的已公布各级重点文物保护单位，以及虽未定级但确有重要价值的古遗址、古墓葬、古石刻、古建筑、传统故居、名人故居、重要史迹及纪念物、近现代代表性建筑、反映城市发展成果及阶段的20世纪遗产等各类登记文物，以及历史上各个时代的重要实物、艺术品、文献、手稿、图书资料、代表性实物等各类可移动文物[①]。

海洋物质文化遗产是中华民族先民长期与海洋依赖互动的智慧结晶，是海洋生产和海洋生活的历史遗存，是历史不断发展进步的见证。海洋文化物质遗产，不仅包括海洋古遗址，如各类人类起源遗址、史前考古点、贝丘遗址、石窟石刻、古墓葬（墓葬群）、海洋古聚落、水道、古渔业作业区、烽火台、古城遗址、海防炮台等；也包括水面遗产，如历史港湾、古港口、历史码头、古船坞、古海堤、古运河、古出海口、古航标、古灯塔、古航道航线等；以及海洋水下遗产，如水下沉船、沉物、水下陶瓷、水下钱币、水下村庄、水下古城等；还包括涉海各类生产利用系统、涉海工程遗迹、生产工具、器具及遗迹实物，如古海塘、渔埠、渔场、养殖场、盐场、采珠场、古作坊、古窑址、古造船遗址、海岸弃船等，以及涉海贸易点、集市、商号、货行、信局、钱庄、镖局、洋行、蕃坊驿馆、契约、市舶司（海关）、贸易品、舶来品实物等生活性、商贸性遗产，以及滨海历史街区（街巷/城镇）、历史建筑群、装饰雕刻、庙宇、会馆、道路、桥梁、渔居渔宅、海港村落、名人故居、庭院庄园、外来影响建筑（如近代各类西洋建筑）等海洋岸线遗产，也包括了古代化石、恐龙化石、地质公园、史前海岸、鱼类文化、虾类文化、贝类文化、螺类文化、珊瑚文化、阳光文化、沙滩文化、绿树文化、人居环境艺术等生态文化和海洋生态景观遗产。

---

① 可移动文物共分为26大类：青铜器、玉器、陶瓷、金银器、钱币、雕塑、书画、漆器、家具、科技文物、铜镜、古籍善本、玺印、竹木骨角雕刻、织绣、甲骨、文房四宝、紫砂器、古董钟表、景泰蓝、鼻烟壶、宣德炉、砖瓦、宝石、扇子，以及其他杂项。

## 一 环北部湾海洋物质文化遗产（可移动文物）调查统计清单

北部湾地理位置特殊，自然条件优越，物产资源丰富，为世界海洋文明的摇篮之一。在人类发展早期，环北部湾区域就发现大量人类活动，至今遗存的大量人类洞穴遗址、贝丘遗址就是历史见证。在漫长的人类进化发展过程中，在海洋生产生活环境下，环北部湾创造了举世罕见、璀璨夺目的海洋文明。悠久的历史、灿烂的文化、深厚的底蕴，以及惊人的文化储量，使环北部湾成为繁衍古文明、融贯东南亚、辐射古海上丝绸之路沿线国家地区的区域性世界海洋文明中心，成为一座巨型海洋文化宝藏。经过初步调查统计，截至2015年12月，环北部湾地区的物质文化遗产（可移动文物）总数如表1-14所示。

表1-14　环北部湾重点文物保护单位总数状况（截至2015年12月）

| 地市/省份 | 世界遗产（处） | 国家级重点文物保护单位（处） | 省/自治区级重点保护单位（处） | 市级重点文物单位（处） | 县级重点文物保护单位（处） | 已公布重点文物单位汇总（处） | 登记文物汇总（处） |
|---|---|---|---|---|---|---|---|
| 南宁市 | 0 | 5 | 49 | 106 | | 149 | 389 |
| 崇左市 | 1 | 3 | 34 | 154 | | 201 | 380 |
| 玉林市 | 0 | 13 | 36？ | 92 | | 175 | 763 |
| 防城港 | 0 | 2 | 4 | 70 | | 76 | 241 |
| 钦州市 | 0 | 6 | 30 | 49 | | 77 | 351 |
| 北海市 | 0 | 7 | 27 | 24 | 70 | 130 | 245 |
| 湛江市 | 0 | 5 | 30 | 112 | 246 | 393[①] | — |
| 茂名市 | 0 | 1 | 12 | 23 | 56 | — | — |
| 海南省 | 0 | 31 | 186 | — | — | — | — |

因上述物质遗产门类广泛，涉及领域广，绝大多数属于海洋物质文化遗产范围，但也有相当部分的遗产不属于本范畴，或不明显属于海洋文化遗产领域范畴。为了能更贴切表达海洋性，突出海洋性特点，更清晰勾勒出海洋物质遗产的框架，从而

---

[①] 已公布文物汇总：徐闻县239处。海南：海口市县级40处，公布及登记文物共1560处；文昌348处。

更有针对性地保护各类遗产,同时符合规范,本书对环北部湾的非海洋性部分以及海洋关联性不明显的文物单位或可移动文物予以剔除,并按照规范,根据国家法定的分类标准,以七大门类对海洋物质遗产予以分类。同时,对属于海洋物质遗产范围内的各类遗产,按照其与海洋的关联性、重要性程度,结合多方面因素,对其进行初步海洋性等级评估。等级划分为五级,划分标准:一级,海洋性,核心;二级,海洋性,较重要;三级,直接涉及海洋,一般;四级,不直接涉及海洋,但关联度高;五级,有关联性,但关联度不大。环北部湾各类不可移动文物的归类及评估清单如下五部分所示。①

(一)环北部湾海洋古文化遗址类遗产清单(见表1-15)

表1-15　　　　　　　　环北部湾海洋古文化遗址类遗产清单

| 序号 | 文物名称 | 属地 | 所属年代 | 文物级别 | 涉海等级 | 备注 |
|---|---|---|---|---|---|---|
| 1 | 上英恐龙化石点 | 扶绥县 | 早白垩纪 | 市县级 | 一级 | |
| 2 | 渌榜恐龙化石点 | 扶绥县 | 早白垩纪 | 市县 | 一级 | |
| 3 | 江山恐龙化石出土点 | 防城区 | 侏罗纪 | — | 一级 | |
| 4 | 文羊岩脊椎动物化石点 | 江州区 | 旧石器时代 | 自治区级 | 一级 | |
| 5 | 文羊岩脊椎动物化石点 | 江州区 | 旧石器时代 | 登记文物 | 一级 | |
| 6 | 米岩动物化石点 | 灵山县 | 旧石器时代 | 登记 | 一级 | |
| 7 | 独矮山洞古生物化石点 | 钦州市 | 旧石器时代 | 登记 | 一级 | |
| 8 | 车风洞古生物化石点 | 浦北县 | 旧石器时代 | 登记 | 一级 | |
| 9 | 龙骨岩遗址 | 大新县 | 更新世 | 市县级 | 一级 | |
| 10 | 宁明第三世纪地质遗址 | 宁明县 | 旧石器时代 | 待核 | 一级 | |
| 11 | 绿轻山矮洞 | 江州区 | 旧石器时代 | 市县级 | 一级 | |

---

① 为简明起见,各地级市列市级以上全部文物点(含市级),海南省列省级以上全部文物点(含省级),其他部分的文物含登记文物仅仅为重点性、选择性列出。

续 表

| 序号 | 文物名称 | 属地 | 所属年代 | 文物级别 | 涉海等级 | 备注 |
|---|---|---|---|---|---|---|
| 12 | 宝新村化石出土点 | 大新县 | 更新世 | 登记 | 一级 | |
| 13 | 维新村化石出土点 | 大新县 | 更新世 | 登记 | 一级 | |
| 14 | 正隆巨猿化石点 | 大新县 | 更新世 | 自治区级 | 一级 | |
| 15 | 仁合村古人类牙齿化石出土点 | 大新县 | 更新世 | 登记 | 一级 | |
| 16 | 板坤化石遗址 | 凭祥市 | 更新世 | 登记 | 一级 | 更新世晚期 |
| 17 | 铁路折返段化石点 | 凭祥市 | 更新世 | 登记 | 一级 | 更新世晚期 |
| 18 | 木榄山智人洞遗址 | 江州区 | 旧石器 | 登记 | 一级 | |
| 19 | 邕蕾山洞穴遗址 | 江南区 | 新石器时代 | 登记 | 一级 | |
| 20 | 娅怀洞遗址 | 隆安县 | 石器时代 | 自治区级 | 一级 | |
| 21 | 企鸟洞穴遗址 | 龙州市 | 新石器时代 | 登记 | 一级 | |
| 22 | 沉香角洞穴遗址 | 龙州市 | 新石器时代 | 自治区级 | 一级 | |
| 23 | 宝剑山A洞遗址 | 龙州县 | 新石器时代 | 自治区级 | 一级 | |
| 24 | 大岩洞穴遗址 | 浦北县 | 新石器时代 | 登记 | 一级 | |
| 25 | 六蓬山洞穴遗址 | 浦北县 | 新石器时代 | 登记 | 一级 | |
| 26 | 信冲洞遗址 | 昌江县 | 更新世晚期 | 国家级 | 一级 | |
| 27 | 灵山人遗址 | 灵山县 | 旧石器晚期 | 自治区级 | 一级 | 即"灵山古人类洞穴"[①] |
| 28 | 落笔洞遗址 | 三亚市 | 旧石器晚期—新石器早期 | 国家级 | 一级 | 也称"三亚人"遗址 |
| 29 | 混雅岭洞穴遗址 | 昌江县 | 更新世 | 登记 | 一级 | 更新世晚期 |

① 是目前已发现的广西地区分布最南且年代最早的旧石器时代文化遗址。

续 表

| 序号 | 文物名称 | 属地 | 所属年代 | 文物级别 | 涉海等级 | 备注 |
|---|---|---|---|---|---|---|
| 30 | 钱铁洞遗址 | 昌江 | 旧石器时代 | 省级 | 一级 | 黎族自治县 |
| 31 | 坡落岭遗址 | 陵水县 | 新石器时代 | 省级 | 一级 | 黎族自治县 |
| 32 | 打麦遗址 | 白沙县 | 新石器时代 | 省级 | 一级 | 黎族自治县 |
| 33 | 桥山遗址 | 陵水 | 新石器时代 | 省级 | 一级 | 黎族自治县 |
| 34 | 大港村新石器遗址 | 陵水县 | 新石器时代 | 省级 | 一级 | |
| 35 | 石贡遗址 | 陵水县 | 新石器时代 | 省级 | 一级 | |
| 36 | 英良岭遗址 | 雷州市 | 新石器时代 | 县级 | 一级 | |
| 37 | 卜袍岭遗址 | 雷州市 | 新石器时代 | 县级 | 一级 | |
| 38 | 双髻岭遗址 | 雷州市 | 新石器时代 | 县级 | 一级 | |
| 39 | 弄舞岩遗址 | 龙州市 | 新石器时代 | 市县级 | 一级 | |
| 40 | 郡造石铲出土遗址 | 江州区 | 新石器时代 | 登记 | 一级 | |
| 41 | 那淋石铲遗址 | 扶绥县 | 新石器时代 | 登记 | 一级 | |
| 42 | 左屯大石铲遗址 | 天等县 | 新石器时代 | 登记 | 一级 | |
| 43 | 同正石铲遗址 | 扶绥县 | 新石器时代 | 自治区级 | 一级 | |
| 44 | 狮子山石铲遗址 | 扶绥县 | 新石器时代 | 市县级 | 一级 | |
| 45 | 桃城石铲出土遗址 | 大新县 | 新石器时代 | 登记 | 一级 | |
| 46 | 武能双肩石斧出土遗址 | 大新县 | 新石器时代 | 登记 | 一级 | |
| 47 | 六蓬山石铲出土点 | 浦北县 | 新石器时代 | 登记 | 一级 | |
| 48 | 天堂坡石铲出土点 | 浦北县 | 新石器时代 | 登记 | 一级 | |
| 49 | 独料村、芭蕉墩、上羊角遗址① | 钦南区、浦北县 | 新石器时代 | 自治区级 | 一级 | |

① 即那丽镇独料村、犀牛脚镇丹寮村、东场镇红砂村，亦称三处新石器时代遗址。

续表

| 序号 | 文物名称 | 属地 | 所属年代 | 文物级别 | 涉海等级 | 备注 |
|---|---|---|---|---|---|---|
| 50 | 妮义嘴新石器遗址 | 钦南区 | 新石器时代 | 市级级 | 一级 | |
| 51 | 那北咀贝丘遗址 | 青秀区 | 新石器时代 | 市县级 | 一级 | |
| 52 | 顶蛳山贝丘遗址 | 邕宁区 | 新石器时代 | 国家级 | 一级 | |
| 53 | 凌屋贝丘遗址 | 青秀区 | 新石器时代 | 市县级 | 一级 | |
| 54 | 岜勋贝丘遗址 | 武鸣县 | 新石器时代 | 市县级 | 一级 | |
| 55 | 鲤鱼坡贝丘遗址 | 隆安县 | 新石器时代 | 自治区级 | 一级 | |
| 56 | 西津贝丘遗址 | 横县 | 新石器时代 | 登记 | 一级 | |
| 57 | 秋江贝丘遗址 | 横县 | 新石器时代 | 登记 | 一级 | |
| 58 | 平郎贝丘遗址 | 横县 | 新石器时代 | 登记 | 一级 | |
| 59 | 道庄贝丘遗址 | 横县 | 新石器时代 | 登记 | 一级 | |
| 60 | 黎屋贝丘遗址 | 横县 | 新石器时代 | 登记 | 一级 | |
| 61 | 冲利贝丘遗址 | 横县 | 新石器时代 | 登记 | 一级 | |
| 62 | 江口贝丘遗址 | 横县 | 新石器时代 | 登记 | 一级 | |
| 63 | 江西岸贝丘遗址 | 扶绥县 | 新石器时代 | 自治区级 | 一级 | |
| 64 | 敢造贝丘遗址 | 扶绥县 | 新石器时代 | 自治区级 | 一级 | |
| 65 | 下屯贝丘遗址 | 扶绥县 | 新石器时代 | 登记 | 一级 | |
| 66 | 花山贝丘遗址 | 宁明县 | 新石器时代 | 登记 | 一级 | |
| 67 | 大湾贝丘遗址 | 龙州市 | 新石器时代 | 登记 | 一级 | |
| 68 | 舍巴贝丘遗址 | 龙州市 | 新石器时代 | 自治区级 | 一级 | |
| 69 | 何村贝丘遗址 | 江州区 | 新石器时代 | 市县级 | 一级 | |

续 表

| 序号 | 文物名称 | 属地 | 所属年代 | 文物级别 | 涉海等级 | 备注 |
|---|---|---|---|---|---|---|
| 70 | 冲塘贝丘遗址 | 江州区 | 新石器时代 | 市县级 | 一级 | |
| 71 | 金柜山贝丘遗址 | 江州区 | 新石器时代 | 市县级 | 一级 | |
| 72 | 更别吞云岭遗址 | 江州区 | 新石器时代 | 市县级 | 一级 | |
| 73 | 江边贝丘遗址 | 江州区 | 新石器时代 | 登记 | 一级 | |
| 74 | 茅岭玟杯墩贝丘遗址 | 防城区 | 新石器时代 | 自治区级 | 一级 | |
| 75 | 社山贝丘遗址 | 东兴市 | 新石器时代 | 自治区级 | 一级 | 位于交东村 |
| 76 | 交东贝丘遗址 | 防城港 | 新石器时代 | 登记 | 一级 | |
| 77 | 亚菩山贝丘遗址 | 防城区 | 新石器时代 | — | 一级 | 亚婆山遗址 |
| 78 | 马兰嘴贝丘遗址 | 防城港 | 新石器时代 | 登记 | 一级 | |
| 79 | 蚝潭角海滨贝丘遗址 | 防城区 | 新石器时代 | 登记 | 一级 | |
| 80 | 螃蟹岭蚝壳角遗址 | 防城区 | 新石器时代 | 登记 | 一级 | |
| 81 | 蕃桃坪沿海贝丘遗址 | 防城区 | 新石器时代 | 登记 | 一级 | |
| 82 | 大墩岛贝丘遗址 | 防城区 | 新石器时代 | 登记 | 一级 | |
| 83 | 旧营盘贝丘遗址 | 防城区 | 新石器时代 | 登记 | 一级 | |
| 84 | 三海岩洞穴贝丘遗址 | 灵山县 | 新石器时代 | 自治区级 | 一级 | |
| 85 | 武龙山洞穴贝丘遗址 | 灵山县 | 新石器时代 | 登记 | 一级 | |
| 86 | 杨义岭遗址 | 钦州市 | 新石器时代 | 登记 | 一级 | |
| 87 | 黄金墩贝丘遗址 | 钦南区 | 新石器时代 | 市级 | 一级 | |
| 88 | 牛屎环塘沙丘遗址 | 铁山港 | 新石器时代 | 市级 | 一级 | |
| 89 | 上洋江沙丘遗址 | 合浦县 | 新石器时代 | 登记 | 一级 | |

续　表

| 序号 | 文物名称 | 属地 | 所属年代 | 文物级别 | 涉海等级 | 备注 |
|---|---|---|---|---|---|---|
| 90 | 二埠水山岗遗址 | 合浦县 | 新石器时代 | 市级 | 一级 | |
| 91 | 清水江山岗遗址 | 合浦县 | 新石器时代 | 市级 | 一级 | |
| 92 | 大坡岭山岗遗址 | 合浦县 | 新石器时代 | 市级 | 一级 | |
| 93 | 梧山岭贝丘遗址 | 吴川市 | 新石器时代 | 省级 | 一级 | |
| 94 | 那良村贝丘遗址 | 吴川市 | 宋 | 登记 | 一级 | |
| 95 | 鲤鱼墩贝丘遗址 | 遂溪县 | 新石器时代 | 市级 | 一级 | |
| 96 | 舜婆山遗址 | 上林县 | 新石器时代 | 市县级 | 一级 | |
| 97 | 大龙潭遗址 | 隆安县 | 新石器时代 | 自治区级 | 一级 | |
| 98 | 蜡烛山遗址 | 武鸣县 | 新石器时代 | 市县级 | 一级 | |
| 99 | 保湾佛子遗址 | 隆安县 | 新石器时代 | 市级 | 一级 | |
| 100 | 歌寿岩遗址 | 大新县 | 新石器时代 | 自治区级 | 一级 | |
| 101 | 华丰岭遗址 | 徐闻县 | 新石器时代 | 县级 | 一级 | |
| 102 | 凤鸣遗址 | 文昌市 | 新石器时代 | — | 一级 | |
| 103 | 付龙园遗址 | 东方市 | 新石器时代 | 省级 | 一级 | |
| 104 | 社隆稻作田园 | 大新县 | 新石器—现代 | 登记 | 一级 | |
| 105 | 那岭稻作田园 | 大新县 | 新石器—现代 | 登记 | 一级 | |
| 106 | 稻坝遗址 | 东方市 | 唐—宋 | 省级 | 一级 | |
| 107 | 沱江口遗址 | 青秀区 | 新石器 | 登记 | 一级 | |
| 108 | 三江口码头遗址 | 江南区 | — | 登记 | 一级 | "—"表示不清楚 |
| 109 | 扬美古码头 | 江南区 | — | 登记 | 一级 | |

续表

| 序号 | 文物名称 | 属地 | 所属年代 | 文物级别 | 涉海等级 | 备注 |
|---|---|---|---|---|---|---|
| 110 | 扬美古商埠码头 | 江南区 | — | 登记 | 一级 | |
| 111 | 那莲社坛码头 | 邕宁区 | 明 | 登记 | 一级 | |
| 112 | 那莲正码头 | 邕宁区 | 清 | 登记 | 一级 | |
| 113 | 伏波庙码头 | 龙州市 | — | 登记 | 一级 | |
| 114 | 南津码头 | 江州区 | 宋 | 登记 | 一级 | |
| 115 | 东兴码头 | 邕宁区 | 清 | 登记 | 一级 | |
| 116 | 中渡码头 | 江州区 | 明 | 登记 | 一级 | |
| 117 | 九岸码头 | 江州区 | — | 登记 | 一级 | |
| 118 | 驮浪码头 | 江州区 | — | 登记 | 一级 | |
| 119 | 古坡码头 | 江州区 | — | 登记 | 一级 | |
| 120 | 陇良石道 | 江州区 | 明 | 登记 | 一级 | |
| 121 | 扶隆古道 | 防城区 | 清光绪 | 登记 | 一级 | 1886年 |
| 122 | 芷寮古港 | 吴川市 | 唐—民国 | 登记 | 一级 | |
| 123 | 港头埠 | 雷州市 | 唐—清 | 县级 | 一级 | 位于墨亭村 |
| 124 | 海安港遗址 | 徐闻县 | 明洪武 | 登记 | 一级 | |
| 125 | 新盈镇昆社港 | 临高县 | 清 | 登记 | 一级 | 1899年 |
| 126 | 赤坎埠码头旧址 | 赤坎区 | 明末 | 登记 | 一级 | |
| 127 | 咸塘港码头旧址 | 儋州市 | 民国 | 登记 | 一级 | |
| 128 | 潭蓬古运河 | 防城港 | 唐 | 自治区级 | 一级 | 国内唯一海上古运河 |

续　表

| 序号 | 文物名称 | 属地 | 所属年代 | 文物级别 | 涉海等级 | 备注 |
|---|---|---|---|---|---|---|
| 129 | 广西沿海运河西坑段 | 钦南区 | 汉 | 市级 | 一级 | 西坑古运河 |
| 130 | 平南古渡遗址 | 钦南区 | 明 | 登记 | 二级 | |
| 131 | 伏波庙遗址 | 防城区 | 清 | 登记 | 二级 | |
| 132 | 大浪古城遗址 | 合浦县 | 西汉 | 国家级 | 一级 | |
| 133 | 草鞋村遗址① | 合浦县 | 汉代 | 国家级 | 一级 | 草鞋村窑群遗址 |
| 134 | 白龙城珍珠遗址 | 铁山港 | 明 | 自治区级 | 一级 | |
| 135 | 天窝遗址 | 青秀区 | 新石器时代 | 自治区级 | 一级 | |
| 136 | 石船头遗址 | 良庆区 | 新石器时代 | 自治区级 | 一级 | |
| 137 | 青龙江口遗址 | 青秀区 | 新石器时代 | 自治区级 | 一级 | |
| 138 | 豹子头遗址 | 青秀区 | 新石器时代 | 自治区级 | 一级 | |
| 139 | 灰窑田遗址 | 青秀区 | 新石器时代 | 自治区级 | 一级 | |
| 140 | 三江坡汉城遗址 | 江南区 | 汉代 | 自治区级 | 一级 | |
| 141 | 石南海遗址 | 上林县 | — | 登记 | 三级 | |
| 142 | 大洞遗址 | 横县 | — | 登记 | 三级 | |
| 143 | 山背遗址 | 上林县 | — | 登记 | 三级 | |
| 144 | 智城城址 | 上林县 | 唐代 | 国家级 | 三级 | |
| 145 | 下楚古城 | 上林县 | — | 登记 | 三级 | |
| 146 | 了乐山城址 | 横县 | — | 登记 | 三级 | |

① 大浪古城位于合浦县城东北13公里的石湾镇大浪古城村，古城城址三面为护城河，西侧临近古河道。原城墙用泥土夯筑而成，城池略呈长方形，东西长231米，南北宽195米。2003年经考古试掘确认，大浪古城为西汉早中期遗址。

续 表

| 序号 | 文物名称 | 属地 | 所属年代 | 文物级别 | 涉海等级 | 备注 |
|---|---|---|---|---|---|---|
| 147 | 打铁岗石器分布点 | 容县 | 新石器时代 | 登记 | 一级 | |
| 148 | 大神岭石器分布点 | 容县 | 新石器时代 | 登记 | 一级 | |
| 149 | 泗福石器分布点 | 容县 | 新石器时代 | 登记 | 一级 | |
| 150 | 文容顶遗址 | 容县 | 新石器时代 | 登记 | 一级 | |
| 151 | 箭猪笼遗址 | 防城区 | 新石器时代 | 登记 | 一级 | 新石器晚期 |
| 152 | 西沙坡遗址 | 铁山港 | 新石器时代—汉代 | 登记 | 一级 | 新石器时代-汉代遗址 |
| 153 | 大坡岭山岗遗址 | 合浦县 | 新石器时代 | 登记 | 一级 | |
| 154 | 兰园岭遗址 | 雷州市 | 新石器时代 | 县级 | 一级 | |
| 155 | 英楼岭遗址 | 雷州市 | 新石器时代 | 县级 | 一级 | |
| 156 | 英典北遗址 | 雷州市 | 新石器时代 | 县级 | 一级 | |
| 157 | 梧山岭遗址 | 吴川市 | 新石器时代 | 县级 | 一级 | |
| 158 | 丽山岭遗址 | 吴川市 | 明 | 县级 | 一级 | |
| 159 | 南边村遗址 | 吴川市 | 新石器时代 | 登记 | 一级 | |
| 160 | 狭喉岭遗址 | 吴川市 | 新石器时代 | 登记 | 一级 | |
| 161 | 椹川遗址 | 吴川市 | 新石器时代 | 登记 | 一级 | |
| 162 | 斗门遗址 | 吴川市 | 新石器时代 | 登记 | 一级 | |
| 163 | 华丰岭遗址 | 徐闻县 | 新石器时代 | 县级 | 一级 | |
| 164 | 峰背遗址 | 廉江市 | 新石器时代—战国 | 县级 | 一级 | |

续 表

| 序号 | 文物名称 | 属地 | 所属年代 | 文物级别 | 涉海等级 | 备注 |
|---|---|---|---|---|---|---|
| 165 | 凤鸣遗址 | 文昌市 | 新石器时代 | 登记 | 一级 | |
| 166 | 那宋遗址 | 澄迈县 | 新石器时代 | 登记 | 一级 | |
| 167 | 仁兴遗址 | 澄迈县 | 新石器时代 | 登记 | 一级 | |
| 168 | 兰堂村南遗址 | 临高县 | 新石器时代 | 登记 | 一级 | |
| 169 | 瑯山村遗址 | 儋州市 | 新石器时代 | 登记 | 一级 | |
| 170 | 热作场遗址 | 儋州市 | 新石器时代 | 登记 | 一级 | |
| 171 | 日草遗址 | 儋州市 | 新石器时代 | 登记 | 一级 | |
| 172 | 文山村遗址 | 儋州市 | 新石器时代 | 登记 | 一级 | |
| 173 | 大港村遗址 | 陵水县 | 新石器时代 | 登记 | 一级 | |
| 174 | 南湾遗址 | 陵水县 | 新石器时代 | 登记 | 一级 | |
| 175 | 石贡遗址 | 陵水县 | 新石器时代 | 登记 | 一级 | |
| 176 | 高土遗址 | 陵水县 | 新石器时代 | 登记 | 一级 | |
| 177 | 花丛石器出土点 | 陵水县 | 新石器时代 | 登记 | 一级 | |
| 178 | 黎盆合口遗址 | 陵水县 | 新石器时代 | 登记 | 一级 | |
| 179 | 白查村船型屋 | 东方市 | 待定 | 省级 | 一级 | 位于江边乡 |
| 180 | 永安古城遗址 | 合浦县 | 明洪武 | 自治区级 | 一级 | 1394年 |
| 181 | 社边坡石城 | 合浦县 | — | 自治区级 | 三级 | |
| 182 | 红泥城遗址 | 合浦县 | 清光绪 | 市级 | 二级 | |

续　表

| 序号 | 文物名称 | 属地 | 所属年代 | 文物级别 | 涉海等级 | 备注 |
|---|---|---|---|---|---|---|
| 183 | 白泥城遗址 | 合浦县 | — | 市级 | 二级 | |
| 184 | 永安古城址① | 合浦县 | 明洪武 | 市级 | 二级 | 1394年 |
| 185 | 石康古城址② | 合浦县 | 南汉 | 自治区级 | 二级 | 石康镇顺塔村 |
| 186 | 那印屯铜鼓出土遗址 | 天等县 | 战国 | 登记 | 二级 | |
| 187 | 大塘冷水冲型铜鼓出土遗址 | 大新县 | 东汉—南北朝 | 登记 | 二级 | |
| 188 | 利竹麓羊角扭铜钟出土点 | 浦北县 | 周—汉 | 登记 | 二级 | |
| 189 | 天峰岭羊角扭钟出土点 | 浦北县 | 战国—南朝 | 登记 | 二级 | |
| 190 | 古角村遗址 | 钦北区 | 汉—南朝 | 登记 | 二级 | |
| 191 | 二垌鼻岭铜鼓出土点 | 浦北县 | 汉代—隋朝 | 登记 | 二级 | 汉-隋朝 |
| 192 | 庭城遗址 | 龙州县 | 汉 | 自治区级 | 一级 | |
| 193 | 高头岭遗址 | 浦北县 | 三国 | — | 二级 | 三国-南北朝 |
| 194 | 大兜岭村落遗址 | 吴川市 | 南朝 | — | 二级 | |
| 195 | 奴岭村落遗址 | 吴川市 | — | — | 二级 | |
| 196 | 珠崖岭城址 | 海口市 | 汉—唐 | 省级 | 一级 | |
| 197 | 越州古城遗址 | 浦北县 | 南朝—唐 | 国家级 | 一级 | |
| 198 | 思恩府遗址 | 马山县 | 明 | 市县级 | 一级 | |

---

① 永安古城位于合浦县城东84公里处的山口镇永安村，"为高雷琼海道咽喉"，是明代廉州卫辖下的永安千户所所在地。据《合浦县志》（民国版）载，永安城于1394年（洪武二十七年）由千户牛铭始建，城高1.8丈，周长461丈，城壕长500丈，窝铺一十八，角楼、月城楼各四，有正厅、左右厢房、重门、鼓楼等。古城及城内建筑早已毁，现仅存南城墙西头和西城墙南头残垣。

② 石康古城，在宋、明两代均为石康县城。石康古城为长方形，南北向城基长约143米，东西向城基长约393米，基宽11米。因年久岁远，南流江改道，古城被冲去约半，现仅剩部分遗址。

续表

| 序号 | 文物名称 | 属地 | 所属年代 | 文物级别 | 涉海等级 | 备注 |
|---|---|---|---|---|---|---|
| 199 | 下雷土州北门遗址 | 大新县 | 明—清 | 市县级 | 一级 | |
| 200 | 江州土司衙门遗址 | 江州区 | 明 | 市县级 | 一级 | |
| 201 | 迁隆州吐司衙署旧址 | 宁明县 | 清 | 市县级 | 一级 | |
| 202 | 旧州城遗址 | 上思县 | 明弘治 | 省级 | 一级 | 1505年 |
| 203 | 钦州故城遗址 | 灵山县 | 隋—唐 | — | 三级 | 位于旧州镇 |
| 204 | 钦江县故城址 | 钦州市 | 隋唐 | 自治区级 | 三级 | |
| 205 | 施渡坡古城址 | 浦北县 | 隋—北宋 | 自治区级 | 一级 | |
| 206 | 下红泥沟故城址 | 钦北区 | 唐 | 市级级 | 三级 | |
| 207 | 古城角遗址 | 钦北区 | 南朝 | 县级 | 二级 | |
| 208 | 古城墙遗址 | 钦州市 | — | 登记 | 三级 | |
| 209 | 容州古城城墙 | 容县 | 唐 | 自治区级 | 二级 | |
| 210 | 乐民城(文明书院、石绝) | 遂溪县 | 汉 | 县级 | 二级 | 又名珍珠城 |
| 211 | 乐民十户所城 | 遂溪县 | — | 省级 | 一级 | |
| 212 | 海安千户所城遗址 | 徐闻县 | — | 县级 | 二级 | |
| 213 | 锦囊千户所城遗址 | 徐闻县 | — | 县级 | 二级 | |
| 214 | 东汉生活遗址 | 吴川市 | 宋 | 登记 | 一级 | |
| 215 | 野鸭塘石头城址 | 廉江市 | 清末 | 县级 | 三级 | |
| 216 | 罗州故城址 | 廉江市 | 唐武德 | 省级 | 一级 | 622年 |
| 217 | 偃波轩古造船厂遗址 | 雷州市 | 明 | 县级 | 一级 | |

续 表

| 序号 | 文物名称 | 属地 | 所属年代 | 文物级别 | 涉海等级 | 备注 |
|---|---|---|---|---|---|---|
| 218 | 雷城大新街遗址 | 雷州市 | 明 | 县级 | 一级 | |
| 219 | 康港所城遗址 | 雷州市 | 明 | 县级 | 一级 | |
| 220 | 雷州府署遗址 | 雷州市 | 明 | 县级 | 一级 | |
| 221 | 雷州城址 | 雷州市 | 宋 | 县级 | 一级 | |
| 222 | 珠崖岭城址 | 海口市 | 汉—唐 | 国家级 | 一级 | |
| 223 | 珠崖郡治遗址 | 琼山区 | — | 省级 | 一级 | |
| 224 | 琼山城墙 | 海口市 | 宋—清 | 省级 | 二级 | |
| 225 | 儋耳故城遗址 | 儋州市 | 西汉 | 省级 | 二级 | |
| 226 | 儋州故城 | 儋州市 | 东晋 | 国家级 | 二级 | |
| 227 | 儋州古城 | 儋州市 | 明—清 | 省级 | 二级 | |
| 228 | 昌化故城 | 昌江县 | 明 | 省级 | 二级 | |
| 229 | 定安故城 | 定安县 | 明 | 省级 | 二级 | |
| 230 | 崖州故城 | 三亚市 | 宋—清 | 省级 | 一级 | |
| 231 | 镇州故城 | 东方市 | 宋 | 省级 | 二级 | |
| 232 | 旧州城遗址 | 海口市 | 明 | 省级 | 二级 | |
| 233 | 定安县衙遗址 | 定安县 | 明 | 省级 | 二级 | |
| 234 | 万安州古城址 | 万宁市 | 唐 | 省级 | 二级 | |
| 235 | 乐城古街道古城墙遗址 | 琼海市 | 明 | 省级 | 二级 | |
| 236 | 南宁古城墙 | 青秀区 | 明-清 | 自治区级 | 四级 | 清乾隆六年 |
| 237 | 龙宫岩遗址 | 大新县 | 宋—清 | 市县级 | 四级 | |
| 238 | 左州金山遗址 | 江州区 | 明嘉靖 | 市县级 | 四级 | |

续 表

| 序号 | 文物名称 | 属地 | 所属年代 | 文物级别 | 涉海等级 | 备注 |
|---|---|---|---|---|---|---|
| 239 | 灵阳寺遗址 | 马山县 | 宋 | 市县级 | 四级 | |
| 240 | 杨梅寺遗址 | 铁山港 | 明 | 市级 | 四级 | |
| 241 | 芙蓉湾大堤 | 雷州市 | 宋—清 | 县级 | 一级 | |
| 242 | 盐庭采珠遗址 | 雷州市 | 明 | 县级 | 一级 | 位于北和镇 |
| 243 | 首弓大田洋瓷器出土点 | 保亭县 | — | 登记 | 二级 | |
| 244 | 尹屋窑址 | 横县 | 宋—元 | 自治区级 | 三级 | |
| 245 | 九龙窑址 | 上林县 | 宋 | 市县级 | 三级 | |
| 246 | 岭峒窑址 | 兴业县 | 宋 | 自治区级 | 三级 | |
| 247 | 缸瓦窑窑址 | 良庆区 | 清 | 登记 | 三级 | |
| 248 | 那凤屯窑址 | 上思县 | 清 | 县级 | 三级 | |
| 249 | 上金窑址 | 龙州县 | 宋 | 自治区级 | 三级 | |
| 250 | 母鸡坑窑址 | 钦州市 | 唐 | 市级 | 三级 | |
| 251 | 坭兴陶古龙窑址 | 钦州市 | 明洪武四年 | 自治区级 | 二级 | 残存古龙窑址 |
| 252 | 钦江古龙窑 | 钦州市 | 未定 | 市级 | 三级 | |
| 253 | 坭兴陶古龙窑 | 钦南区 | 北宋 | 市级 | 三级 | 位于缸瓦窑村 |
| 254 | 高德缸瓦窑群 | 海城区 | — | 市级 | 三级 | |
| 255 | 英罗窑窑址 | 银海区 | 唐 | 市级 | 三级 | |
| 256 | 瓦窑坡窑址 | — | — | 县级 | 三级 | |
| 257 | 大窑窑址 | 合浦县 | 未详 | 市级 | 三级 | |
| 258 | 下窑村窑址 | 北海市 | 宋 | 自治区级 | 三级 | |

续 表

| 序号 | 文物名称 | 属地 | 所属年代 | 文物级别 | 涉海等级 | 备注 |
|---|---|---|---|---|---|---|
| 259 | 上窑村窑址 | 银海区 | 明 | 市级 | 三级 | |
| 260 | 东窑窑址 | 铁山港 | 明 | 市级 | 三级 | |
| 261 | 西窑窑址 | 铁山港 | 明 | 市级 | 三级 | |
| 262 | 缸瓦窑窑址 | 合浦县 | 明 | 市级 | 三级 | |
| 263 | 田头屋窑址 | 铁山港 | — | 市级 | 三级 | |
| 264 | 红坎岭窑址 | 银海区 | 明 | 市级 | 三级 | |
| 265 | 窑头村窑址 | 廉江市 | 唐—宋 | 市级 | 三级 | |
| 266 | 犀牛公窑址 | 遂溪县 | 宋 | 市级 | 三级 | |
| 267 | 新埠窑址 | 遂溪县 | 宋 | 市级 | 三级 | |
| 268 | 东港仔窑址 | 遂溪县 | 宋—元 | 市级 | 三级 | |
| 269 | 下山井窑址 | 遂溪县 | 宋—元 | 市级 | 三级 | |
| 270 | 余下村窑址 | 雷州市 | 唐 | 县级 | 三级 | |
| 271 | 六余窑址 | 雷州市 | 南宋 | 县级 | 三级 | |
| 272 | 茂胆窑址 | 雷州市 | 唐 | 县级 | 三级 | |
| 273 | 龙道窑群址 | 雷州市 | 唐 | 县级 | 三级 | |
| 274 | 铺墩窑址 | 雷州市 | 唐 | 县级 | 三级 | |
| 275 | 旧洋窑址 | 雷州市 | 宋—元 | 县级 | 三级 | |
| 276 | 斜坑黄窑址 | 雷州市 | 宋—元 | 县级 | 三级 | |
| 277 | 调板窑址 | 雷州市 | 宋—元 | 县级 | 三级 | |
| 278 | 覃道窑址 | 雷州市 | 宋—元 | 县级 | 三级 | |
| 279 | 公益窑址 | 雷州市 | 宋—元 | 县级 | 三级 | |

续 表

| 序号 | 文物名称 | 属地 | 所属年代 | 文物级别 | 涉海等级 | 备注 |
|---|---|---|---|---|---|---|
| 280 | 东坡窑址 | 雷州市 | 宋—元 | 县级 | 三级 | |
| 281 | 新仓窑址 | 雷州市 | 宋—元 | 县级 | 三级 | |
| 282 | 北村窑址 | 雷州市 | 宋—元 | 县级 | 三级 | |
| 283 | 洋上村窑址 | 雷州市 | 宋—元 | 县级 | 三级 | |
| 284 | 陈家窑址 | 雷州市 | 宋—元 | 县级 | 三级 | |
| 285 | 吉斗窑址 | 雷州市 | 宋—元 | 县级 | 三级 | |
| 286 | 调乃家村窑址 | 雷州市 | 宋—元 | 县级 | 三级 | |
| 287 | 陈高村窑址 | 雷州市 | 宋 | 县级 | 三级 | |
| 288 | 碗洋窑址 | 雷州市 | 清 | 县级 | 三级 | |
| 289 | 铜鼓窑址 | 雷州市 | 清 | 县级 | 三级 | |
| 290 | 福安窑址 | 澄迈县 | 南—清 | 省级 | 三级 | 南宋—清 |
| 291 | 深涌岭窑址 | 澄迈县 | 宋 | 登记 | 三级 | |
| 292 | 碗窑村窑址 | 儋州市 | 宋—清 | 省级 | 一级 | |
| 293 | 江洋古窑址 | 琼海市 | 元 | 省级 | 二级 | 位于潭门镇 |
| 294 | 高山窑址 | 三亚市 | 明—清 | 省级 | 二级 | |
| 295 | 铜石岭冶铜遗址 | 兴业县 | 汉 | 自治区级 | 四级 | |
| 296 | 西山冶铜遗址 | 容县 | 汉—唐 | 自治区级 | 四级 | |
| 297 | 绿鸦冶铁遗址 | 兴业县 | 宋 | 自治区级 | 四级 | 含绿鸦村等 |
| 298 | 歧阳岭西坡等35处堆积点 | 兴业县 | 宋 | 自治区级 | 四级 | 分别为35处文物保护单位 |
| 299 | 邕州知州苏缄殉难遗址 | 兴宁区 | 北宋 | 自治区级 | 四级 | |

续 表

| 序号 | 文物名称 | 属地 | 所属年代 | 文物级别 | 涉海等级 | 备注 |
|---|---|---|---|---|---|---|
| 300 | 烟墩岭烽火台 | 江南区 | 明 | 市县级 | 三级 | |
| 301 | 那例烟墩岭烽火台遗址 | 良庆区 | 明 | 登记 | 三级 | |
| 302 | 烟通岭烽火台遗址 | 防城港 | 明—清 | 登记 | 三级 | |
| 303 | 牛路烽火台遗址 | 港口区 | 清 | 登记 | 三级 | |
| 304 | 顶墩烽火台 | 上思县 | 明—清 | 县级 | 三级 | |
| 305 | 大菩屯烽火台 | 上思县 | 明—清 | 县级 | 三级 | |
| 306 | 枯争烽火台 | 上思县 | 明—清 | 县级 | 三级 | |
| 307 | 枯桃烽火台 | 上思县 | 明—清 | 县级 | 三级 | |
| 308 | 板回屯烽火台 | 上思县 | 明—清 | 县级 | 三级 | |
| 309 | 四方山烽古道 | 上思县 | 明—清 | 登记 | 三级 | |
| 310 | 青龙烽火台 | 钦南区 | 明 | 县级 | 三级 | |
| 311 | 旧营盘烽火台 | 钦南区 | 明 | 县级 | 三级 | |
| 312 | 禁山烽火台遗址 | 合浦县 | 清 | 市级 | 三级 | |
| 313 | 铁山烽火台遗址 | 合浦县 | 清 | 市级 | 三级 | |
| 314 | 八字山炮台遗址 | 合浦县 | — | 市级 | 三级 | |
| 315 | 日头岭烽火台遗址 | 合浦县 | 清 | 县级 | 三级 | |
| 316 | 乾江烽火台遗址 | 合浦县 | 清 | 县级 | 三级 | |
| 317 | 东炮台遗址 | 合浦县 | — | 市级 | 三级 | |
| 318 | 社边陂石城 | 合浦县 | — | 市级 | 三级 | |
| 319 | 双溪炮台遗址 | 雷州市 | 明 | 县级 | 三级 | |

续表

| 序号 | 文物名称 | 属地 | 所属年代 | 文物级别 | 涉海等级 | 备注 |
|---|---|---|---|---|---|---|
| 320 | 临高烽火群遗址 | 临高县 | 明 | 登记 | 三级 | |
| 321 | 汉城村马伏波营盘遗址 | 防城区 | 东汉 | 登记 | 一级 | |
| 322 | 马伏波围城遗址 | 防城港 | 东汉 | 登记 | 一级 | |
| 323 | 苏标铜鼓出土点 | 防城港 | 隋—唐 | 登记 | 一级 | |
| 324 | 鹅仔铜鼓出土点 | 陵水县 | — | 登记 | 一级 | |
| 325 | 福湾铜鼓出土点 | 陵水县 | — | 登记 | 一级 | |
| 326 | 石狗 | 防城港 | | 县级 | 二级 | |
| 327 | 大清国一至三十三号界碑 | 防城港 | 清 | 国家级 | 一级 | 属广西连城要塞遗址和友谊关 |
| 328 | 沿海烽堠 | 临高县 | 明 | 省级 | 三级 | |
| 329 | 新隆烽火台遗址 | 儋州市 | 明 | 省级 | 二级 | |
| 330 | 排浦烽火台遗址 | 儋州市 | 明 | 登记 | 三级 | |
| 331 | 长沙村冲篱遗址 | 儋州市 | 明 | 省级 | 三级 | |
| 332 | 洋浦盐田 | 儋州市 | 宋—现代 | 国家级 | 一级 | 古制盐地 |
| 333 | 盐丁村盐田 | 儋州市 | 宋—现代 | 登记 | 一级 | 宋－现代 |
| 334 | 小迪村盐田 | 儋州市 | 宋 | 登记 | 一级 | |
| 335 | 细沙村盐田 | 儋州市 | 宋 | 登记 | 一级 | |
| 336 | 灵返村盐田 | 儋州市 | 宋 | 登记 | 一级 | |
| 337 | 那陆村高锡地盐田 | 儋州市 | 清 | 登记 | 一级 | |

续 表

| 序号 | 文物名称 | 属地 | 所属年代 | 文物级别 | 涉海等级 | 备注 |
|---|---|---|---|---|---|---|
| 338 | 峨蔓盐田 | 儋州市 | 宋 | 省级 | 一级 | 位于峨蔓镇 |
| 339 | 四方古山道 | 上思县 | 明—清 | 县级 | 二级 | |
| 340 | 云张墟古道遗址 | 徐闻县 | 南朝 | 登记 | 二级 | |
| 341 | 调丰古官道遗址 | 遂溪县 | 唐 | 市级 | 二级 | |
| 342 | 解元巷古道遗址 | 雷州市 | 清 | 县级 | 二级 | |
| 343 | 雷岭古道 | 化州市 | 清 | 登记 | 二级 | |
| 344 | 五里官道 | 海口市 | 明 | 省级 | 一级 | |
| 345 | 田头驿站遗址 | 儋州市 | 宋 | 登记 | 二级 | |
| 346 | 接官亭遗址 | 儋州市 | 宋 | 登记 | 二级 | |
| 347 | 灵返村古道 | 儋州市 | 明 | 登记 | 二级 | |
| 348 | 才根古道遗址 | 儋州市 | 清 | 登记 | 二级 | |
| 349 | 八坊五姓古道 | 儋州市 | 清 | 登记 | 二级 | 位于七里村 |
| 350 | 罗驿驿道遗址 | 澄迈县 | — | 登记 | 二级 | |
| 351 | 牛岭古道 | 陵水县 | — | 登记 | 二级 | |
| 352 | 山严塘陂、亭塘陂水利工程 | 海口市 | 唐 | 省级 | 三级 | 琼山区 |
| 353 | 西竺寺遗址 | 澄迈县 | 明 | 登记 | 一级 | |
| 354 | 西竺寺遗址 | 徐闻县 | 清 | 登记 | 一级 | |
| 355 | 三塘村天后庙遗址 | 徐闻县 | — | 登记 | 一级 | |
| 356 | 佳平村天后庙遗址 | 徐闻县 | — | 登记 | 一级 | |
| 357 | 灯楼角沉船遗址 | 徐闻县 | 唐 | 登记 | 一级 | 位于角尾乡 |

续 表

| 序号 | 文物名称 | 属地 | 所属年代 | 文物级别 | 涉海等级 | 备注 |
| --- | --- | --- | --- | --- | --- | --- |
| 358 | 西沙甘泉岛遗址 | 三沙市 | 唐—宋 | 国家级 | 一级 | |
| 359 | 永兴岛史迹 | 三沙市 | 现代 | 省级 | 一级 | |
| 360 | 北礁沉船遗址 | 三沙市 | 宋—清 | 国家级 | 一级 | |
| 361 | 华光礁沉船遗址 | 三沙市 | 宋—清 | 国家级 | 一级 | 永乐群岛南部 |
| 362 | 南沙洲沉船遗址 | 三沙市 | 明 | 省级 | 一级 | |
| 363 | 珊瑚岛沉船遗址 | 三沙市 | 清 | 省级 | 一级 | |
| 364 | 玉琢礁沉船遗址 | 三沙市 | 宋—清 | 省级 | 一级 | |
| 365 | 浪花礁沉船遗址 | 三沙市 | 明 | 省级 | 一级 | |
| 366 | 金银岛水下遗物点 | 三沙市 | — | 等级 | 一级 | |
| 367 | 皇路礁水下遗物点 | 三沙市 | — | 登记 | 一级 | |
| 368 | 东沙岛水下铜钱点 | 三沙市 | — | 登记 | 一级 | |
| 369 | 太平岛水下遗物点 | 三沙市 | — | 登记 | 一级 | |
| 370 | 甘泉岛珊瑚石庙 | 三沙市 | — | 登记 | 一级 | |
| 371 | 珊瑚岛珊瑚石庙 | 三沙市 | — | 登记 | 一级 | |
| 372 | 东岛珊瑚石庙 | 三沙市 | — | 登记 | 一级 | |
| 373 | 北岛珊瑚石庙 | 三沙市 | — | 登记 | 一级 | |
| 374 | 广金岛珊瑚石庙 | 三沙市 | — | 登记 | 一级 | |
| 375 | 太平岛伏波庙 | 三沙市 | — | 登记 | 一级 | |
| 376 | 一百零八公兄弟庙 | 三沙市 | — | 登记 | 一级 | |
| 377 | 海底村庄地震遗址 | 文昌市 | — | — | 一级 | 位于铺前镇 |

续 表

| 序号 | 文物名称 | 属地 | 所属年代 | 文物级别 | 涉海等级 | 备注 |
|---|---|---|---|---|---|---|
| 其他遗址类 | 崇左市,龙州市:廷城遗址(汉)、千总码头、龙州大码头、龙州大南码头;扶绥县:那宽码头、新龙古码头、渠旧古码头;宁明县:亭立码头、邕荷庙等等。玉林市:平山新村窑址。容县:城关窑址变电所窑区、城关窑址松脂厂窑址、城关窑址河南上琅窑区、城关窑址东光下琅窑区、城关窑址红光缸瓦窑窑区(以上均为宋)。防城港市:皇城遗址、皇帝沟遗址、防城旧城遗址、水营村水营师营地旧址(明)、那琴塘铺遗址、枯桃塘铺遗址、冲茶窑址、那凤屯窑址、瓦窑门窑址、观音寺旧址、娘娘庙遗址、土司庙遗址、华光寺遗址、江山死佬田遗址、官井遗址、江平天主堂旧址、竹山三德天主堂旧址(清)等等。钦州,新石器时代:架涧口遗址、彩园屋后背岭遗址、猴子山大岩遗址、屋背坡遗址、瑶府塘岭遗址、望天岩洞穴遗址、五黄大岭遗址、古勉岭嘴遗址、马敬坡遗址、马鞍山遗址、六峰山遗址 滑岩洞遗址、元屋岭遗址、穿镜岩山遗址、古立山岗遗址等等。汉代遗址:松木岭岗铜鼓出土点、了垌尾遗址、龙苏麓遗址、双镇岭铜鼓出土点等16处;汉—南北朝遗址:熊胆岭遗址、公租屯铜鼓出土点、马母岭遗址、牛地岭遗址等24处;汉—南朝遗址6处。浦北县,汉—唐:面先岭铜鼓出土点、西岸山屋面坡遗址、搭竹僚铜鼓出土点、石屋冲铜鼓出土点、单竹坑铜鼓出土点;南北朝:水井麓岭铜鼓出土点、大料岭遗址、鸡笼坡遗址等22处;南朝:丹竹城城址、螺壳冲铜鼓出土点、十八麓铜鼓出土点、大田排遗址、新银坡遗址、荔枝山遗址等44处;南朝—唐6处;南北朝—唐:松柏岭遗址、曲湾岭遗址、王铜头岭遗址等22处。隋唐6处。博白县:亚山城址、浪平城址、石顶山城遗址、官岭城遗址、大嶂顶城堡遗址。其他:钦江故城、丹竹山城址、高沙遗址、钦州城墙遗址、大鸡屋烽火台、金鼓村烽火台遗址、枯桃塘铺遗址、行城城址等36处。北海市:草鞋墩遗址、大江窑址、赤水古窑、谭村窑址、宁海窑址、晚姑娘村窑址、瓦窑坡遗址、孝子祠遗址、华身靛厂作坊遗址。湛江市:凌禄县城址、干水县城址、吴川县城址、南城门、潦口仙院遗址、鲫鱼塘遗址、二桥村遗址、石莲山寺遗址、谭娘庙遗址、寇竹港、余村古窑群址、龙头沙窑址、卜岭窑址、拱桥窑址、船渡 | | | | | |
| 其他遗址类 | 窑址、沙江窑址、排岭窑群址、苑窑村窑群址、下庙岭遗址、实荣堡遗址等等。海南省,海口市:琼崖郡治遗址、东寨港琼北地震遗址、琼台福地遗址、达士巷古道、北胜街古道等;儋州市:桄榔庵遗址、多业村凌霄庵遗址;澄迈县:红泥岭窑址、平富渡口遗址、善井窑址、老城关帝庙遗址;儋州市:黄江新村遗址、金鸡岭村遗址、何宅村遗址、罗城村遗址、盐灶村遗址、海头冶铜遗址、儒学遗址、儋州署遗址(隋—清);昌江县:昌化城城址、棋子湾遗址;保亭:什南立遗址、大目遗址、送妹遗址、毛天遗址、石峒栈遗址。陵水县:新石器时代,新坡遗址、坡尾遗址、米埔遗址、古楼遗址;打鹿遗址(汉)、港演城址(元)、陵城城址(明)等 | | | | | |

## (二）环北部湾海洋古墓葬类遗产清单（见表1-16）

表1-16　　　　　　　　环北部湾海洋古墓葬类遗产清单

| 编号 | 文物名称 | 属地 | 年代 | 文物等级 | 涉海等级 | 备注 |
|---|---|---|---|---|---|---|
| 1 | 合浦汉墓群遗址 | 合浦县 | 汉代 | 国家级 | 一级 | |
| 2 | 孙东古墓群 | 银海区 | 汉—南 | 市级 | 一级 | 汉—南北朝 |
| 3 | 久隆古墓群 | 钦南区 | 隋唐 | 自治区级 | 一级 | 久隆乡 |
| 4 | 元龙坡墓群、安等秧坡墓群 | 武鸣县 | 商—周 | 自治区级 | 一级 | 西周、战国 |
| 5 | 岜彬崖洞葬 | 大新县 | 待定 | 登记 | 一级 | |
| 6 | 韦坡村墓群 | 宾阳县 | 战国 | 市县级 | 一级 | |
| 7 | 淡水墓群 | 雷州市 | 元 | 县级 | 二级 | |
| 8 | 唐氏祖墓群 | 雷州市 | — | 国家级 | 三级 | |
| 9 | 菜园陈氏墓群 | 雷州市 | 南宋 | 县级 | 二级 | |
| 10 | 东岭莫氏墓群 | 雷州市 | 明 | 县级 | 二级 | |
| 11 | 华丰岭墓葬 | 徐闻县 | 汉 | 市级 | 一级 | |
| 12 | 敢庙岩洞葬 | 武鸣县 | — | 登记 | 二级 | |
| 13 | 那工山洞葬 | 隆安县 | — | 登记 | 二级 | |
| 14 | 巴南山崖洞葬 | 隆安县 | — | 登记 | 二级 | |
| 15 | 马鞍山岩洞葬 | 武鸣县 | — | 登记 | 二级 | |
| 16 | 巴欣岩棺葬 | 江州区 | 清 | 市县级 | 二级 | |
| 17 | 棉江花山岩洞葬 | 龙州县 | 晋—南朝 | 自治区级 | 二级 | |
| 18 | 岜彬岩洞葬 | 大新县 | 宋—明 | 市县级 | 二级 | |
| 19 | 岜自崖洞葬 | 大新县 | 宋—明 | 市县级 | 二级 | |

续表

| 编号 | 文物名称 | 属地 | 年代 | 文物等级 | 涉海等级 | 备注 |
|---|---|---|---|---|---|---|
| 20 | 上峙后山岩棺葬 | 江州区 | 宋—明 | 市县级 | 二级 | |
| 21 | 福隆崖洞葬 | 大新县 | 宋—明 | 自治区级 | 二级 | |
| 22 | 壹关豆豉岭墓群 | 江州区 | 明—清 | 市县级 | 二级 | |
| 23 | 板麦石塔墓 | 江州区 | 明万历 | 自治区级 | 二级 | |
| 24 | 藤桥墓群 | 三亚市 | 唐—元 | 国家级 | 一级 | 位于海棠湾镇 |
| 25 | 田西村珊瑚石室墓 | 徐闻县 | 东汉 | 登记 | 一级 | 位于西连镇 |
| 26 | 军屯坡珊瑚石椁古墓群 | 陵水县 | 唐 | 省级 | 一级 | |
| 27 | 荆王太子墓 | 万宁市 | 元 | 省级 | 三级 | |
| 28 | 班夫人坟 | 凭祥市 | 汉 | 市县级 | 三级 | |
| 29 | 滕甫墓 | 兴宁区 | 宋 | 市县级 | 三级 | |
| 30 | 韦厥墓 | 上林县 | 唐 | 市县级 | 三级 | |
| 31 | 沈福墓 | 合浦县 | 明 | 县级 | 三级 | |
| 32 | 韩珠墓 | 合浦县 | 明 | 县级 | 三级 | |
| 33 | 唐氏祖墓群 | 雷州市 | 宋—清 | 国家级 | 三级 | |
| 34 | 唐氏墓群 | 雷州市 | — | 省级 | 三级 | |
| 35 | 庐陵周公墓 | 遂溪县 | — | 省级 | 三级 | |
| 36 | 邓邦鑑夫妇墓 | 徐闻县 | — | 省级 | 三级 | |
| 37 | 隋谯国夫人冼氏墓 | 电白县 | 隋 | 国家级 | 一级 | |
| 38 | 唐胄墓 | 琼山区 | 明 | 省级 | 三级 | 后来重修 |
| 39 | 海瑞墓 | 海口市 | 明 | 国家级 | 三级 | |
| 40 | 刘永福母亲墓 | 上思县 | — | 县级 | 三级 | |

续 表

| 编号 | 文物名称 | 属地 | 年代 | 文物等级 | 涉海等级 | 备注 |
|---|---|---|---|---|---|---|
| 41 | 刘永福父亲墓 | 上思县 | — | 县级 | 三级 | |
| 42 | 冯子材墓 | 钦南区 | 清 | 国家级 | 三级 | |
| 43 | 刘永福墓 | 钦南区 | 民国 | 国家级 | 三级 | |
| 44 | 黄善彰墓 | 宁明县 | 明 | 自治区级 | 三级 | |
| 45 | 黄明堂墓 | 钦州市 | 民国 | 自治区级 | 三级 | |
| 46 | 武略将军墓 | 雷州市 | 明 | 县级 | 二级 | |
| 47 | 庐陵周公墓 | 遂溪县 | — | 省级 | 三级 | |
| 48 | 庵堂山墓塔 | 澄迈县 | 清 | 省级 | 三级 | |
| 49 | 南轩古墓 | 澄迈县 | 元 | 省级 | 三级 | |
| 50 | 光村墓群 | 儋州市 | 唐 | 省级 | 一级 | 也叫新隆墓群 |
| 51 | 李氏古墓群 | 海口市 | 宋 | 省级 | 三级 | 位于秀英区 |
| 52 | 蔡氏古墓群 | 海口市 | 宋 | 省级 | 三级 | 位于龙华区 |
| 53 | 吴贤秀墓 | 海口市 | 唐 | 省级 | 三级 | 位于美兰区 |
| 54 | 韦执谊墓 | 海口市 | 唐 | 省级 | 三级 | 位于龙华区 |
| 55 | 周仁浚墓 | 海口市 | 宋 | 省级 | 三级 | 位于龙华区 |
| 56 | 黄篪墓 | 海口市 | 宋 | 省级 | 三级 | 位于长流镇 |
| 57 | 王居正墓 | 海口市 | 南宋 | 省级 | 三级 | 位于琼山区 |
| 58 | 薛远墓 | 海口市 | 明 | 省级 | 三级 | 位于龙华区 |
| 59 | 曾鹏墓 | 海口市 | 明 | 省级 | 三级 | 位于龙华区 |
| 60 | 梁云龙墓 | 海口市 | 明 | 省级 | 三级 | 位于琼山区 |

续 表

| 编号 | 文物名称 | 属地 | 年代 | 文物等级 | 涉海等级 | 备注 |
|---|---|---|---|---|---|---|
| 61 | 韦四公、韦九公墓 | 海口市 | 明 | 省级 | 三级 | 位于龙华区 |
| 62 | 吴氏古墓群 | 海口市 | 清 | 省级 | 三级 | 位于龙华区 |
| 63 | 张岳崧墓 | 海口市 | 清 | 省级 | 三级 | 位于琼山区 |
| 64 | 许模墓 | 文昌市 | 宋 | 省级 | 三级 | 位于冯坡镇 |
| 65 | 韩显卿墓 | 文昌市 | 南宋 | 省级 | 三级 | 位于冯坡镇 |
| 66 | 苏升墓 | 文昌市 | 南宋 | 省级 | 三级 | 位于铺前镇 |
| 67 | 李庆隆墓 | 定安县 | 清 | 省级 | 三级 | 位于龙河镇 |
| 68 | 王弘海墓 | 定安县 | 明 | 省级 | 三级 | 位于富文镇 |
| 69 | 符确墓 | 东方市 | 宋 | 省级 | 三级 | 位于三家镇 |
| 70 | 黎族首领王老大墓 | 保亭县 | — | 登记 | 一级 | |
| 71 | 伊斯兰教徒古墓群 | 三亚市 | 唐—宋 | 省级 | 一级 | |
| 其他各类汇总 | 南宁市：蒋上国夫妇墓、张展鹏夫妻合葬墓、黄忠立墓、陆荣廷墓。崇左市：罗阳土司墓群、刘作肃墓群、苏保德衣冠冢、许嘉镇妻岑氏墓、画家陈宏墓。崇左，大新县：邕自崖洞葬；天等县：江梅崖洞葬、加华崖洞葬、兰屯岩洞葬、呈屯岩洞葬等等。玉林市：钟宜万陵墓、曲冲塘岭墓地、陈应夫妇合葬墓、陶成及陶氏墓葬、高山村牟嵩山墓、庞石洲墓、庞孝泰墓、何以尚夫妇墓地等等。防城港：旧州城墓葬（唐）、横山岭墓群（待定）、龙岭墓葬（待定）、渌笔山凌氏祖墓群（明）、兰奉山黎氏祖墓、旧州屯黎氏祖墓、杨瑞山墓、吴凤典墓、石牌屯卢氏墓、等详屯黄氏墓、渌徐山徐氏墓、渌笔山徐氏祖墓群、路柳山赵氏祖墓、路柳山吕氏祖墓、路柳山黎氏祖墓、铁庐山陈氏祖墓、婆伯山黄氏祖墓、渌布山陆香家族墓、鹿鹤山陆香家族墓、三科屯黎氏祖墓、兰奉山凌氏祖墓、东吊山陆氏祖墓、磨砖山廖氏祖墓、婆伯山黄氏祖墓、帽山陆香家族墓、渌渠山墓、关仁甫家族祖墓等等。钦州：汉代，七星突古墓、秧地坡砖室墓、马路岭砖室墓、长岭村墓葬群、牛栏岭墓群、石塘墓群等等。汉—南北朝：平罗田岭墓群；汉—南朝：社屋岭墓群（浦北）、高坡山墓 ||||||

续 表

| 编号 | 文物名称 | 属地 | 年代 | 文物等级 | 涉海等级 | 备注 |
|---|---|---|---|---|---|---|
| 其他各类汇总 | 群(浦北);南北朝:庙屋岭遗址、磨刀砖岭砖室墓、塘儿麓砖室墓等等。隋唐:钟鼓岭墓葬群。唐:何屋村后背岭墓群。明:宁氏九公堂墓、明威将军墓。清:明孝子李净本墓、白水千岁坟、冯母黄太夫人墓(清道光),以及宁原悌墓、焦生炳墓、刘敬亭墓、刘思裕墓、冯敏昌墓、黄环及黄秋槐墓等65处。北海:军屯岭墓群、庙山底石板墓群、石龟头岭墓群、涠洲林兴墓、罗坤父子墓、罗侃廷墓、千人坟等等。湛江市:桥头凸岭仔墓葬(东汉)、新地仔墓葬(东汉)、东岗岭墓葬(东汉)、英斐村墓葬(东汉)、上龙岭古墓区(东汉)、西边山墓葬、曲水村砖室墓、石轿墓、大乌岭墓群、那拉岭墓群、奴岭古墓、赤岭石龟墓(明)、大墩塘宋墓群、朝奉祖墓、九品登仕郎黄大公墓、佳平村天后墓(清)、朱氏祖墓、邓氏墓群、苏其章墓、骆一公墓、邓国霖墓、黄勋墓、丁秉忠墓、林古风墓、彭清斋夫妇墓、何乃钊夫妇合葬墓、陈梦雷夫妇墓、杨益三夫人墓、陈济棠夫妇合葬墓、霞街林氏家族墓、韩盈、钟竹钧、颜卓墓、钟鉴墓(明)、陈瑛墓、谢琨墓、陈式垣墓、清代陶棺墓等93处。茂名市:吴保玉墓、洪豫夫妇墓等。海南省,海口:唐震墓;澄迈县:冼夫人后裔墓群(宋、元、明、清)、冼夫人石墓、新吴冼夫人庙(清)、北令沟古墓(明)、丘浚母太孺人李氏墓(明)、大岭七星祖墓、联络岭古墓、美榔村塔墓;儋州:岭上村石椁墓(明)、符文恋举人墓、蒲世家肇基始祖墓(宋);定安:王官墓(元);昌江县:赵鼎衣冠墓、卢王大公墓;陵水黎族自治县:孟坡瓮棺墓(汉)、福湾瓮棺墓群(汉)、军屯坡瓮棺墓葬群(唐)等 | | | | | |

(三) 环北部湾海洋石窟寺及石刻类遗产清单(见表1-17)

表1-17 环北部湾海洋石窟寺及石刻类遗产清单

| 编号 | 文物名称 | 属地 | 年代 | 文物级别 | 涉海等级 | 备注 |
|---|---|---|---|---|---|---|
| 1 | 花山岩画 | 宁明县 | 战国 东汉 | 世界遗产 | 一级 | 2016年入选 |
| 2 | 棉江花山岩画 | 龙州市 | 战国 东汉 | 自治区级 | 一级 | |
| 3 | 岩敏山岩画 | 龙州市 | 战国—东汉 | 自治区级 | 一级 | |
| 4 | 左江岩画(含40处岩画遗址)[①] | 龙州市 | 战国—东汉 | 自治区级 | 一级 | |

---

① 左江岩画是个岩画群,包括40处悬崖壁画,分别为弄镜山岩画、那邑山岩画、洪山岩画、紫霞洞岩画、岩洞山岩画、蜡烛山岩画、驮那山岩画、合头山岩画、敢怀山岩画、驮坛山岩画、镇龙山岩画、敢造山岩画、青龙山岩画、岜割山岩画、岜赖山崖壁画、后底山壁画、公合山崖壁画、吞平山崖壁画、仙人山崖壁画、红山崖壁画、岜宁山崖壁画、合心山岩画、双对机山岩画、驮角山岩画、陇娘山岩画、高码头红山岩画、黄巢城山岩画、隐士山岩画、灯笼山岩画、陇狗山岩画、岜银山岩画、白龟红山岩画、白羊山岩画、岑山岩画、左州山岩画、花梨山岩画、奸岜山岩画、达宁山岩画、楞庙山岩画、那画山岩画。2017年12月,经广西壮族自治区人民政府公布,这40处崖壁画统称为"左江岩画",列为广西壮族自治区重点文物保护单位。

续 表

| 编号 | 文物名称 | 属地 | 年代 | 文物级别 | 涉海等级 | 备注 |
|---|---|---|---|---|---|---|
| 5 | 邕字山摩崖石刻 | 大新县 | 元—明 | 自治区级 | 四级 | |
| 6 | 穷斗山摩崖造像 | 大新县 | 明 | 自治区级 | 四级 | |
| 7 | 会仙岩摩崖造像 | 大新县 | 明 | 自治区级 | 四级 | |
| 8 | 宴石山摩崖造像 | 博白县 | 唐 | 自治区级 | 四级 | |
| 9 | 石狗 | 上思县 | — | 县级 | 四级 | |
| 10 | 紫霞洞摩崖石刻 | 龙州县 | 清 | 自治区级 | 四级 | |
| 11 | 清音洞摩崖石刻 | 天等县 | 清—民国 | 自治区级 | 四级 | |
| 12 | 雷婆岭摩崖石刻 | 邕宁区 | 清 | 自治区级 | 四级 | |
| 13 | 六峰山石刻 | 灵山县 | 明—现 | 县级 | 四级 | 明—现代 |
| 14 | 三海岩摩崖石刻 | 灵山县 | 宋—民国 | 自治区级 | 四级 | |
| 15 | 穿镜岩摩崖石刻 | 灵山县 | 明 | 县级 | 四级 | |
| 16 | 东山岭摩崖石刻群 | 万宁县 | 未详 | 省级 | 三级 | |
| 17 | 东坡诗石刻 | 琼中县 | 清 | 省级 | 三级 | 黎苗自治县 |
| 18 | 仙掌云开石刻 | 五指山市 | 清 | 省级 | 三级 | 水满乡 |
| 19 | 五指山摩崖石刻群 | 琼中县 | 清 | 省级 | 三级 | 黎苗自治县 |
| 20 | 楞严寺和湖光岩摩崖石刻 | 麻章区 | 宋 | 县级 | 三级 | |
| 21 | 六峰宝山坊 | 灵山县 | 清 | 县级 | 四级 | |
| 22 | 三甲社兴仁坊 | 合浦县 | 清 | 县级 | 三级 | |
| 23 | 天竺庵石刻 | 雷州市 | 明—清 | 市级 | 三级 | |
| 24 | 灵岗圣庙石刻 | 雷州市 | 明 | 市级 | 三级 | |

续 表

| 编号 | 文物名称 | 属地 | 年代 | 文物级别 | 涉海等级 | 备注 |
|---|---|---|---|---|---|---|
| 25 | 石狮子(2只) | 合浦县 | 未详 | 县级 | 四级 | 位于体育场前 |
| 26 | 丰厚村石狗 | 徐闻县 | — | 登记 | 二级 | |
| 27 | 夏江天后宫石刻 | 雷州市 | 宋—清 | 省级 | 二级 | |
| 28 | 陈瑸故居碑刻 | 雷州市 | 清 | 市级 | 四级 | |
| 29 | 宫保石坊 | 开发区 | 清道光 | 市级 | 四级 | 公元1850年 |
| 30 | 宋徽宗"神霄玉清万寿宫诏"碑 | 海口市 | 宋 | 省级 | 四级 | |
| 31 | 丘浚祭抱元境神碑 | 海口市 | 明 | 省级 | 四级 | 琼山区 |
| 32 | 龙梅太史坊 | 定安县 | 明 | 省级 | 四级 | |
| 33 | 翰林进士坊 | 儋州市 | — | 登记 | 四级 | |
| 34 | 五里亭节孝流芳牌坊 | 陵水县 | 清 | 登记 | 四级 | |
| 35 | 寿门坊 | 临高县 | 清 | 登记 | 四级 | |
| 36 | 礼魁坊及节孝坊 | 临高县 | 明-清 | 省级 | 四级 | |
| 37 | 书田村节孝坊 | 琼海市 | 清 | 省级 | 四级 | |
| 38 | 卜宅村节孝坊 | 海口市 | 清 | 省级 | 四级 | 龙华区 |
| 39 | 武夫节孝坊 | 临高县 | 清 | 省级 | 四级 | 多文镇 |
| 40 | 贞孝坊 | 坡头区 | 清 | 市级 | 四级 | |
| 41 | 尚书坊 | 儋州市 | 明—清 | 登记 | 四级 | |
| 42 | 文魁坊 | 儋州市 | — | 登记 | 四级 | |
| 43 | 永政坊 | 儋州市 | — | 登记 | 四级 | |
| 44 | 亚元坊 | 定安县 | 明 | 省级 | 四级 | |

续 表

| 编号 | 文物名称 | 属地 | 年代 | 文物级别 | 涉海等级 | 备注 |
|---|---|---|---|---|---|---|
| 45 | 丹桂坊 | 定安县 | 清 | 省级 | 四级 | |
| 46 | 应奎坊 | 海口市 | 清 | 省级 | 四级 | 龙华区 |
| 47 | 发祥坊 | 洋浦区 | 明 | 省级 | 四级 | |
| 48 | 飞腾坊 | 澄迈县 | 明 | 登记 | 四级 | |
| 49 | 步蟾坊 | 澄迈县 | 明 | 登记 | 四级 | |
| 50 | 登第坊 | 澄迈县 | 明 | 登记 | 四级 | |
| 51 | 登龙坊 | 海口市 | 清 | 省级 | 四级 | 秀英区 |
| 52 | 颜塘漾月坊 | 儋州市 | 明 | 登记 | 四级 | |
| 53 | 颜塘景坊 | 儋州市 | 明 | 登记 | 四级 | |
| 54 | 南天策马碑 | 昌江县 | — | 登记 | 四级 | |
| 55 | 耆年硕德坊 | 海口市 | 1923年 | 省级 | 四级 | 秀英区 |
| 56 | 表厥宅里门坊 | 海口市 | 清 | 省级 | 四级 | 琼山区 |
| 57 | 进士邦伯坊 | 海口市 | 明 | 省级 | 四级 | |
| 58 | 虞山石刻 | 东方市 | 元 | 省级 | 四级 | |
| 59 | "大清国钦州界"一号界碑 | 东兴市 | 1890年 | 自治区级 | 四级 | 清光绪十六年 |
| 60 | "大清国钦州界"五号界碑 | 东兴市 | 1890年 | 自治区级 | 四级 | 清光绪十六年 |
| 61 | 汇水桥边碑林 | 上林县 | 明—清 | 自治区级 | 四级 | |
| 62 | 复兴辑瑞庵记碑 | 澄迈县 | 元 | 登记 | 四级 | |
| 63 | 大拉奉官禁示碑 | 澄迈县 | 清 | 登记 | 四级 | |
| 64 | 保义正砌街碑 | 澄迈县 | 清 | 登记 | 四级 | |
| 65 | 美中禁碑 | 澄迈县 | 清 | 登记 | 四级 | |

续 表

| 编号 | 文物名称 | 属地 | 年代 | 文物级别 | 涉海等级 | 备注 |
|------|---------|------|------|---------|---------|------|
| 66 | 拔地撑天摩崖石刻 | 保亭县 | — | 登记 | 一级 | |
| 67 | 百仞滩石刻 | 临高县 | 清 | 省级 | 一级 | 摩崖石刻群 |
| 68 | 小洞天石刻 | 三亚市 | 宋—现代 | 省级 | 一级 | |
| 69 | 天涯海角石刻 | 三亚市 | 清—现代 | 省级 | 一级 | |

其他各类汇总

岩画类：

　　崇左市，江州区：万人洞山岩画、巴岸山岩画、穿隆山岩画、大湾山岩画、大山岩画、岩怀山岩画、将军山岩画、马鼻山岩画、驮岩山岩画、孔驮山岩画、灵芝山岩画、关刀山岩画、白鸽山岩画、驮柏银山岩画；宁明县：珠山岩画、高山岩画、达妄山岩画、龙峡山岩画（以上均属于战国—东汉时期，县市级）。大兴县：邑娅山岩画（汉，县市级）。扶绥县：岩怀山崖壁画、孔驮山崖壁画、汪投山崖壁画、闸口山崖壁画、大山崖壁画、七星山崖壁画、大银翁山崖壁画、小银翁山崖壁画（以上均属于秦—汉时期，县市级）。崇左市其他岩画：鹿山崖壁画、猴山崖画、那羊山岩画、麒麟山崖画、上石人头山崖画等等。

石刻类：

　　南宁市：金鸡山石刻（明—清）、青秀山摩崖石刻（明）、那崩山石刻（明宣德）、平山石刻、望朝摩崖石刻、白鹤岩摩崖石刻、蕾帽岭摩崖石刻、南屏山石刻、仙山石刻（宋）、鳌鱼山石刻、栖真洞石刻、卧云洞石刻、敢王洞石刻、佛洞石刻、205 坳石刻（明）、灵水石刻、甲泉石刻、感干题诗岩石刻（明—清）、至圣先师孔子赞屏序碑、府城高中李彦章石刻、虚白公暨其媳广德公主轶事拾丛碑。崇左市：那勒摩崖石刻、文笔山摩崖石刻、西牛洞摩崖石刻、岜仙山摩崖石刻、笔架山摩崖石刻、岜翠山石刻、金柜山石刻、江州咘岩石刻、碧云岩石刻、白云洞石刻、西牛洞石刻、清署洞石刻、龙门峒石刻、白马洞石刻、龙州仙岩石刻、瓶山观音岩石刻、金牛潭摩崖石刻、太平街小石林摩崖石刻、贝岩石刻（宋）、聚仙岩石刻（清）、新宁州衙署诫碑、吉阳书院碑、双甲禁约碑、叶候去思碑、新宁州义仓谷碑等等。大等县：牛行摩崖石刻、进远摩崖石刻。玉林市：勾漏洞石刻。防城港市：弄怀岩石刻（明）、蕾字岭石刻、蕾字潭石刻、立叫山镇水碑；石狗；中国广西界碑发现点（清）；大清国钦州界 3、4、6、7、8、9、10、11、14、15、16、18、21、23、24、25、26 号碑等等。钦州市：龙母庙岩摩崖石刻（明）、轿顶岭石刻、钟秀山石刻、六峰山仿刻吴道子观音画像碑、六峰山摩崖石刻造像、穿镜岩蔡廷错题词刻石、重修灵山学宫记碑等等。北海市：涠洲红旗街三婆庙封禁碑（清）、沙脊街房产界碑、三甲社区兴仁坊、王氏佳城牌坊等等。湛江市：仕尾岭石踏良（唐）、寸金桥公园大门牌坊、竹园石坊、贞节垂芳牌坊、贞孝坊（雷州）、姑媳童贞石牌坊、洪周氏节孝牌坊、何郑氏节孝牌坊、锦山村牌坊、石人、骆族义田碑（明万历）、丰厚村石狗、田洋村拨田碑、清虚道院碑刻等等。海南省，海口：三清观大型石雕像；澄迈县：罗浮村当官立禁碑（清）、群宅岭当官示禁碑、小生美村牌坊、罗驿村节孝坊（清）、南轩村石照壁（明）；儋州市：洗兵桥石刻、贞存孝节坊、陈京本举人坊、奉官示禁碑、奉官立碑；昌江县：治平寺碑、禁采石碌碑等等

## (四) 环北部湾海洋古建筑类遗产清单（见表1-18）

表1-18　　　　　　　　　环北部湾海洋古建筑类遗产清单

| 编号 | 文物名称 | 属地 | 年代 | 文物等级 | 涉海等级 | 备注 |
|---|---|---|---|---|---|---|
| 1 | 硇洲灯塔 | 硇洲岛 | 清光绪 | 国家级 | 一级 | 1899年,世界三大灯塔之一 |
| 2 | 临高角灯塔 | 临高县 | 1893年 | 国家级 | 一级 | 世界百座文物灯塔之一,处琼州海峡西面 |
| 3 | 细沙灯塔 | 儋州市 | 明 | 省级 | 一级 | |
| 4 | 雷丝灯塔 | 儋州市 | 1903年 | 登记 | 一级 | |
| 5 | 赤坎村灯塔 | 徐闻县 | 未详 | 县级 | 一级 | |
| 6 | 海安港山顶灯塔 | 徐闻县 | — | 登记 | 一级 | 1965年 |
| 7 | 登云塔 | 徐闻县 | 明万历 | 省级 | 一级 | 1615年 |
| 8 | 冠头岭灯塔 | 银海区 | 近现代 | 市级 | 一级 | |
| 9 | 海角亭 | 合浦县 | 1004年 | 自治区级 | 一级 | 备注① |
| 10 | 东坡亭 | 合浦县 | 清重建 | 自治区级 | 二级 | 含东坡井 |
| 11 | 苏公亭 | 雷州市 | 清 | 县级 | 三级 | |
| 12 | 扁舟亭 | 合浦县 | 清 | 市级 | 二级 | |
| 13 | 天涯亭 | 钦南区 | 宋 | 市级 | 二级 | |
| 14 | 极浦亭 | 吴川市 | 1241年 | 市级 | 二级 | 属南宋淳祐间 |
| 15 | 敦笃亭 | 海口市 | 1911年 | 省级 | 四级 | 美兰区 |

---

① 始建于北宋景德年间(1004—1007),距今将近千年。汉代孟尝任合浦太守,施政廉洁,后人为了纪念他,特建此亭。亭以海角为名,是因此地当年滨临大海,"在南海之角"。亭内后门上方悬挂着"万里瞻天"匾额。这是苏东坡于元符三年(1100)获赦,从儋县到廉州,于海角亭挥毫而写的。但该亭几经兴废,匾额早已无存。现悬于亭中一幅,是集苏东坡字体仿制的。门楼正中处一块石碑上刻着清代陶冶一笔写成的"鹅"字。海角亭东南30米处有魁星楼,为清代建筑,位于合浦县廉州镇西南面,今廉州中学内。原址在城西南半里处,经宋、元、明、清几个朝代的重建、修建、移迁。

续　表

| 编号 | 文物名称 | 属地 | 年代 | 文物等级 | 涉海等级 | 备注 |
|---|---|---|---|---|---|---|
| 16 | 封平约亭 | 澄迈县 | 清 | 省级 | 三级 | |
| 17 | 东路约亭 | 文昌市 | 民国 | 省级 | 三级 | |
| 18 | 全才城岭石墙 | 武鸣县 | 明 | 市县级 | 四级 | |
| 19 | 养利州古城门楼及城墙 | 大新县 | 明—民国 | 自治区级 | 四级 | |
| 20 | 桃城城墙 | 大新县 | 明—清 | 自治区级 | 四级 | |
| 21 | 八仙山城墙 | 天等县 | 明—清 | 市县级 | 四级 | |
| 22 | 龙蟠山城墙 | 天等县 | 清 | 市县级 | 四级 | |
| 23 | 太平府故城 | 江州区 | 明 | 自治区级 | 四级 | |
| 24 | 罗州城墙 | 化州市 | 宋 | 市级 | 三级 | |
| 25 | 龙梅八角殿 | 定安县 | 明 | 省级 | 三级 | |
| 26 | 府城鼓楼 | 琼山市 | 明—清 | 省级 | 三级 | |
| 27 | 化州鼓楼 | 化州市 | 明 | 市级 | 三级 | |
| 28 | 南城门 | 吴川市 | 明洪武 | 登记 | 三级 | 1394年 |
| 29 | 乌家四帝庙 | 合浦县 | 清 | 市级 | 三级 | |
| 30 | 三帝庙旧址 | 浦北县 | 清 | 登记 | 三级 | |
| 31 | 五海庙 | 雷州市 | 明 | 县级 | 一级 | 位于白沙村 |
| 32 | 海平寺 | 徐闻县 | 明—清 | 登记 | 一级 | |
| 33 | 龙母庙 | 横县 | 清 | 自治区级 | 一级 | |
| 34 | 城内龙王庙 | 陵水县 | 清 | 登记 | 一级 | |
| 35 | 龙王七爷庙 | 陵水县 | 清 | 登记 | 一级 | 位于灶仔村 |
| 36 | 靖海宫 | 坡头区 | 清 | 登记 | 一级 | 位于广州湾 |

续 表

| 编号 | 文物名称 | 属地 | 年代 | 文物等级 | 涉海等级 | 备注 |
|---|---|---|---|---|---|---|
| 37 | 灯塔靖海宫 | 坡头区 | 清 | 市级 | 一级 | |
| 38 | 靖海宫 | 雷州市 | 清 | 市级 | 一级 | |
| 39 | 超海宫 | 雷州市 | 明 | 省级 | 一级 | |
| 40 | 镇海雷祠 | 雷州市 | 清 | 县级 | 一级 | |
| 41 | 雷祖祠 | 雷州市 | 唐贞观 | 国家级 | 一级 | |
| 42 | 雷祖祠 | 雷州市 | 清 | 县级 | 一级 | |
| 43 | 榜山雷祖古庙 | 雷州市 | 清 | 市级 | 一级 | |
| 44 | 雷祖诞降地 | 雷州市 | 唐 | 县级 | 一级 | |
| 45 | 雷高村雷祖庙 | 雷州市 | 明 | 县级 | 一级 | |
| 46 | 北家村雷祖庙 | 雷州市 | 清 | 县级 | 一级 | |
| 47 | 山尾村雷祖庙 | 雷州市 | 清 | 县级 | 一级 | |
| 48 | 合兴村雷祠庙 | 雷州市 | 清 | 县级 | 一级 | |
| 49 | 东林村雷祖庙 | 雷州市 | 民国 | 县级 | 一级 | |
| 50 | 调爽村雷祠庙 | 雷州市 | 民国 | 县级 | 一级 | |
| 51 | 麻扶村雷祖公馆 | 雷州市 | 清 | 市级 | 一级 | |
| 52 | 雷祖诞降处 | 雷州市 | 清 | 县级 | 一级 | |
| 53 | 杨梅村雷祠 | 化州市 | 清 | 市级 | 一级 | |
| 54 | 雷祠三殿宫 | 雷州市 | 清 | 县级 | 一级 | |
| 55 | 雷麦陈三殿宫 | 雷州市 | 清 | 县级 | 一级 | |
| 56 | 水美村三殿宫 | 雷州市 | 清 | 县级 | 一级 | |

续 表

| 编号 | 文物名称 | 属地 | 年代 | 文物等级 | 涉海等级 | 备注 |
|---|---|---|---|---|---|---|
| 57 | 守洋田石狗 | 雷州市 | 明 | 县级 | 一级 | 位于东门村 |
| 58 | 雷龙朱帅庙 | 雷州市 | 清嘉庆 | 县级 | 一级 | 1800年 |
| 59 | 白沙雷皇庙 | 雷州市 | 明 | 登记 | 一级 | 位于海安镇 |
| 60 | 那郎村雷皇庙 | 雷州市 | 清 | 登记 | 一级 | 位于迈陈镇 |
| 61 | 麻城村雷皇庙 | 徐闻县 | 清 | 登记 | 一级 | 庙宇遗址 |
| 62 | 鸟王庙 | 霞山区 | — | 登记 | 一级 | |
| 63 | 三派祖祠 | 湛江市 | — | 登记 | 一级 | 位于开发区 |
| 64 | 黎婆庙 | 陵水县 | 清 | 登记 | 一级 | |
| 65 | 伏波庙 | 横县 | 明—清 | 国家级 | 一级 | 属于南宁下辖县 |
| 66 | 伏波庙 | 龙州市 | 明 | 自治区级 | 一级 | |
| 67 | 伏波庙旧址 | 东兴市 | 清 | 县级 | 一级 | |
| 68 | 伏波将军庙 | 浦北县 | 清宣统 | 县级 | 一级 | |
| 69 | 乌雷伏波庙 | 钦州市 | 待核 | 登记 | 一级 | |
| 70 | 伏波庙 | 雷州市 | 汉—清 | 县级 | 一级 | 东汉—清 |
| 71 | 伏波庙 | 临高县 | 清 | 登记 | 一级 | 也叫忠显王庙 |
| 72 | 伏波庙 | 儋州市 | — | 登记 | 一级 | |
| 73 | 伏波古庙 | 儋州市 | — | 登记 | 一级 | |
| 74 | 苏楼伏波祠 | 雷州市 | — | 县级 | 一级 | |
| 75 | 妈祖庙遗址 | 东兴市 | 明 | 登记 | 一级 | |
| 76 | 三婆庙旧址 | 东兴市 | 清 | 县级 | 一级 | 位于山心村 |

续 表

| 编号 | 文物名称 | 属地 | 年代 | 文物等级 | 涉海等级 | 备注 |
|---|---|---|---|---|---|---|
| 77 | 天后宫 | 钦南区 | 明 | 登记 | 一级 | |
| 78 | 天妃庙 | 合浦县 | 清 | 市级 | 一级 | |
| 79 | 乾江天后宫 | 合浦县 | 清 | 市级 | 一级 | |
| 80 | 北海三婆庙 | 银海区 | — | 登记 | 一级 | |
| 81 | 高德三婆庙 | 海城区 | 民国 | 登记 | 一级 | |
| 82 | 南康三婆庙 | 铁山港 | 清末 | 市级 | 一级 | |
| 83 | 天后宫 | 陆川县 | — | 登记 | 一级 | |
| 84 | 天后宫 | 霞山区 | — | 登记 | 一级 | |
| 85 | 津前天后宫 | 麻章区 | — | — | 一级 | |
| 86 | 城内天后庙 | 雷州市 | 清光绪 | 登记 | 一级 | |
| 87 | 仙安村天后庙 | 雷州市 | 清 | 登记 | 一级 | |
| 88 | 水井天后庙 | 雷州市 | — | 登记 | 一级 | 待核 |
| 89 | 乌石天后宫 | 雷州市 | 明 | 县级 | 一级 | |
| 90 | 大周天后宫 | 雷州市 | 清 | 市级 | 一级 | |
| 91 | 东坡天后宫 | 雷州市 | 1943年 | 县级 | 一级 | |
| 92 | 杨家天后宫 | 雷州市 | 清 | 市级 | 一级 | |
| 93 | 田头天后宫 | 雷州市 | 清 | 市级 | 一级 | |
| 94 | 英利天后宫 | 雷州市 | 明 | 县级 | 一级 | |
| 95 | 北和天后宫 | 雷州市 | 清 | 县级 | 一级 | |
| 96 | 夏江天后宫 | 雷州市 | 宋—清 | 县级 | 一级 | |

续 表

| 编号 | 文物名称 | 属地 | 年代 | 文物等级 | 涉海等级 | 备注 |
|---|---|---|---|---|---|---|
| 97 | 宁海天后宫 | 雷州市 | 南宋 | 县级 | 一级 | |
| 98 | 西门街夫人宫 | 雷州市 | 清 | 县级 | 一级 | |
| 99 | 韶山天后宫 | 雷州市 | 清 | 县级 | 一级 | |
| 100 | 田头圩天后宫 | 雷州市 | 清 | 县级 | 一级 | |
| 101 | 调风天后宫 | 雷州市 | 清 | 县级 | 一级 | |
| 102 | 东林村天后宫 | 雷州市 | 清 | 县级 | 一级 | |
| 103 | 水美村天后宫 | 雷州市 | 清 | 县级 | 一级 | |
| 104 | 南田村天后宫 | 雷州市 | 清 | 县级 | 一级 | |
| 105 | 平湖天后宫 | 雷州市 | 清 | 县级 | 一级 | |
| 106 | 花桥圩天后宫 | 雷州市 | 清 | 县级 | 一级 | |
| 107 | 东后村天后宫 | 雷州市 | 清 | 县级 | 一级 | |
| 108 | 大林村天后宫 | 雷州市 | 民国 | 县级 | 一级 | |
| 109 | 南渡天后宫 | 雷州市 | 民国 | 县级 | 一级 | |
| 110 | 大周村天后宫 | 雷州市 | 民国 | 县级 | 一级 | |
| 111 | 塘边村天主堂 | 雷州市 | 民国 | 县级 | 一级 | |
| 112 | 龙舌街天后宫 | 雷州市 | 民国 | 县级 | 一级 | |
| 113 | 漳州街天后宫 | 吴川市 | 清道光 | 县级 | 一级 | 1839 年 |
| 114 | 天后宫 | 海口市 | 清 | 省级 | 一级 | |
| 115 | 港口天后宫 | 儋州市 | — | 登记 | 一级 | |
| 116 | 水店村巡天宫 | 雷州市 | 民国 | 县级 | 一级 | |
| 117 | 甘泉岛、永兴岛兄弟庙 | 三沙市 | 待定 | 省级 | 一级 | |

续　表

| 编号 | 文物名称 | 属地 | 年代 | 文物等级 | 涉海等级 | 备注 |
|---|---|---|---|---|---|---|
| 118 | 关康庙 | 海口市 | 清 | 省级 | 二级 | |
| 119 | 文海庙 | 雷州市 | 明 | 县级 | 一级 | |
| 120 | 天宁寺 | 雷州市 | 清 | 县级 | 一级 | |
| 121 | 英利冼夫人庙 | 雷州市 | 明 | 市级 | 一级 | |
| 122 | 冼吴庙 | 坡头区 | — | 登记 | 一级 | |
| 123 | 那务冼太庙 | 化州市 | 明万历 | 市级 | 一级 | |
| 124 | 南安冼太庙 | 化州市 | 民国 | 市级 | 一级 | |
| 125 | 冼太夫人庙 | 海口市 | — | 登记 | 一级 | |
| 126 | 冼太夫人庙 | 临高县 | 民国 | 登记 | 一级 | |
| 127 | 冼太庙 | 儋州市 | 清 | 登记 | 一级 | |
| 128 | 潭榄冼太夫人庙 | 定安县 | 清 | 省级 | 一级 | |
| 129 | 竹山三圣公庙旧址 | 东兴市 | 明 | 登记 | 一级 | |
| 130 | 江平三圣公古庙遗址 | 东兴市 | 清 | 登记 | 一级 | |
| 131 | 那良三圣庙 | 钦州市 | 清 | 登记 | 一级 | |
| 132 | 良庆五帝庙 | 良庆区 | 清 | 市县级 | 二级 | |
| 133 | 五圣宫 | 邕宁区 | 清 | 自治区级 | 二级 | |
| 134 | 关帝庙遗址 | 钦州市 | 清 | 登记 | 二级 | |
| 135 | 关帝庙遗址 | 上思县 | 清 | 县级 | 三级 | |
| 136 | 关帝庙遗址 | 东兴市 | 清 | 登记 | 三级 | |

续表

| 编号 | 文物名称 | 属地 | 年代 | 文物等级 | 涉海等级 | 备注 |
|---|---|---|---|---|---|---|
| 137 | 合浦武圣宫 | 合浦县 | 元—明 | 自治区级 | 三级 | 属于明清建筑 |
| 138 | 公馆武圣宫 | 合浦县 | 清 | 市级 | 三级 | |
| 139 | 福成两圣宫 | 合浦县 | 清 | 市级 | 三级 | |
| 140 | 山口关帝庙 | 合浦县 | 清 | 市级 | 三级 | |
| 141 | 南湾武帝庙 | 银海区 | 清 | 县级 | 三级 | 位于冠头岭南万 |
| 142 | 石塘白帝庙 | 马山县 | 清 | 自治区级 | 三级 | |
| 143 | 那莲北帝庙 | 邕宁区 | 清 | 市县级 | 三级 | |
| 144 | 北帝庙 | 灵山县 | 明 | 县级 | 三级 | |
| 145 | 邬王庙 | 雷州市 | 清 | 县级 | 三级 | |
| 146 | 铭王庙 | 雷州市 | 民国 | 县级 | 三级 | |
| 147 | 法令庙 | 雷州市 | 清 | 县级 | 三级 | 位于菜园村 |
| 148 | 乌石法令宫 | 雷州市 | 明 | 县级 | 三级 | |
| 149 | 三令府 | 雷州市 | 清 | 县级 | 三级 | 位于仙排村 |
| 150 | 中东文庙大成殿 | 扶绥县 | 明万历 | 自治区级 | 三级 | |
| 151 | 玉林文庙大成殿 | 玉州区 | 清 | 自治区级 | 三级 | |
| 152 | 北流大成殿 | 北流市 | 清 | 自治区级 | 三级 | |
| 153 | 起凤山庙 | 武鸣县 | 清道光 | 市县级 | 三级 | 1844年 |
| 154 | 西湖古庙 | 雷州市 | 清 | 县级 | 三级 | |
| 155 | 毗卢寺 | 遂溪县 | — | 登记 | 一级 | |
| 156 | 毗耶庙 | 临高县 | 元 | 登记 | 一级 | |

续 表

| 编号 | 文物名称 | 属地 | 年代 | 文物等级 | 涉海等级 | 备注 |
|---|---|---|---|---|---|---|
| 157 | 大黄西来寺 | 徐闻县 | 清乾隆 | 登记 | 一级 | |
| 158 | 华光寺遗址 | 上思县 | 清 | 县级 | 一级 | |
| 159 | 正觉净寺 | 霞山区 | — | 登记 | 三级 | |
| 160 | 应天寺 | 横县 | 清—民 | 自治区级 | 三级 | 清—民国 |
| 161 | 万善寺 | 合浦县 | 清 | 县级 | 三级 | |
| 162 | 东山寺① | 合浦县 | 北宋 | 自治区级 | 三级 | |
| 163 | 西天庙 | 海口市 | 清 | 省级 | 二级 | |
| 164 | 观音寺旧址 | 东兴市 | 清 | 县级 | 二级 | |
| 165 | 大云寺遗址 | 三亚市 | 唐 | 省级 | 二级 | |
| 166 | 湖光岩楞严寺 | 麻章区 | 宋 | 市级 | 二级 | |
| 167 | 经略台·真武阁 | 容县 | 唐—明 | 国家级 | 二级 | |
| 168 | 山口大士阁 | 合浦县 | — | 国家级 | 二级 | 又名四排楼 |
| 169 | 普度震宫 | 北海市 | 清光绪 | 自治区级 | 二级 | 1898年② |
| 170 | 向都万福寺 | 天等县 | 清康熙 | 自治区级 | 四级 | 康熙八年 |
| 171 | 太平府孔庙 | 江州区 | 清 | 自治区级 | 四级 | |
| 172 | 上思文庙遗址 | 上思县 | 明 | 县级 | 四级 | |
| 173 | 孔庙 | 合浦县 | 明 | 自治区级 | 四级 | 嘉靖十七年改建③ |

① 据《合浦文物简介》载,东山寺是北宋时期宋宝山成禅师在晋代(265—420)灵觉寺的故址上修建的,距今已有1100多年。后屡遭破坏,2000年修复。
② 主体建筑由中天殿、金母殿、地母殿三进庙寺组成,供奉着神佛像,是一座集佛、道、儒三都于一体的古庙宇。
③ 孔庙是昔日的府学宫,始建于何时,今已难考。原址在合浦县城东门内,明嘉靖十七年(1538)改建在小南门内(现址)。布局讲究,全庙由棂星门、戟门、泮池和泮桥、大成门、东西两庑、大成殿和崇圣祠等七个主要部分构成。民国后,改为他用。今虽不能睹其全貌,但其主体建筑——大成门、大成殿、崇圣祠仍基本不变。

续表

| 编号 | 文物名称 | 属地 | 年代 | 文物等级 | 涉海等级 | 备注 |
|---|---|---|---|---|---|---|
| 174 | 廉州府孔庙 | 合浦县 | 清 | 自治区级 | 四级 | |
| 175 | 徐城文庙 | 徐闻县 | 清道光 | 市级 | 四级 | 1837年 |
| 176 | 化州孔庙 | 化州市 | 宋绍兴 | 登记 | 四级 | 1161年 |
| 177 | 文昌孔庙 | 文昌市 | 北宋 | 省级 | 四级 | |
| 178 | 天堂村文庙 | 儋州市 | — | 登记 | 四级 | |
| 179 | 孔儒祠 | 雷州市 | 民国 | 县级 | 四级 | |
| 180 | 五公祠 | 海口市 | 宋—清 | 国家级 | 三级 | 位于海棠湾镇 |
| 181 | 罗波潭庙 | 武鸣县 | 清光绪 | 市县级 | 四级 | 1899年 |
| 182 | 香山古庙 | 吴川市 | — | — | 四级 | |
| 183 | 真衣庙 | 吴川市 | 清 | 市级 | 四级 | |
| 184 | 梅菉祖庙 | 吴川市 | — | — | 四级 | |
| 185 | 梅菉隔塘庙 | 吴川市 | — | — | 四级 | |
| 186 | 娘庙遗址 | 徐闻县 | — | 县级 | 四级 | |
| 187 | 王侯山古庙遗址 | 上思县 | 清 | 县级 | 四级 | |
| 188 | 附城高山寺 | 雷州市 | 清 | 县级 | 四级 | |
| 189 | 平安城隍庙 | 大新县 | 清 | 市县级 | 四级 | |
| 190 | 永安城隍庙 | 合浦县 | 清 | 市级 | 四级 | |
| 191 | 石莲山寺遗址 | 徐闻县 | — | 县级 | 四级 | |
| 192 | 山口林氏家庙 | 合浦县 | 清 | 自治区级 | 四级 | |

续 表

| 编号 | 文物名称 | 属地 | 年代 | 文物等级 | 涉海等级 | 备注 |
|---|---|---|---|---|---|---|
| 193 | 华山神庙 | 化州市 | 清 | 市级 | 四级 | |
| 194 | 下河三元宫 | 雷州市 | 明—清 | 县级 | 四级 | |
| 195 | 江帝庙 | 坡头区 | — | 登记 | 三级 | |
| 196 | 西湖十贤祠 | 雷州市 | 清 | 县级 | 三级 | |
| 197 | 承露塔 | 横县 | 清同治 | 自治区级 | 四级 | 清同治十二年 |
| 198 | 榜山文塔 | 隆安县 | 清光绪 | 市县级 | 四级 | 1896年 |
| 199 | 文江塔 | 武鸣县 | 清道光 | 市县级 | 四级 | 1826年 |
| 200 | 坛李塔 | 武鸣县 | 清宣统 | 市县级 | 四级 | 1909年 |
| 201 | 回风塔 | 宾阳县 | 清光绪 | 市县级 | 四级 | 1876年 |
| 202 | 左江斜塔 | 江州区 | 明天启 | 自治区级 | 四级 | |
| 203 | 文峰卓笔 | 钦南区 | 民国 | 市级 | 四级 | 即尖山 |
| 204 | 文昌塔 | 合浦县 | 明万历 | 自治区级 | 四级 | 1613年 |
| 205 | 石康塔 | 合浦县 | 明 | 自治区级 | 三级 | |
| 206 | 石嶷塔 | 兴业县 | 清 | 自治区级 | 三级 | |
| 207 | 双峰塔 | 吴川市 | — | 省级 | 三级 | |
| 208 | 三元塔 | 雷州市 | — | 省级 | 三级 | |
| 209 | 横山古塔 | 雷州市 | 清 | 县级 | 三级 | |
| 210 | 启秀塔 | 雷州市 | 明 | 县级 | 三级 | 位于三元乡 |
| 211 | 见龙塔 | 定安县 | 清 | 省级 | 三级 | |
| 212 | 青云塔 | 万宁市 | 清 | 省级 | 三级 | |
| 213 | 起云塔 | 海口市 | 民国 | 省级 | 三级 | |

续 表

| 编号 | 文物名称 | 属地 | 年代 | 文物等级 | 涉海等级 | 备注 |
|---|---|---|---|---|---|---|
| 214 | 斗柄塔 | 文昌市 | 明—清 | 国家级 | 三级 | 1625年始建 |
| 215 | 文笔塔 | 文昌市 | 清 | 省级 | 三级 | |
| 216 | 迎旺塔 | 三亚市 | 清 | 省级 | 三级 | |
| 217 | 聚奎塔 | 琼海市 | 明 | 省级 | 三级 | |
| 218 | 庵堂山墓塔 | 澄迈县 | 清 | 省级 | 三级 | |
| 219 | 常驻宝塔 | 海口市 | 元 | 省级 | 三级 | |
| 220 | 儒符石塔 | 琼山市 | 宋—元 | 省级 | 三级 | |
| 221 | 玄达先师塔 | 琼海市 | 清 | 省级 | 三级 | |
| 222 | 细沙敬字塔 | 儋州市 | — | 登记 | 三级 | |
| 223 | 糯村敬字塔 | 儋州市 | — | 登记 | 三级 | |
| 224 | 春兰敬字塔 | 儋州市 | — | 登记 | 三级 | 位于春兰村 |
| 225 | 攀步敬字塔 | 儋州市 | — | 登记 | 三级 | |
| 226 | 美椰双塔（姊妹塔） | 澄迈县 | 宋—元 | 国家级 | 三级 | 含灵照墓、陈道叙周氏墓，属宋末元初 |
| 227 | 魁星楼 | 江南区 | 清 | 市县级 | 五级 | 1004年 |
| 228 | 奎星楼 | 琼山市 | 清 | 省级 | 五级 | 1705年 |
| 229 | 魁星楼 | 合浦县 | 清康熙 | 县级 | 五级 | |
| 230 | 那莲戏台 | 邕宁区 | 清 | 市县级 | 五级 | |
| 231 | 韶山戏台 | 雷州市 | 清 | 县级 | 五级 | |
| 232 | 乾江东西楼 | 合浦县 | 清 | 县级 | 五级 | |

续 表

| 编号 | 文物名称 | 属地 | 年代 | 文物等级 | 涉海等级 | 备注 |
|---|---|---|---|---|---|---|
| 233 | 党江大更楼 | 合浦县 | 民国 | 县级 | 五级 | 1924年 |
| 234 | 苏渌石拱桥 | 马山县 | 清 | 市县级 | 四级 | |
| 235 | 鹭鸶九门桥 | 隆安县 | 明天启 | 市县级 | 四级 | 1626年 |
| 236 | 镇武桥 | 武鸣县 | 民国 | 市县级 | 四级 | 1921年 |
| 237 | 群贤桥 | 马山县 | 清 | 市县级 | 四级 | |
| 238 | 八仙桥 | 马山县 | 明 | 市县级 | 四级 | |
| 239 | 新江桥 | 邕宁区 | 清 | 自治区级 | 四级 | 即皇赐桥 |
| 240 | 头零拱桥 | 马山县 | 清 | 市县级 | 四级 | |
| 241 | 扬圩旧圩拱桥 | 马山县 | 清 | 市县级 | 四级 | |
| 242 | 下巴石拱桥 | 马山县 | 清 | 市县级 | 四级 | |
| 243 | 宾州南桥 | 宾阳县 | 明 | 自治区级 | 四级 | |
| 244 | 海棠桥 | 横县 | 清乾隆 | 自治区级 | 四级 | 1742年 |
| 245 | 平马古石桥 | 浦北县 | 清 | 县级 | 四级 | |
| 246 | 接龙桥 | 灵山县 | 清康熙 | 县级 | 四级 | 1692年 |
| 247 | 环秀桥 | 灵山县 | 清雍正 | 县级 | 四级 | 1735年 |
| 248 | 惠爱桥 | 合浦县 | 清 | 国家级 | 三级 | |
| 249 | 通津桥 | 吴川市 | — | — | 三级 | |
| 250 | 寸金桥 | 赤坎区 | — | 市级 | 三级 | |
| 251 | 新坡广济桥 | 麻章区 | — | 省级 | 三级 | |
| 252 | 里桥 | 澄迈县 | 明 | 省级 | 三级 | |
| 253 | 透滩石板桥 | 临高县 | 宋 | 登记 | 三级 | |

续 表

| 编号 | 文物名称 | 属地 | 年代 | 文物等级 | 涉海等级 | 备注 |
|---|---|---|---|---|---|---|
| 254 | 抱瑞桥 | 临高县 | 明 | 登记 | 三级 | 又名美田桥 |
| 255 | 官沟及广济桥 | 三亚市 | 清 | 省级 | 三级 | |
| 256 | 既济亭热水池 | 三亚市 | 清 | 省级 | 四级 | 崖州区 |
| 257 | 董泉 | 青秀区 | 明嘉靖 | 市县级 | 五级 | |
| 258 | 谭荒孔明井 | 隆安县 | 不详 | 市县级 | 五级 | |
| 259 | 桃城古泉 | 大新县 | 明—清 | 自治区级 | 五级 | |
| 260 | 雷平玉泉 | 大新县 | 民国 | 市县级 | 五级 | |
| 261 | 六峰山盘龙井 | 灵山县 | 明 | 县级 | 五级 | |
| 262 | 玉井流香 | 钦南区 | 明 | 县级 | 三级 | |
| 263 | 接龙桥双水井 | 海城区 | 清末 | 市级 | 三级 | |
| 264 | 观音堂双水井 | 海城区 | 清末 | 市级 | 三级 | |
| 265 | 南康薯苗行古井 | 铁山港 | 清 | 市级 | 三级 | |
| 266 | 伏波关八角井 | 雷州市 | 清 | 县级 | 三级 | |
| 267 | 附城居委会伏波井 | 徐闻县 | 清 | 登记 | 三级 | |
| 268 | 马伏波井 | 东方市 | 汉－明清 | 省级 | 一级 | 八所镇 |
| 269 | 澹庵泉 | 临高县 | 南宋 | 省级 | 三级 | |
| 270 | 旧州井 | 儋州市 | 汉 | 登记 | 三级 | |
| 271 | 东坡井 | 儋州市 | 宋 | 省级 | 三级 | |
| 272 | 白马井 | 儋州市 | — | 登记 | 三级 | |
| 273 | 儋阳第一泉 | 儋州市 | 明 | 登记 | 三级 | |
| 274 | 斑峰书院 | 青秀区 | 清 | 自治区级 | 二级 | |

续 表

| 编号 | 文物名称 | 属地 | 年代 | 文物等级 | 涉海等级 | 备注 |
|---|---|---|---|---|---|---|
| 275 | 迁善书院 | 崇左市 | — | 登记 | 二级 | |
| 276 | 粤东书院 | 上思县 | 清 | 县级 | 二级 | |
| 277 | 海门书院旧址 | 海城区 | 清 | 市级 | 二级 | |
| 278 | 太邱书院 | 合浦县 | 清 | 县级 | 二级 | |
| 279 | 大朗书院 | 浦北县 | 清光绪 | 自治区级 | 二级 | 1899年 |
| 280 | 文龙书院 | 博白县 | 1846年 | 自治区级 | 二级 | 清道光二十六年 |
| 281 | 吴川学宫 | 吴川市 | 元 | 县级 | 二级 | |
| 282 | 茂山书院 | 吴川市 | 晋 | 省级 | 二级 | |
| 283 | 文明书院 | 遂溪县 | — | 登记 | 二级 | |
| 284 | 朝约学舍 | 廉江市 | 民国 | 登记 | 二级 | |
| 285 | 应星书院 | 雷州市 | 明 | 县级 | 二级 | |
| 286 | 濬元书院 | 雷州市 | 清 | 县级 | 二级 | |
| 287 | 海康学宫 | 雷州市 | 明—清 | 市级 | 二级 | |
| 288 | 贵生书院与门前古道 | 徐闻县 | 清道光 | 省级 | 二级 | 1821年 |
| 289 | 学宫大成殿 | 琼山县 | 清 | 省级 | 二级 | |
| 290 | 琼台书院 | 琼山市 | 清 | 省级 | 二级 | |
| 291 | 东坡书院 | 儋州市 | 明—清 | 国家级 | 二级 | |
| 292 | 丽泽书院 | 儋州市 | 明—清 | 登记 | 二级 | |
| 293 | 茉莉轩遗址 | 儋州市 | 宋 | 登记 | 二级 | 为学宫 |
| 294 | 溪北书院 | 文昌市 | 清—民 | 省级 | 二级 | 清—民国 |
| 295 | 文昌学宫 | 文昌市 | 清 | 国家级 | 二级 | 又称文庙 |

续 表

| 编号 | 文物名称 | 属地 | 年代 | 文物等级 | 涉海等级 | 备注 |
|---|---|---|---|---|---|---|
| 296 | 临高学宫 | 临高县 | 清 | 省级 | 二级 | 又称文庙 |
| 297 | 澄迈县学宫 | 澄迈县 | 清 | 省级 | 二级 | |
| 298 | 儒莪学堂 | 澄迈县 | — | 登记 | 二级 | |
| 299 | 金江书院 | 澄迈县 | 清 | 登记 | 二级 | |
| 300 | 谭昌学堂 | 澄迈县 | 清 | 省级 | 四级 | |
| 301 | 感恩县学宫 | 东方市 | 清 | 省级 | 二级 | |
| 302 | 崖城学宫 | 三亚市 | 清 | 国家级 | 二级 | 位于崖城老街 |
| 303 | 笔山花屋 | 横县 | 清 | 自治区级 | 三级 | |
| 304 | 青龙岩 | 横县 | 明 | 自治区级 | 二级 | |
| 305 | 丘浚故居及墓 | 海口市 | 明 | 国家级 | 四级 | |
| 306 | 邕江防洪古堤 | 青秀区 | 清乾隆 | 市县级 | 四级 | 1743年 |
| 307 | 鼓陂水利 | 西乡塘 | 清 | 市县级 | 四级 | |
| 308 | 加厚堂 | 容县 | 清 | 自治区级 | 三级 | |
| 309 | 真武堂 | 雷州市 | — | 省级 | 四级 | |
| 310 | 医灵堂 | 雷州市 | — | 省级 | 四级 | |
| 311 | 屯巷村新月堂 | 钦北区 | 清 | 市级 | 四级 | |
| 312 | 葛阳文昌阁 | 武鸣县 | 清 | 市县级 | 四级 | |
| 313 | 中山路骑楼建筑群 | 海城区 | 清—民国 | 县级 | 一级 | |
| 314 | 珠海路建筑群 | 海城区 | 清—民国 | 登记 | 一级 | |
| 315 | 沙脊街建筑群 | 海城区 | 清—民国 | 登记 | 一级 | 位于北海老街 |
| 316 | 高德三街40—107号建筑群 | 海城区 | 清—民国 | 登记 | 一级 | |

续 表

| 编号 | 文物名称 | 属地 | 年代 | 文物等级 | 涉海等级 | 备注 |
|---|---|---|---|---|---|---|
| 317 | 阜民路骑楼建筑群 | 合浦县 | 清—民国 | 县级 | 一级 | |
| 318 | 金狮巷民居群（宁路西二里50、52、54、56、58、60、62、64、66、68号） | 南宁市 | 清—民国 | 登记 | 一级 | 含宁路西二里50号、52号、54号、56号、58号、60号、62号、64号、66号、68号 |
| 319 | 中山路骑楼街 | 钦州市 | 清—民国 | 登记 | 一级 | |
| 320 | 荣堂村 | 海口市 | 南宋 | 省级 | 四级 | 秀英区 |
| 321 | 澄迈火山岩古村落群 | 澄迈县 | 明 | 省级 | 四级 | |
| 322 | 初保村民居 | 五指山 | 近现代 | 省级 | 三级 | |
| 323 | 保平村张家宅 | 三亚市 | 清 | 省级 | 三级 | 崖州区 |
| 324 | 保平村明经第 | 三亚市 | 清 | 省级 | 四级 | 崖州区 |
| 325 | 欧村林家宅 | 文昌市 | 民国 | 省级 | 三级 | 会文镇 |
| 326 | 王家大院 | 琼海市 | 1927年 | 省级 | 三级 | 中原镇 |
| 327 | 陈氏老屋 | 陵水县 | 清 | 省级 | 三级 | 黎族自治县 |
| 328 | 李德盛民宅 | 海口市 | 清 | 省级 | 三级 | 秀英区 |
| 329 | 铺前老街 | 文昌市 | — | 登记 | 一级 | |
| 330 | 美亭老街 | 澄迈县 | 清 | 登记 | 一级 | |
| 331 | 瑞溪老街 | 澄迈县 | 明 | 登记 | 一级 | |
| 332 | 大丰老街 | 澄迈县 | 清 | 省级 | 一级 | |
| 333 | 竹山古建筑群 | 钦州市 | 清 | 登记 | 一级 | |
| 334 | 那良镇老街建筑群 | 钦州市 | 民国 | 登记 | 一级 | |

续 表

| 编号 | 文物名称 | 属地 | 年代 | 文物等级 | 涉海等级 | 备注 |
|---|---|---|---|---|---|---|
| 335 | 江平镇古民居建筑群 | 东兴市 | 清 | 登记 | 一级 | |
| 336 | 那良镇老街建筑群 | 东兴市 | 民国 | 登记 | 三级 | |
| 337 | 大楼村古建筑群 | 福绵区 | 清 | 自治区级 | 三级 | |
| 338 | 大芦村古建筑群 | 灵山县 | 明—清 | 国家级 | 三级 | 1546—1863年 |
| 339 | 苏村古建筑群 | 灵山县 | 明—清 | 自治区级 | 三级 | |
| 340 | 仇氏古建筑群 | 灵山县 | 清 | 自治区级 | 三级 | |
| 341 | 萍塘村古建筑群 | 灵山县 | 清 | 自治区级 | 三级 | |
| 342 | 马肚塘村客家建筑群 | 灵山县 | 1780年 | 自治区级 | 三级 | 清乾隆四十五年 |
| 343 | 余屋村古建筑群 | 浦北县 | 清 | 自治区级 | 三级 | |
| 344 | 乾江民居群 | 北海市 | 清 | 登记 | 三级 | |
| 345 | 新屋坪苏氏围屋古建筑群 | 钦北区 | 清 | 市级 | 三级 | |
| 346 | 张锡光围屋建筑群 | 钦南区 | 清 | 市级 | 三级 | |
| 347 | 周家坡古民居群 | 江南区 | 清—民国 | 市县级 | 三级 | |
| 348 | 蔡氏古宅 | 宾阳县 | 清 | 自治区级 | 三级 | |
| 349 | 翰桥三昆堂 | 横县 | 清—民国 | 自治区级 | 三级 | |
| 350 | 董泉古建筑 | 青秀区 | 明 | 市县级 | 三级 | |
| 351 | 簕山民居群 | 东兴市 | — | 登记 | 三级 | |
| 352 | 板八村雕楼 | 东兴市 | 清 | 登记 | 三级 | |
| 353 | "望龙楼"围屋 | 东兴市 | 民国 | 市级 | 三级 | |
| 354 | 余屋契耳楼 | 浦北县 | 清嘉庆 | 县级 | 三级 | |

续表

| 编号 | 文物名称 | 属地 | 年代 | 文物等级 | 涉海等级 | 备注 |
|---|---|---|---|---|---|---|
| 355 | 樟木山客家围屋 | 合浦县 | 清 | 自治区级 | 三级 | |
| 356 | 曲木客家围屋 | 合浦县 | 清 | 自治区级 | 三级 | |
| 357 | 林鸿高围楼 | 海口市 | 1922年 | 省级 | 四级 | |
| 358 | 街渡口告示牌 | 海城区 | 清 | 市级 | 三级 | |
| 359 | 连科坪荣封第 | 灵山县 | 清 | 自治区级 | 四级 | |
| 360 | 那郭城司马第 | 防城港 | — | 市县级 | 四级 | |
| 361 | 关仁甫先生旧居遗址 | 防城港 | — | 市县级 | 四级 | |
| 362 | 禤家祠旧址 | 防城港 | — | 市县级 | 四级 | |
| 363 | 文昌阁 | 合浦县 | 清 | 县级 | 四级 | |
| 364 | 大平坡水楼 | 博白县 | 1912年 | 自治区级 | 三级 | |
| 365 | 黄竹根炮楼 | 廉江市 | 清末 | 登记 | 三级 | |
| 366 | 高平炮楼 | 廉江市 | 清末 | 登记 | 三级 | |
| 367 | 尖仔炮楼 | 廉江市 | 清光绪 | 登记 | 三级 | 1903年 |
| 368 | 包墩炮楼 | 廉江市 | 清末 | 登记 | 三级 | |
| 369 | 完山炮楼 | 廉江市 | 清光绪 | 登记 | 三级 | 1889年 |
| 370 | 下村炮楼 | 廉江市 | 1930年 | 登记 | 三级 | |
| 371 | 后溪炮楼 | 廉江市 | 1938年 | 登记 | 三级 | |
| 372 | 马中炮楼 | 廉江市 | 民国 | 登记 | 三级 | |
| 373 | 赤豆碉楼 | 雷州市 | 清 | 县级 | 三级 | |
| 374 | 大家村碉楼 | 雷州市 | 清 | 县级 | 三级 | |
| 375 | 李兰雅碉楼 | 雷州市 | 民国 | 县级 | 三级 | |

续表

| 编号 | 文物名称 | 属地 | 年代 | 文物等级 | 涉海等级 | 备注 |
|---|---|---|---|---|---|---|
| 376 | 乐尾村碉楼 | 雷州市 | 民国 | 县级 | 三级 | |
| 377 | 宋氏祖居 | 文昌市 | 清末 | 省级 | 三级 | 宋美龄故居 |
| 378 | 陈铭枢故居 | 合浦县 | 民国 | 县级 | 三级 | |
| 379 | 张岳崧故居 | 定安县 | 清 | 省级 | 三级 | |
| 380 | 韩家宅 | 文昌市 | 民国 | 国家级 | 三级 | |
| 381 | 林家宅 | 文昌市 | 民国 | 省级 | 三级 | |
| 382 | 蔡家宅 | 琼海市 | 民国 | 国家级 | 三级 | 位于博鳌镇 |
| 383 | 何家宅 | 琼海市 | 民国 | 省级 | 三级 | |
| 384 | 卢家宅 | 琼海市 | 民国 | 省级 | 三级 | |
| 385 | 符家宅 | 琼海市 | 民国 | 省级 | 三级 | |
| 386 | 惠迪公祠 | 隆安县 | 清乾隆 | 自治区级 | 四级 | 乾隆十九年 |
| 387 | 宗圣源祠 | 青秀区 | 明万历 | 市县级 | 四级 | 1609年 |
| 388 | 周氏宗祠 | 隆安县 | 民国 | 市县级 | 四级 | 1916年 |
| 389 | 伯玉公祠 | 浦北县 | 清光绪 | 自治区级 | 四级 | 1896年 |
| 390 | 那丽黄氏宗祠 | 钦南区 | 清 | 市级 | 四级 | |
| 391 | 璋嘉陈氏宗祠 | 合浦县 | 清 | 自治区级 | 四级 | |
| 392 | 庞村梁氏祖祠 | 兴业县 | 清 | 自治区级 | 四级 | |
| 393 | 水潭吴氏大宗 | 吴川市 | — | 省级 | 四级 | |
| 394 | 上郭吴氏大宗 | 吴川市 | — | 市级 | 四级 | |
| 395 | 乾塘陈氏大宗 | 坡头区 | — | 省级 | 四级 | |
| 396 | 老口村黄氏宗祠 | 西乡塘 | 清 | 市县级 | 四级 | |

续 表

| 编号 | 文物名称 | 属地 | 年代 | 文物等级 | 涉海等级 | 备注 |
|---|---|---|---|---|---|---|
| 397 | 符处村符氏宗祠 | 雷州市 | 清 | 县级 | 四级 | |
| 398 | 上郎村诒福民居 | 雷州市 | 清 | 县级 | 四级 | |
| 399 | 东林村操进民居 | 雷州市 | 清 | 县级 | 四级 | |
| 400 | 东林村伟文民居 | 雷州市 | 清 | 县级 | 四级 | |
| 401 | 许氏宗祠 | 海口市 | 明 | 省级 | 四级 | 秀英区 |
| 402 | 曾氏宗祠 | 海口市 | 清 | 省级 | 四级 | |
| 403 | 黄忠义公祠 | 海口市 | 清 | 省级 | 四级 | 琼山区 |
| 404 | 排坡莫氏宗祠 | 定安县 | 清 | 省级 | 四级 | |
| 405 | 王氏宗祠 | 定安县 | 清 | 省级 | 四级 | |
| 406 | 胡氏宗祠 | 定安县 | 清 | 省级 | 四级 | |
| 407 | 李氏宗祠 | 澄迈县 | 清 | 省级 | 四级 | |
| 408 | 冯公祠 | 澄迈县 | 明 | 省级 | 四级 | |
| 409 | 曲冲文氏宗祠 | 万宁市 | 清 | 省级 | 四级 | |
| 410 | 白衣祠 | 儋州市 | 明 | 登记 | 四级 | |
| 411 | 孙氏宗祠 | 三亚市 | 清 | | | |
| 412 | 菁我馆 | 陆川县 | 清 | 自治区级 | 四级 | |
| 413 | 宣德第 | 海口市 | 明—清 | 省级 | 四级 | |
| 414 | 庞村99号、103号、146号、147号、148号、149号、152号、154号、155号、156号、157号、158号、159号、160号、161号、162号、163号、175号民居 | 兴业县 | 清 | 自治区级 | 四级 | |
| 415 | 陆川谢鲁山庄 | 陆川县 | 民国 | 国家级 | 四级 | |

续　表

| 编号 | 文物名称 | 属地 | 年代 | 文物等级 | 涉海等级 | 备注 |
|---|---|---|---|---|---|---|
| 其他各类汇总 | 庙宇类：<br>　　玉林市：龙潭伏波庙、付波祠、南山灵景寺、宴石寺、石南孔庙、三帝庙、三界庙、字祖庙、新民寒山庙、陵城大成殿、紫华庵、地藏堂、普庵堂、玉皇堂。玉州区：寒山大庙、白帝庙、天后宫。钦州市：光华庙遗址、震龙寺、龙湾寺、阳山盘古庙、大寺北帝庙、三帝庙旧址、镇龙寺（清）、王侯山古庙遗址、陈五公庙、小董大王庙、千岁爷庙（清）、观音堂、侯王庙、上思文庙遗址。博白县：太阳庙、天皇庙、北帝庙、盘古殿、皇善寺、攀龙庙、木马伏波庙、社角村伏波庙、付波祠、关帝庙、花石庙、天师庙、天师府。兴业县：石崎庙、阳村庙屋、永宁寺。北流市：云山寺、木棉文武庙。北海市：东山寺、万善寺、兴宁古社坛、真如院、保子庵、能村三清宫、永安文庙。湛江市：帝帅庙、三天庙、灵山里六祖堂、地母庵、灵岗圣庙、东门天福庙、那泗村康皇庙、关部康皇庙、南亩圣帝庙、下田村帝帅庙、天后宫、东市天后宫、龙头沙天后宫、孔庙、通明村宣封庙、华帝庙、东岳庙、北门东岳庙、忠勇庙、关通庙、水仙庙、青山宫、灵岗圣庙、真武庙、香山古庙、梅菉祖庙（宋）、青山宫、真武宫、玉枢宫、三殿宫、康邬宫、列圣宫、邓巡宫、黎郭村山里宫、三天通王宫。海南省：海口市，海忠介公庙；儋州市，劳玥将军庙、宁济庙、细沙村土地庙、多美村西土地庙；屯昌县：福庆寺等 |  |  |  |  |  |
|  | 亭阁楼院建筑类：<br>　　南宁市：两湖会馆、粤东会馆、安徽会馆、南宁商会旧址。崇左市：文昌阁、文笔塔、蓉峰塔、蓉峰塔、乐寿亭、武建军资念塔、龙州天主堂、龙州粤东会馆、丽江公园旧址。玉林市：文昌阁、天门关、碧虚亭、景苏楼、解放楼、蝴蝶楼、高山村聚星楼、高山村承绪楼、茂园、陵瑞庄、大坑寨、粤东会馆、扶阳书院。玉州区：大沙浪围屋。博白县：莲江书院、君爱堂、解放楼、龙江围屋、石城围屋、横塘围屋、南面塘炮楼、社山炮楼、盘古坡炮楼。兴业县：镇北阁、石砖大屋、梁氏祖屋等等。北流市：尚书府、刺史第、司马第、八角楼、俞作柏故居、三教堂、西式洋楼。防城港：吴四桂堂、凤池堂（民国）、肇映亭、东八角楼、粤东书院。钦州市：先龙潭、新圩文笔塔、文昌阁（清）、余屋阙耳楼（清）、黄华书室（明）、光裕堂、凤池堂、钟厚德堂、厚福堂、月堂、廷怀家塾、山猪麓书院、石岩书院旧址等等。北海市：南康老街、新安街5号建筑、高德苏三老屋、高德苏文良老屋、半港围屋、卧龙围屋、婆围民居、华侨侨民安置楼、地角下寮499号民居；地角中寮25号、34号民居；地角下寮464号民居、民建二街民居；珠海西路201号、203号、238号、240号、242号民居；海边街27号、29号民居；宜仙楼旧址、南康玉书楼、文昌阁、槐园、北海梅园、永安北堂、永安南堂、夏官地、石狮子、志德书院、华库林树、斑鸠碉碉楼、夏屋塘碉楼、栗山碉楼、门头碉楼、姚屋仔碉楼、红镜塘碉楼 马栏蔡斗碉堡、油行村碉堡、案塘碉楼、石头埠哨所、村儿碉堡、下卖兆碉堡、门头碉堡、福成当铺等等。湛江市：中大兴街骑楼、雷州古院、旧县村泰山府、双峰塔、三元塔、昌明塔、洞水亭、还砚亭、诰封亭、百丈桥茶亭、黄坡魁星楼、龙湾戏台、横山古戏台、韶山古戏台、惠泽堂、周兴书屋、文明书院等等。茂名市：题雁塔、曲径封诰楼、岱山村诰书楼。海南省：海口市：约亭、中山亭；澄迈县：玉楼村文笔塔（宋）、儒扬村文笔塔；儋州：藤根村文峰塔、宝崇堂、东林堂、王五文昌宫；文昌：约亭等 |  |  |  |  |  |

续表

| 编号 | 文物名称 | 属地 | 年代 | 文物等级 | 涉海等级 | 备注 |
|---|---|---|---|---|---|---|
| 其他各类汇总 | 工程类：<br>　　玉林市：水月岩、南山碑记岩、南山宝盖岩、南山婆娑岩、南山太极岩、南山莲花岩、南山圣人岩、龙泉枫木井、扬月古井。玉州区：马援营（东汉）、船厅遗址。北流市：莲花井、犀牛井。防城港：那良车渡码头遗址、新基海堤、潭蓬粮仓（民国）、京兆泉（待定）。钦州市：塘底坡村凤凰井、城内街古井、谏议井（唐）、先农井（不详）、灵城福寿井、灵城王清井等等。北海市：英罗古井、英显殿水井（明）、曲湾古井（清）、康泉古井、田头古井、双月池古井、让水古井、永安大井、银锭井、乾江方井、杨家陂、石城陂等20处。湛江：洪周氏节孝坊。雷州市：水仙井马跑泉、上县四眼井、安铺东街大井、徐闻县：那平堰；其他：霞街村状元井、水仙井、旧县村龙眼井、通明村六角大井、潮州街八角井。茂名市：凤饮鸣泉井、琉璃井。海南省，澄迈县：倘村古井、黄龙古井、马蹄井、大美村古井；儋州：水井香泉、育材坊井、龙滚井、毓秀井、武馆古井等 | | | | | |
| | 桥类：<br>　　崇左市：鸳鸯桥、八万桥、咘尧古桥、山圩利济古桥、那坡屯五孔桥、坤旧通气桥（以上均为市县级）。玉林市：双凤石拱桥、云龙桥、茂林桥、万济桥、登龙桥。兴业县：镇龙桥、三垌桥。北流市：永平桥。防城港市：平利石拱桥。平利石拱桥、那目屯石拱桥、六阔口石桥。钦州市：枫木榄核桥、青菜桥、灵城竹行桥、思亲桥、宋太仙人桥、思恩桥等等。湛江市：寸金桥公园九孔桥、青塘桥、南山石桥等等。海南省，澄迈县：赵扬桥、南门桥等 | | | | | |
| | 民居及故居类：<br>　　南宁：刚德村卢氏民居、老口村覃氏民居和宗祠、老口村李氏民居、陵桂村钟氏民居、黄氏家族民居、林氏祖屋、罗文村韦氏祖屋、雷沛鸿故居、雷殷故居。玉林市：高山村李拔冼故居、伍廷飏故居、徐松石故居、王力故居、罗奇旧居。防城港市：企沙碉楼、向阳屯碉楼、大屋屯碉楼、大路坳碉楼、域组岗楼、企沙镇民居群、那厚民居群、木兰街15号民居、峒中民居、那包屯33—34号民居、歌民屯梁冠多民居；歌民屯28号、31号、33号、35号民居；赵古松旧居遗址、陈济棠故居、陈维周旧居、杨济宗旧居、李裴农旧居、叶瑞光旧居、覃伯棠旧居。钦州市：张锡光围屋、峒中民居、高村民居（明）、大陶村民居、平垌小学民居、彭智芳旧居、覃汉大屋、韦氏进士屋（清）等等。北海市：张午轩故居、杨天锡故居、廖瑞萌故居、廖国器故居、陈泰公故居、张君嵩故居等等。湛江市：茂良古堡、同安堡、刚直公祠古堡、竹山炮楼、北潭炮楼、下河里观察第、迈生村奉政第、陈瑸故居、世德故居、林飞雄旧居、杨益三旧居、潮州会馆、仙城会馆、高州会馆、那平堰等等。海南，海口：海瑞故居、陈继虞故居、王国宪故居；文昌：陈策故居、陈序经故居；澄迈：乔桃古村（明、清）、黄竹古民居、大美古民居、儒扬民居、美桃民居、美桃村碉楼、花场村炮楼、美椰村炮楼、广文第、李恒谦故居、岑家梧故居；定安：王弘海故居（明）、胡濂故居、王映斗故居；陵水黎族自治县：莫同浙故居等 | | | | | |

续　表

| 编号 | 文物名称 | 属地 | 年代 | 文物等级 | 涉海等级 | 备注 |
|---|---|---|---|---|---|---|
| 其他各类汇总 | 祠堂类：<br>　　崇左市：陈勇烈祠。玉林市：葛仙祠、贞烈祠、忠孝祠、高山村致齐祠、高山村牟绍德祠、高山村牟思成祠、高山村牟惇叙祠、高山村牟华彰祠、高山村牟著存祠、高山村李拔谋祠、高山村朗官祠、君杰崔公祠、海宴李公祠、刘氏宗祠。钦州市：阮氏宗祠、秦氏宗祠、凤山李公祠（清）、土地田黄氏祠堂、草花岭祠堂（清）等等。北海市：下卖兆陈氏祠堂、田头社王公祠、罗氏宗祠、王氏祖屋、赤西陈氏祠堂，等等茂名市：南安佛子祠、报德祠、黄氏宗祠、苏氏宗祠、华山李氏大宗祠、杨梅陈氏大宗祠、瑚琳杨氏大宗祠、瑚琳杨氏益斋公祠、瑚琳杨氏立斋公祠、瑚琳杨氏退斋公祠。北海市：罗公祠。湛江市：寇公祠、节孝祠、郑氏祠堂、旧宾兴祠、麦屋麦氏大宗祠、乾塘陈氏大宗、水潭吴氏大宗、霞街林氏大宗、上郭吴氏大宗、莫氏宗祠、宋氏祖祠、崔氏宗祠、谭氏宗祠、诚斋公祠、陈清端公祠、陈氏小宗祠、港西方氏宗祠、青桐吴氏宗祠、雷城陈氏宗祠、徐邑宾兴祠、遂邑宾兴祠、那里坡曹氏祠堂、生龙毛村谢氏宗祠、前山古墟骑楼、骑楼街民天记等等。海南省，海口：邢氏祖祠；澄迈县：冯林文公祠（明）、草圣公祠、美桃村宗祠（清）、大美村王氏宗祠；定安县：彬彩塘李氏宗祠（清）；儋州：白衣祠、山村羊氏祠堂、兴旺村祠堂、流水村祠堂等 | | | | | |

（五）环北部湾涉海近现代重要史迹和代表性建筑类遗产清单（见表1-19）

表1-19　　　　　环北部湾涉海近代现代重要史迹和代表性建筑类遗产清单

| 编号 | 文物名称 | 属地 | 年代 | 文物级别 | 涉海等级 | 备注 |
|---|---|---|---|---|---|---|
| 1 | 北海近代西洋建筑群 | 北海市 | 清—民国 | 国家级 | 一级 | 内含17处西式建筑[①] |
| 2 | 北海天主堂 | 北海市 | 清—民国 | 市级 | 二级 | |

---

① 北海近代建筑群：包括17座西洋建筑，分别为：英国领事馆旧址（1885）、德国领事馆旧址（1905）、法国领事馆旧址（1890）、北海关大楼旧址（1883）、德国森宝洋行旧址（1891）、北海教区主教府楼旧址（1934）、双孖楼旧址（1886）、会吏长楼旧址（1905）、德国信义会教会楼旧址（1902）、涠洲盛塘天主堂旧址（1876）、涠洲城仔教堂旧址（1883）、贞德女子学校旧址（1905）、普仁医院旧址（1886）、大清邮政北海分局旧址（1897），以及北海天主堂旧址（1918）、女修道院旧址（1925）、合浦图书馆旧址（1926）。后三者等为代表性建筑，但未被列入国家重点文物保护单位。

续 表

| 编号 | 文物名称 | 属地 | 年代 | 文物级别 | 涉海等级 | 备注 |
|---|---|---|---|---|---|---|
| 3 | 合浦图书馆旧址 | 合浦县 | 1926年 | 市级 | 二级 | 券廊式西洋建筑 |
| 4 | 谦受图书馆 | 东兴市 | 清—民国 | 自治区级 | 一级 | 2017年12月公布 |
| 5 | 中山图书馆旧址 | 防城港 | 清—民国 | 市级 | 一级 | |
| 6 | 广西高等法院办公楼旧址 | 兴宁区 | 民国 | 自治区级 | 一级 | |
| 7 | 法国驻龙州领事馆旧址 | 龙州县 | 清光绪 | 自治区级 | 一级 | |
| 8 | 广州湾法国公使署和法军指挥部旧址 | 霞山区 | 1903年 | 国家级 | 一级 | |
| 9 | 广州湾法国警察署旧址 | 霞山区 | 1900年 | 国家级 | 一级 | |
| 10 | 广州湾法国驻军旧址 | 赤坎区 | — | 登记 | 一级 | |
| 11 | 粤海关雷州口部税馆旧址 | 雷州市 | 清 | 县级 | 一级 | |
| 12 | 琼海关旧址 | 海口市 | — | 国家级 | 一级 | |
| 13 | 原琼海关税务司官邸 | 海口市 | 1898年 | 省级 | 一级 | 龙华区 |
| 14 | 海口钟楼 | 海口市 | 1929年 | 省级 | 一级 | 龙华区 |
| 15 | 秀英港 | 海口市 | 1936年 | 省级 | 一级 | |
| 16 | 东方汇理银行旧址 | 霞山区 | — | 登记 | 一级 | |
| 17 | 广州湾商会旧址 | 赤坎区 | 1925年 | 市级 | 一级 | |
| 18 | 永宁街别墅 | 赤坎区 | 民国 | 登记 | 一级 | |
| 19 | 广德生号骑楼 | 儋州市 | — | 登记 | 一级 | |
| 20 | 成记栈骑楼 | 儋州市 | — | 登记 | 一级 | |

续　表

| 编号 | 文物名称 | 属地 | 年代 | 文物级别 | 涉海等级 | 备注 |
|---|---|---|---|---|---|---|
| 21 | 万众号骑楼 | 儋州市 | — | 登记 | 一级 | |
| 22 | 宣和号骑楼 | 儋州市 | — | 登记 | 一级 | |
| 23 | 广祥隆号骑楼 | 儋州市 | — | 登记 | 一级 | |
| 24 | 李慧霖牧师楼 | 儋州市 | — | 登记 | 一级 | |
| 25 | 王道琼牧师楼 | 儋州市 | — | 登记 | 一级 | |
| 26 | 林保罗牧师楼 | 儋州市 | — | 登记 | 一级 | |
| 27 | 那大基督教堂 | 儋州市 | 清末 | 登记 | 一级 | |
| 28 | 三亚民国骑楼建筑群 | 三亚市 | 民国 | 省级 | 二级 | 崖州区 |
| 29 | 深田天主堂 | 定安县 | 清 | 省级 | 二级 | |
| 30 | 霞山福音堂 | 霞山区 | 清末 | 登记 | 一级 | |
| 31 | 霞山天主教堂 | 霞山区 | 清末 | 市级 | 一级 | |
| 32 | 嘉积教堂 | 琼海市 | 近现代 | 省级 | 一级 | |
| 33 | 圣巴拿巴堂 | 合浦县 | 民国 | 县级 | 一级 | |
| 34 | 罗浮恒望天主教堂 | 东兴市 | 清 | 自治区级 | 一级 | |
| 35 | 天主教堂 | 龙州县 | 清 | 自治区级 | 一级 | |
| 36 | 广西连城要塞遗址和友谊关 | 防城港 | 清 | 国家级 | 一级 | 含大清国一至三十三号界碑 |
| 37 | 连城要塞遗址和友谊关 | 凭祥、宁明、龙州、大新 | 汉—民国 | 国家级 | 一级 | 共86个遗产点 |

续 表

| 编号 | 文物名称 | 属地 | 年代 | 文物级别 | 涉海等级 | 备注 |
|---|---|---|---|---|---|---|
| 38 | 镇宁炮台 | 兴宁区 | 民国 | 自治区级 | 一级 | 1917年 |
| 39 | 驮罕炮楼 | 西乡塘 | 民国 | 市县级 | 一级 | 民国初年 |
| 40 | 白龙炮台 | 防城区 | 清 | 国家级 | 一级 | |
| 41 | 石龟头炮台 | 防城港 | 1717年 | 自治区级 | 一级 | 清康熙五十六年 |
| 42 | 那梭炮台遗址 | 防城港 | 清 | 登记 | 一级 | |
| 43 | 乌雷炮台 | 钦州市 | — | 登记 | 一级 | 纳入连城要塞 |
| 44 | 冠头岭炮台 | 北海市 | — | 市级 | 一级 | |
| 45 | 地角炮台遗址 | 北海市 | 清光绪 | 国家级 | 一级 | 1885年纳入连城要塞 |
| 46 | 镇琼炮台 | 海口市 | — | 省级 | 一级 | |
| 47 | 秀英炮台 | 海口市 | 清 | 国家级 | 一级 | |
| 48 | 水师营遗址 | 防城港 | — | 登记 | 一级 | |
| 49 | 灯楼角灯塔 | 徐闻县 | 1953年 | 登记 | 一级 | 位于角尾乡 |
| 50 | 排尾角灯塔 | 徐闻县 | 1950年 | 登记 | 一级 | |
| 51 | 驮罕码头 | 西乡塘 | 民国 | 市县级 | 一级 | |
| 52 | 新华路水塔 | 兴宁区 | 1937年 | 市县级 | 一级 | |
| 53 | 凌铁水塔 | 青秀区 | 1934年 | 市县级 | 一级 | |
| 54 | 清湖景水渠 | 钦南区 | — | 市级 | 五级 | |
| 55 | 广州会馆 | 钦南区 | 清乾隆 | 自治区级 | 四级 | 1783年 |

续表

| 编号 | 文物名称 | 属地 | 年代 | 文物级别 | 涉海等级 | 备注 |
|---|---|---|---|---|---|---|
| 56 | 潮州会馆 | 万宁市 | 清 | 省级 | 四级 | |
| 57 | 刘永福旧居建筑群 | 钦南区 | 清 | 国家级 | 四级 | 即三宣堂 |
| 58 | 冯子材旧居建筑群 | 钦南区 | 清 | 国家级 | 四级 | 又名宫保府 |
| 59 | 刘永福故居 | 防城区 | 清 | 自治区级 | 四级 | |
| 60 | 冯子材故居 | 钦南区 | 清 | 市级 | 四级 | 位于沙尾街 |
| 61 | 苏廷有旧居 | 钦南区 | 民国 | 自治区级 | 四级 | |
| 62 | 冯承垿旧居 | 钦南区 | 民国 | 自治区级 | 四级 | |
| 63 | 郭文辉旧居 | 钦南区 | 民国 | 自治区级 | 四级 | 1922 年 |
| 64 | 香翰屏旧居 | 浦北县 | 民国 | 自治区级 | 四级 | |
| 65 | 邓本殷旧居 | 防城港 | — | 市县级 | 四级 | |
| 66 | 陈树坤旧居 | 防城港 | — | 市县级 | 四级 | |
| 67 | 陈济棠故居 | 东兴市 | — | 待核 | 四级 | |
| 68 | 陈铭枢故居 | 合浦县 | 民国 | 自治区级 | 四级 | |
| 69 | 林翼中故居 | 合浦县 | 民国 | 自治区级 | 四级 | |
| 70 | 梁烈亚故居 | 江南区 | 清 | 自治区级 | 四级 | |
| 71 | 莫文骅故居 | 南宁市 | — | 自治区级 | 四级 | |
| 72 | 黄旭初旧居 | 容县 | — | 自治区级 | 四级 | |
| 73 | 黄绍竑故居 | 容县 | 清 | 国家级 | 四级 | |
| 74 | 朱光故居 | 博白县 | 1878 年 | 自治区级 | 四级 | 清光绪四年 |

续 表

| 编号 | 文物名称 | 属地 | 年代 | 文物级别 | 涉海等级 | 备注 |
|---|---|---|---|---|---|---|
| 75 | 李明瑞故居 | 北流市 | 民国 | 自治区级 | 四级 | |
| 76 | 林虎旧居 | 陆川县 | 民国 | 自治区级 | 四级 | |
| 77 | 吕焕炎旧居 | 陆川县 | 民国 | 自治区级 | 四级 | |
| 78 | 林召棠故居纪念馆、状元坊 | 吴川市 | 清康熙 | 省级 | 四级 | 1704年 |
| 79 | 张炎故居 | 吴川市 | — | 省级 | 四级 | |
| 80 | 李汉魂故居 | 吴川市 | — | 省级 | 四级 | |
| 81 | 陈兰彬故居 | 吴川市 | 清光绪 | 省级 | 四级 | 1875年 |
| 82 | 莫氏宗祠 | 雷州市 | — | 省级 | 四级 | |
| 83 | 吴典故居 | 海口市 | 清 | 省级 | 四级 | |
| 84 | 吴氏民居 | 海口市 | 清 | 省级 | 四级 | 琼山区 |
| 85 | 邱氏祖宅 | 海口市 | 清 | 省级 | 四级 | 龙华区 |
| 86 | 王海萍故居 | 海口市 | 清 | 省级 | 四级 | 秀英区 |
| 87 | 郑存礼故居 | 海口市 | 清 | 省级 | 四级 | |
| 88 | 张岳崧故居 | 定安县 | 清 | 省级 | 四级 | |
| 89 | 许敦仁故居 | 万宁市 | 清 | 省级 | 四级 | |
| 90 | 张云逸故居 | 文昌市 | 民国 | 省级 | 四级 | |
| 91 | 冯平故居 | 文昌市 | 现代 | 省级 | 四级 | |
| 92 | 冯白驹故居 | 琼山市 | 现代 | 省级 | 四级 | |
| 93 | 杨善集故居 | 琼海市 | 现代 | 省级 | 四级 | |

续 表

| 编号 | 文物名称 | 属地 | 年代 | 文物级别 | 涉海等级 | 备注 |
|---|---|---|---|---|---|---|
| 94 | 王文明故居 | 琼海市 | 现代 | 省级 | 四级 | |
| 95 | 王氏民居 | 琼海市 | 1915年 | 省级 | 四级 | |
| 96 | 张鸿猷故居 | 陵水县 | 清 | 省级 | 四级 | 黎族自治县 |
| 97 | 李锷楼大院 | 横县 | 清—民国 | 自治区级 | 四级 | |
| 98 | 施恒益大院 | 横县 | 民国 | 自治区级 | 四级 | 1933年 |
| 99 | 肇英堂 | 防城港 | — | 市县级 | 四级 | |
| 100 | 维伯堂 | 防城港 | — | 登记 | 四级 | 即继园 |
| 101 | 禤家祠旧址 | 东兴市 | — | 市级 | 四级 | |
| 102 | 陈公馆 | 东兴市 | — | 待核 | 四级 | |
| 103 | 邓世增故居 | 海城区 | 民国 | 市级 | 四级 | 又名邓公馆 |
| 104 | 胡志明亭 | 东兴市 | — | 县级 | 四级 | 又名六角亭 |
| 105 | 曲木客家围屋 | 合浦县 | — | — | 四级 | |
| 106 | 樟木山客家围屋 | 合浦县 | — | — | 四级 | |
| 107 | 樟嘉陈氏宗祠 | 合浦县 | — | — | 四级 | 县级 |
| 108 | 那丽黄氏宗祠 | 钦南区 | — | 市级 | 四级 | |
| 109 | 六虾村韦氏祠堂 | 钦北区 | — | 市级 | 四级 | |
| 110 | 彭氏大屋 | 容县 | 1932年 | 自治区级 | 四级 | |
| 111 | 硃砂垌客家围屋 | 玉林市 | 清 | 自治区级 | 四级 | |
| 112 | 福兴楼 | 海口市 | 1916—1918年 | 省级 | 四级 | |

续 表

| 编号 | 文物名称 | 属地 | 年代 | 文物级别 | 涉海等级 | 备注 |
|---|---|---|---|---|---|---|
| 113 | 白马井瞭望楼 | 儋州市 | — | 登记 | 四级 | |
| 114 | 盐场村炮楼 | 儋州市 | — | 登记 | 四级 | |
| 115 | 江茂村炮楼 | 儋州市 | — | 登记 | 四级 | |
| 116 | 新会书院 | 兴宁区 | 民国 | 自治区级 | 四级 | |
| 117 | 广府会馆 | 徐闻县 | 清乾隆 | 省级 | 四级 | 1787 年 |
| 118 | 邕宁电报局旧址 | 青秀区 | 民国 | 市县级 | 四级 | 1922 年 |
| 119 | 伯南公园 | 东兴市 | — | 市级 | 四级 | |
| 120 | 龙武庄园 | 灵山县 | 1900 年 | 自治区级 | 一级 | |
| 121 | 明秀园 | 武鸣县 | 民国 | 自治区级 | 四级 | |
| 122 | 业秀园 | 龙州市 | 民国 | 自治区级 | 四级 | |
| 123 | 北海瑞园 | 海城区 | 民国 | 市级 | 四级 | |
| 124 | 槐园 | 合浦县 | 民国 | 县级 | 四级 | 1927 年 |
| 125 | 凤栖堂 | 海口市 | 民国 | 省级 | 四级 | |
| 126 | 郭母亭 | 文昌市 | 民国 | 省级 | 五级 | |
| 127 | 冬泳亭 | 兴宁区 | 1974 年 | 自治区级 | 四级 | |
| 128 | 西联胶园 | 儋州市 | 清 | 省级 | 四级 | |
| 129 | 马晓军别墅 | 容县 | 民国 | 国家级 | 四级 | 1919 年 |
| 130 | 黄绍竑别墅 | 容县 | 民国 | 国家级 | 四级 | 1927 年 |
| 131 | 黄初旭别墅 | 容县 | 民国 | 国家级 | 四级 | 1933 年 |
| 132 | 罗奇别墅 | 容县 | 民国 | 国家级 | 四级 | 1937 年 |

续 表

| 编号 | 文物名称 | 属地 | 年代 | 文物级别 | 涉海等级 | 备注 |
|---|---|---|---|---|---|---|
| 133 | 韦云淞别墅 | 容县 | 民国 | 国家级 | 四级 | 1930年 |
| 134 | 苏祖馨别墅 | 容县 | 民国 | 国家级 | 四级 | 1931年 |
| 135 | 叶琪别墅 | 容县 | 民国 | 自治区级 | 四级 | |
| 136 | 夏威、夏国彰别墅 | 容县 | 民国 | 国家级 | 四级 | 1930年 |
| 137 | 遂溪人民抗法纪念碑 | 遂溪县 | — | 省级 | 二级 | |
| 138 | 溪抗法团练总部旧址 | 遂溪县 | — | 省级 | 二级 | |
| 139 | 上林寺抗法誓师旧址 | 遂溪县 | — | 省级 | 二级 | |
| 140 | 南柳抗法誓师旧址 | 霞山区 | — | 省级 | 二级 | |
| 141 | 遂溪抗法团练麻章营部旧址 | 麻章区 | — | 省级 | 二级 | |
| 142 | 容县中学教学楼 | 容县 | 民国 | 国家级 | 二级 | 1919年 |
| 143 | 容县图书馆旧址 | 容县 | 民国 | 国家级 | 二级 | 1925年 |
| 144 | 容县近代建筑群 | 容县 | 清—民国 | 国家级 | 二级 | |
| 145 | 西关路铁桥 | 兴宁区 | 1934年 | 市县级 | 四级 | |
| 146 | 福山咖啡园 | 澄迈县 | 1933年 | 省级 | 四级 | |
| 147 | 中共广西省第二次代表大会旧址 | 青秀区 | 1929年 | 自治区级 | 二级 | |
| 148 | 中共广西省工委横县会议旧址 | 横县 | 民国三十六年 | 自治区级 | 二级 | |
| 149 | 六细屯油印室旧址 | 防城港 | — | 县市级 | 二级 | |
| 150 | 南陔革命旧址 | 上林县 | 民国 | 自治区级 | 二级 | |
| 151 | 共青团南宁地委旧址 | 兴宁区 | 1926年 | 自治区级 | 二级 | |
| 152 | 广西省土改工作团第二团团部旧址 | 江南区 | 1951—1952年 | 自治区级 | 二级 | |

续 表

| 编号 | 文物名称 | 属地 | 年代 | 文物级别 | 涉海等级 | 备注 |
|---|---|---|---|---|---|---|
| 153 | "三光企"革命武装起义纪念碑 | 防城港 | — | 县市级 | 二级 | |
| 154 | 省农民协会南路办事处旧址 | 吴川市 | — | 省级 | 二级 | |
| 155 | 陵水县苏维埃政府旧址 | 陵水县 | — | 国家级 | 二级 | 琼山会馆 |
| 156 | 陵水县苏维埃农民协会旧址 | 陵水县 | — | 省级 | 二级 | 顺德会馆 |
| 157 | 陵水县东区农民协会旧址 | 陵水县 | 1926年 | 省级 | 二级 | 黎族自治县 |
| 158 | 红色娘子军成立大会场地遗址 | 琼海市 | 1931年 | 省级 | 一级 | |
| 159 | 东岭武库 | 屯昌县 | 1937年 | 省级 | 二级 | |
| 160 | 中共琼崖第一次代表大会旧址 | 海口市 | — | 国家级 | 二级 | |
| 161 | 中共琼崖特委第一次扩大会议遗址 | 琼海市 | 1927年 | 省级 | 二级 | |
| 162 | 琵琶会议旧址 | 防城港 | — | 县市级 | 二级 | |
| 163 | 中共琼崖特委琼崖纵队总部旧址 | 儋州市 | 近现代 | 省级 | 二级 | |
| 164 | 毋忘"九一八"国耻纪念碑 | 海口市 | 1931年 | 省级 | 二级 | |
| 165 | 燕岭坡殉难民众公墓 | 琼海市 | — | 省级 | 二级 | |
| 166 | 丸一药房旧址 | 海城区 | 民国 | 市级 | 二级 | |
| 167 | 日军侵琼田独死难矿工遗址 | 三亚市 | — | 省级 | 二级 | |
| 168 | 日军侵琼八所死难劳工遗址 | 东方市 | — | 省级 | 二级 | |
| 169 | 侵华日军营房 | 文昌市 | 民国 | 省级 | 二级 | |
| 170 | 陵城日军营房 | 陵水县 | — | 省级 | 二级 | |
| 171 | 那良抗日武装起义纪念亭 | 防城港 | 民国 | 登记文物 | 一级 | |

续　表

| 编号 | 文物名称 | 属地 | 年代 | 文物级别 | 涉海等级 | 备注 |
|---|---|---|---|---|---|---|
| 172 | 云龙改编旧址 | 琼山区 | — | 省级 | 一级 | |
| 173 | 中国红军第八军军部旧址 | 龙州市 | 民国 | 国家级 | 一级 | |
| 174 | 昆仑关战役旧址 | 兴宁区 | 民国 | 国家级 | 一级 | |
| 175 | 桂南战役阵亡将士纪念亭 | 青秀区 | 民国 | 自治区级 | 一级 | 1941年 |
| 176 | 南宁育才学校旧址 | 西乡塘区 | 1951年 | 国家级 | 一级 | 越南中央学舍区总部 |
| 177 | 旧城中山纪念堂 | 扶绥县 | 1936年 | 自治区级 | 一级 | |
| 178 | 孙中山铜像及逝世周年纪念碑 | 钦南区 | 1994年 | 市级 | 一级 | |
| 179 | 南宁革命烈士纪念碑 | 兴宁区 | 1956年 | 自治区级 | 一级 | |
| 180 | 文利革命烈士纪念碑 | 灵山县 | 1966年 | 自治区级 | 一级 | |
| 181 | 黄花岗七十二烈士纪念碑 | 合浦县 | 民国 | 县级 | 一级 | |
| 182 | 北海抗日战争纪念亭 | 海城区 | 1946年 | 市级 | 一级 | |
| 183 | 北海革命烈士纪念碑 | 北海市 | 现代 | 市级 | 一级 | |
| 184 | 程德汉烈士故居 | 琼海市 | 清 | 省级 | 四级 | |
| 185 | 林文英墓 | 文昌市 | 1919年 | 省级 | 四级 | |
| 186 | 铁桥 | 海口市 | 现代 | 省级 | 一级 | |
| 187 | 解放海南启渡点 | 湛江市 | 现代 | 县级 | 一级 | |
| 188 | 中共海南黎族苗族自治州委员会旧址 | 五指山市 | 1955年 | 省级 | 三级 | |
| 189 | 海南黎族苗族自治州人民政府旧址 | 五指山市 | 1954年 | 省级 | 三级 | |
| 190 | 番茅大队队部旧址 | 五指山 | 1957年 | 省级 | 二级 | 通什镇 |
| 191 | 海口中山纪念堂 | 海口市 | 1926年 | 省级 | 二级 | |

续 表

| 编号 | 文物名称 | 属地 | 年代 | 文物级别 | 涉海等级 | 备注 |
|---|---|---|---|---|---|---|
| 192 | 黄土食堂 | 琼海市 | 1958年 | 省级 | 三级 | 龙江镇 |
| 193 | 陆川中山纪念建筑群 | 陆川县 | 民国 | 自治区级 | 一级 | |
| 194 | 徐林汉烈士陵园 | 邕宁区 | 现代 | 自治区级 | 一级 | 1950年 |
| 195 | 中越人民革命烈士纪念碑 | 防城港 | 现代 | 县市级 | 一级 | |
| 196 | 南宁会议旧址 | 兴宁区 | 现代 | 自治区级 | 一级 | 1958年 |
| 197 | 广西民族大学礼堂 | 西乡塘 | 现代 | 自治区级 | 二级 | |
| 198 | 海上胡志明小道 | 防城港 | 1968年 | 登记文物 | 一级 | 起点旧址 |

其他各类汇总：南宁市：南陵革命旧址、邕宁县第十三区政府旧址近、中共广西省委机关秘书处旧址、董达庭商住楼、千人坟、徐汉林烈士墓、革命烈士梁瀚嵩将军之墓、望火楼、孔总桥、刘圩大寨屋、广西省体育场门楼。崇左市：罗白陈荣廷庄园、关前隘古战场、援越抗法阵亡将士墓、大青山起义旧址、龙州起义标语、龙州保卫战遗址、山圩抗日阵亡烈士纪念塔、扶南县烈士纪念塔、庄宽蕴纪念碑、原雷平县民主政府旧址。凭祥市：金鸡山前闸门、金鸡山后闸门、坤旧右奇门、连塘得月门、那岩右伏门。玉林市：俞家舍、朱锡昂故居遗址、北流县农民运动讲习所旧址、群生书店旧址、山水锡矿城、天后宫范亚音农民起义活动旧址、桂东南革命起义活动旧址、县底农民协会旧址、中共容县地下特别支部活动旧址、中共兴业县特支旧址、兴业县抗日民主政府旧址、中共郁林中心县委旧址、桂东南抗日游击区办事处抗日司令部旧址、龙潭岩革命活动旧址、城隍镇革命烈士纪念碑、庞朝梅烈士墓、朱锡昂烈士墓、沙坡革命八烈士墓、葫瓜岭革命烈士纪念碑等。防城港市：黄氏平夷将领纪念堂、白龙村法国营盘遗址（清）、米龙幢法国炮台遗址（清）、陈汉东烈士墓、马路镇革命烈士纪念碑、防城烈士陵园等等。钦州：清湖景水渠、九渡河水闸、小董大桥、陆屋广府会馆、新华矿井遗址、灵城中山公园、小董铜鱼书院、小董联保小学堂、黄植生旧居、张世聪故居、张瑞贵旧居、冯绍珠旧居、宋以梅故居、申葆潘故居、许子平公馆、三那反糖捐指挥部旧址（清）、大观港西炮台遗址、白龙村法国营盘遗址、枯民屯旗杆遗址、那岭万人坑、金街小学革命旧址、大寺中共地下党活动旧址、横岭起义纪念碑、钦州革命烈士纪念碑、小董革命烈士纪念碑、牛墟坡烈士墓、长滩革命纪念碑、四峡坳抗日烈士墓、那思解放军烈士墓、官垌革命烈士纪念碑、灵山革命烈士纪念碑、钦州革命烈士纪念碑、中共钦县第一届人民政府办公旧址、合浦简易师范学校旧址、101干校办公旧址和宿舍、水车坡水利设施、陂山水库、油麻坡水渠、牛头岭油库、灵东水库等63处。北海（县市级）：粤南信义会建德园、白石场公署旧址、廉州府中学堂旧址、中山图书馆、华侨医院旧址、西场广州会馆、广州会

· 122 ·

续　表

| 编号 | 文物名称 | 属地 | 年代 | 文物级别 | 涉海等级 | 备注 |
|---|---|---|---|---|---|---|
| 其他各类汇总 | 馆大门、石头埠煤矿遗址、东一药房旧址、大路山惨案遗址、莲池寺战场旧址、南康中学高中楼、中共合浦县特别支部建立旧址、中共合浦县特别支部旧址、中共合浦县中心县委旧址、中共合浦县领导机关旧址、中共合浦县中心县委领导机关旧址、李廉明烈士墓、抗日阵亡将士纪念碑座、乾江革命烈士纪念碑、合浦革命烈士纪念碑、北海革命烈士纪念碑等37处。湛江：粤海关雷州口部税馆旧址、西厅渡税站旧址、西街神主厅、海头港抗法誓师旧址、龙潮抗法誓师旧址、上林寺抗法誓师旧址、霞山村抗法誓师旧址、遂溪抗法团练总部旧址、吴川人民抗法斗争总指挥部旧址、三炮台遗址、巷门寨东炮台遗址、梅魁抗法及革命旧址、前山革命摇篮旧址、窑业工人罢工斗争指挥部旧址、盐务改良纪念亭、觉民学校旧址、青平圩戏楼革命活动旧址、城角乡农会旧址、乌石农会旧址、海康县农民协会旧址、中共南路特委机关旧址、调风革命活动联络站旧址、菉塘交通站旧址、乐民府军暴动旧址、梧村峒农民武装起义旧址、下洋起义旧址、老马起义旧址、板桥独立大队活动旧址、簕塘战斗指挥所旧址、张炎战斗指挥所旧址、良峒抗日武装起义旧址、下三墩抗日战斗旧址、秋风江革命游击队活动旧址、扶柳村抗日革命旧址、廉化吴边伏击日伪军旧址、痛歼"虎头团"战场旧址、调风村革命旧址、西北区抗日民主政府旧址、笔架岭战役纪念碑、中共粤桂南地委旧址、遂溪人民抗法纪念碑、河头烈士公墓、遂溪三烈士墓、麦为仪纪念馆、杨益三纪念堂、中国人民解放军解放海南岛四十军指挥部旧址、解放海南岛战役硇洲指挥部旧址、东海岛革命烈士纪念碑、渡海作战解放军烈士墓、吴川市烈士纪念园、徐城革命烈士陵园、英雄渠南山岭隧道、砖圆筒粮仓旧址(1975)、胜天渠石拱渡槽、赤岭村引水渡槽、湛江市博物馆展览大楼等122处。海南省，海口市：冯白驹将军纪念亭、毋忘"九一八"国耻纪念碑、罗牛山革命烈士纪念碑、华南公路工程修建烈士纪念碑；临高：临高县农民运动讲习所旧址；屯昌县：尖石岭红军洞遗址、四海革命烈士纪念碑；儋州：泊潮村农会旧址、回龙村日军地堡、吴村惨案遗址、上坊保卫战旧址、渡海解放海南岛首个登陆点、松涛水库主坝、海南联昌试验站旧址、海南探空火箭发射场、木排英雄纪念碑、南司毛泽东铜铸像；澄迈县：中墟供销社旧址、美仑惨案旧址、才芳角日军军部旧址、黄竹村渡槽、土神电站、解放海南战役决战胜利纪念碑；保亭县：番雅侵琼日军兵营旧址、南林侵琼日军坑道旧址、王震将军橡胶试验田；陵水黎族自治县：天烛坡万人坑、后石侵华日军机场遗址、九拜岭碉堡群、彭谷园战斗遗址、陵水县苏维埃政府旧址、福湾海防哨所旧址、牛岭隧道、高速公路陵水大桥等 | | | | | |

## 二　部分不可移动文物、重点文物保护单位概况

下面分 10 个部分对部分不可移动文物、重点文物保护单位进行介绍。

1. 古海上丝绸之路遗产线路

广义的丝绸之路，是指连接古代东亚与南亚、西亚、北非和欧洲的世界文明交流大动脉、贸易大通道，分陆上丝绸之路和海上丝绸之路两大体系。作为文化线路类遗产，

"海上丝绸之路"主要是指公元前2世纪至17世纪古代中国通过古航线,通过海上与周边国家乃至东亚(日韩)、南亚、西亚、非洲、欧洲各国开展贸易,在政治、经济、文化、社会、宗教、民族等方面进行跨文明、跨文化交流的海上交通网络及文化线路。

古海上丝绸之路的形成绝非一日之功,经历一个漫长的萌芽、酝酿、产生和繁荣发展的过程。史前时期,古百越善舟楫,长期渔猎漂流迁徙,通过海上与周边国家来往频繁,古海上丝绸之路萌芽。早在秦代,我国中原及沿海商贩就与东南亚、印度等地海上贸易密切,通过转运,可到达更远的地方,"民间海上秘密通道"初具规模。汉元鼎六年(前111),汉武帝以合浦、徐闻、日南(今越南广治省东河市)等为始发港,开辟了"海上丝绸之路",开展远洋贸易,中原及沿海商贩将陶瓷、布匹、丝绸等通过海运,发往东南亚各国,通过转运,再抵印度、埃及以及罗马等地中海周边国家,同时带回大量玛瑙、琉璃、琥珀等异域珍品,开辟了全世界范围内的商品贸易互补互通,创造了长期的历史繁荣,这就是目前已知最为古老的"古海上丝绸之路"。汉代之后,古海上丝绸之路延续发展,不断创造新的历史辉煌,至唐宋时期已十分鼎盛。经过长期的开拓,古海上丝绸之路穿越印度洋、阿拉伯海,直抵地中海,形成沟通亚、非、欧洲三大洲文明的商品大通道、文化大动脉[①]。

古海上丝绸之路在路途沿线,特别是始发区域周边留下了许多珍贵的遗物遗迹,仅在北海,如近万座的合浦汉墓群、大浪古城遗址、草鞋村、西门江岸汉代大型窑场,以及白龙珍珠城遗址等。在北部湾的沿线,密集分布着乐民城(珍珠城,位于湛江市)、永安古城遗址、石康古城址、马伏波围城遗址、天窝遗址、海安港遗址、驮浪码头、赤坎埠码头旧址、潭蓬古运河(防城港)、调丰古官道遗址、田头驿站遗址、接官亭遗址、广西沿海运河西坑段、芷寮古港、硇洲灯塔、临高角灯塔、雷丝灯塔、西沙甘泉岛唐宋遗址、华光礁沉船遗址、南沙洲沉船遗址、灯楼角沉船遗址、伏波庙码头,以及华丰岭墓葬、孙东古墓群、军屯坡珊瑚石椁古墓群、英罗窑窑址、上窑村窑址、伏波庙遗址、伏波庙、天后宫、天妃庙、三帝庙旧址、五海庙、海平寺、龙母庙,以及外来色彩浓厚的遂溪县毗卢寺、临高县毗耶庙、徐闻县大黄西来寺等,这些出土的大量文物都是古海上丝绸之路繁荣的历史见证。许多绝技,如南海航道更路经(簿),是古海上丝绸之路穿越祖宗海的航行祖传秘诀。而许多相关习俗,如伏波习俗、傩舞、上刀山下火海等,为古海丝路的民间出海习俗及活态历史记忆。

2. 史前贝丘遗址、洞穴遗址,及相关石器

史前贝丘遗址在环北部湾分布密集,包括防城港、钦州、北海、湛江,以及海南的陵水、东方、三亚、儋州、昌江和临高等,均发现大量史前石器出土点、史前贝丘遗址,仅海南就发现石器时代遗址和分布点200余处,密度惊人,广东、广西相关遗

---

① 潘琦:《环北部湾文化研究》,广西人民出版社2002年版,第195—196页。

址点发现更多，特点不一。在此仅举六个例子予以说明。

例一，三亚落笔遗址：1983、1991 年文物普查在洞内发现 6 枚古人类化石。而在 1992—1993 年的发掘中，在洞内除了发现 13 枚人类牙齿化石、动物化石外，还发现大量螺、蛤、蚌壳，针、锥、匕等磨制骨器或角器，以及大批打制石器及用火遗迹。动物化石含无脊椎和脊椎动物化石共 46 种，包括华南虎、亚洲象等大型哺乳动物，是全岛发现哺乳动物化石种类最多的史前遗址。堆积物说明渔业狩猎在落笔洞人生产活动中占有重要地位。经鉴定，这些遗产属于旧石器时代末期至新石器时代早期的过渡阶段。

例二，石贡遗址：属新石器时代中期。面积近 25 万平方米，有大量的螺、蚌、蚝蜊壳、兽骨等，说明贝类和鱼类已成为先民当时日常生活中的重要食物来源。在此还挖掘出大量通体磨光的梯形磨制石斧、磨制石锛、石凿、砺石等，以及粗砂红褐陶器。诸多房址、柱洞、灰坑等遗迹，反映出先民已过着定居或半定居的生活。

例三，陵水大港村遗址：遗址南傍大海，面积约 16.5 万平方米，文化堆积层厚 0.5—1.5 米，1962 年和 1973 年经考古试掘，出土有长方形石锛、长条形石凿、梯形石斧、梯形石锛、圆柱形双肩石锛、石环、石网坠、双肩石斧和双肩石锛等石器。陶器分为夹砂粗红陶罐、豆等，纹饰多篮纹和划纹。遗址中还出土有陶纺轮、陶坠饰，说明此时古人已将捕鱼作为取得生活资料的辅助手段。属新石器时代中期。

例四，新街贝丘遗址：位于海南东方新街镇北黎河入海口 2.5 公里处，为目前海南最大的新石器时代贝丘遗址。经发掘，在距地表 0.4—1.0 米的文化层中含有大量螺壳、贝壳和烧土、炭屑、烧骨，后来深挖，不断发现打制石器、斧状石器和陶器残片等，石器多为打制石器，如石斧、石锤、石刀等，磨制石器较少。遗址的发现引起不小的轰动，国内外专家纷纷来此考察。

例五，杯墩贝丘遗址：位于防城港茅岭乡小陶村梁屋屯附近的一个海墩上。海墩上有两个相连的海拔约 10 米的小山丘，形似两只杯，故得名。1958 年广东省博物馆专家曾到此考察，发现了三个洞穴，均系用大蚝壳砌成。洞内有绳文陶片、石斧等遗存，以长形石斧居多。海边的螺、蚝蜊、贝类是远古人类最主要的食物来源。专家们认为，这里的居民点属于新石器时代遗址，具有重要的文物价值，1981 年被列为自治区重点文物保护单位。

例六，昌江县信冲洞遗址：发现爬行类或哺乳类动物化石，剑齿象、中国犀、最后瘸狗、鹿、麂、牛、龟等。经碳 14 测定，距今约 18000 年，属晚更新世。其中剑齿象的发现是截至目前海南岛的首次纪录，对研究剑齿象动物群的分布区域和华南旧石器时代文化有重要意义。

3. 合浦汉墓群

合浦汉墓群位于北海市合浦廉州镇东、南郊，东西长约 12.5 公里，南北宽约 5.5 公里，面积达 68 平方公里。据估计，在该范围内分布着近万座汉代墓葬，是迄今为止国内发现的规模最大、连片且保存最为完整的古汉墓群。据2001年统计，此处地表存有封土堆1056个，而周边分布密集的地段有四方岭、风门岭、金鸡岭、狼狗岭、狮子岭、上禁山、大沙洲、脯鱼岭、上高岭和铜鼓岭等9处。墓葬有单葬与合葬墓两类，依构筑材料可分为土坑墓、木椁墓、砖木合构墓、砖室墓等四类。汉代厚葬风盛行，南来的官吏、将佐及移民等，死后葬于合浦的均有较多陪葬品。经发掘少量汉墓，近年已出土各种随葬物品上万件，包括青铜、陶、铁、漆、金、银、玉、石、玻璃、水晶、玛瑙、琥珀等。在这些出土文物中，出现了大量的舶来品，充分见证了合浦的繁荣兴盛，见证了合浦在当时海外贸易中心地位。1996年，合浦汉墓群被国务院公布为全国重点文物保护单位。

4. 大浪古城

位于合浦县城东北约13公里处的石湾镇大浪村古城头村民小组，为西汉时期的大型聚落、码头遗址。整个古城由城址、城墙、码头遗址、护城河、建筑遗址组成，西面托江，其余三面护城河环绕，与古河道相连。城址基本呈正方形，边长215米，地表散落大量的几何印纹陶片和刻划纹陶片。城墙残高1-5米，残宽5-20米。四面城墙的中部均有缺口，推测为城门。码头遗址：在与城墙相连的西城门外发现一码头遗址，纯夯土所筑，长约8米，外撇呈弧形直伸入古河道中，最宽处为5米。在码头的西南角背水面，见两个相隔1米的柱洞。柱洞内残存有木屑，应是当时固定船只所用。护城河：宽9米，往下约0.5米收分为5米，呈袋状，深度约5米。建筑遗迹：城址中央发掘了22个十分规整的柱洞，对称分两组，两组之间距离是4米。柱洞直径24—51厘米，深17—58厘米，初步分析为干栏式建筑，应该是望楼之类的建筑。综合碳14测试分析，城址的年代为西汉早中期。经推测，该古城应为西汉中期合浦县的县治。大浪汉城址印证了古文献对汉代海上丝绸之路始发港的记载，其城址、码头等遗存，是中国最早的海上丝绸之路的重要见证（见图1-8，图1-9）。

图1-8　大浪古城考古发掘——码头遗迹　　图1-9　大浪古城考古发掘——城中央建筑遗址

### 5. 潭蓬古运河

潭蓬古运河是中国史上极其罕见的海上运河。位于防城港江山乡，拦腰穿过江山半岛，长约10公里，当地又称"天威遥""仙人垅"。据史记载，该古运河为唐代咸通年间（860—873）安南节度使高骈募工所凿。因当时施工难度巨大，故被称"仙人垅"。运河凿通后，往来船舶可绕过江山半岛，使航程缩短15公里，且避开了巨浪搏击和海盗袭击，使船舶安然航行。据《唐书·高骈传》载，运河通航后，"舟楫无滞，安南储备不乏，至今赖之"。由于历史变迁，运河后来逐渐被废弃，现仅残留潭蓬水库一段。1982年被广西壮族自治区文物部门列为区一级文物。古运河的残存，是古海上丝绸之路航运兴旺繁荣的重要物证。

### 6. 儋州古城

海南古建筑。唐武德四年（621）前，儋州郡城（含义伦县城）设在高麻都南滩铺（今三都镇旧州坡）。武德五年（622），迁中和镇。宋因之。明洪武六年（1373），知州田章将旧城墙石砌，开四门——东德化，南柔远，西镇海，北武定，各门架吊桥。同时建碉楼，外筑月城，沿城浚濠，周477丈，阔5丈，深8丈。清康熙二十四年（1685）崩塌。二十七年（1688），知州沈一诚捐修。乾隆六年（1741）重修。道光六年（1826），知州汪阜捐修东南北三门、月城及瓮城门，补城垣。1920年，因民众与官吏之间矛盾激化被烧毁，后逐渐复修。今存武定门和镇海门（残迹），有主要街道解放街、东风街，路石均为玄武岩铺设。古城内遗存古迹较多，最著名的有东坡书院、宁济庙、魁星塔等。

### 7. 崖州古城

海南古城建筑，位于三亚市西。南北朝时建置崖州，宋以前为土城。南宋庆元四年（1198）始砌砖墙。绍定六年（1233），扩大城址，开东、西、南3门。宋代以后历代州、郡、县治均设于此。元元统元年（1333）州判李必继始建谯楼。明洪武年间（1368—1398），重砌城址，修整城门和谯楼，加雉堞，挖壕沟，筑月城，崖州古城遂告定型。清道光二十一年（1841）知州许梦麟修葺，城墙周2270米，高8米。最终，古城形成"三通（三门）、四漏（四个排水涵洞）、七转（马路七个转）、八角（八个转弯角）"的格局。清末城内分三坊四厢，民国时开始拆除。"文化大革命"期间遭严重破坏，仅存孔庙大成殿和古城文明门。1999年修葺。现为三亚市重点文物保护单位。

### 8. 白龙珍珠城遗址

珍珠城又名白龙城，位于距广西北海市东南36公里的营盘镇白龙村。白龙珍珠城濒临大海，有珍珠母海多处，自古以来盛产上等珍珠，即"南珠"。据载，我国自秦（前221）起，南珠被列为历代贡品，白龙为采珠进贡的主要基地。传说古时有一条白龙飞来此上空盘旋，落地不见踪影，人们认为白龙降临乃吉祥之地，便在此建城，称为白龙城。白龙为国内"七大古珠池之首"[1]。古时北海设珠场八寨，集中在此剖贝取珠，珠壳堆成城墙，故有"白龙珍珠城"之美称。明朝洪武七年（1374），朝廷在此建造城池，白龙城兼有防倭和镇守珠池的职责，后来，海防功能渐渐消失。白龙城有关珍珠的传说俯拾即是，闻名于世，如"珍珠姑娘""割股藏珠""龙珠""夜明珠"等等。

城为正方形，南北长 320 米，东南宽 233 米，周长 1106 米，面积 7 万多平方米。城东、南、西三面有门（也有"四门"之说）。城门上有门楼，可俯瞰全城和海面。墙高 6 米，城基宽 6 米，条石为脚，外部以火砖砌墙。墙心大致是以每 8—10 厘米黄土就夹一层珍珠贝贝壳，层层夯实，珍珠城因此得名。珍珠城内设有采珠池、珍珠亭、采珠太监公馆、珠场司、盐场大使衙门等建筑。明代采珠官均住于此。现存明代钦差大臣《李爷德政碑》《黄爷去思碑》（明万历二十九年，1601 年）等的遗迹。城南是珠民剖蚌取珠的场地，建有宁海寺和天妃庙。

白龙珍珠城沿岸，均为采珠场所，两千多年来的劳作积淀，使这里的地面叠积 3 米多深的珍珠贝壳。残贝散落，遍地皆是，布满了延绵几十公里的山坡，构成独特地貌，可见当年采珠之盛极。古珠城于抗日战争期间，大部分城墙及城门被拆毁。中华人民共和国成立后这里只剩下一道城墙和南城门，1958 年也遭毁尽。现存少量碑刻[2]，南门城垣仅存一段几十米长的 2.6 米高的墙心。因特殊的历史，珍珠城遗址被列为广西壮族自治区级重点文物保护单位[3]。

9. 大云寺遗址

位于三亚市崖城镇水南二村宁远河出海口的冲积沙丘上。遗址面积约 1000 平方米，汇集青砖、板瓦、筒瓦和莲花形云纹瓦当等。据清宣统《崖州志》载，天宝七年（748）六月，唐高僧鉴真师徒一行 35 人从扬州启程，第五次东渡日本，渡海时遇飓风，漂流数千里后至振州（今三亚）的宁远河口（今大小洞天景区）一带登岸。鉴真在此居住一年，建大云寺，传播佛教文化，声名远扬。该寺不久改名开元寺，后废弃。该遗址是漂移文化与对外文明交流的重要物证。

10. 北海近代建筑群

北海近代建筑群亦称为近代西洋建筑群，包括 17 座近代西式建筑，分别为英国领事馆旧址（1885 年）、德国领事馆旧址（1905 年）、法国领事馆旧址（1887 年）、德国森宝洋行旧址（1891 年）、北海关大楼旧址（1883 年）、德国信义会教会楼旧址（1900 年）、主教府楼旧址（1934 年）、双孖楼旧址（1886 年）、会吏长楼旧址（1905 年）、女修道院旧址（1925 年）、贞德女子学校旧址（1905 年）、普仁医院旧址（1886 年）、

---

[1] 《粤东笔记》载："廉州合浦县有珠池七所。"
[2] 碑刻为《宁海寺记》一方，以及《天妃庙记》等。
[3] 资料来源：《白龙珍珠城遗址》，2014 年 6 月，北海市海城区人民政府网（http://www.bhhc.gov.cn/）。

涠洲岛城仔教堂旧址（1933年）、涠洲天主堂旧址（1869年），以及北海天主教堂旧址（1917年）、合浦图书馆旧址、大清邮政分局旧址（1896年）等。2001年6月25日，被国务院列为第五批全国重点文物保护单位，多为一二层或三层券廊式西洋建筑。这些建筑为清政府被迫分别与英、法签订《天津条约》等条约的结果，为西方列强侵略殖民中国的铁证。

## 第四节 环北部湾海洋物质文化遗产资源——可移动文物部分

（一）总体状况：代表性可移动文物（见表1-20）

表1-20　　　　　　　　　环北部湾各地代表性可移动文物

| 地/省 | 代表性文物 |
| --- | --- |
| 南宁 | 新石器时代楔形双肩长石铲(隆安)、新石器时代束腰型双肩长石铲(隆安)等 |
| 崇左 | 新石器时代楔形双肩长石铲(扶绥)、南明"永历二年"款迁隆州铜印(宁明县)等 |
| 玉林 | 西汉双羊形铜杖首(玉林)、东汉蛙负螺装饰"四出"钱纹铜鼓(博白)、东汉兽纹铜鼓(博白)、南朝虎饰四出钱纹铜鼓(玉林)、明永历六年款虎钮平东将军铜印(玉林)、宋北流岭峒窑影青印花瓷(北流)、东汉兽饰云雷纹铜鼓(北流)、宋北流岭峒窑摩羯海水纹瓷印花盏模(北流市)、宋北流岭峒窑"宣和三年"款攀枝婴戏纹印花盏模(北流市)、宋北流岭峒窑"绍熙五年"款鸳鸯戏莲鱼藻纹印花盏模(北流市)等 |
| 防城港 | 龙纹铜芒锣(唐)、雷神纹银项圈(清)等 |
| 钦州 | 唐绿玻璃高足杯(钦州)、战国人首纹青铜剑(灵山)、汉变形鸟纹铜洗(浦北)、汉代羊角纽钟(浦北)、唐代铜钟(浦北)等 |
| 北海 | 合浦汉墓群出土文物：西汉深蓝色玻璃杯、新莽湖蓝色玻璃杯、西汉六方珠水晶穿坠、新莽紫色水晶穿珠、汉湖蓝色玻璃串珠、西汉梭形金串珠手链、西汉梭形串珠金首饰、新莽三色水晶串珠；西汉羽纹铜凤灯、西汉龙首羽纹铜魁、西汉龙首三眼长方形铜灶、西汉铜铺首环、西汉柿蒂纹三足铜盘、汉羽纹系链小铜扁壶、西汉悬山顶干栏式铜仓、新莽悬山顶干栏式铜仓、西汉"阮"铭金饼、东汉提梁铜壶、清昭光寺铜钟、新莽子母玉带钩、新莽蟠螭纹玉佩、新莽蝉形玉琀、西汉"大"铭金饼、新莽龙首金带钩、东汉抚殿顶陶楼、东汉干栏式铜仓、东汉方口陶井、西汉白玉鸠形带钩等 |

续 表

| 地/省 | 代表性文物 |
|---|---|
| 湛江 | 独木舟、铜鼓、雷州石狗、四大圆圈方格纹双耳彩陶壶、水波纹双耳彩陶壶、唐双鸾凤纹铜镜、唐代昆仑女人铜头像、石香炉(明)、德化窑白釉观音坐像、德化窑白釉布袋佛坐像、粉彩百蝠长颈瓶、粉彩过墙花卉碗、乾隆祭红釉玉壶春瓶、清石湾窑绿釉出戟方觚、明代灭虏铁铳等 |
| 茂名 | 暂缺 |
| 海南省 | 华南虎下颌骨化石、亚洲象臼齿化石、砍砸器、环状石器、针、锥、匕、人牙化石,均为三亚落笔洞遗址发掘旧石器时代至新石器时代过渡期文物。新石器时代文物:皇帝洞遗址石刀、单肩石斧、双肩石锛;付龙园遗址梯形石斧和石锛;凤鸣村遗址梯石斧、双肩石凿、石贲、双肩石镞;大港村遗址长方形石锛、长条形石凿、圆柱形双肩石锛、石环、石网坠、双肩石斧石锛;蹲虎岭新石器时代大石铲、东场村刻划纹双肩石斧;大仍村战国环形器、罗带村汉代青铜釜、洛基汉代青铜釜、昌江汉代凹坑铸四蛙绳纹铜鼓、昌江黎族自治县才地村铸四蛙满身雷纹汉代铜鼓、华坊村唐代海兽葡萄纹铜镜、蛙锣;西汉蛇身兽首银质朱庐执圭银印(潭培村出土);皇帝洞泥质红陶樽(新石器时代)、牙龙湾新石器时代夹砂粗红陶圈足碗、大港村新石器时代夹砂粗红陶罐陶纺轮及陶坠饰,西汉印纹硬陶瓮(军屯坡村出土)、汉代米字格水波纹四耳硬陶瓮、军屯坡汉代陶瓮棺、唐代双龙四耳釉陶瓮(乐利村)、唐代青釉褐彩花卉纹潮州窑双联罐(十所村出土);石磨盘(原始农业工具)、军屯坡珊瑚石俑、陵水古楼坡宋代伊斯兰教青釉四耳珠顶罐(教堂顶端魂坛)、崖城宋代模制莲花砖;春夏秋冬铭龙纹钮铜钟(明末 东南亚风格);崖城镇元代平底穿孔凸弦纹生铸铁权(商贸秤砣)、石权(称重工具)、石磜(清);明代绢本无款《松鹤图》轴、明代潘鸿之《山水》团扇、赖尚元《龙舟大神宝像图》轴、杨木蓥《行书七言诗》轴、张岳崧《行书》轴、清代《海氏族谱》木刻板(海瑞家谱);临高县清代传统人偶戏三件套道具(临高县博物馆藏);新港航道铸皇冠花纹图案海底铜炮等 |

(二) 部分代表性可移动文物介绍

环北部湾各地均遗存并出土大量的可移动文物,仅北海的合浦汉墓群,就挖掘出文物超万件,其中国家一、二、三级文物多件,以錾刻花纹铜器、玻璃器居多,数量之多、规格之高,为国内罕见。仅合浦博物馆就收藏了传世文物5000余件,足见环北部湾可移动文物之惊人丰厚。在此仅以以下12件可移动文物为例,进行简要介绍。

1. 落笔洞人牙化石

落笔洞人牙化石系文物工作者20世纪80年代在三亚落笔洞遗址采集。该人牙化石为下门齿,冠面0.5cm,长2.1cm,牙齿咬合切面细腻均匀,铲状面平滑而短,齿跟和现代人牙相等，保存完好。经检测，该化石为考古学的中石器时代，距今约一万年，是海南迄今为止时代最早的古人类文化遗存。该人牙化石是研究海南史前人类的重要实物，具有较高的历史价值，现藏于三亚市博物馆。

2. 落笔洞新石器时代砍砸器

落笔洞新石器时代砍砸器为一扁椭圆形砾石打制而成，长13.4cm，宽10.2cm，厚4.8cm。其劈裂面略平，背部隆起，台面斜平，从劈裂面向背面单向加工出弧形刃，刃缘加工较粗，刃偏厚，刃端有明显的使用痕迹。经鉴定，为中石器时代的遗物。20世纪末海南省博物馆在三亚落笔洞遗址发掘，并藏于该馆。

3. 新石器时代木契形双肩大石铲

1973年扶绥县那淋屯遗址出土，一级乙等文物，新石器时代器物。属于社交宗教及生产用品。纵62.8cm，刃宽16cm。页岩磨制，器身平直。方柄，双肩平出，然后下折外斜，下方又一楔形缺口，再下为弧形袖筒。束腰，刃口弧形，正面磨光，背面保留粗糙的刮痕。现为广西壮族自治区博物馆收藏①。

4. 朱庐执圭银印

朱庐执圭银印1984年5月出土于海南乐东县志仲镇潭培村，银质，呈正方形，通高1.9cm，边长2.4cm。印钮蛇身兽首，无穿孔。印面铸"朱庐执圭"四字，阴文篆书。"执圭"为西汉爵位名，常赐予功臣。它是西汉朝廷对功臣封爵的物证。汉武帝平定南越王后，于公元前110年在海南设儋耳、珠崖两郡。后两者合并。公元前46年废珠崖郡，置朱庐县，隶合浦郡。该印是目前海南岛发现的最早官印，是汉王朝开发海南岛及南海的历史见证。现藏于海南省民族博物馆。

5. 西汉龙首羽纹铜魁

1971年合浦县望牛岭1号墓出土，一级乙等文物，西汉。生活器具。高3.9cm，口径24.2cm。器身圆形，口微外敞，口纹下细刻三角纹、回纹、菱纹各一道。器身至器底，细刻羽毛纹，纹样细致均匀，柄作龙首状张口前伸。造型生动，纹饰精美，反映了当时铜器手工业高超的工艺水平。藏于广西壮族自治区博物馆。②

6. 铜凤灯

汉代铜灯具，1971年合浦县望牛岭西汉晚期墓出土，国家一级文物，雌雄一对。高33cm、纵42cm、横15cm，整个器具形为一昂首回望的凤凰凤颈，向后弯转，可拆装。凤嘴张开，含一喇叭形灯罩，下置灯盘。凤腹内空以贮水。双足并立，尾羽下垂及地，足、尾成鼎力之势，格外稳重。当盘蜡烛点燃时，烟灰可经过灯罩吸入颈管，导入腹腔并最后溶于水中。其造型之精美令世人惊叹，多次受邀至各国展出。现藏于

---

① 余益中：《广西民族传统文化概观》，广西人民出版社2010年版，第137页。
② 同上书，第70页。

广西壮族自治区博物馆①。与此鸟主题类似，钦州浦北县也出土汉变形鸟纹铜洗等，均以变形鸟纹为主要标记。

7. 西汉梭形金串珠手链、金首饰

1978年合浦县环城乡北插盐堆1号墓出土，一级乙等文物，西汉。长1—1.2cm，重量27.7g，由13颗手链串珠和7颗金花球组成。前者分12颗梭圆体和1颗圆形梭体，中轴均有一细小穿孔。后者（金花球）有5个为镂空状，在每个经纬交叉点上饰以细小圆珠；另有一个为葫芦形，一个为扁圆球形。器表光洁，金光闪闪，工艺制作异常精巧。合浦县博物馆收藏②。

8. 西汉深蓝色玻璃杯

1988年合浦县环城乡红岭头34号墓出土。一级文物，西汉。生活器具。高6.7cm，口径9.2cm。器完整，深蓝色，半透明，器壁散布小气泡，杯椭圆形，凸唇沿，微敛口，深腹，环底，腹部呈三道凸弦纹。壁器从口沿底部逐渐增厚。外壁有制作时造成的细浅旋转摩擦痕迹，底部光滑。整体造型及器身弦纹与当地汉墓出土的铜杯、碗、壶的腹部弦纹及造型颇为相似。合浦县博物馆收藏③。

9. 东汉蛙负螺装饰"四出"钱纹铜鼓

1986年博白县农场出土，一级乙等文物，东汉。娱乐、社交宗教礼仪器具。高46cm，面径76.5cm，足径76cm。鼓面中心饰太阳纹十芒，芒间饰四出钱纹，十八晕二弦分。面沿逆时针环立六蛙，其中三只蛙各背一小蛙，另三蛙各负一小田螺，蛙背饰漩涡纹。晕间装饰四出钱纹、变形羽人纹、变形兽纹、席纹、蝉纹、鸟纹、连钱纹、虫纹。鼓腰嵌辫纹扁耳两对，耳一侧下方鼓足处饰一对小鸟塑像，头均朝下。属灵山型铜鼓。博白县博物馆收藏。

10. 铸四蛙满身雷纹汉代铜鼓

属于北流型铜鼓，1978年昌江县文化馆在十月田镇才地村征集。铜鼓面径94cm，高55cm。鼓面中间铸有太阳纹，鼓面边缘铸四蛙。鼓面大于鼓胸，有垂檐。鼓腰两侧各有一对圆环状耳，鼓身饰满"雷纹"。现藏于海南省民族博物馆。鼓面上铸有太阳纹和青蛙，为远古太阳崇拜和蛙崇拜的体现，是稻作文明的深刻反映。而"雷纹"则与远古雷崇拜习俗或雷州半岛"雷文化"有关。该铜鼓为汉代遗物，是研究黎族文化与百越文化关系的重要实物。

11. 元代平底穿孔凸弦纹生铸铁权

"铁权"即"秤砣"。1983年征集于崖城镇。高15cm，底径10.5cm，为生铁模铸。全身为锥状体，平底，上小下大，下部有四道凸弦纹；耳为半圆形，耳中间有穿孔，

---

① 余益中：《广西民族传统文化概观》，广西人民出版社2010年版，第70页。
② 同上书，第72页。
③ 同上书，第73页。

以穿绳索。铁权用于商贸交流，为元代海南沿海商品交易的秤砣。该器物是研究元代崖州商贸活动的重要实物。现藏于三亚市博物馆。

12. 青釉四耳珠顶罐

1982年陵水县英州镇古楼坡钛矿场工人采矿时发现。罐为陶质，为直筒状，通高26cm，口径7.5cm，底径9cm，身高18cm。有四横耳，腹部饰有四排对称的锥状附加堆纹，每排5个。盖顶似双莲花座，托起一尖顶圆珠，形似伊斯兰教堂顶端。罐外表施青釉，底无釉。经鉴定，为宋代伊斯兰教徒魂坛。该罐是研究宋代伊斯兰教徒在海南岛活动及其丧葬习俗的重要实物，具有较高的历史价值。现藏于陵水县博物馆。

## 第五节  环北部湾海洋物质文化遗产资源——历史文化名城、街区、村镇及其他

### 一  历史文化名城调查

（一）环北部湾历史文化名城清单（见表1-21）

表1-21　　　　　　　环北部湾历史文化名城清单

| 序 | 城市 | 称号 | 批准时间 | 批次 | 备注 |
|---|---|---|---|---|---|
| 1 | 广东省雷州市 | 国家历史文化名城 | 1994.1.4 | 第三批 | 属湛江管辖 |
| 2 | 海南省海口市① | 国家历史文化名城 | 2007.3.13 | — | 含原琼山市 |
| 3 | 广西北海市 | 国家历史文化名城 | 2010.11.9 | — | 属广西壮族自治区 |
| 4 | 文昌市 | 海南省历史文化名城 | — | — | 属海南省 |

（二）各历史文化名城②概况

下面对4个历史文化名城进行简要介绍。

---

① 琼山区原获国家历史文化名城称号，后划入海口市管辖。
② 历史文化名城定义："历史文化名城是指保存文物特别丰富并且具有重大历史价值或者革命纪念意义的城市，是地域文化的典型代表。"

1. 北海市

北海历史悠久，在距今7000多年的新石器时代就已有人类活动，古属百越、扬越之地。商代，合浦地就"请以珠玑"进贡商王。《史记·南越列传》载：公元前214年，秦并天下，略定扬越，置桂林、南海、象郡。北海属象郡。秦始皇时中央王朝战略重心南移，大力开发边区。秦末大乱，南海蔚赵佗自建南越国。元鼎六年（前111），汉武帝灭南越国，置合浦郡，开辟了古海上丝绸之路，大兴海上贸易，创造空前的历史繁荣。合浦与徐闻、日南（今越南东河市），成为史书最早记载的始发港。古海上丝绸之路经后来各朝代不断开拓，与数十个国家产生贸易往来，最终通往地中海，横跨亚非欧，实现千年持续繁荣，到明末清初方衰落停止。至今，合浦县境内仍遗存有古汉墓近万座，出土了举世罕见的古罗马、古波斯及古印度的大量琥珀、玛瑙、琉璃、水晶、金花球等舶来品，足见当时之兴盛。

合浦自古产南珠，珍珠品质绝佳，有"东珠不如西珠，西珠不如南珠"之说，有"南珠之乡"之美誉。自秦之后，南珠历代被列为贡品。作为南珠之乡，这里留下大量珍珠神话传说，如千古典故"珠还合浦""夜明珠""龙珠""泪珠的故事"等，光彩艳丽。盛唐时期，北海设陆州，后因历代多出廉官而改名廉州。明朝洪武元年（1368）改廉州府。清康熙元年（1662），设军事建制"北海镇标"。乾隆年间（1736—1795），北海市开始形成。咸丰五年（1855），珠场巡检司移驻北海，北海港口商业城市形成①。北海从此水陆四通八达，各地货物云集，繁荣兴旺。1876年，鸦片战争惨败，清政府与英国被迫签订《烟台条约》，北海被辟为通商口岸，英国、法国、德国等西方列强纷纷设立领事馆、教会、银行、学校、医院等，通过北海加强殖民贸易。在这种背景下，北海港口城市规模较大，形成了珠海路、中山路等国内规模最大、跨度最长的骑楼老街，见证当年的热闹繁华。中华人民共和国成立后，北海1951年1月前为广东省管辖，后划入广西壮族自治区管辖②。

北海历史底蕴深厚，文化遗迹丰富惊人，如汉墓群、大浪码头、草鞋村、各代窑址、白龙珍珠城等古海丝路遗产，诸多亭台楼阁、骑楼老街、近代西洋建筑群、客家围屋、疍家棚等，还有着众多璀璨的海洋非物质文化遗产。这些遗产有如无数颗珍珠，闪闪发光，照亮历史的夜空。由于优越的地理位置，深厚的开放底蕴，随着国内改革开放步伐的加快，1984年北海被国务院列为进一步对外开放的14个沿海城市之一。2010年，北海以辉煌的历史、灿烂的文化、丰富的遗存，被国务院批准为国家历史文化名城③。

---

① 在诸多考证中，也有当地学者持先有南万埠散、后有北海街市始形成的说法。
② "朝仓梧而夕北海"，北海之名很早就有。据史料载，"北海"一词可追溯至宋朝甚至魏晋南北朝。北海地名的形成，定型于康熙元年（1662），清政府设"北海镇标"，"北海"正式成为地名称谓。
③ 罗星烈、庄宗球：《北海市海洋志》，广西人民出版社2013年版，第316—317页。

2. 雷州市

雷州市，旧称海康县，地处祖国大陆最南端的雷州半岛中部，是广东省湛江市辖县级市。雷州位于北回归线以南，东经109°42′12″—110°23′34″，北纬20°26′08″—21°11′06″。全市总面积3532平方公里，海岸线406公里，大小港口18个，其中乌石、企水、流沙三大渔港为广东重点渔港。雷州濒临南海，光照充足，热量丰富，属亚热带湿润性季风气候。雷州海洋资源丰富，仅鱼类就达521种，虾类10多种，常见贝类20多种。雷州历史源远流长，远在新石器时代，就有人类繁衍生息。先秦时期，这里先后为越、楚地界。据载，公元前355年，楚灭越之后，"楚子熊挥受命镇粤，至此开石城，建楼以表其界"。据《今县释名》：汉元鼎六年（前111），设徐闻县（县治在今雷州城）。西晋时，属交州①。隋开皇九年（公元589年）改置海康县。唐贞观八年（634）改东合州为雷州。北宋太祖开宝四年（971）改雷州为雷州军。元至元十七年（1280），地方行政制度分省、路、府（州、军）、县四级，另有道。雷州属海北海南道[1]。明洪武元年（1368）改为雷州府治，划归广东统辖。清朝时仍为府。民国二年（1913）实行省直管县，废府治，存雷州首县海康。中华人民共和国成立后，隶属广东。1994年撤县，设立雷州市。辖3街道，18个乡镇，常住人口145.94万（2013年）。

雷州历史源远流长，文化底蕴深厚。自汉元鼎六年（前111）至民国二年（1913）的两千多年间，雷州城一直为县、州、郡、军、道、路、府治所在地，成为雷州半岛的政治、经济、文化中心，素称"天南重地"，成为广东四大区域文化之一极。雷州文化特色鲜明，遗存有从远古到今的大量珍贵遗产，如雷祖祠、雷州西湖、三元塔、天宁寺等文物，以及"南方兵马俑"雷州石狗、雷州歌、雷剧、飘色游行、上刀山下火海、傩舞等极其珍贵的"活化石"，震撼惊人，可谓遗产艺术海洋里的明珠。雷州文化，核心是古代"雷"文化。正因这些灿烂的"雷"文明、"雷"文化，使雷州名震天下，成为广东省唯一的县级"国家历史文化名城"。

3. 海口市

海口，别称"椰城"，海南省省会，地处海南岛北部，位于东经110°10′–110°41′，北纬19°32′–20°05′，北濒琼州海峡，东邻文昌市，南靠文昌、定安，西接澄迈县。总面积2304.84平方公里，境内主要河流17条，已探明矿产20种，野生植物1980种，野生陆栖脊椎动物199种。海口地处热带，属热带海洋性季风气候，物产资源丰富多样，海洋渔业主要有鱼类、虾类、蟹类、贝类等，仅主要鱼类就达100多种，富于海滨自然特色。

海口古属百越之地。秦末属南越国。汉武帝元鼎六年（前111），海口属珠崖郡，属交州刺史管辖，三国属广州，西晋属交州。隋属扬州。唐属岭南道，后属南汉。宋属广南西路。元时先后隶属湖广行中书省、海北海南道、广西行中书省。明太祖洪武

---

① 张清华、王璐：《今县释名增补》，中国社会出版社2015年版，第215—216页。

二年（1369）后属广东省①。1858年，中法《天津条约》正式签订，另有《和约章程补遗》，增开琼州、潮州等六口岸边②。

海口北濒琼州海峡，与雷州半岛形成了控制琼州海峡的天然阵势，成为古海上丝绸之路的交通咽喉。海口发端于汉代，"海口"一名最早出现于宋代，其称谓沿革有宋代的海口浦，元代的海口港，明代的海口都、海口所、海口所城，清代的琼州口等③。自北宋开埠以来，海口之名已有近千年历史。因海南四周环海，海上交通发达，海口成为全省海运集散中心，航线直达东部沿海各城市，香港、澳门、台湾地区，以及东南亚各国乃至多个更远的国家，历来成为南海海上交通的咽喉。

1926年，海口从琼山县划出，独立建市。1950年，海口解放。1988年成为海南省省会。后来琼山划入海口市管辖。今海口市分四区，设21个街道、22个镇，人口220.07万人（2014年）④。

作为海南岛省会、琼州海峡的咽喉要地，海口文化底蕴深厚，古迹遗存丰富，如五公祠、琼台书院、海口骑楼等，同时保留大量珍贵的非物质文化遗产。这里历史上名人辈出，如维护国家统一和民族团结的历史名人冼夫人，清官海瑞、丘濬，一代文豪苏东坡，革命家冯白驹等。作为国内少有的热带海洋气候岛屿，这里自然风光独特，民族风情浓郁，文化特色鲜明。

海口先后获得"国家环境保护模范城市""中国优秀旅游城市""国家园林城市""国家历史文化名城"等多项荣誉，获2004年度"中国人居环境奖"，2012年入选"中国魅力城市200强"。2007年，国务院批复将海口市列为"国家历史文化名城"。随着国家"一带一路"倡议的重点推进，凭借各种天然及后发优势，海口已成为国家"一带一路"倡议支点城市。

4. 文昌市

文昌位于海南岛东北部，处于东经108°21′—111°03′，北纬19°20′—20°10′，东、南、北三面临海。全市总面积2488平方公里，拥有海域面积4600平方公里，潮间带滩涂8963公顷，大小港湾36个，海岸线278.5公里，为海南海岸线最长的城市。近海水产资源丰富，有珊瑚礁6000公顷，水产品800多种。全市属于热带季风岛屿型气候，降雨丰富，热带季风雨林密布。文昌境内自然风景优美，不仅有七洲列岛、"中国大堡礁"云龙湾海底自然公园、东郊椰林等自然遗产景观，还有椰子大观园、文昌航天主题公园等，景观资源丰富，被誉为"阳光东海岸上的明珠"，为海南重点旅游城市。

---

① 《海南建置沿革》，2008年9月，海南省人民政府网（http://www.hainan.gov.cn/）。
② 《海口——历史沿革》，2010年10月，中国海口政府门户网站（http://www.haikou.gov.cn/）。
③ 同上。
④ 《2014年海口市国民经济和社会发展统计公报》，2015年2月，中国海口政府门户网站（http://www.haikou.gov.cn/）。

早在7000多年前的新石器时代，文昌境内就出现人类活动。文昌古属百越之地，称紫贝。西汉元封元年（公元前110年）立紫贝县，属珠崖郡。有关紫贝地名的来源，大致有两个原因：一是盛产紫贝；二是据黎语"mumian"汉译为"紫贝"。初元三年（前46），珠崖郡撤，紫贝县被废。隋大业三年（607），在紫贝县故墟上置武德县，属临振郡。唐武德五年（622）改名平昌县，意为和平安定、繁荣昌盛，属崖州。贞观元年（627）取"偃武修文"之意，更名为文昌县[1]。该名一直沿用至今，但地区隶属历经数次变动。文昌自西汉置县至今，已有2100多年历史，为海南三大古邑之一，有"海滨邹鲁"之称。

中华人民共和国成立后，文昌市属广东省管辖，海南建省之后划归海南省管辖。1995年11月7日，国务院批准撤县，设立文昌市。今文昌市辖17个镇、3个农场，人口59万人（2012年数据）。

文昌处于出入南海之交通咽喉，有大小港湾40个，港口优良，海上运输业发达。境内的清澜港是国家一级对外开放口岸、南中国海重要港口枢纽，也是三沙市的后勤保障基地。优越的海陆优势，使文昌不仅处于琼北"一小时经济圈"，更属于21世纪海上丝绸之路交通网络的重要支撑点。

文昌文化底蕴深厚，不仅有凤鸣新石器文化遗址、文城三古（文昌孔庙、虎拉、攻关桥）、"亚洲第一塔"的木兰灯塔、斗柄塔、海底村庄地震遗址、宋氏祖居、骑楼老街等大量文物，也有着南海航道更路经、盅盘舞、琼剧、鸡饭、椰雕、壁画技艺、天后奉祀等非物质文化遗产，涌现出宋庆龄、邢宥、张云逸等大批近现代历史名人。此外，文昌还是全国的重点高科技基地，有文昌航天城等。

文昌市荣誉主要有：中国椰子之乡、华侨之乡、国母之乡、文化之乡、航天之乡、将军之乡、书法之乡、排球之乡、长寿之乡、中国特色魅力城市、全国科技进步先进市等。

## 二 历史文化街区调查

历史文化街区是指经省、自治区、直辖市人民政府核定公布的保存文物特别丰富、历史建筑集中成片、能够较完整和真实地体现传统格局和历史风貌，并有一定规模的区域。历史文化街区是"法定保护的区域"，学术名称为"历史地段"[2]。经调查，环北部湾历史文化街区总体情况如下。

---

[1] 据清《广东考古辑要》载："唐武德五年分珠崖郡，置平昌县。贞观元年改曰文昌，以县南文昌江（今文昌河）得名。"

[2] 百度词汇：《历史文化街区》（http://baike.baidu.com/link?url=3Z0fbm3Crlli48ykd6il6yK），2014年2月11日。

## (一) 环北部湾历史文化街区清单 (见表1-22)

表1-22　　　　　　　　　　环北部湾历史文化街区清单

| 序 | 街区名称 | 荣誉/级别 | 属地 | 组成街区名称 | 备注 |
|---|---|---|---|---|---|
| 1 | 北海老街 | 中国历史文化街区 | 广西壮族自治区北海市 | 1. 珠海路—沙脊街—中山路<br>2. 合浦县中山路<br>3. 合浦县廉州镇阜民路<br>4. 高德三街<br>5. 涠洲南湾历史街区<br>6. 南康历史街区 | |
| 2 | 海口市骑楼街区 | 中国历史文化街区 | 海南省海口市 | 1. 四牌楼(今博爱路)<br>2. 永乐街(今解放路)<br>3. 大街(今中山路)<br>4. 新街(今新华北路)<br>5. 得胜沙路<br>6. 长堤路 | 又名海口老街 |
| 3 | 湛江骑楼街区 | 中国历史文化街区 | 广东湛江市 | 1. 赤坎区三民路历史街区<br>2. 赤坎区大通街历史街区<br>3. 霞山区欧陆风情街 | |
| 4 | 钦州市骑楼街区 | 广西历史文化街区 | 钦州市 | 1. 中山路骑楼街区<br>2. 钦州市1—5马路骑楼街区 | |
| 5 | 那良古镇 | 广西历史文化街区 | 防城港市 | — | |
| 6 | 崖城镇骑楼 | 其他 | 海南三亚市 | 东关街骑楼街区、保港东兴骑楼街区 | |

## (二) 各历史文化街区概况

下面介绍4个历史文化街区的情况。

### 1. 北海历史文化街区

北海历史文化街区,由珠海路—沙脊街—中山路、高德三街、涠洲南湾历史街区、南康历史街区,以及合浦县中山路、阜民路六大街区组成。其中珠海路曾是北海最繁华的商业街区，始建于 1883 年，已有 100 多年的历史。整条街道长 1.44 公里，宽 9 米，沿街全是中西合璧骑楼式建筑，两边店铺鳞次栉比。这些建筑多为二至三层，骑楼的方形柱子粗重厚大，欧洲风格浓郁。临街两边墙面的窗顶多为卷拱结构，卷拱外沿及窗柱顶端都有雕饰线，形成了壮观的南北两组空中雕塑长廊。这些临街的骑楼，既是道路向两侧的扩展，又是铺面向街心的延伸，人们行走在骑楼下，既可遮风挡雨、躲避烈日，又可舒适逛街。随着时光的流逝，这些建筑日渐老化，珠海路逐渐失去昔日之繁华，淡出历史舞台，但其因中西合璧、连片保存完整，仍被历史学家、建筑学家们誉为近现代建筑的奇迹。

其他街区也大体情况类似，这些街区多形成于 1927 年前后，其形成与西方对外开放有直接关系，可追溯到 19 世纪中叶。北海乾隆年间（1736—1795）仅为村落中心，道光中期逐渐形成商港雏形，后迅速发展为西南货流大通道。1876 年《烟台条约》订立后，英、德、法、美等帝国陆续在北海建立领事馆、海关、洋行、教堂、学校、医院等，建大小洋楼共 22 座。随着西方文化的侵入，当地的许多领域受西方影响较大，在建筑、科技、生活方式、思想观念方面特别突出。受英、法、德等国领事馆及其他西式建筑的影响，许多传统建筑改装换面，采用或吸收西方卷柱式建筑优点、特色和风格。正是在这样的时代背景下，一大批欧式风格建筑在北海珠海路、中山路，以及廉州中山路、阜民路等出现现。中西文化的交融互鉴，使这些混合建筑在格局、风貌、结构、立面、高度、色彩上明显区别于其他建筑，独具风采，熠熠生辉。经过半个多世纪的融合，融西方建筑精华与岭南传统建筑特色于一体的连体骑楼形成，最终形成了今天遗存下来的骑楼老街。

2. 海口历史文化街区

海口的骑楼建筑群形成于清末民初。它是清末至民国初年，由海口籍海外富商陆续集资修建而成。海口骑楼老街主要由得胜沙路、文明东路、中山路、博爱路、长堤路等几条老街构成。1849 年，最早的骑楼在水巷口、博爱北路一带的四牌楼街区建成，整片骑楼街区由此为核心向四周延伸，形成了今天的规模。海口骑楼老街底蕴深厚，整个老街最古老的建筑是四牌楼，建于南宋，距今已有 800 多年历史。20 个世纪 30 年代，海口共有 35 个行业 572 家商铺汇集于此，如"梁安记""云旭记""远东公司"和"广德堂"等。"骑楼林立，商贾络绎，烟火稠密"，映衬出当时的兴盛繁荣。晚清时期，《天津条约》签订，海口被开辟为十大通商开放口岸之一，成为对外交流的重要窗口。海口是中国著名侨乡，分布在世界各地的海口籍海外同胞超过 45 万人，以东南亚居多。活跃于东南亚的海南籍华侨将南洋建筑元素带回海口，投资建造一系列以骑楼建筑为代表的街区，形成极富中西特色和南洋风格的建筑群。西方文化、岭南文化、南洋文化的精致融合，构成海口最具特色的骑楼景观。

2007 年 4 月，国务院将海口列为国家历史文化名城。2009 年，海口骑楼老街以深厚的底蕴、沧桑的历史和特殊的艺术价值，荣获首批十大"中国历史文化名街"称号。海口骑楼历史文化街区，是华南地区最宝贵的建筑文化遗产群之一，成为最能体现海南底蕴和特色的特殊文化空间。

3. 湛江历史文化街区

广东湛江市的历史文化街区主要有三条，即赤坎区三民路历史街区、赤坎区大通街历史街区，以及霞山区欧陆风情街。在此仅以霞山区欧陆风情街为例简单介绍。

"霞山区欧陆风情街"，即"广州湾风情街"，也叫"霞山老街"。1898年，法国人凭武力进入湛江，强租广州湾，直至1943年撤离，停留了整整45年。法国租借广州湾（今湛江市区）偏安一隅，对外贸易和经济繁荣一时，"广州湾"也因此世界闻名，吸引很多欧洲人来此寻梦淘金。在湛江市区，法国人留下许多西式建筑，五彩缤纷，但以法式建筑为主。这些西洋建筑以霞山海滨路一带最为集中，主要有法国公署楼、维尔多天主教堂、广州湾法国警察署旧址、福音堂、法国汇理银行等，风格各异。例如，法国驻广州湾总公署为法式钢筋结构，为典型的法兰西样式；而维多尔天主教堂为欧洲12—15世纪最流行的双尖塔哥特式建筑；法国汇丰银行则以精湛、富有情调著称；法国军部办公楼的风格是威严坚固，福音堂则以红砖红瓦平调为主。总之，各种建筑体现了当时流行的建筑风格，充满浓郁的欧洲风味及多样性相互包容的文化氛围。

这些街区见证了西方枪炮打开清政府国门及殖民45年的历史，代表着对世界各地的贸易往来，也烙印着湛江人民英勇反抗外来侵略的民族精神。从另一角度来看，这些旧建筑群也是人类建筑史上的杰作，遗留着当时浓烈的法国艺术气息，或法国古建筑精华与华南传统建筑艺术的融合。有的建筑至今仍发挥一定作用。建筑是城市的标志，这些欧式建筑是文明交流和对外开放的标记，成为华南地区的一道亮丽风景。

4. 钦州历史街区

钦州骑楼街区主要分布在钦州市区的南部，聚集于人民南路和中山路之间构成的区域。骑楼面积约2平方公里，主要由人民路、中山路、一马路、二马路、三马路、四马路、五马路组成，规模比其他城市大，并且保存良好。骑楼街区的街道较狭窄，一般为4米左右。街区建筑群主要由20世纪初欧式殖民地建筑与骑楼混合构成，以中山路、二马路、三马路的临街建筑最为典型：街道两旁多为2—3层的骑楼，平均高度12米左右，结构多为砖石，底层街面无墙体，顶层为坡顶结构，女儿墙中西合璧，窗拱沿饰以精美雕刻。钦州骑楼街区现属文峰街道办事处管辖，总户数约3500户，居住人口超过2万人。该骑楼街区内有刘永福故居、小董烈士墓、广州会馆等历史建筑，人文气息浓郁[1]。

---

[1] 卢德棣、张俊、王中荔：《浅析钦州骑楼街区的现状与保护》，《学术研究》2013年第5期。

## 三 历史文化名镇调查

历史文化名镇分国家级和省（自治区、直辖市）两级。国家历史文化名镇是指由住房和城乡建设部和国家文物局共同组织评选的，保存文物特别丰富且具有重大历史价值或纪念意义，能较完整地反映一定历史时期传统风貌、地方特色或民族特色的镇。地方历史文化名镇是由各个省、自治区或直辖市组织评审的镇。环北部湾历史悠久，底蕴深厚，经摸底调查，各地历史文化名镇统计如下。

（一）环北部湾历史文化名镇清单（见表1-23）

表1-23　　　　　　　　　　环北部湾历史文化名镇清单

| 序 | 镇名 | 荣誉/级别 | 属地 | 批次 | 备注 |
| --- | --- | --- | --- | --- | --- |
| 1 | 崖城镇 | 中国历史文化名镇 | 海南三亚市 | 第一批 | 国家级 |
| 2 | 中和镇 | 中国历史文化名镇 | 海南儋州市 | 第四批 | 国家级 |
| 3 | 铺前镇 | 中国历史文化名镇 | 海南文昌市 | — | 国家级 |
| 4 | 定城镇 | 中国历史文化名镇 | 海南定安县 | — | 国家级 |
| 5 | 吴阳镇 | 中国历史文化名镇 | 湛江吴川市 | 第一批 | 国家级 |
| 6 | 那良古镇 | 广西历史文化名镇 | 防城港 | — | 自治区级 |
| 7 | 南康镇 | 广西历史文化名镇 | 北海铁山港 | 第一批 | 自治区级 |

（二）各历史文化名镇概况

下面分别介绍5个历史文化名镇的概况。

1. 崖城镇

崖城镇位于海南省三亚市西40多公里处，是海南岛内最早有人类聚居的地方。早在旧石器时代晚期，就有人类一支重要系脉在此活动。崖城古为百越之地，秦代为象郡的外境，西汉元封元年（前110）置古崖州。自汉武帝在珠崖郡设临振县起直至中华人民共和国成立前，历代州、郡、军、县治所均设于此。因而，这里历代成为海南岛南部的政治、经济、文化、教育中心及军事重镇。明朝时，崖州已具有"弦诵声黎民物庶，宦游都道小苏杭"的盛况。1950年崖县解放，县人民政府在崖城设立。1954年，崖县县政府迁往三亚镇。

崖城镇历史悠久，人文璀璨。两千多年来，这里留下了丰厚的文化遗产和大量名人足迹。截至目前，崖城共有各类文物保护单位65处，其中较典型的人类文化遗址13处，含7处新石器时代遗址、伏波祠遗址、大蛋港、郡主冼太夫人庙遗址、伊斯兰古墓群遗址、晒经坡遗址、五贤祠遗址、黄道婆居住地水南村等。此外，还有摩崖石刻8处，古墓葬6处，古建筑和近现代代表性建筑17处，包括崖州古城池、崖城学宫、盛德堂、迎旺塔、广济桥、热水池、万代桥、三姓义学堂、孙氏祠堂、民国骑楼街等。有清代民居134座，建筑面积达2万平方米。有先烈故居、革命旧址、纪念碑等12处。此外还有众多的馆藏和家藏文物等。这些遗产大多保留完好，具有较高的研究价值[①]。

崖城是我国最南端的古镇，为保疆安邦、管辖南海做出了巨大历史贡献。崖州古城世称"诗礼之乡，文化重镇"。深厚的历史底蕴，使崖城镇2007年被评为"中国历史文化名镇"。

2. 中和镇

中和镇位于海南岛西北部，属儋州市，处于东经109°20′、北纬19°44′，总面积62平方公里。全镇人口4.14万（2012年），以汉族为主。中华人民共和国成立后，中和镇被划入人民公社。1987年改镇，辖1个社区、11个行政村、70个自然村。

中和镇为古儋州州城所在地，历史悠久，文化源远流长。汉朝建墟，称"高坡"，并沿称至唐代前。唐武德五年（622），儋耳郡改为儋州，州治由义伦（今三都镇）迁至高坡，州治始建于此。之后，宋、元、清均不变。明万历二十年（1600），设卫所屯兵。1373年允州田章拓址筑基建城，辟德化（东）、柔远（南）、镇海（西）、武定（北）四门，门上各建敌楼，外筑月城，沿城浚壕，故称"州城"。1912年州改为县。1921年县治改迁至敦教坡，中和镇的中心地位自此衰落。其连续作为州治及县治所在地，历时1300年之久。

中和镇历史悠久，名胜古迹多。古城镇墟上原有30多处文物古迹，如东坡书院、古城墙、桃榔庵遗址、州衙门遗址、丽泽书院遗址、宁济庙、许氏宗祠等，以东坡书院（建于1098年）最为著名。宋代大文豪苏东坡被贬海南后，居中和三年，留下了诸多遗产。由于历史沧桑，大部分古迹受到严重损坏，但至今仍遗留的文物古迹还有古城门（北门、西门）、关岳庙、东坡井、魁星塔、复兴街等13处。悠久的历史，灿烂的文化，使中和镇被评为"国家历史文化名镇"。

3. 吴阳镇

吴阳镇位于广东吴川市西南部，处东经110°47′、北纬21°27′之间，濒临南海，西襟鉴江。吴阳拥有18公里长的海岸线，海面宽阔，沙质细软，自然景观美丽，亚热带海洋气候独特，绿色覆盖率达75%以上，常年四季如春，有"中国芭堤雅"之称。全

---

① 《千年人文圣地——崖城》，海南政府网（www.hainan.gov.cn），2013年12月24日。

镇总面积81.6平方公里，人口9万多人。镇内道路四通八达，为广东省中心镇之一。

吴阳是粤西著名历史文化古镇，人杰地灵。吴阳为历代吴川县城所在地，现存文物古迹众多，文化遗产资源极其丰富。较有代表性的有：芷寮港遗址、极浦亭（始建于南宋）、读书楼（南宋）、学宫（元）、双峰塔（明）、状元府（清）、状元坊（清）等，还有城南门、古兴隆寺、城隍庙、白衣庵、中山纪念堂、巷门寨东炮台遗址等。其中芷寮港是唐宋至民国期间的千年南方大港，停泊来自海内外的船只不下千艘，帆樯数里。县志记载，此处富庶曾为六邑之最，故有"金芷寮、银赤坎"之称，足见其影响之深。在人才方面，这里出现了粤西唯一状元——林召棠，历代计有进士8人，举人50人，总兵、乡贤等多不胜数①。

时光流逝，许多遗产失去了原有的功能，有的仍焕发着光彩。深厚的历史文化底蕴，使吴阳镇被评为"中国历史文化名镇"。

4. 那良古镇

那良，古称"榕树垌"，还有"八角与玉桂之乡""漂流之乡"之美誉。那良地处边境，位于北仑河河流中部至东兴市海域汇合处之间，水陆交通发达，旧时主要靠那良江、北仑河水路和大勉、那旺、白赖隘路与外地开展贸易交流，兴旺繁荣，很久以前号称"小香港"。全镇总面积为1200平方公里，常住人口约6.5万人。当地居民以汉族和瑶族为主，民族风情浓郁。该镇滩散、里火是自治区批准设立的两个边民互市贸易点。

那良成圩于清朝顺治年间（1644—1661），历史上长期为防城地区的政治、经济、文化、交通中心，是广西防城港市历史文化名城。清光绪十四年（1888），那良称"澌凛垌"，分那良垌甲、大村甲、那巴甲三甲，街上居民多为客家移民。那良镇商业发展较快，各种商店近600家，星罗棋布，集贸市场交易活跃。那良圩街也由小变大，由窄而宽。那良最早的一条街是今天的兴宁街，旧称上约街、下约街（分界是解放路口）。下约街有那良圩"街门"，街宽2米左右，一直延伸到上约街圩头。

那良镇风光优美，底蕴也十分深厚，文化遗产资源丰富。较有代表性的有：康干庙、三圣庙、凿字岭、那良古街，以及抗法英雄刘永福故居、刘永福母亲之墓、永安书院、明仑书院、古森书院、荣昌书院、寿文书院、澌凛书院、林氏和郑氏宗祠等名胜古迹。那良名人辈出，不仅是刘永福、林俊廷、陈济棠等名人的出生地，也是防城港重要侨乡、海外华人的祖籍地之一。深厚的文化底蕴，使那良古镇独具魅力，焕发出迷人的光彩。

5. 南康镇

南康镇地处北部湾畔，位于北海市东部，东北临大海，属北海铁山港区管辖。该镇有海岸线约15公里，沿海滩涂面积约2万亩。全镇总面积175.4平方公里，总人口

---

① 百度：《吴阳镇》，http://baike.baidu.com/link? url =zXO53FiL0A0fDZGbv88_ yLFDr，2014年1月21日。

65886 人（2011 年年底）。

清道光八年（1828）至民国十五年（1926），属合浦县珠口区管辖，称南康局。民国十五至二十二年（1933），更名为南康镇。民国三十五年（1946），为合浦县第三区南康镇。中华人民共和国成立后，1951 年划为合浦县第六区。1957 年建南康乡。1984 年建镇。1995 年划归铁山港区管辖。南康镇是铁山港工业区的后花园，交通便利，产业发达，发展前景无限[①]。

南康镇文化底蕴深厚，文化遗产遗存丰富，较典型的如南康骑楼老街，被列为北海历史文化街区的六大街区之一。又如南康水井、三婆庙等。此外，南康还保存有大量的活态非物质文化遗产，以及丰富多彩的特色文化活动。这些文化遗产的存在，使北海更富有魅力，更富有神秘浪漫的色彩。

### 四 历史文化名村、中国传统村落调查

#### （一）历史文化名村部分

历史文化名村，是指保存文物特别丰富，且具有重大历史价值或纪念意义的，能较完整地反映一定历史时期传统风貌和地方民族特色的村。历史文化名村有不同的级别，主要分国家级、省级以及市级历史文化名村。国家级历史文化名村由建设部和国家文物局共同组织评选，通常与"中国历史文化名镇"一起公布。环北部湾是海洋文明发源地，底蕴深厚，历史文化名村数量丰富，价值独特。经调查，其总体统计大致如下。

1. 环北部湾历史文化名村清单（见表 1-24）

表 1-24　　　　　　　　　环北部湾历史文化名村清单

| 序 | 村名 | 荣誉/级别 | 属地 | 备注 |
|---|---|---|---|---|
| 1 | 扬美村 | 中国历史文化名村 | 南宁市江南区江西镇 | |
| 2 | 蔡村 | 广西壮族自治区历史文化名村 | 南宁市宾阳县古辣镇 | 2010 年批准 |
| 3 | 萝村 | 广西壮族自治区历史文化名村 | 玉林市北流市民乐镇 | 2010 年批准 |
| 4 | 大芦村 | 中国历史文化名村 | 钦州市灵山县佛子镇 | |
| 5 | 高山村 | 中国历史文化名村 | 玉林市玉州区城北街道办 | |
| 6 | 盛塘村 | 广西壮族自治区历史文化名村 | 北海市海城区涠洲镇 | 2010 年批准 |

---

① 《乡镇简介》，北海市铁山港区人民政府网，2015 年 12 月 23 日。

续 表

| 序 | 村名 | 荣誉/级别 | 属地 | 备注 |
|---|---|---|---|---|
| 7 | 潮溪村 | 广东省历史文化名村 | 湛江市雷州市龙门镇 | |
| 8 | 东林村 | 广东省历史文化名村 | 湛江市雷州市南兴镇 | |
| 9 | 苏二村 | 中国历史文化名村 | 湛江市遂溪县建新镇 | |
| 10 | 保平村 | 中国历史文化名村 | 海南省三亚市崖城镇 | |
| 11 | 十八行村 | 中国历史文化名村 | 海南省文昌市会文镇 | |
| 12 | 高林村 | 中国历史文化名村 | 海南省定安县龙湖镇 | |

注：历史文化名村分为国家级、省级、市级三类

### 2. 各历史文化名村概况

下面分别介绍4个历史文化名村。

第一，大芦村。

大芦村位于钦州市灵山县城东郊3.8公里，全村面积4.2平方公里。该村属于典型的岭南丘陵地貌，风光秀丽。村里有300多年树龄的古樟树、古楗树一大批，百年以上的老荔枝树随处可见。大芦村共有10个建筑群——镬耳楼、三达堂、东园别墅、双庆堂、蟠龙堂、东明堂、陈卓园、杉木园、富春圆和劳克中公祠，均建于明清时期。上述古建筑占地总面积22万平方米，保护面积45万平方米。这些古建筑现遗存古对联305副，楹联内容以修身、持家、创业、报国为主要内容，对后人有深远的激励、警示和教育意义。

大芦村以"三古"（古建筑、古文化、古树）名列广西三大古村镇之首。每年中秋节前后大芦村都要举办跳岭头节。节日期间有祭祀祖先、跳师公戏、武术表演等节目，热闹非凡，吸引众多游客前来参观。1999年经广西民间艺术家协会评审，被广西楹联学会和广西民间艺术家协会授予"广西楹联第一村"称号。2007年5月，被国家建设部和国家文物局评为"中国历史文化名村"[①]。

第二，盛塘村。

盛塘村位于北海市涠洲岛上，涠洲岛为中国最年轻的火山岛，全岛由火山喷发

---

① 百度：大芦村（http://baike.baidu.com/link?url=0ym7MTaNLRs6H8P2），2015年6月11日。

堆积岩、珊瑚沉积融岩石及火山灰土壤构成。全村以客家人为主，主要产业为渔业捕捞，以及种植业。村子历史悠久，村落内石板道路交叉密布，将整个村子联结成一个错落有致的网状格局。与国内大多数村子不同的是，这些传统农家小院全部都是由岛上火山石修建。一块块火山石被平整切割，或简单修饰，或加工黏成砖块，堆砌之后就成为住宅的地基、墙体，以及院子围墙等。墙体上的火山石保留火山气泡痕迹，展示出强烈的火山气息。火山石的广泛使用，使该村外貌和谐自然，原始古朴，震撼力强。

使盛塘村扬名海内外的是涠洲天主教堂。该教堂为欧洲哥特式建筑，为北海历史最早的西式建筑之一。教堂建于光绪二年（1876），由法国传教士组织岛上民众历时十数年修建而成。建筑材料就地取材，以岛上的火山灰块石和珊瑚石砌墙体，用螺壳灰做灰雕。教堂主体建筑长58.92米，宽16.2米，建筑面积955平方米，钟楼高21米。教堂附属建筑有男女修院、神父楼等，建筑面积2000平方米[①]。教堂坐北朝南，砖雕拱门高大，门四周雕有极其精美的砖雕，将整个教堂装点得十分华丽而庄严。它是一座艺术上完美又有特色鲜明的建筑，是华南地区面积最大、最为宏伟的欧洲哥特式教堂之一。

该教堂原是涠洲天主教区办公和传教的场所，曾管辖钦、雷、廉、防等地传教活动。几经变动后，归北海天主教区管辖。中华人民共和国成立后，收归集体所有。1983年落实宗教政策，划回涠洲天主教爱国委员会使用。随着涠洲岛旅游热的急剧升温，该教堂成为该岛上最重要、最亮丽的人文景观之一。

第三，苏二村。

苏二村位于广东省湛江市遂溪县建新镇，坐落于遂城东南33公里处，靠近湖光岩风景区，毗邻官田水库流牛滩。该村原名荔枝村，村落处处荔枝树繁拥，遮天蔽日，风光优美。全村500多户，人口约3100人，有很多人旅居中国香港、中国台湾、日本和美国。

北宋时期，大文豪苏东坡从惠州被贬海南，途经遂溪要塞"三十里官路"时，慕名走进荔枝村，可惜荔枝成熟季节已过。村里的长老告诉他，"要尝荔枝佳果味，待到来年五月时"。后来，苏东坡遇赦北归，正逢五月，他再次踏进荔枝村，村里长老捧出味道最美的荔枝王"双袋子"来招待，苏东坡如愿以偿。大文豪苏东坡很喜欢吃荔枝，留下"日啖荔枝三百颗，不辞长作岭南人"的千古佳句。村民为了纪念，便把村名改为苏二村，意即"苏东坡二进荔枝村"。在清朝，粤西状元林绍棠也曾到苏二村，村里还流传着"状元拜猪槽"的历史故事。

苏二村文化底蕴深厚，完整保存着大片古民居建筑群。全村共有40多座明清时代

---

① 数据来源：http://www.city8.com/map/45529.html，2015年6月9日。

古民居，风格同中有异，异中有同。村东有溪流从北向南流过，村落以一条纵向的主道和多条横向的巷街为主要骨架，构成东向为主、向南北延伸的村落街巷系统。所有街巷均以青石铺地，建筑以石砖结构为主，木雕、石雕、砖雕丰富多彩，浮雕着花草树木、鸟兽虫鱼，形态栩栩如生，可谓巧夺天工。屋顶古墙蜿蜒盘曲，气势恢宏。整个村落巷道、建筑布局相宜，空间变化韵味有致。此外，村里还保存有千年古井。村里古民居和数百年老树相得益彰，形成了浓郁的文化氛围。正是凭借深厚的文化底蕴，苏二村被国家评为"中国历史文化名村"。

第四，保平村。

保平村位于海南省三亚市崖城镇，处崖州古城西南八里外。古称毕兰村，是古崖州的边关重镇、海防门户。《崖州志》载："保平港、城西南受宁远水入海，州治要口。"毕兰村历史悠久，唐时因权臣李德裕谪居毕兰而扬名，后因宁远河水冲毕兰，外来居民不断迁来，取名"保平村"，意为保世代平安。自唐至今，保平村已有1100多年的历史。按古代建制，保平村为郡郊的行政中心，辖14自然村。保平村美丽富饶、稻海飘香、老树环抱、双流绕村。保平港历来为州治要塞，过去货船穿梭，港区繁忙。

村落最集中、保存完好的要数明清古宅。门楼、正室、横屋、正壁组成的生态庭园四合院，最具艺术特色，也是崖州最具代表性的传统建筑。村里中的陈氏古宅，雕花梁墩、绘画墙体、神龛雕刻、龙凤麒麟、鹤松梅竹等，图案精美，工艺精细，至今尚保存完好，堪称崖州之最。此外，村中保存尚完好的有"明经第"小门楼、保平书院、九姓祠堂、关帝庙、文昌庙、天后庙、保平桥、保平港、望阙亭、毕兰村遗址等历史文化古迹。保平村还是国家级非物质文化遗产崖州民歌的发源地。保平村自古以来文教昌盛，人才辈出，书香不断，历史上多有美誉。

这些珍贵的文化遗产，见证了崖城的兴盛繁荣，也是崖州最亮丽的文化名片。正因为这些遗产，保平村被国家评为"中国历史文化名村"。

(二) 中国传统村落统计

中国传统村落，原名古村落，是指形成较早、延存至今仍保留有较完整的乡村聚落形式、地域传统文化和民俗风情，具有一定的历史、文化、科学、艺术、经济、社会等方面价值，应予以特殊保护的村落。传统村落，一般指民国以前遗存的古村落，具有突出的文明价值及传承意义。它是农耕渔猎文明的精髓，是我国乡村历史、文化、自然遗产的"活化石"，是中华传统文化的重要载体。经调查，环北部湾的传统村落名录清单如下。

1. 环北部湾传统村落清单（见表1-25）

表 1-25　　　　　　　　　　　　　　环北部湾传统村落清单

| 地市 | 村名 | 荣誉级别 | 属地 | 批次 |
| --- | --- | --- | --- | --- |
| 南宁市<br>（4个） | 扬美村 | 中国传统村落 | 南宁市江南区江西镇 | 国家第一批 |
| | 同新村木村坡 | 中国传统村落 | 南宁市江南区江西镇 | 国家第二批 |
| | 同江村三江坡 | 中国传统村落 | 南宁市江南区江西镇 | 国家第二批 |
| | 笔山村 | 中国传统村落 | 南宁市横县平朗乡 | 国家第二批 |
| 玉林市<br>（6个） | 镇萝村 | 中国传统村落 | 玉林市北流市民乐镇 | 国家第一批 |
| | 高山村 | 中国传统村落 | 玉林玉州区城北街道 | 国家第一批 |
| | 新圩村第五组 | 中国传统村落 | 玉林市北流市新圩镇 | 国家第二批 |
| | 松茂村 | 中国传统村落 | 玉林市博白县松旺镇 | 国家第三批 |
| | 榜山村 | 中国传统村落 | 兴业县葵阳镇葵联村 | 国家第四批 |
| | 大西村 | 中国传统村落 | 兴业县城隍镇 | 国家第四批 |
| 崇左<br>（2个） | 卷逢村白雪屯 | 中国传统村落 | 龙州县上金乡 | 国家第四批 |
| | 中山村 | 中国传统村落 | 崇左市龙州县上金乡 | 国家第四批 |
| 防城港<br>（1个） | 那厚村 | 中国传统村落 | 防城港市防城区大箓镇 | 国家第二批 |
| 钦州市<br>（4个） | 大芦村 | 中国传统村落 | 钦州市灵山县佛子镇 | 国家第一批 |
| | 萍塘村 | 中国传统村落 | 钦州市灵山县新圩镇 | 国家第二批 |
| | 苏村村 | 中国传统村落 | 钦州市灵山县石塘镇 | 国家第二批 |
| | 平马村 | 中国传统村落 | 钦州市浦北县小江镇 | 国家第二批 |
| 北海市<br>（2个） | 白龙村 | 中国传统村落 | 铁山港区营盘镇白龙社区 | 国家第四批 |
| | 璋嘉村委客家老屋村 | 中国传统村落 | 北海市合浦县曲樟乡 | 国家第四批 |
| 茂名（1个） | 文明村 | 中国传统村落 | 信宜市镇隆镇 | 国家第二批 |
| 湛江市<br>（11个） | 潮溪村 | 中国传统村落 | 雷州市龙门镇 | 国家第一批 |
| | 邦塘村 | 中国传统村落 | 雷州市白沙镇 | 国家第一批 |

续　表

| 地市 | 村名 | 荣誉级别 | 属地 | 批次 |
| --- | --- | --- | --- | --- |
| 湛江市<br>（11个） | 东林村 | 中国传统村落 | 雷州市南兴镇 | 国家第一批 |
| | 苏二村 | 中国传统村落 | 湛江市遂溪县建新镇 | 国家第一批 |
| | 周家村 | 中国传统村落 | 雷州市纪家镇 | 国家第二批 |
| | 关新村 | 中国传统村落 | 雷州市南兴镇 | 国家第二批 |
| | 调铭村 | 中国传统村落 | 雷州市调风镇 | 国家第二批 |
| | 青桐村 | 中国传统村落 | 雷州市英利镇 | 国家第二批 |
| | 双村村 | 中国传统村落 | 遂溪县河头镇 | 国家第三批 |
| | 调丰村 | 中国传统村落 | 遂溪县岭北镇 | 国家第三批 |
| | 北劳村 | 中国传统村落 | 雷州市杨家镇 | 国家第三批 |
| | 鹅感村 | 中国传统村落 | 雷州市北和镇 | 国家第三批 |
| 海南省<br>（47个） | 文山村 | 中国传统村落 | 海口市龙华区新坡镇 | 国家第一批 |
| | 东谭村 | 中国传统村落 | 海口市龙华区遵谭镇 | 国家第一批 |
| | 三卿村 | 中国传统村落 | 海口市秀英区石山镇 | 国家第三批 |
| | 冯塘村 | 中国传统村落 | 海口市秀英区永兴镇 | 国家第四批 |
| | 美社村 | 中国传统村落 | 海口市秀英区石山镇 | 国家第四批 |
| | 美孝村 | 中国传统村落 | 海口市秀英区永兴镇 | 国家第四批 |
| | 上丹村 | 中国传统村落 | 海口市琼山区国兴街道 | 国家第一批 |
| | 包道村 | 中国传统村落 | 海口市琼山区旧州镇 | 国家第四批 |
| | 文湖村 | 中国传统村落 | 海口市琼山区红旗镇 | 国家第四批 |
| | 道郡村 | 中国传统村落 | 海口市美兰区灵山镇 | 国家第四批 |
| | 罗梧村 | 中国传统村落 | 海口市美兰区三江镇 | 国家第四批 |
| | 美篆村 | 中国传统村落 | 海口市美兰区大致坡镇 | 国家第四批 |

续 表

| 地市 | 村名 | 荣誉级别 | 属地 | 批次 |
|---|---|---|---|---|
| 海南省（47个） | 迈德村 | 中国传统村落 | 海口市桂林洋农场 | 国家第四批 |
| | 十八行村 | 中国传统村落 | 文昌市会文镇 | 国家第一批 |
| | 富宅村 | 中国传统村落 | 文昌市东阁镇 | 国家第四批 |
| | 松树下村 | 中国传统村落 | 文昌市文城镇 | 国家第四批 |
| | 义门二村 | 中国传统村落 | 文昌市文城镇 | 国家第四批 |
| | 莲塘村 | 中国传统村落 | 琼海市中原镇仙寨 | 国家第四批 |
| | 留客村 | 中国传统村落 | 琼海市博鳌镇 | 国家第四批 |
| | 大美村 | 中国传统村落 | 澄迈县金江镇 | 国家第三批 |
| | 美朗村 | 中国传统村落 | 澄迈县金江镇 | 国家第三批 |
| | 扬坤村 | 中国传统村落 | 澄迈县金江镇 | 国家第三批 |
| | 龙吉村 | 中国传统村落 | 澄迈县老城镇 | 国家第三批 |
| | 罗驿村 | 中国传统村落 | 澄迈县老城镇 | 国家第三批 |
| | 石矍村 | 中国传统村落 | 澄迈县老城镇 | 国家第三批 |
| | 谭昌村 | 中国传统村落 | 澄迈县老城镇 | 国家第三批 |
| | 道吉村 | 中国传统村落 | 澄迈县永发镇 | 国家第三批 |
| | 儒音村 | 中国传统村落 | 澄迈县永发镇 | 国家第三批 |
| | 美傲村 | 中国传统村落 | 澄迈县永发镇 | 国家第四批 |
| | 美墩村 | 中国传统村落 | 澄迈县永发镇 | 国家第四批 |
| | 美楠村 | 中国传统村落 | 澄迈县永发镇 | 国家第四批 |
| | 那雅村 | 中国传统村落 | 澄迈县永发镇 | 国家第四批 |
| | 南轩村 | 中国传统村落 | 澄迈县永发镇 | 国家第四批 |
| | 秀灵村 | 中国传统村落 | 澄迈县永发镇 | 国家第四批 |

续　表

| 地市 | 村名 | 荣誉级别 | 属地 | 批次 |
| --- | --- | --- | --- | --- |
| 海南省<br>(47个) | 高林村 | 中国传统村落 | 定安县龙湖镇 | 国家第一批 |
| | 春内村 | 中国传统村落 | 定安县定城镇 | 国家第四批 |
| | 三滩村 | 中国传统村落 | 定安县新竹镇 | 国家第四批 |
| | 卜效村 | 中国传统村落 | 定安县新竹镇 | 国家第四批 |
| | 龙梅村 | 中国传统村落 | 定安县雷鸣镇 | 国家第四批 |
| | 仙坡村 | 中国传统村落 | 定安县雷鸣镇 | 国家第四批 |
| | 皇坡村 | 中国传统村落 | 定安县岭口镇 | 国家第四批 |
| | 洪水村 | 中国传统村落 | 昌江黎族自治县王下乡 | 国家第三批 |
| | 老丹村 | 中国传统村落 | 乐东黎族自治县佛罗镇 | 国家第三批 |
| | 金妙朗村 | 中国传统村落 | 琼中县湾岭镇 | 国家第四批 |
| | 黄流村 | 中国传统村落 | 乐东县黄流镇 | 国家第四批 |
| | 白查村 | 中国传统村落 | 东方市江边乡 | 国家第一批 |
| | 保平村 | 中国传统村落 | 三亚市崖城镇 | 国家第一批 |

注：历史文化名村分为国家级、省级、市级三类

2. 各传统村落举例

下面分别介绍三个传统村落。

第一，扬美村。

扬美村位于南宁市西南部36公里，处左江下游。扬美古镇三面环江，层峦叠翠，田园密布。镇内古树参天，翠竹成林，香蕉成堆，古建筑成片，民风民俗淳朴。全村总面积6.6平方公里，共5538人。

扬美始建于宋代，相传由罗、刘、陆、李四姓最早建造，原名"白花村"，后来人口潮涌，改名"扬溪村"。后因扬美民风善良，心灵向美，四周闻名，又改名为"扬美村"。明清时，扬美经济发达，热闹繁华。

至今，在古镇内，古街道、古烽火台、古码头、古桌椅、古树、古庙、古石磨及700多间明清古民居及古建筑群仍保留完好。较出名的建筑有黄氏庄园、五叠堂、举人屋、魁星楼、清代禁碑，以及金马码头等。这些古建筑错落有致，雕梁画栋。明代建筑多临江街，木质结构，采用"七柱屋"构架，即以方木开榫头连成屋架，以青砖砌四周为墙，古朴典雅，冬暖夏凉。

清代古屋在扬美八条古街均有大量遗存，占建筑的绝大多数。这些建筑均为砖木结构，但砖主木次，除横条、格子、门窗和祖宗神楼才用木料外，其他的部分几乎全用青砖。屋脊、前墙屋顶都有浮雕。花草鸟兽，才子佳人，英雄人物，图案繁多，各彰其采。在风格上，清代古民居做工精良，细腻秀丽，典雅怡人。

古街的青石板，形状各异，弯弯曲曲，光洁如洗。明代著名旅游家徐霞客途径此地时，曾大赞这里风光。保存完整的古镇，吸引着大批电影摄制组到此取景。

扬美地灵人杰，人才辈出。仅在明清两代，这里就出了6个进士、4个举人、30多个贡生。过去豪贾巨商云集，今天这里的艺人富商旅居海内外。杨美古镇因水运之便而兴起，也因水运式微而沉寂。扬美村是目前广西境内保存最为完好的明清古建筑群。经过多年建设，扬美已成为南宁市著名的旅游风景区之一。

第二，调铭村。

调铭村坐落于广东省雷州市调风镇仕礼岭旁，千顷良田，山环水绕，整个地形宛如鲤鱼戏水，为钟灵毓秀之地。全村245户1276人。调铭村是远近闻名的古村庄，是国家历史文化名村、湛江市特色文化村。清代康熙至嘉庆年间（1662—1820），这个仅有300多人的小村，竟然先后有7人中举，70多人考取贡生、廪生。其中丁居诚是嘉庆戊午（1798）科举人，嘉庆己未（1799）科钦赐进士出身、翰林院检讨，其他16人分别任知府、知州、知县等官职，48人被授职九品以上。调铭村也因此被美誉为"文擎雷阳"的"举人村"。

调铭村作为闻名一方的古村落，古遗产壮观丰富。古村口设"举人文化公园"，有横匾"挹爽"及对联"挹彼注滋君子德，爽鸠名氏帝者官"。第三房公祠位于内，有联曰"百年树德，万派朝宗"，系清皇帝为旌表该村贤哲之功德而赐建。同时赐建的还有数家公祠，如万山公祠，联曰"文章华国，忠孝传家"；显公祠，联曰"天恩广大，祖德光华"；习庵公祠，联曰"百代衣冠长智美，千年山水永朝宗"。这些公祠的布局皆为三进三庭，一苑（花苑），一阁（文昌阁），一亭（敬字亭）。大门前置青石门框门楼及一对大石鼓，正厅为正殿，左右为侧殿，东西为昭室、穆室。正屋为硬山顶、穿斗与抬梁混合式结构。檐雕及壁画随处可见，鹤、福、禄等吉祥图案栩栩如生。公祠里挂着清朝嘉庆皇帝赐匾及名宦"进士""文魁""文政有声""文擎雷阳"等牌匾20多幅。总体来看，整个村落格局错落有致，风貌统一，建筑风格鲜明。因其辉煌的历史及功德力量，调铭村备受当地民众敬仰，历来被作为当地的"文脉"轴心或"龙脉"。

第三，白查村。

白查村是少数民族村寨，位于海南省东方市江边乡，被誉为"黎族最后一个古村落"。江边乡为东方市黎族聚居的核心区，当地黎族传统建筑为船形屋。这种茅草房远远看去，犹如一艘艘倒扣过来的船只，村民习惯称之为"船形屋"。船形屋是黎族最典型的传统建筑，承载着黎族的历史记忆、生产、装饰、习俗、思想理念及各种文化符号，2008年被列入国家非物质文化遗产保护名录。

白查村现存81间船形屋，是整个海南岛船形屋保存最为完整的自然村落之一。黎族船形屋主要有两类，船形屋和金字形屋。前者有高架船形屋与低架（落地式）船形屋之分，前者外形像船篷，拱形状，顶上盖茅草或葵叶；后者以树干作为支架，竹干编墙，再糊稻草泥抹墙。白查村茅草屋为落地型，长而阔，茅檐低矮，便于防风防雨。整个房子分前后两节，门分别于屋子的头尾两端开。屋内有9根柱子，中间三根高大，黎语叫"戈额"；两边6根较矮，黎语叫"戈定"。屋内地板为泥地，由村民从外面挖回黏土后踩平。

白查村原始朴拙，是迄今为止海南省连片集中、保存最好的黎族自然村寨，被誉为"最后一块黎族原始自然村寨"。白查村现有78户380人，至今仍居住在黎族先祖们世世代代生活的船形屋内。随着城市化的加快，船形屋在海南黎族各地急剧消逝，白查村或许是中国即将消失的最后一座黎寨。

## 五　相关环境及文化空间调查

除了上述历史文化名城、历史文化街区、历史文化名镇名村以及各类传统村落之外，尚有诸多类型的珍贵遗产散落在民间，但因各种原因，包括学界关注不够、申报名额有限、申报程序烦琐、学术水平限制、理论创新不足、类型划分不明等，致使许多遗产未被列入公布的名录之内，未被关注，长期为人们所忽视，遭受破坏乃至逐渐消亡。但这些遗产价值重大，内涵丰富，必须尽早调查发现整理。这些遗产总体可分四类：相关环境、文化线路、相关文化空间以及其他类型。本部分涉及不确定因素多，很多遗产因长期被隐藏、埋没，未能被人们注意或发现，必须像淘金一样，需要人们加大投入去普查、发现、研究和挖掘。从本项目涉及的环北部湾海洋文化遗产要素来看，已发现的线索及题材很多，较重要的至少有以下四类（见表1-26），供今后学界及相关人士去研究。

表1-26　　环北部湾已发现的有价值相关环境、文化空间及文化线路

| 类型 | 名称 | 位置 | 年代 | 历史渊源 | 备注 |
|---|---|---|---|---|---|
| 相关环境遗址 | 古代八大珠池 | 北海 | | 廉州府古珠池,平江、杨梅、青婴、乌泥、白沙、断望、海诸7所珠池 | 合浦占7所 |
| | 白龙珍珠港 | 防城港江山半岛西侧海湾 | | 自古以来为我国南珠主要产地之一,号称"珍珠之乡" | |
| | 东兴竹山 | 防城港东兴市 | | 古海上丝绸之路起点之一 | |
| | 三娘湾伏波庙文化空间 | 钦州三娘湾 | | 三娘湾犀牛脚村伏波将军庙 | |
| 文化空间 | 京族文化空间 | 东兴市江平镇山心、巫山和沥尾三岛 | | 京族是中国以海为特征的少数民族,唯一的海洋民族,京族三岛是中国京族的主要聚居地 | |
| | 簕山古渔村 | 防城港港口区企沙半岛 | | 广西保存较完整古渔村之一,北部湾渔村历史缩影 | 京族古渔村 |
| | 江平古镇 | 防城港东兴市 | | 该镇辖区京族三岛是我国京族唯一聚居地 | 特色文化名镇 |
| 文化线路 | 马援文化线路 | 环北部湾沿线 | 汉代 | | |
| | 广州通海夷道 | 广州 | 唐代 | 古海上丝绸之路沿线地区 | 区域相关 |
| 其他 | 胡志明海上栈道 | 防城港 | 近现代 | | 胡志明小道 |

# 第二章 环北部湾海洋文化遗产的特殊性

——文化艺术宝藏（下）

## 第一节 环北部湾海洋文化遗产资源——非物质文化遗产部分

根据联合国教科文组织《保护非物质文化遗产公约》定义，非物质文化遗产（Intangible Cultural Heritage）是指被各群体、团体，有时为个人视为其文化遗产的各种实践、表演、表现形式、知识体系和技能及其有关的工具、实物、工艺品和文化场所[①]。各个群体和团体随其所处环境、与自然界相互关系和历史条件的变化使这种遗产代代相传，不断得到创新，同时使他们自己具有一种认同感和历史感，从而促进了文化多样性并激发人类的创造力。非物质文化遗产是以人为本的活态文化遗产，它强调的不是物，而是以人为核心的技艺、经验、精神，特点是活态性、流变性。

环北部湾地理位置特殊，自然优越。北部湾内接中原，背靠大西南，毗邻东南亚，汇集八方，海陆交通便利，自古以来是中国大西南出海口。优越的自然地理条件，广阔的海洋空间，发达的海上航运体系，壮美的渔业生活，灿烂辉煌的开放史，使五湖四海的多元文化在此交融，催生出厚重而又璀璨夺目的各类非物质文化遗产，具特殊的历史、艺术或科学价值。为方便整理统计起见，同时为了与国际化接轨，在此采用联合国教科文组织的标准分类法，即从5大门类——口头传统与表述、表演艺术、传

---

[①] 文化部对外文化联络局：《联合国教科文组织〈保护非物质文化遗产公约〉基础文件汇编》，外文出版社2012年版，第106页。

统手工艺技能,社会实践、礼仪、节庆,有关自然界和宇宙的知识和实践,分别对环北部湾海洋非物质文化遗产进行整理、归类和统计。经过长期的资料收集和深入调查,环北部湾海洋非物质文化遗产的总体情况如表2-1所示。

表2-1　　环北部湾非物质文化遗产总体情况清单(截至2015年12月)

| 城市/省 | 已公布的各级非遗名录 ||||| 收集线索 |||
|---|---|---|---|---|---|---|---|---|
| | 世界级名录 | 国家级 | 自治区/省 | 市级名录 | 县级名录 | 汇总 | 收集线索 | 认定项目数量 | 建档数量 |
| 南宁市 | 0 | 9 | 83 | 66(不全) | | 158 | — | | |
| 崇左市 | 1 | 1 | 15 | 15(不全) | | 32 | — | | |
| 玉林市 | 0 | 2 | 7 | 65 | | — | 8300 | 200多 | |
| 防城港 | 0 | 2 | 9 | 15 | 50 | 76 | — | | |
| 钦州市 | 0 | 2 | 13 | 21 | | 36 | — | | |
| 北海市 | 0 | 0 | 12 | 21 | | 45 | 4371[①] | | |
| 湛江市 | 2 | 7 | 13 | 47 | | — | — | | |
| 茂名市 | 2 | 3 | 13 | 24 | | — | — | | |
| 海南省 | 1 | 28 | 57 | 缺,收227项 | | 328 | — | 25710 | 2000[②] |

备注:黎族传统纺染织绣技艺2009年入选"急需保护的非物质文化遗产名录"。广东的粤剧入选世界非物质文化遗产名录。妈祖信俗入选世界级非物质文化遗产名录,因而湛江、茂名各有2项世界级非物质文化遗产名录。海南省部分地市非遗目录数,三沙市:国家级3项,省级3项,市级16项,县级9项,共公布28项。搜集有重大价值线索13项。儋州:国级3项,省级4项;县级60项。茂名市传承人:国家级名录2人、省级14人,市级27人。

---

[①] 北海市收集资源信息分类状况:民间文学1319项、民间音乐435项、民间舞蹈27项、传统戏剧14项、曲艺23项、传统体育及游艺杂技108项、民间美术12项、传统技艺520项、传统医药247项、民俗1664项、文化空间2项。数据来源:内部资料《广西非物质文化遗产普查资料汇编·北海卷1》。

[②] 伍鲲鹏、张永峰:《海南认定两万多个非遗项目》,《中国文化报》2013年1月4日第6版。

## 一 涉海口头传统与表述（含民间文学、方言、语言等）遗产目录

（一）环北部湾口头传统与表述类海洋遗产清单（见表2－2）

表2－2　　　　　　　　　　口头传统与表述类海洋遗产清单

| 序号 | 名录名称 | 类型 | 属地 | 级别 | 涉海等级 | 备注 |
|---|---|---|---|---|---|---|
| 1 | 黎族哈应语口传长篇创世史诗《吞德剖》 | 民间传说 | 海南黎族地区 | 国家级 | 一级 | |
| 2 | 黎族民间故事 | 民间传说 | 保亭、昌江、白沙、三亚 | 国家级 | 一级 | |
| 3 | 京族史歌 | 民间文学 | 东兴市 | 县级 | 一级 | |
| 4 | 京族喃字 | 民间文学 | 东兴市 | 市级 | 一级 | |
| 5 | 京族传统叙事歌 | 民间文学 | 东兴市 | 县级 | 一级 | |
| 6 | 壮族民间故事"百鸟衣" | 民间文学 | 南宁市 | 市级 | 一级 | 远古渔猎文明烙印 |
| 7 | 布谷鸟的传说 | 民间文学 | 上思县 | 县级 | 二级 | |
| 8 | 博白满天飞传说 | 民间文学 | 玉林市 | 市级 | 三级 | |
| 9 | 金凤凰传说 | 民间文学 | 玉林市 | 市级 | 三级 | |
| 10 | 妈勒访天边传说 | 民间文学 | 南宁市 | 市级 | 三级 | |
| 11 | 裴圣奶传说 | 民间文学 | 玉林市 | 市级 | 三级 | |
| 12 | 绿珠传说 | 民间文学 | 玉林市 | 市级 | 一级 | |
| 13 | 南宁五象传说 | 民间文学 | 南宁市 | 市级 | 三级 | |
| 14 | 龙泉洞传说 | 民间文学 | 玉林市 | 市级 | 三级 | |
| 15 | 傣音土俗字 | 民间文学 | 崇左市 | 市级 | 三级 | |
| 16 | 铜鼓王传说 | 民间文学 | 玉林市 | 市级 | 二级 | |
| 17 | 横县壮族百鸟衣故事 | 民间文学 | 横县 | 国家级 | 一级 | 为扩展名录 |

续 表

| 序号 | 名录名称 | 类型 | 属地 | 级别 | 涉海等级 | 备注 |
|---|---|---|---|---|---|---|
| 18 | 南宁民谣 | 民间文学 | 南宁市 | 市级 | 二级 | |
| 19 | 北流民间歌谣 | 民间文学 | 玉林市 | 市级 | 四级 | |
| 20 | 壮族信歌 | 民间文学 | 南宁市 | 市级 | 二级 | |
| 21 | 地震神话 | 民间神话 | 合浦县 | 后备 | 一级 | |
| 22 | 南海航道更路经 | 口头传统 | 琼海市 | 国家级 | 一级 | |
| 23 | 珠还合浦传说 | 民间传说 | 北海市 | 自治区级 | 一级 | |
| 24 | 夜明珠 | 南珠神话 | 北海市 | 后备 | 一级 | |
| 25 | 黑珍珠传说 | 南珠神话 | 北海市 | 后备 | 一级 | |
| 26 | 喷水珠的传说 | 南珠神话 | 合浦县 | 后备 | 一级 | |
| 27 | 珠龙的传说 | 南珠神话 | 北海市 | 后备 | 一级 | |
| 28 | 割股藏珠传说 | 民间传说 | 北海市 | 后备 | 一级 | |
| 29 | 鲛鱼泪珠传说 | 民间传说 | 北海市 | 后备 | 一级 | |
| 30 | 泪珠的故事 | 珍珠传说 | 合浦县 | 后备 | 一级 | |
| 31 | 吞珠变龙 | 珍珠传说 | 合浦县 | 后备 | 一级 | |
| 32 | 还珠岭的传说 | 民间传说 | 北海市 | 后备 | 一级 | |
| 33 | 草花岭的传说 | 民间传说 | 北海市 | 后备 | 一级 | |
| 34 | 海螺姑娘传说 | 海的传说 | 三亚市 | 国家级 | 一级 | |
| 35 | 阿斑火 | 民间传说 | 北海市 | 市级 | 一级 | |
| 36 | 海簕螺 | 海的传说 | 北海市 | 后备 | 一级 | |
| 37 | 美人鱼的传说 | 海洋神话 | 铁山港 | 自治区 | 一级 | 位于营盘镇 |
| 38 | 美人鱼 | 民间传说 | 北海市 | 自治区 | 一级 | 位于沙田镇 |

续 表

| 序号 | 名录名称 | 类型 | 属地 | 级别 | 涉海等级 | 备注 |
|---|---|---|---|---|---|---|
| 39 | 鲎的传说 | 海的传说 | 北海市 | 后备 | 一级 | |
| 40 | 白牛鱼的故事 | 海的传说 | 北海市 | 后备 | 一级 | |
| 41 | 海龟救人 | 海的神话 | 合浦县 | 后备 | 一级 | 位于西场镇 |
| 42 | 海鸳鸯 | 海的神话 | 北海市 | 后备 | 一级 | |
| 43 | 歪嘴的龙利鱼 | 海洋寓言 | 北海市 | 后备 | 一级 | |
| 44 | 十三鳞海龟 | 海洋寓言 | 北海市 | 后备 | 一级 | |
| 45 | 虾公头的利剑 | 海洋寓言 | 北海市 | 后备 | 一级 | |
| 46 | 虾公脚 | 海洋语言 | 合浦县 | 后备 | 一级 | |
| 47 | 横行的蟹 | 海洋寓言 | 北海市 | 后备 | 一级 | |
| 48 | 呼哥鸟 | 海洋寓言 | 北海市 | 后备 | 一级 | |
| 49 | 山榄探海 | 海洋神话 | 防城港 | 后备 | 一级 | |
| 50 | 乌独树 | 海的传说 | 北海市 | 后备 | 一级 | |
| 51 | 鲁班与龙女 | 民间传说 | 北海市 | 后备 | 一级 | |
| 52 | 阿龙公 | 民间谚语 | 合浦县 | 后备 | 一级 | |
| 53 | 蚂蚁过江的故事 | 民间传说 | 北海市 | 后备 | 一级 | |
| 54 | 龙泾还珠 | 海的传说 | 钦州市 | 市级 | 一级 | |
| 55 | 海龙王开大会 | 海洋神话 | 防城港 | 后备 | 一级 | |
| 56 | 白虎头传说 | 海的传说 | 北海市 | 后备 | 一级 | |
| 57 | 三婆石 | 海的传说 | 钦州市 | 市级 | 一级 | |
| 58 | 三岛传奇 | 海的传说 | 防城港 | — | 一级 | |
| 59 | 温泉传说 | 民间文学 | 玉林市 | 市级 | 三级 | |

续　表

| 序号 | 名录名称 | 类型 | 属地 | 级别 | 涉海等级 | 备注 |
|---|---|---|---|---|---|---|
| 60 | 银滩传说[①] | 海的传说 | 北海市 | 后备 | 一级 | |
| 61 | 地角传说 | 海的传说 | 北海市 | 后备 | 一级 | |
| 62 | 海角亭传说 | 海的传说 | 北海市 | 后备 | 一级 | |
| 63 | 古里村传说 | 海的传说 | 北海市 | 后备 | 一级 | |
| 64 | 三婆庙传说 | 海的传说 | 北海市 | 后备 | 一级 | |
| 65 | 犀牛潭的由来 | 民间传说 | 合浦县 | 后备 | 四级 | |
| 66 | 洗鱼河的由来 | 民间传说 | 合浦县 | 后备 | 四级 | |
| 67 | 碗窑村传说 | 民间文学 | 玉林市 | 市级 | 三级 | |
| 68 | 白龙城传说 | 民间文学 | 铁山港 | 后备 | 一级 | |
| 69 | 鬼门关传说 | 民间文学 | 玉林市 | 市级 | 四级 | |
| 70 | 葛洪勾漏洞升仙传说 | 民间文学 | 玉林市 | 市级 | 四级 | |
| 71 | 杨贵妃传说 | 民间文学 | 玉林市 | 市级 | 四级 | |
| 72 | 东汉名将马援驻军合浦的传说 | 民间传说 | 北海市 | 后备 | 一级 | |
| 73 | 伏波将军开栈道 | 民间传说 | 北海市 | 后备 | 一级 | |
| 74 | 马援命殒交趾 | 民间传说 | 钦州市 | 市级 | 一级 | |
| 75 | 定边爱民的马援 | 民间传说 | 合浦县 | 后备 | 一级 | |
| 76 | 伏波将军传说 | 民间文学 | 玉林市 | 市级 | 二级 | |
| 77 | 太子庙传说 | 民间文学 | 玉林市 | 市级 | 三级 | |
| 78 | 孔子港的传说 | 民间传说 | 北海市 | 后备 | 一级 | |

---

① 罗星烈、庄宗球：《北海市海洋志》，广西人民出版社2013年版，第309—318页。

续 表

| 序号 | 名录名称 | 类型 | 属地 | 级别 | 涉海等级 | 备注 |
|---|---|---|---|---|---|---|
| 79 | 独弦琴的声音 | 民间传说 | 防城港市 | — | 一级 | |
| 80 | 十万大山的传说 | 民间传说 | 防城区 | 市级 | 一级 | |
| 81 | 应天池的传说 | 民间文学 | 上思县 | 县级 | 四级 | |
| 82 | 山口红树林的传说 | 海洋神话 | 合浦县 | 后备 | 一级 | 位于山口镇 |
| 83 | 新渡古墟传奇 | 民间传说 | 北海市 | 市级 | 四级 | |
| 84 | 六湖垌传奇 | 民间传说 | 北海市 | 市级 | 四级 | |
| 85 | 石疑文塔传说 | 民间文学 | 玉林市 | 市级 | 四级 | |
| 86 | 文昌塔的传说 | 民间传说 | 合浦县 | 市级 | 四级 | |
| 87 | 月亮湾船歌 | 民间传说 | 合浦县 | 市级 | 一级 | |
| 88 | 撑船佬修庙求平安 | 民间传说 | 合浦县 | 市级 | 一级 | |
| 89 | 鲤鱼背金银 | 民间传说 | 合浦县 | 市级 | 二级 | |
| 90 | 苏东坡在合浦的传说 | 民间传说 | 合浦县 | 后备 | 二级 | |
| 91 | 万里瞻天的苏东坡 | 民间传说 | 合浦县 | 后备 | 二级 | |
| 92 | 清廉治吏的薛综 | 民间传说 | 合浦县 | 后备 | 五级 | |
| 93 | 为民请命太守李逊 | 民间传说 | 合浦县 | 后备 | 五级 | |
| 94 | 名留大廉山的费贻 | 民间传说 | 合浦县 | 后备 | 五级 | |
| 95 | 廉石的故事 | 民间文学 | 玉林市 | 市级 | 四级 | |
| 96 | 环秀桥的故事 | 民间传说 | 灵山县 | 市级 | 五级 | |
| 97 | 景公庙的传说 | 民间传说 | 钦州市 | 市级 | 五级 | |
| 98 | 朱千岁在灵山 | 民间传说 | 灵山县 | 市级 | 五级 | |
| 99 | 苏三娘的传说 | 民间传说 | 灵山县 | 市级 | 五级 | |

续 表

| 序号 | 名录名称 | 类型 | 属地 | 级别 | 涉海等级 | 备注 |
|---|---|---|---|---|---|---|
| 100 | 冯子材的传说 | 民间传说 | 钦州市 | 自治区级 | 三级 | |
| 101 | 刘永福的传说 | 民间传说 | 钦州市 | 自治区级 | 三级 | |
| 102 | 李宗仁故事 | 民间文学 | 玉林市 | 市级 | 五级 | |
| 103 | 南珠诗词 | 古代诗词 | 北海市 | 后备 | 一级 | |
| 104 | 民间谚语(北流民间谚语) | 民间文学 | 玉林市 | 市级 | 四级 | |
| 105 | 文昌民间谚语 | 民间谚语 | 文昌市 | — | 二级 | |
| 106 | 澄迈谚语 | 民间文学 | 澄迈县 | 县级 | 二级 | |
| 107 | 七言村名顺口溜 | 口头传统 | 铁山港 | 后备 | 五级 | 位于营盘镇 |
| 108 | 南流江边《祭鬼文》《祭江文》① | 口头传统 | 合浦县 | 后备 | 四级 | |
| 109 | 廉州话 | 古方言 | 合浦县 | 后备 | 二级 | 位于廉州镇 |
| 110 | 客家话 | 特色方言 | 北海市 | 后备 | 二级 | |
| 111 | 雷州话 | 特色方言 | 雷州市、麻章区 | 后备 | 二级 | |
| 112 | 文昌话 | 特色方言 | 文昌市 | 后备 | 二级 | 属古汉语 |
| 113 | 灵山大芦村楹联 | 民间文学 | 灵山县 | 市级 | 五级 | |
| 其他部分 | 南宁:起凤山传说;北海市:民间传说,"奴保""飞寒盖瓦""智判前后夫""三娘智斗两姐夫"等等;谚语:拾蚌螺、坐箕过海②、还珠中学敲钟——敢当敢当、皇帝无紧太监紧等等。茂名:潘茂名传说、陈鉴故事,等等。雷州市:雷州歌册、雷祖的传说、妈祖的传说、夫恶鸟的传说、歌乎鸟的传说、鲎的来历的故事、田蟹背印的传说、海蚌姑娘的故事、康皇庙的传说、康公庙的故事、三元塔的传说、鹰峰岭的传说、仕礼岭的传说、双髻岭的传说、官冠的传说、苏东坡的传说、陈观楼的传说、乌石二的传说、十贤的故事、寇准的故事、陈瑸故事、蔡宠的故事、平兰姑娘传说、鼻枪筒的故事、山东姑母的故事等等。海南省:庞不燕哭夫词等 |||||||

① 叙述人:广西北海市合浦县曲樟乡早禾苗村委新渡村曾家有,时年99岁(合浦曲樟乡文化站陈润良2007年9月采访)。资料来源:北海市文化局内部资料《广西非物质文化遗产普查资料汇编·北海卷1》,2009年编,第465页。

② 叙述人:广西北海市合浦县廉州镇彭世美,时年80岁(合浦文化馆叶红2009年4月采访)。资料来源:北海市文化局内部资料汇编:《广西非物质文化遗产普查资料汇编·北海卷1》,2009年编,第321页。

(二) 部分名录或重点名录介绍

下面简要介绍 4 个著名的传说。

1. 东方海洋神话传说——地震神话

海洋神话传说，最有代表性的为地震神话。该神话至今仍传承于北海合浦县及周边地区。其基本内容为：在一片汪洋大海中，有一条很大的鱼，鱼的身上驼着一头牛，而牛角顶着地球，牛的四条腿分别支撑着东南西北四方，无数根牛毛分别管理世界各地，倘若某个地方的牛毛打颤，该方就会发生地震，人们便认为此方的人干了伤天害理的事[1]（叙述人：广西北海市合浦县廉州镇云塘口李泽芹，时年 73 岁。合浦县文化馆陈蕴绪 2008 年 10 月 12 日在云塘口采访）。该神话故事历史价值特殊，根专家考证推断，应诞生于远古原始社会，保留原始社会的雏形并延续至今。该故事暗含远古渔猎文化（鱼）、农耕文化（牛）、道德伦理文化产生渊源，折射出东方远古理念，为东方海洋神话的代表，可与西方希腊远古海洋神话相媲美。

2. 六湖垌传说

六湖垌是北海充满传奇色彩的鱼米之乡。那里流传着龙鱼夜明珠演绎的神话。由于六湖和海相通，龙王三太子拓六湖为海疆，养珠湖为合浦珍珠捕鱼珠苗，孕育千年南珠之宝。

3. 美人鱼传说

美人鱼是沙田镇海域内的一种特殊海洋动物。传说中的美人鱼是海龙王的女儿，名叫螺三妹，她是非常勤劳的公主，每天早起净海，所以沙田百里海域是最清洁的海域之一[2]（叙述人：广西北海市合浦县廉州镇曾伟，时年 46 岁。合浦县文化馆李建春 2009 年 3 月采访）。

4. "割股藏珠"民间传说

割股藏珠传说在民间广为流传，最早源自合浦白龙珠城（现为北海市铁山港区营盘镇辖）。相传明代时，皇帝听说白龙海中有夜明珠一颗，光照海天，但深潭有巨大恶鲨二尾守护，多年无法采得，特派太监坐镇白龙城强迫珠民下海采捕夜光珠，结果造成珠民死伤无数。采珠能手海生潜入海底，历尽磨难，差点葬身鱼腹，幸得珍珠公主救助，终于采到夜光宝珠。太监得珠后小心收藏，派重兵守护，快马加鞭连夜直奔京城，谁知刚到三里外的梅岭下，忽然海面泛起白光，夜空发亮，太监打开珠盒一看，夜光珠竟不翼而飞！太监只好赶回白龙城。此时皇帝已连下两道圣旨催珠进京，太监用更残忍的手段逼迫珠民潜海采珠。为拯救珠民，珍珠公主再次献出宝珠。太监得夜光珠后牢记教训，想了个"割股藏珠"之计，将自己股部割开，藏入夜光珠，包扎严

---

[1] 北海市文化局内部资料汇编：《广西非物质文化遗产普查资料汇编·北海卷1》，2009 年编，第 117 页。
[2] 同上书，第 445 页。

实后,立即起程回京。岂料还未走出白龙地界,刚至杨梅岭时,乌云密布,闪电雷鸣,一道闪电划破长空,直飞白龙海面,珍珠回归了大海!海面夜空发亮!太监想到回京后会人头落地,自知无法交差,只好吞金自尽。据说珍珠城外的一堆黄土,便是当年太监的葬身之所。另据载,唐宋时期许多到合浦贩卖珍珠的波斯人为免遭遇劫掠,"遂将珠藏于股中"。可见该典故影响之广。

## 二 表演艺术(含传统音乐、传统舞蹈、传统戏剧、曲艺、杂技等)

(一)传统表演艺术类海洋文化遗产调查清单(见表2-3)

表2-3　　　　　　　　传统表演艺术类海洋文化遗产调查清单

| 序号 | 名录名称 | 类型 | 属地 | 名录级别 | 涉海等级 | 备注 |
| --- | --- | --- | --- | --- | --- | --- |
| 1 | 壮族三声部民歌 | 传统音乐 | 南宁市 | 市级 | 四级 | |
| 2 | 隆安壮族排歌 | 民间音乐 | 南宁市 | 市级 | 四级 | |
| 3 | 南宁多声部民歌 | 民间音乐 | 南宁市 | 市级 | 四级 | |
| 4 | 南宁平话民歌 | 民间音乐 | 南宁市 | 市级 | 四级 | |
| 5 | 江南平话山歌 | 传统音乐 | 南宁市 | 市级 | 四级 | |
| 6 | 玉林山歌 | 传统音乐 | 玉林市 | 市级 | 四级 | 也叫"兴业山歌" |
| 7 | 松柏多声部山歌 | 传统音乐 | 南宁市 | 市级 | 四级 | |
| 8 | 大新壮族高腔山歌 | 传统音乐 | 崇左市 | 自治区级 | 四级 | |
| 9 | 南宁壮族高腔民歌 | 民间音乐 | 南宁市 | 市级 | 四级 | |
| 10 | 壮族"嘹啰"山歌 | 传统音乐 | 良庆区 | 市级 | 四级 | |
| 11 | 金龙布傣官郎歌 | 传统音乐 | 崇左市 | 市级 | 四级 | |
| 12 | 上林瑶族歌谣 | 民间文学 | 南宁市 | 市级 | 四级 | |
| 13 | 瑶族剪刀歌 | 传统音乐 | 马山县 | 市级 | 五级 | |
| 14 | 黎族民歌 | 民间歌谣 | 琼中黎族苗族自治县 | 国家级 | 一级 | |

续 表

| 序号 | 名录名称 | 类型 | 属地 | 名录级别 | 涉海等级 | 备注 |
|---|---|---|---|---|---|---|
| 15 | 黎族王不大民歌 | 民间歌谣 | 琼中黎苗族自治县 | 省级 | 二级 | |
| 16 | 黎从六之歌 | 民间歌谣 | 定安县 | 省级 | 二级 | |
| 17 | 黎族罗尼调 | 民间文学 | 陵水县 | 县级 | 一级 | |
| 18 | 黎族长调 | 民间文学 | 陵水县 | 县级 | 一级 | |
| 19 | 黎族方言长调 | 民间歌谣 | 陵水县 | 省级 | 一级 | |
| 20 | 苗族民歌 | 民间歌谣 | 琼中黎苗族自治县 | 国家级 | 一级 | 扩展名录 |
| 21 | 京族民歌 | 民间歌谣 | 东兴市 | 自治区级 | 一级 | |
| 22 | 京族唱哈 | 民间歌谣 | 防城港 | — | 一级 | |
| 23 | 京族哈歌 | 民间歌谣 | 东兴市 | 市级 | 一级 | |
| 24 | 京族独弦琴艺术 | 传统音乐 | 东兴市 | 国家级 | 一级 | |
| 25 | 咸水歌 | 民间歌谣 | 北海市 | 自治区级 | 一级 | |
| 26 | 咸水歌 | 传统音乐 | 雷州市 | 后备 | 一级 | |
| 27 | 东海歌 | 民间歌谣 | 北海市 | 自治区级 | 一级 | |
| 28 | 西海歌 | 民间歌谣 | 北海市 | 自治区级 | 一级 | |
| 29 | 姑婢妹 | 民间歌谣 | 北海市 | 后备 | 一级 | |
| 30 | 叹家姐 | 民间歌谣 | 北海市 | 后备 | 一级 | |
| 31 | 东海嫁 | 民间歌谣 | 雷州市 | 后备 | 一级 | |
| 32 | 撑船调 | 民间歌谣 | 北海市 | 后备 | 一级 | |
| 33 | 棹船调 | 民间歌谣 | 北海市 | 后备 | 一级 | |
| 34 | 犯仙调 | 民间歌谣 | 北海市 | 后备 | 一级 | |

续 表

| 序号 | 名录名称 | 类型 | 属地 | 名录级别 | 涉海等级 | 备注 |
|---|---|---|---|---|---|---|
| 35 | 临高渔歌 | 民间歌谣 | 临高县 | 国家级 | 一级 | |
| 36 | 哩哩美 | 传统音乐 | 临高县 | 县级 | 一级 | 即临高渔歌 |
| 37 | 渔歌号子 | 民间歌谣 | 临高县 | 待确认 | 一级 | |
| 38 | 企沙山歌 | 民间歌谣 | 防城港 | 市级 | 一级 | |
| 39 | 吴川水歌 | 民间歌谣 | 雷州市 | 后备 | 一级 | |
| 40 | 疍歌 | 民间歌谣 | 三亚市 | 省级 | 一级 | |
| 41 | 疍家调 | 民间歌谣 | 三亚市 | 省级 | 一级 | |
| 42 | 疍家调 | 传统音乐 | 陵水县 | 县级 | 一级 | |
| 43 | 廉江涯歌 | 民间音乐 | 廉江市 | 市级 | 一级 | |
| 44 | 琼侨歌谣 | 民间歌谣 | 文昌、琼海、万宁 | 省级 | 一级 | |
| 45 | 儋州调声 | 民间歌谣 | 儋州市 | 国家级 | 一级 | |
| 46 | 儋州山歌 | 民间歌谣 | 儋州市 | 省级 | 一级 | |
| 47 | 崖州民歌 | 民间歌谣 | 三亚市、乐东县 | 国家级 | 一级 | |
| 48 | 高州山歌 | 民间歌谣 | 高州市 | 市级 | 一级 | |
| 49 | 并塘山歌 | 民间歌谣 | 坡头区 | 市级 | 四级 | |
| 50 | 雷州歌 | 民间歌谣 | 雷州市 | 国家级 | 一级 | |
| 51 | 雷州"姑娘歌" | 民间曲艺 | 雷州市 | 省级 | 一级 | |
| 52 | 雷州音乐 | 民间音乐 | 雷州市 | 市级 | 一级 | |
| 53 | 黎歌 | 民间歌谣 | 北海市 | 后备 | 二级 | |
| 54 | 客家山歌 | 民间歌谣 | 北海市 | 后备 | 二级 | |

续　表

| 序号 | 名录名称 | 类型 | 属地 | 名录级别 | 涉海等级 | 备注 |
|---|---|---|---|---|---|---|
| 55 | 大堂歌 | 民间歌谣 | 北海市 | 后备 | 四级 | |
| 56 | 哭嫁歌 | 民间歌谣 | 上思县 | 市级 | 四级 | |
| 57 | 瑶族"嗷加" | 民间歌谣 | 上思县 | 市级 | 四级 | |
| 58 | 上思"虽蕾" | 民间歌谣 | 上思县 | 自治区级 | 四级 | 也叫"壮族民歌" |
| 59 | 采茶调 | 传统音乐 | 茂名市 | 市级 | 四级 | |
| 60 | 临高山歌"哢么哩" | 传统音乐 | 临高县 | 县级 | 四级 | |
| 61 | 海南军歌 | 民间歌谣 | 昌江黎族自治县 | 省级 | 二级 | |
| 62 | 黎族竹木器乐 | 传统音乐 | 保亭、五指山市 | 国家级 | 一级 | |
| 63 | 雷胡 | 传统音乐 | 雷州市 | 后备 | 一级 | |
| 64 | 喃嘟管 | 民间音乐 | 玉林市 | 市级 | 三级 | |
| 65 | 壮族天琴艺术 | 传统音乐 | 崇左市 | 自治区级 | 三级 | |
| 66 | 竹马 | 传统音乐 | 浦北县 | 市级 | 四级 | |
| 67 | 鹤舞 | 传统音乐 | 浦北县 | 市级 | 四级 | |
| 68 | 壮族会鼓 | 传统音乐 | 南宁市 | 市级 | 四级 | |
| 69 | 上林瑶族鼓乐 | 传统音乐 | 上林县 | 市级 | 四级 | |
| 70 | 灵山烟墩大鼓 | 传统音乐 | 灵山县 | 自治区级 | 四级 | 传承人劳传永 |
| 71 | 吴川瓦窑陶鼓 | 传统舞蹈 | 吴川市 | 市级 | 三级 | |
| 72 | 雷州换鼓 | 传统音乐 | 雷州市 | — | 二级 | |
| 73 | 安铺锣鼓 | 传统音乐 | 廉江市 | 后备 | 二级 | |
| 74 | 排子鼓 | 传统音乐 | 儋州市 | 市级 | 二级 | |

续　表

| 序号 | 名录名称 | 类型 | 属地 | 名录级别 | 涉海等级 | 备注 |
|---|---|---|---|---|---|---|
| 75 | 冼太庙铜鼓音乐 | 传统音乐 | 茂名市 | 市级 | 二级 | |
| 76 | 广西八音 | 传统音乐 | 南宁市 | 市级 | 四级 | |
| 77 | 广西八音（吹打） | 传统音乐 | 玉林市 | 国家级 | 四级 | 也叫吹打 |
| 78 | 上林壮族八音 | 民间音乐 | 上林县 | 市级 | 四级 | |
| 79 | 三津八音 | 传统音乐 | 江南区 | 市级 | 四级 | |
| 80 | 钦北八音 | 传统音乐 | 钦北区 | 自治区级 | 四级 | |
| 81 | 八音 | 传统音乐 | 浦北县 | 市级 | 四级 | |
| 82 | 安铺八音 | 传统音乐 | 廉江市 | 市级 | 三级 | |
| 83 | 硇洲八音 | 传统音乐 | 雷州市 | 后备 | 三级 | |
| 84 | 八音锣鼓 | 传统音乐 | 茂名市 | 市级 | 三级 | |
| 85 | 澄迈八音 | 传统音乐 | 澄迈县 | 县级 | 三级 | |
| 86 | 临高八音舞 | 传统舞蹈 | 临高县 | 县级 | 三级 | |
| 87 | 海南八音乐器 | 传统音乐 | 海口、文昌 | 国家级 | 三级 | |
| 88 | 海南斋醮科仪音乐 | 传统音乐 | 定安县 | 国家级 | 三级 | |
| 89 | 黎族打柴舞 | 民间舞蹈 | 三亚市 | 国家级 | 一级 | 海岛民族特质 |
| 90 | 黎族老古舞 | 民间舞蹈 | 白沙黎族自治县 | 国家级 | 一级 | 海岛民族特质 |
| 91 | 黎族舞蹈"咚铃伽" | 民间舞蹈 | 琼中黎苗族自治县 | 省级 | 一级 | 海岛民族特质 |
| 92 | 黎族面具舞 | 民间舞蹈 | 东方市 | 省级 | 一级 | |
| 93 | 黎族共同舞 | 民间舞蹈 | 五指山市 | 省级 | 一级 | |

续　表

| 序号 | 名录名称 | 类型 | 属地 | 名录级别 | 涉海等级 | 备注 |
|---|---|---|---|---|---|---|
| 94 | 黎族舂米舞 | 民间舞蹈 | 五指山市 | 省级 | 一级 | |
| 95 | 苗族三元舞 | 民间舞蹈 | 三亚市 | 省级 | 一级 | |
| 96 | 苗族盘皇舞 | 民间舞蹈 | 三亚市 | 省级 | 一级 | |
| 97 | 京族竹竿舞 | 民间舞蹈 | 防城港市 | 后备 | 一级 | |
| 98 | 京族天灯舞 | 传统舞蹈 | 东兴市 | 县级 | 一级 | |
| 99 | 瑶族盘王舞 | 传统舞蹈 | 上思县 | 县级 | 二级 | |
| 100 | 瑶族猴鼓舞 | 民间舞蹈 | 上林县 | 市级 | 四级 | |
| 101 | 壮族骆垌舞 | 民间舞蹈 | 南宁市 | 市级 | 四级 | |
| 102 | 扶绥壮族舞雀 | 传统舞蹈 | 崇左市 | 自治区级 | 四级 | |
| 103 | 金龙花凤舞 | 传统舞蹈 | 崇左市 | 市级 | 四级 | |
| 104 | 壮族竹竿舞 | 传统舞蹈 | 武鸣区 | 市级 | 一级 | |
| 105 | 壮族打扁担 | 民间舞蹈 | 南宁市 | 市级 | 四级 | |
| 106 | 壮族打榔舞 | 传统舞蹈 | 崇左市 | 自治区级 | 四级 | |
| 107 | 马山打榔 | 民间舞蹈 | 南宁市 | 市级 | 四级 | |
| 108 | 百合茅山舞 | 民间舞蹈 | 南宁市 | 市级 | 四级 | |
| 109 | 壮族"九莲灯"花手舞 | 民间舞蹈 | 南宁市 | 市级 | 四级 | |
| 110 | 湛江傩舞 | 民间舞蹈 | 麻章区 | 国家级 | 二级 | |
| 111 | 雷州傩舞 | 民间舞蹈 | 雷州市 | 县级 | 二级 | |
| 112 | 湛江人龙舞 | 民间舞蹈 | 湛江市 | 国家级 | 一级 | 即东海岛人龙舞 |
| 113 | 沈塘人龙舞 | 民间舞蹈 | 雷州市 | 市级 | 一级 | |
| 114 | 电白人龙舞 | 民间舞蹈 | 电白县 | 市级 | 一级 | |

续 表

| 序号 | 名录名称 | 类型 | 属地 | 名录级别 | 涉海等级 | 备注 |
|---|---|---|---|---|---|---|
| 115 | 雷州南门市高跷龙舞 | 民间舞蹈 | 雷州市 | 市级 | 一级 | |
| 116 | 赤坎勒古龙 | 民间舞蹈 | 赤坎区 | 市级 | 一级 | 也叫"橹古龙" |
| 117 | 赤坎"调顺网龙" | 民间舞蹈 | 赤坎区 | 市级 | 一级 | |
| 118 | 人龙 | 民间舞蹈 | 茂名市 | 市级 | 一级 | |
| 119 | 舞青龙 | 民间舞蹈 | 浦北县 | 自治区级 | 四级 | |
| 120 | 隆安稻草龙 | 传统体育 | 隆安县 | 市级 | 四级 | |
| 121 | 香火龙舞 | 民间舞蹈 | 南宁市 | 市级 | 四级 | |
| 122 | 壮族芭蕉香火龙舞 | 民间舞蹈 | 南宁市 | 市级 | 三级 | |
| 123 | 海口龙舞 | 传统舞蹈 | 海口市 | 市级 | 二级 | |
| 124 | 陈东村古傩戏《大酬雷》 | 民间舞蹈 | 南宁市 | 市级 | 三级 | |
| 125 | 阵式藤牌功班舞 | 民间舞蹈 | 徐闻县 | 市级 | 三级 | |
| 126 | 徐闻屯兵舞 | 民间舞蹈 | 徐闻县 | 省级 | 三级 | |
| 127 | 麻章傩舞"考兵" | 民间舞蹈 | 麻章区 | 市级 | 二级 | |
| 128 | 求海舞 | 民俗 | 陵水县 | 县级 | 一级 | |
| 129 | 龙船舞 | 民间舞蹈 | 信宜县 | 市级 | 一级 | |
| 130 | 鳌鱼舞 | 民间舞蹈 | 电白县 | 省级 | 一级 | |
| 131 | 乌石蜈蚣舞 | 民间舞蹈 | 雷州市 | 省级 | 一级 | |
| 132 | 上思舞鹿 | 民间舞蹈 | 上思县 | 自治区级 | 四级 | |
| 133 | 双凤舞 | 民间舞蹈 | 电白县 | 省级 | 四级 | |
| 134 | 舞鹰雄 | 民间舞蹈 | 廉江市 | 省级 | 四级 | |
| 135 | 鹤马舞 | 民间舞蹈 | 玉林市 | 市级 | 四级 | |

续 表

| 序号 | 名录名称 | 类型 | 属地 | 名录级别 | 涉海等级 | 备注 |
|---|---|---|---|---|---|---|
| 136 | 春牛舞 | 民间舞蹈 | 南宁市 | 市级 | 四级 | |
| 137 | 舞春牛 | 民间舞蹈 | 浦北县 | 市级 | 四级 | |
| 138 | 春牛舞 | 民间舞蹈 | 高州市 | 市级 | 四级 | |
| 139 | 春牛舞 | 传统舞蹈 | 茂名市 | 市级 | 四级 | |
| 140 | 马贵土牛舞 | 传统舞蹈 | 茂名市 | 市级 | 四级 | |
| 141 | 采茶舞 | 传统舞蹈 | 玉林市 | 市级 | 四级 | |
| 142 | 钱鞭舞 | 传统舞蹈 | 玉林市 | 市级 | 四级 | |
| 143 | 瑶族蚩尤舞 | 民间舞蹈 | 南宁市 | 市级 | 三级 | |
| 144 | 苗族招龙舞 | 民间舞蹈 | 五指山市 | 省级 | 一级 | |
| 145 | 打盘茶 | 民间舞蹈 | 徐闻县 | — | 三级 | 属徐闻婚俗 |
| 146 | 化州跳花棚 | 传统舞蹈 | 化州市 | 国家级 | 三级 | |
| 147 | 跳禾楼 | 民间舞蹈 | 茂名市 | 省级 | 三级 | |
| 148 | 虎舞 | 民间舞蹈 | 海口市 | 省级 | 三级 | |
| 149 | 那马龙狮 | 民间舞蹈 | 南宁市 | 市级 | 四级 | |
| 150 | 玉林高桩舞狮 | 民俗杂技 | 玉林市 | 市级 | 四级 | |
| 151 | 遂溪醒狮 | 民间舞蹈 | 遂溪县 | 国家级 | 四级 | |
| 152 | 雷州醒狮 | 民间舞蹈 | 雷州市 | 县级 | 四级 | |
| 153 | 高脚狮 | 民间舞蹈 | 茂名市 | 省级 | 四级 | |
| 154 | 高脚狮子舞 | 民间舞蹈 | 电白县 | 省级 | 四级 | |
| 155 | 打铁市舞狮 | 传统舞蹈 | 澄迈县 | 县级 | 四级 | |
| 156 | 海南狮舞 | 民间舞蹈 | 海口市 | 市级 | 四级 | |

续 表

| 序号 | 名录名称 | 类型 | 属地 | 名录级别 | 涉海等级 | 备注 |
|---|---|---|---|---|---|---|
| 157 | 跳娘舞 | 民间舞蹈 | 陵水县 | — | 三级 | |
| 158 | 麒麟舞 | 传统曲艺 | 玉林市 | 市级 | 二级 | |
| 159 | 麒麟舞 | 民间舞蹈 | 浦北县 | 市级 | 二级 | |
| 160 | 麒麟舞 | 民间舞蹈 | 电白县 | 市级 | 二级 | |
| 161 | 麒麟舞 | 传统舞蹈 | 茂名市 | 市级 | 二级 | |
| 162 | 海南麒麟舞 | 民间舞蹈 | 海口市 | 省级 | 二级 | |
| 163 | 梅菉舞貔貅 | 传统舞蹈 | 吴川市 | 市级 | 二级 | |
| 164 | 化州跳花棚 | 民间舞蹈 | 化州市 | 国家级 | 二级 | |
| 165 | 化州跳禾楼 | 民间舞蹈 | 化州市 | 省级 | 二级 | |
| 166 | 板鞋舞 | 民间舞蹈 | 南宁市 | 待核查 | 五级 | |
| 167 | 目莲舞 | 民间舞蹈 | 湛江市 | 待核查 | 四级 | |
| 168 | 散花舞 | 民间舞蹈 | 湛江市 | 待核查 | 四级 | |
| 169 | 道公舞 | 民间舞蹈 | 合浦县 | 自治区级 | 三级 | 也叫五方舞 |
| 170 | 上林壮族师公舞 | 民间舞蹈 | 南宁市 | 市级 | 四级 | |
| 171 | 师公舞（灯图舞） | 传统舞蹈 | 玉林市 | 市级 | 四级 | |
| 172 | 南宁平话师公戏 | 传统戏剧 | 南宁市 | 市级 | 四级 | |
| 173 | 宾阳师公戏 | 传统戏剧 | 南宁市 | 市级 | 四级 | |
| 174 | 上林壮族师公戏 | 传统戏剧 | 南宁市 | 市级 | 四级 | |
| 175 | 傀僮戏 | 传统戏剧 | 玉林市 | 市级 | 一级 | |
| 176 | 五方舞 | 民俗 | 陵水县 | 县级 | 三级 | |
| 177 | 文昌盅盘舞 | 民间舞蹈 | 文昌市 | 省级 | 三级 | |

续 表

| 序号 | 名录名称 | 类型 | 属地 | 名录级别 | 涉海等级 | 备注 |
|---|---|---|---|---|---|---|
| 178 | 耍花楼 | 民间舞蹈 | 合浦县 | 自治区级 | 三级 | |
| 179 | 老杨公 | 民间曲艺 | 北海市 | 自治区级 | 三级 | |
| 180 | 唱木鱼 | 传统曲艺 | 玉林市 | 市级 | 三级 | |
| 181 | 公馆木鱼 | 民间曲艺 | 合浦县 | 自治区级 | 二级 | |
| 182 | 吴川木鱼 | 民间曲艺 | 吴川市 | — | 二级 | |
| 183 | 廉江木鱼 | 民间曲艺 | 廉江市 | — | 二级 | |
| 184 | 粤曲弹唱 | 民间曲艺 | 北海市 | 备选 | 二级 | |
| 185 | 小良横堂班 | 民间曲艺 | 茂名市 | 市级 | 三级 | |
| 186 | 讲古仔 | 民间曲艺 | 北海市 | 备选 | 二级 | |
| 187 | 南康调 | 民间曲艺 | 铁山港区 | 市级 | 三级 | 别名"卖鸡调" |
| 188 | 雷州"姑娘歌" | 民间曲艺 | 雷州市 | 省级 | 二级 | |
| 189 | 大班歌 | 民间曲艺 | 湛江市 | 县级 | 二级 | |
| 190 | 校椅临江壮歌剧 | 传统戏剧 | 南宁市 | 市级 | 四级 | |
| 191 | 邕剧 | 传统戏剧 | 南宁市 | 市级 | 四级 | |
| 192 | 古潭邕剧 | 传统戏剧 | 隆安县 | 市级 | 四级 | |
| 193 | 鹩剧 | 传统戏剧 | 浦北县 | 自治区级 | 四级 | |
| 194 | 廉州山歌剧 | 传统戏剧 | 北海市 | 备选 | 二级 | |
| 195 | 广东粤剧 | 传统戏剧 | 湛江市 | 世界级 | 一级 | |
| 196 | 广东粤剧 | 传统戏剧 | 茂名市 | 世界级 | 一级 | |
| 197 | 粤西粤剧 | 民间音乐 | 湛江市 | 市级 | 一级 | |

续　表

| 序号 | 名录名称 | 类型 | 属地 | 名录级别 | 涉海等级 | 备注 |
|---|---|---|---|---|---|---|
| 198 | 湛江粤剧南派艺术 | 传统戏剧 | 吴川市 | 市级 | 一级 | |
| 199 | 粤剧 | 传统戏剧 | 玉林市 | 市级 | 一级 | |
| 200 | 粤剧 | 传统戏剧 | 北海市 | 市级 | 一级 | |
| 201 | 粤剧 | 传统戏剧 | 钦州市 | 后备 | 一级 | |
| 202 | 南宁粤剧 | 传统戏剧 | 南宁市 | 国家级 | 一级 | 属于扩展名录 |
| 203 | 广西粤剧 | 传统戏剧 | 南宁市 | 市级 | 一级 | |
| 204 | 雷剧 | 传统戏剧 | 雷州市 | 国家级 | 一级 | |
| 205 | 琼剧 | 传统戏剧 | 海口、定安 | 国家级 | 一级 | |
| 206 | 澄迈琼剧 | 传统戏剧 | 澄迈县 | 县级 | 一级 | |
| 207 | 临剧 | 传统戏剧 | 临高县 | 县级 | 一级 | |
| 208 | 黎戏 | 传统戏剧 | 湛江市 | 县级 | 二级 | |
| 209 | 粤西白戏（安铺白戏） | 传统戏剧 | 湛江市 | 后备 | 二级 | 也叫"白戏仔" |
| 210 | 廉江白戏 | 传统戏剧 | 廉江市 | 省级 | 二级 | |
| 211 | 廉江石角傩戏 | 传统戏剧 | 廉江市 | 省级 | 二级 | |
| 212 | 陆川哐戏 | 传统戏剧 | 玉林市 | 自治区级 | 二级 | |
| 213 | 丝弦戏 | 传统戏剧 | 南宁市 | 市级 | 四级 | |
| 214 | 马山丝弦戏 | 传统戏剧 | 马山县 | 市级 | 四级 | |
| 215 | 壮族采茶戏 | 传统戏剧 | 南宁市 | 市级 | 三级 | |
| 216 | 横县壮族采茶戏 | 传统戏剧 | 横县 | 市级 | 三级 | |
| 217 | 扶绥壮族采茶剧 | 传统戏剧 | 崇左市 | 自治区级 | 三级 | |
| 218 | 防城采茶戏 | 传统戏剧 | 防城区 | 自治区级 | 四级 | |

续 表

| 序号 | 名录名称 | 类型 | 属地 | 名录级别 | 涉海等级 | 备注 |
|---|---|---|---|---|---|---|
| 219 | 钦南采茶戏 | 传统戏剧 | 钦南区 | 自治区级 | 四级 | |
| 220 | 采茶 | 传统戏剧 | 浦北县 | 市级 | 四级 | |
| 221 | 桂南采茶戏 | 传统戏剧 | 玉林市 | 国家级 | 四级 | |
| 222 | 采茶调 | 传统戏剧 | 茂名市 | 市级 | 四级 | |
| 223 | 高州采茶戏 | 传统戏剧 | 茂名市 | 市级？ | 四级 | |
| 224 | 金江祈采 | 传统戏剧 | 澄迈县 | 县级 | 三级 | |
| 225 | 海南公仔戏 | 传统戏剧 | 海口市 | 市级 | 二级 | |
| 226 | 文昌公仔戏与三江公仔戏 | 传统戏剧 | 文昌市、海口市 | 国家级 | 二级 | |
| 227 | 海南斋戏 | 传统戏剧 | 海口市 | 国家级 | 二级 | |
| 228 | 木偶戏 | 传统戏剧 | 玉林市 | 市级 | 二级 | |
| 229 | 山口木偶戏 | 传统戏剧 | 合浦县 | 市级 | 二级 | |
| 230 | 木偶戏 | 传统戏剧 | 浦北县 | 市级 | 二级 | 传承人李苑骥 |
| 231 | 湛江木偶戏 | 传统戏剧 | 赤坎区 | 省级 | 二级 | |
| 232 | 湛江赤坎粤剧木偶戏 | 传统戏剧 | 赤坎区 | 市级 | 二级 | |
| 233 | 茂港单人木偶 | 传统戏剧 | 茂名市 | 省级 | 二级 | |
| 234 | 木偶戏（茂南单人木偶戏） | 传统戏剧 | 茂名市 | 省级 | 二级 | |
| 235 | 木偶戏（吴川单人木偶） | 传统戏剧 | 吴川市 | 市级 | 二级 | |
| 236 | 木偶戏（高州木偶戏） | 传统戏剧 | 高州市 | 国家级 | 二级 | |
| 237 | 木偶戏（化州木偶戏） | 传统戏剧 | 化州市 | 市级 | 二级 | |
| 238 | 木偶戏（临高人偶戏） | 传统戏剧 | 临高县 | 国家级 | 二级 | |

续　表

| 序号 | 名录名称 | 类型 | 属地 | 名录级别 | 涉海等级 | 备注 |
|---|---|---|---|---|---|---|
| 239 | 木偶戏 | 传统戏剧 | 文昌市、海口市 | 国家级 | 二级 | 文昌公仔戏、三江公仔戏 |
| 其他 | 南宁：四六联民歌、江南平话山歌；湛江：木偶唱腔、南音、快板、三句半、莲花板、大实话、卖鸡调、紫微降貔貅；雷州市：吴川山歌、出嫁姑娘梳头歌、廉江歌、白话歌、吟诗歌、华琴；海南省：仁兴山歌、澄迈民谣等等 | | | | | |

## 二　部分名录或重点名录概况（略，见本章"典型的艺术遗产"部分）

## 三　环北部湾涉海传统技能（含传统手工艺技艺、传统美术、美食等）

（一）环北部湾传统技能类海洋文化遗产调查清单（见表2-4）

表2-4　　　　　　环北部湾传统技能类海洋文化遗产调查清单

| 序号 | 名录名称 | 类型 | 属地 | 名录级别 | 涉海等级 | 备注 |
|---|---|---|---|---|---|---|
| 1 | 南海航道更路经① | 传统渔业航海技艺 | 琼海市、三沙市 | 国家级 | 一级 | 又叫"南海航道更路簿"或"更路簿" |
| 2 | 特殊鱼箭技艺 | 南海传统捕鱼技艺 | 三沙市 | 备选 | 一级 | |
| 3 | 深海捕捞技术 | 南海传统捕鱼技艺 | 三沙市 | 备选 | 一级 | |
| 4 | 浅海捕捞技术 | 南海传统捕鱼技艺 | 三沙市 | 备选 | 一级 | |
| 5 | 临高渔谚 | 传统技艺 | 临高县 | 国家级 | 一级 | 海南谚语 |

---

① 明清时期，海南渔民就以文字或经本相传的方式，记录南海航行路线知识，并收录在《南海航道更路簿》里。渔民们凭此经本，驾船前往西沙、中沙、南沙等海域从事捕捞。南海的几乎每一个岛礁都在《更路簿》有所记载。《更路经》约定俗成，世代相传，相对于原始口头秘诀，成熟的文字经本基本到了后期才出现，根据专家考证，其形成源头可追溯至远古百越渔猎原始采集时期。

续 表

| 序号 | 名录名称 | 类型 | 属地 | 名录级别 | 涉海等级 | 备注 |
|---|---|---|---|---|---|---|
| 6 | 京族拉大网 | 传统技艺 | 东兴市 | 后备 | 一级 | |
| 7 | 京族围箔 | 传统技艺 | 东兴市 | 县级 | 一级 | |
| 8 | 京族高跷捞虾 | 传统技艺 | 东兴市 | 县级 | 一级 | |
| 9 | 京族放虾灯 | 传统技艺 | 东兴市 | 后备 | 一级 | |
| 10 | 京族耙螺 | 传统技艺 | 东兴市 | 县级 | 一级 | |
| 11 | 京族高跷捕鱼技艺 | 传统技艺 | 东兴市 | 自治区级 | 一级 | |
| 12 | 京族鱼露 | 传统技艺 | 东兴市 | 自治区级 | 一级 | |
| 13 | 鱼丸制作工艺 | 传统技艺 | 上思县 | 县级 | 一级 | |
| 14 | 海盐晒制技艺 | 传统技艺 | 儋州市 | 国家级 | 一级 | |
| 15 | 海水制盐技艺 | 传统技艺 | 北海市 | 后备 | 一级 | |
| 16 | 南海珍珠传统养殖技艺 | 传统技艺 | 陵水黎族自治县 | 省级 | 一级 | |
| 17 | 南珠加工制作技艺 | 珍珠技艺 | 北海市 | 后备 | 一级 | |
| 18 | 南珠养殖技术 | 珍珠技艺 | 北海市 | 后备 | 一级 | |
| 19 | 流沙珍珠制作技艺 | 珍珠技艺 | 雷州市 | 市级 | 一级 | |
| 20 | 黎族船型屋营造技艺 | 传统技艺 | 东方市 | 国家级 | 一级 | |
| 21 | 黎族干栏建筑技艺 | 传统技艺 | 五指山市 | 省级 | 一级 | |
| 22 | 黎族钻木取火技艺 | 传统技艺 | 保亭黎族苗族自治县 | 国家级 | 一级 | |
| 23 | 钻木取火 | 传统技艺 | 三亚市 | 市级 | 一级 | 黎族活化石 |
| 24 | 黎族传统纺染织绣技艺（含麻纺织、绗染、双面绣、龙被织造） | 传统技艺 | 五指山、东方、三亚市，白沙、保亭、乐东、昌江自治县 | 世界级 | 一级 | 联合国非物质文化遗产"急需保护名录"（2009） |

续 表

| 序号 | 名录名称 | 类型 | 属地 | 名录级别 | 涉海等级 | 备注 |
|---|---|---|---|---|---|---|
| 25 | 黎族传统棉纺织染技艺 | 传统技艺 | 五指山、东方、白沙、保亭、乐东 | 国家级 | 一级 | |
| 26 | 黎族麻纺织工艺 | 传统技艺 | 乐东、东方、白沙、昌江、三亚 | 省级 | 一级 | 主要分布于黎族聚居区 |
| 27 | 黎族织锦 | 传统技艺 | 陵水县 | 县级 | 一级 | |
| 28 | 龙被织造 | 传统技艺 | 乐东、东方等6市县 | 省级 | 一级 | 白沙、昌江、三亚 |
| 29 | 黎锦纺染织绣工具制作技艺 | 传统技艺 | 琼中黎族苗族自治县 | 省级 | 二级 | |
| 30 | 黎族树皮布制作技艺 | 传统技艺 | 保亭黎苗族自治县 | 国家级 | 一级 | |
| 31 | 黎族服饰 | 传统技艺 | 海南省 | 国家级 | 一级 | |
| 32 | 黎族骨器制作 | 传统技艺 | 白沙黎族自治县 | 省级 | 一级 | |
| 33 | 黎族渡水腰舟 | 传统技艺 | 白沙黎族自治县 | 省级 | 一级 | |
| 34 | 黎族藤竹编技艺 | 传统技艺 | 乐东黎族自治县 | 省级 | 一级 | |
| 35 | 黎族独木器具制作技艺 | 传统技艺 | 保亭黎苗族自治县 | 省级 | 一级 | |
| 36 | 黎族原始制陶技艺 | 传统技艺 | 昌江、白沙、三亚 | 国家级 | 一级 | 黎族自治县及黎族聚居区 |
| 37 | 黎族制陶技艺 | 传统技艺 | 陵水县 | 县级 | 一级 | |
| 38 | 黎族泥片贴筑制瓷技艺 | 传统技艺 | 白沙黎族自治县 | 省级 | 一级 | |
| 39 | 黎族泥片制陶技艺 | 传统技艺 | 白沙黎族自治县 | 国家级 | 一级 | 陶瓷烧制技艺 |

续 表

| 序号 | 名录名称 | 类型 | 属地 | 名录级别 | 涉海等级 | 备注 |
|---|---|---|---|---|---|---|
| 40 | 海南苗族传统刺绣蜡染工艺 | 传统技艺 | 琼中黎苗族自治县 | 省级 | 一级 | |
| 41 | 苗族刺绣与蜡染 | 传统技艺 | 五指山市 | 市级 | 一级 | |
| 42 | 临高渔家服饰 | 传统技艺 | 临高县 | 县级 | 一级 | |
| 43 | 新盈渔家服饰 | 传统技艺 | 临高县 | 县级 | 一级 | |
| 44 | 疍家服饰制作技艺 | 传统技艺 | 北海市 | 自治区级 | 一级 | |
| 45 | 京族服饰 | 制作技艺 | 东兴市 | 自治区级 | 一级 | |
| 46 | 大板瑶服饰 | 传统技艺 | 防城区 | 自治区级 | 四级 | |
| 47 | 过山瑶服饰技艺 | 传统技艺 | 上思县 | 市级 | 四级 | |
| 48 | 瑶族蓝靛染布技艺 | 传统技艺 | 上思县 | 县级 | 四级 | |
| 49 | 瑶族织锦 | 传统技艺 | 上思县 | 县级 | 四级 | |
| 50 | 南宁壮族干栏建筑营造技艺 | 传统技艺 | 南宁市 | 市级 | 四级 | |
| 51 | 红良壮族打铁技艺 | 传统技艺 | 南宁市 | 市级 | 三级 | |
| 52 | 宁明壮族民间染织工艺 | 传统技艺 | 崇左市 | 自治区级 | 三级 | |
| 53 | 宾阳壮锦编织技艺 | 传统手工技艺 | 南宁市 | 市级 | 三级 | |
| 54 | 壮族刺绣 | 传统技艺 | 南宁市 | 市级 | 三级 | |
| 55 | 羽毛画 | 民间技艺 | 玉林市 | 市级 | 四级 | |
| 56 | 武鸣壮族服饰 | 民俗 | 武鸣区 | 市级 | 三级 | |
| 57 | 壮族服饰制作技艺 | 传统手工技艺 | 南宁市 | 市级 | 三级 | |
| 58 | 六槐米酒酿造技艺 | 传统技艺 | 玉林市 | 市级 | 四级 | |
| 59 | 宁明县糖泡酒制作技艺 | 传统技艺 | 崇左市 | 市级 | 四级 | |

续 表

| 序号 | 名录名称 | 类型 | 属地 | 名录级别 | 涉海等级 | 备注 |
|---|---|---|---|---|---|---|
| 60 | 武鸣壮酒制作技艺 | 传统技艺 | 武鸣区 | 市级 | 四级 | |
| 61 | 壮族五色香糯米饭 | 传统技艺 | 上思县 | 市级 | 四级 | |
| 62 | 五色糯米饭 | 传统技艺 | 上思县 | 县级 | 四级 | |
| 63 | 糯米糍粑制作 | 传统技艺 | 上思县 | 县级 | 四级 | |
| 64 | 酸竹笋制作技艺 | 传统技艺 | 上思县 | 县级 | 四级 | |
| 65 | 上思酸粥制作技艺 | 传统技艺 | 上思县 | 县级 | 四级 | |
| 66 | 上思香糯米酒酿制技艺 | 传统技艺 | 上思县 | 县级 | 四级 | |
| 67 | 武鸣壮族刘氏"药仙翁"药茶制作技艺 | 传统技艺 | 南宁市 | 市级 | 四级 | |
| 68 | 玉林茶泡 | 民间技艺 | 玉林市 | 市级 | 三级 | |
| 69 | 玉林凉茶制作技艺 | 传统技艺 | 玉林市 | 市级 | 三级 | |
| 70 | 横县茉莉花茶制作技艺 | 传统手工艺 | 南宁市 | 市级 | 三级 | |
| 71 | 南宁制陶技艺 | 传统技艺 | 南宁市 | 市级 | 一级 | |
| 72 | 宾阳邹圩陶器制作技艺 | 宾阳县 | 宾阳县 | 市级 | 一级 | 古海丝绸路主产品 |
| 73 | 陶瓷制作工艺 | 传统技艺 | 玉林市 | 市级 | 一级 | |
| 74 | 钦州坭兴陶烧制技艺 | 传统技艺 | 钦州市 | 国家级 | 一级 | 传承人为李人帡 |
| 75 | 小江瓷器手工制作技艺 | 传统技艺 | 浦北县 | 自治区级 | 一级 | 传承人为陈世俊 |
| 76 | 赤江陶制作技艺 | 传统技艺 | 铁山港 | 市级 | 一级 | |
| 77 | 雷州窑烧制技艺 | 传统技艺 | 雷州市 | 后备 | 一级 | |
| 78 | 吴川瓦窑陶鼓制作技艺 | 传统技艺 | 吴川市 | 省级 | 四级 | |

续表

| 序号 | 名录名称 | 类型 | 属地 | 名录级别 | 涉海等级 | 备注 |
|---|---|---|---|---|---|---|
| 79 | 椰胡制作技艺 | 传统技艺 | 琼海市 | 省级 | 三级 | |
| 80 | 椰子传统加工工艺 | 传统技艺 | 文昌市 | — | 四级 | |
| 81 | 东坡笠 | 传统技艺 | 琼海市 | 省级 | 二级 | |
| 82 | 北海贝雕技艺 | 传统美术 | 北海市 | 自治区级 | 一级 | |
| 83 | 海南贝雕 | 传统美术 | 海口市 | 省级 | 一级 | |
| 84 | 海南椰雕 | 传统美术 | 龙华区 | 国家级 | 一级 | 主要流行于海口市 |
| 85 | 角雕 | 传统美术 | 合浦县 | 市级 | 四级 | |
| 86 | 核桃雕 | 传统美术 | 合浦县 | 后备 | 四级 | |
| 87 | 根雕 | 传统美术 | 北海市 | 后备 | 二级 | |
| 88 | 古沉木艺术 | 传统美术 | 合浦县 | 后备 | 一级 | |
| 89 | 古船木艺术 | 传统美术 | 北海市 | 后备 | 一级 | |
| 90 | 花瑰艺术 | 传统美术 | 澄迈县 | 国家级 | 二级 | 属于木雕门类 |
| 91 | 进远石雕技艺 | 传统技艺 | 天等县 | 自治区级 | 三级 | |
| 92 | 防城彩石雕刻 | 传统美术 | 防城区 | 市级 | 三级 | |
| 93 | 雷州石雕 | 传统美术 | 雷州市 | 后备 | 三级 | |
| 94 | 雷州木刻 | 传统美术 | 雷州市 | 后备 | 三级 | |
| 95 | 雷州木雕 | 传统美术 | 雷州市 | 后备 | 三级 | |
| 96 | 雷州壁画 | 传统美术 | 雷州市 | 后备 | 三级 | |
| 97 | 雷州石狗 | 传统美术 | 雷州市 | 国家级 | 二级 | |
| 98 | 玉雕 | 传统美术 | 茂名市 | 省级 | 二级 | 也叫"信宜玉雕" |

续表

| 序号 | 名录名称 | 类型 | 属地 | 名录级别 | 涉海等级 | 备注 |
|---|---|---|---|---|---|---|
| 99 | 玉雕 | 传统美术 | 北海市 | 备选 | 二级 | |
| 100 | 高州缅茄雕 | 传统美术 | 茂名市 | 国家级 | 三级 | |
| 101 | 七彩雕画 | 传统美术 | 澄迈县 | 省级 | 三级 | |
| 102 | 文昌壁画 | 传统美术 | 文昌市 | — | 三级 | |
| 103 | 壁画、雕塑 | 传统美术 | 合浦县 | 市级 | 三级 | |
| 104 | 龙潭雕刻艺术 | 传统美术 | 海口市 | 省级 | 三级 | |
| 105 | 龙塘民间雕刻艺术 | 传统技艺 | 海口市 | 市级 | 三级 | |
| 106 | 门神绘画技艺 | 传统美术 | 海城区 | 市级 | 三级 | |
| 107 | 高州木刻画 | 传统美术 | 高州市 | 省级 | 三级 | |
| 108 | 吹塑纸水印版画 | 传统美术 | 麻章区 | 后备 | 三级 | |
| 109 | 番鬼托梁 | 传统美术 | 湛江市 | 市级 | 三级 | |
| 110 | 高州版画 | 传统美术 | 茂名市 | 省级 | 三级 | |
| 111 | 农民版画 | 传统美术 | 茂名市 | 市级 | 三级 | |
| 112 | 剪纸 | 传统美术 | 玉林市 | 市级 | 三级 | |
| 113 | 澄迈民间炭画像 | 传统美术 | 澄迈县 | 省级 | 三级 | |
| 114 | 木偶制作技艺 | 传统美术 | 北海市 | 后备 | 一级 | 也叫"木安局脸谱" |
| 115 | 后安刀锻造技艺 | 传统技艺 | 万宁市 | 省级 | 二级 | |
| 116 | 海南黄花梨家具制作技艺 | 传统技艺 | 海口市 | 省级 | 二级 | |
| 117 | 横县鱼生制作技艺 | 传统手工技艺 | 南宁市 | 市级 | 二级 | |
| 118 | 横县鱼宴制作技艺 | 传统手工技艺 | 南宁市 | 市级 | 二级 | |

续 表

| 序号 | 名录名称 | 类型 | 属地 | 名录级别 | 涉海等级 | 备注 |
|---|---|---|---|---|---|---|
| 119 | 玉林（葵阳旧县）鱼料 | 传统技艺 | 玉林市 | 市级 | 二级 | |
| 120 | 沙蟹汁制作技艺 | 传统美食 | 北海市 | 市级 | 一级 | |
| 121 | 咸鱼腌制技艺 | 传统美食 | 北海市 | 后备 | 一级 | |
| 122 | 水鱼制作技艺 | 传统美食 | 北海市 | 后备 | 一级 | |
| 123 | 鱼生粥制作法 | 传统美食 | 北海市 | 后备 | 一级 | |
| 124 | 虾酱技法 | 传统美食 | 北海市 | 后备 | 一级 | |
| 125 | 雷州鱼露制作技艺 | 传统美食 | 雷州市 | 后备 | 一级 | |
| 126 | 玉林肉丸 | 传统技艺 | 玉林市 | 市级 | 四级 | |
| 127 | 石南肉蛋 | 传统技艺 | 玉林市 | 市级 | 四级 | 别称"玉林肉丸" |
| 128 | 扬美豆豉制作技艺 | 传统手工技艺 | 南宁市 | 市级 | 四级 | |
| 129 | 博白豉膏制作技艺 | 传统技艺 | 玉林市 | 市级 | 四级 | |
| 130 | 城隍酸料腌制工艺 | 传统技艺 | 玉林市 | 市级 | 四级 | |
| 131 | 天等指天椒制作加工技艺 | 传统技艺 | 崇左市 | 自治区级 | 四级 | |
| 132 | 玉林牛巴 | 民间技艺 | 玉林市 | 市级 | 四级 | |
| 133 | 扶绥壮族酸粥 | 传统技艺 | 崇左市 | 自治区级 | 四级 | |
| 134 | 老友粉 | 传统技艺 | 南宁市 | 市级 | 四级 | |
| 135 | 猪脚粉 | 传统美食 | 钦州市 | 后备 | 四级 | |
| 136 | 海南粉 | 传统美食 | 海口、文昌 | 省级 | 三级 | |
| 137 | 沙田柚皮酿 | 传统技艺 | 玉林市 | 自治区级 | 四级 | |
| 138 | 土法制糖技艺 | 传统美食 | 海口市 | 省级 | 四级 | |

续 表

| 序号 | 名录名称 | 类型 | 属地 | 名录级别 | 涉海等级 | 备注 |
|---|---|---|---|---|---|---|
| 139 | 遂溪制糖技艺 | 传统美食 | 遂溪县 | 省级 | 四级 | |
| 140 | 鹿龟酒酿泡技艺 | 传统美食 | 海口市 | 省级 | 四级 | |
| 141 | 京族风吹饼制作技艺 | 传统技艺 | 东兴市 | 自治区级 | 一级 | |
| 142 | 玉林月饼制作技艺 | 传统技艺 | 玉林市 | 市级 | 四级 | |
| 143 | 吴川月饼制作技艺 | 传统美食 | 吴川市 | 省级 | 四级 | |
| 144 | 化州大月饼制作技艺 | 传统技艺 | 茂名市 | 市级 | 四级 | |
| 145 | 化州拖罗饼制作技艺 | 传统美食 | 化州市 | 省级 | 三级 | |
| 146 | 湛江阿婆田艾籺制作技艺 | 传统美食 | 湛江市 | 省级 | 四级 | |
| 147 | 吉兆木薯粉籺制作技艺 | 传统美食 | 吴川市 | 市级 | 四级 | |
| 148 | 安铺年糕制作技艺 | 传统美食 | 湛江市 | 市级 | 四级 | |
| 149 | 湛江威力神酒酿造技艺 | 传统美食 | 湛江市 | 市级 | 四级 | |
| 150 | 井华酒传统酿造技艺 | 传统技艺 | 坡头区 | 市级 | 四级 | |
| 151 | 湛江金泉腊味制作技艺 | 传统美食 | 湛江市 | 市级 | 四级 | 又名"坡头腊味" |
| 152 | 徐闻八宝饭制作技艺 | 传统美食 | 徐闻县 | 市级 | 四级 | |
| 153 | 遂溪狮头制作技艺 | 传统美食 | 遂溪县 | 市级 | 四级 | |
| 154 | 蛤蒌粽制作技艺 | 传统美食 | 霞山区 | 市级 | 二级 | |
| 155 | 沙古菜头仔制作技艺 | 传统美食 | 湛江市 | 市级 | 四级 | |
| 156 | 月饼(猪笼饼)制作技艺 | 传统美食 | 遂溪县 | 市级 | 四级 | |
| 157 | 橘州田艾籺制作技艺 | 传统技艺 | 茂名市 | 市级 | 四级 | |
| 158 | 都结豆腐制作技艺 | 传统技艺 | 隆安县 | 市级 | 四级 | |

续 表

| 序号 | 名录名称 | 类型 | 属地 | 名录级别 | 涉海等级 | 备注 |
|---|---|---|---|---|---|---|
| 159 | 宋家米酒酿造技艺 | 传统技艺 | 江南区 | 市级 | 四级 | |
| 160 | 雷州糯米酒制作技艺 | 传统技艺 | 雷州市 | 后备 | 四级 | |
| 161 | 博白芒竹编织技艺 | 传统技艺 | 玉林市 | 自治区级 | 四级 | |
| 162 | 江州草席制作技艺 | 传统技艺 | 崇左市 | 自治区级 | 四级 | |
| 163 | 竹编的制作 | 传统技艺 | 上思县 | 县级 | 四级 | |
| 164 | 宾阳竹编技艺 | 传统技艺 | 宾阳县 | 市级 | 四级 | |
| 165 | 龙门编织 | 手工技艺 | 浦北县 | 市级 | 四级 | 传承人庞正锋 |
| 166 | 雷州蒲织 | 传统技艺 | 雷州市 | 市级 | 四级 | |
| 167 | 编狮龙 | 手工技艺 | 钦北区 | 市级 | 四级 | |
| 168 | 麻通 | 手工技艺 | 钦北区 | 市级 | 四级 | |
| 169 | 藤编 | 手工技艺 | 北海市 | 后备 | 四级 | |
| 170 | 草编 | 手工技艺 | 北海市 | 后备 | 四级 | |
| 171 | 竹编 | 手工技艺 | 北海市 | 后备 | 四级 | |
| 172 | 信宜竹编技艺 | 传统技艺 | 信宜市 | 市级 | 四级 | |
| 173 | 隆安构树造纸技艺 | 传统手工艺 | 南宁市 | 市级 | 四级 | |
| 174 | 点米成画 | 传统技艺 | 邕宁区 | 市级 | 四级 | |
| 175 | 吴川泥塑 | 手工技艺 | 吴川市 | 市级 | 三级 | |
| 176 | 雷州陶塑 | 手工技艺 | 雷州市 | 后备 | 三级 | |
| 177 | 雷州灰塑技艺 | 手工技艺 | 雷州市 | 市级 | 三级 | |
| 178 | 灵山大芦村槛联 | 传统美术 | 灵山县 | 市级 | 五级 | |

续 表

| 序号 | 名录名称 | 类型 | 属地 | 名录级别 | 涉海等级 | 备注 |
|---|---|---|---|---|---|---|
| 179 | 雷州民居斗拱制作技艺 | 传统技艺 | 雷州市 | 后备 | 三级 | |
| 180 | 雷州传统民居营造技艺 | 传统技艺 | 雷州市 | 后备 | 三级 | |
| 其他各类 | 南宁,市级:水街生榨米粉、化皮猪脚制作技艺等。防城港,县级:"驴打滚"糍粑制作、上思"猴母"制作技艺、"发糕"的制作、上思馊粉制作技艺、土法腌制咸鸭蛋、那良手工粉、李进记酸椒、蜂蜡提炼、"狮头"制作技艺、"妈宁"制作、"花莲"制作、"凉粽"制作、"粽叶帽"制作、上思沙糕、上思粽子、公正鸭酱制作技艺等等。钦州:剪纸等。北海市,备选:粉肠煲技法、芋檬巴制作技艺、南康水米乙、民间扎彩(风筝、花灯、孔明灯)等等。湛江市,备选:彩塑、麻章烧猪制作技艺、英利烧猪制作技艺、咸甜面制作技艺、雷州酸菜制作技艺、雷州豆腐制作技艺、雷州腐乳制作技艺、雷州浆豆制作技艺、雷州豆豉制作技艺、雷州生抽王制作技艺、雷州叶搭饼制作技艺、雷州猪仔肉技艺、雷州白切狗煮蒸技艺、雷州艾仔饭制作技艺、雷州合萎饭制作技艺、雷州粽仔制作技艺、雷州乌石甜糟酿制技艺等等。茂名市:笪桥黄瓜干制作技艺等。海南省,澄迈县:山柚榨油工艺、澄迈民间制糖工艺;陵水:陵水酸粉;文昌:琼菜、抱罗粉、老爸茶,以及文昌鸡养殖与烹调技艺等 | | | | | |

（二）部分名录或重点名录概况（略，详见本章"典型名录"部分）

## 四 环北部湾涉海社会实践、礼仪、节庆（含部分民俗、传统体育、游艺、传统医药）

（一）环北部湾涉海社会实践、礼仪、节庆类遗产清单（见表2-5）

表2-5　　　　　　涉海社会实践、礼仪、节庆类遗产清单

| 序号 | 名录名称 | 类型 | 属地 | 名录级别 | 涉海等级 | 备注 |
|---|---|---|---|---|---|---|
| 1 | 京族哈节 | 民俗 | 东兴市 | 国家级 | 一级 | |
| 2 | 壮族伏波庙会 | 民俗 | 南宁市 | 市级 | 二级 | |
| 3 | 壮族会鼓 | 民俗 | 南宁市 | 市级 | 三级 | |
| 4 | 三里壮族歌圩 | 民俗 | 上林县 | 市级 | 三级 | |
| 5 | 灵水壮族歌圩 | 民俗 | 南宁市 | 市级 | 三级 | |

续 表

| 序号 | 名录名称 | 类型 | 属地 | 名录级别 | 涉海等级 | 备注 |
|---|---|---|---|---|---|---|
| 6 | 云表壮族歌圩 | 民俗 | 横县 | 市级 | 三级 | |
| 7 | 更望湖壮族歌圩 | 民俗 | 南宁市 | 市级 | 三级 | |
| 8 | 西乡塘歌圩 | 民俗 | 西乡塘 | 市级 | 三级 | |
| 9 | 宾阳甘棠圩逢 | 民俗 | 宾阳县 | 市级 | 三级 | |
| 10 | 露圩壮族圩逢节 | 民俗 | 南宁市 | 市级 | 三级 | |
| 11 | 横县壮族三相圩逢 | 民俗 | 南宁市 | 市级 | 三级 | |
| 12 | 金龙壮族侬峝节 | 民俗 | 崇左市 | 自治区级 | 三级 | |
| 13 | 宝圩侬峝节 | 民俗 | 崇左市 | 市级 | 三级 | 也叫"二十九侬峝节" |
| 14 | 那桐壮族农具节 | 民俗 | 南宁市 | 市级 | 三级 | |
| 15 | 那莲赛巧节 | 民俗 | 南宁市 | 市级 | 四级 | |
| 16 | 壮族毽丝歌会 | 民俗 | 南宁市 | 市级 | 二级 | |
| 17 | 壮族婚俗 | 民俗 | 南宁市 | 市级 | 四级 | |
| 18 | 冼大人信俗（原称"军坡节"） | 民俗 | 海口、定安、澄迈 | 国家级 | 一级 | 为扩展名录 |
| 19 | 冼夫人信俗 | 民俗 | 茂名市 | 国家级 | 一级 | |
| 20 | 加方上刀山下火海 | 民俗绝技 | 马山县 | 市级 | 一级 | |
| 21 | 南宁下楞龙舟节 | 民俗 | 西乡塘 | 市级 | 一级 | |
| 22 | 扬美龙舟上水节 | 民俗 | 南宁市 | 市级 | | |
| 23 | 赛龙舟 | 传统体育 | 南宁市 | 市级？ | 一级 | 即扒龙船 |
| 24 | 赛龙舟 | 传统体育 | 合浦县 | 市级 | 一级 | 位于廉州镇 |

续 表

| 序号 | 名录名称 | 类型 | 属地 | 名录级别 | 涉海等级 | 备注 |
|---|---|---|---|---|---|---|
| 25 | 化州赛龙舟 | 民俗 | 化州市 | 市级 | 一级 | |
| 26 | 合江龙舟 | 民俗 | 茂名市 | 市级 | 一级 | |
| 27 | 舞龙 | 民俗 | 北海市 | 后备 | 一级 | |
| 28 | 舞狮 | 民俗 | 北海市 | 后备 | 三级 | |
| 29 | 打尺 | 传统游艺 | 北海市 | 后备 | 三级 | |
| 30 | 跳飞机 | 传统体育 | 防城区 | 县级 | 三级 | |
| 31 | 烧艾火 | 传统体育 | 防城区 | 县级 | 三级 | |
| 32 | 青桐穿镰功 | 传统绝技 | 徐闻县 | 省级 | 三级 | |
| 33 | 特呈捧犁头习俗 | 传统绝技 | 霞山区 | 省级 | 三级 | |
| 34 | 壮拳 | 传统体育 | 南宁市 | 市级 | 三级 | |
| 35 | 左江花山壮拳 | 体育杂技 | 崇左市 | 市级 | 三级 | |
| 36 | 州珮功夫 | 体育杂技 | 玉林市 | 自治区级 | 三级 | |
| 37 | 陂头硬气功 | 杂技竞技 | 玉林市 | 市级 | 三级 | |
| 38 | 湛江洪拳 | 传统体育 | 赤坎区 | 省级 | 四级 | 又名"洪家拳" |
| 39 | 李家拳及南蛇过峒 | 传统竞技 | 合浦县 | 自治区级 | 四级 | |
| 40 | 王家南拳 | 体育杂技 | 茂名市 | 市级 | 四级 | |
| 41 | 无形掌与反手剑 | 传统竞技 | 合浦县 | 市级 | 四级 | |
| 42 | 壮医经筋疗法 | 传统医药 | 南宁市 | 市级 | 四级 | |
| 43 | 壮医目诊 | 传统医药 | 南宁市 | 市级 | 四级 | |
| 44 | 龚氏痛症疗法 | 传统医药 | 南宁市 | 市级 | 四级 | |

续　表

| 序号 | 名录名称 | 类型 | 属地 | 名录级别 | 涉海等级 | 备注 |
|---|---|---|---|---|---|---|
| 45 | 壮族谭氏草药疗骨法 | 传统医药 | 南宁市 | 市级 | 四级 | |
| 46 | 壮医药物竹罐疗法 | 传统医药 | 南宁市 | 市级 | 四级 | |
| 47 | 民间针挑疗法 | 传统医药 | 上思县 | 县级 | 四级 | |
| 48 | 民间医治蛇伤秘方 | 传统医药 | 上思县 | 县级 | 三级 | |
| 49 | 廉州传统医药 | 传统医药 | 北海市 | 后备 | 二级 | |
| 50 | 珍珠粉 | 传统医药 | 北海市 | 后备 | 一级 | |
| 51 | 传统毫针 | 传统医药 | 北海市 | 后备 | 四级 | |
| 52 | 传统火灸 | 传统医药 | 北海市 | 后备 | 四级 | |
| 53 | 理疗汤 | 传统医药 | 北海市 | 后备 | 四级 | |
| 54 | 虎刺 | 传统医药 | 北海市 | 后备 | 四级 | |
| 55 | 雷州葫芦叶治蝎子毒 | 传统医药 | 雷州市 | 后备 | 四级 | |
| 56 | 雷州千刀砍解木薯中毒 | 传统医药 | 雷州市 | 后备 | 四级 | |
| 57 | 麝香追风膏制作技艺 | 传统医药 | 霞山区 | 后备 | 四级 | |
| 58 | 化橘红中药文化 | 传统医药 | 化州市 | 省级 | 四级 | |
| 59 | 黎族传医药骨伤疗法 | 传统医药 | 海南医药工业公司 | 省级 | 三级 | |
| 60 | 黎族医药蛇伤疗法 | 传统医药 | 海南医药工业公司 | 省级 | 三级 | 主要集中于五指山、琼中 |
| 61 | 沉香造香技艺 | 传统技艺 | 屯昌县 | 省级 | 三级 | |
| 62 | 旧州端午节送狗儿 | 民俗 | 灵山县 | 市级 | 三级 | |
| 63 | 雷州石狗 | 民俗 | 雷州市 | 国家级 | 三级 | |

续表

| 序号 | 名录名称 | 类型 | 属地 | 名录级别 | 涉海等级 | 备注 |
|---|---|---|---|---|---|---|
| 64 | 石狗制作技艺 | 民俗 | 上思县 | 县级 | 三级 | |
| 65 | 恩圣岩观音诞 | 民俗 | 灵山县 | 市级 | 四级 | |
| 66 | 南宁大王节 | 民俗 | 西乡塘 | 市级 | 四级 | |
| 67 | 吴川年例 | 民俗 | 吴川市 | 省级 | 三级 | |
| 68 | 小儿肚兜制作技艺 | 民俗 | 上思县 | 县级 | 四级 | |
| 69 | 正月十五偷青 | 民俗 | 北海市 | 后备 | 四级 | |
| 70 | 三月三吃鸡屎藤 | 民俗 | 北海市 | 后备 | 四级 | |
| 71 | 渡河公 | 民俗 | 南宁市 | 市级 | 三级 | |
| 72 | 玉州唱春牛 | 民间曲艺 | 玉林市 | 市级 | 四级 | |
| 73 | 舞春牛 | 民俗 | 浦北县 | 市级 | 四级 | |
| 74 | 香火球 | 民俗 | 南宁市 | 市级 | 四级 | |
| 75 | 上石抢花炮 | 民俗 | 崇左市 | 市级 | 四级 | |
| 76 | 壮族抢花炮 | 民俗 | 南宁市 | 自治区级 | 四级 | |
| 77 | 三棋 | 娱乐游戏 | 北海市 | 市级 | 四级 | |
| 78 | 海南麻将 | 体育游艺 | 文昌市 | — | 四级 | |
| 79 | 下三棋 | 体育游艺 | 北海市 | 市级 | 四级 | |
| 80 | 上思"磨福" | 民俗 | 上思县 | 市级 | 四级 | 又名上思舞狮 |
| 81 | 上思"窝坡" | 民俗 | 上思县 | 市级 | 四级 | |
| 82 | 驮卢水上婚礼 | 民俗 | 崇左市 | 市级 | 一级 | |
| 83 | 疍家水上婚礼 | 民俗 | 南宁市 | 市级 | 一级 | |

续 表

| 序号 | 名录名称 | 类型 | 属地 | 名录级别 | 涉海等级 | 备注 |
|---|---|---|---|---|---|---|
| 84 | 疍家婚礼 | 民俗 | 北海市 | 自治区级 | 一级 | |
| 85 | 疍家婚礼 | 民俗 | 港口区 | 市级 | 一级 | |
| 86 | 黎族传统婚礼 | 民俗 | 琼中市 | 省级 | 一级 | |
| 87 | 三亚回族婚礼 | 民俗 | 三亚市 | 省级 | 一级 | |
| 88 | 宁明瑶族婚俗 | 民俗 | 崇左市 | 自治区级 | 三级 | |
| 89 | 过山瑶"鸳鸯婚" | 民俗 | 上思县 | 市级 | 四级 | |
| 90 | 吴门农氏婆祈福祭典 | 民俗 | 宾阳县 | 市级 | 四级 | |
| 91 | 壮族迪尺 | 民俗杂技 | 南宁市 | 市级 | 四级 | |
| 92 | 壮族斗竹马 | 民俗杂技 | 南宁市 | 市级 | 四级 | |
| 93 | 玉林跳玻璃 | 民俗杂技 | 玉林市 | 市级 | 四级 | |
| 94 | 博白杂技艺术 | 俗杂技 | 玉林市 | 市级 | 四级 | |
| 95 | 壮族祈丰节 | 民俗 | 南宁市 | 市级 | 四级 | |
| 96 | 上林壮族万寿节 | 民俗 | 南宁市 | 市级 | 四级 | |
| 97 | 上林县二月二卢於春社 | 民俗 | 上林县 | 市级 | 四级 | |
| 98 | 上林壮族龙母节 | 民俗 | 南宁市 | 市级 | 一级 | |
| 99 | 北帝庙习俗 | 民俗 | 钦北区 | 市级 | 二级 | |
| 100 | 州珮北帝诞 | 民俗 | 玉林市 | 市级 | 二级 | |
| 101 | 三月十七庙诞 | 民俗 | 玉林市 | 市级 | 二级 | |
| 102 | 寒山诞 | 民俗 | 玉林市 | 市级 | 三级 | |
| 103 | 宾阳关公诞 | 民俗 | 南宁市 | 市级 | 三级 | |

续　表

| 序号 | 名录名称 | 类型 | 属地 | 名录级别 | 涉海等级 | 备注 |
|---|---|---|---|---|---|---|
| 104 | 客家天后诞 | 民俗 | 玉林市 | 市级 | 一级 | |
| 105 | 文昌公期 | 民俗 | 文昌市 | — | 三级 | |
| 106 | 军坡节 | 民俗 | 海口市 | 省级 | 三级 | |
| 107 | 新坡镇军坡节 | 民俗 | 海口市 | 市级 | 三级 | |
| 108 | 府城元宵换花节 | 民俗 | 海口市 | 省级 | 二级 | |
| 109 | 海南岛换花节 | 民俗 | 海口市 | 省级 | 二级 | |
| 110 | 黎族传统游艺与体育竞技 | 传统体育竞技 | 昌江黎族自治县 | 省级 | 二级 | 如拉乌龟、赶狗归坡 |
| 111 | 瑶族阿宝节（大板瑶阿宝节） | 民俗 | 防城区 | 自治区级 | 四级 | 阿婆节、阿波节 |
| 112 | 南宁花婆节 | 民俗 | 南宁市 | 市级 | 四级 | |
| 113 | 海南黎族苗族三月三节 | 传统节庆 | 海南省 | 国家级 | 一级 | |
| 114 | 武鸣县壮族三月三 | 传统节庆 | 武鸣县 | 国家级 | 一级 | 扩展名录 |
| 115 | "三月三"歌圩 | 民俗 | 南宁市 | 市级 | 一级 | |
| 116 | 灵水壮族歌圩 | 民俗 | 武鸣区 | 市级 | 三级 | |
| 117 | 在妙"歌圩" | 民俗 | 上思县 | 县级 | 三级 | |
| 118 | 壮族歌圩 | 民俗 | 南宁市 | 市级 | 三级 | |
| 119 | 壮族添粮补寿习俗 | 民俗 | 兴宁区 | 市级 | 四级 | |
| 120 | 壮族抢花炮 | 民俗 | 南宁市 | 市级 | 四级 | |
| 121 | 宾阳炮龙节 | 民俗 | 宾阳县 | 市级 | 四级 | |
| 122 | 龙安猪炮节 | 民俗 | 玉林市 | 市级 | 四级 | |
| 123 | 宁明壮族花炮节 | 民俗 | 崇左市 | 自治区级 | 四级 | |

续 表

| 序号 | 名录名称 | 类型 | 属地 | 名录级别 | 涉海等级 | 备注 |
|---|---|---|---|---|---|---|
| 124 | 百合葛麻村十六炮会 | 民俗 | 南宁市 | 市级 | 四级 | |
| 125 | 丰塘炮期 | 民俗 | 灵山县 | 自治区级 | 四级 | |
| 126 | 甘棠彩凤 | 民俗 | 南宁市 | 市级 | 四级 | |
| 127 | 游彩架 | 民俗 | 南宁市 | 市级 | 四级 | |
| 128 | 南宁大王节 | 民俗 | 南宁市 | 市级 | 四级 | |
| 129 | 壮族罗波庙会 | 民俗 | 南宁市 | 市级 | 一级 | |
| 130 | 布泉天王庙会 | 民俗 | 南宁市 | 市级 | 二级 | |
| 131 | 军山庙会 | 民俗 | 南宁市 | 市级 | 三级 | |
| 132 | 斑山庙会 | 民俗 | 南宁市 | 市级 | 三级 | |
| 133 | 大连城武圣庙会 | 民俗 | 崇左市 | 自治区级 | 三级 | |
| 134 | 王侯山庙会 | 民俗 | 上思县 | 县级 | 三级 | |
| 135 | 云山寺庙会 | 民俗 | 玉林市 | 市级 | 三级 | |
| 136 | 罗侯王庙会 | 民俗 | 坡头区 | 市级 | 三级 | |
| 137 | 合江梧村庙会 | 民俗 | 茂名市 | 市级 | 三级 | |
| 138 | 信宜镇隆飘色 | 民俗 | 信宜市 | 省级 | 二级 | |
| 139 | 吴川飘色 | 民俗 | 吴川市 | 国家级 | 二级 | |
| 140 | 雷州风筝节 | 民俗 | 雷州市 | 省级 | 二级 | |
| 141 | 南宁元宵花灯节 | 民俗 | 南宁市 | 市级 | 四级 | |
| 142 | 上林壮族灯酒节 | 民俗 | 南宁市 | 市级 | 四级 | |
| 143 | 花灯 | 传统技艺 | 玉林市 | 市级 | 四级 | |

续　表

| 序号 | 名录名称 | 类型 | 属地 | 名录级别 | 涉海等级 | 备注 |
|---|---|---|---|---|---|---|
| 144 | 六双花灯 | 民俗 | 茂名市 | 市级 | 四级 | |
| 145 | 英利游花灯 | 民俗 | 湛江市 | 县级 | 二级 | |
| 146 | 韵山村游花灯 | 民俗 | 湛江市 | 县级 | 二级 | |
| 147 | 北流年例 | 民俗 | 玉林市 | 自治区级 | 三级 | |
| 148 | 茂名年例节 | 民俗 | 茂名市 | 省级 | 三级 | |
| 149 | 西关上公坡元宵会 | 民俗 | 徐闻县 | 市级 | 二级 | |
| 150 | 海南春节习俗（鲤鱼灯闹春） | 民俗 | 琼海市 | 省级 | 二级 | 乐城岛闹元宵 |
| 其他各项 | 钦州市：赛龙舟、打陀螺、元宵闹花灯等等。北海市：璋嘉客家文化生态博物馆、诞期等。湛江：麻章东岸村关公磨刀节；雷州，民间杂技与竞技：叼犁头、吊发、落绳、打煨、打跻、砍山猪、走翻、走虎、走牛角、走牛脚塞、雷公下蛋、八面埋伏、五步阵法、八卦阵、打城、攻营、樗蒲、洪拳、龙舟竞渡；民间医药：刮痧、挑痒、东安凉茶、尿垢医伤、蜂蜜治麦粒肿、蔡忠万花油、治伤药酒、膏药、雷火神针、山榉杨治中暑、屁菇止血、葫芦叶治蝎子毒；生产习俗：阴阳圩、初二十六、炒虫脚打煨、钉过、乞雨、做田福、祭窑公；岁时节令：除夕、春节、元宵节、偷青、二月二、三月三、清明节、插艾、端午节、六月六、鬼仔节、浴佛节（除虫）、中秋节、重阳节、冬至、雷州年俗等等 ||||||

（二）部分名录或重点名录概况（略，详见本章"典型名录"部分）

### 五　环北部湾有关自然界和宇宙的知识和实践（含部分民俗、传统医药、文化空间）

（一）环北部湾有关自然界和宇宙的知识和实践类海洋非遗调查清单（见表2-6）

表2-6　　环北部湾有关自然界和宇宙的知识和实践类海洋非遗调查清单

| 序号 | 名录名称 | 类型 | 属地 | 名录级别 | 涉海等级 | 备注 |
|---|---|---|---|---|---|---|
| 1 | 农历二十四节气（壮族霜降节） | 民俗 | 崇左市 | 世界遗产 | 一级 | |
| 2 | 太阳崇拜习俗 | 民俗 | 湛江市 | 后备 | 一级 | |

续 表

| 序号 | 名录名称 | 类型 | 属地 | 名录级别 | 涉海等级 | 备注 |
|---|---|---|---|---|---|---|
| 3 | "牛郎织女"星崇拜 | 民俗 | 湛江市 | 后备 | 一级 | |
| 4 | 外沙龙母庙会（也叫"开海拜庙"） | 海洋信仰 | 北海市 | 自治区级 | 一级 | 又名"外沙祭海" |
| 5 | 妈祖信俗 | 民俗 | 广东省 | 世界级 | 一级 | 2009年入选 |
| 6 | 三婆信仰 | 海洋信仰 | 北海市 | 市级 | 一级 | |
| 7 | 天后祀奉 | 海洋信仰 | 海口市 | 国家级 | 一级 | 为扩展名录 |
| 8 | 妈祖信仰 | 海洋信仰 | 文昌市 | — | 一级 | |
| 9 | 水尾渔家妈祖信俗 | 海洋信仰 | 徐闻县 | 省级 | 一级 | 硇洲岛民俗 |
| 10 | 东海津前天后庙会 | 海洋信仰 | 湛江市 | 市级 | 一级 | 硇洲岛民俗 |
| 11 | 乌石海上龙舟信俗 | 海洋信仰 | 雷州市 | 省级 | 一级 | |
| 12 | 铺前祭海 | 海洋信仰 | 文昌市 | — | 一级 | |
| 13 | 祭祀兄弟出海仪式 | 海洋民俗 | 琼海市 | 省级 | 一级 | |
| 14 | 祭祀兄弟公 | 海洋民俗 | 三沙市 | 备选 | 一级 | |
| 15 | 幼儿避邪吉祥物 | 海洋民俗 | 三沙市 | 备选 | 二级 | |
| 16 | 凭祥上石北帝庙 | 民俗 | 崇左市 | 市级 | 二级 | |
| 17 | 上林傩戏 | 传统戏剧 | 南宁市 | 市级 | 一级 | |
| 18 | 客家傩戏 | 传统戏剧 | 玉林市 | 市级 | 一级 | |
| 19 | 壮族"拜囊海" | 海洋民俗 | 崇左市 | 自治区级 | 一级 | 属月亮祭拜 |

续 表

| 序号 | 名录名称 | 类型 | 属地 | 名录级别 | 涉海等级 | 备注 |
|---|---|---|---|---|---|---|
| 20 | 加方上刀山下火海 | 民俗信仰 | 南宁市 | 市级 | 一级 | |
| 21 | 上刀山 | 民俗杂技 | 玉林市 | 市级 | 二级 | |
| 22 | 下火海 | 民俗信仰 | 玉林市 | 市级 | 一级 | |
| 23 | 上刀梯过火山 | 海洋民俗 | 合浦县 | 市级 | 一级 | 祭海出海仪式 |
| 24 | 麒麟村爬刀梯 | 海洋民俗 | 麻章区 | 省级 | 一级 | |
| 25 | 过火海 | 民间信仰 | 雷州市 | 省级 | 一级 | |
| 26 | 翻棘床 | 民间信仰 | 雷州市 | 省级 | 一级 | |
| 27 | 穿令箭 | 民间信仰 | 雷州市 | 省级 | 二级 | |
| 28 | 海上拾死尸① | 民间习俗 | 合浦县 | 后备 | 二级 | 位于沙岗镇 |
| 29 | 过雪(祭祀) | 海洋民俗 | 文昌市 | — | 二级 | |
| 30 | 祭荔枝神 | 生态民俗 | 茂名市 | — | 三级 | |
| 31 | 南宁土地诞 | 生态民俗 | 南宁市 | 市级 | 四级 | |
| 32 | 土地庙习俗 | 生态民俗 | 各地 | 后备 | 四级 | |
| 33 | 榕树祭护 | 生态民俗 | 北海等 | — | 四级 | |
| 34 | 钦州跳岭头 | 宇宙实践 | 钦州市 | 国家级 | 三级 | |
| 35 | 钦南跳岭头 | 宇宙实践 | 钦南区 | 自治区 | 三级 | 出海民俗 |

---

① 海上作业的渔民,如拖网捕鱼,拖到死人的尸体,一般都不能随手放回海里,而是把它带回本地用土埋了,每年都去祭拜这个墓,以便死去的人保佑他们发财,出海一帆风顺。这种习俗是海洋团结、包容、互助精神的体现。叙述人:广西北海市合浦县沙岗镇三东村陈兆仁,时年65岁(合浦文化馆陈何仨2009年4月17日采访)资料来源:北海市文化局内部资料汇编《广西非物质文化遗产普查资料汇编·北海卷1》(2009年),第321页。

续　表

| 序号 | 名录名称 | 类型 | 属地 | 名录级别 | 涉海等级 | 备注 |
| --- | --- | --- | --- | --- | --- | --- |
| 36 | 钦北跳岭头 | 宇宙实践 | 钦北区 | 自治区 | 三级 | 传承人周武良 |
| 37 | 浦北跳岭头 | 宇宙实践 | 浦北县 | 自治区 | 三级 | 传承人符可璇 |
| 38 | 灵山跳岭头 | 宇宙实践 | 灵山县 | 自治区 | 三级 | |
| 39 | 西关上公坡元宵会 | 民俗 | 徐闻县 | 市级 | 二级 | |
| 40 | 壮族的"天" | 宇宙知识 | 防城区 | 市级 | 四级 | 民俗 |
| 41 | 壮族"亥日" | 民俗 | 南宁市 | 市级 | 四级 | |
| 42 | 布泉天王庙会 | 民俗 | 隆安县 | 市级 | 四级 | |
| 43 | 瑶族男性成人礼——度戒 | 民俗 | 上思县 | 县级 | 四级 | |
| 44 | 黎族草药 | 传统医药 | 陵水县 | 县级 | 二级 | |
| 45 | 黎族纹身 | 民俗 | 各黎族自治县 | 省级 | 一级 | 保亭、昌江、白沙、乐东、东方、三亚 |
| 46 | 黎族丧葬习俗杞方言 | 民俗 | 五指山市 | 市级 | 一级 | |
| 47 | 桥头盘古诞信俗 | 民俗 | 徐闻县 | 省级 | 一级 | 位于桥头村 |
| 48 | 稻神祭 | 民俗 | 南宁 | 市级 | 一级 | |
| 49 | 雷祖文化 | 民俗 | 雷州市 | 省级 | 一级 | |
| 50 | 年例 | 宇宙实践 | 茂名市 | 省级 | 一级 | |
| 其他 | 湛江,民间信仰:树崇拜、石崇拜、月亮崇拜、陨石崇拜、生殖崇拜、祖先崇拜、妈祖崇拜、上表、契父母、抛齿、割月耳、倒药渣等 | | | | | |

(二) 部分名录或重点名录概况 （略，详见本章"典型名录"部分）

## 六 环北部湾海洋文化遗产资源——其他相关涉及部分调查

(一) 涉及遗产相关类型 （涉海类，含文博机构、老字号等，见表2-7）

表2-7　　　　　环北部湾涉海类主要文博机构等遗产类型汇总表

| 区/省 | 代表性博物馆 | | | | |
|---|---|---|---|---|---|
| 南宁 | 广西壮族自治区博物馆 | 广西民族博物馆 | 广西自然博物馆 | 广西地质博物馆 | 南宁市博物馆 |
| | 南宁孔庙博物馆 | 横县博物馆 | 广西南宁古风博物馆 | 广西华夏文博博物馆 | 广西壮锦博物馆 |
| 崇左 | 崇左市壮族博物馆 | 凭祥市博物馆 | 大新县博物馆 | 天等县博物馆 | 大新明仕壮族博物园 |
| 玉林 | 玉林市博物馆 | 北流市博物馆 | 容县博物馆 | 博白县博物馆 | 北流市陶瓷博物馆 |
| 防城港 | 北部湾海洋文化博物馆 | 京族生态博物馆① | 防城区博物馆 | — | 其他 |
| 钦州 | 钦州市博物馆 | 浦北县博物馆 | 灵山县博物馆 | 钦州市坭兴陶博物馆 | 其他 |
| 北海 | 合浦汉文化博物馆② | 北海民间博物馆 | 北海明清木雕博物馆 | 还珠堂世界贝类珊瑚馆 | 北海南珠博物馆 |
| | 广西北海疍家文化博物馆 | 大清邮政北海陈列馆 | 北海贝雕博物馆 | 璋嘉客家文化生态博物馆 | 海上丝绸之路工艺美术博览园 |

---

① 京族生态博物馆占地25.6亩，建筑面积3000平方米，总投资600多万元，于2009年建成。
② 合浦汉文化博物馆，位于北海市合浦县城郊，占地142.66亩，建筑面积4015平方米，仿汉风格建筑。馆藏文物5200余件，主要藏品为玉器、陶器、青铜器、金银器、铁器、玻璃器、水晶玛瑙、琥珀、钱币、瓷器，其中国家一级文物21件、二级文物177件、三级文物289件。馆藏国家一级文物数量排广西第三位。代表性文物有金球饰、庑殿顶陶楼、铜凤灯等等。

续 表

| 区/省 | 代表性博物馆 | | | | |
|---|---|---|---|---|---|
| 湛江 | 湛江市博物馆[1] | 徐闻县博物馆 | 遂溪县博物馆 | 吴川市博物馆 | 廉江市博物 |
| | 雷州市博物馆 | 英利博物馆 | 湛江民俗博物馆 | 水生生物博物馆 | 湛江火山博物馆 |
| 茂名 | 茂名市博物馆 | 茂南区博物馆 | 电白县博物馆 | 信宜市博物馆 | 高州市博物馆 |
| 海南 | 海南省博物馆 | 海南省民族博物馆 | 中国南海博物馆 | 海南省珍宝博物院 | 海南生物多样性博物馆 |
| | 西沙海洋博物馆 | 半岛博物馆 | 三亚市博物馆 | 三亚自然博物馆 | 海南京润珍珠博物馆 |
| | 文昌博物馆 | 琼海市博物馆 | 万宁市博物馆 | 宝岛螺贝海洋馆 | 港门村社区文博馆 |
| | 红树林博物馆 | 海南黄花梨博物馆 | 海口天然橡胶博物馆 | 海南沉香木展览馆 | 天涯雨林博物馆 |
| | 海底村庄奇观 | 冼夫人纪念馆 | 三亚民俗博物馆 | 槟榔河黎族文化博览区 | 海南黎族文化陈列馆 |
| 周边相关 | 广东省:广东省博物馆、广东海上丝绸之路博物馆、深圳古生物博物馆、西汉南越王博物馆、古商船"南海 号"[2]、鸦片战争博物馆、广东中国客家博物馆等等 | | | | |

（二）相关其他类型（艺术类，见表2-8）

涉海类相关其他类型（艺术类）汇总如表2-8所示。

---

[1] 1960年建成,3万平方米,馆藏陈列分为古代铜鼓陈列、馆藏陶瓷精品展览、湛江人民抗法陈列等。
[2] "南海一号"是一条满载货物的沉船,从我国东南沿海港口装货后,在前往南亚、西亚地区进行贸易活动的途中沉没于海底。船内现存货物以瓷器、铁器为主,钱币亦有相当数量,纸张、丝绸等有机质货物已分解不存。截至2016年1月5日,总共出土文物1.4万余件套、标本2575件、凝结物55吨,其中瓷器1.3万余件套、金器151件套、银器124件套、铜器170件,铜钱约1.7万枚,有大量动植物标本、船木。

表2-8　　　　　　　　　涉海类相关其他类型（艺术类）汇总表

| 海洋之窗(北海) | 海底世界(北海) | 北海市水产展览馆 | 海上丝绸之路①(根雕) |
|---|---|---|---|
| 北海水彩画 | 北海沙画 | 南珠宫 | 北海水彩画展览馆 |
| 北海海滩公园巨型不锈钢雕塑《潮》② | 北海市北部湾广场南珠魂雕塑 | 北海海门广场的"海门"雕塑 | 合浦广场美人鱼雕塑 |
| 上海世博园广西馆珍珠仙女雕塑 | 防城港明珠广场雕塑 | 红色娘子军雕塑(琼海) | 鹿回头雕塑(三亚) |
| 北部湾一号 | 北部湾海洋文化公园 | 防城港海洋主题广场 | 防城港恐龙公园 |

（三）相关其他类型（新兴类型）（见表2-9）

表2-9　　　　　　　　　涉海类相关其他类型（新兴类型）汇总表

| 序 | 作品名称 | 主属 | 属地 | 备注 |
|---|---|---|---|---|
| 舞台艺术 | 音乐剧《桂花雨》 | — | 广西 | 广西精品剧目 |
| | 大型历史舞剧《碧海丝路》 | 北海市文艺交流中心 | 北海市 | 获国家"五个一工程奖" |
| | 粤剧《珠还合浦》 | 合浦粤剧团 | 北海市 | 1992年被推介为中国名剧 |
| | 历史剧《珠还合浦》 | 郭铭志编剧 | 北海粤剧团演 | 广西第三届剧展一等奖 |
| | 电影剧本《合浦珠还》 | 周家干、高凤创作 | 田汉、吴晗亲笔指导 | 1961年撰稿,1988年出版 |
| | 舞蹈《珍珠与太监》 | 韩鹏初 创<br>陈佑开 编舞 | 北海市 | 1986年获广西群艺奖 |

---

① 整个根雕长430cm,宽160cm,高250cm,为合浦汉郡古沉木有限公司出品,为根雕类代表性精品。
② 海滩公园雕塑《潮》,巨大的钢球是用不锈钢镂空制成,整座建筑以大海、珍珠、潮水为背景,造型独特,气势恢宏。

续　表

| 序 | 作品名称 | 主属 | 属地 | 备注 |
|---|---|---|---|---|
| 舞台艺术 | 《珠还合浦》动漫 | — | 北海市 | |
| | 木刻组画《合浦珠还》 | 李冠国、陈德中作 | 北海市 | 20世纪80年代初选送香港展出 |
| | 20集神话电视连续剧《珠还合浦》 | 刘明贤、韩鹏初编剧 | 合浦县 | 1998年创作，因费用未出版 |
| | 历史剧《珍珠劫》 | 黄良声编剧 | 合浦合力剧团 | 1959年创作 |
| | 诗《珠魂》 | 韩鹏初作 | 合浦县 | 2005年入选 |
| | 《情满珠乡》 | 李英敏创编 | 合浦县 | 1990年版 |
| | 粤剧小戏《珍珠公主》 | — | 合浦县 | |
| | 渔乡舞剧《咕哩美》 | — | 北海市 | |
| | 歌曲《还珠梦》 | 余居贤词 | 合浦县 | 2004年创 |
| | 舞蹈《故乡的夜明珠》 | 邱灼明等 | 合浦县 | 1988年获奖 |
| | 大型海上实景演出《梦幻北部湾》 | — | 防城港 | |
| | 《南海明珠》 | 珍珠女郎 | 湛江市 | |
| | 大型雷剧《岭南圣母》 | — | 湛江市 | 大型古装雷剧 |

海南省代表性艺术作品

黎族、苗族舞蹈艺术作品：黎族大型舞蹈《红色娘子军》(1964)、黎族神话舞剧《甘工鸟》(1980)、黎族舞蹈《五朵红云》、黎族舞蹈《三月三》(1953)、黎族舞蹈《鹿回头的传说》(1980)、黎族舞蹈《半边裙子》(1953)、黎族舞蹈《草笠舞》(1953)、黎族舞蹈《打碗舞》(1953)、《椰林深处》《椰林欢歌》《山高水长》《开山歌》《筛米》《椰壳舞》《花屐舞》《织桶裙》、黎族《敬酒歌》(1980)、黎族《鼻箫恋》(1980)、《槟榔醉》、黎族舞蹈《鹿回头》(1953)、黎族儿童舞蹈《摸螺》(1981)、群舞《吞木达》、群舞《纹脸女》、黎族歌舞诗《达达瑟》、黎族舞蹈《龙子情》(1989)、黎族歌舞诗《山魂》《万泉河》《阿丹》《黎妹》《椰子大丰收》《从天山到五指山》《海南苗族婚礼舞》(1953)、《黎苗一家亲》(1960)等等。

戏剧：海南人偶剧《鹿回头》、版画《故乡的海》、油画《黎寨牧归》、琼剧《侨乡女人》、琼剧《西沙情》、琼剧《汉武之恋》等等。

群舞：《南海哩哩美》(第二届海南省文华奖)、《西沙怒涛》《西沙姑娘》《踩波曲》《夜光螺》

续　表

| 序 | 作品名称 | 主属 | 属地 | 备注 |
|---|---|---|---|---|
| 舞台艺术 | 《海底焊花》《胶园晨曲》《找红军》《喜送粮》(1972)、《万州槟榔妹》《古盐田的传说》(儋州)、《琼古遗韵》《儋州古风》《五指山上抓飞贼》(1960)、《乘风破浪解放海南》(1950)、《长寿舞》等等。<br>其他各种类型：<br>　大型旅游演艺：《三亚千古情》；版画、美术：水彩《休渔的季节》、版画《遨游》；织锦、刺绣：黎锦壁挂《黎族吉祥物》(人龙锦，获1992中国旅游购物节"天马杯"优秀奖)、黎族大型织锦壁挂组合《鹿回头》(获中国国际艺术博览会1998年金奖)等等 | | | |
| 邮票 | 《海南风光》《鹿回头》 | 《卷萼兜兰》 | 《万泉河》 | 《黎族三月三》 |
| 节庆 | 中国-东盟博览会(南宁) | 国际民歌艺术节(南宁) | 国际三月三节日 | 东南亚国际旅游美食节(南宁) |
| | 中国·东盟国际龙舟邀请赛(南宁) | 国际海上龙舟节(防城港) | 哈节(东兴) | 钦州国际海豚节、三娘湾观潮节 |
| | 国际珍珠节(北海) | 灵山荔枝节、丰塘炮期节 | "千年古陶"钦州坭兴文化节 | 浦北县乐民镇青龙节 |
| | 金花茶节(防城港) | 十万大山森林旅游节 | 万宁国际冲浪节 | 海南岛欢乐节 |
| | 海南国际椰子节 | 万宁文灯节 | 南山长寿文化节 | 保亭七仙温泉嬉水节 |
| | 三亚国际啤酒节 | 三亚国际广告电视艺术节 | 天涯海角国际婚庆节 | 海南热带雨林节 |
| 产业 | 中国三亚热带海洋世界 | 分界洲岛·珊瑚馆(陵水) | 三亚爱心大世界鳄鱼海洋馆 | 博鳌海洋馆 |
| | 亚洲水彩艺术博物馆 | 岭南印象园 | 钦州坭兴陶文化创意产业园 | 外沙海鲜岛(北海) |
| | 桃花溪山庄 | 椰田黎苗风情村 | 槟榔谷(海南) | 东盟影视文化产业园(防城港) |

## (四) 涉及其他地区（国外部分）的遗产相关类型

涉及其他地区的相关遗产类型，主要是指涉及国外部分特别是东南亚国家、海上丝绸路沿线国家共同或相近遗产名录及文化现象。经初步调查，这一类型的遗产数量较多，较典型的遗产主要如表 2-10 所示。

表 2-10　　　　　国外部分的共同或相似遗产相关类型（部分）

| 序 | 遗产名录 | 类型 | 流行国家 | 中国国内级别 | 形式 |
|---|---|---|---|---|---|
| 1 | 舞龙、舞狮 | 民俗 | 东南亚多国家 | 国家级、地市级 | 体育、民俗 |
| 2 | 铜鼓艺术 | 民俗 | 越南 | 联合国非遗名录 | 中越联合 |
| 3 | 鼻箫 | 民间音乐 | 马来西亚、澳大利亚等 | 国家级 | 黎族竹木器乐典型 |
| 4 | 纹身艺术 | 传统技艺 | 大洋洲毛利人、东南亚部分国家（如泰国） | — | 图腾艺术 |
| 5 | 三月三 | 民俗 | 东南亚多个国家 | 国家级名录 | 民俗节庆 |
| 6 | 木偶戏 | 传统戏剧 | 越南、泰国、印尼、印度、埃及、捷克、意大利 | 国家级名录 | 表演艺术 |
| 7 | 粤剧 | 传统戏剧 | 马来西亚、新加坡、澳大利亚、美国 | 世界级非物质文化遗产名录 | 表演艺术 |
| 8 | 妈祖信俗 | 民俗 | 流行 20 多个国家和地区 | 世界级非物质文化遗产名录 | 民俗信仰、节庆、表演艺术 |

# 第二节　典型的艺术遗产

## 一　遗产的共同特征概括

环北部湾海洋文化遗产类型丰富，灿烂辉煌，含金量高，可以说是取之不尽、用之不竭的精神源泉，是巨型智慧宝库，更是复兴海洋文明、繁荣海洋文化的文化金矿。海洋文化遗产涉及面广，体系复杂，门类非常广泛，不仅有古人类遗址、古墓葬、古港口、古码头、古灯塔、古城址、古作坊、道路桥梁、街巷、古建筑、历史街区、西洋建筑，众多水下沉船、水下陶瓷、水下钱币、水下村庄等物质遗产，及古航道、航线、驾船技艺、捕鱼绝技、制盐技艺、传统生产、生态规则、环境艺术等，也包括大量秘本、古老话、神话传说、歌谣、诗词、民间音乐、民间舞蹈、民间戏剧、美术、雕塑、绘画、传统手工技艺，以及民俗、文化空间、传统信仰等非物质元素。仅从学科来说，就涉及海洋学、地理学、地质学、生物学、人类学、民族学、考古学、建筑学、音乐学、舞蹈学、美学、航海学、社会学、农学、经济学、心理学、宗教学、哲学等学科。每类遗产都有各自的底蕴、内涵及独特性，如果仅用某种学科或某种视角，则难以概括如此丰富庞大而又深邃的遗产体系。究竟能从这些门类庞大而又鲜活的遗产体系中提炼出哪些共同特征？从深层来说，它们究竟有何共同本质？这3几乎无法回答，即使以多种特征来描述，都难以完整、深刻地概括出其根性，但有一个特质能总体概括出其共同本质："美。""美"，基本能较全面、较具体、较深刻地提炼并体现出各类遗产的本质特征。不管是各类古遗址、建筑、街区，还是贝雕、椰雕、织锦等各类生产技艺，还是各类歌谣、音乐、舞蹈、戏曲等，都是美的集中体现，都显示出美的特性、美的品质、美的气度，不管这种美是属视觉的、音韵的、结构的，还是人文的、哲理的。这种美，就是艺术性的高度集中体现。因而，可以说，海洋文化遗产的共同本质特征，就是艺术性，就是美，也可以说是艺术之美。

## 二 艺术遗产概念的提出——海洋文化艺术遗产

艺术（Art），是指通过塑造具体生动的形象来反映社会生活，来满足人们特定精神需求的意识形态或文化现象。它的最大特点就是依靠色、声、形、情等表现人们对社会生活的理解、情感、愿望，按审美规则来把握和再现社会生活，以美的感染力影响和提升人的精神生活境界。艺术的分法很多。如依据艺术形象的物化形式，艺术可分为动态艺术和静态艺术；依据审美方式，可分为听觉艺术、视觉艺术和视听艺术；依据美学原则，则可分实用艺术、造型艺术、表演艺术、语言艺术和综合艺术。依据存在方式，可分为时间艺术、空间艺术和时空艺术。按表现方式，艺术还可分为表现艺术和再现艺术。

海洋艺术，跟"海洋"有关，一般来说，包括海洋环境艺术、海洋景观设计、海洋建筑艺术、海洋生产艺术、海洋美食、海洋服饰、海洋美术、海洋雕刻、海洋音乐、海洋舞蹈、海洋戏剧、海洋曲艺、海洋工艺、海洋工业设计、海洋文学、海洋诗词、海洋影视、海洋节庆、海洋信仰等，可谓包罗万象。

海洋艺术遗产是海洋文化遗产宝藏中具备艺术价值或艺术形态的特殊部分。它是涉海族群在历史上创造的具有积极意义并传承至今的艺术财富。海洋艺术遗产门类广泛，如根据美学原理，可分为海洋实用艺术遗产、海洋生产艺术遗产、海洋语言艺术遗产、海洋造型艺术遗产、海洋表演艺术遗产和海洋综合艺术遗产。本节则根据研究内容的特殊性，将海洋艺术遗产分为海洋环境艺术遗产、海洋史前考古发现及古遗址艺术遗产、海洋建筑艺术遗产（含街区）、渔业艺术遗产、海洋生产艺术遗产、海洋交通艺术遗产、海洋贸易艺术遗产、海洋口头语言艺术遗产、海洋美食艺术遗产、海洋服饰艺术遗产、海洋音乐艺术遗产、海洋舞蹈艺术遗产、海洋戏剧艺术遗产、海洋族群艺术遗产、海洋节庆民俗类艺术遗产、海洋民间图腾与宗教信仰艺术遗产等。因而，海洋文化遗产是个庞大的组织体系，每类遗产内部又可分18个子系统，可谓门类繁杂、内容丰富（见图2-1）。

海洋艺术遗产 →
- a.海洋环境艺术遗产
- b.海洋史前考古发现及古遗址艺术
- c.海洋建筑艺术遗产
- d.海洋装饰雕刻技艺遗产
- e.古造船技艺遗产
- f.古航海漂移传统绝技
- g.渔业捕捞传统技艺
- h.海洋服饰艺术遗产
- i.海洋美食艺术遗产
- j.海洋口头语言艺术遗产
- k.海洋音乐艺术遗产
- l.海洋舞蹈艺术遗产
- m.海洋戏剧艺术遗产
- n.海洋体育竞技艺术遗产
- o.海洋族群艺术遗产
- p.海洋节庆民俗艺术遗产
- q.海洋图腾信仰民间艺术遗产
- r.对外交流艺术遗产及其他

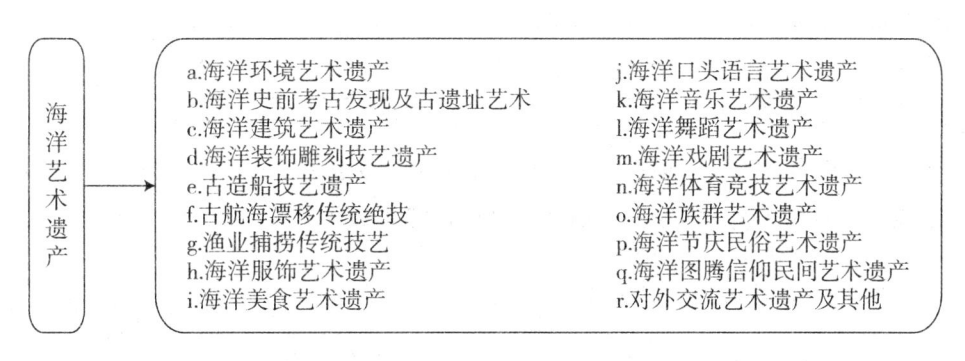

**图2-1 海洋艺术遗产分类表**

### 三 海洋艺术遗产分级理论

艺术是无价的，艺术的价值是相对的。针对不同主体，艺术满足主体需求的效用不同。因而，在一般意义上，不能说某某艺术遗产的价值高，某某艺术遗产的价值低，只能依据其满足主体功能的程度而定。尽管这样，为了更深刻把握艺术遗产的特性内涵，同时为了分门别类、突出重点，更有针对性地保护遗产，必须探索出某种公式或准则对各类遗产进行价值评定和等级排列。当然，价值等级评定体系的考虑要素很多，不同要素有着不同的影响效能，须根据各个要素之间相互作用状况，厘清并处理好其内部关系，进行顶层设计，大胆假设验证，进而推设出综合评价体系。综合评价体系涉及因素庞杂，不能一一列举分析，在此仅考虑两大重点要素：海洋性、艺术性。艺术遗产艺术价值的高低，最根本取决于其艺术性，这是最核心的评价因素。同时，海洋艺术遗产之所以能成为海洋类遗产，是因为其具有海洋性，这是先决条件。因而，在此主要综合这两大因素，组成两大坐标，每个坐标根据其性能强度，划分为很弱、弱、一般、较强、很强、超强等6个等级。据此原理，得出矩阵如表2-11所示。

表2-11　　　　　　　　　　海洋艺术遗产价值分布矩阵表

| 艺术性＼海洋性 | 很弱 | 弱 | 一般 | 较强 | 很强 | 超强 |
|---|---|---|---|---|---|---|
| 很弱 | $F_1$ | $F_2$ | $F_3$ | $F_4$ | $F_5$ | $F_6$ |
| 弱 | $E_1$ | $E_2$ | $E_3$ | $E_4$ | $E_5$ | $E_6$ |
| 一般 | $D_1$ | $D_2$ | $D_3$ | $D_4$ | $D_5$ | $D_6$ |
| 较强 | $C_1$ | $C_2$ | $C_3$ | $C_4$ | $C_5$ | $C_6$ |
| 很强 | $B_1$ | $B_2$ | $B_3$ | $B_4$ | $B_5$ | $B_6$ |
| 超强 | $A_1$ | $A_2$ | $A_3$ | $A_4$ | $A_5$ | $A_6$ |

在表2-11里，任何一项海洋艺术遗产都有对应坐标点，都可以找到相应的位置。通过该表，任何海洋艺术遗产的价值就相对比较容易确认。

### 四　典型的海洋艺术遗产现象

环北部湾是世界海洋文明的重要发源地之一，是东方海洋文明的典型亚类。环北部湾文化遗产是座取之不尽、用之不竭的海洋文化宝藏，不仅蕴藏着大量环境性遗产、生产性遗产、生活类遗产，也隐藏着大量璀璨多姿、光彩夺目的艺术类遗产。这些艺术类遗产源远流长、亮丽惊人，是中华艺术宝库乃至世界艺术宝库里闪亮的一颗颗明珠。这些艺术遗产品位高、数量丰富，在此只能从每大门类中略举一两个典型。从环北部湾海洋遗产宝藏来看，各大门类艺术遗产的典型遗产（A5、B5、A6、B6型）主要有18类（见表2-12）。

表2-12　　　　　　　　　　环北部湾典型的海洋艺术遗产

| 序 | 遗产类型 | 典型遗产1 | 典型遗产2 | 典型遗产3 | 备注或补充 |
|---|---|---|---|---|---|
| 1 | 古海上丝绸之路艺术遗产 | 海丝路古墓葬、古港口、码头、城址，如合浦汉墓群及出土舶来品、大浪古城、潭蓬运河、伊斯兰古墓群等 | 水下遗址，古船舶、古造船艺术，如北礁沉船遗址、三亚水下陶瓷等 | 航海艺术、民俗类，如南海航道更路经、南海更路簿，上刀山下火海出海仪式等 | 出土舶来品，如古印度、古波斯、古罗马的玻璃器、石榴子石、金饼、胡人俑等 |

续 表

| 序 | 遗产类型 | 典型遗产1 | 典型遗产2 | 典型遗产3 | 备注或补充 |
|---|---|---|---|---|---|
| 2 | 史前考古遗址、古遗址及环境艺术遗产 | 史前考古艺术、古遗址，如信冲洞遗址、灵山人遗址、花山岩画、恐龙化石遗址艺术 | 史前贝丘遗址，如社山贝丘遗址、亚菩山贝丘遗址等 | 环境艺术、人居艺术，如落笔洞遗址、石贡遗址、郡造石铲出土点等 | 含海洋地理传统知识、气候、生态、绿化、人居艺术 |
| 3 | 滨海建筑及装饰雕刻艺术 | 骑楼艺术（北海老街艺术、湛江骑楼街区艺术、海口历史街区艺术等） | 疍家棚艺术、黎族船形屋艺术、黎族干栏建筑技艺 | 北海近代西洋建筑群艺术 | 石雕、砖雕、木雕等建筑装饰艺术 |
| 4 | 传统海洋生产艺术遗产 | 传统渔业捕捞、生产：南海航道更路径、临高渔谚、三沙特殊鱼箭技艺、三沙深海捕鱼技艺、京族拉大网 | 传统加工艺术，如传统制盐技艺、咸鱼、京族鱼露、京族吹风饼技艺等 | 传统海鲜美食艺术、北海沙蟹汁制作技艺、土法制糖技艺、黎族原始制陶 | 黎族船形屋营造技艺、黎族钻木取火技艺、黎族刺绣、钦州坭兴陶烧制技艺 |
| 5 | 舟楫制作及远古漂移艺术 | 南流江古沉船，原始舟楫制作技艺、湛江独木舟、疍家船制作绝技 | 黎族渡水腰舟制作、筏的制作、龙舟竞渡 | "坐箕过海"民间谚语、习俗及观念、咸水歌（蛋歌） | "疍家婚礼""坐箕过海"漂移习俗及轨迹空间 |
| 6 | 珍珠文化艺术遗产 | 南珠生产技艺、南珠加工技艺、流沙珍珠制作技艺、珍珠装饰艺术、南珠科举考题 | 白龙珍珠城遗址、白龙珍珠城传说、古珠池遗址、其他相关遗址 | 南珠传说、诗词、歌曲、舞蹈、戏剧、文学作品、碑林等 | 鲛鱼泪珠、泪珠的故事、珠龙传说，其他各珍珠类文化遗产 |
| 7 | 历史记忆、语言与口头艺术遗产 | 地震神话、珠还合浦传说、夜明珠传说、美人鱼传说、海螺姑娘传说、龙利鱼故事、阿斑火、银滩传说、地角传说、三岛传奇 | 京族语、疍家语、客家语、黎族语、海南苗族语、壮语、涉海各地方言、沿线古汉语 | 各类海洋神话传说故事、古歌及口头遗产，各类口头遗产艺术，各民族民间故事等 | 历史名人遗产：马援传说、苏东坡传说、冼夫人传说、伏波庙等，孔子港的传说 |

续 表

| 序 | 遗产类型 | 典型遗产1 | 典型遗产2 | 典型遗产3 | 备注或补充 |
|---|---|---|---|---|---|
| 8 | 传统海洋民歌 | 京族民歌、黎族民歌、苗族民歌、疍歌、咸水歌、东海歌、临高渔歌 | 京族哈歌、渔歌号子、疍家调、琼侨歌谣、儋州调声 | 黎族方言长调、壮族民歌、瑶族"嗷加"、客家山歌 | 海南黎族苗族民歌具备浓郁的海岛特点 |
| 9 | 传统海洋音乐 | 黎族竹木器乐、京族独弦琴、黎族长调 | 椰胡演奏技艺、八音 | 排子鼓、灵山烟墩大鼓 | 安铺八音、澄迈八音、海南八音器乐 |
| 10 | 传统海洋舞蹈遗产 | 黎族打柴舞、黎族舞咚铃伽、鳌鱼舞、黎族面具舞、扶绥壮族舞雀 | 湛江人龙舞、沈塘人龙舞、海口龙舞、求海舞 | 京族竹竿舞、苗族招龙舞、春牛舞、蜈蚣舞、麒麟舞 | 湛江傩舞、遂溪醒狮、香火龙舞、花山壮族骆垌舞 |
| 11 | 传统沿海戏剧遗产 | 粤剧、雷剧、琼剧、临剧 | 湛江木偶戏、临高人偶戏 | 公馆木鱼、海南斋戏 | 粤剧代表作：《珠还合浦》 |
| 12 | 传统体育竞技艺术遗产 | 抢花炮、龙舞、南门市高跷龙舞 | 遂溪醒狮、下三棋 | 花山壮拳、湛江洪拳 | 李家拳及南蛇过垌 |
| 13 | 海洋传统医药及养生艺术 | 京族海药、黎族草药、沉香造香技艺 | 雷州治伤药酒、雷州雷火神针 | 廉州传统医药、珍珠粉 | 鹿龟酒酿泡技艺、传统火灸 |
| 14 | 海洋传统手工艺、美术及造型艺术遗产 | 贝雕、椰雕、根雕、角雕、玉雕、石雕、砖雕、古船木艺术，海南花瑰技艺 | 黎族织锦、黎族刺绣、海南苗族刺绣与蜡染、渔画 | 海南黎族原始制陶技艺、雷州陶塑、钦州坭兴陶艺术 | 文昌壁画、高州版画、灵山大芦村楹联 |
| 15 | 社会交流、协调和管理艺术遗产（含军事防御） | 英国领事馆、法国领事馆、德国森宝洋行、北海旧海关大楼 | 湛江雷岭古道、海上胡志明小道 | 崖城镇元代生铸铁权（商贸秤砣）、石权（称重工具） | 相关习惯、社会管理、防御体系：防城港白龙炮台 |
| 16 | 族群文化艺术遗产 | 京族艺术、疍家婚礼、黎族纹身、古百越文化 | 客家文化、伊斯兰艺术、三亚回族婚礼 | 雷文化、华侨文化 | 黎族苗族三月三节、壮族三月三等 |

· 208 ·

续 表

| 序 | 遗产类型 | 典型遗产1 | 典型遗产2 | 典型遗产3 | 备注或补充 |
|---|---|---|---|---|---|
| 17 | 信仰及节庆艺术遗产 | 龙王信仰艺术（海南苗族招龙舞、赛龙舟、龙母庙会）、妈祖信仰、铺前祭海、祭祀兄弟公等 | 珍珠信仰、美人鱼崇拜，椰神、荔枝神等自然崇拜 | 加方上刀山下火海、麒麟村爬刀梯、雷祖文化、跳岭头 | 京族哈节、海南黎族苗族三月三、海南乐城岛闹元宵 |
| 18 | 其他遗产类型及现代新型艺术 | 北海近代西洋建筑群 | 沙画、雕塑、水彩画 | 广西连城要塞与友谊关、遂溪人民抗法纪念碑 | 解放海南岛四十军指挥部旧址、北海烈士纪念碑 |

这些典型的海洋艺术遗产，是中华民族千百年来涉海生产生活的实践产物，是血汗的凝聚，是智慧和情感的伟大创造，是海洋文化精髓。这些的艺术遗产，历史悠久，璀璨夺目，内涵丰富深沉，很具有典型性。

（一）古海上丝绸之路艺术遗产

广义的丝绸之路，是指连接古代东亚与东南亚、南亚、西亚、北非和欧洲的世界文明交流大动脉、贸易大通道，分陆上丝绸之路和海上丝绸之路两大体系。作为文化线路遗产，"海上丝绸之路"主要是指公元前2世纪至17世纪古代中国通过海上途径，与周边东南亚国家及东亚（日韩）、南亚、西亚、东非、北非、欧洲各国进行贸易，同时在政治、文化、社会、宗教、民族等方面进行跨文明交流的海上交通线路及文化空间。

古海上丝绸之路，最早萌芽于先秦时期。先秦时期的百越先民，"断发纹身，食蛇蚌，善舟楫"。据考证，早在新石器时代百越人就发明了原始水上漂具——筏，"在7000多年前就以筏为漂具开始了海上作业"①，进一步发展到木船、帆船、渔船、车船、战船等。因"善舟楫"，百越先民很早就频繁活动于南海及其周边地区，通过渔猎追逐、漂移、生产、迁徙等，逐渐扩散至东南亚及周边地区，与其他族群产生海上贸易，交往频繁，因而，形成古中国的活跃且少有战争的民间秘密通道，即"民道"。正式的"官道"形成于汉代。秦统一中国后，大力开发岭南。汉元鼎六年（前111），汉武帝以合浦、徐闻、日南②为始发港，开辟了往东南亚、南亚的航线，开展远洋贸易，打开了世界贸易网络。我国中原及沿海地区的商贩将陶瓷、布匹、丝绸等装船，由北

---

① 黄鹤秦编：《交融与辉映：中国学者论海上丝绸之路》（卷1），广东旅游出版社2011年版，第277页。
② 古地名，位于今越南广治省东河市。

部湾始发，经南海，穿越马六甲海峡，发往东南亚各国及印度、斯里兰卡，再转运西亚，最终抵达地中海周边国家①。通过海上贸易，商人从欧洲等地带来了大量玛瑙、琉璃、琥珀等异域珍品。中西通过海上相互交流、相互依赖、互补互通，创造了长期的历史繁荣，这就是震撼世界的"海上丝绸之路"。

合浦是史书记载的古海上丝绸之路最早始发港。汉元鼎六年（前111），汉武帝置合浦郡，在此设合浦关，合浦因此成为汉王朝海上交流贸易的中心。合浦港也成为海上官方贸易的最大港。合浦现遗存的万座汉墓群、墓群出土的大量珠宝器物等舶来品，以及汉代城址、码头等遗址，是合浦在汉代作为海港中心城市及贸易之都，海上贸易繁荣、人口稠密、地位显赫的重要物证。合浦周边的大量文物，如徐闻古港、华光礁沉船遗址、海南三亚的伊斯兰古墓群等，都是海上丝绸之路文明交流的重要历史见证。

元鼎六年，汉武帝平定南越，设合浦郡等岭南九郡，开辟了海上丝绸之路。合浦郡北通中原，西控交趾郡郡治交趾，东连苍梧郡郡治广信及南海郡郡治番禺，南通南海和印度洋，与东南亚、南亚等海上距离最近，因而被选为汉帝海上丝绸之路始发港。《汉书·地理志》载："自合浦徐闻南入海，得大州，东西南北方千里。武帝元封元年，略以为儋耳、朱崖郡（今海南岛）""自日南障塞（今越南境内）、徐闻、合浦船行可五月，有都元国②；又船行可四月，有邑卢没国③；又船行可二十余日，有谌离国④；步行可十余日，有夫甘都卢⑤；自夫甘都卢国船行可二月余，有黄支国⑥，民俗与珠崖相类。其州广大，户口多，多异物，自武帝以来皆献见。有译长，属黄门，与应募者俱入海市明珠、碧琉璃，奇石异物，赍黄金杂缯而往。所至国皆禀食为耦，蛮夷贾船，转送致之。亦利交易，剽杀人。又苦逢风波溺死，不者数年来还。大珠至围二寸以下。平帝元始中，王莽辅政，欲耀威德，厚遣黄支王，令遣使献生犀牛。自黄支船行可八月，至皮宗，船行可二月，到日南象林界云。黄支之南，有已程不国⑦，汉之译使自此还矣。"⑧ 也就是说，汉武帝时官方派"译使"，携大量丝绸、陶瓷、黄金等，从合浦、徐闻、日南等地出发，船行数月，入海贸易，"以物易物"，换取玛瑙、碧琉璃、奇石珍宝等回国，这是历史文献中我国官方"海上丝绸之路"的最早记载，也是

---

① 166年，大秦（罗马）王安敦（Marcus Aurelius Antoninus，161—180）遣使经越南送来象牙、犀角、玳瑁等，经海路与中国取得了直接的贸易接触。这是历史记载的中国与罗马帝国第一次直接往来，表明此时东西方海上丝绸之路已经通畅，贸易文化交流往来不断。
② 据相关研究，大致为今马来半岛东部，今泰国南部的北大年府。
③ 据相关研究，大致为今缅甸萨尔温江入海处。
④ 据相关研究，大致为今缅甸孟加拉湾沿岸。
⑤ 据相关研究，大致为今缅甸的蒲甘城，也有说法为印度境内。
⑥ 印度东南海岸，大致为印度的建志补罗（Kanchipuram）。源自郭沫若：《中国史稿》（第二册），人民出版社1963年版，第177页。
⑦ 据相关研究，为今斯里兰卡。
⑧ （东汉）班固：《汉书·地理志》，载周振鹤《汉书地理志汇释》（第3卷），安徽教育出版社2006年版，第659页。

被学术界认定为"海上丝绸之路"正式形成的标志（见图2-2）①。

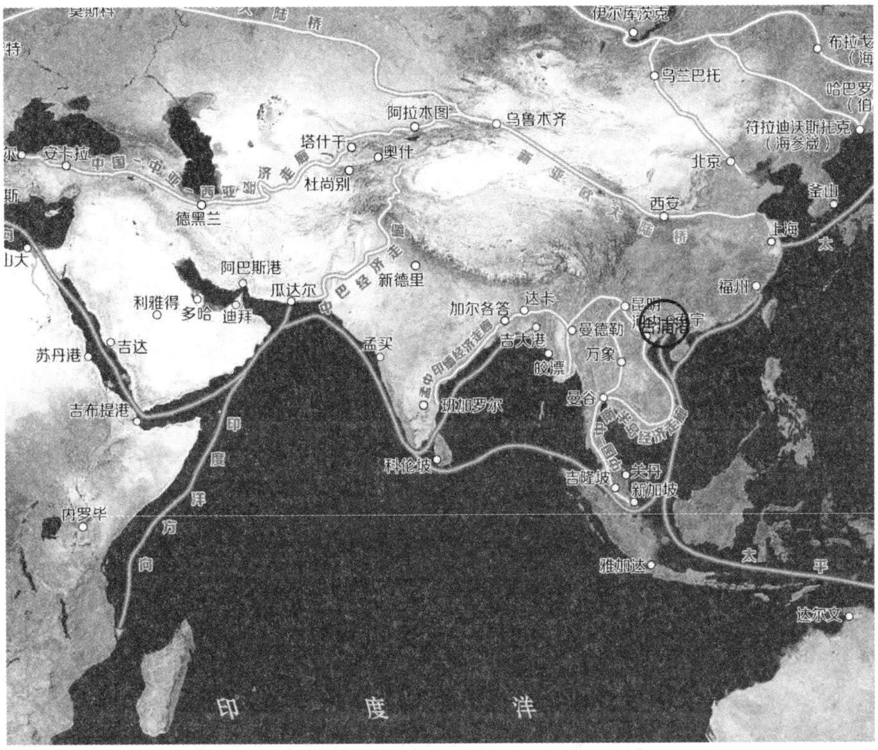

**图2-2 古代海上丝绸之路（合浦始发港）②**

古海上丝绸之路萌芽于先秦时期，发端于秦，正式始于西汉年间，兴于8世纪的汉唐中叶，盛于10—14世纪的宋、元时期，至17世纪明代后期"海禁政策"始得衰落③，持续近两千年。经过中国历代王朝的不断开辟经营，"海上丝绸之路"形成向东、向西向南的两大交通网络，以后者为主。东线，从中国跨海向东至朝鲜半岛、日本；南线，向南向西穿越马六甲海峡，至印度洋、阿拉伯海、地中海沿岸各国④，覆盖了包括"汉武航线"、唐代"广州通海夷道⑤"等在内的各个历史时期航线网络（见图2-3）。

---

① 据《中国大百科全书·中国历史·南海交通》的解释，扶南（今柬埔寨）、都元（应称都元国，今越南南圻一带）、堪（错别字替）离国（指暹罗古都佛统）、邑卢没国（今泰国华富里）、夫甘都卢国（今缅甸蒲甘地区）、已程不（今斯里兰卡）。潘琦《环北部湾文化研究》，广西人民出版社2001年，第195页。

② 来源：http://www.new.bdfzgz.net。

③ 明朝中后期朝廷实行海禁政策。清朝政府延续了海禁政策，海上丝绸之路急剧衰落。

④ 陈炎：《海上丝绸之路与中外文化交流》，北京大学出版社1996年版，第9页。

⑤ "广州通海夷道"是唐时中国由广州通往西亚波斯湾各国和非洲东部的航线。该航线由广州出发，经海南岛，穿越越南中部、南部沿海地区和附近岛屿，到新加坡海峡。由此东航可达爪哇岛、苏门答腊岛；西航经马六甲海峡可至斯里兰卡，再沿印度半岛西岸，经波斯湾至幼发拉底河的乌剌国（今巴士达），再由此陆行可到达今巴格达。沿阿拉伯半岛、非洲大陆东海岸航行，可达三兰国（今坦桑尼亚、达雷斯萨达姆至基尔瓦的沿海地区）。航线全长1万多公里，是当时世界上最长的远洋航线，也是16世纪以前亚非各国之间最长的远洋航线。它延伸了汉代由合浦、徐闻出海的古海上丝绸之路，在古海上丝绸之路乃至世界文明史上有着重要地位。

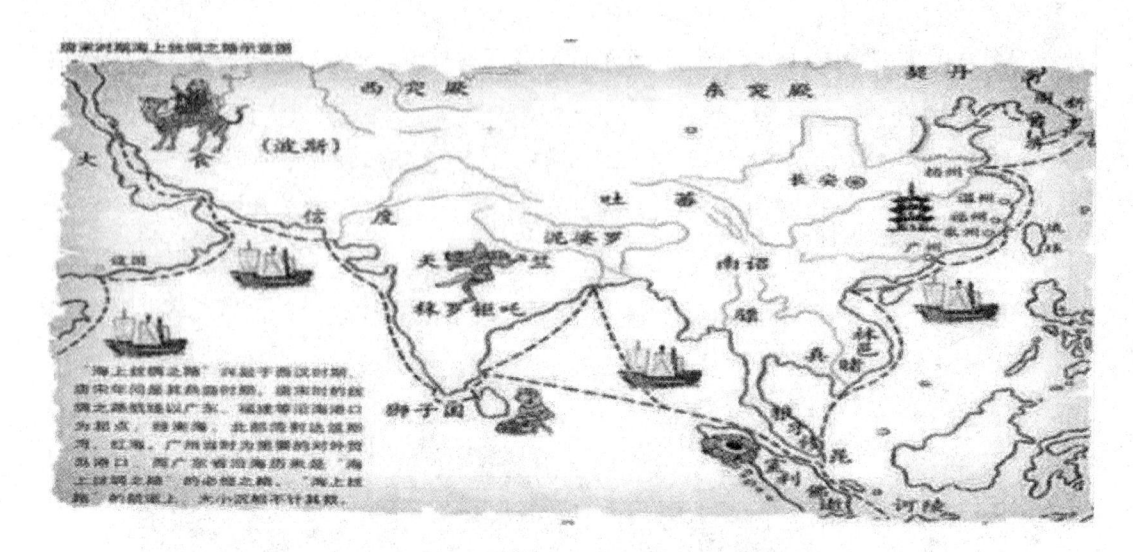

**图 2-3　唐宋时期海上丝绸之路示意图**①

海上丝绸之路从中国东南部及南部（广州、徐闻、合浦）始发，经南海、马六甲海峡，穿越印度洋、孟加拉湾、波斯湾、红海，最后抵地中海，途经东南亚、南亚、西亚、北非、东非和欧洲等地，横跨亚非欧三大洲，足迹遍及当时历史视野下的"全世界"，成为目前已知的全世界最古老、距离最长的海上贸易航线。

古海上丝绸之路的繁荣盛况，可从至今遗存的国内外大量艺术遗产来透视。古海上丝绸之路遗产艺术内容丰富，璀璨多姿，源远流长。从内容构成来看，主要有六类。其一，环境艺术，包括传统地理知识、海洋环境艺术、古航线艺术、古航运航海艺术、古驿道艺术、古集贸地、古街区建筑、古村落艺术。其二，古遗址艺术，包括遗存下来的各类古城址艺术、古码头、古港口、古墓群、古石刻、古作坊、古遗址艺术等，如北海境内的合浦大浪古城、草鞋村遗址艺术、古窑址群艺术、白龙珍珠城等②，防城港的潭蓬运河艺术等。其三，水下遗产艺术，包括诸多水下遗址、遗物、古沉船等。仅1996—2012年，海南7次参与对南海水下文物进行考古调查与发掘，获得文物就约2万件，确认的水下文化遗存就达122处，如北礁沉船遗址、甘泉岛遗址、华光礁一号沉船等③，在西沙部分岛洲沙礁上及附近礁盘水下发现60余处文物遗存（见图2-4、图2-5），采集和出水文物多达4000余件，不少物件具较高的艺术价值④。其四，器物艺术，包括珍珠艺术、陶瓷艺术、丝绸艺术、茶艺术等。其五，出土文物艺术，分为出土国内文物艺术，及出土舶来品艺术。其六，海上丝绸之路相关各

---

① 来源：http://image.baidu.com/search/detail?ct=503316。
② 古窑址群，数以百计，分布广泛。仅在北海市范围内，除了汉代草鞋村汉窑群外，隋唐时期还有英罗窑、晚姑娘窑、煲窑、岭窑等窑址；宋元时期有上窑、中窑、下窑、红坎窑、东窑、西窑等窑址；明清时期有岭底缸窑址、上新大窑、赤江窑、豹狸缸窑等窑址。很多窑址规模大，产品主要供外销。
③ 黄晶：《南海深处，厚积着中国人的行迹》，《海南日报》2012年6月26日第5版。
④ 郝思德：《中国最早开发南海诸岛》，海南省文物考古研究所内部考古资料，2014年6月15日。

类非物质文化遗产,如各类建筑、服饰、生产、神话故事、传说、诗歌、书画、文学、歌谣、音乐、舞蹈、戏剧、体育、民俗、节庆等,如防城港马留人每年正月都要举办的"伏波庙会"等,以及海上丝绸之路相关各类艺术品。

图 2-4　丰富的南海水下文化遗产①　　　图 2-5　考古队员在海底进行文物发掘

在古海上丝绸之路各类艺术遗产中,以墓葬出土文物艺术最为璀璨、典型,产生的影响十分深远。以合浦汉墓群为例,合浦汉墓群分布在合浦县城及周边地区,面积达 68 平方公里,汉墓近万座,近年来出土文物已超万件,类型多样,出土随葬品的种类主要有:青铜、陶、铁、漆、金、银、玉、石、玻璃、水晶、玛瑙、琥珀等器品。典型的文物艺术品有:西汉铜凤灯、三足盘、玉器、铜屋、陶屋、陶仓、器皿等。而这些随葬品中,有大量的海外舶来品,较典型的有蚀刻玛瑙、琥珀、肉红石髓、绿松石、水晶、角轮型玻璃杯、钠钙玻璃串珠、玻璃器、焊接珠金箔片、金箔包裹青铜珠、金花球、金饼、铜钹、石榴子石串珠、胡人俑、波斯陶壶、香料等。这些器物多通过海上贸易从东南亚、南亚、西亚和地中海等地输入,铭刻着鲜明的古罗马、古波斯、古印度、古东南亚等域外标记。有的域外文物不仅在环北部湾出现,在周边区域也有出现,如波斯陶在容县、桂林也被发现,在越南、东南亚也发现类似陶罐。部分典型的文物艺术举例如下。

1. 典型的文物艺术(海外舶来品,图 2-6 至图 2-29 所示共有 24 种)

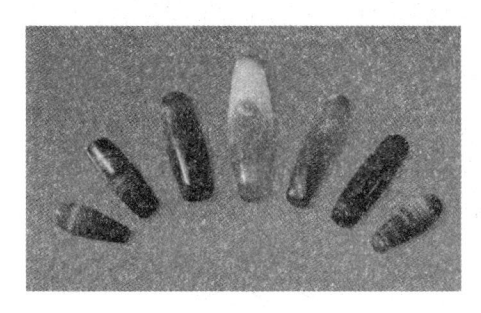

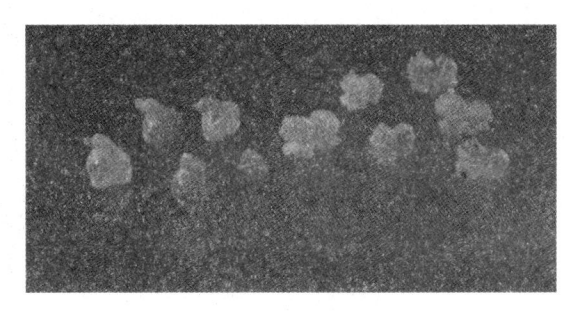

图 2-6　红花玛瑙穿珠　　　图 2-7　玛瑙动物小穿坠　西汉

---

① 图片来源:黄晶《南海深处,厚积着中国人的行迹》,《海南日报》2012 年 6 月 26 日第 5 版。

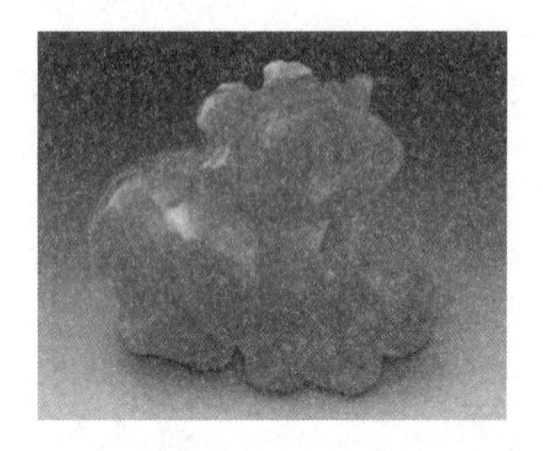

图 2-8　玛瑙狮子（风门岭 M27）　　　　图 2-9　玛瑙串饰（风门岭 M26）

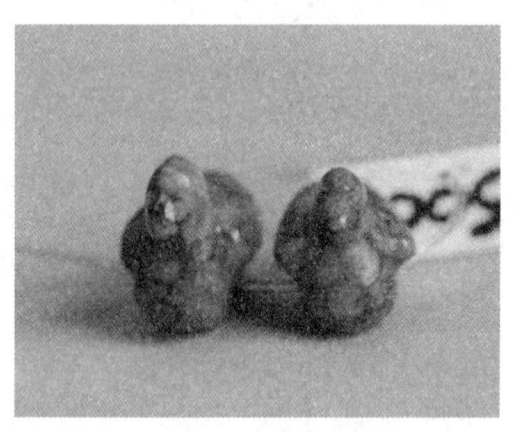

图 2-10　花玛瑙戒　　　　图 2-11　鸽形绿松石（凸鬼岭汽齿厂 M17）

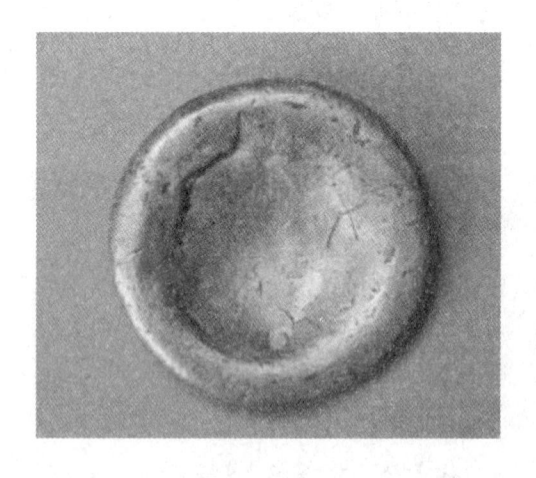

图 2-12　"大"铭金饼（望牛岭 M1）　　　　图 2-13　金串球手链 东汉

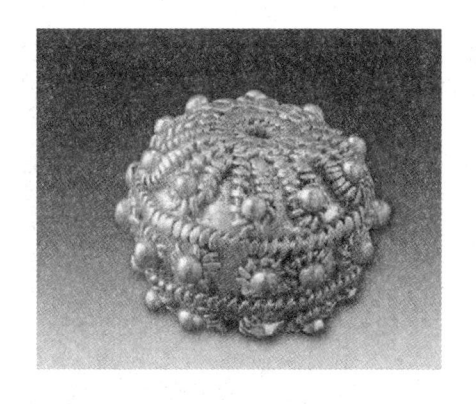

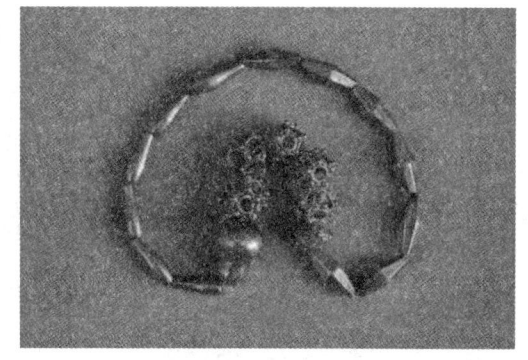

图 2-14　鼓形缠花金球（风门岭 M10）　　　图 2-15　金串球手链（1986）

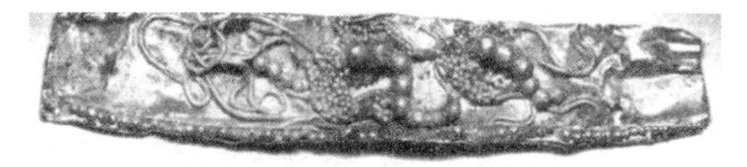

图 2-16　焊珠金箔

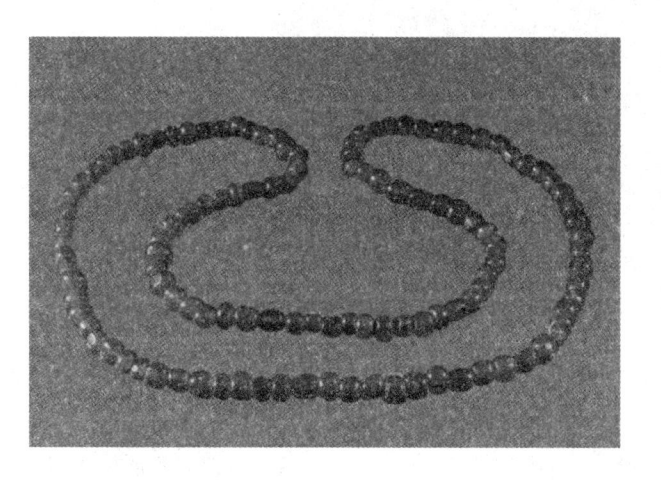

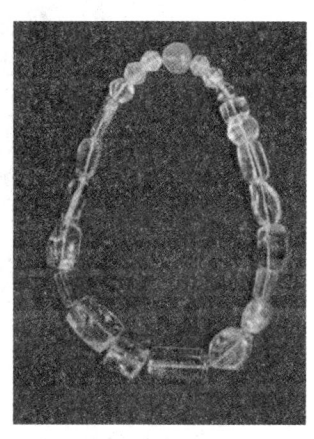

图 2-17　玻璃珠　西汉　　　图 2-18　三色水晶穿珠　新莽

图 2-19　多面体紫色水晶串珠　　　图 2-20　新莽水晶手链（盐堆 M1）

图 2-21 合浦汉墓群出土印度玻璃杯 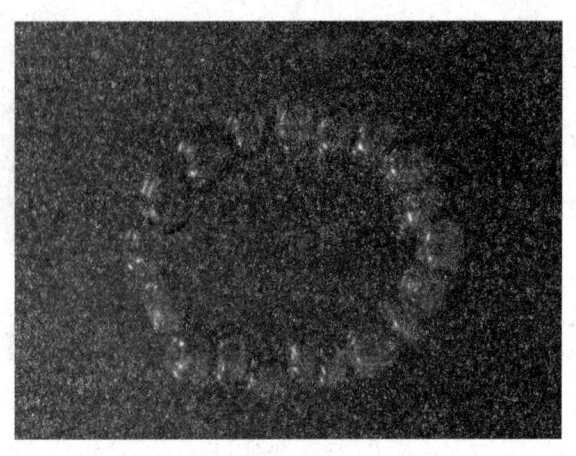　　　　图 2-22 合浦汉墓群出土罗马玻璃串珠

图 2-23 深蓝色玻璃杯　西汉

图 2-24 绿色玻璃璧 西汉 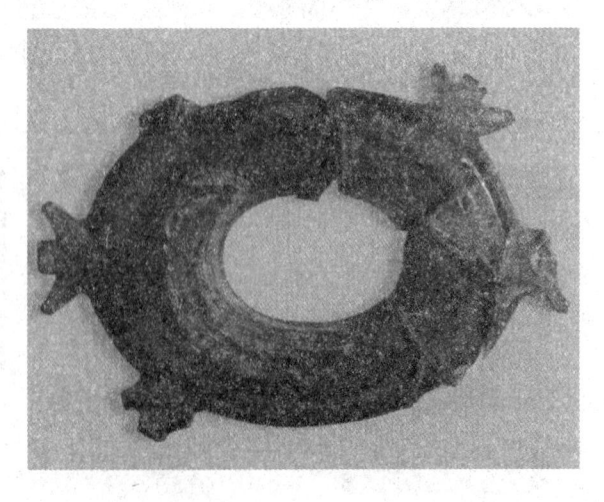　　　　图 2-25 玻璃龟形器

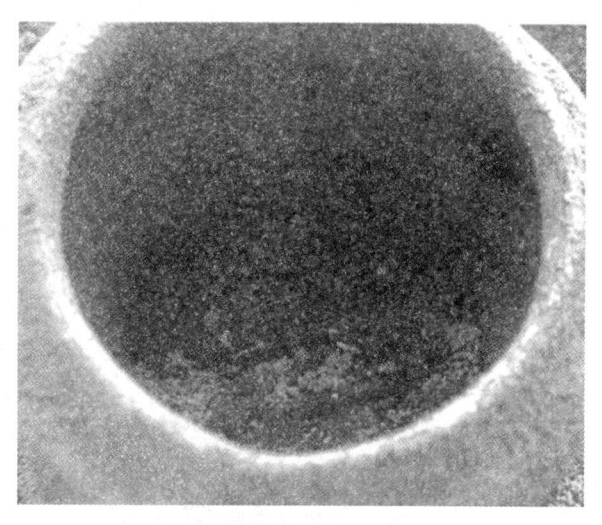

图 2-26 合浦汉墓群出土波斯陶壶

图 2-27 陶熏炉内的碳化香料（风门岭 M24）

图 2-28 马形座陶灯 东汉

图 2-29 胡人俑座灯

2. 典型出土文物（国内文物艺术）

共有以下两大类。

(1) 南海水下遗产艺术（见图2-33至图2-36）

图2-30 挖掘上来的部分南海水下文物

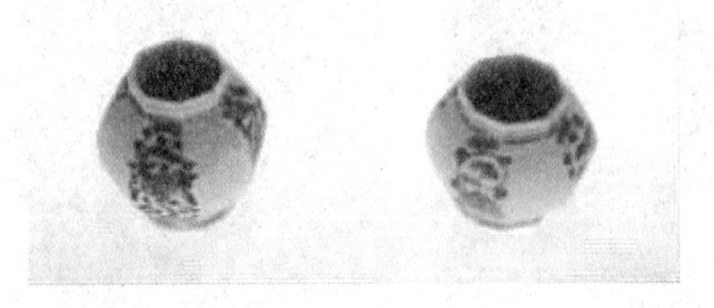

图2-31 沙北礁出水的明代青花菊花纹八棱小罐

图2-32 西沙北礁的明代小碗　　　　图2-33 西沙宋代旋纹鼓腹小罐

(2) 合浦汉墓发掘的部分出土内地文物（见图2-37至图2-44）

图 2-34 铜凤灯（1971 年合浦望牛岭 1 号墓出土 1 对）

图 2-35 "宜子孙口益昌"山廓玉璧 东汉

图 2-36 干栏式陶仓

图 2-37 錾刻纹铜仓

图 2-38 龙首铜灶　　　　　　　　图 2-39 龙首羽纹铜魁 西汉

图 2-40 干栏式双扇门铜仓 西汉　　图 2-41 六蛙云雷纹铜鼓

这些国内文物内类广泛，囊括了生产、生活、商贸、娱乐、宗教用品，充分反映了汉代合浦及中原王朝的政治、经济、文化、科技状况，展示了世界文明交流的高度成就。这些随葬的大量海外舶来品，是汉代合浦海外贸易繁荣兴盛的历史写照，是海上丝绸之路的重要物证。

古海上丝绸之路的发展经历了数次重要的变化过程。起初，这条航线从徐闻、合浦等地出发，只能紧贴海岸航行，但后来随着造船及航海技术的提高，逐渐脱离这条航线，开始向远洋横渡。这条航线不断开拓，从中国南海穿越马六甲海峡，过孟加拉湾，穿越印度洋，最后抵达地中海及周边地区，沟通亚非欧文明，成为联系沿线数十个国家地区，沟通有无、相互依赖交融的商品大通道、文化大动脉

古海上丝绸之路的形成过程，是一个航海技术不断飞跃，海上航线不断被探索、发现和开拓的过程，是繁荣不断开创、贸易不断升级、物品不断丰富、外交深入开拓的过程，是文明交融不断深化、格局不断被打破、创造力不断被激发、新辉煌不断被

铸就的历史发展过程。

海上丝绸之路是世界古文明的重大奇迹，它体现了持续两千年的东西方人类价值观念的跨海交流，是人类文明交流的结晶。它是连接东西方两大文明的桥梁，见证了人类文明发展进步的进程。海上丝绸之路不仅形成了商品贸易大通道，更促成了文化大通道、血脉大通道、心灵大通道、共同梦想大通道的构筑。它与陆上丝绸之路一起，共同推动社会进步和人类文明的发展进程。古海上丝绸之路遗产，是环北部湾海洋文化遗产的灵魂，是环北部湾海洋艺术遗产的最重要财富，是全世界人民共同的文化瑰宝。

（二）史前考古遗址、古遗址及环境艺术遗产

北部湾是世界海洋文明的重要发源地之一，经过成千上万年的历史积淀演进和中华先民伟大创造，这里留下了许多史前考古遗址、古遗址遗迹和人居环境艺术遗产。这些遗产，包括水下遗产，虽多简单粗拙，不甚美观，但像周口店遗址、三星堆遗址和长城遗址等一样重要，它们是中华文化的发源地，是血脉、情感和艺术的源泉，因而往往成为许多创意创作的灵感源泉，甚至成为中华文化的符号象征。因而，环北部湾海洋文化遗产具有世界人类文明的意义及高度。环北部湾史前考古遗址、古遗址遗迹及环境艺术遗产丰富灿烂，不胜枚举，仅从史前人类起源考古发现来说，就有灵山人遗址、落笔洞遗址等；从史前文明来说，这里遗存着数以百计的史前贝丘遗址，神秘的大石铲文化，以及部分花山岩画等。这里航线和辽阔的海洋下面，埋藏着数千年来因暴风雨、海难、战争、地质变迁等沉下的大量沉船及运载的珍宝。作为古海上丝绸之路始发区域，这里遍布古城址、码头、街区、宫殿、庙宇、亭台楼阁、村落、宗祠等，遗存了大量珍贵的历史名人遗产，如伏波将军庙、马援传说、马留人祭祀风俗，以及鉴真东渡遗产、苏东坡诗词遗产、黄道婆艺术遗产、宗教传播遗产等。与古遗址等相适应，这里遗留了大量的有特殊价值的人居环境艺术遗产。

以灵山人遗址为例，"灵山古人类洞穴"位于灵山县三海乡栏崇村马鞍山，是广西壮族自治区迄今发现位置最南、年代最早的旧石器时代文化遗址。1960年，广东师范学院、广东省文物考古队和中国科学院古脊椎与古人类研究所贾兰坡、顾玉珉、顾阂等5人，在灵山县城东2.5公里外马鞍山的东胜岩、葡地岩和尽头岩三处洞穴中发现了灵山人化石。化石包括3个头骨的碎片，内有1块颞骨、4块顶骨、3块额骨、2枚臼齿、1块髋骨、1段侧肢骨、1块膑骨等，大约代表了四五个不同的人的个体。从体质形态特征来看，大体与柳江人及麒麟山人相近[1]。从门齿舌面呈铲形等特征来看，具有

---

[1] 钟文典主编：《广西通史》（第一卷），广西人民出版社1999年版，第29页。

蒙古人种的基本特征。东胜岩和葡地岩还出土有熊、犀牛、野猪、鹿、牛、蜗牛等化石。此外，在石背山洪窟洞也发现类似古人类化石。据专家鉴定，这些人骨属旧石器时代遗产，至少有2万年历史，为更新世末期新人阶段的人骨化石。在石塘乡钟秀山滑岩洞遗址，除发现人骨之外，还发现有穿孔石珠和一些网纹、绳纹陶片，均属新石器时代器物。灵山人化石遗址对于研究北部湾地区人类的起源、史前文化的产生和社会发展具有重要意义①。

又如落笔洞遗址，位于海南省三亚市吉阳区荔枝沟向北7公里的落笔峰山脚下，坐标为东径109°31′，北纬18°17′。落笔洞为天然石灰岩溶洞，洞中央有两根钟乳如巨笔悬空。20世纪80年代初发现一些动物化石，但未发现人类居住痕迹。1992年3月和1993年冬，考古学家经对落笔遗址进行全面考察和两次发掘，共清理遗址面积70平方米，发掘出8枚人牙化石、200多件石制品、几百件动物化石和大量螺贝壳②，其中哺乳动物化石45种，水生动物24种，螺壳数量达7万多个。石制品分砾石石器和石片石器两类，有石核、石片、尖状器与石锤等。骨角制品丰富，分铲、锤、锥、匕等多种。洞中有很多用火遗迹，灰烬层堆积较厚，表明已广泛用火。堆积物中含有大量螺、蚌及蚬类遗骸，但鱼骨化石极少，说明在蛮荒时代，落笔洞人还没会网鱼技术，多靠拾贝类为生。洞内摩崖历代文人石刻甚多。8枚珍贵的牙齿化石，经C14测定，距今约1万年，处于旧石器时代晚期到新时期时代早期的过渡阶段③。落笔洞成为海南岛发现的迄今为止最早的人类聚居场所。2001年6月，被公布为全国重点文物保护单位。

再如花山岩画，位于广西壮族自治区崇左市宁明县城中镇的明江河畔，是目前为止国内发现的面积最大、内容最丰、保存最完好的岩画。花山，壮语称为 pay laiz（岜莱），即"画得花花绿绿的山"，沿江峰峦迭起，悬崖重重，岩画悬于一高耸的临江陡峭断岩上，岩壁宽大内拱，俯视江面。岩画高出江面30—90米，面积8000多平方米。岩画以赤铁矿和动物胶、血混合调制的颜料绘制，呈赭色。整个画面宽170余米，高40余米。现存图像1900余个，能清晰辨认出的有1300多个，大约有60组完整图像。图像出现羽人、椎髻、刀、剑、狗、马、鹭、鼓、船、羊角扭钟、道路、太阳等形象，以人像为主。人像大多身高60—130厘米，最高的达400厘米。每一组图像正中者为高大威严、腰挂刀剑、头上有兽之正面巨人。侧身者体形小但数量多，臂伸上举，作跳跃状。人物只画出头、颈、躯体和四肢，皆裸体跣足，作半蹲蛙形伸臂起舞状。动物多为狗。画面多饰各类图案，以铜鼓为最多。画面内容丰富，风格古朴，意境深沉。画中的羽人、椎髻、披发的人像、翔鹭、船、铜鼓、

---

① 廖国一：《广西环北部湾地区原始文化的考古发现和研究》，《钦州师范高等专科学校学报》2002年第4期。
② 王钊宇总纂：《岭南大百科全书》，中国大百科全书出版社2006年版，第297页。
③ 郝思德：《三亚落笔洞遗址》，南方出版社2008年版，第195—196页。

羊角扭铜钟等器物图像，均为远古骆越人独有。经专家考证，花山岩画于战国至东汉间完成绘制，历尽二三十代人的努力，才形成震撼人心的画面。岩画的起源可追溯至战国之前的更早时期，它是左江流域壮族先民骆越人渔猎、生产、迁徙、战争、庆祝、祭祀活动遗留下来的痕迹。花山岩画是左江流域岩画群的代表，至今已有1800—2500年历史①。花山岩画规模超前，场面浩大，粗犷奔放，气势庄严，给全世界留下许多千古之谜。1988年被国务院公布为全国重点文物保护单位。2016年，花山岩画被成功列入世界文化遗产名录。

图2-45（1）左江花山岩画所在地　　图2-45（2）　左江花山岩画

以贝丘遗址为例，贝丘文化是环北部湾新石器时代文化遗产的最大特色。因自然环境特殊，物产丰富，气候适宜，人类在此得以繁衍生息，并不断向四周扩散。因而，早在旧石器时代，就出现了大量人类活动；到新石器时代，人类进步发展，活动更为频繁，在此留下数以百计的史前贝丘遗址，呈带状分布。例如在防城港，有亚菩山、马兰嘴、玟杯墩、社山遗址等；在钦州，有芭蕉墩、独料和亚陆江杨义岭等遗址，以及诸多大石铲出土点；在北海，仅在合浦境内就发掘有高高墩、二埠水、清水江和牛屎环塘②等多处遗址；在湛江境内，也发现大量各种类型的贝丘遗址。

海南的贝丘遗址较为丰富，境内几乎每个沿海地市都发现贝丘遗址，有的地方大量遗存，以东方市最为集中、最为典型。以新街贝丘遗址为例，它是截至目前海南发现的最大型新石器时代贝丘遗址，位于东方新街镇北黎河入海口2.5公里。在该遗址的文化层堆积中发现大量贝壳遗骸，在距地表0.4—1.0米的文化层中堆积有大量螺壳、贝壳、炭屑、烧骨和烧土，以及打制石器、斧状石器和陶器残片等，石器多为打制石器，磨制石器较少。最为可贵的是在此发现了陶器残片。而10公里外的四更镇荣村贝丘遗址，有三个文化层，其第三层的出土遗物年代最早，出土文物最为丰富，以

---

① 百度："花山岩画"（http://baike.baidu.com/link?url=cUsDIfhT bq），2015年6月17日。
② 牛屎环塘考古遗址出土的各种珠贝物器证实，早在7000年前北海就有先民在此劳作、生息和繁衍。

陶器为主，骨器次之，另外有大量贝壳和少量兽骨等。这些遗产的构成，说明海边的螺、蚝蜊、贝类为远古人类的主要食物来源。

又如亚菩山贝丘遗址，位于广西防城港防城区江山乡新基村，南临珍珠港。整个遗址高出海面12米，分布面积约3500平方米。根据1958年考古测量，整个文化层堆积厚约1.6米，分上下两层：上层为深黄色细沙土，下层为含大量贝壳的灰褐色土。发掘遗物主要为海生斧足类和腹足类软体动物的硬壳及石器、骨蚌器、陶片和动物骨骼等。打制石器都是石核石器，材料为河砾石，分砍砸器、手斧状石器、石球、石网坠、蚝蛎啄等，多呈扁圆形。磨制石器少，主要有斧、锛、凿、磨盘、石锤、杵等。骨蚌器以磨制穿孔饰品居多，也有少量骨锥、骨镞、蚌铲等生产器具。陶器为夹砂绳纹陶残片，纹饰以绳纹为主，陶土多掺粗沙粒和蚌壳粉末手制，因火候欠，胎呈红或灰黑色。动物遗骸经鉴定的有鹿、象、兔、鸟、鱼、文蛤、牡蛎、田螺、乌蛳等。其年代应为新石器时代早期，为新石器海洋型，说明当时经济活动以采蚝、捕鱼为主，也上山狩猎和兼营农业[①]。

再如交东贝丘遗址和芭蕉墩遗址。交东贝丘遗址位于东兴市江平镇郊东村，处于海湾口，东西宽约200米，南北长约400米，遗址高约10多米。山上堆积大量贝壳，以蚝壳居多，杂有泥蚶、白螺、网锤等先民遗物，被一层表土及植被覆盖，人称"蚝壳山"。经鉴定为新石器时期居民点遗址。而芭蕉墩遗址位于钦州市犀牛脚丹僚村，涨潮为孤岛，退潮后四周为滩涂。墩上有一层厚厚的牡蛎、蚌壳堆积层，底层遗物以打制石器为主，器形多为"蚝蛎啄"。此外，还有砍砸器、刮削器、石斧、石球等，有个别磨光石斧。经鉴定，其年代为距今八九千年前的新石器时代早期，可见渔猎成为该区域先民的主要生活来源。

而在诸多史前遗产、环境艺术遗产中，以海南的南海航道更路经（更路簿）最为特别。"更"是我国古代计算航程的单位，一更等于60里；"路"指航行的路线图；"簿"就是"本子"或"经本""规律""常识"。南海航道更路经，是指海南渔民将成千上万年来航行南海及周边海域所积累的各种知识、经验，形成以口口相传的"秘诀""更路术""更路传"或"更路经"，经过历代的不断锤炼完善，最终形成各类手抄航线图的"更路簿""航海图"或"航海秘本"。因而，《南海航道更路经》有两类，一类是以手抄本为载体，为"本"或"簿"；另一类为口头传承下来的秘诀，为"传"（见图2-46）。《更路经》目前主要流传于文昌市、琼海市沿海一带，其次是海口市、陵水黎族自治县、万宁市、三亚市、临高县等港口海岸渔村。

---

① 王钊宇总纂：《岭南大百科全书》，中国大百科全书出版社2006年版，第251页。

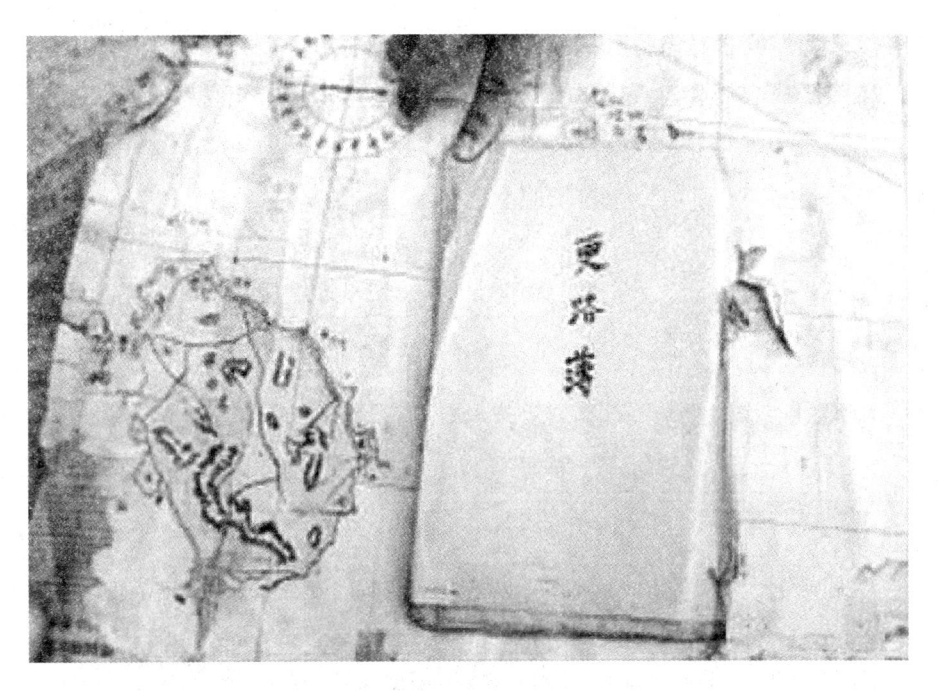

图 2-46 南海航道更路经

更路经历史悠久，其口头秘诀或口头经本出现较早，没有定型，其产生与百越及远古疍民有关，其渊源可追溯至距今 7000—3000 年前古百越的远古习俗。古百越"食蚌蛤，善舟楫"，千百年来长期追逐渔猎，使之漂流于南海诸岛及更远海域，更路经萌芽。汉元鼎六年（前 111），伏波将军路博德等平南越，置珠崖、儋耳二郡，内地居民不断迁徙来海南岛从事耕海，带来了内地先进技术，推动了航海捕捞业的发展，开拓了南海航线，更路经得到了突破性发展。从汉代开始，中国逐渐开通了与东南亚、南亚、大洋洲、非洲、欧洲交往贸易的"海上丝绸之路"，海南岛及南海海域是必经之地，更路经成为海丝路的交通根基，得到了前所未有的发展。正式的《更路经》是经历代收集整理各类"口诀"并反复锤炼才得以成型，详细记录了南海岛礁暗礁的形态（如圈、筐、门、孔、峙、岛、洲、线、塘等）与分布、地貌、海浪、风向、水流、潮汐与风暴等①。因而，《南海航道更路经》又有《南海水路经》《南海定罗经针位》《西南沙更路簿》《顺风得利》《注明东、北海更路簿》《去西、南沙的水路簿》等别称，

---

① 据《更路经》记载（符策超提供版本），渔民按照地形、气候、水文、生物、海产、位置、数字、顺序、大小、颜色及传说等 11 项指数，对南海诸岛命名 98 处，其中西沙群岛地名 22 个，南沙群岛地名 76 个，足迹遍及整个南海，此外还记载西沙、南海岛屿上明清遗留的小庙 14 座。许多岛名如甘泉岛等一直沿用至今，对后来我国标准命名和绘制分布图直接起到重要作用。该《更路经》主要记载了 3 类航线：一类是渔民出海捕鱼路线；二是华侨出国路线；三是我国古代海上贸易路线。在更路径诸多版本中，有的版本则赋予南海 136 个岛礁富有特色的俗名，其中东沙群岛 1 个，西沙群岛 38 个，南沙群岛 97 个。潭门老船长彭正楷几十年依赖的《更路簿》，记载了 17 条西沙捕鱼线路、200 多条南沙捕鱼线路、29 条从南沙返回海南岛的航线、7 个海上交通枢纽和渔业生产中心。

有多种版本，不同版本有不同的表述内容。至今尚遗存十几种手抄本（见图2-47）①。

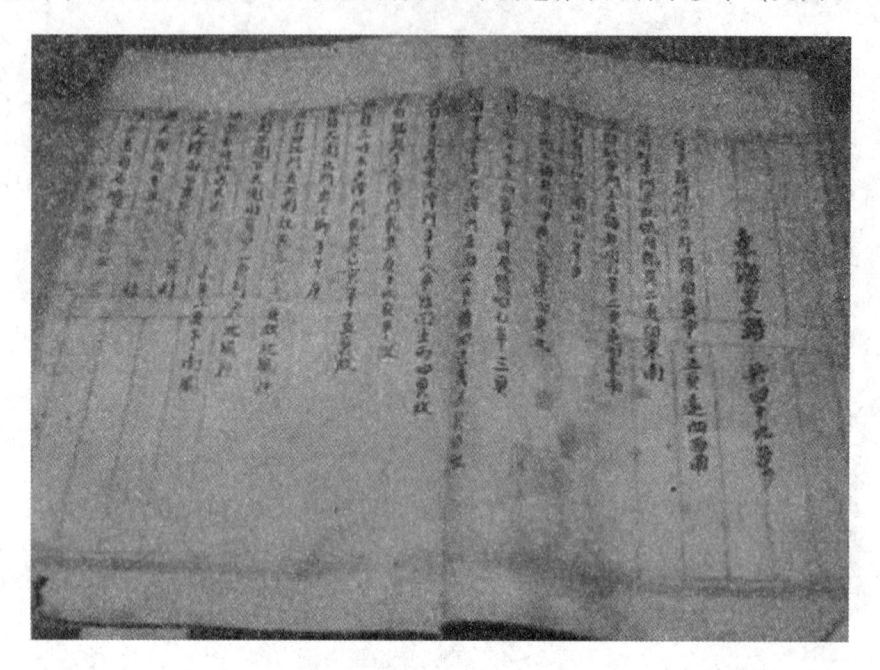

图2-47 现藏于海南省博物馆的清代更路经

无论是"经"，还是"簿"，两类更路经的本质相同，它们都是渔民自古以来自编自用的航海"秘本"，是无数代渔民用鲜血换来的"生命线"，是每位渔民船长必备的航海图。2008年，南海航道更路经以悠久的历史和独特的价值②，入选第二批国家级非物质文化遗产名录。

这些"更路簿"证明了西沙、南沙、中沙群岛等是我国最早发现、最早开发和最早管辖的区域，为西沙、南沙和中沙自古以来属于我国领土领海提供了实证，是中华民族自远古以来世世代代耕耘南海的祖传宝典，表明了中国自古以来南海这片"祖宗海"神圣不可侵犯。

这些遗产的遗存，展示了北部湾的古老辉煌，无可辩驳地印证了中华先民早就活跃在北部湾及南海诸岛，并在千百年来的渔猎追逐过程中，由此漂移扩散至印度洋岛屿、太平洋甚至太平洋对岸的运动轨迹，形成了"中华古百越文化圈""中华先民渔猎漂流文化圈""贝丘文化圈"，以及"环太平洋大石铲、贝丘遗址及渔猎圈"等，证明了北部湾海洋文明起源地的重要地位。

---

① 目前已查明的《南海更路簿》版本主要有：苏德柳抄本、许洪福抄本、郑庆能抄本、郁玉清抄藏本、陈永芹抄本、林鸿锦抄本、王国昌抄本、秦兴铣藏本、苏承芬抄藏本、李根深藏本、符宏光填绘的《西南沙群岛地位位置图》等。《南海更路传》的版本，主要有韩健元、齐见德等人的口述本。
② 南海研究专家、香港《华夏纪实》主编王业隆说："《更路簿》是由特定的人（海南渔民），用特定的文字（海南方言）和特殊的方式（文字地图），画出特定的区域（由海南至西沙南沙各岛礁）的航海图，在世界上难以找到第二种，因此，《更路簿》成了海南渔民开发南沙群岛的重要见证。"

### (三) 骑楼老街、疍家棚、船形屋艺术遗产

环北部湾的建筑艺术遗产十分丰富，是一个建筑艺术天然博物馆。这里不仅遗存大量传统建筑，包括古宫殿、古寺庙、古塔、古桥梁、古水井、古庭院、古民居、古村落等，也有大量充满浓郁民族风情的建筑遗产，如疍家棚、黎族船形屋、黎族干栏式建筑、苗族传统建筑、京族民居、雷州斗拱传统民居、瑶族传统建筑、壮族传统建筑等，也较完整遗存着包括领事馆、海关、洋行、教会、医院和学校等大量西洋近代建筑[①]，以及沿线诸多骑楼建筑群（见表2-13），可谓类型丰富，璀璨多姿。在此仅以骑楼、疍家棚、黎族船形屋为例，展示大致风貌。

环北部湾绝大多数地市都有大量近代骑楼建筑遗存，在所有的骑楼建筑中，规模最大、长度最长、保存最完整，也最令人惊叹的莫过于北海骑楼老街。

表2-13　　　　　　　　　　环北部湾骑楼遗产及分布状况

| 省份 | 地区 | 集中区域 | 备注 |
| --- | --- | --- | --- |
| 广西 | 北海骑楼老街 | 北海市珠海路、中山路,合浦廉州镇中山路、阜民路,南康老街等 | |
| | 钦州骑楼老街 | 中山路骑楼街、1—5马路骑楼街区等 | |
| | 防城港骑楼老街 | 那良古镇骑楼 | |
| 广东 | 湛江骑楼老街 | 赤坎区三民路、大通街,霞山风情街 | |
| 海南 | 海口市骑楼老街 | 中山路、博爱路、解放路、得胜沙路、新华北路、新民路、长堤路等 | 规模最大 |
| | 文昌市骑楼老街 | 文成镇文南街,铺前镇,会文镇白延墟 | |
| | 临高县骑楼老街 | 临高县新盈镇 | |
| | 儋州市骑楼老街 | 儋州市中和镇复兴街、三江镇罗梧村罗梧楼,南丰镇老街、新英街 | |
| | 定安县骑楼 | 定安县古县城老街 | |
| | 琼海市骑楼 | 琼海市嘉积镇新民街、台湾街、银海路,博鳌镇乐城岛 | |
| | 乐东县骑楼 | 九所镇乐罗村 | |
| | 三亚市骑楼老街 | 三亚市崖城镇、保港东兴古街、解放路步行街 | |

---

① 西洋近代建筑包括北海近代建筑群、防城港西洋建筑、钦州相关建筑、湛江广州湾法国公使署和法军指挥部旧址，以及海南省境内的相关西洋建筑遗址等。

北海骑楼老街简称北海老街,它是北海的城市名片,是北海城市的发源地(见图2-48)。整个老街由珠海路—沙脊街—中山路组成。上述三条历史街区,以珠海路特色最为浓郁、典型。

珠海路是一条有100多年历史的老街,始建于1883年,全长1.44公里,宽9米,沿街全是中西合璧骑楼式建筑,为岭南最长的骑楼老街①。珠海路曾为北海最繁华的商业街区,店铺鳞次栉比。建筑大多为二至三层,颇有古罗马建筑的风格:骑楼的方形柱子凝重厚大,临街两边墙面不同式样的装饰和浮雕,窗顶多采用卷拱结构,卷拱外沿及窗柱顶端都有雕饰线(见图2-49)。临街两边的这些雕饰物,线条流畅,形成了南北两组空中雕塑长廊。而临街的中空走廊,既是道路向两侧的扩展,又是铺面向外的延伸,人们走在骑楼下,既可遮风挡雨,又可躲避烈日。

图2-48 北海老街风貌(一)　　　　图2-49 北海老街风貌(二)

整个老街的建筑风格是中西合璧,既有中国的传统建筑因素,也整体呈现出强烈的西洋建筑特色。其西洋建筑类型也多种多样,但以哥特式建筑、欧式券廊式建筑居多。北海老街包括了北海近代西洋建筑群的部分建筑,即大清邮政、北海海关大楼等。可以说,整个老街在外观上受西方建筑风格的影响明显,风貌完全西化,但在内部结构上,仍是中国的传统内部格局为主,特别表现在内部装修、装饰、雕刻上。

鸦片战争后,1876年《中英烟台条约》将北海辟为通商口岸,西方列强蜂拥而至,先后有英国、德国、法国等八个国家设立领事馆、海关、洋行、教堂、医院、学校等,大批西洋建筑应运而生。自那时起,受西洋建筑的影响,特别是受19世纪末西方卷柱式建筑的影响,当地纷纷效仿,一大批西洋建筑或仿西洋建筑先后在北海出现。受西洋文化影响,传统本土建筑纷纷改观,在建筑布局、内部结构及外观风貌上做了较大调整,外观几乎完全欧化。但老街产生的底蕴是岭南海洋文化,受到东南亚国家影响,具有鲜明热带气候的南洋风格。下面介绍两个案例。

---

① 黄国倩:《北海老街(珠海路)调查研究——珠海路老街保护开发情况初探》,《老区建设》2012年第6期。

案例1：英国领事馆

1877年英国第一个在北海租用民房建立领事馆。光绪十一年（1885）建馆，为二层券廊式西洋建筑。砖木结构、西向，建筑面积1154平方米，附属建筑面积419平方米，周围大树成荫，环境风貌保存最好。该领事馆是中英《烟台条约》的物证。1999年10月，因改造解放路工程需要，北海市将英国领事馆旧址往东北方向平移55.8米。

案例2：洋关大楼旧址

位于市海关大院内。1876年中英《烟台条约》辟北海为对外通商口岸，1877年设置"洋关"（即海关），光绪九年（1883）建洋关大楼，为四面坡瓦顶的三层券廊式西洋建筑，方形，砖木结构，南向，建筑面积972平方米。洋关大楼旧址是旧中国关税主权外丧的物证。至今主体建筑完好，产权归海关总署所有。

西方文化的影响、本土传统文化，加上南洋文化的浸润，这三大因素相互影响、相互交织，经过半个多世纪的吸收融合，最终形成了现在的北海骑楼老街。

随着时间推移，珠海路逐渐失去了往日繁华，街道日渐老化，但因其建筑风格独特，尚算保存完整，仍被历史学家和建筑学家们誉为"近现代建筑年鉴"。

又如疍家棚，是疍民在海岸边搭建的简易小棚楼，棚底距海面约3米。一般用数根木头作为整个棚户的桩柱，以旧船板铺做棚楼板（多以油灰或桐油填涂表面），以篱笆或旧船板作棚楼墙面，用竹瓦或油毛毡为棚顶。疍家棚前方，一般架一小梯方便上下楼。疍家棚内，分为饮食会客的正厅和休息的卧室。厅室均较小，都开有小窗，以便通风透亮，有的疍家棚也不分厅室。涨潮时，棚底下有海水浸泡，可钓鱼。退潮后，水很浅，可就地捕捞，非常纯真自然。

又如黎族船形屋，它是黎族的传统居住房，属竹木结构干栏式茅草房，今仅有少量遗存于白沙黎族自治县及周边地区。因外形似一只倒扣的木船，故名"船型屋"。有关黎族船形屋，历史文献多有记载。晋代张华《博物志》中记载："南越巢居，北朔穴居，避寒暑也。"① 《北史·蛮修传》："依树积本，以后其上，名曰'干阑'。"② 黎族船形屋与我国南部及西南部少数民族建筑类似，均为上人下畜的"悬虚构屋"干栏式建筑。

黎族船形屋原始简单，是以竹木为骨架，以格木、竹子、红白藤、茅草为材料，以茅草为盖的简易茅草屋。主要式样有两种：干栏式船形屋和金字屋。干栏式船形屋黎语称"隆咩"，有高架屋与低架（落地）屋之分。高架屋以树干作为支架，用红藤或白藤扎架，上盖茅草或葵叶，以竹干编墙，再糊稻草泥抹墙。屋中间一般都立三根高大的柱子，黎语叫"戈额"，两边立6根矮的柱子，黎语叫"戈定"。内部一般分两层，上面住人，下面养牲畜。其平面构造分为单间平面、带杂物间平面与多房间平面

---

① （西晋）张华编纂：《博物志》，张恩富译，重庆出版社2007年版，第62页。
② 楼西庆：《中国传统建筑文化》，中国旅游出版社2008年版，第121页。

几种。单间平面为最古老而又常见的类型，由前廊和居室构成，居室内部不隔，卧息、煮炊、储藏全部容纳于一间。带杂物间平面类型为前者的改进，廊子在前，居室在中，杂物间在后，杂物房分多间。屋地板离地面30—40厘米，以石头、格木搭成浮脚屋架，绑牢竹排为"地板"。屋前后两端设两门，"船头"开小门，"船尾"开晒台，即大门。屋檐往外延伸，以编竹抹泥或竹条、木条、椰叶做檐墙，形成低矮小檐廊。屋顶呈"人"字陡坡型或倒扣半圆船形。房屋的大小一般由人口或经济能力来定。在船形屋主屋的周边，一般还有隆闺、牛栏、猪栏、悬空谷仓和晒谷场。随着生产技术进步和逐渐定居化，黎族船形屋也由高架式逐渐向地居式转变。

黎族的绝大部分传统生活发生在船形屋这个特殊空间内。过去，只要走进黎族船形屋村寨，便随处可见黎族妇女身着传统筒裙，在船形屋屋檐下结伴扎染织锦，或酿酒，或编织竹席；黎族男子或结伙吃竹筒饭、饮山兰酒，或制作陶器木器、造独木舟，充满原始的浪漫色彩，黎族韵味浓郁。

船形屋是黎族最古老的民居形式，流淌着黎族古老的文明，承载着许多古老记忆，凝聚着黎族远古先民的智慧，被称为"黎族最后的精神家园"。它较完整地"活态"保留了我国南方少数民族的原始居住形式，具有特殊的价值。总之，环北部湾海洋建筑艺术遗产遗存丰富，类型多样，特征鲜明，艺术价值高，值得去发现、挖掘和再创造。

（四）海洋传统技艺、美术或造型艺术

环北部湾是一个充满神奇浪漫色彩的海洋艺术品世界。这个世界里，各类传统手工技艺、美术或造型艺术琳琅满目，璀璨闪耀，夺人心魂。仅以门类来说，就数以百种。在环北部湾海洋艺术宝库中，较典型、艺术价值较高的有贝雕艺术（北海、海南）、椰雕艺术、角雕、根雕、雷州木雕、海南花瑰艺术、海南黄花梨家具制作技艺；雷州石雕、防城彩石雕刻、砖雕、龙塘雕刻艺术；吴川泥塑、雷州灰塑技艺；制陶艺术（钦州坭兴陶、黎族原始制陶、雷州陶塑、雷州窑烧制技艺、吴川瓦窑陶鼓）；雷州竹编、黎族藤竹编技艺；黎族织锦、黎族刺绣、海南苗族刺绣与蜡染；黎族独木器具制作技艺、黎族骨器制作技艺、雷州漂染、雷州游花灯艺术、渔画、古船木艺术；等等。此外，这里还保存有许多传统渔业捕捞、养殖、美食和养生技艺，如京族高跷捕鱼技艺、京族拉大网、三沙特殊鱼箭技术、南海浅海深海捕捞技术、京族鱼露、美食艺术（咸鱼、沙蟹汁、水鱼制作等）、临高渔谚等。其品类之繁荣，品位之绝美，为国内所罕见。

以贝雕艺术为例，贝雕璀璨夺目，震惊世人，是环北部湾海洋艺术的精华。它是通过精选有色贝壳及海螺，巧用其天然色泽、纹理、形状，经搭配、设计、雕刻、琢磨、镶嵌、粘贴等多道工序而创造出来的艺术品。近些年来，随着文化的发展繁荣，贝雕所获荣誉之多、等级之高，举世罕见。较有代表性的有：《百鸟朝阳》《群鹤争艳》《富贵锦绣》《梅兰竹菊》《锦衣天工图》《八仙过海》《日月门神》《富贵吉祥》《国色天香》《和平之春》《万年红》《香远》《春晓》《春夏秋冬》《一帆风顺》《大展鸿图》《锦绣前程》《称心如意》《春满乾坤》《香港回归梅报春》《万代辉煌》，以及具北部湾特色的《椰岛》《还珠传奇》《南珠魂》《潮》《花山岩画》《碧海丝路》《郑和宝船》《风雨桥》《印象北海》等，获奖作品数百件。例如，《万代辉煌》《称心如意》《富贵锦绣》在中国工艺美术大师作品暨国际艺术精品博览会上荣获"天工艺苑百花杯"中国工艺美术精品奖金奖；《郑和宝船》《一帆风顺》等荣获"金凤凰"杯创新产品设计大奖赛金奖（2009）；《百花齐放》《梅兰竹菊》《春朝鸣喜图》等荣获"第三届中国（南宁）国家级工艺美术精品博览会"金奖（2010）。各类银奖、铜奖、纪念奖不计其数。获奖多项的微雕《道德经》《论语春秋》《孙子兵法》等，将数千到一两万字的文本刻于巴掌大的贝壳上，行云流水，气魄雄壮，堪称一绝。

许多贝雕艺术品意义特殊，如《香港回归梅报春》，为庆祝香港回归十周年，广西壮族自治区政府以此为贺礼赠送香港特区政府。2008 年中共广西自治区党委精选了 5 幅贝雕精品画《富贵锦绣》，作为国礼赠送给东盟国家的领导人，产生了较大国际影响。而近几年新出品的巨型贝雕画《百鸟归巢》《高尔夫之传承史》等，堪称世界贝雕之最，世界轰动。

环北部湾刺绣手工艺术遗产极其丰富，以黎族刺绣、苗族刺绣、黎族纹身，以及壮族刺绣最为典型，在此仅展示黎族织绣为例。黎族棉纺品古称"吉贝布""吉贝"或"吉布"。据文献记载，商周时期海南先民已能织造出棉布。秦汉时已颇负盛名。唐宋时日益精湛。明代，黎锦达到很高水平。清代为鼎盛时期。黎族织绣技法丰富，是海南省黎族妇女千百年来的伟大创造，品种有麻织、棉织、织锦、印染（含扎染）、刺绣、龙被等，主要制成服装和其他各种生活用品。它以棉线、麻线和其他纤维为原材料，制作流程分纺、染、织、绣四大工序。纺，就是脱棉、抽纱、绕成锭；染，分植物染料、动物染料和矿物染料染色；织，就是用腰机或脚踏织机进行织布；绣，就是刺绣，绣法有单面刺绣和双面刺绣两种。黎族刺绣图案丰富多彩，主要有人形、动物、花卉、植物、用具、几何图形等 6 种纹样，集绣法、色彩、图案为一体，可绣出数百乃至上千种以上图案。仅黎族织锦一项，图案就多达 160 多种。不同内容、花纹、色彩的图案是区分不同血缘及家族部落的标志。黎族刺绣图案虽有传统格式套路，但更多的是凭想象力。黎族妇女从几岁开始就跟着母亲学扎染经纱布、双面绣、单面提花织等，凭自身的丰富想象力和对传统文化的感悟来设计图案。随着黎族与汉族及其他民族交流融合的加深，通过相互吸收、借鉴及提高，黎锦图案的艺术内涵越来越丰富。

龙被是黎族传统纺染织绣最精湛、技艺难度最大的大型织物。龙被，主要分二联、三幅联、五联幅款式，靠手工织造。龙被有黑底、红底、蓝底三种，图案多有大力神纹、祖先纹、雷纹、蛙纹、稻纹、动物纹、花纹、植物纹、山川纹、河流纹、太阳纹等①，款式主要有黎族各类神话传说、民间故事、龙凤麒麟、龙凤朝阳、鲤鱼跳龙门、蛇龙人形、松鹤延年、吉祥植物及文字图等②。龙被是黎族的祭祀用品，祭祖、拜神、婚礼、祝寿、盖房等重大场合都要挂龙被，以祈求平安；丧葬时要以龙被盖棺，表示死者身份高贵。龙被形象多姿，色彩艳美，富丽威严，制作流程繁杂，技艺要求精湛，为世界刺绣之极品。但是，由于各种原因，黎族刺绣传承人急剧消逝，龙被制作技艺至今无人完整掌握。

黎族刺绣图案精美，朴实自然，民族特色浓郁。在没有文字的情况下，刺绣便成了黎族历史、生产、社会、民俗信仰的记录者，成为黎族文化的"活化石"。宋末元初女纺织家黄道婆，曾深入黎族腹地学纺织技艺，后来回江浙推广，产生了中华纺织革命。黎族纺染织绣技艺，对推动人类的文明进步发展做了重要贡献。

又如远古制陶艺术。环北部湾是我国古陶瓷的重要起源地或生产地，至今在海南黎族地区还保存有各类原始制陶技艺，在南宁、玉林、合浦、钦州、湛江等地发现数以百计的汉陶坊遗址及其他时期陶坊，表明该地区陶瓷生产的先进性。时至今天，环北部湾各地陶艺仍较为兴盛，品类繁多，但以钦州坭兴陶最为兴旺发达，影响最大。

坭兴陶，学名紫坭陶，也称"紫砂陶"。坭兴陶历史悠久，灿烂辉煌，据考证至少有1300多年历史。现存的古龙窑址、古工艺遗存及工具实物丰富，价值特殊。钦州坭兴陶艺人名传四海，在近现代，曾被光绪皇帝、袁世凯、段祺瑞召见。1915年，坭兴陶代表中国参加美国旧金山举办的"巴拿马国际博览会"，荣获金奖；1930年在比利时"世界陶瓷展览会"又获金质奖。数次夺冠，使坭兴陶誉满全球，跻身于中国四大名陶之列。坭兴陶以当地特有的紫红陶土为原料，经构图、陶刻等工序，烧制后，产生特殊的"窑变"艺术效果，表层产生出古铜、墨绿、紫红、虎纹、天蓝、天斑、金黄、栗色、铁青、银白等自然色泽及炫纹，斑斓绚丽，令人眩晕，堪称"中国一绝"。这种窑变技术，使坭兴陶在具备使用价值的同时，产生特殊的艺术效果。至今，坭兴陶产品主要有茶具、文具、食具、咖啡具、花瓶、花盆、熏鼎及仿古制品等八大类，以及电热炊具等系列产品，花色品种达600余种，以各式茶具、花瓶笔筒、盆景和食具最负盛名。钦州坭兴陶是广西最具传统特色的两件宝之一。近百年来，参加国际和国家级展览会评比获大奖40多项，产品远销东南亚、东欧、美洲等30多个国家和地区。

此外，北部湾渔场是中国著名的四大渔场之一，盛产各种鱼虾类和海盐。因而，这里还有着许许多多已发现及未发现的渔业艺术遗产、海洋传统技艺、造型艺术等，

---

① 海南省黎族传统纺染织绣技艺保护领导小组编：《黎族传统纺染织绣技艺》，南方出版社2013年版，第75页。

② 蔡於良：《千年黎锦——龙被艺术》，载《黎族纺染织绣技艺保护与传承国际学术研讨会论文集》，南方出版社2013年版，第15页。

如南海航道更路经、三沙浅海捕捞技艺、三沙深海捕捞技艺；防城港京族三岛的搏脚罗虾（属浅海捕捞习俗）、京族拉大网、京族高跷捕鱼；北海疍家传统美食、咸鱼制作技艺，以及各地的渔民画，等等。它们都以独特的思维、形象或造型来表现生活、传递经验，特色极其鲜明，此不赘述。

（五）珍珠艺术遗产

珍珠，也称为真朱、真珠、蚌珠、濂珠等，英文名称为"pearl"，源于拉丁文 per-nulo。它的另外一个名字"Margarite"，由古波斯梵语衍生而来，意为"大海之子"或"海之骄子"。珍珠这千古传颂的宝石，晶莹剔透，玲珑雅致，光彩夺目，是纯洁、优雅、富贵、智慧和权力的象征，被誉为宝石中的"皇后"。古人认为，珍珠是神灵赐予人类的宝物，是最美的瑰宝。珍珠以独有的典雅高贵和神秘感令人痴狂，受世界各国人们的热捧。诸多经典，特别佛学经典和文化典籍宝库中，有关珍珠的记载比比皆是。《圣经》的"创世纪"记载：从伊甸园里流出的比逊河里，到处都是"珍珠和玛瑙"[①]。珍珠是灿烂、光明、圣洁的象征，为上天所赐，佩戴珍珠可祛灾避邪。古埃及人、古波斯人及古印度人都对珍珠有着浓厚的兴趣。据考古发现，公元前2000多年前的古波斯湾区域已发现人类使用珍珠的遗迹。古罗马人认为珍珠价值昂贵，佩戴珍珠为权贵身份的象征。古印度的《法华经》《阿弥陀经》记载：珍珠是"佛家七宝之一"[②]。珍珠与砗磲、玛瑙、琉璃、金银、琥珀和珊瑚，并列为佛教七宝。欧洲许多国家甚至为珍珠立法，规定各身份等级的珍珠佩戴，违者受罚。

在我国，珍珠文化源远流长，《诗经》《山海经》《尔雅》《管子》《周易》《史记》等古籍均有珍珠的记载。据载，中国传说中五帝之一的大禹定"珠玑大贝"为贡品[③]。而《尚书·禹贡》也提到"珠贡""淮夷嫔珠"两关键词，其中的"嫔"，即蚌之别名。《商书·伊尹朝献》中就有最早的南珠进贡的记载。据《格致镜原·妆台记》，周文王曾用珍珠装饰发髻。《盐铁论》记载，汉武帝以珍珠制作光明殿的珠帘，大殿"皆金玉珠玑为帘箔，处处明月珠，金陛玉阶，昼夜光明"[④]。古人对珍珠之生成，有很多说法，如映月成胎之说。左思《吴都赋》："蚌蛤珠胎，与月亏全。"《天工开物》载："凡珍珠必产蚌腹，映月成胎，经年最久，乃为至宝。"在清朝，珍珠被皇室贵族视为能带来光明的太阳和黑夜中指路的北斗星，是清朝最为珍贵的珠宝。数千年来，有关珍珠的记载汗牛充栋，不绝如缕。

---

① 紫薇：《珍珠选购指南》，化学工业出版社2013年版，第11页。
② 同上。
③ 沙拿利、张晓晖：《珍珠》，地质出版社2013年版，第3页。
④ 《商书·伊尹朝献》载："伊尹受命，于是为四方令曰：'正南瓯、邓、桂国、损子、产里、百濮、九菌，请令以珠玑、玳瑁、象齿、文犀、翠羽、菌鹤、短狗为献'。"载沙拿利、张晓晖《珍珠》，地质出版社2013年版，第4页。

珍珠被历代皇帝列为朝廷贡品，珍珠文化成为中华民族数千年灿烂文化的重要部分。珍珠艺术是环北部湾最重要的文化基因，是环北部湾的文化根脉。环北部湾的地理区位、自然环境、光照气候、水质资源等，是珍珠生长不可多得的绝佳环境。据地质学家考证，距今2亿年前的三叠纪时代，已有大量贝类繁衍，有贝才能产珠。不管是北海，还是防城港、钦州、湛江，或是海南省沿海，河海接壤，流水相激，咸淡适中，水质上好，水温适宜，是珠母贝类的重要产地。因而，环绕着北部湾，形成一个天然绝佳的珍珠原产地链，也形成一个"珍珠文化圈"或若干个"珍珠文化艺术同心圆"。经过历史长河的千万年流淌，留下了大量的珍珠艺术遗产，形成了中华绝无仅有的珍珠艺术宝库。

在珍珠艺术遗产宝库里，最重要、最辉煌、最灿烂的为合浦珍珠。南珠，即合浦珍珠，号称"中国瑰宝"。有关合浦珍珠的历史，甚至可追溯至新石器时代。从牛犀环塘等诸多贝丘遗址考古发现来看，有大量珠贝、蚌器、骨器出土，发生在距今9000—6000年，说明合浦南珠珠贝的发现及使用应不晚于6000年前的新石器时代。近年来在北海半岛东、西、南面中，如高德沙脚村、南万渔港、铁山港白龙珍珠城等地沙滩，渔民不断挖出深埋久远的珍珠贝壳。以上种种考古发现，足见南珠渊源之深。

合浦自古盛产珍珠，为古中国最重要的珍珠产地，是闻名遐迩的"南珠之乡"。合浦珍珠以璀璨品质、华丽外表的稀世珍宝身份，早入贡品之列。《海史·后记》载，约公元前2070年，中国传说五帝之一的大禹就定"南海鱼草、珠玑大贝"为贡品①。商时就"请以珠玑"进贡商王，之后历代均被列为朝廷专享贡品。《后汉书》载，"郡不产谷实，而海出珠宝，与交趾比境，常通商贩，贸籴粮食"，足见当时盛况。秦汉时期，合浦大力开采珍珠，享誉天下，珠市开埠，几经衰荣。"珠还合浦"历史典故就是最好的佐证。汉代皇帝无一例外都喜爱珍珠，以汉武帝为甚，乃至于几乎所有饰品及用品都要用到珍珠。古海上丝绸之路开辟后，珍珠为对外海上贸易的顶级宝物。

因而，合浦采珠史源远流长，至少可追溯到汉代。三国吴曾设"珠官县"。各志书所载珠池数也各异（见图2-50）。据载，有关南珠，有白龙、杨梅、青婴、平江、断望、乌泥、珠沙、乐民八大古珠池②。这八大古珠池，除乐民池属雷州府遂溪县之外，其他七个均在合浦（见图2-51、图2-52）。《粤东笔记》载"廉州合浦县有珠池七所"，表明了合浦的重要地位。明代，珍珠仅供皇室专门享用，包括用于冠冕衮服、凤冠、头饰、首饰、项链、车乘器用及陪葬品等方面，其他人等严禁使用。皇帝指派钦差大臣，直驻白龙珍珠城，专门监管珍珠的生产、采集和进贡。在这种环境下，象征无比尊贵的南珠，甚至比金子还贵重。这种局面持续很长历史时期，到后来才发生变

---

① 汤紫薇：《珍珠选购指南》，化学工业出版社2013年版，第3页。
② （明）顾禹祖《读史方舆纪要》载："珠母海东南八十里海中，有七珠池。曰青莺、曰杨梅、曰乌泥、曰白沙、曰平沙、曰望断、曰海猪。"

化。南珠的纯洁无瑕、光彩照人、璀璨艳丽，使其享誉世界，产生"东珠不如西珠，西珠不如南珠"的结论。

图 2-50 明代《廉州府志》所载珠池图

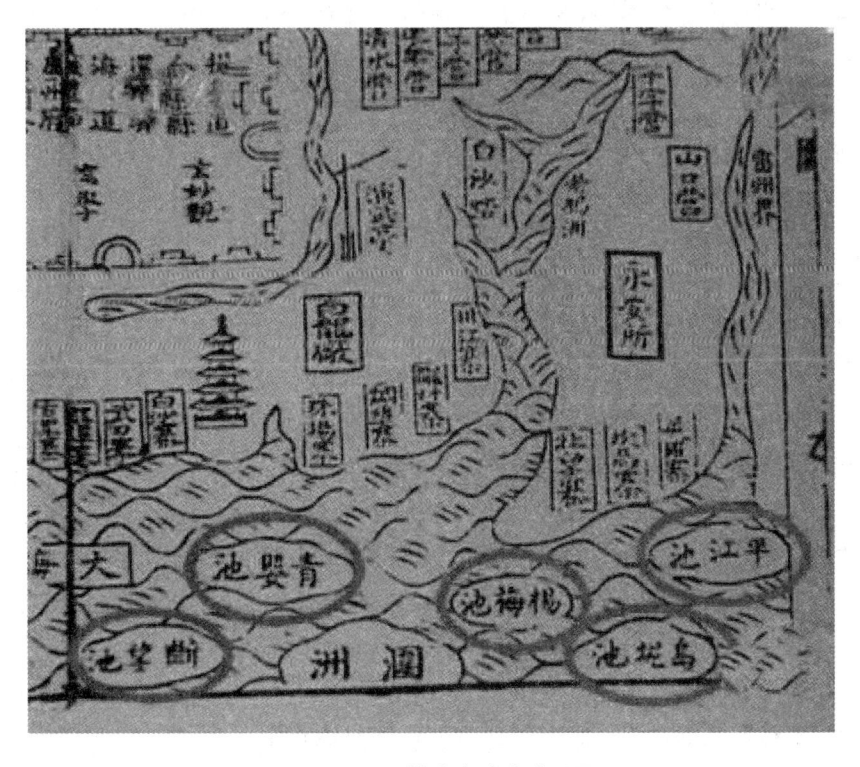

图 2-51 手抄本古珠池地形图

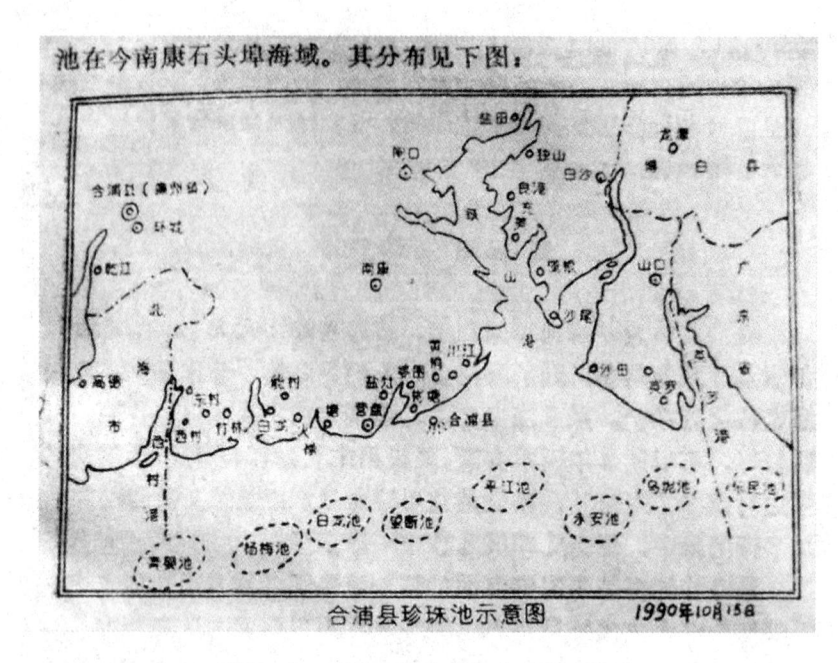

池在今南康石头埠海域。其分布见下图：

**图 2-52 合浦县珍珠池分布手绘示意图**

南珠艺术遗产丰富多样，是个艺术大集成、大宝库。珍珠艺术遗产，整体来说主要由以下九部分构成：其一，南珠史前考古艺术；其二，珍珠文化遗址遗迹，如古珠池、白龙珍珠城艺术、相关古建筑艺术、相关装饰雕刻艺术；其三，南珠生产、加工、制作技艺；其四，南珠相关珠宝艺术品、饰品、宝物；其五，南珠神话、传说、故事、寓言、诗、词、赋及其他类型文学遗产，如珠还合浦神话、夜明珠故事、还珠岭的传说、泪珠的故事、黑珍珠传说、吞珠变龙传说等；其六，涉及珍珠的书画、碑林、石刻、木刻、装饰等艺术遗产；其七，南珠表演类艺术遗产，包括珍珠歌谣、珍珠音乐、珍珠舞蹈、珍珠戏剧、珍珠体育杂技与竞技等；其八，珍珠民俗与节庆艺术，包括涉及珍珠的相关人居环境、服饰、饮食、生产、禁忌、节庆等艺术类型；其九，南珠自然崇拜与原始图腾艺术，即围绕珍珠的采捞，产生以对海神、龙神和珍珠神崇拜为核心的信仰，以及相关传说、祭拜礼仪、信仰观念等。南珠艺术遗产，是环北部湾艺术遗产的精华，是北部湾艺术高度、艺术水平的地标。

（六）海洋传统口头与语言艺术

环北部湾作为海洋文明的发源地之一，历史悠久，各族群汇集互动密切，在长期的海洋生产生活过程中，创造了成千上万的神话、传说、故事、寓言、诗词、歌曲等，这些成千上万的传统口头艺术，犹如一颗颗明珠，有的已散落在人们的记忆之中，埋没于历史长河之中，失去往日的熠熠光辉；有的仍闪闪发光，历经岁月沧桑，照耀着历史的夜空。这些艺术遗产不能一一列举，在此只能选取 5 个代表性的典故和传说为例，展示该类海洋艺术的巨大魅力。

1. 珠还合浦典故

《珠还合浦》千古流传，家喻户晓。《后汉书·孟尝传》载："尝后策孝廉，举办茂才，拜徐令。州郡表其能，迁合浦太守。郡不产谷实，而海出珠宝。与交阯比境，常通商贩，贸籴粮食。先时宰守并多贪秽，诡人采求，不知纪极，珠逐渐徙于交阯郡界。于是行旅不至，人物无资，贫者死饿于道。尝到官，革易前弊，求民病利。曾未逾岁，去珠复还。百姓皆返其业，商货流通，称为神明。"① "珠还合浦"比喻奇迹再现、死而后生、人去复回或物失而复得。

2. 白龙城传说

白龙珍珠城位于北海市铁山港营盘镇白龙村，传说古时有一条白龙飞到此村上空，落地不见踪影，人们认为白龙降临乃吉祥之地，便在此建城，得名白龙城。因白龙濒临大海，自古以来盛产质优色亮丽珍珠，遗弃珠贝遍地，白龙城整个古城墙都是以每层黄土夹一层珍珠贝贝壳，层层夯实筑成，故得珍珠城之美名。

3. "鲛鱼泪珠"传说

美人鱼传说是人类最美丽最哀怨的传说。古人称"美人鱼"为"鲛人""鲛鱼"。据岭南民间传说，一位渔民小伙驾船在大海捕捞，因受水怪袭击导致昏迷不醒。美丽的人鱼公主危急时候将他救回龙宫。当他苏醒时，发觉自己躺在晶莹的水晶床上，美丽的公主正在身旁照顾他。两人产生了深厚的情感，最后结为夫妻，过着无比甜蜜的生活。但小伙思念乡亲打鱼之苦，为造福人间，夫妻俩携夜明珠返回渔村，用它来为返航的渔船照明，保护了当地民众的生命财产安全，获得了渔民爱戴。但好景不长，一位贪官垂涎于公主的美色和夜明珠之贵重，派人来强抢人鱼公主和夜明珠，并遣人杀死了她的丈夫。公主悲痛欲绝，逃离官府后回归大海。每当月明之夜，她都来到珊瑚礁上哭泣。她因伤心滴下的晶莹剔透泪珠，被前来晒月光的珠蚌一口一口吞进肚里，不久就变成了无数透亮的珍珠，在海面上闪闪发光。《山海经》里也记载着鲛鱼泣泪成珠的传说："南海中有鲛人室，水居如鱼，不废机织。其眼能泣则出珠。"北海自古为"美人鱼"深深眷恋的家园②。

4. 黑珍珠传说

据传说，珍珠是鲛人（美人鱼）的眼泪滴落进大海里，被珍珠吞食后受孕而成。如珍珠贝吞食鲛人眼泪时，恰逢阳光灿烂或月光皎洁的夜晚，孕出的珍珠为白色；遇的是乌云密布的阴天，或伸手不见五指之黑夜，孕育出的珍珠则为黑色。黑珍珠在深海海底会散发出诱人光泽，被凶猛的巨龙或巨鲨守护。谁要想得到珍珠，就必须有勇敢和智慧。因而，黑珍珠成为勇敢和智慧的象征③。

---

① （南朝宋）范晔：《后汉书》（卷5），中华书局2007年标点本，第756页。
② 罗星烈、庄宗珠：《北海市海洋志》，广西人民出版社2013年版，第288页。
③ 同上书，第251页。

### 5. "还珠岭"传说

有一任廉州知州十分清廉,离任之时,与家人行至城郊岭头,忽然天昏地暗,雷电交加,暴雨如注。这位知府觉得奇怪,便自言自语道:"我在任上,清正廉明,日月可鉴,为何在我离任之时,老天爷这样怒我?"于是他逐一审问他的妻子和随从仆人:"到底谁收了别人的财物?"老仆摇头,他的妻子只得跪在地上,掏出一颗洁白晶莹的珍珠哭诉:"前几天,几个珠民拿着一袋珍珠要送给老爷,说老爷是珠民的救命恩人。我横竖不肯接受,说老爷有规定,家人收受别人的礼物、财银,重者要坐牢,轻者要被责打。但他们总是不依,最后我只是要了一颗。因怕你责骂,故不敢告诉你!"知府一听,大声怒喝:"你坏了我的清廉啊!"他抢过珍珠,随手一扔把它丢到路边的山岭脚下。顿时,雨歇风止,天空晴朗。后人便把这座小山叫"还珠岭"。

### (七)海洋民歌表演艺术

环北部湾是民歌大走廊、民歌天堂,充满着海洋特色浓郁的各类民歌民谣,沁人心脾,令人动容。这些民歌或民谣遗产的主要类型有:临高渔歌[1]、疍歌、咸水歌、京族民歌、雷州歌册、琼侨歌谣、澄迈民谣、儋州调声、黎族民歌、苗族民歌、壮族民歌等等。每类民歌或民谣艺术都底蕴深厚,内涵丰富,海味浓烈,异彩纷呈。现将其中三种简介如下。

### 1. 咸水歌

疍家,主要指广西、广东、福建沿海及内河上从事渔业或水上运输的水居族群。疍家世代"舟楫为家,捕鱼为业",因其所居的渔船外形极似蛋壳,故被称为"蛋家",后改称"疍家"。关于疍家,南宋周去非《岭外代答》载:"以舟为室,视水为陆,浮生江海者,疍也。"[2] 疍民一般分几类:珠疍、蚝疍、渔疍,大多以捕鱼、采珠或摆渡为生。关于这个特殊群体的来历,学术界一直没有定论。疍家历史悠久,有人类学家认为,他们是古越族的后代,为中国古代最伟大的航海家。除此之外,也有反抗统治说、引渡说、生产说等种种说法。因常年漂泊于海上,疍家又被称为"海上吉卜赛人"。长期的海洋漂泊生活,产生了独特的历史、生产、娱乐、禁忌、信仰等疍家文化体系。

咸水歌是疍家人特有的民歌。疍家人喜欢唱咸水歌,但他们唱歌不叫"唱"而叫"叹"。由于疍家长期与大海打交道,多唱于海上,"咸水歌"由此得名,又有"咸水叹、木鱼歌、龙舟歌、后船歌、查(蛋)歌、蛮歌"等别称[3]。咸水歌分东海歌、西

---

[1] 临高渔歌分临高渔歌"哩哩美"、临高山歌"咙么哩"等多种类型。
[2] (宋)周去非:《岭外代答》,上海远东出版社1996年标点本,第153页。
[3] 黄妙秋:《广西北海疍民咸水歌研究》,《中国音乐学》2008年第4期。

海歌等，歌词哀怨生动。疍家人唱这些歌来表达身世凄凉。咸水歌有独唱、男女对唱和三人联唱等形式，其曲调丰富多彩，有"咕哩妹""叹家姐""叹五更""叹古人""送人歌"等调式。这些曲调旋律悠扬，注重流畅，句法为上下句多次反复扩充，两句押韵，亲切甜美，娓娓动人。唱歌者必须才思敏捷，才华过人，你追我达，引人入胜。过去新娘出嫁时，要唱"哭嫁歌"，有的唱三天三夜，有的连唱十个晚上，内容多为感叹父母恩深、姐妹情长、难舍难分之情，令旁人潸然泪下。

2. 临高渔歌

临高渔歌是流传于海南省临高县渔民间的原生性民歌，是临高渔文化的重要组成部分。因多用衬词衬腔"哩哩美"和相关传说，也称"哩哩美""哩哩妹"。哩哩美萌芽年代久远，据考证，至少可追溯至汉代。其发源地为临高县古港新盈一带，关于其起源有两个版本的美丽传说。随着临高中原移民的增多，沿海渔业逐渐兴旺，渔民们撒网摇橹时的一唱一和，渔女们甜美地叫卖着，这些劳作节奏的呼声是渔歌哩哩美最原始的萌芽元素。临高渔歌或粗犷豪放，或婉转悠扬，主要曲调分5种：一是唱吉，二是情歌，三是猜谜歌，四是讽刺歌，五是怨歌。其音乐结构独具一格，由三个乐段组成，第一、二乐段为主歌，第三乐段为副歌。其演唱形式分独唱、对唱、齐唱和多唱等，歌词善用"比""兴""叠"等直述形式，擅长触景生情自由抒发。渔歌的主要衬词是"哩哩美"，次要衬词为"美雷爱""乃马里"等，其中"哩呀哩哩个美，哩哩个美雷爱，雷爱"的曲调，是当地最为普及的调式[①]。虽题材广泛，爱情是哩哩美的永恒主题。

临高渔歌起源于沿海渔民的生产劳动，经过千百年的积累、创造和发展，最后固定形成生活艺术品。哩哩美起初仅流行于青年男女间，多用于谈情说爱和娱乐交流，因其优美风格和乐观浪漫，能大胆、艺术性地表达渔家的情感愿望，后来便逐渐走进婚嫁、建房、上学、赶考、拜年、迎客、送客等不同场合，演变成渔家男女老少最喜为传唱的"流行歌曲"。临高渔歌哩哩美凝聚着临高渔民的智慧和音乐天赋，具有鲜明的地方文化色彩和浓郁的渔乡气息，是中国首屈一指的渔歌之一。临高渔歌根基深厚，千年以来长盛不衰，艺术价值璀璨独特。2011年，入选第三批国家级非物质文化遗产。它记载着渔民的生产历史，记录着渔民的生产生活习惯，烙印着渔民的点点滴滴及悲欢离合，是沿海渔歌的典型代表，是海南乃至全国罕见的渔文化遗产。

3. 京族民歌

京族民歌主要流传于防城港东兴，反映京族海上捕鱼生活。京族历史上自称"京"，他称为"越""安南"，主要聚居于广西防城港市东兴境内的京族三岛，是中国

---

[①] 李群山：《海南临高渔歌的社会生态及其音乐特点》，《中国音乐学》2009年第3期。

唯一的一个全民海洋渔业民族，也是中国 22 个人口最少的少数民族之一。1958 年，经国务院批准，正式定名为"京族"。京族有本民族语言，即京语，与越南语基本相同，但现在男女老少都能操汉语。京族文明底蕴深厚，海洋神话传说异常丰富，文化绚丽多姿。京族人民能歌善舞，民歌也丰富多彩，生活中处处洋溢歌声。京族民歌既能用京语和"京曲"歌唱，也能用汉语粤方言（当地称"白话"）和"白话山歌"曲调歌唱。京族民歌分很多类型，有叙事歌、迁徙古歌、礼俗歌、盘问歌、海歌、苦歌、情歌、儿歌、舞歌、哈歌等，应用功能也有严格区分，如出海捕鱼时唱的是"海歌"，讲故事时唱的是"叙事歌"，哄小孩睡觉时唱"儿歌"，过哈节时唱"哈调"，婚嫁丧葬时唱"风俗歌"等。其曲调有 30 多种，歌词为六言、八言，因此，京家称之为"唱六八"。其格律为：每两句为一个单元，上句六言，下句八言。每篇常为四句、六句到八句，也可连若干双句为长歌。其特色为"韵"，分"腰韵"，即每一单元内，上句末字（第六字）与下句第六字押腰韵，称为"六六腰韵"；"脚韵"，即相邻两单元间，上一单元下句末字（第八字），与下一单元上句末字（第六字）押脚韵，称为"八六脚韵"。有此规律，使得京族民歌如环似链，连绵不绝，如"祝贺四姓相逢，桃花兰花开同一家；祝贺四姓亲家，媳贤婿好爸妈得养"。历经历史无数代人的积淀和广大民众的千锤百炼，京族民歌以无穷的艺术魅力，成为北部湾海洋文化的精髓，成为海洋艺术世界里的一道亮丽风景。

（八）海洋音乐遗产

环北部湾海洋音乐遗产多彩而又深邃，具有鲜明的海洋特色及浓郁的民族风情。在环北部湾海洋音乐宝库中，最具独特性的，当数京族独弦琴、黎族长调、椰胡演奏技艺、八音（包括广西八音、安铺八音、澄迈八音、海南八音乐器等），吴川陶鼓，以及灵山烟墩大鼓等。在此仅以京族独弦琴和黎族椰胡、竹木乐器为例，分别予以介绍。

1. 京族独弦琴演奏艺术

中国京族是全民以海为生的海洋民族，主要聚居于广西壮族自治区防城港东兴市的"京族三岛"，即江平镇的巫山岛、山心岛、澫尾岛①，以及相邻的谭吉等。京族生活传统上以渔业捕捞为主。适应海洋环境需要，其传统民居及生产生活别有特色，艺术丰富多彩。"唱哈"、竹竿舞、独弦琴，被誉为京族文化的"三颗珍珠"。京族人崇拜多神，信奉的神与海洋有关，哈节是京族的重要节日。数千年的海洋生产生活，京族文化充满了海洋元素，充满了浪漫情怀，构成了多彩而又独特的京族海洋艺术圈。在这海洋文化圈系统里，最具震撼力、最靓丽的符号，就是独弦琴艺术。

独弦琴是京族最古老的乐器，其产生源远流长。早在 8 世纪，独弦琴就流行于缅

---

① 随着人工拦海大堤的建成，如今三岛已连成一体。

甸、越南和东南亚各国。唐贞元十八年（802），南亚骠国（今缅甸）向唐王朝进献乐舞，其中就包括独弦琴。早在8世纪（唐代），我国就有了有关竹制独弦琴的记载。《新唐书》载："独弦匏琴，以斑竹为之，不加饰，刻木为虺首，张弦无轸，以弦系顶。"① 据考证，独弦琴起源于骠国，流行于东南亚各国，独具浓郁的东南亚色彩。独弦琴后来逐渐失传。如今，仅在我国京族地区和越南个别地方得以保存，相传是京族人迁徙时从故乡随身带上三岛来的一种祖传乐器。

独弦琴是京族民间竹制乐器，又称独弦匏琴、一弦琴，京语称为"睹演旦匏"（Du yan Dan bou），是京族最隆重节日——唱哈节必不可少的乐器。关于其来源，有传说：京族青年勇救龙子，龙王为答谢救子之恩，邀请青年到龙宫，把最珍贵的宝物——独弦琴赠送给他。意为平时可以娱乐，生活会有滋有味，飘飘似仙；要有急事拉琴，龙王可在海底听到，可随时出来相救。从此，独弦琴成为京族人民最重要的乐器、最神圣的物品之一。

京族独弦琴属于弹弦乐器，其构造比较简单：琴身为长1米左右的半片大斑竹筒，或是3片木板做成的方形木匣；在琴身右端12厘米处凿一孔，插一块小圆木作琴码；在琴身左端约5厘米处又凿一孔，立一摇杆作为把手；琴码前面装上指板品格，琴底装一调弦校子。与其他琴根本不同的是，整个琴身只有一根琴弦，一头系于摇杆，另一头经过琴码穿到琴底的校子上（见图2-53）。

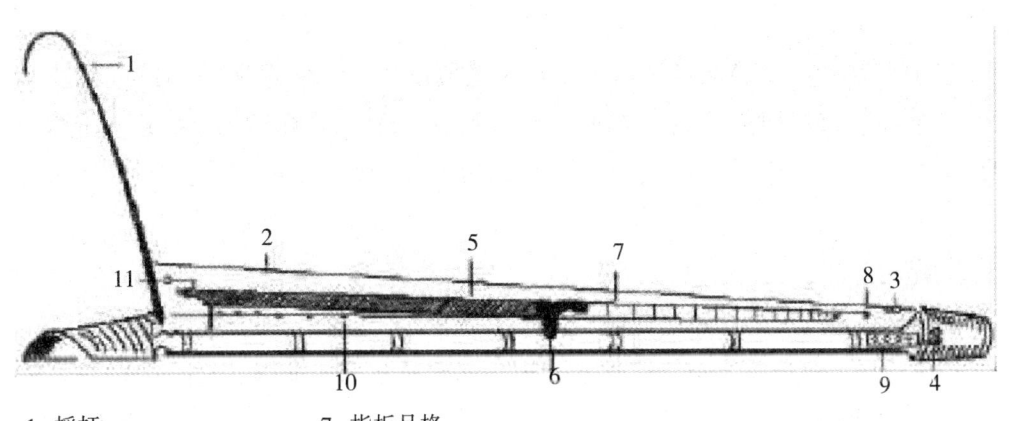

1. 摇杆　　　　　7. 指板品格
2. 琴弦　　　　　8. 拾音器
3. 琴码　　　　　9. 拾音输出插孔
4. 螺旋调弦校子　10. 琴徽
5. 扶托　　　　　11. 消音旋杆
6. 扶托定位校子

说明：上图为笔者根据何绍的"京族多功能独弦匏琴"绘制而成的"独弦琴形制图"

**图 2-53 京族独弦琴结构图**

---

① （宋）欧阳修、宋祁：《新唐书》（卷9），中华书局1975年标点本，第215页。

演奏独弦琴时，多采取坐姿，将琴横置于桌子、架子或双腿上弹奏。演奏时，右手以小竹片弹拨，左手掌外侧轻轻触及琴弦1/2、1/3、1/4、1/5、1/6、1/8处等泛音点发音。独弦琴大多以A音定弦，也有C音，其音域E—c3，近四个八度。拉紧或摇松琴弦，可使弦音升高大三度或降纯四度，这样就在六个自然泛音外又产生新的泛音。两者结合便可构成各种形式的音阶、半音阶。右手弹奏技巧有弹、挑和触弦，可获得近似"滚"的效果，发出泛音和基音的复合音响；左手演奏技巧有揉弦、拉、推、拉揉、推揉、打、撞、摇、颤音和滑音等。

京族独弦琴最具魅力之处在于音质。在古代，拨片为木制品，拨弦的节奏较慢，弹奏出来的曲缓慢、低沉、古老、沧桑，独弦琴也因此被叫"悲弦琴"。由于独弦琴的特殊构造，发出的声音苍凉悠扬，低音深厚，中音丰满，高音明亮，沁人心脾。其乐曲很多，如《高山流水》《骑马》《赌博》《刘三姐》等。其总格调为平缓、柔和，偶尔也有催人奋进之处，但更多的是发人深思、令人共鸣。京族独弦琴演奏技艺里最擅长的是其特有的装饰音和长颤音，弹奏起来如浪潮起伏，婉转动听，给人天籁般的感觉。虽仅有一根弦，但能丰富完整地表达各种情感，使人产生共鸣。

琴音配着曲调，音色婉转优雅，适合在寂静的晚上弹奏。劳动之余，星空点点，京族人们经常众人围坐，中间一人抚琴或轮流抚琴，沐着海风，在独弦琴的旋律中度过良宵。

随着时代发展，京族独弦琴后来改良用金属拨片，可快可慢，声音可清脆很多，也可很低沉，表现力更加丰富。经过多年发展，京族独弦琴在结构上更趋于简单、合理，更易于演奏①。作为逐鱼而居的特殊群体的艺术成果，独弦琴成为京族独特的文化符号。

2. 椰胡

椰胡流行于海南黎族地区，以及广东、福建部分地区。椰胡是黎族人民喜爱的民间拉弦乐器，每逢重大节庆、集会喜庆，都要拉起椰胡歌唱、舞蹈伴奏。其形制如板胡，但琴杆略细而短。琴筒（共鸣筒）用多半个椰壳制作，前口蒙以桐木薄板为面板，背开5个出音孔。琴头、琴杆多用红木或花梨木。琴头雕有平顶、弯月形或以龙头为饰。置两弦轴，弦比板胡弦略细。多以小贝壳、蚌壳（或竹）作马。按五度关系定弦，常定弦为g、d1、c1、g1或a、e1，音域g—g2，有两个八度。演奏时多采用坐姿，将琴筒置于左腿上，左手持琴按弦，右手执马尾弓拉奏。椰胡音色柔和、浑厚，常与其他乐器合奏或伴奏，富有地方色彩。在过去，椰胡常与穷苦人的命运连在一起。过去有多少流散艺人，带着它流落四方。椰胡在手，就不会被富豪所嫌弃。

---

① 百度词汇：独弦琴，http://baike.baidu.com/link?url=33PTvchxoaH，2014年9月18日。

3. 黎族竹木器乐

黎族竹木器乐指的是海南黎族人民使用的以竹、木等材料制成来的各种乐器。黎族乐器种类繁多，有原始的，也有后来改良的，均流行于黎族地区。黎族竹木器乐源远流长，历史悠久。宋《太平寰宇记》载：琼州黎人"打鼓吹笙以为乐"；宋《桂海虞衡志》载：黎人"聚会亦椎鼓歌舞"。黎族有俗语"歌声不停，笛音不止"，表明竹木器乐与歌伴生，渊源甚深。据不完全统计，黎族竹木乐器不少于 40 种。其中吹管乐器有：哩咧（亦称"口哨"）、新哩咧、毕达（亦称"排箫"）、水箫（"旬夏"）、毕箫、筒芍（也称"箫"）、改良毕箫、拜、哩罗、鼻箫、篓、芍扒、芍、芍姑琴、哒唠、涛雅芍、伦、笛利；吹管乐器有：牛角号、叶笛、竹笛、牛角哒（"噢最哒"）、椰乌等。拉弦乐器有：椰胡、朗多依、牛角胡伴胡（"套歌"）等；弹拨乐器有：竹制口弓（亦称"改"）、舍属口号（"改东"）、令东等；打击乐器有：叮咚（"朗贡"）、蛙锣、铜锣、钹、牛皮鼓、根龙（大鼓）、鹿皮鼓、黄猄皮鼓、椰勺（"牛柃"）、木鼓（"灾榔"）、梦咚（"椰梦"）、牛角郎（"奥最郎"）等。虽品类繁多，但黎族传统"八大件"为：独木鼓、叮咚木、口弓、哩咧、哗哒、口拜、鼻箫、灼吧等。下面分别介绍鼻箫等 12 种。

第一种，鼻箫是海南黎族人民喜爱的古老乐器，属于边棱气鸣乐器。与其他箫不同，该箫专以鼻孔来吹奏，故称鼻箫，黎语叫"虽劳""屯卡""圆哈""拉里各丹"。关于鼻箫，还有古时候一对青年相恋，小伙被害后，姑娘于墓前以箫传情的爱情故事。箫管以石竹制作，管长 60—70cm、管径约 1.6cm。距管口两端 8cm 处，各开一圆形按音孔[①]。鼻箫有多节竹管时，则须打通竹节。鼻箫最长者竟达 160cm，需躺着吹奏，以脚趾按下面的音孔，只有极少数的老人才能吹奏。鼻箫多为即兴吹奏，常用于独奏、对奏。演奏时，管身竖置，靠鼻孔呼气激振管内空气柱而发音（见图 2 – 54 至图 2 – 58）。鼻箫能吹出三个八度音域，并奏出各种颤音、滑音。鼻箫音量较小，如改用嘴吹奏，音量略大。其音效与台湾高山族鼻笛基本相同，高山族鼻笛在清代前亦称"鼻箫"。

鼻箫音色清幽、低沉、柔和、娓娓动听，听来更有仙乐韵味。夜阑人静时吹起鼻箫，整个村寨隐约可闻。清代张庆长《黎岐纪闻》载"男女未婚者，每于春夏之交齐集旷野间，男弹嘴琴，女弄鼻箫，交唱黎歌，为情投意合者，男女各渐凑一处，即订偶配，其不合者，不敢强也"[②]，足见鼻箫是黎族青年倾诉衷肠、表达爱情的主要乐器。黎族姑娘根据乐曲和音色的不同，能在很多箫声中辨认出自己恋人独特的箫声，因而有"抛个石头探水深，吹曲鼻箫试侬心"之名句。鼻箫地位特殊，在黎家，以鼻箫吹得是否出色来订亲结缘，还可互换鼻箫作为定情的信物。黎族乐器是黎族人崇尚自然

---

[①]《番社采风图考》载："鼻箫，截竹为管，穿四孔，长可尺二寸，通小孔于竹节之首。按于鼻横吹之，高下清浊中节度。"

[②]（清）钱以垲、张庆长撰：《岭海见闻·黎岐纪闻》（岭南丛书），广东高等教育出版社 1992 年标点本，第 127 页。

的体现，是原生音乐的活化石，是黎族的特有艺术精品。

第二种，哩咧。黎族最喜爱的直吹竹管乐器之一，在保亭、五指山、琼中、乐东等市县最为流行。黎语音译，因黎族语言差异，又称"遭咧""罗咧""口哨"等。它以山竹制成，竹管唢呐状，以小管套大管，共九节，节节相套，每节开有一个按音孔，头尖尾大，长约七寸不等。它上端为吹嘴节（音节），留有簧片，以便吹奏。哩咧最早只有3个按音孔，后几经改革开有9个按音孔（前八后一），方臻完善。

第三种，筒芍。黎族民间竹制竖吹管乐器，一种是用山藤竹制成，箫身长短不一，头尾两端挖通，首端的吹孔处，上下开4个吹音孔。吹奏时以露兜叶套"勺"头，控制着吹气孔以调节音。另一种是用细管插进吹孔，并用露兜叶套着，吹奏者口含着细管吹奏，运用特殊技法，可吹奏出许多泛音来。其音色宽厚、圆润、优美，在夜深人静时吹奏起筒芍，音效更为娓娓动听。

第四种，毕达。竹制吹管乐器。传统毕达为单管四孔簧管乐器，后改良为8个按音孔，即把两支长短、大小、音高相同的毕达并排捆绑组成，故又名排箫。管身长22cm，内径0.3cm，外径0.5cm，顶端留节，节下嵌以簧片。演奏时，右手拇指同时按两管背孔，食指、中指、无名指按两管下四孔，口含簧片，吹气鼓簧片发音，音色清脆明亮，可用于独奏、合奏。

第五种，牛角哒。牛角制成的吹管乐器。选好牛角材料，最选口径大的牛角，在牛角尖（尾端）锯一小节，出现一个吹孔。在吹孔插入一两个竹篾管，缠绑树叶为吹片，从吹孔下开着8个按音孔，运用气流控制音量作为音阶。牛角哒可以合奏、齐奏，还可以独奏。流行于保亭、陵水、五指山等市县。

第六种，令东。黎族弹拨乐器，流行于海南黎族地区。形似月琴，琴杆、音箱用桐木制作，音箱圆形，琴头设4个弦轴，弓4根丝弦，每2弦定同音高，五度定弦。演奏时左手持琴柄，右手拇指及食指挑拨弹奏。此乐器用于合奏或独奏，音色圆润优美。

第七种，椰壳胡。以较大较老的椰子壳为胡筒，将椰壳锯成两半，晒干后即可制作胡筒。制作时，先在胡头杆上方安装两个胡轴以固定胡线，以古木或榕树木板制成胡板（胡板决定椰胡的音色与音量），再用牛皮胶黏紧固定形成胡筒。椰壳胡用丝弦一粗一细，以花剑麻制作弓毛，弓长约80cm。椰壳胡多用于黎族民间八音队乐器，主要流行于保亭、五指山等黎族地区。

第八种，竹质口簧，即"口弦""口弓"，黎语称"改""太波"。簧历史悠久，《世本》有载"女娲作簧"，东汉《释名·释乐器》亦有载。口簧以竹制作，长3.3分，宽1分。多以手指弹击，分食指弹，拇指弹，多指交替弹等技法。竹质口簧发音微弱，须口腔共鸣，并通过唇、舌变化，以及嘘气吸气调节后才能奏出动听的音乐，能发出八度、九度或更宽广音域。可用于独奏、合奏或伴奏。

第九种，椰棹柃。黎语称"椰勺"或"牛柃"，长20—30cm，宽15—20cm，中间空心，内安装两个小木柚吊绑，摇动小木柚撞击可发出"咯咯"响声。大的椰棕枪声音低沉，小的声音高亢响亮。音阶为 6-1-5-2-4-6-i，敲击时双音连音不断。

第十种，大皮鼓。黎语称"根龙"，黎族传统打击乐器。多以粗大圆木挖空作鼓身，以牛皮或鹿皮蒙两头。该鼓高约100cm，鼓面直径约35cm，中间大两头小。有的大皮鼓的鼓身和鼓面还绘有动物纹和人形纹，常用于娱乐、传信、祭祀等活动。

第十一种，蛙锣。黎族打击乐器，黎语称"vao11"。由铜铸成，呈圆形，形似盘子，一般直径30cm、厚度为5cm。锣面多铸有图案和符号，多为青蛙。蛙锣因锣面边缘一侧铸上青蛙而得名（铸蛙2只或3只，3只较珍贵）。多在举行宗教仪式中使用，平时将蛙锣收藏在家中或埋在地下。中华人民共和国成立前，蛙锣在黎族社会中是身份地位和财富的象征，收藏越多地位就越高。

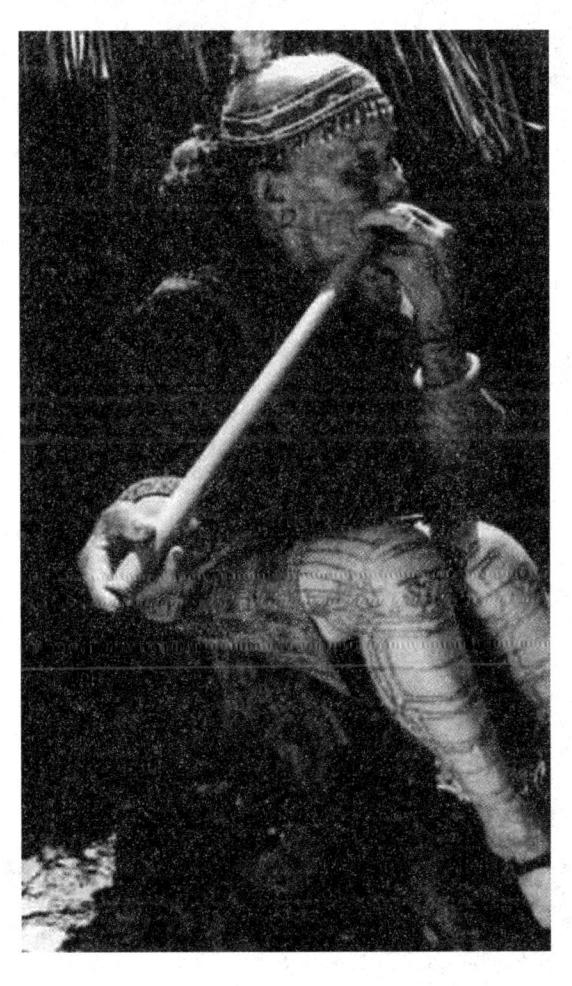

图 2-54　远古的呼唤——纹身老人吹鼻箫

图 2-55  20 世纪 50 年代黎族青年寮房内 "玩" 鼻箫的场景

图 2-56  霸气吹法——黎族鼻箫

图 2-57 沁人心脾——高山流水

图 2-58 马来西亚沙捞越妇女的鼻箫和口弦

---

① 本照片为《海口晚报》记者彭桐翻拍，见《千年鼻箫 吹奏黎人的爱情》(《海口晚报》2014年1月30日第3版)。

图 2-59 澳纽传统乐器——迪吉里杜（毛利语）

图 2-60 毛利人在吹奏传统乐器

图 2-61　在悉尼街头表演传统乐器卖唱的土著人

第十二种，叮咚。黎族打击乐器，黎语称"朗贡"。叮咚由木杆和木架组成，木杆是发音体，多以红木或其他坚硬木材制成，用绳索吊于三脚木架上。叮咚制成后，每根木杆能发出五度关系的两个音，上一根为 c1、g1，下一根为 a、e1，上下两根为小三度的谐和音程。叮咚有两根木杆、三根木杆、四根木杆、五根木杆等种类①。

黎族竹木器乐品类多样，优美动听，充满原始韵味，但特色不一：独木鼓多用于集会场合，音质洪亮厚重，令人肃穆起敬；鼻箫声轻委婉，如泣如诉；口弓声细缠绵，如情人的窃窃私语；叮咚铿锵悦耳，令人如痴如醉；唎咧音清高亢，口拜悠扬嘹亮，灼吧声沉宽厚，哔哒声脆致远，琴弦声美音清，呈现出黎族人民劳动、生活、节庆等多彩多姿的欢乐场面。2008 年，黎族竹木器乐入选国家级非物质文化遗产名录项目。

黎族竹木器乐源远流长，充满了原始神秘色彩。这些竹木乐器举世罕见，分布区域虽跨度大，但分布地区极其有限，仅限于少数个别族群。仅以鼻箫为例，除海南黎族、台湾高山族使用鼻箫之外，我国南方侗台语族的一些民族、东南亚以及大洋洲的一些南岛语系民族，如菲律宾北部吕宋岛的卡林加族，马来西亚婆罗洲西北部沙捞越的达雅族（见图 2-58），斐济群岛共和国斐济族，新西兰原住民毛利人，澳大利亚北部的土著民族，以及太平洋东部诸多群岛的其他相关土著居民等，都是使用鼻箫的民族（见图 2-59、图 2-60、图 2-61）。即使远在非洲，也能见到一些类似乐器，如科特迪瓦的横吹喇叭文化空间。时至今日，马来西亚沙捞越妇女鼻箫和口弦仍较流行。黎族竹木器乐与马来西亚、太平洋岛屿、印度洋岛屿土著民族的器乐有惊人相似，甚

---

① 百科词典：黎族竹木器乐，http://baike.baidu.com/link?url=7cOCh7Jpc0DJ7sqEVKU9，2014 年 5 月 8 日。

至完全相同，不能不说是个奇迹。所有这些竹木器乐，已经在世界范围内构成一个"鼻箫漂移文明圈""鼻箫链"或"竹木器乐远古文明圈"。

（九）海洋舞蹈表演遗产

环北部湾海洋舞蹈艺术丰富多彩，异彩纷呈。据不完全统计，各类传统舞蹈超过百种。较有代表性的有黎族打柴舞、苗族招龙舞，下面分别予以介绍。

1. 黎族打柴舞

打柴舞在黎族民间最古老、最受欢迎，又称"竹竿舞"，黎语称"转刹""太刹"，起源于古崖州地区（今海南省三亚市）黎族的丧葬护尸习俗。黎族民间传说，黎族先民古代建茅屋时，竹竿不断从屋顶滑下，为避免打脚碰头刺脸，人们不断地跳跃，便形成了打柴舞。对此，清代《崖州志》等古文献多有记载。打柴舞的舞具由两条垫木和数对小木组成，摆法如下：将两条垫木隔开约2米平行横摆放于地面上，垫木上架数对小木棍。木棍两头各由若干对两两相对执握，竹竿一开一合，上下、左右、分合、交叉拍击，产生强烈有力的节奏。持竿者姿势有坐、蹲、站三种，变化多端。舞者敏捷跳入竹竿中，来往跳跃、蹲伏，避免被夹击，还要潇洒自如地做各种优美的动作，模仿劳动生产和各种动物的形态及声音。打柴舞有一套完整的舞具和跳法，由平步、磨刀步、搓绳小步、小青蛙步、大青蛙步、狗追鹿步、筛米步、猴子偷谷步、乌鸦步等九个相对独立的舞步组成，顺序不得颠倒。打柴舞节奏强烈有力，动作古朴粗犷，生动活泼，气氛热烈，老少皆宜，集体娱乐性强[1]。中华人民共和国成立后，木杆改为竹竿，打柴舞被搬上运动场、舞台和银幕，多次参加全国性或国际性比赛交流，广泛流传，成为"勇敢者的游戏"。竹竿舞应邀至罗马尼亚、南斯拉夫、巴基斯坦、日本等国家演出时，被誉为"世界罕见的健美操"[2]。黎族打柴舞是黎族劳动人民智慧的结晶，2006年被列入第一批国家级非物质文化遗产名录。

2. 海南苗族招龙舞

苗族招龙舞源于海南省苗族早期民间宗教祭祀文化活动，经漫长的历史发展积淀而形成。史料记载，明代朝廷强行征兵，苗族人便来到了海南岛，也有一些苗族人因生计所迫，从广西渡海而来之说。苗族迁入海南岛后，长期深居大山之中，以刀耕火种为主，过着居无定所、极度困苦的生活。为了精神上的寄托，苗族人焚香祭祖，以保佑他们丰衣足食、安居乐业。苗族崇拜祖先，视龙为先祖。每年开春时节（农历三月）砍山种植山兰稻谷之前，苗族人都要举行祭祖祭龙公仪式，祈求祖先公驱邪，祈求来年风调雨顺、五谷丰登。仪式的大致过程：首先在村里宽敞的庭院设坛焚香，杀鸡、宰猪祭拜祖先，先由祭师念唱作揖，叩求龙祖公开天降雨。然后，村民们排成一

---

[1] 参考资料：http://baike.baidu.com/link?url=KaAt_V0U2Te0dUabkc，2014年9月21日。
[2]《黎族打柴舞》，2014年6月，中国非物质文化遗产网（http://www.ihchina.cn/）。

条长队，后面的人以右手搭在前一人的右肩上排成长龙，左手在下腰臀部左右摆动成龙尾，祭师行于队伍前面为龙头，众村民长队展开为龙身。在鼓点伴奏中，由文武大祭师手持代表龙的长木剑，头戴龙帽，身穿绣有龙图案的长袍，带着小祭师以舞蹈为载体，手舞足蹈表演祭拜祖先招龙的各种动作，带领众人围着庭院四周游动起来，模仿龙在游动。游动中祭师口中不停地念着祭文，长龙紧随其后，左右不停摆动，就着鼓点节奏起步走动。舞者必须随时此起彼伏、跳跃、半蹲、左右跑动或翻转，时慢时快，时走时停。时而龙头翘望、龙须颤抖，时而上下穿飞，翻江倒海，十分壮观[①]。过去举行招龙祭祀时，男女老少一概参与，旁观者不断加入，参加的人越多，阵势就越大，阵势越大就越壮观。在漫长的历史发展中，招龙舞成了海南苗族约定俗成的信仰习俗。招龙舞保留了苗族远古的龙图腾文化，具有特殊的艺术价值。

（十）海洋戏剧、曲艺

环北部湾地区是戏剧之乡，剧种繁多，为北部湾增添了无穷魅力，也增添了几分神秘力量。较典型的有：粤剧、琼剧、黎戏、临剧、临高人偶戏、澄迈琼剧、海南公仔戏、雷剧、廉江白戏、湛江木偶戏、壮剧、防城采茶戏等；公馆木鱼。在此，仅以粤剧、雷剧为例，分别予以介绍。

1. 粤剧

粤剧，又称"大戏"或者"广东大戏"，明朝嘉靖年间（1522—1566）在广东、广西出现，流行于岭南地区，为汉族传统戏曲之一。粤剧源自南戏，是广东艺人吸纳外省入粤戏班的戏曲声腔，加以改造并融进本地的歌谣、小曲而形成的剧种。粤剧内的角色，原为十大行当，后来精简为六柱制，即文武生、小生、正印花旦、二帮花旦、丑生、武生。粤剧表演艺术的核心，就是唱、做、念、打，共四大类。"唱"是指唱功，不同角色有各自的演唱方式，包括平喉、子喉等。粤剧吸收了各地的独特唱腔，如福建的广东南音、木鱼，广东本地民谣粤讴及板眼等。粤曲的唱腔音乐主要有板腔类、曲牌类和诗赞类。粤剧使用的乐器多达四十几种，分吹管乐器、弹拨乐器、拉弦乐器及敲击乐器四大类。"做"是指做功，又叫身段，即身体表演，包括手势、台步、走位、关目、做手、身段、水袖、翎子功、须功、水发、抽象表演和传统功架等。"念"是指念白，即念出台词。"打"是指武打，如舞水袖、水发、玩扇子、武刀弄枪、耍棍挥棒、舞动旗帜等。著名曲目有《西厢记》《紫钗记》《帝女花》《牡丹亭惊梦》《白蛇传》《宝莲灯》《昭君公主》《柳毅传书》《窦娥冤》《三笑姻缘》《搜书院》《醉打金枝》《镜花缘》等。著名粤剧电影有《蟹美人》《龙王三宫主》《黄飞虎反五关》《万里琵琶关外月》《四郎探母》《双仙拜月亭》《红娘》《夜光杯》《千面美人鱼》《香罗冢》等等（见图2-62）。

---

① 参考资料：百科"招龙舞"，http://baike.baidu.com/link? url=ioats91fzc_Qv2SV8，2014年9月21日。

图 2-62　粤剧表演大师欧凯明公演（1）

图 2-63　粤剧表演大师欧凯明公演（2）

粤剧影响深远，原仅仅流行于广东、广西、台湾和港澳，后来漂向世界各地。在新加坡、马来西亚、越南、缅甸、柬埔寨、菲律宾、印度尼西亚、澳大利亚、美国、加拿大、墨西哥、古巴以及中南美洲等只要有岭南华侨聚居的地方，就有粤剧的演出。

粤剧博大精深，是集唱、念、做、打功夫于一身的表演艺术，是我国传统艺术宝库里的精华。2006 年，粤剧被列为第一批国家级非物质文化遗产名录。2009 年，被联合国教科文组织列入人类非物质文化遗产世界名录。

2. 雷剧

雷剧，中国雷州半岛地方戏剧，为广东四大剧种之一。雷剧原名"大歌班"，是流行于雷州民系圈内，为当地人所喜闻乐见、人人传唱的特殊剧种。雷剧起源于雷州歌。雷州歌源远流长，很久以前，劳动人民就盛行以雷州歌互相唱和、逗趣答辩的风俗。明末清初，雷州歌对唱盛行，每逢喜庆之期，歌手会聚，比赛连台，竞赛火爆。雷剧历经姑娘歌、劝世歌、大班歌、雷剧四个发展阶段，到剧种形成为止共历时 300 多年。经过多年的积累、创造和发展，到现在雷剧已拥有 80 多种腔调。

旧时，雷州歌是以雷州方言自我歌唱、自我抒情的汉族民间歌谣。据传，清雍正十二年（1734）端午节，雷州设"赛歌台"，进行赛歌。自此雷州歌登上舞台（民间称"踏楼板"），雷歌班逐渐形成。因有女子参加，故称"姑娘歌"。早期，姑娘歌一般是用两个石碾（俗称石牛）并排竖起，中间搁一牛车板即成舞台。其表演形式是以歌姑娘为主、歌童为辅的男女两歌手在舞台上对歌，对歌时男执一扇，女执一扇一巾，来往变换位置，边舞边唱。对歌唱词丰富多样，口头文学、历史典故、天文地理、风土民情等无所不唱，随问随答，比赛歌才。姑娘歌对答如流，贴近生活，乡土气息浓郁，内容大致为《劝世戒烟》《劝人忠义》等劝世歌，有的还有人物和故事情节，深受群众欢迎。清嘉庆末年后，土生土长的雷歌班更为活跃。中华人民共和国成立初，雷州歌改造，建立了起板式变化结合曲牌连缀的唱腔结构，创造主奏乐器雷胡，雷州歌发展为具有高台、雷讴两大腔系的戏曲声腔，声腔体系完整。1964 年正式称"雷剧"。剧目演出影响大，经典性传统剧目有《貂蝉》《千里缘》《李二娘》《兰花草》《斩周忠》《秦香莲》《张文秀》《符兆鹏》等。在无数艺人的努力及群众的支持下，业内不断涌现出一批批著名演员，受到各方面好评①。

雷剧语言场面宽阔，内容丰富，曲调优美，通俗易懂，能很好反映现实生活，越来越为雷州人民所喜爱，深深影响着一代又一代雷州人。20 世纪 80 年代，100 多个民间职业雷剧团的演出年无虚日，平均每年 5000 多场，每场观众几千人至万人不等，雷州也因此被盛赞为"戏曲的绿洲"。雷剧是雷州土生土长之艺术瑰宝，是中华传统文化之精髓。2010 年入选第三批国家级非物质文化遗产名录。

---

① 百科：雷剧，http://baike.baidu.com/link?url=JhlzyWs0VnUK2，引用日期 2014 年 9 月 21 日。

### (十一) 海洋体育、杂技与竞技艺术遗产

北部湾作为大西南出海口,交通便利,对外贸易交流频繁,人口流动性强,族群多样化。受族群流动性的影响,自古以来环北部湾滨海体育娱乐丰富多彩,留下了大量的海洋体育、杂技与游戏娱乐艺术遗产,给人们留下了宝贵财富。从可欣赏性角度来考虑,在此仅选取湛江人龙舞、黎族钱铃双刀舞两例分别予以介绍。

#### 1. 湛江人龙舞

湛江人龙舞,堪称雷州半岛民间舞蹈之魂。湛江人龙舞多种多样,有东海岛人龙舞、沈塘人龙舞、电白人龙舞等,但以东海岛人龙舞为最典型。东海岛人龙舞是一种古老的民族舞蹈,民间相传起源于湛江市东海岛东山镇,始于明末清初。但专家认为人龙舞早流行于当地孩子杂耍,其被发现利用时年代已极其古老,难以考证,为原始社会之遗风,只是明末利用改造后影响较大而已。

东海岛人龙舞是以舞龙的方式祈求平安丰收的习俗,后来掺入了娱龙、敬龙、祭海、祭祖等因素。人龙舞的"龙"体构造,分为龙头、龙身和龙尾,规模可大可小,节数多少不等。人龙舞之所以得名,是由于演出时的"龙"体全部由人的肉体组成,而不是其他物件。龙身巨长,一般由五六十人组成,多者达数百人,最低也须三四十人以上,气势雄伟壮观。龙头是龙的精髓所在,体现龙的精神,由一个彪形大汉身负三个小孩组成,分别表示龙角、龙眼、龙舌。选一俊俏小男孩用红绸带绑于龙头胸前,口咬一支燃香为"龙舌",两手各执一支香为"龙眼";另一小男孩骑在龙头肩上,双手执扎香为"龙角";引龙者用点燃的香插在斗笠上为"龙珠"。龙身是龙的主体部分,表演者相继倒卧分节连接而成,即在大人肩扛的无数孩童向后者身躯依次仰卧,一节一节地连接起来。"龙尾"则由"龙脚"倒背一小男孩,双脚叉开,摆出龙尾状。表演者穿上黄色服装,龙即为黄龙;穿青色服装,则变为青龙。舞龙时表演者一律光膀子光脚,整齐有力,按锣鼓的鼓点节奏舞动。龙头威猛大气,双眼闪闪发光,龙身腾云驾雾,左右翻滚,龙尾上下摇摆,如暴风盘旋,场面壮观。整个队伍随着龙头昂首前进,远远望去龙腾飞舞,人显神威,浑身透露出不可战胜的群体力量和表演者的聪明才智。

人龙舞盛行于清乾隆、嘉庆年间。清雍正十年(1732),雷州守备师移驻东山圩,官兵驻守,设有武秀才考场。自此,武秀才考试日期,人们白天看武试,晚上看"人龙舞",比赛激烈,热闹非凡,至今不衰。近些年来,经艺术家的研究,对人龙舞的结构、舞步、舞姿、乐曲、节奏进行改革加工,形成了"起龙""龙点头""龙穿云""龙卷浪"等表演程式,人龙舞更臻完美,受到群众的热烈欢迎。

人龙舞表演原来仅限于东海岛的海边、圩镇小街,演出时间也受严格限制。近几年来才走出海岛,逐渐走进广大城乡广场和舞台,形成民间大型广场表演,时间再也不限。只要有节日或重大庆典,古老的人龙舞将舞动起来,成为人们节日的狂欢高潮。

"东海岛人龙舞"是我国龙舞的特殊类型,源远流长,被誉为"东方一绝"。湛江人龙舞气势雄伟,粗犷有力,强调团结,催人奋进,有着特殊的艺术价值、社会价值。因特殊的表演方式,所获荣誉非常之多[①]。2006年,湛江东海岛人龙舞入选首批国家非物质文化遗产名录。2007年被载入"上海大世界基尼斯之最"名录。

2. 黎族钱铃双刀舞

钱铃双刀舞,即黎族咚铃伽舞,也叫"英雄之舞"。它是黎族民间的一种古老舞蹈,是武术和舞蹈的深度融合。钱铃双刀舞是黎族青年集会时跳的一种舞蹈,多在打谷场等空地上进行。表演时,由两名男青年身穿传统服装,头缠红巾,一人双手各持五寸双面尖刀,另一人手握约两尺长钱铃棍,两人相互对打。一般双刀为攻方,钱铃棍为守方。持刀者对着持棍者的各个部位猛刺,持棍者则前后左右躲闪退让,双方机敏灵巧,动作刚劲矫健。刀棍翻飞,撞击声铿锵有力,动作扣人心弦,场面热烈悲壮。跳舞比赛时,对于场地范围严格限制,往往在一个特制的大簸箕里进行,出局者败。双刀舞惊心动魄,场面激昂,刺者要有血战到底的武士气概,而挡者要阳刚沉稳,沉着应战,有临危不惧的大将风度。

黎族咚铃伽舞历史悠久,据说源于一个故事。古时候,有一个谦虚和一个骄傲无比的小伙子同时爱上了一个姑娘,姑娘选中了谦虚的小伙子。婚礼时,骄傲的小伙子手持双刀,紧逼新郎,想乘比武之机伤害他。谦虚而聪明的新郎机智地拾起钱铃棍抵挡,使自己摆脱了困境(见图2-64)。

**图2-64 黎族钱铃双刀舞**

---

① 2013年,湛江东海岛人龙舞获第十一届中国民间文艺最高奖"山花奖"。

钱铃棍是一根两尺多长的空竹筒，两端各系一串铜钱，摇晃时会发出哗哗的响声。钱铃意喻扁担，意喻山兰稻丰收。

黎族咚铃伽舞的古老程度及渊源难以考证。黎族现代为山居，种植水稻，故现代很多专家学者从水稻丰收角度进行解释。实则不然。结合文化生态深入研究，本书认为，这种舞蹈实际为远古舟楫渔猎文化的一种遗风。在更早的远古时期，古百越多行船追逐渔猎，船多为独木舟或"箕""筏"，船身极其狭小，基本与今日之大簸箕相差无异。远古渔猎追逐，漂移遥远，个体之间或外族间争斗时有发生，很多激烈格斗在筏或簸箕内进行，胜者生存。因而，黎族双刀舞折射的是一种舟楫渔猎漂移生存文化，黎族后代为了适应这种环境，必须从小进行这种训练，以做到既能在狭小船上反抗自卫，赶走或消灭敌人，不至于出人命、激化矛盾，又能避免自己落水，保护自己的安全，做到两者兼赢。

黎族咚铃伽双刀血气方刚，节奏强烈，粗犷有力，表演奔放自如，给人一种强健有力的感受。它源于生活，经创造而升华，以古、奇、险、绝的表演堪称一绝。咚铃伽舞表现了一种临危不惧、血战到底的英雄气概，体现了黎族人民在远古渔猎漂移的艰险环境下坚强勇敢、不屈不挠、不畏困难、勇于开拓而又以和为贵的传统美德。

（十二）族群民间艺术

环北部湾的上述种种艺术类型，从族群的角度，绝大部分可归为以下 11 大族群类型：京族艺术（渔业技术）、疍家艺术（渔业艺术）、黎族艺术（海岛民族艺术）、雷艺术（半岛艺术）、海南苗族艺术（海岛民族艺术）、伊斯兰艺术（海上丝绸之路外来艺术、远洋贸易艺术）、壮族艺术、客家艺术、华侨文化艺术、南洋文化艺术、西洋文化艺术。当然，华侨文化艺术、南洋文化艺术和西洋文化艺术可直接归纳入"海上丝绸之路沿线族群艺术"之列。在每个族群内部，都存在一个或若干个"艺术圈"，如京族内部，就有建筑、服饰、独弦琴、海药、哈节等艺术圈；"疍家艺术圈"，则由疍家棚艺术、疍家服饰、咸水歌、疍家婚礼、疍家海神信仰艺术等组成；而黎族、苗族、壮族艺术圈，雷艺术圈、客家艺术圈和海上路沿线族群艺术圈等的构成，更为复杂，隐性因素更多，内涵更有待探索，在此不一一列举，仅举"京族哈节""疍家婚礼""黎族纹身艺术"为例，分别予以介绍。

1. 黎族文身艺术

文身是世界民族中一种罕见的原生性文化现象。黎族是海岛原著民族，生活在中国最南端的海南岛，拥有着独特的原生态文化，但在现代文明的冲击下，黎族许多具有民族特色的璀璨文化正急剧消失，文身就是其中的一种。文身，是海南黎族传统特有的习俗，在黎语中叫"打登"或是"模欧"，海南汉语称"秀面"

或"书面",西文叫"打都"。许多历史古籍,如先秦古籍《山海经·海内南经》①、东汉杨孚《异物志》②《后汉书·明帝纪》、晋代王范《交广春秋》、明代顾岕《海槎余录》等,宋范成大、周去非,清屈大均、张庆长等对黎族文身均有详略不同的记载。

黎族把文身视为民族的标志。按黎族传统观念,绣面文身不仅可辟邪,更是美丽的象征。有关黎家人文身,自古以来都有严格定制,他们如果生时不文身绣面、文上本家族或本支系的标志,死后则祖先因子孙繁多,难以遍观尽祖。若"祖宗不认其为子孙,则永为野鬼"。通过纹饰,就可以区分黎族人来自什么地方,哪个村寨,属哪个支系,甚至哪个家庭。文身以妇女居多,男性也有少量简单文身。按黎族人的审美观,妇女的文身越多、越繁杂,就越美,地位越高,越受尊重。如果女性年轻时不文身,就会被众人非议和歧视,是嫁不出去的,死后祖先也不认。因而未受文身的妇女,死后必须在身上脸上用木炭画些图案才能入殓。再则上古时代,种族部落之间常发生互相残杀的悲剧,妇女经常被虏为战利品。文身易于辨识,亦能藉免为俘虏。所以,"黎家男女周岁即纹其身"。女子文身从6—20岁进行,只要长到十多岁,毫无例外,必须按祖先遗留下来的格式接受文身。无论哪个阶段,都必须结婚之前纹完。

黎族的文身图案非常严格,五大支系必须按祖传图案进行文身,绝不能假借紊乱。例如美孚黎妇女,以几何方形纹、泉源纹或谷粒纹为主要图案;而润黎则以树叶纹或方块为主要图案。青蛙是黎族最崇拜的动物之一,黎族各支系均以青蛙作为主要图案。在文身图案中,几何方形纹也较普遍。文身不仅图有定形、谱有法制,连施术年龄、程序、仪式、场所等都有严格的规定,禁忌很多。

黎族文身图案丰富,形象生动。图案纹样千差万别,十字太阳纹、龙纹、蛙纹、花纹、三角纹、菱形纹、长形纹、动植物纹等,纹样不同,含义各异。例如画于脸部两颊的图案,多为双线点纹图、几何线纹图、泉流纹图等,称为"福魂"图案;画于下唇的,称"吉利"图案;画于臂上的,为铜钱纹图案,叫"财富"图案;刻画于身躯上的,有"田"字形文图、谷粒点文图、泉流纹图等,称为"福气上身"图案,象征财富多、子女多。而腿纹中所画的双线纹图、树叶纹图、槟榔树纹图等,均称为"护身"图案。各种纹样都蕴含某种象征意义③。随着人类实践的发展及认识能力提高,黎族后来赋予文身图案的象征意也越来越丰富抽象,如情感、等级、几何、哲学道理等。

---

① 先秦古籍《山海经·海内南经》载:"伯虑国、离耳国、雕题国、北朐国,皆在郁水南。"海南师范大学王献军教授认为,"雕题国"即当时生活在海南的黎族先民部落;"雕题"即文身之意。
② 《异物志》载:"雕题国,画其面及身,刻其肌而青之,或若锦衣,或若鱼鳞"。"雕题"即"雕体"。
③ 《黎族纹身:正在消失的特有文化》,2014年9月,新浪旅游(http://travel.sina.com.cn/ent/p/1413106332.shtml)。

文身是黎族女子人生中的大事，庄重神秘。文身要选吉日，避禁忌。文身前要由纹师举行祭拜仪式，即杀鸡摆酒席设祭品，向祖先神灵报告受纹者的名字，以求祖先保佑平安。文身一般先绘好花纹图案，然后进行文刺，也有先不绘图案直接文刺的。文刺时，施术者一手持藤刺，一手握拍针棒，沿着已画好的图案纹路打刺。藤刺刺破皮肤时，立即在创口处涂上染料，使其内浸，永不脱落。有的纹饰不够清晰，要重复打刺二至三遍才能完成。文身所刺部位也有一定次序：脸、背、胸前、腿、手。为减少痛苦，有的纹饰用几年时间分段进行。文身多选择在农闲的旱季和节日期间，以免发炎溃烂影响农忙。文刺时，一般在女子居住的"隆闺"内或家中进行，除女亲眷或女友外，他人不得在场观看。

关于文身的起源，黎族村寨里流传着一个洪水的故事或兄妹故事：远古时，洪水泛滥，一对兄妹躲进大南瓜，漂到了海南岛，兄妹两人在岛上寻找人烟，但没有找到。为了后代延续，妹妹文身纹脸，使哥哥不能相认，于是结成夫妇。这故事与黎族创世纪的歌唱很相似。

我国南方很多古族，特别是同属百越族系的壮、侗、布依、仫佬、毛南、水等民族，在历史上绝大多数都有文身习俗。但随着历史的发展，绝大多数民族的文身习俗早已湮没于历史长河之中，黎族文身却能以旺盛的生命力长久地传承并遗存至今，其原因及动力等，构成一个个历史谜团，有待去解开。

文身是黎族母系社会习俗的遗存，是原始图腾、自然崇拜和祖先崇拜的产物，是黎族最宝贵的非物质文化遗产。因黎族没有本民族文字，黎族的远古记忆和重大事件只能以口头记忆和图形标志来表示，因而，文身图案成为黎族历史文化的重要载体或"移动史册"。黎族妇女文身，不仅是美的展现，更是一部活动的黎族史册图景符号，是人类史和民族史上罕见的文化遗传现象。正因如此，著名民族学家吴泽霖教授说："文身是海南岛黎族的'敦煌壁画'。"[①]

2. 京族哈节

京族是我国唯一全民性海洋渔业的民族，聚居于"京族三岛"。由于全民以海为生，独特的自然环境，长期的历史积淀，使京族形成了自身独特的海洋文化圈。唱哈、竹竿舞、独弦琴，被誉为京族文化的"三宝"。哈节源远流长，系京族最隆重、最热闹、最为丰富多彩的节日。

哈节又称唱哈节，即唱歌的节日。"哈"在京语里有两重意思：其一为"歌"或"唱歌"，其二为"吃"，所以哈节也称为"歌节""唱歌节"或"乡饮节"。节日活动内容主要有祀神、祭祖、乡饮、娱乐。京族哈节每年一次，在固定的地点"哈亭"举行。京族每个村寨都建有"哈亭"。"哈亭"是京族聚会的场所，兼有神庙、祖庙、乡

---

[①] 《黎族纹身——正在消逝的文化符号》，《国际旅游岛商报》2014年10月22日第5版。

饮堂、歌堂等功能，为节日活动的中心。哈亭用材讲究，雕梁画栋，飞檐高顶，有的屋脊上还有双龙戏珠的雕塑。亭内分左右偏殿和正殿。正殿内设有京族信奉的镇海大王等神位和祖先的灵位。偏殿内设有从高到低的三级阶梯或坡板的座位，听歌与宴欢时按长幼次序入座。京族三岛共有四个哈亭。

关于"哈亭"的来历，京族三岛流传着这样一个故事：很久很久以前，这里有一条蜈蚣精，它吃人成性，凡从这片海域过往的船只，都要奉送一个活人给它吃，否则就会翻船，害得人们妻离子散，不得安宁。有一个神仙知道后，就来到这里为民除害。它将热辣辣的南瓜投入蜈蚣的口里，蜈蚣吃后便碎成数段，分别化作巫山、山心、万尾三岛。这位神仙后来被众人奉为镇海大王，祈愿他给众人带来安康吉祥。有关哈亭的来历，也有纪念歌仙之说。

哈节的举行日期各不相同，万尾村为农历六月初九至十五日，巫头村是农历八月初一至初七，山心村是农历八初十至十五日，红坎村为正月十五。

过哈节时，人们首先集结在一起，举着旗、抬着神座、打着鼓、撑着伞来到海边，朝着建在彼岸白龙尾岛上的神庙祭拜，遥遥迎接众人敬奉的神灵来到"哈亭"。从海边回来后，就准备开始唱哈，成年男子按家庭地位入席。下午3时宰猪祭拜，人们在哈亭跳起香舞、花棍舞和天灯舞，两个嗓音甜脆的姑娘敲起竹板，在三弦伴奏下，唱起"哈歌"。"唱哈"由一男（哈哥）、二女（哈妹）组成，哈妹打竹片轮流演唱，哈哥弹三弦琴伴奏，须连唱三天三夜或七天七夜。歌的内容有民间传说、哲理佳话等，如民间叙事长歌《琴仙》《斩龙传》《琴仙》《十三哥卖鬼》《京汉结义歌》等，还有一些用京语唱的白居易《琵琶行》、苏东坡的《念奴娇·赤壁怀古》、《三国演义》、《浔阳江头夜送客》等，情歌也是"唱哈"不可或缺的内容，深受汉族文化的影响。"哈歌"有固定程式，旋律优美，娓娓动听，悠扬的琴声伴奏，使哈歌更加动人心弦。

"哈节"中，与"哈歌"必须配套的部分便是歌舞。京族祖传下来的"哈节"舞蹈有四种，即《花棍舞》《花灯舞》《进香舞》《进酒舞》。《花棍舞》是一人舞，《花灯舞》是多人舞，《进香舞》分"跳乐""进香"等；《进酒舞》是四人舞。锣鼓声中，常有妙龄少女登台献舞。随着鼓点节奏的快慢，少女们相对转动手腕，翩翩起舞。诸多哈舞中，最独特的是"头顶天灯舞"。数名少女头顶瓷碗，碗上选盘，盘子里点燃蜡烛，两手端着酒杯，也各有蜡烛一根。载歌载舞时，三根蜡烛闪闪不灭。若是群舞，一片烛光闪烁，场面热烈。京族舞蹈展示了京族人民生产、生活及劳动的场景。京族人崇拜多神，信奉的神多与海洋有关。因而，哈节期间，除了歌舞娱乐之外，还依顺序举行迎神、祭神以及送神等仪式。这些仪式充分表达出对海洋的敬仰，对祖先的缅怀，以及对美好生活的憧憬。

节日活动历时三日，通宵达旦，歌舞不息。节日期间还进行斗牛活动。周围各族群众亦来共同欢庆，一派升平喜庆的景象，各家各户盛情款待慕名前来的兄弟民族朋友。现已改变旧俗，增加了新的内容。京族人民热爱大海、珍惜大海，在海洋生产生活中，总结出许多经验，并演绎成艺术文化盛典。京族哈节是京族人民宝贵的历史文化遗产，也是全人类珍贵的文化遗产。

3. 疍家婚礼

疍家，又称疍民，是一群世代"舟楫为家，捕鱼为业"的水上族群。疍民习惯上分"蚝疍"（以采蚝为主）、"鱼疍"（以捕鱼为生）、"珠疍"（以采珠为生）等。在防城港（企沙、光坡、渔万、江山白龙潭蓬、江平京族）、钦州、北海（主要集中于市区外沙、地角、侨港，合浦西场等）、湛江，以及海南等地都有疍家人的足迹。自远古以来的海上生产及居住环境，使疍家文化淳朴独特，自成体系。中华人民共和国成立后，疍家人大多数上岸建楼居住，但生活习俗仍保持着疍家特点。疍家民俗多种多样，最具有海洋特色的为疍家婚礼。各地疍家婚礼有所不同，这里仅以北海外沙、侨港镇的疍家婚礼为例。

北海疍民从不与陆民通婚，非疍家传统的地角渔民也不与村外人联姻，这种习俗中华人民共和国成立后已革除。水上人家若有未婚子女，则于船头船尾作暗号，互动说媒。说媒成功后，就要搭棚迎接亲友，着手准备婚礼之事了。北海的疍家婚礼，大致分以下12个环节。

第一，送日子单。通常在搭棚之前的早上七八点钟举行。主要是确定双方的嫁娶日子。

第二，搭棚。男女双方搭棚前均放鞭炮，男方搭完棚后先挂横披，再挂大字（新郎的名字），点蜡烛，搭完棚后各自吃饭。

第三，抽礼。第二天进行。即男方给女方送提亲礼。礼物通常有酒、茶、槟榔、屡青、糖面、金银首饰、钱币、"大舅红"（红花布）、"女婿饼塔"，以及糖果、猪肉和鸡，还有一张迎亲帖，上面写有接亲的日子。

第四，采花。就是采鲜花，表达生男生女的意愿。如采白花就是生子，采红花就是生女，寓意心想事成。

第五，坐夜盒。晚饭后，送一个坐夜盒（花篮，放有糖、水果、饼干等）给新娘。这一晚，新娘不得睡觉，要坐一夜。亲朋好友都来与新娘唱歌，姊妹都拿一把纸扇遮住嘴或脸轮流唱。

第六，叹家姐。新娘出嫁前10天，每晚都要哭嫁，即"哭家姐"。"哭家姐"，实际是以歌代哭，有母女对哭、新娘独叹、同胞姐妹或女伴对哭。每哭一句均以"叹家姐"三字开头。"叹家姐"曲调多姿多彩，有"哭嫁歌""十月怀胎歌""姑娌妹""伴郎""伴嫁""叹古人""叹字眼"以及"十二月送人歌"等。哭时或悠扬流畅，或亲昵委婉，或曼声软语，或哀婉凄楚，或悱恻缠绵，或清纯甜美。邻居女亲戚围着倾听，你对我答，帮腔衬托，陪伴哭嫁。"哭家姐"有的唱三日三晚，有得连唱十个晚上，倾诉父母养育恩深、姐妹情长，及惜别之情，感人至深，催人泪下。

第七，拜饭。出嫁前夕，要在棚户花篮前（神龛）前做"拜饭"。新娘离家前手拿纸扇对饭而拜，姐妹们围着圆桌在一起吃饭，意为送行。罗陈牲品酒果，香烛齐烧，云集满头珠翠盛装打扮的女客，人手均一把折扇，两人一组并肩参拜神祇，然后围坐一起，讲古说笑，或唱"咸水歌"对答，或玩纸牌，直至夜深才散。新娘出阁，无凤冠霞帔穿戴，只有新衣裳、金首饰，红帛蒙头（见图2-65）。

图 2-65　疍家婚礼

第八，接亲。新娘拜完饭后，男家于择定良辰去接新娘，由媒娘、歌手和伴郎划小艇前来迎亲。通常是在天亮前进行。迎亲队由媒娘带队，划船接近女方船艇，一边划一边唱咸水歌。当迎亲队接近嫁娘船时，嫁娘唱歌，迎亲队以赞歌相和。新娘拜辞祖宗神祇和家长，边哭边唱"叹家姐"，由喜娘背着，在女伴张伞盖顶簇拥下登上迎亲艇。艇艘多少视送亲人数多少或嫁奁丰俭而定，但艇艘数越多就越气派。艇队开行，喜炮鼓乐相随。喜气洋溢的接亲船，往往在兴味高涨之时用力颠簸摇晃婚船，以考验新娘能否适应船上生活，叫"颠船贺喜"或"抛新娘"。艇到男家棚户，新娘仍由人撑伞掩盖背入棚户，男女拜堂。先拜天地、龙王、祖先，再夫妻互拜。

第九，男女方脱契。脱契，表示双方已长大独立成人。男女双方请"平安符"，以之洗脸洗澡，寓意成人生活开始，前程吉祥安康。

第十，上红。在新郎身上系一红带。亲戚送金戒指、金镯、玉镯或衣被贺喜。

第十一，拜堂。婚礼第三天举行的仪式。首先给祖公（神位）敬上3杯茶3杯酒，再摆上9炷香，男女双方分别上香3支，其余3支放在一旁待燃续敬。接着，新郎或新娘往茶托丢"元宝"，意思是敬奉祖公。新郎新娘拜堂后，男方便送新娘回娘家。

第十二，摆酒。拜堂合卺，张筵款客。新郎送凤冠霞帔穿戴。相邻各船只围拢过来摆成方阵，在各船摆设喜宴。歇后语"疍家酒席——全是鱼"，引申为海珍品燕窝、鱼翅、鲈皮、鳖鱼肚、鲍鱼、海参等齐备丰盛，视蚝豉、带子、沙虫、虾仁、鱿鱼等为贱品。酒席期间，你对我答，歌唱不绝，热闹非凡。酒宴后，新郎捧水给亲戚朋友们洗脸。亲戚朋友便以封包（红包）酬谢，接下来就是打堂媒（摆茶），新郎新娘向老人和长辈敬茶。之后是谢媒。第四天下午便可拆棚。第五朝，新郎陪新娘回娘家，亲戚朋友都来吃饭。吃完饭，新郎新娘一起回夫家。至此，历时五天的婚礼才算结束。有的长达十天。

疍家婚礼场面热烈，互动精彩，场面动人。整个婚礼前后要经12道仪式和程序，总共历时5天，婚礼自始至终均贯彻一"唱"字。中华人民共和国成立后疍民婚俗逐渐消失，只有侨港镇少数渔民仍循旧俗，但远远不如传统的那样复杂、烦琐、严格[1]。

（十三）节庆与民间图腾信仰艺术（礼仪、节庆、民俗、宗教艺术）

文化有不同的层次，最高层次为精神信仰层。艺术也是如此，艺术的最高层次是超越，是信仰或是与信仰的某种结合。尤其在远古时期，这种最高层次的艺术往往表现为图腾信仰艺术。这种原始图腾艺术，在很多大洋岛屿或少数民族地区仍有浓厚遗留。海洋文化有自身的特殊性及规律，其图腾信仰艺术或原始图腾艺术，主要表现为海神信仰，呈现出深刻的海洋本质，烙印于信仰者的灵魂最深处，支撑着信仰者的心灵，并随时转化为强大的内心原动力。环北部湾海洋遗产里的原始图腾艺术，保留较丰富完整，原生性强，受干扰少，特色鲜明。这些图腾信仰艺术扎根民间底层，流动于民众灵魂深处，较为隐秘。这些图腾艺术与民俗、节庆结合较深，特别是在重大节日或重大关头，就会得到充分展示。

环北部湾图腾信仰艺术种类繁多、博大精深，但最具个性、最有影响的是：龙图腾信仰艺术、妈祖信仰艺术、自然崇拜、雷艺术和傩艺术以及稻作图腾崇拜艺术。下面分别予以介绍。

---

[1] 罗星烈、庄宗琢：《北海市海洋志》，广西人民出版社2013年版，第286页。

1. 原始龙图腾艺术

整个环北部湾可以说是一座龙文化、龙艺术宝藏，是龙图腾的活态长廊。其表面有四：其一，表现在环北部湾异常丰富多彩的龙艺术形态上。龙图腾信仰在不同地方表现出不同的艺术形式。就物质形态来说，龙王庙是非常重要的一种。在中华传统文化里，"四海龙王"之"南海龙王[①]"就盘踞在南海，因而，环北部湾各地包括越南均建有大批龙王庙，如儋州龙王庙、雷州龙王庙、北海龙王庙、防城港龙王庙，以及越南的顺安南海龙王庙等。就非物质形态来说，龙图腾艺术表现形式更为多样，如南宁、崇左、防城港、钦州、北海、湛江，以及海南等，重龙舟文化。每年赛龙舟隆重热闹，龙舟艺术璀璨辉煌，以龙舞相伴；仅在南宁，就有壮族芭蕉香火龙舞、隆安稻草龙、下楞龙舟节、扬美龙舟节、上林壮族龙母节等。钦州有舞青龙；北海有龙母信俗，外沙疍家人侧重龙母庙会、龙母诞及祭海；湛江的龙文化更是丰富精彩，形态万千，有湛江人龙舞、东海岛人龙舞、雷州沈塘人龙舞、南门高跷龙舞、赤坎勒古龙、赤坎"调顺网龙"、乌石海上龙舟信俗等，茂名有电白人龙舞、合江龙舟、化州赛龙舟，海南有海口龙舞、龙船舞、黎族龙被、苗族招龙舞等等。可以说，环北部湾龙图腾艺术类型最丰富、形态最发达，举世罕见。其二，表现在龙图腾的艺术水平或艺术水准上。不管是物态造型、手法、工艺，还是在组织协调、动作难度、表演水平，还是热闹隆重程度、幸福快乐指数、文化空间、总体效果上，环北部湾的龙文化、龙艺术达到了极高的水准，不管是赛龙舟、龙舞、龙刺绣，还是庙会等表现形式。以海南苗族招龙舞为例，在海南苗族地区，最隆重、最热烈的舞蹈莫过于招龙舞，数十人甚至数百人齐舞一条龙，上下翻飞，变幻无穷，惊险至极，淋漓尽致地展示出龙的力量、龙的魅力和龙的伟大神圣，深刻揭示出中华民族的团结、坚韧、执着、宽容与奋进。其三，还表现在生活渗透的广泛性上。在环北部湾，龙在各地的传说、故事、建筑、装饰、雕刻、习俗、观念、宗教里等更是比比皆是、随手拈来，深入渗透至生活的点点滴滴。其四，表现在龙图腾信仰的深度上。最典型的为龙被习俗。在海南的黎族地区，自古以来就有龙被习俗。按照习俗，每户人家都要几人花三四年甚至更长时间刺绣龙被方能吉祥，绣出的龙被富丽堂皇、闪耀夺目。龙被成了黎家富丽的象征。黎族如有老人去世了，则要在棺材盖上龙被，意味着逝者进入天堂，享受龙被图案上金碧辉煌的美好生活，然后将龙被收回，小心翼翼保管。龙被成为黎族人人生礼仪的最高规格待遇，最为隆重，足见龙图腾艺术底蕴之深。可以说，整个环北部湾区域，到处都是龙盘踞，随处都是龙的艺术殿堂，使这里成为一座不可多得的龙艺术宝藏。

---

[①] 南海龙王的封名为"赤安洪圣济王敖润"。隋唐时期，道教结合龙的形象，创造出东海龙王沧宁德王敖广、南海龙王赤安洪圣济王敖润、西海龙王素清润王敖钦、北海龙王浣旬泽王敖顺，统称"四海龙王"。

## 2. 妈祖信仰艺术及其他

文化的产生离不开一定的环境空间。海洋环境及生产方式，就会产生特有的海洋图腾信仰及相关艺术。总的来看，环北部湾的海神信仰除海龙王信仰，及南海观音之外，影响最大的当数妈祖信仰。宋代以后，妈祖是中国影响最大的航海保护神，是由人升化而来的女海神。妈祖民间信仰艺术多种多样，较典型的如雷州东海"津前天后庙会"艺术、湛江水尾渔家妈祖信俗艺术等。妈祖，原名林默娘，生于今福建省莆田市湄洲岛。常救人于惊涛骇浪之际，民间海难时有求必应。987年，妈祖因救海难而献身，被该岛百姓立庙祭祀，成为海神。有关记载非常之多。据《天妃显圣录》载："宋太祖建隆元年庚申（960），三月二十三日方夕，见一道红光从西北射室中，晶辉夺目，异香氤氲不散。俄而王氏腹震，即诞妃于寝室……自始生至弥月，不闻啼声，因命名曰'默'。幼而聪颖，不类诸女。……道士曰：'若具佛性，应得渡人正果。'乃授妃玄微秘法。妃受之，悉悟诸要典。十六岁，窥井得符，遂灵通变化，驱邪救世，屡显神异。常驾云飞渡大海，众号曰通贤灵女。越十三载，道成，白日飞升，时宋雍熙四年丁亥（987）秋九月重九日也。"[①]《广东新语》载："每当天地晦暝，鲸呿鳌掷，飓风起乎四方，雾雨迷其咫尺，舟中之人，涕泣呼号，皆愿少缓须臾之死以请于祝融。其声未干，忽已天日晴朗，飘行万里，如过衽席。而天妃神灵尤异，凡渡海率遇怪风，哀号天妃，辄有一大鸟来止帆樯。少焉，红光荧荧，绕舟数匝，花芬酷烈，而天妃降矣。其舟遂定得济，又必候验船灯，灯红则神降，青则否。"[②] 因其功德，历代朝廷封妈祖为天妃、天后、天上圣母，将其载入国家祀典。从宋宣和五年（1123）至清道光十九年（1839）的716年间，宋、元、明、清的14位皇帝赐给妈祖的封号共达28个。宋元时期，福建沿海一带大批移民到雷州半岛、海南岛、广西沿海地区以及越南等，妈祖随之落籍，成为当地渔民的保护神。在海南，《琼州府志》对天后庙有明确记载的就多达12处，遍布海南沿海各地。天妃娘娘能保佑渔民闯风雨，经恶浪，因此在行船人的心目中，她是逢凶化吉、排除灾难的神明。妈祖除了担当渔民的海上保护神之外，还充任送子观音的角色。每逢妈祖圣诞日，尚未生育的妇女常到天后娘娘面前虔诚祈祷，以求早得贵子，其香火之盛及影响已远胜其他海神。妈祖救苦救难、拯救众生的大爱精神广为传颂，至今已传播到世界20多个国家和地区，信奉的民众达两亿多人。

当然，除此之外，北部湾海神还有《山海经》最早记载的"于珥两青蛇、践两赤蛇"的"不廷胡余"、京族特有的海神"镇海大王"等。不少地方还有伏波庙和冼夫

---

[①]《天妃显圣录：天妃诞降本传》，台湾文献丛刊第77种（作者不详，出版时间不详）。
[②]（清）屈大均：《广东新语》《神语》（中国民俗三），黑龙江人民出版社2007年版，第456页。

人庙，其中伏波庙遍布各地①，也被视为出海的保护神。

3. 珍珠崇拜、美人鱼崇拜和其他自然崇拜

环北部湾的众多原始图腾艺术里，有相当部分属自然崇拜类型。较典型的如珍珠崇拜、美人鱼崇拜、鱼伯公崇拜，以及壮族的百鸟衣传说等。其他的有太阳崇拜、月亮崇拜、树崇拜、荔枝神崇拜、蛇图腾、石头崇拜、椰神崇拜等。以珍珠崇拜为例，环北部湾众多的珍珠神话传说、诸多祭拜仪式、诸多禁忌，以及众多的精神力量，都是珍珠自然崇拜的文化表现。北海"珠还合浦"传说，就是最好的例子。上天赐珠白龙湾，海底有夜明珠。皇帝闻知后派太监采珠，太监来到白龙村几经周折抢到夜明珠。怕夜长梦多，连夜赶回京城，但刚到梅岭脚下，夜明珠竟不翼而飞，直飞白龙湾夜空。为怕再次失珠，吸取教训，太监忍痛割股屁，把夜明珠藏于肉内，随身携带，外部层层重兵把守，可是一到梅岭，就雷电大作，夜明珠化为一道闪电划破天际，照耀白龙湾海面夜空。这是惊天地、泣鬼神的超自然力量，实际上是一种珍珠品质、贞洁理想和珍珠精神的体现，从深层来说为一种珍珠崇拜。此外，珍珠变为珍珠公主，守护渔民，与青年恋爱结婚生子，实际也是珍珠自然图腾崇拜的深层表露。

类似例子俯拾即是，表明环北部湾珍珠文化的普遍性、深厚性。北海的美人鱼图腾艺术也是如此。其他的自然崇拜艺术，如祭荔枝神习俗在广东茂名、湛江流传较广，是荔枝原始崇拜的体现。又如远古椰神图腾艺术，在海南黎族地区流传较广。海南黎族地区，植被单一脆弱，多以椰子为主。在村前村后，许多老椰树下供奉着几个石块或简单印记，即为椰神。据当地观念，每棵椰树都有灵魂，它能保护庄稼和人畜平安，但它胆小，很容易受惊吓。因而，对于椰林或椰树，任何人不得乱砍伐、滥闯入、滥破坏，也不得对此不敬，否则要遭殃。这实际是椰图腾的一种体现。椰神崇拜、椰神图腾艺术，实际是反映一种深层的生态伦理、生态制度和生态文化，实质为采取民间百姓敬畏的方式，保护极其单一脆弱的海岛椰生态，避免生态恶化，保护自然生态平衡。

又如祭荔枝神习俗，盛行于广东茂名等地。此习俗是在每年荔枝收获完毕，一般在农历五月初五后不久进行，分单户和集体两种。祭荔枝神须先定吉日，单户的，各自在自家做籺，加菜并邀亲戚朋友饮自家酿的荔枝酒，饮罢，带祭品（必须有自酿的荔枝酒）去自家种的荔枝树下拜祭。拜谢完毕，燃鞭炮，锣鼓喧天。集体的，人们拣一条丰产、功劳最大的荔枝树，在树下作祭坛，八仙桌上摆上各家各户送来的三牲和荔枝酒，请道公喃斋，跳傩舞。晚上在荔枝园附近做木偶戏。此俗最早出现在根子，后传至分界、泗水等地。

---

① 伏波庙遍布环北部湾全境，其中雷州半岛的伏波庙就有7处之多。广西境内濒临北部湾的崇左、凭祥、钦州、合浦、博白、陆川，以及南宁、玉林等地均建有伏波庙。历史上，越南民间奉伏波为神。

而蛇图腾为环北部湾海洋原始图腾艺术的底蕴层，渗透于社会生产生活很多领域，以木龙习俗最为典型。木龙是传说中栖息在航海大船里的蛇。清代郁永河《海上纪略》："凡海舶中必有一蛇，名曰木龙，自船成日即有之。平时曾不可见，亦不知所处；若见木龙去，则舟必败。"[①] 据《福建省志·民俗志》载，福建渔民在船舶上要放一条蛇，名叫"木龙"，祈求蛇保佑行船平安；若见蛇离船而去，则以为不祥之兆。这种以蛇为崇拜对象的现象，与古百越人以蛇为图腾的原始信仰是密切相联的。中国南方沿海一些地区以蛇为祭拜对象的民俗，就是古百越原始图腾信仰的遗存。海南临高新盈的渔民受福建迁来渔民的影响，也存在信仰木龙的习俗。当地渔民在渔船桅杆上都要贴上"木龙生辉"四个字，出海之时都要举行祭祀仪式，以祈求木龙常驻，保佑渔船出海平安[②]。

除此之外，环北部湾很多地方还崇拜鲨鱼、马鱼、鲸鱼、海龟等海洋生命，视之为海上的保护神。例如，三亚水南小疍村王姓子孙至今还尊奉鲨鱼为该氏一族的祖先，戒食鲨鱼，戒用鲨鱼油点灯。每逢清明，王氏子孙还要前往鲨鱼墓祭拜。海南昌江一带的渔民，初下海时若第一网就能捕捞到马鱼，就是件很值得庆贺之事，因为这预示着渔民初次下海捕鱼开门红，以后出海将鱼虾满仓。越南民间同样也存在大量的以海洋生物为崇拜与信仰对象，如鱼精、鲸鱼、海龟等，产生了许多相关海洋神话传说。

各地都有类似的原始自然崇拜文化，包括海洋原始崇拜、鱼崇拜、沙滩崇拜、石头崇拜、山岭崇拜等。如北海银滩白虎头，就流传着传说：古时候这片沙滩经常卧着一只白色老虎，后来一缕白烟出现，白虎和沙滩从此合为一体。后来这一带的渔民常遭海啸的肆虐，天帝指派白虎出招，海水瞬间全退。从此这里的渔民过上了鱼虾满仓、五谷丰登的富裕日子。该传说暗含白虎崇拜因素。此外这里还流传远近闻名的美女施小凤与海龙王大儿子白龙太子传说，以及其他各种传说等[③]。总之，透过各种传说的表面现象剖析本质，可以看出海洋艺术所包含的当地原始自然崇拜因素及作用方式。

4. 雷艺术、傩艺术

雷艺术主要是指以湛江雷州文化为主题表现出来的特殊艺术形式。雷州历史源远流长，文化底蕴深厚，遗迹遗产丰富，文化风格迥然不同于其他地区。雷文化绚丽多姿，原汁原味，凝重古朴，堪称"远古活化石"。厚重多彩的雷艺术圈，构成灿烂辉煌的雷文明的重要部分。在丰富多彩的雷艺术遗产系统里，较为突出的有雷祖古寺庙宫殿建筑艺术、雷神图腾艺术、素称"南方兵马俑"的雷州石狗、石雕艺术、

---

[①] （清）郁永河：《裨海记游·海上纪略》，台湾文献丛刊第44种，（出版时间不详），第172页。
[②] 詹贤武：《南海民俗》，广西师范大学出版社2011年版，第197—198页。
[③] 罗星烈、庄宗球：《北海市海洋志》，广西人民出版社2013年版，第286页。

雷州歌、雷剧等。仅以石雕为例，其形态就有石人、石像、石马、石狮、石龟、石狗、石猫、石猪、石羊、石螺、石鼓、石碑、石浮雕、蟠龙石柱、石础、石牌坊、石匾等，类型丰富，形态多样。这些"活化石"遗产，价值珍贵，展示出雷州远古文明的惊人风采。

与雷艺术紧密相伴的傩艺术，可以说是雷艺术的核心部分。但傩艺术不仅限于雷州地区，而是作为一种普遍的原始文化或类原始文化现象，广泛扎根于环北部湾地区的原始图腾灵魂深处。环北部湾的傩图腾艺术古老神秘，里面包含的诸多原始图腾崇拜艺术可追溯到远古母系社会、新石器时代甚至人类早期的旧石器时代。傩艺术的许多仪式禁忌多，丝毫不能犯忌，必须严格遵守，因而，许多原始傩规则几乎千年不变，隐含着许多人类原始时期的图腾类型，为古代人类图腾艺术的"活化石"。傩艺术类型复杂多样、晦涩，内容奇妙精彩，有庄重神秘，也有诙谐夸张，各地间的傩图腾艺术形式和内容变化较大。在环北部湾，最原汁原味、最为典型的傩艺术是雷州傩，以雷州傩舞、穿令箭、过火海、麒麟村爬刀梯等为代表；钦州跳岭头也较为典型。而北海的五方舞，海南的陵水跳娘舞、陵水求海舞等，也具有鲜明的傩艺术特征。

所有这些傩艺术中，以雷州傩舞保存最完整、最具风味，品类也最丰富。雷州傩民间信仰艺术，不仅包括有湛江傩舞、麻章傩舞"考兵"、麻章"麒麟村爬刀梯"（上刀山）、特呈叼（捧）犁头习俗、湛江青桐穿镰功、雷州翻棘床、雷州穿令箭、湛江过火海等绝活，也包含了众多竞技：吊发、落绳、打煋、打趹、砍山猪、走翻、走虎、走牛角、走牛脚塞、雷公下蛋、八面埋伏、五步阵法、八卦阵、洪拳、打城、攻营、樗蒲等。这些绝活竞技鲜为人知，多传内不传外，传男不传女，传单不传双，极其隐秘。有的傩艺术表演程式走完一遍需几天几夜，对表演者的记忆力、表演力和体力要求非常高，可以说是一部活态的古代艺术博物馆。傩图腾艺术，是我国非常珍稀的艺术遗产宝库。

5. 稻作图腾崇拜艺术与节庆

北部湾的文化起源是海洋，也可以说是渔业文明、航海文明（含舟楫制造、漂流文明）等。然而，围绕着北部湾沿岸的外部广大地区，主体是农业文明，准确说是稻作文明。北部湾这个近似封闭半圆形区域的海洋文明，被周边若干个更大的半圆形农业文明圈或稻作文明圈所包围。这若干个圈层，既包含北部湾沿海的稻作文明，也包含由北部湾沿海向内地渗透的周边地区，以及较远地区，甚至包括长江中下游、黄河中下游的稻作文明圈深厚背景。因此，可以说，环北部湾的海洋文化，是被稻作文明包围起来的海洋文明，是与稻作文明、农业文明交织而生的海洋文明，是以稻作文明为背景支撑的海洋文明。

环北部湾是个大港口、大海湾，为江河奔流汇集出海之地，各族群汇集于此，各种文明交汇碰撞。因而，这里是族群文化大走廊，不仅有壮族文化、黎族文化、京族文化、苗族文化、瑶族文化、回族文化、雷文化，更有着疍家文化、客家文化等，以及东南亚文化、海上丝绸之路族群文化的印记等。很多族群为远古民族或族群的后裔，这些远古民族或族群大多与稻作文明有关，有的与稻作文明起源直接相关。例如海南苗族，在中华人民共和国成立前民间仍普遍保留着较浓厚的远古神农公、五谷神、炎帝、舜帝神话传说及相关习俗、禁忌，仍保留着远古神农公、五谷神、炎帝等祭祀仪式，以及古歌、刺绣、节庆等，说明稻作文明根源最深。即使雷州傩文化，也意为驱邪以保护庄稼，与苗俗或稻作文明有深刻渊源。又如，环北部湾到处可见的"那文化"，是远古稻作文明的遗痕碎片。"那"在壮语里为"稻田"之意，在湖南湘西苗语里也为"稻田"之意。今天，遍布在钦州、防城港等地的地名如"那丽""那思""那蒙""那彭""那香""那勤"等，为历史遗留下来的壮语地名，汉语无法直译。据不完全统计，带"那"的地名，广西壮族自治区有1000多处，广东有100多处，越南也有60多处，在东南亚其他国家也有一定分布。这些地名历史符号，说明环北部湾的底蕴就是稻作文化，其文明根基是壮族及其他民族先祖的稻作文明。据历史文献记载，骆（雒）越，耕种雒田，主要种植水稻。"大越海滨之民，独以鸟田""交趾昔未有郡县之时，土地有骆田，其田从潮水上下，民垦食其田，因名为骆民。"今天环北部湾区域仍残留着历史所载的较浓厚的骆越风情：喜食鱼蛇蛤蚌，舞铜鼓，信尚鸡卜和跳岭头等。其中的"舞铜鼓"即稻作文明。这种习俗，为古百越图腾崇拜的遗风，带有浓厚的稻作文明因素。此外，瑶族的稻作文明在环北部湾区域也产生了较大的影响。

因而，在北部湾沿海及周边地区，农业遗产和早期稻作文明的遗存遗风较为丰富。其中，最古老也最为神秘的当属稻作图腾崇拜艺术。而稻作文明最鲜明的历史产物之一，就是铜鼓艺术。不管是出土铜鼓艺术，还是至今仍流传的铜鼓，其艺术内涵非常丰富，形成文化圈的概念，不仅包括铜鼓本身的铸造艺术，如体型、规格、纹路、图案、刻记、音质等，也包括以铜鼓为圆心的神话、传说、故事、文献、音乐、舞蹈、游戏、节庆、祭祀等艺术形式，甚至相关21节气、民间习俗、社会管理、民间禁忌，及建筑、雕刻等也被包括在内。

在环北部湾区域，均出土大量不同时期的铜鼓。例如合浦博物馆收藏的壮族铜鼓，鼓面或鼓身有蛙饰物，多为4个、8个或12个蛙，同时饰以太阳纹、雷纹、水纹、花纹、蛇纹、动植物纹、几何纹等。在诸多纹样中，以蛙纹最为突出。海南省民族博物馆收藏有海南陵水出土的灵山型铜鼓，面径59.5 cm，高32cm，八芒七晕。鼓面饰以雷纹、鸟兽、水波等纹，6只蛙呈蹲状，逆时针方向排列，四扁耳，分两面装置。这些远古铜鼓艺术一直流传至今，在重大节日、重大活动或特殊场合，如蚂拐节、三月三等，铜鼓作为一种特殊的器物，被人们使用，以示隆重。

铜鼓文化是稻作文明的集中展现。环北部湾铜鼓鼓面中央多饰太阳纹，晕圈饰以云纹、雷纹为主，或鸟纹、羽人纹、水波纹，边缘多铸蛙。从铜鼓纹饰来看，无论是蛙纹、太阳纹还是鸟纹、羽人纹，均与稻作农业民族有关，尤其与百越先民有关。人类由旧石器时代向新石器时代飞跃，标志是青铜器的发现、陶瓷使用和农业的发展。青铜器的产生，大大提高了农业生产的技术水平，产生了农业革命，使稻作文明跨入新的历史阶段，铜鼓是这是转型的反映。例如，合浦博物馆收藏的壮族铜鼓，鼓面或鼓身有蛙饰物，多为4个、8个或12个蛙，同时有太阳纹、雷纹、水纹、花纹、蛇纹、动植物纹、几何纹等。在诸多纹样装饰中，以铸蛙及蛙纹最为突出。蛙是稻作文明的标志，青蛙生活于稻田中，有青蛙鸣叫才会稻作丰收。另外，青蛙跟雷雨紧密联系，青蛙鸣叫，经常下雨，稻谷有水。因而，壮族过去认为，青蛙是掌管雨水的神物。青蛙消灭害虫，是稻作的保护神，因而祭祀青蛙才会稻作丰收。铜鼓铸蛙4个、8个或12个，则分别象征四季、八方或一年12个月。铜鼓成为壮族的文化标志，也成为南方民族和越南等东南亚国家诸多族群的文化标志。

令人惊奇的是，不仅在环北部湾出土了大量铜鼓，在毗邻北部湾的周边地区，包括越南、泰国、老挝、缅甸、马来西亚等东南亚国家，也出土许多铜鼓。这些铜鼓与北部湾铜鼓特别是壮族铜鼓有惊人的相似，在很多方面或细节甚至完全相同，说明族源相同或相近，系同源关系，因族群迁徙或文化传播而扩散至上述区域。这样，由中国的内地起始，以壮族、瑶族、苗族等民族为典型，特别是以壮族铜鼓为代表，经北部湾，连接至东南亚诸多国家，形成了一条国际性"铜鼓文化走廊"或"铜鼓文明艺术圈"，构成世界文明的又一大奇迹。

环北部湾是海洋艺术的巨型宝藏，是一座取之不尽、用之不竭的智慧天堂，以上案例仅仅是阳光下的几滴露水，大海里的几朵浪花，仅为一个缩影。环北部湾里的无数文化珍宝、艺术金矿，有待人们去发现、去挖掘。

## 第二节 环北部湾海洋文化（艺术）遗产的支架、资源分布图谱及轨迹分析

### 一 原真性评价

环北部湾海洋艺术遗产的原真性强。原真性是指遗产的原生性方面的纯度，纯度越高，受外部影响及破坏程度越低，真实性就越强。按遗产的原生性状况，以及纯度，遗产的原真性可以分为ⅰ、ⅱ、ⅲ、ⅳ、ⅴ、ⅵ六级。评价标准如表2-14所示。

表 2-14　　　　　　　　　　　　遗产原真性等级评价表

| 等级 | 纯度 | 原生状况 | 环境条件 | 受外部影响程度 | 本质变化 | 总体评价 |
|---|---|---|---|---|---|---|
| i级 | 极高 | 绝对原生 | 绝对隔绝保护 | 几乎不受外部影响 | 无变化 | 绝对纯度 |
| ii级 | 很高 | 绝佳原生 | 隔绝保护性强 | 受外部影响少 | 微变化 | 绝好纯度 |
| iii级 | 高 | 原生 | 较强隔绝保护 | 受外部一定变化 | 变化少 | 纯度高 |
| iv级 | 较高 | 基本原生 | 一般隔绝保护 | 受外部影响较多 | 本质不变 | 较高纯度 |
| v级 | 低 | 原生性弱 | 隔绝保护性弱 | 受外部环境控制 | 变化较大 | 纯度偏低 |
| vi级 | 很低 | 非原生 | 无隔绝保护 | 外部因素完全控制 | 完全变化 | 纯度极低 |
| 备注 | | | | | | |

环北部湾海洋艺术遗产的原真性总体评价为良好，遗产总数的60%以上处于iv级或iv级以上，等级总体评价在iv级以上。但具体到每类海洋遗产艺术来说，所处的水平等级也不尽相同。史前考古遗址、古遗址类艺术遗产，如诸多洞穴遗址、贝丘遗址，汉墓群，以及古海上丝绸之路艺术遗产等，原真性多为iii级、ii级或ii级以上；白龙珍珠城等为iii级；原始图腾及民间信仰艺术遗产多为ii级甚至i级；珍珠文化艺术遗产、传统海洋生产艺术遗产等为ii级以上；而建筑遗产艺术等，受外部因素影响较大，融合外来因素较多，如西洋建筑、老街等，原真性多为v级或v级以上；而传统海洋民歌、音乐、舞蹈、戏剧、体育表演类等，民众互动性较强，集体创作性强，吸收外来因素和表演形式手法较多，又保留了自身浓郁的特色，因而多在iv级或iv级以上。

## 二　文化结构及分布总述

环北部湾海洋艺术遗产的文化结构及分布，下面从文化图结构、分布图等四个方面分别予以论述。

### （一）文化圈结构

环北部湾海洋艺术遗产富集度高，其分布也独具特色。北部湾三面被陆地环抱，呈半封闭状，虽历史上一直作为中国大西南的出海口，却相对封闭，较为隐秘，形成了相对独立、内涵丰富、特色鲜明的大文化圈。有关文化圈的结构分类，一般可分为外部环境层、物质载体层、生产层、行为层、制度层、精神信仰层等等。从空间角度来分，整个环北部湾海洋艺术遗产由五大区域构成：海洋海域及水下遗产艺术区；滨海遗址遗产艺术区；岛屿艺术区；近海内陆遗址遗产艺术区；涉海远海内陆遗址遗产艺术区。

但从文化特质来看，以及从地域性的集中分布来考虑，环北部湾海洋艺术遗产的分布也可用"文化圈"或"文化带"来表示。以海域为圆心，环北部湾海洋艺术遗产主要由以下16个"文化圈"或"文化带"构成：以北部湾海域水面及水下遗产为核心的遗产艺术圈；滨海史前考古遗址、古遗址遗迹及环境艺术圈；古海上丝绸之路遗产艺术圈（含海岸港口、码头、道路、相关古迹、交通航线及古代贸易艺术）；珍珠文化圈；历史街区、传统村镇、古建筑、古聚落及古城址遗产艺术圈；海洋传统生产、作业与手工技艺遗产艺术圈；近代海洋贸易、对外交流遗迹遗产艺术圈；客家文化圈；疍家文化圈；京族文化圈；伊斯兰文化圈；外围稻作文明艺术圈（黎族文化圈、苗族文化圈、瑶族文化圈、壮族稻作艺术圈，含那文化、铜鼓艺术、三月三节等）；远古图腾信仰艺术圈（含古百越图腾艺术）；华侨文化圈；外来的东南亚、海丝路沿线（含印度文化、阿拉伯文化、埃及文化等）及西方艺术圈。虽然丰富多样，但结构清晰，圈层明朗。如以生成性来分类，整个遗产圈层就可分为原生层（底蕴层）、次生层（迁移层）、外来层（西洋文化等）。即使这样，整个文化圈的主流或主体支架仍为中原文化。因而，整个环北部湾的文化结构可表述为：以海洋文化为根基，以古百越文化为底蕴，以苗瑶为拓展，以移来的汉文化为主体，以古海上丝绸之路文化为支撑引领，以周边国家、海丝路沿线国家和西方外来文化为重要补充的复合型文化结构系统。环北部湾文化圈文化层叠累积交融状况大致可用表2-15表示。

表2-15　　　　　　　　　　环北部湾文化圈文化层叠累积示意

|  | 文化类型 | 大致时代 | 包含类型 | 举例或备注 |
| --- | --- | --- | --- | --- |
| 现代开放文化 | 全球一体化、国际开放、电商 | 现代 | 经济全球化、金融、国际分工、国际贸易 | WTO、科技全球化 |
|  | 现代信息技术、网络、媒体 | 现代 | 国际互联网、电子网络、虚拟经济 | 科技信息经济一体化、全球电商 |
|  | 改革开放 | 现代 | 沿海开放城市、经济合作区 | 中国-东盟自贸区、国际旅游岛 |
| 外来影响 | 近代开放文化 | 鸦片战争后 | 通商口岸、西洋文化 | 西洋近代建筑 |
|  | 东南亚文化 | 历代 | 南洋文化 | 骑楼南洋风格 |
|  | 海丝路沿线国家文化 | 汉—近代 | 航海线路、出土文物 | 罗马玻璃杯、佛教、伊斯兰墓群 |

续　表

| | 文化类型 | 大致时代 | 包含类型 | 举例或备注 |
|---|---|---|---|---|
| 脉络 | 黎族文化圈 | 先秦—现代 | 支柱：渔农商文化<br>包含成分：<br>　渔业文化<br>　珍珠文化<br>　航运文化<br>　贸易文化<br>　农耕文化<br>　哭嫁文化、对歌习俗 | 文身、船形屋 |
| | 京族文化圈 | 明—现代 | | 渔业文明、哈节 |
| | 苗族文化圈 | 先秦—现代 | | 雷州楚文化 |
| | 瑶族文化圈 | 先秦—现代 | | 上思县"遨加" |
| | 回族文化圈 | 唐、宋、元 | | 海丝路商贸 |
| | 壮族文化圈 | 先秦—现代 | | 花山岩画、铜鼓、那、三月三 |
| | 疍家文化圈 | 先秦—现代 | | 疍家婚礼、龙母 |
| 支撑 | 海上丝绸之路文化 | 秦汉—明清 | 航海交通文化<br>海上贸易文化<br>对外开放文化 | 出土文物 |
| 母体 | 中原文化 | 秦代 | 秦始皇统一岭南 | 灵渠航道 |
| | | 汉代 | 汉武帝开辟海上丝路 | 合浦汉墓群 |
| | | 汉代—近代 | 移民文化 | 合浦汉墓群 |
| | | 待考证 | 客家人 | 客家围屋、族谱 |
| 底蕴 | 百越文化 | 先秦时期 | 渔业文明（渔猎） | 贝丘遗址 |
| | | | 舟船文化、漂移 | 坐簊过海、船型屋 |
| | | | 稻作文明 | "那文化" |
| 根基 | 海洋文明 | 旧石器时代—新石器时代 | 恐龙化石、人类洞穴遗址、石铲、贝丘遗址 | 灵山人遗址、交杯墩贝丘遗址 |

（二）分布图

环北部湾海洋艺术遗产分布如图 2-66 所示。

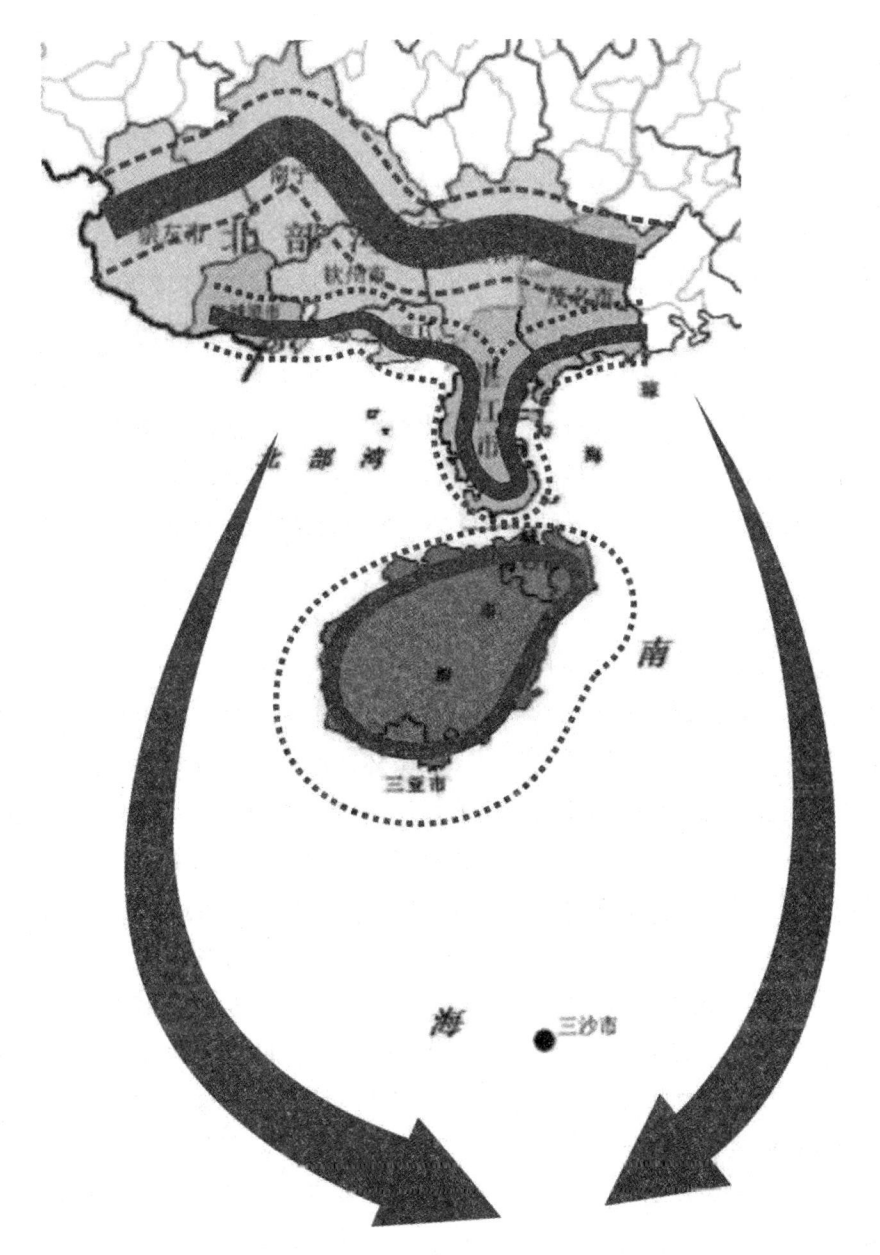

图 2-66　环北部湾海洋艺术遗产分布图

海洋遗产分布图：
1. 北部湾—三沙水下遗产密集区；
2. 海南环岛密集区；
3. 防钦北湛茂沿海遗产密集分布区；
4. 内陆相关遗产密集区；

### (三) 完整度丰富度分析

通过上述统计分析，环北部湾海洋艺术遗产异常丰富，在这块面积不大的海域及周边陆地范围内，滋生了灿烂辉煌、丰富多样的海洋文明，留下了大量地域特色鲜明的海洋艺术遗产，其遗产聚集度、丰富性、完整度为国内其他地区甚至世界所罕见。其聚集度、完整度高的原因，主要在于4点。一是天然的地理环境优势，包括区位、交通、气候、物产资源等。二是大码头文化。环北部湾是中国大西南出海口、交通咽喉，中原文化、周边文化、外来文化的重要汇集地、大码头，外来的多种文化及文明交流碰撞，容易创新，滋长新文化。三是文化包容性强。环北部湾文化多样性强，民族文化、外来文化丰富多样，但以包容为特征的汉文化占主导，兼吸收民族文化之特点，使其更具包容性。四是受外界破坏程度小，基本能保持原生状态。

### (四) 文化轨迹及关系分析

环北部湾海洋艺术遗产除了密度高，品类丰富外，这些遗产的分布，不管是遗址艺术、建筑艺术，还是珍珠艺术，歌谣舞蹈艺术、节庆艺术等，从环北部湾内部范围的小区域来看，大致呈现出"圆圈状"或"半圆环"的形状或分布线路。其轨迹是链状分布并不断南移，总体是"圆圈链"分布状况。但如果从整个古海上丝绸之路世界交通图来看，从中原文明的中心区，一直往南至北部湾，连接东南亚、南亚、西亚，最后抵达地中海，呈现出一个弧形链条。整个环北部湾的艺术遗产，仅仅是"中华文化圈""汉文化艺术圈"不断南移的对外传播弧形轨迹中的一小段。

汉文化圈，以中原为中心，往南直线式插入岭南大地，进入环北部湾区域，包括海南、南海诸岛，并传播至东南亚国家，与当地文化深度融入。然而，汉文化直线传播到此产生了大拐弯，由此为拐点向西南、向西呈圆弧形大转弯。大拐点的产生，主要是遇到海洋：一方面是海洋除了生产之外，洋广人稀，无人居住，难以前进；另一方面是海洋是天然大通道，四通八达，通过西拐，沿线可抵达东南亚、南亚、西亚、北非和地中海，地大物博，人口繁荣，一片富丽景象。因而，汉文化通过海上继续往南传播，深入影响印度尼西亚、马来西亚、菲律宾等文化的同时，也发生轨迹大转弯，往西沿着海洋贯穿东南亚、南亚、西亚、北非和地中海地区。因而，环北部湾这段弧形轨迹，是重要的临界点，表现有四：其一，是产生拐点的地方，既继续通过海上往南深入传播，更着重沿海上丝绸之路往西传播；其二，汉文化由此往外传播交流多，受外来的影响也极其深刻；其三，越往轨迹的末端，汉文化因素密度越减弱；其四，由此拐点向外，汉文化与国外各地文化结合，融合多变异多，类型多样。

## 三 环北部湾海洋艺术遗产的特殊性

环北部湾海洋文化（艺术）遗产具有很强的特殊性。这种特殊性突出表现在以下四个方面：其一，毗邻东南亚的区位及自然地理环境的国际特殊性。环北部湾包括了北部湾海域及周边区域，包含了广西、广东、海南及中国内地诸多省市，以及东南亚部分国家。环北部湾地处中国南端，背靠大西南，处于大西南、中南、海南、东南亚交织的中心地带，陆海接壤，位置优越。这里不仅自然条件独特，地理环境、海洋、地质、地貌、港口、交通、气候等具特殊性，资源物产丰富，珍珠、渔业、鱼类、贝类、水果及各类特产，为该地域得天独厚自然禀赋下的特殊产物；最重要的是其地理位置的特殊性，北部湾背靠大西南，毗邻东南亚，连接中南半岛，是大西南最便捷的出海通道[1]，由此入海去南亚、西亚、北非及地中海距离最近，具国际背景特殊性。其二，历史人文的特殊性。环北部湾的文化多样性特点强烈鲜明。北部湾是海洋文明的摇篮之一，具文明地位的特殊性。北部湾毗邻东南亚，自古以来与东南亚国家有内在血缘关系。环北部湾由几大圈层构成，本身包含了东南亚诸多国家，文化丰富多样。同时，环北部湾内部的海丝路文化、渔业文化、珍珠文化、原生文化、外来移民文化、族群文化和开放文化等碰撞融合，使这里文化具多彩性。中原与古百越深度融合，原生、次生及外来文化重组融合，使中西方文化在此交汇再生，人文背景国际化多样化。其三，开放的特殊性。北部湾自古以来都是开放要地。作为陆海接壤东南亚的秘密大通道，北部湾是古海上丝绸之路咽喉要地，是中国史书最早记载的古海上丝绸之路始发港（合浦、徐闻、日南[2]）区域，成为古中国最重要的大码头、大贸易区、文化商品汇集地，成为历代王朝对外开放的战略要地。这里不仅有渔业文化、珍珠文化、土著文化、移民文化等，成为中原与南方各民族交融开拓的大舞台，更成为古代中国王朝走向世界、面向世界开放合作的大码头、大交流区和黄金大通道。其四，国家战略地位的特殊性、关键性。环北部湾处于西南经济圈、中南经济圈、泛珠江三角洲经济圈和东盟经济圈的交汇点，包括了诸多沿海开放城市，属于北部湾战略经济圈、中国经济第四增长极，是中国-东盟自由贸易区桥头堡[3]，更是21世纪海上丝绸之路蓝图核心区、战略支点，是海洋强国战略实施的核心区。环北部湾海洋艺术遗产是文化血脉，是产业金矿，对于国家战略蓝图的实施有重大推动作用。

**结论**

综上得出三点结论：其一，海洋文明的重要发源地。北部湾地理位置特殊，毗邻东南亚，是海洋文明的重要发源地。这些海洋遗产与内陆遗产，构成一个完整的中华文明体系，反映了中国文明史漫长、曲折的发展进程。其二，海洋文明富矿，海洋艺

---

[1] 从防城港至越南海防仅40海里，往南可直达泰国、马来西亚、新加坡、菲律宾、文莱、印度尼西亚等国。
[2] 日南，汉代古地名，位于今越南境内南部。
[3] 东盟十国成员：文莱（1984）、柬埔寨（1999）、印度尼西亚、老挝（1997）、马来西亚、缅甸（1997）、菲律宾、新加坡、泰国、越南（1995）。总面积约450万公里，人口约5.12亿。观察员国：巴布亚新几内亚。

术宝藏。环北部湾海洋遗产丰富多样，如珍珠、陶瓷、贝丘遗址、水下遗产、族群文化等，璀璨多姿，价值突出。这些遗产的共同特征，就是艺术性。文化多样性的撞击启发，催发再生，使环北部湾成为一座天然巨型宝藏。其三，中华文明对外传播轨迹的拐点。环北部湾是海洋文明的重要发源地，是中华文明圈的核心部分。以古海上丝绸之路为引领，中华文明由中原向南传播，在北部湾产生拐点，转为向西南、向西传播进入南亚、西亚、非洲及欧洲，其分布呈"圆圈"或"半圆弧"轨迹。它是内陆文明连接海洋文明、中原文明连接国外文明的重要端点。它是中华文明对外传播的重要起点，是中华文明辐射周边国家、跨越亚非欧走向世界的重要支点。

# 第三章 海洋文化遗产的深层内涵与艺术价值

——璀璨的明珠

## 第一节 符号现象学——遗产艺术符号内涵阐释原理

海洋文化遗产是人类社会在长期的海洋生产生活中创造的物质财富和精神财富的总和。海洋遗产是历史积淀形成的智慧结晶，内容包罗万象，从天文到地理，从远古到近现代，内涵博大精深。艺术是文化的一种高级形式，海洋艺术遗产作为海洋文化遗产的高级形式，内涵更加复杂巧妙，更具感染力，更为博大精深。环北部湾海洋艺术遗产的多层内涵如何去解读，需借助于多种方法手段，涉及多学科、多种理论。然而，从艺术符号的角度去阐释，是非常重要而又有效的解读方法。

### 一 遗产艺术符号现象：历史记忆、蕴藏要素与深层内涵

（一）历史记忆、蕴藏要素与深层内涵

文化遗产是千百年来逐渐形成的人类劳动成果，是实践的积淀，是情感智慧的结晶。不管是各种文物，还是各类非物质文化遗产，都是经过历史考验，经时间长河淘汰后能幸存下来，并以较固定的形式代代相传的特殊文化载体。因而，文化遗产是属于特定时期的产物，或是若干时期连续积淀起来的产物，其形式比较稳定，内容是较固定、深沉的。虽然在形成后的不同历史阶段，其内容、形式甚至本质会有所改变，但大多都属适应性的，都是为了生存下去而做出的各种调整、适应或修改，因而，文

化遗产的具体内涵往往是多层的、叠加的、变动的，对遗产的解读往往也需要根据内容因素或历史因素加以剖析，加以阐释。因此，文化遗产是历史的产物，是社会实践的缩影，因而，它是具体的、明确的、变动的，而不是抽象的、模糊的，它是若干历史记忆符号的累加和压缩。

遗产外在环境是千变万化、形形色色的，为了适应环境需要，遗产的生存、内涵、外在表达也是千变万化的，都根据环境变化做了调整、变动或修改。一般情况下，许多遗产到了新的环境，受强势因素的影响，往往采取更间接、更隐秘的表达方式或生存方式，使其外表更难以琢磨、难以理解甚至难以接受。所有这一切，都可归结为相互依赖而又激烈冲突的内在矛盾：本质和现象。本质是内在的、固定的、深层的，而现象是外在的、具体的、浮动的、鲜活的，是千变化万甚至瞬息万变的。要剖析遗产，必须拨开裹在外面的层层迷雾，破开种种外在表象，辨析遗产诸多符号晦涩隐秘、不一致甚至相互矛盾的内外表达的本质差别，直入遗产的最深层，直接揭示其蕴藏的真实历史记忆，剖示其各层寓意，最终能全面系统、深入、真实、主位地解读海洋艺术遗产的深层内涵。

### （二）遗产深层结构与艺术符号

文化遗产的外在表达和意义是千变万化的，受环境影响而不断改变，随历史的发展而不断发展。虽然文化遗产在深层保持相对固定、相对稳定，但没有一成不变的文化遗产。面对不断变迁甚至瞬息万变的外部环境，面对遗产表达现象的流动性丰富多样，只有把握本质，透过现象进行结构分析，辨析出相互关系，进而分析出遗产的本质。根据对许多遗产的研究发现，不管外部表现形式如何千变万化，流动性强，但遗产的深层总有固定的结构，而且外部表现形式越丰富，流动性越强，其内部结构往往越严格、越稳定。正因为通过严格的内部调控机制，遗产才得以世代流传，因而，要揭示遗产的真实内涵，就必须找到这把钥匙或规律，找出其背后隐藏的固定结构。这个结构的重要支架、重要拐点就是符号。因而，遗产结构涉及七个重要因素：载体、符号、过程、阶段、历史记忆、内涵以及象征意义，但以符号、象征意义最为重要、最为关键。

### （三）遗产艺术符号现象学

文化遗产的表达方式多种多样，符号更是多种多样、丰富多变。很多符号是外在的、物质的、有形的、意向明确的，但更多的是属内在的、意念的、流动的、非指向性的，难以捕捉，瞬息万变，难以描述。尽管表达的内容可以无穷大，但艺术遗产的表达符号、表达方式相对来说是有限的，是可以归类的或可以解析的。因而，在社会、文化和艺术研究领域，人们把这种层出不穷、千变万化的意念现象或艺术表达现象称为符号现象学。遗产符号现象学概念的提出，对于遗产艺术内涵的揭秘、本质的揭示有着极其重要的理论和实践意义。

## 二 有关艺术符号的阐释理论

### （一）有关艺术

有关什么是艺术、艺术的本质是什么，大致构成了两千多年来西方讨论的焦点问题之一。从柏拉图、亚里士多德到康德、黑格尔，再到20世纪的克莱夫·贝尔（Clive Bell）和克罗齐等，都对艺术做了长期的探索。有关艺术的理论也是源远流长，百家争鸣。艺术理论的发展轨迹，大致经历了原始主义、古典主义、浪漫主义、形式主义、新形式主义、审美理论，以及新维特根斯坦主义等重要阶段。以模仿论为代表的古典主义，起源很早。早在古希腊，柏拉图就将艺术视为一种特殊的心理活动。模仿论认为艺术就是一种美，一种美的模仿与再现。康德、黑格尔界定的艺术实际上也都是美。到18世纪末，随着浪漫主义的兴起，表现论取代了模仿论的地位。表现论强调情感，认为艺术是对情感的再现。20世纪初期，现代艺术运动兴起，以克莱夫·贝尔为代表的形式主义把艺术的侧重点由内容转向如何展现有意味的形式。而后来兴起的审美主义，以美国杰罗姆·斯托尔尼兹为代表，则转向于审美意图的有意传达，强调艺术是为了传达某种意义而存在的活动。而后来的新维特根斯坦主义等诸多理论，以莫里斯·魏兹（Morris Weitz）等人为代表，认为人类活动无限前进，艺术活动也将无穷无尽，永远不可能以某种规则框定艺术的发展，更不可能搞清楚各类艺术的本质，最终陷入了不可知论的境地[①]。

尽管有关艺术的定义及本质的探讨从未停止，艺术的类型多种多样，如可分为视觉艺术和听觉艺术、主流艺术和非主流艺术，原始艺术、古典艺术和现代艺术等，但其关注面、着力点是相同的，也就是心灵的层面，即关注心灵的体验或塑造。《大不列颠百科全书》将艺术的定义表述为："用技巧和想象创造可以与他人共享的审美对象、环境或经验。"[②] 尽管艺术离不开物质层面的艺术品，但其本质是心灵的层面，即心灵受影响、变化，最后触动提升的过程。艺术的过程就是心灵形式化的过程（心灵抓住事物整体形象的过程），审美的满足就是心灵形式化的产物[③]。正基于上述考虑，本书对艺术进行表述："艺术就是通过塑造具体生动的形象，按照审美规则来再现并影响社会生活，从而满足欣赏者高层次心灵需求的创造性活动。"艺术属一种特殊的意识，"创造"是艺术的灵魂，"满足心灵需求"反映了艺术活动的本质，心灵升华是其追求的境界。

---

[①] [美]李普曼编：《当代美学》，邓鹏译，光明日报出版社1986年版，第225—226页。
[②] 《大不列颠百科全书》（第1卷），中国大百科全书出版社1999年版，第507页。
[③] [美]诺埃尔·卡罗尔：《今日艺术理论》，殷曼婷、郑从容译，南京大学出版社2010年版，第78—79页。

## (二) 艺术符号的阐释理论

符号（Sign）是被认为携带意义的感知。思想家奥古斯丁（Augustine. A.）给了符号一个一般性的解释："符号是这样一种东西，它使我们想到在这个东西加诸感觉印象之外的某种东西。"它既是物质对象，也是心理效果。意义必须用符号才能表达，符号的功能是表达意义。艺术符号的阐释理论有很多种，各种理论的前提假设、逻辑起点不一，手段方法也完全不同，结论结果差别较大，只能视具体情况应用。主要有以下4种理论。

1. 结构主义

结构主义理论（Structuralism）是认知心理学派中的一个分支，以瑞士语言学家斐迪南·德·索绪尔为代表。该理论的起源最早可追溯至20世纪初。该理论的提出有深刻的社会背景：当时西方对现代文化的分工太细、太微、太强调专业化，过于强调局部，以致割裂了与之紧密联系、互动和深刻影响的社会整体，忽略了他们所处的社会结构及联系，造成了许多严重后果和问题。结构主义认为，整体对于部分在逻辑上具有重要优先性。因为任何事物都是一个复杂的统一体，其任何一个组成部分的性质都不可能孤立起来被理解，只能把它放在一个整体的关系网络中，即需要把它与其他部分联系起来才能理解。因而要了解符号，首先要揭示其深层结构和规律。同时，符号具有共时性特点。语言作为一个符号系统，其内部各要素之间的关系是相互联系、同时并存的，因而许多文本具有"互文性"。因此，要阐释符号的内涵，不仅要将之放入系统的结构关系去考虑，也要放入共时的角度来分析阐释。这种"体系论"和"结构论"思想，是对西方多年来分工太细，只求局部不讲整体的"原子论"的不满和反省。1945年，法国人类学家克劳德·列维-施特劳斯第一次将结构主义语言学的研究成果运用到人类学上，产生了深刻影响，使结构主义获得了深入发展。

2. 文化符号相关理论

文化符号理论属于象征符号理论体系范畴。文化符号理论，主要有索绪尔二元关系理论、皮尔斯三元关系理论、卡西尔符号形式论，以及洛特曼的文化符号圈理论等。索绪尔符号理论的贡献，主要在于语言符号的能指和所指方面的探索。在索绪尔看来，符号不是别的，而是能指和所指的二元关系。索绪尔认为，语言是一个符号系统，也是一个纯粹的价值系统，由它的各项要素的暂时状态决定。在这种状态中，一切都以关系为基础，把握好这种关系的规律是准确阐释符号意义的关键。在《普通语言学教程》中，索绪尔所说的"能指"（Signifier），指的是语言符号的"音响形象"，所指（Signified）是它表达的概念，这两者的结合便成了符号。索绪尔把它们比作一张纸，思想（概念）是纸的正面，声音是纸的反面，它们永远处在一个不可分离的统一体中。因而，符号是一种关系。索绪尔所说的"能指"，就是符号的身躯或形体；"所指"即是符号内容，也就是符号传达的思想感情或"特定意义"。这两者相互影响，相互作用，构成语言符号的最重要特征。

与此同时，美国哲学家皮尔斯（Charles Sanders Peirce）提出了符号的三元关系理论。他把符号分为符号形体（Representamen）、符号对象（Object）和符号解释（Interpretant）。在皮尔斯看来，正是这种三元关系决定了符号过程（Semiosis）的本质。在胡塞尔话语符号体系中，主要是利用三个参数——述体、时间和空间，对符号现象进行解读。而卡西尔的符号形式哲学侧重揭示符号功能、符号活动在人类生活中的巨大作用。洛特曼于1984年提出的文化符号圈侧重于文化空间概念构想。符号形成文本，文本形成文化，文化形成符号圈。符号圈是所有文化的文化，是既为客体又为主体的智能世界。围绕着符号圈的内涵、特征及运作方式，将生成一系列新的意义。

3. 主位"深描"法

主位阐释法是解释人类学的重要研究方法。所谓"主位阐释"，也就是要从被研究者的视野，以被研究者为主体来解释符号意义，而不是以外来的研究者或服务对象观众为主体的一种解释方法。任何外来的研究者或观众对象，都不能凭自身的知识经验先入为主，戴上"有色眼镜"来歧视性地阐释地方性文化。任何地方性文化或地方性经验，唯有以局内人的主位视角来理解，而非以外来的视角或第三人的视角来取代，才可能更精准、更贴近当地表达的原本真实意义。"深描"是主位阐释法的一种重要手段。"深描"是格尔茨在《文化的解释》中提出的核心概念，这个概念具有深刻的内涵。他认为，文化的解释就是"对当地人解释的解释"，即"对什么说点什么"（Saying Something of Something）。以往人类学家强调尽可能靠近本土人，甚至成为本土的一员。格尔茨则不同，在他看来，人类学家的民族志研究不在于让人类学家成为或模仿本土人，而在于与他们交谈，在于信息交互，在于扩大人类话语（Discourse）。人类学家不仅要观察，要投入体验，更需要对当地文化做阐释，对其蕴含的背后隐义层层深挖。人类学本身就是解释，而且是第二和第三级的解释。第一级的解释只能由本地人做出，人类学家所做的就是对本地人解释的解释。格尔茨有关巴厘岛的斗鸡的层层"深描"最为精彩。阐释的任务，就是层层"深描"，对先前符号解释的解释，最大限度地接近对象本原。

4. 还原解释法

文化代表特定的意义。文化活动由许多符号组合形成，文化意义都是在特定环境下产生的，都离不开特定的环境。不存在脱离具体环境的对话或文本。因而，在某种程度上，文化可以说是具体的、历史的、短暂的。文化是不断发展变化的。历史犹如一条长河，而各个文化符号就是朵朵浪花，但此浪花绝非彼浪花，属于无数个独立个体。此浪花的水位、水质、天气、时段与彼浪花完全不同，如有的浪花是白天，有的是黑夜；有的是晴天，有的是下雨；有的浪花是涨水期，有的则属于枯水期；等等。虽然都属于浪花，但其之间情况完全不同，必须结合当时的场景，具体情况具体分析，其意义才能产生。文化活动更是如此,文化符号的真实内涵,必须结合当时的环境,回到具体的历史场景中去。"回到事实中去",这是阐释人类学里讲得最多的一句话。从事实中来,到事实中去。物质决定意识,而不是意识决定物质,因而,在对文化符号意义进行阐释的时候,更多的是取决于事实本事,取决于客观事实,及其具体环境,而不是取决于主观臆断或猜想。回到事实中去,就是要回到事实本身,回到具体的场景或语境,这样,符号解释需要还原至具体的历史环境和在场语境,还原到历史本身。只有这样,才可能尽最大可能接近文化符号或被阐释对象背后的本真意义。

### 三 遗产密码阐释"图式"

#### (一) 符号现象学：隐藏内容的破译密码

遗产符号的深层阐释,是个动态的复杂过程,是个多层级的结构系统,涉及方方面面因素,不可能仅靠某要素或某过程就能一蹴而就。其破译需要系列密码及八个步骤：其一,文化符号/文化要素的发现、提炼与锁定。每项遗产的形成要素都是多元的,都蕴藏大量的信息、丰富的内容,在不同层面释放出不同的信号,展示出不同的特征。有的信号强烈,有的微弱;有的信号是漂浮的,有的是深沉的;有的信号是现象的、外在的,有的却是本质的,种种不一。要对这些信息进行捕捉、记录、筛选、排查、对比、分析、梳理、综合,通过发现、锁定与提炼,找出遗产的文化要素及形成因素,概括出系列文化要素或文化符号：外在符号、中间符号和内在符号,要找出关键符号。其二,放入遗产背后的整体系统。要将符号放入遗产背后的整体系统,在整体系统中去认识、理解、把握。遗产的艺术符号,不是孤立的存在,不单单局限在艺术或文化领域,而是与历史发展、政治、生态、生产、经济、社会等紧紧融合,相互影响、相互作用、相互转化。因此,将其置于中国大的整体视野是必要的。其三,文化背景切入。任何符号都是有意义的,但这种意义以特定的文化为前提。任何意义都不是抽象的,都有特定的文化框架,都发生在特定的文化时空范围内。同一事项,在不同的文化背景下,将会产生不同的结果甚至完全相反的结论。因而,要研究其背后微观环境系统,置入"小背景"。其四,掌握或描绘"文化轨迹"。任何文化现象或艺术现象都是历史的,都有一个孕育、产生、发展、变化和消亡的过程。每项遗产都是历史长期积淀的结果,是人类智慧的结晶,都有着深厚的历史渊源。要阐释遗产的符号内涵,必须深刻把握特定的时代背景,把握遗产的来龙去脉、历史渊源,把握其遗留下来的历史痕迹和脉络,描绘其历史发展的"文化轨迹"。其五,把握其结构或关系状况。任何遗产,不仅是其内部各系统、各因素相互作用的成果,也是外部各系统、各相关要素相互作用的结果。其形成是动态的、多因素的。要借鉴结构主义分析方法,大胆解剖,摸清规律,找出本质,剖析其结构,把握其动态关系,明确其在网络结构中的位置。其六，特别把握好具体的语境。文化符号是具体的、流动的、变迁的，永远处于一个相互作用的对话过程中。不同的场景，对意义的产生是不同甚至完全相反的。因此，要想准确阐释遗产的某项符号意义，必须注意语境，严格把好"语境"。其七，死死扭住"能指"和"所指"，深入挖掘，主位"深描"。紧紧扭住能指和所指，找到关联，以主位角度，进行"深描"，全方位分析，层层挖掘，深度剖析出符号的外部象征意义、深层内涵与精神世界，得出启示与感悟。其八，进行总结，推出结论。

（二）遗产密码阐释"图式"

根据上述分析，遗产符号密码的阐释"图示"或"路线图"可用图3-1来表示。

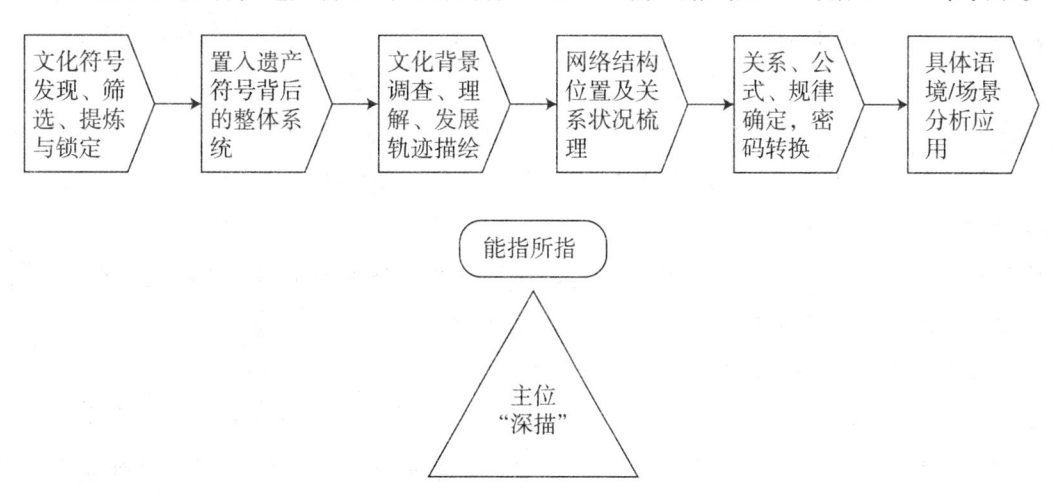

文化符号发现、筛选、提炼与锁定 → 置入遗产符号背后的整体系统 → 文化背景调查、理解、发展轨迹描绘 → 网络结构位置及关系状况梳理 → 关系、公式、规律确定，密码转换 → 具体语境/场景分析应用

能指所指

主位"深描"

**图3-1 遗产符号深描阐释"流程图"**

## 第二节 环北部湾海洋文化遗产的艺术内涵剖析

环北部湾是座海洋文化遗产宝藏，更是座取之不尽、用之不竭的海洋艺术宝库。在漫长的环北部湾岸线，散落着无数历史遗留下来的宝贵财富：骑楼街区、古贝丘遗址、古海上丝绸之路遗产、水下珍宝、白龙珍珠城、捕鱼传统、珍珠、疍家艺术、京族遗产、海洋神话传说、海洋表演艺术、各类民俗节庆，近代西洋建筑群等，这些遗产是环北部湾的精华，是海洋艺术的瑰宝，是人类的共同财富。它们犹如一颗颗明亮的珍珠，璀璨夺目，照亮历史夜空。这些艺术珍宝，或壮丽，或灿烂，或美观，或独特，内涵之丰富，不能逐一列举，只能窥见一斑。下面就从遗产的大门类分类角度，分五部分对每个门类选几个典型来透视。

## 一 遗产的内涵案例分析——骑楼建筑、装饰雕刻及相关遗址艺术

环北部湾的滨海建筑类型丰富，中外交汇，特色浓郁，可以说是一条环海建筑艺术大走廊。这条艺术大走廊由许多经典建筑艺术或原生建筑博物馆组成，包括骑楼老街、疍家棚、黎族船形屋、京族民居、客家土楼、客家传统民居、火山石传统民居、近代西洋建筑群等，以及附着的装饰雕刻艺术，如石雕、砖雕、木雕、根雕、壁雕等。在这些建筑艺术中，规模最大、保存最好、最具特色的当数骑楼艺术，以北海老街为典型。

北海骑楼老街主要集中于珠海路、中山路，廉州的中山路、阜民路，铁山港的南康镇，及海城区涠洲镇等，以珠海路最为典型。珠海路是一百多年历史的老街，曾经是北海最繁华的商业街区，长1.44公里，宽9米，沿街全是中西合璧骑楼建筑，店铺鳞次栉比。北海老街的体型艺术符号是"骑"。这些建筑多为二至三层，设回廊，一楼临街外侧为过道，二楼以上的整个楼层延伸横压于过道上方，远看其立面形态，为整个建筑骑跨于人行道上，故名"骑楼"①。骑楼的主要特点是"连"。各栋楼一楼临街部分均留出一定的宽度，相互打通，采用连续廊柱的格式，形成贯通整条街道的"楼内公共走廊"。行人行走在廊道内，既可以逛街购物，又可以避烈日躲风雨。在国内，骑楼建筑以广东、广西、福建、海南等地较为多见。

老街骑楼的单体建筑多为二至三层的砖木结构，以砖拱或木塔跨梁支撑立面，木窗木门木屋梁，屋顶多为四面坡瓦顶。一楼临街部分做店铺，楼上住人。街道南边的房屋，坐南朝北，叫"上水铺"；北面的房屋，坐北朝南，叫"下水铺"。下水铺紧靠海边，每栋房子后都装有木桩，涨潮可作码头直接停靠装卸货物。因而，从商业角度，下水铺前屋做店铺，后屋当仓库，楼上住人，成了融码头、商铺、仓库和住所为一体的风水宝地，条件要比上水铺要好得多。每隔十几座小楼就有一条小巷，如摩乳巷、担水巷等，极其狭窄。这些小巷的主要功能为装卸货物，通风排水。穿透狭窄小巷，可看到波光粼粼的大海，形成独特的街巷景观。②

北海老街最强烈的艺术符号是"券柱"或"券拱"，这些"券拱"构成了老街最精彩、最具魅力的基因。整条老街，从头到尾，从内到外，到处充满了这种"半圆"或"弧形"符号。大大小小的"弧形""半圆"或"券拱"，风格各异，流动性强，使北海老街如无数曲动听音乐的若干音符。这些特殊符号首先体现在回廊卷拱上。从外形上看，这些骑楼虽风格各异，但大部分以外廊式建筑为主，外围为过道回廊，以券拱形门柱支撑。骑楼单体建筑的柱子多为方形，粗重厚大，柱子之间以古罗马式券拱相连。立柱简洁，无雕刻装饰，瓦质排水管镶嵌立柱。每栋楼有两至三个券拱不等，若干栋楼就形成无数券拱排列，整整齐齐，一望无际，形成强烈的视觉震撼。从其变

---

① 卢德楝、张俊、王中荔：《浅析钦州骑楼街区的现状与保护》，《学术研究》2013年第10期。
② 罗星烈、庄宗琭：《北海市海洋志》，广西人民出版社2013年版，第270页。

迁轨迹来看，这些外墙的门柱/廊柱开始多采取西方古典主义拱廊，后逐渐以简洁的梁柱结构取代。因而，这些廊柱除券拱状之外，也有不少的梁柱式结构。总体来看，这些骑楼受法式外廊风格影响较普遍，风格有古典罗马式、文艺复兴式、欧亚混交的巴洛克式和南洋式。

券拱符号或弧形符号除了强烈呈现于廊柱之外，还到处充满于建筑的各个部分，包括窗楣、墙面、腰线、阳台、护栏、内部空间等，但以窗户及沿街两侧墙面窗顶最为明显。骑楼老街墙面的窗户及窗顶多为券拱式结构，多为优美的弧形、圆形、尖顶或半橄榄形的券拱，也有铜钱形等，券拱外沿及窗柱顶端都有单层或多层雕饰线。这些外沿雕饰线形态丰富，有芒状的太阳纹、波浪纹、鱼纹、花纹等，工艺精美，线条流畅，韵律感强。骑楼的这些券拱符号为西洋文化的象征，成为西洋文明传播的标志。

然而，让北海老街最具特色的，是中西文化交融之后产生的特定符号。这类符号很多，不能一一列举，但最为典型的是"女儿墙"。东西方文化交融的建筑艺术，主要体现在骑楼的临街外墙上，尤其是第二层以上的外墙，即女儿墙。女儿墙上有许多雕塑，是建筑的最精华部分，造型多为欧洲"巴洛克式"，最具艺术魅力。这些雕塑，大多分上下两部分，每个部分一般分三节。雕塑的底下部分，有雕花草、雕八卦、雕葫芦、雕金鱼及不规则状物品；上部分为顶层雕塑，造型一般为中间部分既壮又高，两侧部分稍矮稍小。这些雕塑，或实心，或镂空，有三角形、八角形，有水波浪卷纹的，有几何纹，有花纹，造型各不相同，千姿百态，美不胜收。沿街墙面及女儿墙的装饰浮雕多千变万化，受巴洛克风格的影响，讲究繁杂华贵、富丽堂皇、逼真动感、气势宏大。除了巴洛克风格之外，也有一些墙体采取洛可可、印度、阿拉伯等异域装饰风格，异域风情浓郁。

女儿墙的符号特征很多，但最主要符号为"圆"，以及诸多雕饰。外墙的顶端檐口，多为带一个洞或多个孔洞（也叫"天目"，多为圆形）的墙体，民间俗称"风动墙"。风动墙的功能是减小风力，特别是台风期间，多个洞孔可最大限度减缓台风带来的巨大威胁。女儿墙造型变化多端，但顶部檐口天际线多为波浪形、涡卷形和几何形雕饰。这些波浪形、涡卷形雕饰与一排排的风洞墙搭配互补、遥相呼应，使整条老街形成了由无数圆形、椭圆形及券拱音符组成的艺术世界。

从哲学来看，女儿墙的设计有深刻的环境学、气象学、社会学、艺术学，甚至军事防卫功能的原理，但从深层哲学来看，它注重"空"和"圆"的意境。其精华在于"天目"，而"天目"的精华之处即在于"空"和"圆"。在中国文化里，"空"的概念具有非常深邃的文化内涵。空就是圆，圆就是空，辩证统一，相互转化。所谓"无极生太极，太极生两仪，两仪生四象，四象生八卦"，世间万物都从"空"产生出来。由一个"空"衍生出众多的"圆"。而"圆"则包含了"天地合和、天地合一，大团结，大同世界，美满圆满"等深厚文化与哲学理念。通过"空"和"圆"的搭配设计，使建筑与自然环境相统一，使人与社会、人与自然相统一。这个"圆"的哲学理念，充满了东方的哲学智慧。①

女儿墙的外形是受西洋文化影响而形成的，但其意境是天人合一，是中华传统的天人合一观念，因而其理念从本质来说是中国的，它是外部形态为西式，呈现西方风格，但内部结构及哲学根基是中国的，是中西文化碰撞、中西文明融合的结果。这种融合，也集中展示在外墙的"山花"等部位。所谓"山花"，就是在房屋墙面上制作出来的中式传统浮雕花饰。以珠海路的"山花"为例，其浮雕花饰主要有"龙凤呈祥""仙鹤展翅""鱼跃龙门""梅兰竹菊""福禄寿喜""富贵双全""二龙戏珠""八仙过海"等图案，以及众多神话传说或历史典故，皆精雕细琢，栩栩如生，令人兴叹。这些图案式样，属于中华传统文化因素，渗透着深厚的中华美学理念，可以说是中华文化的精髓。

中华文化博大精深，文化符号丰富多彩，变化多端，不可能用几种简单的符号就能全部体现。这种文化符号深邃凝重，类型多样，有图腾纹，如龙纹、凤（鸡）纹、鸟纹、鹤纹、牛纹、虎纹、蛙纹、稻纹、十二生肖纹；有竹兰梅菊，有各类几何纹，以及各种不规则纹。在各类几何纹样中，除了"圆"的纹样较常见，代表太阳、光明、丰收、圆满、能量等之外，"方"是最常见的底蕴图样。"方"可以说是除了"券拱""拱门"等西洋元素之外，由内到外充满着老街的各个部位、各个角落、各个构建，使整个老街成了一片"圆"和"方"图纹构成的符号海洋。

"方"的符号呈现最明显、最强烈之处，为房屋内部结构，不管是布局平面图，还是内部结构、房屋空间，处处为"方"。即使骑楼建筑的最精彩部分——花墙头即"山花"，也体现"方文化"。其下部一般为长方形构图，这种构图来源于中国古代建筑的匾额，这种装饰在西洋建筑里是找不到的。但传统匾额习惯是书写"某某阁楼"，在此处却演变成多姿多彩的浮雕。浮雕题材以各种山水花鸟图案为主，既朴实又华丽，韵味十足。匾额左右还题有对联，使得老街的骑楼更具艺术特色。

老街骑楼的艺术精华也体现在其他各类雕刻装饰艺术上，以木雕、砖雕及石雕为典型。以木雕为例，该工艺已非常之成熟，被广泛用于骑楼的木门面、匾额、门头、吊柱、走廊栏杆等，尤以木门面木雕最为显眼。其雕法多样，有三层透雕、两层透雕、深雕、平雕等，工艺精巧雅致，图案多为龙凤、花鸟、喜鹊、鸳鸯、牡丹、瓜果、神话传说、历史人物、历史典故等②，如《水浒传》《姜子牙拜相》《三国演义》等。这些技艺不仅仅运用在女儿墙（檐墙）上，也雕刻装饰于墙面、门柱、窗户，以及腰线、阳台、栏杆等上面，使各个构件独具风韵。

这些雕刻装饰精雕细琢，构图精美，底蕴深厚。不同的图案，其寓意完全不同。如"龙凤"代表富贵，"喜鹊"象征喜庆，"牡丹"代表富贵，石榴意味着多子，桃子

---

① 罗星烈、庄宗琼：《北海市海洋志》，广西人民出版社2013年版，第270页。
② 黄薇：《北海老街古建筑群数字化保护的价值分析》，《艺术探索》2011年第4期。

寓意长寿等。在许多构图中，还有诸多元素组合，人们喜欢用谐音来表达吉祥如意或美好愿望，以动物之谐音居多，如"鹿"谐音"禄"，"雀"谐音"爵"，"蜂"谐音"封"，"猴"谐音"侯"，这四种吉祥物连在一起，则寓意"爵禄封侯"。又如佛手的"佛"与"福"谐音，仙桃意喻长寿，这两者雕在一起，寓意多福多寿；大狮小狮图案，寓意升官发财、飞黄腾达。五种禽鸟图，则代表"五伦"[①]。在有的砖雕中，还出现了基督教小天使的图案。

但从骑楼内部功能划分及装饰来看，仍以传统中式为主，讲究含蓄、凝重、对称、庄严。其平面图为长方形结构，店面狭窄，但内进很深，沿中轴线依次为门厅（庭院）、天井、望龙楼、神龛、后厅。往里走，房房相通，中间设有天井，功能为采光、排水、通风。不仅每个房间呈"方"形，整个建筑的结构也呈现出有中轴线的若干长方形的叠加；在内部装修及装饰上，仍多以传统中式装饰雕刻及中式家具为主，如在房间内部，挂有楹联、设有神龛。可以看出，虽然老街为中西结合，但西洋建筑风貌主要集中于外部，在建筑的内部设计风格及理念上，仍以中式为主，其底蕴为中华传统文化。

从文化因素的形成来看，老街西方文化、外来文化的产生有深刻的地理、社会、历史、经济、贸易、社会、民俗、宗教，以及军事、外交等背景。北海地理位置特殊，为古海上丝绸之路的最早始发港，底蕴深厚。老街始建于1883年，在老街内部周边的3平方公里范围内，聚集了十多座西洋近代建筑，包括北海关大楼旧址、英国领事馆旧址、法国领事馆旧址、德国领事馆旧址、德国森宝洋行旧址、德国信义会教会楼旧址、会吏长楼旧址、北海主教府楼旧址、北海天主教堂旧址、双孖楼旧址、女修道院旧址、贞德女子学校旧址、普仁医院旧址、大清邮政分局等，其中北海关大楼、大清邮政分局处于老街珠海路东部，其他西洋建筑呈环线状聚集于老街周围，与骑楼群遥相呼应。

珠海路骑楼的形成是一个长期的历史过程。清康熙、乾隆年间，渔民在北海半岛北岸村落聚居，逐渐形成交易市场。道光九年（1821），形成商港雏形。为方便商家海员出海祈福，建三婆庙、龙皇庙。道光末、咸丰初年，商业兴盛，涌现"广州会馆""高州会馆"等，迅速发展成对东南亚及滇、桂、黔、川、湘等地的贸易通道。光绪二年（1876），鸦片战争惨败，中英《烟台条约》签订，北海被开辟为对外通商口岸，西方列强派出大量的商人、传教士等，以北海为据点，积极向内地渗透。据统计，先后有英国、德国、法国、奥匈帝国、意大利、葡萄牙、美国、比利时等八国设立领事馆、海关、洋行、教堂、育婴堂、医院、女修院、学校，风格各异的近代西洋建筑涌现，大小洋楼共22座。受这些西洋建筑影响，整个老街及周围建筑呈现出强烈的西式风格（见表3-1）。

---

[①] "五伦"指封建社会的五种伦常格局，即"君臣有义、父子有情、夫妇有别、长幼有序、朋友有信"。五禽中凤凰喻君臣之道，仙鹤喻父子之道，鸳鸯喻夫妻之道，鹡鸰喻长幼之道，莺喻朋友之道，象征社会伦常有序、吉瑞祥和。

表 3-1　　　　　　　　　　　　北海市近代西洋建筑群状况

| 西洋建筑名 | 建筑年代 | 建筑风格 | 结构状况 | 备注 |
| --- | --- | --- | --- | --- |
| 英国领事馆旧址 | 光绪十一年（1885） | 二层券廊式西洋建筑 | 砖木结构,西向,建筑面积1154平方米,附属建筑面积419平方米 | |
| 法国领事馆旧址 | 光绪十三年（1887） | 二层券廊式西洋建筑 | 平面呈"凹"字形,建筑面积636平方米 | |
| 德国领事馆旧址 | 光绪三十一年（1905） | 二层券廊式西洋建筑 | 砖木结构,四面坡瓦顶,建筑面积953平方米 | 弧形台阶 |
| 洋关大楼旧址 | 光绪九年（1883） | 三层券廊式西洋建筑 | 方形,砖木结构,南向,四面坡瓦顶,面积972平方米 | 砖木结构 |
| 德国森宝洋行楼旧址 | 光绪十七年（1891） | 券廊式西洋建筑 | 由一层和两层的两幢四面坡瓦顶楼房连接而成,面积835平方米 | |
| 涠洲天主堂 | 同治八年（1869） | 哥特式建筑 | 建筑面积825平方米,高21米,南向,火山灰块石和珊瑚石等砌墙体 | 钦雷廉地区最早天主教堂 |
| 涠洲城仔教堂 | 1933年 | 哥特式建筑 | 14米高的三层钟楼,后有教堂,建筑面积265平方米 | |
| 德国信义会教会楼旧址 | 光绪二十六年（1900） | 券廊式西洋建筑 | 原有建筑十余间,现仅存楼一座。四面坡瓦顶券廊式,建筑面积506平方米 | |
| 双孖楼旧址 | 光绪十二年（1886） | 券廊式西洋建筑 | 由两座建筑造型相同的楼房组成,四面坡瓦顶 | |
| 会吏长楼旧址 | 1905年前后 | 券廊式建筑 | — | |

续 表

| 西洋建筑名 | 建筑年代 | 建筑风格 | 结构状况 | 备注 |
|---|---|---|---|---|
| 贞德女子学校旧址 | 1905年前后 | 券廊式西洋建筑 | — | |
| 北海教区主教府楼旧址 | 1934年 | 二层券廊式西洋建筑 | 建筑面积1499平方米,主体建筑尚好 | |
| 普仁医院旧址 | 光绪十二年(1886) | 四面坡瓦顶券廊式西洋建筑 | 只剩八角楼和医生楼。八角楼为砖木结构,边长6.7米,楼高13.2米 | 医生楼面积683平方米 |
| 天主教区女修院旧址 | 1925年 | 小礼拜堂式的建筑 | 由两座楼构成,目的是培养修女帮助管理教区各堂口 | 1958年停办 |
| 北海天主教堂旧址 | 1917年 | 券廊式西洋建筑 | 钟楼已毁,周围环境充塞 | |
| 大清邮政分局旧址 | 光绪二十二年(1896) | 券廊式西洋建筑 | 1896年,北海开办"大清邮政",为当时全国35个政界总局之一 | 位于中山东路206号 |

北海骑楼的产生直接源于西方列强的侵入与文化传播,但其渊源远远不只这些。有关券拱式建筑,最早见于2000多年前的古希腊,后来流行于地中海一带。随着近代欧洲的扩张,被带入世界各地。南亚、东南亚先后被欧洲殖民,在欧洲殖民期间,欧式建筑在当地逐渐流行,但受当地气候及文化特点、社会状况的影响,欧式建筑也做了调整改变,被"本土化"。经过长期的磨合融合,最终塑造了19世纪的南洋骑楼风格。新加坡称之为"店铺的公共走廊"。随着我国东南沿海一带南洋侨民的增多,一些南洋回乡华侨把这些"公共走廊"骑楼带回了环北部湾,以海口、北海、玉林、南宁最为显著。这些异国他乡建筑落地到北海之后,与当地建筑融合创新,便形成今天人们见到的骑楼。也有说法为早年移民欧洲的开平华侨委托国外工程师绘图纸带回来建造骑楼。这种建筑风靡一时,成为当年富豪及百姓纷纷仿效的对象。

骑楼老街的产生,是它适应了本地的亚热带气候特点。它既是道路向两侧店铺的内扩,又是铺面向外部的延伸,人们行走在骑楼下,既可遮风挡雨,又可躲避烈日,特别适合当地炎热多雨的气候环境。考虑到遮阳和通风，大多数窗户设有活动百叶窗，具有冬暖、夏凉、防潮等功能。也正因如此，骑楼有商住两用功能，即一楼临街部分为商铺，陈列商品，一楼后半部及楼上为居住用，而下水铺的后门还多了个码头功能，可直接停靠船装卸货物。

文化的传播是迅速、深刻的。在西方列强入侵中国、使中国人民陷入水深火热的同时，随着对外交流的深入和贸易的发展，也带来了西方的科技、文化、习俗和思想观念。受西方文化观念的影响，当地生活方式和民居建筑也产生了较大改变，特别明显体现在建筑外观上，如廊柱、外墙、女儿墙、装饰、雕刻、色彩、风貌等方面，受法式建筑影响更为深刻。但是，这种影响是外在的，内部仍保留了传统文化的基本格局，即以方为主，讲究对称，包括院落、结构、布置、天井、主厅、卧室、神龛、装饰、图案、雕刻等。这种"方"文化博大精深，蕴含着天圆地方的理念，充满了东方特有的辩证哲学智慧[①]。

整个老街的骑楼建筑设计独特，造型美观，和谐统一，富有旋律感。其最大特点是中西合璧，错落有致，和谐整齐，具有强烈的艺术震撼力。每逢元旦、春节、端午、中秋、圣诞、万圣节、感恩节等中西方的重要节日，老街张灯结彩，熙熙攘攘，各类活动场面火爆，令人流连忘返，感叹不已。随着时间推移，珠海路失去了昔日繁华，建筑日渐老化，但仍被历史学家和建筑学家们誉为"立体的艺术走廊""近现代建筑年鉴"。

骑楼是公共精神的体现。骑楼文化是一种商业文化，其精神为商业精神。即使如此，但相对于商业文化，骑楼更体现出某种强烈的公共精神。商业精神的本质是利益最大化，是利己化，然而骑楼却体现出克制自己、牺牲自己，追求公共利益的公共精神。这是对商业精神的一种打破，是某种超越或某种升华。正是这些公共精神，使整个老街高度严密、整齐划一，每栋建筑既有自身的个性，各栋楼之间又衔接紧密，格调融洽。从整体来看，整个老街的装饰浮雕琳琅满目，线条流畅，旋律统一，工艺精湛，形成南北两组"空中雕塑长廊"。

骑楼的罗马式券拱象征着开放、竞争，讲究鲜明、张扬、夸张、热烈，女儿墙雕塑张扬着个性，而骑楼内部结构的中轴方形格局为中华传统代表，讲究等级、秩序，内敛低调，是儒家"礼"的最好体现，而丰富多样的图案象征着中华传统文化的深厚底蕴及美好愿望寄托。骑楼的产生，既是东西方文化的对接，也是不同理念的妥协，是西方建筑艺术与中国传统建筑精华深度融合的结晶。这种深度融合的产物，既不是西方文化，也不完全是中华传统文化，而是新事物、新生命。经过半个多世纪的融合，最终形成了现在的骑楼老街。

---

[①] 罗星烈、庄宗球：《北海市海洋志》，广西人民出版社2013年版，第270页。

总体上看，在外形上，是西洋文明战胜了传统文化因素，老街沿街的立面、墙体、廊柱、罗马式券拱、山花等，几乎全部洋化，开放、刚烈、大胆、张扬，但其许多环节，仍保留了中华传统文化因素，特别是门窗、山花的装饰雕刻上。然而在房屋内部，总体仍以传统结构为主，如客厅、卧室、神龛、祖宗位等，为中式，但为了适应商业需要，也做了不少改动。骑楼老街是殖民主义者侵略和我国近现代开放的历史见证，既有本土理念的彰显，也有列强殖民的烙印，更是中西方建筑艺术、雕刻装饰、环境艺术、人文观念的巧妙结合。总体来看，骑楼老街的特点是包容、借鉴、吸收、为我所用，是中西文明交流融合的结果。

又如疍家棚，是疍家传统的居室，一般都傍海临水架设。在北海主要聚集于外沙和珠海路海边一带。疍家人世代为"舟楫为家，捕鱼为业"的水上人家，被誉为"海上吉普赛人"。疍家人赖水而居，寸步不离海洋，离开水无法生存。疍家棚依岸凌水，植木为桩，架栋为椽，上覆竹瓦，围以竹壁，地铺木板；亦有陶瓦为盖，木板为壁的。棚面宽不超80平方米，以40平方米为常见，单层。全家共居，室内陈设简单，坐卧席地而无床椅，地板洁无纤尘，特别讲究清洁卫生，卧室不设蚊帐，因近海无蚊之故。因疍家棚外形有方有圆，形似蛋壳，故被称"蛋家棚"。因疍家人的海上生活，有举家随船出海的传统，疍家棚户与船艇共同构成疍家人的文化空间：棚户是"基地"，船艇是"流动家室"，俗称"家口船"。平时，"基地"由老弱留守，逢年过节或遇婚丧大事，合家才聚宿棚户，"终岁局促舟中"。中华人民共和国成立后，海边建海堤，传统棚户已拆毁殆尽，绝大部分被砖瓦楼房代替。疍家棚形式多样，风格各异，个性鲜明，艺术效果强烈。

再如，黎族船形屋艺术，内涵丰富深厚。黎族船形屋属竹木结构干栏式茅草房，因形似一只倒扣的木船，故名"船形屋"。其源远流长，文献上多有记载。西晋张华《博物志》载："南越巢居，北朔穴居，避寒暑也。"[①] 船形屋造型的来源，与其族源传说有关。丹雅公主漂流岛上拓荒的动人传说数千年来流传于黎族民间。黎族认为其先祖原本生活在海上，乘坐独木船飘海而来，上岸后覆船为居，后人建屋，也多以船为形，以示纪念。船形屋的最主要特征是干栏式建筑、内部结构支架及茅草屋顶。船形屋十分原始简单，一般分两层，上面住人，下面养牲畜；两端敞开，"船头"开小门，"船尾"开晒台；屋顶陡峭低矮，多为人字形或金字形，以茅草为盖。这种干栏式建筑能适应山区地势，可在坡形随处以支架建屋，"避暑气、瘴疠、毒草及沙虱蝮蛇"，更能适应当地日照强、降雨量大、炎热难耐的气候特点。又如茅草屋结构中的支架，茅草屋中间立三根高大的柱子，黎语叫"戈额"，"戈额"象征男人；两边立6根矮柱子，黎语叫"戈定"，"戈定"象征女人。这种结构代表了一个家是由男人和女人共同组

---

① （西晋）张华：《博物志》，上海大学出版社2010年标点本，第321—322页。

成，暗含了黎族人的家庭观（见图3-2）。

**图3-2 海南黎族船形屋**

船形屋看似简单，却融入许多智慧，是黎族先民自古海南热带岛屿以来与自然界斗争的智慧结晶。它既取材自然，生态环保，又形态多样、美观大方，高度适应黎族同胞的生产特点。过去，黎族同胞过着刀耕火种、迁徙流动的原始生活，正如黎族谚语里说的"我们好比山鸡（野鸡）种，觅食一山过一山"，因此，搬家相当频繁，整个村子搬家是常事。须搬家时，原来房子随之毁弃，新的居留地找好之后，几天内又会出现一个新的村子。船形屋以竹、木和茅草为材，简单大方，经济实惠，正是适应这种高度流动性的产物。从形态来看，黎族先民吸收了干栏建筑形式的特点，创造了早期的船形屋。中原文化传入之后，又吸取汉式居屋有墙檐的优点，将船篷顶盖和金字顶盖升高，使之横向两侧成为承重平衡的压力面，再以编竹抹泥或以竹条、木条竹笪、椰叶做檐墙，叫"金字顶地居船形屋"，属于改良式。

船形屋是黎族最古老的民居形式，是黎族人民千百年来生产生活的伟大创造，不仅具有历史价值、物质价值，更富含生态价值、审美价值、文化价值、哲学价值。它是黎族人民的性格、精神乃至生命观的象征，也是中华民族生生不息生命力的力量证明。船形屋保存着黎族的远古生活方式，保留着远古记忆空间，被称为"黎族最后的精神家园"。黎族的船形屋，与苗家的吊脚楼、云南傣族的竹楼等，构成了我国少数民族的传统建筑典范。

总之，环北部湾海洋建筑艺术遗产遗存丰富，类型多样，内涵丰富，特征鲜明，艺术价值高，值得去发现、挖掘和再创造。

## 二 遗产的内涵案例分析——古海上丝绸之路出土文物艺术

古海上丝绸之路艺术遗产的包括内容广泛，从要素构成来看，包括了古海上丝绸之路始发港遗址、古城址、古墓葬、古窑址、古沉船、古码头、古航运、古航标、桥梁、古驿道、古船厂、古集贸地、古庙宇、古石刻、古街区古建筑艺术等，以及大量的出土文物艺术，众多散落的可移动文物，及与古海上丝绸之路相关的传说故事、经典、记载、资料、古诗词、音乐、舞蹈、戏曲、古风俗等，体系庞大。例如水下遗产，仅海南省自1996年以来的南海水下考古调查发掘，就确认水下文化遗址122处，含北礁沉船遗址、甘泉岛遗址、华光礁一号沉船等，出水文物约20000件；仅西沙北礁就出水了大量珍宝，如宋代旋纹鼓腹小罐、明代青花菊花纹八棱小罐等，散落于海底珊瑚礁的瓷器、陶器、铜钱、金属器物更是不计其数①。如古遗址，仅在北海合浦，就有合浦汉墓群、大浪汉城址、大浪码头遗址、草鞋村遗址、白龙珍珠城等遗址；如古风俗，就有雷州石狗艺术、傩艺术、伏波民俗圈、三亚伊斯兰民俗艺术等。而在所有的古海上丝绸之路艺术遗产中，最为璀璨、最夺目、最具代表性的为出土文物艺术，不仅包括出土国内文物艺术，还包括价值更高的大量舶来品艺术，以合浦汉墓群出土的大量舶来品最为典型。

### （一）合浦汉墓群出土的古海丝路艺术文物

合浦汉墓群年代为汉至南北朝，南北长约12.5公里，东西宽平均约5.5公里，总面积约68平方公里。根据考古测算，该区域内拥有汉代墓葬近万座（含各类大中小型封土堆），是迄今为止国内发现的规模最大、连片的，且保存最为完整的汉墓群②。墓葬有单葬与合葬墓两类，依构筑可分为土坑墓、木椁墓、砖木合构墓、砖室墓等四类。从合浦汉墓的情况来看，近些年来已发掘汉墓400多座，出土随葬器物逾万件，出土文物主要有玛瑙、琥珀、青铜器、陶器、漆器、琉璃、水晶、玉器、石器、铁器、黄金器等类，包括玛瑙、琥珀、玻璃、金饰品等舶来品多件。例如，与1971望牛岭1号西汉晚期土坑木椁墓，出土文物245件，主要计有铜凤灯、熏镫、炉、鼎、钫、壶、魁、方匜、镦壶、樽、鉴、锅、盆、屋、灶、锅、井、釜、杵臼、盘、杯、碗、勺、镇、圆牌器、车马饰、铜镜，以及五铢钱等；漆器按器形主要有羽觞、奁、盘、盒等；

---

① 单憬岗：《海上丝路的南海驿站》，宋国强摄影，《海南日报》2014年4月14日第3版。
② 据2001年统计，此处地表存有封土堆1056个，分布密集的区域有四方岭、风门岭、金鸡岭、狼狗岭、狮子岭、上禁山、大沙洲、脯鱼岭、上高岭和铜鼓岭等10处。

陶器主要有鼎、壶、瓷、罐、瓿、提筒、俑、猪、屋圈等；铁器主要为兵器，有剑、刀等；黄金器，有金饼2件①，金珠12件，形状有算珠形、榄形、吊钟形等；玉石器，水晶串珠27颗，分六棱珠形、六棱柱形、圆球形、网坠形和不规则形珠等。玉石塞5件，分玉玲、鼻塞、耳塞，及玉饰件；玛瑙器：花玛瑙穿坠1件9颗，质地分红玛瑙和花玛瑙，器形有算珠形、橄榄形；琉璃器：蓝色琉璃串珠3串，算珠形，共有数百颗；琥珀器：琥珀佩片5件、琥珀印章1件。青铜器占随葬器物主要部分，品种多，数量大，錾刻花纹特别精美，并多成对出土，如人形足铜盘2件、铜博山炉2件等，仅望牛岭1号墓就出土20多件，堂排2号墓就有酒樽、长颈壶、食盒等10件②。许多器物制作工艺水平高，许多物件为广西乃至国内首见，价值非常之高。

其他墓葬也大体类似，如合浦九只岭M5东汉砖木合构墓，出土随葬品92件，不仅有釜、樽、壶、盆、镜、箍、提梁壶、熏炉、三足盘、玉璧、钱币，以及大量陶器，还有许多来自异域的各类玛瑙串珠、水晶穿饰、琥珀印章、琥珀串珠、金耳珰，以及琉璃串珠1380颗等。1975年合浦堂排发掘的4座西汉晚期土坑木椁墓，出土玻璃珠1656颗、玛瑙珠13颗、肉红石髓珠99颗、琥珀6颗、水晶石19颗，以及数量极多的绿松石，另有陶俑1件等。1984年凸鬼岭发掘的两座汉墓，出土玛瑙串珠7颗、玻璃珠1颗。1986年丰门岭M10东汉砖室墓，出土玛瑙珠12颗、水晶串珠25颗、玻璃珠149颗、琥珀串珠3颗。1991年母猪岭发掘的6座东汉墓葬，有玻璃珠860颗、水晶珠7颗、玛瑙珠2颗、琥珀珠28颗。风门岭M10东汉砖室墓也发现了大量随葬器物，有陶器、铜器、金银器、玉石器、琉璃器等34件，形态丰富，光彩照人。这些艺术品类型多样，风格各异，仅金银器类就有金戒指、金球、金珠等饰品，许多文物为当时国内所没有或不能生产，为域外贸易交换或进献所得，可谓价值连城。

合浦汉墓群随葬品中的古海上丝绸之路出土文物，总体可分为两大类：一类是大量的海外舶来艺术品，另一类是国内的物品。前者如玛瑙（蚀刻玛瑙）、琥珀、肉红石髓、水晶、绿松石、角轮型玻璃杯（罗马）、钠钙玻璃串珠（罗马）、焊接珠金箔片（地中海）、青釉陶壶、陶壶③（波斯）、金箔包裹青铜珠（印度）、金花球（印度）、金饼、铜钹、石榴子石串珠（斯里兰卡）、陶罐、胡人俑、胡人俑座灯、香料等物品，充满异域艺术风味，后者如铜凤灯、铜屋、陶屋、鼎、罐、瓿、壶、魁、樽、鉴、釜、灶、杯、碗、勺、刀、剑、钱币、铜镜等，类型丰富，形态多样，底蕴深厚。国内的出土物品有不少明显受域外影响。这些出土文物内涵丰富，形象逼真，可谓艺术中的精品。

---

① 圆形凹心，一刻"阮""佗"二字，一刻"大"字和"太吏"二字，分别重247克、249克。
② 广西大百科全书编纂委员会编：《广西大百科全书》，中国大百科全书出版社2001年版，第316页。
③ 波斯陶壶是迄今国内出土最早，也是汉至南朝数百年间唯一的一件此类出土文物。

(二) 典型出土文物艺术分析

下面以 13 种出土文物为例进行艺术分析。

第一，金箔包裹青铜珠。九只岭 M5 出土，仅 1 颗，伴随大量蓝色及绿色玻璃珠物件及石榴子石珠。从金箔包裹的铜珠残片来看，铜珠直径为 0.6cm，工艺手段也很特殊，迥然不同于国内。其制作方法是通过少量助熔剂将青铜粉烧结，然后在表面采用金箔包裹。这类玻璃珠在公元前 3 世纪希腊的罗德斯岛玻璃作坊遗址中有发现，其起源至少可追溯至希腊文化时期（前 3 世纪—1 世纪）。该时期玻璃制作的一个重要创新就是在无色透明拉制玻璃珠的表面包裹金箔，最初仅限于在单个玻璃珠表面进行包裹，随着后来工艺水平的上升，便开始用金箔分段裹珠。这种金箔裹珠技艺制作出来的艺术品精美绝伦，惊倒世人，当时在地中海沿岸罗马帝国范围内十分流行。这种工艺绝活，1971 年望牛岭 M1 出土"大""阮"字金饼的国内制法完全不同，可推断国内当时未能制出。从考古遗址、实物遗存及历史流行范围来看，可推断，其工艺源于古希腊，此金箔包裹青铜珠应是从这一带输入，随海上贸易传入合浦，最后作为陪葬品进入汉墓。

第二，金花球（风门岭 M10）。出土的金花球多为串饰，也有与玛瑙、水晶、琥珀等宝石组合成串。这些金花球造型基本相同，呈圆球形，空心，径 0.5—1.7 cm。其工艺方法是先用圆形小金条焊接成 12 个小圈，以供连缀。这 12 个小圈共堆为上、中、下三层，上、下层分别为 5 圈，中间 2 圈；然后在这些小圈交会的三角地带用高温吹凝的堆珠加以固定。堆珠采取叠垒式的四联罐法，每下面三颗珠之上叠垒珠一颗。堆珠之间及堆珠与小圆圈之间都有焊接，整体稳定牢固。金花球的工艺国内没有出现，其产生为域外输入。金花球的焊接工艺源自西方，古希腊迈锡尼可能是起源地。在印度河流域的旦叉始罗遗址、印度东海岸、越南古海港奥高，均发现这种"多面金球"饰物。根据金花球及类似工艺品出土的线路分布及年代先后，可推测其传播路线是地中海—红海—波斯湾—印度洋—孟加拉湾—南海，自西向东而来。当然，对于金花球也有不同的探索或推论，如已故考古学家俞伟超先生认为其造型风格为印度型，应该是从印度一带输入。

第三，焊珠金饰片。也叫焊接珠金箔片，合浦县寮尾 M13b 和 1979 年环城公社砖厂 M1 出土，镶嵌于铁剑的剑格后木把的内凹处，正反面各一片。这件焊珠金饰片是把黄金捶打成厚约 1 毫米的薄片，先用细小的掐丝勾出轮廓，然后将金丝剪成小段，通过高温吹熔凝集成细密的小颗粒金珠焊接在薄金片上。这种工艺是古时地中海沿岸流行的金工技法，流行于古代埃及、乌尔（今伊拉克）、迈锡尼等国。数千年前，在生产力仍十分低下的情况下，焊珠金饰片工艺能如此精湛，与今日之微雕无异，确实令人惊叹。

第四，琥珀饰品。合浦汉墓出土的琥珀艺术品数量众多，形象千姿百态。从外形来看，有圆形、圆椭形、扁椭圆形、多面椭形、葫芦形、算珠形、动物形等形状，以橘红色为主，也有淡红、绿等颜色以及黑白、黄白相间的缠丝。这些琥珀饰品一般与水晶、玉石、玛瑙、琉璃、绿松石等组成串饰，也有单品穿饰（如狮子、羊等）出土。琥珀的历史非常悠久，源远流长。英人劳费尔认为"琥珀是东西通商史上的重要物质"。我国琥珀产地很少，只有东北抚顺煤系地层出产。世界产地主要聚集于波罗的海沿岸，意大利西西里岛、挪威、罗马尼亚等地也出产。西汉陆贾《新语·道基篇》云：琥珀"择地而居"。宋周去非《岭外代答》载，注辇国（位于今印度南部）有"杂色琥珀"。合浦汉墓群出土多件琥珀圆雕狮子，结合狮子不产于中国，而源于印度、斯里兰卡、欧洲、非洲，为大秦国（罗马）从外输入供皇帝娱乐后才出现等史实，可以推断它们是通过海上丝绸之路贸易传入我国的。

第五，蚀刻玛瑙。玛瑙属胶体矿物，主要成分为二氧化硅（$SiO_2$）。合浦汉墓出土的玛瑙饰品形态多种多样，主要有圆椭形、多面椭形、葫芦形、瓜棱形、算珠形、圆形、青蛙形等形状，颜色以橘红为主，也有黑白、黑白相间的缠丝。一般与水晶、玉石、玛瑙、琉璃、绿松石等组成串饰。玛瑙制品一般微小，但特别精致、形象、活泼。1957年合浦县堂排2号西汉墓发掘出来的玛瑙动物小穿坠，就由十几个微小的动物饰件组成，动物主要有小狮子、小鹅等，共计小狮子6只、小鹅3只，其他小动物2只。串饰里的小狮子形态各异，有的威猛，有的活泼，有的懒散；有的如猛虎下山，有的如追捕猎物，有的如林中散步，有的翘首张望，栩栩如生，呼之欲出，但体型异常之小，可谓奇观。饰串的小狮子单体宽仅1.4cm，高0.9cm；小鹅宽0.9cm，高1.4cm。又如，凤门岭M27出土的玛瑙狮子穿饰，体型微小，橘红色，作伏地状，头部微微抬起，神情憨厚又不乏威猛，横穿孔，有线条刻划表现头部及身体细部。

第六，石榴子石。合浦出土石榴子石串珠数量不少，形态各异。合浦氮肥厂M1出土的石榴子石珠为系领状，凸鬼岭齿轮厂M6发现的为狮形；1993年凤门岭麻纺厂M4出土的分别为双锥形、圆形和系领珠。有关石榴子石，汉代之前中国很少出产，应该是通过海上丝绸之路传入的典型器物。石榴子石是等轴晶系的硅酸盐矿物，珠宝界称为"紫牙乌"，常见颜色有红色、褐色、褐红色、紫红色、深紫红色、紫色、深红色等。斯里兰卡、印度、马达加斯加、美国、中国等均是石榴子石的主要产地，但在汉代及更早时期，印度、斯里兰卡是石榴子石加工的重要地区。印度宝石级石榴子石（铁铝榴石）产自中南部的海得拉巴，这种器物和矿石珠在印度阿里卡梅度等地有发现。另外，石榴子石串珠来自斯里兰卡，从古今遗俗仍可印证。古代中亚把石榴视为多子的象征，希腊主管生育的女神也手持石榴，新娘结婚时必携带石榴。随着交往贸易的深入和文化的交融，这些习俗影响到中国人对石榴的情感认知。至今，中国的传统剪纸中还有诸多石榴图案。追溯文化传播轨迹，此类石榴子石应是从印度或斯里兰卡一带传入。

第七，肉红石髓、绿松石、水晶。肉红石髓：堂排2号墓出土肉红石髓圆雕狮子。绿松石：有钺形、禽鸟形等，一般与水晶、玉石、玛瑙、琉璃等组成串饰。水晶：有长方形、圆形、圆饼形、扁圆形、六面榄形等，颜色分白色、紫色等，多与玉石、玛瑙、琉璃、绿松石等组成串饰。有关肉红石髓、水晶和绿松石，在汉代岭南地区未见有出产的记载，合浦当地也没有此类可开采的矿藏。堂排2号墓出土的肉红石髓圆雕狮子，与北插江盐堆1号西汉墓出土的琥珀圆雕狮子造型相似，说明来源相同，很可能为波罗的海沿岸、西西里岛、挪威、罗马尼亚等地输入。

第八，玻璃器。合浦汉墓群已出土的玻璃器，依使用性质，主要有装饰品和器皿两类，以装饰品为大宗，其中串珠超过2万颗，耳珰、棱柱形等饰件数十件，其余还有环、璧、剑璏等，以及镶嵌用的小圆片等；器皿类较少，仅杯5件，盘1件，以及其他物品。玻璃珠有透明的和不透明的，颜色分青、淡青、绿、墨绿、淡蓝、天蓝、湖水蓝、白、月白、砖红、粉红、紫褐等10余种，形状有圆形珠、椭圆形、棱形、橄榄形、网坠形，以及鱼形、瓜形、花形、日月形等，以圆形珠为主，艺术感强，五彩缤纷。如文昌塔1号墓出土的玻璃龟形器呈椭圆形环状，中部较高厚，逐渐向四周变薄，均匀地附四只三叉形爪，头尾形状与爪相似。而周边出土的玻璃圆底杯，有淡蓝色、蓝色，有湖蓝色、淡青色的，半透明，平口，深腹，圆底，腹中部有一道或两道弦纹。经考古研究，世界上生产玻璃最早的地区为西亚和地中海东部沿岸国家，最早可追溯至公元前2700年，而中国公元前1100年左右才开始烧造玻璃。西方的玻璃是钠钙玻璃（又称"罗马玻璃"），广西古代的玻璃是钾玻璃或铅钡玻璃，前者以钴着色，低锰、含锑，泡碱作为助熔剂；后者以钴着色，高锰，且$K_2O$、$MgO$含量较低，均低于1%，两者元素不同。经考古检测，这些玻璃器除多数为本地自制的钾玻璃"土货"外，其余的均分别为来自罗马、印度和东南亚的"洋货"。如1990年合浦寮尾出土的钠钙玻璃串珠、角轮型玻璃杯来自古罗马，粉红色串珠杯来自印度，而角轮形玻璃环则来自越南南部，等等。这些玻璃的产生，系因汉代上层统治者对玻璃制品有奢靡追求，国产玻璃已不敷需要，便由海上大量进口。对此，《汉书》《后汉书》均有记载。

第九，青釉陶壶。也叫波斯陶壶。出自东汉晚期的寮尾M13b（2009年），出土时已裂成数十片。属低温釉陶，釉呈青绿色，黄白色陶胎，表面光滑，均有细开片，器内亦施一薄层淡青色釉，可见手工拉坯留下的粗条指压旋痕。小口外侈，"V"形短流，圆唇、细长颈、椭圆形腹，矮圈足。颈至腹上部附有一曲形手柄，柄上饰两道凸棱，肩部饰两周宽带纹，圈足留白。口径8.2cm，最大腹径19.2cm，足径10.8cm，高34.4cm。其造型、釉色与我国汉代绿釉陶器明显不同，在汉代墓葬中属首次发现。该类陶壶在两河流域的伊拉克一带有较多发现，器形、化学成分及年代与幼发拉底河畔塞琉西亚（Seleucia）遗址等出土的帕提亚陶壶均十分接近，可以推测，应是通过海上丝绸之路传入的中亚或西亚器物。

第十，铜钹。出自寮尾 M13b（2003 年），原应为一副两片，出土仅见其中一半。钹为半圆形钮，上饰柿蒂纹，蒂间均匀分布四个系带用的小孔。钮座亦饰柿蒂纹，蒂边刻有短斜线纹，蒂内刻有菱形纹和卷云纹，蒂间分别饰三组羽人骑龙或戏龙的纹样，另一组为两龙对视，其上有一蹲蛙。外饰两道弦纹，再外为一周菱形纹。直径 18.6cm。钹源于西亚，最早见于埃及、叙利亚，后在波斯、罗马等古国流传。在东方，钹先见于印度，后来在中亚也有发现。在中国，南北朝时已出现钹。这件铜钹的柿蒂纹、龙纹等常见于中国传统青铜器，但其刻划形式及龙与蛙、龙与羽人的组合与同时期青铜器明显不同，源自印度的可能性很大。

如望牛岭 1 号墓出土的两件人形足铜盘，三足做奴隶状，半蹲，以头和两手用力顶盘，显得很吃力。这些精细刻于器物足部，赤身裸体、托负重物的奴隶形象，实际上是古代神话里负重的"力士"造像，随佛教从古印度传入中国。至今在印度的各类佛教及印度教古建筑里，仍常看到这些造型。这类雕像造型丰富，形象生动，力量集中，意境通灵，感染力强，给人无穷的审美感受和想象空间。

第十一，铜凤灯。古铜器，汉代铜灯具，1971 年合浦县望牛岭西汉晚期墓出土。雌雄一对，做昂立状。整个器具的结构：昂首回望，双足并立，尾羽下垂及地。凤尾背部留一圆孔，平置一个带长柄的灯盘。凤颈向后高伸弯转，由两条套管衔接，可自由转动和拆装。凤的腹腔内空，用于贮水。凤嘴张开，含一喇叭形灯罩，朝下对准灯盘。当灯盘中的蜡烛点燃时，烟灰经灯罩纳入颈管，再由颈管导入腹腔最后溶于水中。铜凤灯的头、冠、颈、翅、尾、足各部位轮廓突出，比例均匀，通体錾纹，精致美观，栩栩如生。足、尾形成鼎力之势支撑全身，显得十分稳重。

铜凤灯的一大特点，就是工艺相当精美，其中錾刻花纹特别引人注意。其制作工艺与该时期汉墓出土的酒樽、食、壶、杯、扁壶、魁、长颈壶、熏炉等青铜器一样，均采用錾刻花纹工艺：在铜器铸成以后，于薄胎青铜器上，再以坚硬而精细的钢刀或其他金属工具，一刀一刀錾凿和镂刻出繁缛精致的几何纹图形和动植物图案，如太阳纹、羽状锦纹、植物纹、花纹、水波纹、龙纹、凤纹、动物纹、菱形回纹、叶脉纹、四叶纹、锯齿纹、勾连 S 纹、方格纹、弦纹、网纹、菱形锦纹等，使这种器具显得精美绝伦，令人惊叹。这种錾刻风格，使岭南地区青铜器生活化色彩浓厚，从而有别于中原地区那种庄严、厚重、古朴的祭坛铜器。

铜凤灯不仅造型美观，而且实用，其寓意更为深刻。其独特的设计能使浊烟排出，防止污染空气，保持室内清洁。其内涵十分深刻，仅以凤本身来说，就有多重象征意义。凤凰是中国古代传说中的神鸟。汉代许慎《说文解字》载："天老曰：凤之象也，鸿前麟后，蛇颈鱼尾，鹳颡鸳腮，龙文虎背，燕颌鸡喙，五色备举，出于东方君子之国,翱翔四海之外,过昆仑,饮砥柱,濯羽弱水,暮宿风穴,见则天下大安宁。"[1] 该铜凤灯造型与《说文解字》所载的凤凰形象极相似。铜凤灯壁面精美绝伦的各种錾刻纹,代表各种深刻意义。如太阳纹表示生命能量,象征阳光普照、万物繁荣;植物纹代表庄稼丰收,以及特定图腾;水波纹代表海洋、河流;方格纹则代表某种伦理、秩序和等级,等等。各种图案相互组合,相互搭配,共同描绘表达一个精彩的万物世界。这些精致华丽的艺术品,既是达官贵族奢侈生活的时尚显示,也是对外贸易文化交融的映射,更反映了人们对"天下大安宁"的向往和理想追求。

更为惊奇的是,合浦望牛岭出土的这件铜凤灯,与其他地方包括国外出土的铜凤灯或类似灯具极为相似,最典型的如安徽天长县安乐镇出土的龟驮凤鸟铜灯(西汉),以及那不勒斯国家考古博物馆收藏的庞贝古城出土的油灯(1世纪下半叶)等。国外的这些铜凤灯,具明显的中华龙凤图腾文化特征,应该为海上贸易输入或通过对外交往赠送。这些世界范围内的铜凤灯出土点,一头为中国内地,另一头为地中海,两个起始端点刚好连为一条"铜凤灯"文化走廊,有力印证了古海上丝绸之路的文化艺术交流传播的深入性(见图3-3、图3-4)。

**图3-3 龟驮凤鸟铜灯**
(西汉 安徽天长县安乐镇出土)
藏所:安徽省博物馆

**图3-4 庞贝出土油灯**
(意大利庞贝出土 公元1世纪下半叶)
藏所:那不勒斯 国家考古博物馆
图片来源:2010年7—10月中华世纪坛世界艺术馆展出的"秦汉—罗马文明展"

第十二,风门岭10号墓6件套葬玉。玉在古代中国是极具神秘色彩和特殊能量的物品,享有崇高地位。按照使用功能的差别,玉器可分为随身带玉器、家具装饰玉器、仪式法器玉和陪葬玉。合浦汉墓出土的玉器主要有璧、带钩珠和各种葬玉。1975年发

---

[1] (汉)许慎撰,(宋)徐铉校定:《说文解字》,中华书局2013年整理本,第367—368页。

掘堂排西汉晚期墓，出土一些葬玉和玛瑙佩饰品。1986年发掘风门岭10号墓，出土一套完整的葬玉，即猪形玉握、蝉形玉琀、杏形眼盖、圆柱形耳塞、六棱柱形鼻塞和肛门塞，全套6件。其制作非常精美，晶莹剔透，构造巧妙，光彩夺目。这6件套葬玉的内涵十分丰富，意义非凡。各界对此解释不一，但意义至少有四大方面：辟邪、通神、审美、身份炫耀。其一，驱邪。玉晶莹剔透，光泽圆润，通体透明，象征光明，可驱除黑暗以及阴暗类事物，因而可以驱除魔怪，驱除邪恶。其二，通神。玉有神秘力量，可以通天，沟通上天神界及先人，能预测未来。其三，审美。古人把质地坚硬、颜色晶莹、细腻透明的美石统称为玉，包括水晶、玛瑙、宝石、孔雀石、琥珀、青金石、绿松石等。汉代许慎《说文解字》："玉，石之美，有五德者。"玉就是德的象征，是品质完美无瑕的标志。在古代，君子佩玉，表明自己的休养和德行，表明处处行善，德行若日月般光明。其四，身份荣誉。因为玉材很美，而且玉矿很少，在古代配玉有严格的规定，只有一定等级和品行的人才能佩玉，违者将遭受处罚。因而，很多时候只有贵族或上层人士配玉，死后才能以玉陪葬。因而，玉成为等级、身份和地位的象征，成为上层人士炫耀的资本。从合浦汉墓6件套葬玉来看，四大功能皆有，尤其以驱邪、通神及身份地位炫耀为主要功能。这些葬玉的存在，不仅可以映射当时贵族的奢靡生活，也可以反映出上层社会乃至社会大众对光明、纯洁、幸福、美好生活的向往与追求，进而对汉代中国贵族和平民光明、磊落、纯洁、开放包容的国民性格产生重要的暗示及塑造作用。

第十三，胡人俑灯座。合浦汉墓群里出土不少陶器，包括干栏式陶屋、陶仓、陶瓮、陶碗、陶缶、陶罐、陶俑、陶制家畜等。这些出土艺术品质地铿锵，制作精美，图案丰富，代表性纹样多有圆点纹、圆圈纹、雷纹、云纹、夔纹、水波纹、米字纹、方格纹、刻划纹等。陶身花纹富有变化，清晰整齐，构图严整，雕刻精致，有许多出彩之处。例如，寮尾M13b出土的俑座灯，为灰色硬陶。俑座为男性，发髻于前额，头部缠巾，深目高鼻，尖下巴，络腮胡须，胸部突出。头仰视灯盘，左手举托灯盘，曲膝而坐，左腿横曲，右腿竖曲，右手摆至右脚后，跣足。灯盘敞口，直腹，下部折收与男俑左手相连。灯盘径10.6厘米、通高20厘米。从体型特征来看，似乎来自西亚或非洲东岸。又如1975年合浦县堂排1号西汉墓坑出土的胡人俑，高28.2厘米。此俑"竖眉，小眼，络腮胡"，领口及袖口刻花，状似舞俑，可归为杂耍艺人或杂耍俑一类。从面貌和服饰来看，均不像华南本地人，而与"胡人颇多相似"[①]。东汉杨孚《异物志》记载的"瓮人""齿及目甚鲜白，面体异黑若漆，皆光泽。为奴（婢），强勤力"，为其原型。据考证，它们多来自非洲，为当地富商豪族从海外买来作为供役家奴。这些随葬陶艺品，是这些贵族奢侈生活的向往和反映。这些出土胡人陶俑工艺水准高，

---

① 广西壮族自治区文物工作队：《广西合浦县堂排汉墓发掘简报》，《文物资料丛刊》1985年第4期。

应为国内制作，说明汉代合浦居民与海外民族之间的交流更趋广泛和当时对外交往盛况，已融入外来文化烙印，并已在深层精神意识刻上烙印。

（三）成因

合浦汉墓群诸多文物的出土，特别是大量舶来品的出土，见证了古海上丝绸之路的辉煌成就，见证了数千年来的世界奇迹。

上述汉墓群出土文物中，有相当部分为舶来品，即"洋货"，如琥珀、玛瑙、玻璃等，它们通过海外贸易直接输入。不管是从艺术风格、艺术形态，从制作手法、原产地，还是从族群符号标记，其"洋货"特征特别突出。以琥珀为例，琥珀的产地在欧洲主要为波罗的海沿岸。在欧洲，早期人们就将琥珀作为贸易商品。荷马《奥德赛》记载，公元前数百年腓尼基人曾利用波罗的海产的琥珀为原材料制作各种工艺品，当时价格极其昂贵，一尊琥珀雕成的小象比一名奴隶要价还要高。我国原来没有狮子，狮子只产于印度、欧洲东南部、非洲及叙利亚，至汉代西域各国以狮子来献，狮子才传入中国。合浦汉墓的琥珀狮饰的出土，是琥珀从海上输入的有力证明。又如玛瑙，《三国·魏志》《唐书·拂林传》均载"大秦多玛瑙"。魏文帝《马脑勒赋》载："马脑出自西域。"宋人周去非《岭外代答》亦谓大秦国土产"红玛瑙"。《后汉书·西南夷列传》载，当时永昌牢夷（今云南西部）、缅甸北部和大秦国也有出产。世界各地产玛瑙的地方很多，我国云南宝山县出产的玛瑙也很出名。但在汉晋时期，玛瑙多出自西域，谓大秦多玛瑙。从蚀刻玛瑙的发展史看，在其出现的早期及中期，印度为主要的生产地。这种珠饰的制作技艺复杂，从石髓和蚀刻碱料的选择以及加工过程的每一阶段都需要长期实践摸索，多为家族式继承。蚀刻玛瑙在合浦汉墓的大量出现，应为海上贸易交流的结果，也可能是随着印度工匠的迁徙，蚀刻石髓珠的技术随玻璃技术一起传播到东南亚和中国。

又如香料，在已发掘的合浦汉墓中，出土了许多铜、陶质的熏炉，如望牛岭 M1 墓、北插汀盐堆 M1 墓、黄泥岗 M1 墓、风门岭 M10 均各出两件。M24B 出土陶熏炉一件，内有炭化香料残余。堂排 M2B 也出铜熏炉一件，出土时炉内仍存有少量香料和灰烬。合浦汉墓群的炭化香料，说明汉代的香料在合浦已是寻常之物，足见其开放程度。高级香料如龙脑香为国内所无，其来源地，据韩槐准《龙脑香考》（《南洋学报》第二卷第一辑）考证，汉代境外的苏门答腊、马来半岛、婆罗洲等地盛产龙脑香。这些发现，说明这些熏炉的香料最早应是从海外输入。熏炉在广州、长沙、贺州的西汉早期墓中也出土不少，而中原地区出现相对较晚，说明熏香的习俗由海外传入，然后自南向北逐步传播。

又如珍珠，珍珠是古海上丝绸之路贸易的重要物品，丝绸、陶瓷、茶叶，以及珍珠，构成古海上丝绸之路出口的"四宝"。因环北部湾区域的自然地理条件及气候等，这里并不是丝绸的主要产区，这里的优势，除了与东南亚陆海接壤，与南亚、西亚、北非、地中海直线距离最近之外，其最主要的产品就是珍珠、陶瓷。有关珍珠，因得天独厚的海水水质及自然环境，整个环北部湾均成为珍珠的主要产区，以"南珠之乡"北海合浦为中心区。这些珍珠除了满足国内需要尤其是皇宫需要之外，其他的多用于出口。珍珠属于易耗品，容易被腐蚀，无法长久保存，使古代珍珠实物遗产难以寻找。但是，在环北部湾沿线，均发现大量的珍珠生产池及生产遗址，如历史记载的雷廉地区"八大珠池"、防城港珍珠湾，及北海铁山港白龙珍珠城遗址（明代）、湛江乐民城（又名珍珠城）、雷州盐庭采珠遗址（明），以及大量相关遗址等，见证了古海上丝绸之路珍珠产业的巨大繁荣，使北部湾成为世界珍珠产业的中心。这使北部湾珍珠文化圈，与东南亚珍珠文化圈、印度珍珠文化圈、波斯珍珠文化圈、地中海珍珠文化圈一起，共同构成"世界远古珍珠艺术交流传播大走廊"。

而陶瓷是古代中国对外出口的最重要产品，环北部湾作为中国西南最重要的出海口，成为陶瓷对外出口最重要的生产基地及远洋外销基地。这一点，不仅可以从环北部湾各地出土的大量陶瓷文物及艺术品得以充分证明，更可从世界罕见数量极其庞大的沿海窑址群密集分布得以证实，也可以从古海上丝绸之路几大洋的水下陶瓷及横跨亚非欧数千公里的沿线出土中国陶瓷得到证实。如合浦汉墓群出土的东汉马形座陶灯、汉代胡人俑座灯，海南三沙地区的大量水下沉船及陶瓷，包括出水的西沙北礁的明代青花菊花纹八棱小罐、西沙北礁的明代小碗、西沙宋代旋纹鼓腹小罐，都是最好的证明。而大量汉代至明清窑址的遗存，则显示了古海上丝绸之路的空前繁荣。南宁的灰窑田遗址、尹屋窑址、九龙窑址等，玉林的岭峒、琼新、白坭塘、缸瓦、大化等至少12处古窑址群，崇左浦责窑址，防城港的冲茶、那凤屯及瓦窑门古窑址，钦州的土东瓷窑群，柴地尾、红坎岭、新永、母鸡坑、古龙等20多处古窑址，北海的草鞋村汉代窑址群、高德缸瓦窑群、红坎岭、宁海、英罗窑、东窑、西窑、下窑村、晚姑娘村、瓦窑坡等20多处窑址，湛江的龙道窑群址、余下村、龙头沙窑址、红埚、陂头峒、头岭、公益、窑头村、下山井、太平、平城、旧洋、新埠、船渡、排岭窑群址等至少36处古窑址，海南的陵水古楼窑址、移辇陶瓷窑藏址、深涌岭、红泥岭、善井、黄龙、福安、碗窑村窑址，以及黎族原始制陶技艺、黎族泥片制陶技艺等，构成了举世罕见、历史上空前的对外陶瓷生产工业沿海密集区，形成了陶瓷产业的"世界中心"，展示出中国的世界中心地位。

不仅如此，在古海上丝绸之路沿线的海域及沿岸陆地，散落着大量的中国古代陶瓷，构成了一个"世界古海上丝绸之路中国陶瓷大走廊"。荷兰考古学家在爪哇西部的万丹，发掘出土一些印纹软陶、夹砂印纹硬陶和几何形纹夹砂陶。这些出土陶器属新石器时代的器物，与中国出土的同期新石器陶器相比，造型风格和印纹大致相同，可以断定源自中国。说明早在新石器时代，这些原始制陶技艺随着古百越族群的渔猎追逐漂移而广泛扩散于南岛语系族群分布的大洋及许多岛屿。又如在马来西亚柔佛州，曾出土有印纹夹砂硬陶和印纹印陶，陶片制法、质地以及纹饰，均与我国华南地区的印纹陶相同，为中国汉代陶器。此外，在苏门答腊、爪哇和婆罗洲（加里罗丹岛）的墓葬中，也出土了大量中国汉代陶器，这些出土陶器的造型和花纹、彩釉与合浦出土文物同出一辙。在印度尼西亚、苏门答腊岛、爪哇和加里曼丹等海上丝绸之路沿岸国家和地区，发掘出属于我国西汉时期的雕像和浮雕、五铢钱、陶鼎、陶魁等物品。在新加坡，也发掘出土了典型的中国"汉代罐鼓"。在南亚、西亚、北非、地中海沿线诸多国家和地区，也分别出土或收藏有大量中国陶瓷艺术品。这些出土文物或藏品均为海上贸易或海上交流的产物。通过陶瓷这个特殊纽带，古海上丝绸之路以特殊的能量，把中华文明源源不断推向世界，把古老的中国文化、印度文化、波斯文化、阿拉伯文化和古希腊、古罗马文化串联起来并深度沟通，促进了东西方文明的交流和人类的发展进步。

而许多遗产，包括文物及习俗，如上刀山下火海习俗、南海航道更路经、伏波祭祀，以及防城港潭蓬运河、火烧墩、灯架岭、马鞍坳等，都是古海上丝绸之路开拓过程中的产物。诸多水上水下遗产，如甘泉岛唐宋遗址、南沙洲文物点、金银岛文物点、永兴岛文物点、珊瑚岛文物点，以及金银岛水下遗物点、珊瑚岛沉船遗物点、浪花礁水下遗物点、北礁沉船遗址、东沙岛水下铜钱遗物点、太平岛水下遗物点、皇路礁水下遗物点、道明群礁水下遗物点等，诸多金银器、瓷器、沉物、船只等，无不是古海上丝绸之路的产物。例如，海南的南海航道更路经（簿），就记录了南海海域的100多处地名和重要的海洋资讯，包括航行方向，途中所见岛屿、门洞、沙丘、暗礁、海流速度、天气变化等重要规律。仅在潭门老船长彭正楷拥有的《更路簿》中，就记载了17条西沙捕鱼线路、200多条南沙捕鱼线路、29条从南沙返回海南岛的航线、7个海上交通枢纽和渔业生产中心，记录海南土语命名的南海岛礁就有136个[①]。这是千百年来出海智慧的结晶，是用鲜血换来的生命线，为后代远航耕海规避了许多风险。相对于远古的各类流动性的代代秘传，文字经本出现得很晚，须经过千锤百炼，基本到了其产生晚期才出现。因而，据推测，海南渔民中流传的南海航道更路经（簿）应萌芽于上古的新石器时代，发展于春秋前后，脉络成形于秦汉之前，在丝绸之路开辟后得到拓展，系统整理成书于明末清初。我国渔民世世代代在南海打鱼捕捞、商贸航行而对南海诸岛自然地理探索管理的产物，是千百年来出入南海诸岛的知识传承体系及航海宝典。它是用无数中华先民献血换来的古海上丝绸之路"秘密航道"成功开辟的"路基"（见图3-5）。

---

① 陈蔚林：《更路簿——浮出历史的深海》，《海南日报》2016年5月23日第5版。

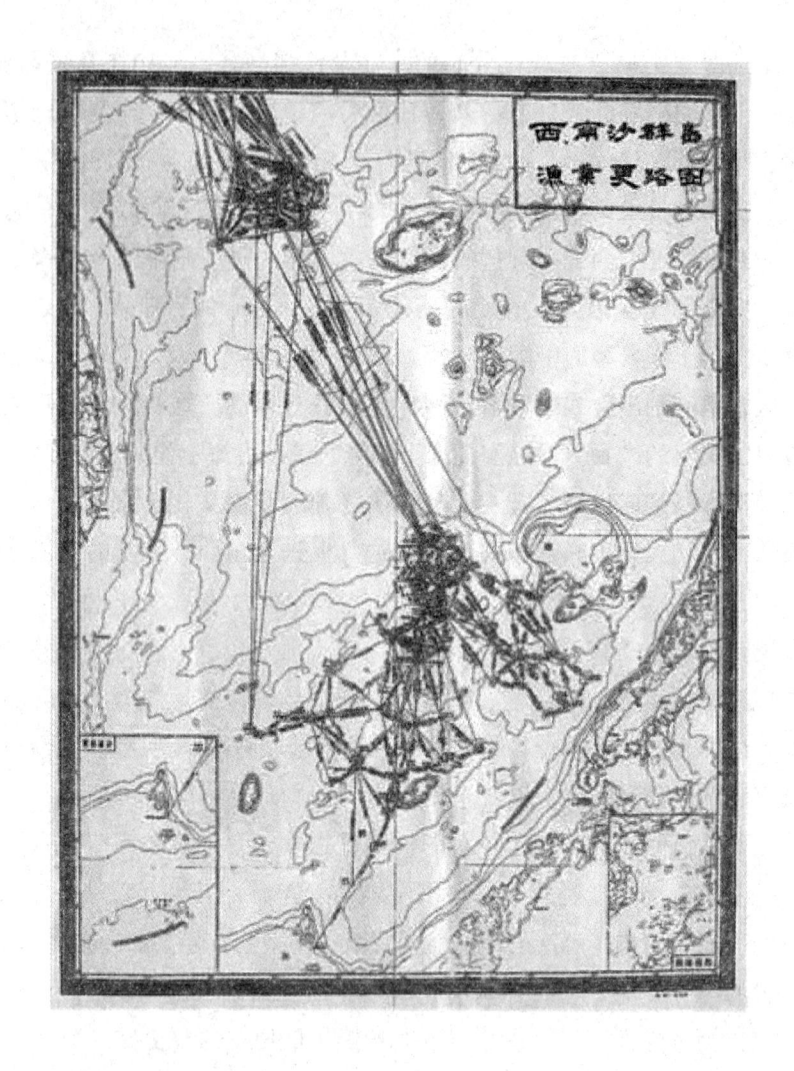

图3-5 根据潭门渔民手抄更路簿绘制的《西南沙群岛渔业更路图》概貌①

又如上刀山下火海仪式，原为一种原始宗教，与远古苗蛮集团的战争及祭祀习俗有深刻渊源，原为远行阔别之前祭祀祖先及亡灵，后演化为某种祭海及渡海仪式。海上丝绸之路路途恶浪凶险，乘船外出如同上刀山下火海，生死未卜，因而出发前要举行仪式壮行告祭祖先，同时鼓舞军心，激励民众哪怕刀山火海也要勇往直前，永不回头。而傩舞，如跳岭头等，意为驱邪，以恐怖面具召集神力，驱逐邪恶，赶走海底恶怪，确保行船平安。因而，上刀山下火海、诸多傩技傩舞等，皆为远古出海仪式习俗，为古海上丝绸之路"民间秘密商道"之遗风。而南海信仰，如海龙王信仰、观音信仰、妈祖信仰等，是远古时期海上丝绸之路远洋航海的精神支撑。许多庙宇，如广金岛珊瑚石庙、东岛珊瑚石庙、北岛珊瑚石庙、甘泉岛珊瑚石庙、珊瑚岛珊瑚石庙等，以及海南潭门渔民在太平岛西北部建的伏波庙、一百零八公兄弟庙等诸多庙宇，不仅是千

---

① 李磊：《〈更路簿〉航线串起南海诸岛礁》，宋国强摄影，《海南日报》2016年6月20日第5版。

百年来海南渔民以生命为代价耗费无数心血修建的结果，更是茫茫海上漂泊穿梭极度苦闷的生活及对抗巨浪吹打惊险无比的南海的信仰支柱的集中体现。而诸多遗产，都是古海上丝绸之路的产物。如伏波将军习俗，防城港潭蓬运河、火烧墩、灯架岭、将军山等，为伏波将军平定叛乱，扫除割据所遗留，均为古代开辟海上丝绸之路扫清障碍的历史产物。

因而，古海上丝绸之路的产生，南海远古航道秘诀是底蕴，而许多艺术、习俗、精神信仰是支撑。正是这些原始航道及诸多精神力量，萌芽了海上丝绸之路，推动古海上丝绸之路不断延伸、不断跨越进步。

（四）轨迹分析

出土文物背后更深厚的意义，是在于其折射出来的海洋文明。海上丝绸之路是古代中国与外国交通贸易、文化交流的海上通道，其形成绝非一日之功，而是成千上万年酝酿、探索、积累和开拓创造的结果。古海上丝绸之路萌芽于史前时期，发端于秦汉之前的民间贸易海上秘密通道，官道正式开辟于西汉时期，兴于汉唐中叶，盛于唐宋期间，于明末清初衰落，它是目前已知的世界最古老的海上航线之一。艺术品反映深刻的社会历史背景。通过各类海上丝绸之路散落遗产的空间分布和时间排列，分析其运动轨迹、演变特征及规律，可以得出惊人的发现，即可以解释世界海洋史，发现一条惊人的、本原的、完整的、系统的"古海上丝绸之路"轨迹分布图或远古中华先民世界漂移图。

古海上丝绸之路官道通于西汉，史书最早记载从合浦、徐闻和日南始发，抵达现今斯里兰卡。它由产生一直到明末清初衰落，持续近两千年。从远古的秘密通道、冒险之路，到最后形成连通亚非欧的世界大动脉，经历了长期的发展过程。从整个历程来看，其发展轨迹可概括为一个"四极跳"过程，即发生了四个历史性跳跃：第一个历史跳跃是从蛮荒之道到"远古秘密通道""冒险之路"的形成；第二个跳跃是从"远古秘密通道""冒险之路"到海上民间贸易通道的繁荣，即形成了古海上丝绸之路"民道"；第三个跳跃是以汉武帝开通航线为标志，从古海上丝绸之路"民道"上升为"官道"；最后一个跳跃为由"官道"跳跃为"世界大动脉"。正是通过古海上丝绸之路的开辟，汉王朝被纳入当时的世界体系。四大跳跃中，"官道"的形成是个历史转折点。

因而，"古海上丝绸之路"萌芽于史前时期，发端于秦汉之前的民间贸易海上秘密通道，官道由汉武帝开辟，最早始发合浦、徐闻、日南（今越南东河市，时属汉辖地），正式形成于西汉，盛于唐宋，唐代东移广州，宋元北迁泉州，其兴旺繁荣一直延续到明末清初。表面上它是在汉代形成，实际上"民道""秘密通道"很早以前就已产生，可推至更早时期；可其根系，也就是真正的起源，却要追溯至远古百越时期。

北部湾区位独特，气候温暖湿润，物产丰富，海陆交壤，交通便利。合浦地处北部湾畔，属北部湾中心位置，位置靠南，由此去东南亚、非洲、欧洲距离较短。优越的自然地理气候条件及资源物产，使这里适合人类繁衍，使之成为人类的重要发源地。在环北部湾各地，均发现大量恐龙化石、古生物化石，发现了大量人类文化遗址，如三亚落笔洞遗址、钦州灵山人遗址等，以及大量的大石铲出土点、贝丘遗址，大部分属于新石器时代遗址，也有较多旧石器时代甚至更早时期的遗址。众多遗产和遗存，表明这里是人类特定支系的重要发源地，早在旧石器时代就有人类活动足迹。这里古属百越之地，在秦汉之前的大部分历史时期，为古百越分支之西瓯、骆越的活动地区和繁衍之所。

百越族群的特点很多，如铜鼓、断发文身、渔猎、蛙蚌、舟楫、原始崇拜、炎热环境等，但其根本区别于其他族群的特点，就是一个：水性。"水"，就是古百越民族的最大特点，为其根性。百越的这种"水性"或"根性"，根深蒂固，处处体现出来，在以下八个领域表现最为鲜明：其一，是环境的"水性"。古百越民族居住于南方炎热之洼地，降雨多，日晒强，经常遭受洪涝灾害，以大江大河大海内湖湿地居多。其二，食蚌蛙腥膻，多吃鱼蚌蛙蛇。其三，种植水稻，多以大米作为主粮。其四，善舟楫。善于驾舟，捕鱼为业，常浮于江河湖海之上，漂泊各地。其五，蛇（龙）图腾、蛙图腾。其六，投机，商业性萌芽，要素发达。其七，性格外柔。其八，在宗教意识上，有水崇拜、水信仰、水宗教方面的特质。在这一点上，广西崇左花山岩画就是这种水崇拜、水宗教意识的最好体现。

百越的这种"水"特征，最强烈、最鲜明地表现在"舟楫"，以及"食蚌蛙"特质上。居于我国东南沿海和最南部的百越民族，自古以来就善于"鱼盐之利、舟楫之便"，活跃在南海诸岛上。因世世代代居住于江河湖泊及大海之滨，水环境构成了百越的根本生存空间，因而远古时期百越不得不适应环境，经过长期实践创造出各种适应水环境的生产方式及生活方式，创造出灿烂的古百越文明，舟楫文明为其最大贡献。据考证，中国是世界最早发明舟船的文明古国之一，而国内最早发明舟楫的，为百越。古百越最早发明了"筏"。这一点，可以从诸多新石器时代贝丘遗址及至今遗存的黎族渡水腰舟、筏、出土独木舟（如湛江出土的新石器时代晚期独木舟等）得到证明。《越绝书》就记载越人"以舟为车，以楫为马"[①]；《物原》有"燧人氏以匏（葫芦）济水，伏羲氏始乘桴（筏）"的记载，与至今仍遗存的"原始活化石"黎族渡水腰舟绝技如出一辙。在北部湾各地，至今有大量疍民，疍民传统上不上陆地，"舟楫为生，捕鱼为业"。疍民是百越远古舟楫习俗的遗风。这种因子随处可见，刻烙于百越后裔的潜意识深处。最令人惊奇的是，至今，在合浦仍流传"坐箕过海"的民间俗语，坐簸箕

---

① （东汉）袁康，（东汉）吴平辑录，俞纪东译注：《越绝书全译》，贵州人民出版社 1996 年整理本，第 97 页。

就可漂移至世界各地，为远古百越之渔猎漂移习俗遗风。可见舟楫生存之特异本能，也可见舟楫发明之最早原型。

这种舟楫特异本能的产生，源于充斥四周的水环境，为适应险恶环境，避免掉入水中溺亡所练就的。然而，这仅仅是底线，真正让舟楫文明快速飞升的，是渔猎文化，即古百越的生计方式。这一点很符合经济基础决定上层建筑的唯物主义观点。古时百越处于江河下游，大海之滨，主要产物为鱼虫蛙蚌。在远古时期，人们生存的食物主要靠自然采集，采集周边能提供能量的一切可能性食物对象。不同于内陆，类似于环北部湾出海口的大部分地区，受环境影响，能提供的天然食物不是野果或稻谷，主要为鱼、虾、蚌、蛙、蛇以及兽类等，以鱼类贝类为主。因而，百越的诸多族群的主要食源，就是鱼类，其次是兽类。这一点，环北部湾的数百处新时期时代贝丘遗址就有力证明。因鱼类是流动的，需要追逐捕捞，就产生了渔猎文化。因而，在很大程度上，可以说百越文化的主要生产类型或亚类型，是渔猎型。因鱼类的高度流动性，常穿梭于大洋海底及河流湖泊之间，活动范围很广，一些鱼群甚至候鸟式穿越于大洋之间，因而，远古时期百越的生计特点，就是追逐鱼群，随鱼群迁徙流动而流动，为渔猎流动漂移型，流动漂移于各大洋及海岛之间。舟船技术的发展，就是受到海洋大型鱼群食源的疯狂刺激不断提升进步的。

正因为这种渔猎流动漂移的生计特点，在史前时期就发生了持续数千年的渔猎大漂移，包括个体漂移、群体大漂移，甚至民族大迁徙。在上述各种类型中，以个体渔猎漂移数量最多、持续时间最长、分布范围最广。因渔猎生产的游动性，加上部落支系内部及外族间的冲突战争，使"越人大迁徙"的壮举，包括航海大迁徙，在无文字记载的史前时期频频发生。《物原》载"燧人氏以匏（葫芦）济水，伏羲氏始乘桴（筏）"，北部湾合浦至今仍流传的"坐箕过海"民间谚语，是古越族渔猎生产方式古俗记忆，说明旧石器时代晚期，渔猎为生的原始先民就采集渔猎，原始航行，追逐渔猎游动，不断迁徙扩散，不断传播、交融、融合、创新，活跃于北部湾的南海海域，最早开发了南海诸岛及周边海域，并由此继续追逐渔猎漂移至更远的太平洋、印度洋相关岛屿及地区。

因北方寒冷，其航行主要为往南、西南，以及东南方向的天气炎热地区。正因为原始时期追逐渔猎，在旧石器时代末到新石器时代舟船皮筏出现之初，远古百越诸族就随洋流经菲律宾逐渐漂移到婆罗洲一带（今马来西亚、印度尼西亚主要属地），然后据此为拐点，分东、南、西三大方向继续渔猎大追逐大漂移。其一，东线：漂流到新几内亚岛、所罗门群岛、汤加群岛、克罗尼西亚群岛、马绍尔群岛乃至最后间接扩散至玻璃莱恩群岛、波利尼西亚诸岛等，活跃在一望无垠的太平洋上。其二，南线：漂移至东帝汶、澳大利亚、新西兰等大洲及附近相关岛屿。其三，西线：漂移至中南半岛南部，经马六甲海峡及印度尼西亚南部群岛，往西穿越印度洋，抵达印度、斯里兰卡、西亚和非洲。至今在非洲，在许多部落或族群，能找到一些与古百越特别是现今黎族很类似的文化血缘或文化要素，如石器、纹身、竹木器乐、茅草屋、民俗仪式等，不能不归功于这些远古漂移因素。

根据民族学研究，百越文化是以有段石锛、石铲、渔猎和印纹陶器为特征的新石器文化。根据有段石锛的制造时间、发展阶段和传播轨迹来看，太平洋海岛地区和东南亚民族的族源，"就是中国东南沿海的越族"，就是远古时期追逐渔猎流动漂移的百越先民，或是百越先民与它族的血融。他们追逐渔猎漂移在时间跨度上长达四五千年之久，在空间跨度上，几乎越过了半个地球。至今，两广民俗与上述地区有诸多相似，有的习俗更惊人的相似，传播是原因，族源或血缘相同相近则为根本。

因而，以追逐渔猎为特征的古百越文化，在持续数千年的海上渔猎追逐、漂移扩散和大小迁徙的过程中，早就开发了南海、南海诸岛及周边海域，开辟了古百越地区至印度洋、太平洋诸多海域及岛屿的原始航线，开发了诸多没有人迹的海域及岛屿，或与世界各地相关族群血融，共同开发了许多海域及陆地、海岛，铸就了灿烂辉煌但鲜为人知的世界海洋文明。而在古百越渔猎漂移地图格局中，中国南海为其远距离漂移太平洋、印度洋等中转准备的"内港"，为古百越世世代代耕耘的地方，也就是古百越的"祖宗地"，南海航道更路经也正是在此基础上形成；而外围的太平洋、印度洋的诸多区域，则为"外港"。

因而，在世界版图内，就催生出以远古时期百越文化为母本的多样性文化，形成了以百越文化为轴心、吸收各大洋族群文化因素，覆盖太平洋、大西洋及几大洲的中华文化圈轨迹，展现了秦汉及更早时期的中华先民海上交通往来及远古文明交流，展示了人类价值观念的交流交融及文明进步成果。

因而，在远古时期百越海上生产、漂流、扩散和迁徙的过程中，早就开辟了我国东南沿海至东南亚各地的原始航线，即"秘密通道"或"冒险之路"。这若干条"秘密通道"或"冒险之路"串联起来，就形成了一个强大的网络，产生出惊人的力量。因而，古海上丝绸之路"官道"的形成，并不是随意性的，而是有特定背景及深厚根基，包括经济、政治、军事、文化、社会、环境等多方面背景。汉王朝并不会冒险随意宣布任何"官道"，古海上丝绸之路之所以一跃成堂皇"官道"，是因为"民道"或"海上秘密通道"形成已久，通畅、便捷、安全，很多代人已频繁来往，沿线民众有血缘关系，文化相同或相通，百姓多利，多和平少战争。这里交通八方汇集，物品丰富，舟楫便利，贸易交换频繁，已有很好的"商道"根基。正因如此，秦汉王朝高度重视这个咽喉之地，从中原大量屯兵移民驻守，大兴土木，开辟出口大通道。

因而，西汉元鼎六年（前111），汉武帝平定南越，设岭南九郡，包括了环北部湾沿岸的合浦郡，确定了合浦的核心地位，使合浦成为汉代海外贸易的重要始发港，远洋贸易空前繁荣。《广东通志》称"自武帝以来皆朝，必由交趾之道"。合浦，即"百江汇流之地"，是日南、交趾等地通往中原的必经之路。东汉时（25—220），东南亚、南亚各国均派使节来与中国通好，欧洲的罗马也通过南亚、东南亚经海上与中国取得联系。《汉书·地理志》载："（汉桓帝延熹九年，166年）大秦王安敦（Marcus Aurelius Antoninus，161—180）遣使自日南徼外献象牙、犀角、毒瑁。"① 大秦即古罗马帝国。这样，古罗马帝国经海路与中国取得了直接的贸易接触。这标志着世界东西方连接，海上丝绸之路已经通畅（见图3-6）。

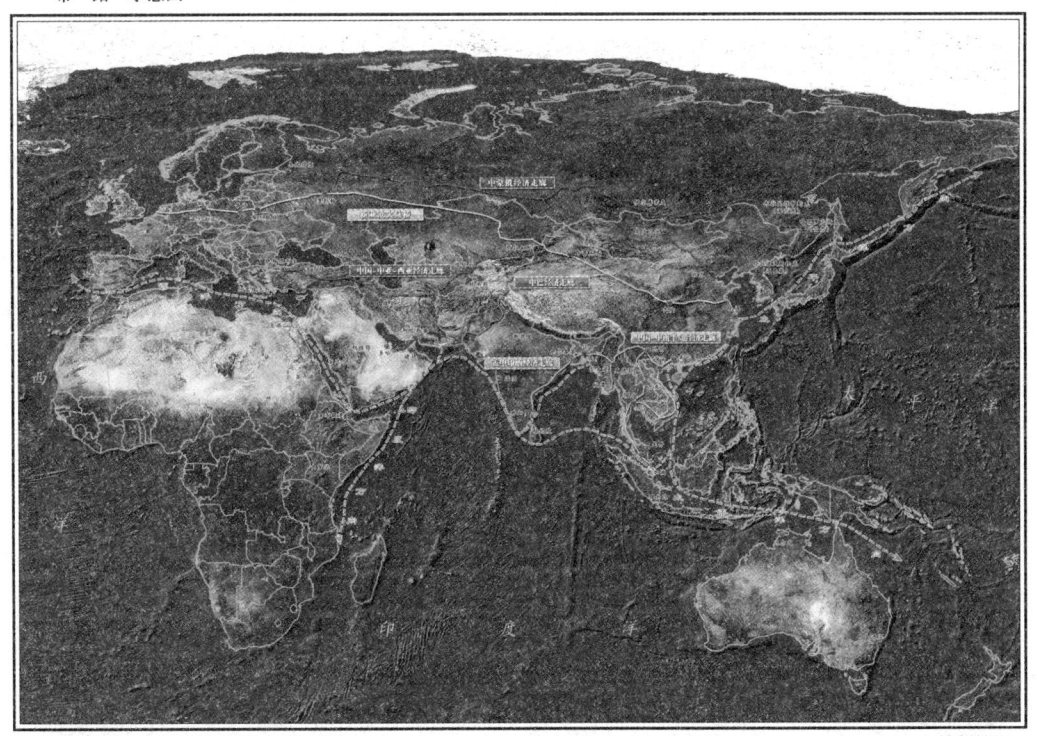

"一带一路"示意图

审图号：GS(2016)3237号　　　　　　　　　　　　　　　　　国家测绘地理信息局 监制

图3-6　古海上丝绸之路地理渊源图——"四大湾区"

合浦成为古海上丝绸之路始发港有深刻的必然性。合浦，即"百江汇流之处""江河汇集于海的地方"。合浦陆海交壤，水陆交通便利，境内有五条支流入海，往北可通至长江、黄河流域，往南出南海可经印度洋直抵南亚、西亚和东非。合浦地理位置特殊，毗邻东南亚，由此经海上去东南亚、南亚、西亚、东非和地中海直线距离最近。正因如此，汉武帝以合浦、徐闻和日南等为始发港，开辟了"海上丝绸之路"，使合浦成为汉代海上贸易的最重要港口，海外贸易空前繁荣，以至于《廉州府志》载"外洋

---

① （后晋）刘昫：《旧唐书》卷7《地理志》，中华书局1975年标点本，第1750页。

各国夷商，无不悌出航海，源源而来"，合浦达到"辐辏肩摩"的繁荣盛况。

合浦处在中原与外国商贸的要冲之地，大量商品的涌入极大地丰富了人的物质生活。汉墓中出土了大量的随葬品，这些随葬品不但有生活必需品，包括陶屋、农具、厨具、炊具、铁器等，还有大量的奢侈品。这些物品既有来自中原地区和周边地区的，也有合浦本地的产物，如合浦的珍珠、陶器等。而奢侈品主要是通过海上丝绸之路从外国输入的琥珀、玛瑙、水晶、犀牛角、琉璃、金银器等。除此之外，在已发掘的诸多汉墓中，如黄泥岗、望牛岭、风门岭、堂排汉墓等，均发现了许多铜质或陶质熏炉。系列熏炉的接连出土，说明在汉代当地香料已经非常普遍，香料的燃熏已经成为社会上层人士生活的风尚。

合浦汉墓群出土的大量舶来品或本土艺术品，源远流长，形态多样，寓意深刻，它们是海上贸易交流的输入产物。从地区来源来看，这些文物多来自南亚、西亚、北非、地中海沿岸。即使国内的艺术品生产，特别是外销品受外来文化的影响，也深深刻上外来因素的烙印，成为"半洋货"。虽时代遥远，难以窥探其全貌，但出土的文物，真实反映了古代东西方海上贸易交流的货物内容与规模，折射中西方的贸易来往与跨文明交流。大批海外舶来品文物的出土，正是这一时期海外贸易高度繁荣、盛极一时的体现，成为海上丝绸之路贸易繁盛的重要物证，也见证了合浦海上丝绸之路最早始发港的重要地位（见图3-7）。

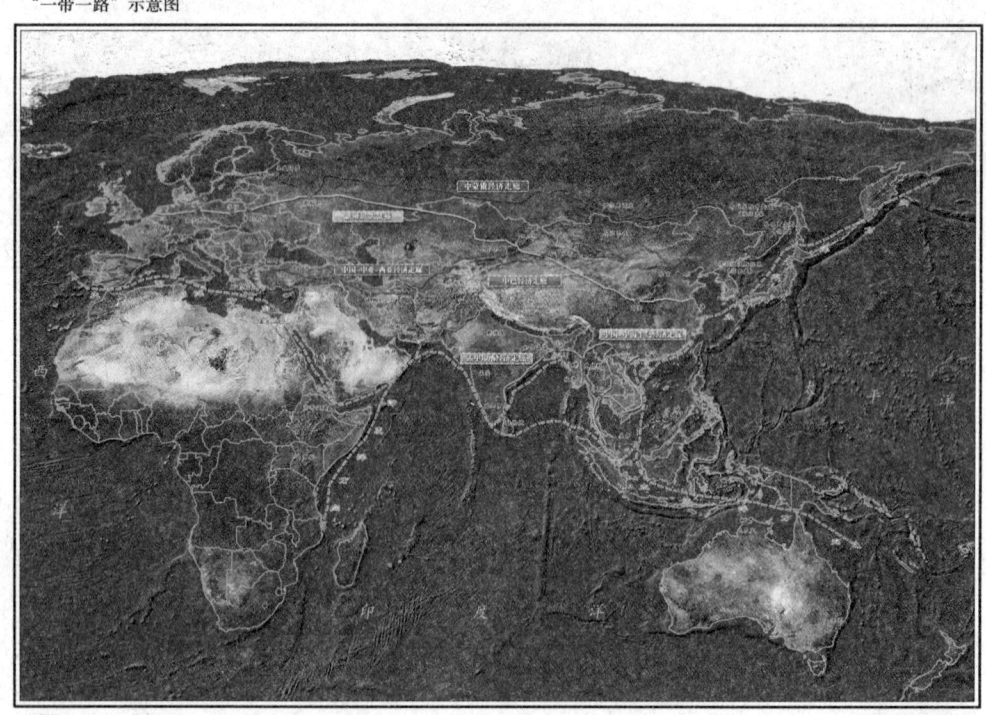

"一带一路"示意图

图3-7 陆上丝绸之路和海上丝绸之路"回"形图

因而，环北部湾古海上丝绸之路为远古南蛮集团所孕育，随古百越先民追逐渔猎漂流迁徙形成（片段化、网络化），在与周边其他族群互动过程中加深，并凭靠中原国家政权力量打通、巩固和确立，在后来的各个历史时期得到提升、发展和繁荣。其萌芽于新石器时代中晚期，民间秘密通道初步形成于秦汉之前的很长历史时期，官道正式形成于西汉，并于汉代之后至唐宋期间空前繁荣，崛起于世界，一直持续至明末清初才衰落。"海上丝绸之路"的大宗货物丝绸、陶瓷、茶叶等，从来不产自海上，而是产自陆地，尤其产自中原及周边区域，因此航海文化从来不是"纯粹的"海洋文化，而是具有海陆一体性的海洋文化存在。海上丝绸之路不仅以中原文化为支撑，也以早期古百越文化为底蕴，以货物贸易交换为主要内容，吸纳交融沿线色彩斑斓的各类文化，开创了跨度最长的世界交流贸易大通道，创造了人类发展史的永久辉煌。

（五）海上丝绸之路遗产艺术的永恒魅力

古海上丝绸之路艺术遗产多种多样，不管是始发港、古码头、古城址、古窑址、古作坊、古沉船、古庙宇、古街区或古建筑等不可移动遗产艺术，还是金箔包裹青铜珠、金花球、焊珠金饰片、琥珀饰品、玛瑙等出土饰品艺术，或水下陶器、宋代旋纹鼓腹小罐、华光礁一号沉船等出水文物艺术，还是与古海上丝绸之路相关的大量神话、传说、故事、经典、记载、资料、古诗词、古表演艺术、古风俗、古仪式、古信仰等，都是古海上丝绸之路艺术不可或缺的重要组成部分。这些艺术品是中华文明智慧的结晶，是中华文明与世界文明沟通、交流、交融及碰撞的产物，是人类智慧的大激发、大创造的结晶，成为全世界共同的宝贵精神财富。这些艺术遗产是魅力的象征，它们的躯体及形态是有形的、有限的，其物质生命是短暂的，但是，它们的精神、智慧、力量，却是无穷的、永在的。这些艺术遗产真实见证了海上丝绸之路的东西方贸易往来与跨文明交流，将发出难以磨灭的永恒魅力。海上丝绸之路通过各民族之间交往贸易，把中国古代的发明创造传播到世界各地，同时把国外的生产技术引进中国，促进了人类文明的巨大进步。海上丝绸之路是一条互通有无、相互依赖之路，更是一条和平之路、友谊之路，它推动了世界各国人们之间的互相交流、友谊互助和团结奋进。海上丝绸之路的开辟，使中华文明和印度文明、阿拉伯文明、埃及文明、欧洲文明第一次实现了沟通交流，推动了中西方深入交流，深入推进人类文明迁徙流动、融合发展、互鉴互吸及持续进步，促进了全人类的共同繁荣。

## 三 遗产艺术内涵案例分析——传统手工艺贝雕、坭兴陶和珍珠饰品技艺

环北部湾是艺术宝藏，是由珠宝和海洋工艺品装缀起来的神奇世界。各类珠宝、工艺品和艺术品巧夺天工，璀璨晶莹，琳琅满目，令人感慨万千。珍珠、贝雕、石雕、

木雕、根雕、角雕、坭兴陶、黎族原始制陶、黎族刺绣、苗族蜡染等技艺，数不胜数，形成一个个充满神奇的艺术世界。海洋传统手工技艺种类之浩大庞杂，技艺之精湛，艺术之高明，底蕴之深厚，不能一一剖析，在此只能以北海贝雕为重点，以北海珍珠饰品制作技艺、钦州坭兴陶为补充，进行案例剖析。

(一) 贝雕介绍、渊源、代表作品及荣誉

1. 贝雕介绍

北海贝雕是指以北部湾珍稀贝壳、海螺为原料，通过巧用贝壳的天然色彩和纹理形状，经过构思、设计、绘图、选料、切割、雕刻、琢磨、抛光、堆贴、固定、组装等工艺，采用多种雕刻技法，经精心雕琢之后创作出来的艺术品。贝雕原料分白蝶贝、黑蝶贝、夜光螺、白口螺、红口螺、红贝、猪仔螺、虎斑螺、蕉子螺、黄光螺、兰海红贝、白玉甲贝等，多达40多种。通过贝雕的雕刻技艺，能将贝壳内含的各色耀眼荧光投射出来，形成璀璨夺目的视觉效果。贝雕是高雅的艺术品，它将国画的神韵、珍珠的光泽、玉雕的质感、刺绣的空灵等品质，浑然融为一体，形成灿烂辉煌的立体画卷，具特殊的观赏及收藏价值。

贝雕的品类很多，主要有微雕、贝雕画、贝雕摆件、贝雕把件、贝雕饰品、立体贝雕、大型浮雕作品等。仅北海贝雕就有6大种类1600余品种，工艺分平贴、半浮雕、镶嵌、立体等多种形式及规格。

2. 历史渊源

早在距今约3万年前的山顶洞人时期，贝壳就被穿成串链用于装饰。后来各地也陆续发现各种贝类遗物。环北部湾遗存数以百计的新石器时代贝丘遗址，呈环状分布，贝丘中有蛤蜊、鲍鱼、海螺、长蛎、玉螺等多种贝类化石，多达20余种，许多贝壳上有钻孔或纹饰。春秋战国时期，贝壳被广泛编凿为项链、臂饰、腰饰、服饰，甚至马饰、车饰等。商到秦代，贝被打磨穿孔刻凿标记，作为钱币，流入官府、商贩和千家万户。至今许多涉及财富的汉字仍以"贝"作为偏旁，足见其痕迹之深。秦汉时期，冶炼技术的提高和普及为贝壳的雕琢开辟了新途径，各类专门加工利器出现。秦汉之后，贝壳雕琢工艺就更为发达，作品精妙绝伦。对此，史书如《尔雅》《岭外代答》《梦溪笔谈》有记载。艺人们利用贝壳的天然色泽，将各类贝壳磨成薄片，再在薄片上雕出鸟兽鱼虫纹图样，镶嵌于铜器、镜子、屏风、桌椅或其他家具上作装饰，俗称"螺钿"。这种工艺目前在不少地区仍有遗存。20世纪70年代，合浦汉墓群挖掘的随葬品里，发现了大量的贝壳饰品，证明贝饰成为身份地位的象征。宋、元前后，民间螺钿镶嵌和贝贴工艺已广泛流传，品种有各种人物、动物、花卉、挂屏等陈设品及生活用品。明末清初，贝雕工艺较为普及，多以家庭手工作坊传承。民国期间，有所萎缩。中华人民共和国成立后，贝雕这一绝技得以恢复发展。1964年，北海工艺美术厂成立，专业从事贝雕生产，使北海贝雕业兴旺蓬勃，红极一时。北海贝雕艺人在继承传统技艺的基础上，吸收了牙雕、玉雕、石雕、砖雕、木雕和国画等众家之长，结合螺钿工艺特点，成功研究了以浮雕形式的贝雕画和各类工艺品，使其形象生动、层次分明、个性突出，揭开了贝雕发展史新的一页。目前，北海市恒兴珠宝有限责任公司成为贝雕行业国内规模最大、产品最丰富的龙头。

3. 代表性作品

北海贝雕的代表作品有《一帆风顺》《香港回归梅报春图》《富贵锦绣》《锦衣天工图》《百鸟朝阳》《国色天香》《香远》《大展鸿图》《锦绣前程》《春满乾坤》《万年红》《梅兰竹菊》《春夏秋冬》《富贵锦绣》等（见图3-8至图3-15）。许多作品先后获"金凤凰"创新产品大奖赛金奖、银奖，最高奖"百花奖"银奖，中国（深圳）文博会"中国工艺美术创意奖"等。其中，规模最大、最具特色的代表作为巨型贝雕画《百鸟归巢》《高尔夫之传承史》等，堪称世界贝雕之最。

图3-8 贝雕作品《一帆风顺》　　　　图3-9 贝雕作品《南珠魂》

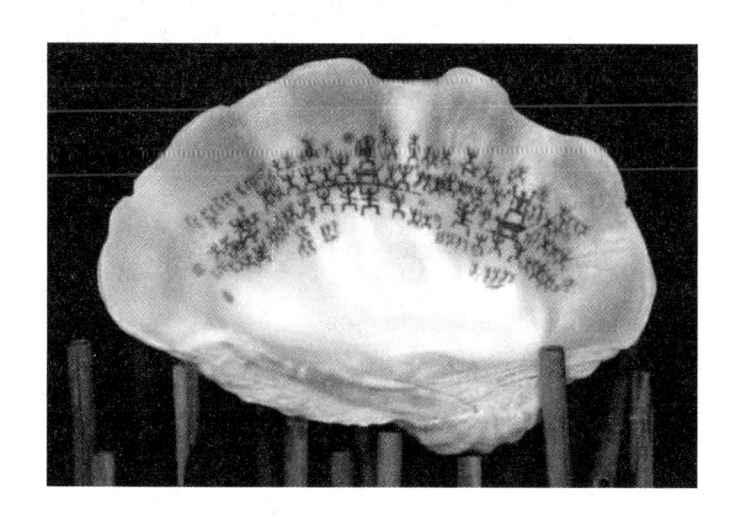

图3-10 砗磲作品《碧海花山》　　　　图3-11 香港回归——董建华头像

图3-12 贝雕作品《南海晨歌》(1972年)——北海地角女民兵原型与电影《晚霞》

图3-13 富丽堂皇

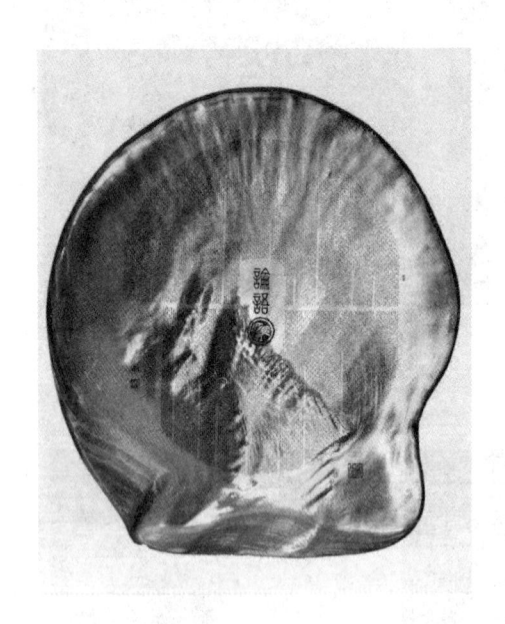

图3-14 微雕《论语春秋》

图3-15 微雕《孙子兵法》与《求实》《母亲》

4. 获取荣誉

北海贝雕获得的荣誉非常之多,堪称奇观。如《万代辉煌》(2009)、《称心如意》(2009)、《富贵锦绣》(2008)在中国工艺美术大师作品暨国际艺术精品博览会荣获"天工艺苑百花杯"中国工艺美术精品奖金奖,《和平之春》(2010)获银奖。"金凤凰"创新产品设计大奖赛(全国工艺品、旅游纪念品暨家居用品交易会举办):《郑和宝船》(2009,金奖)、《一帆风顺》(2007,金奖)、《江南盛景》

(2008，金奖)、《锦衣天工图》(2008，银奖)、《百鸟朝凤》(2007，铜奖)、《群鹤争艳》(2007，银奖铜奖)、《春满乾坤》(2008，铜奖)、《福寿同堂》(2008，铜奖)、《春晓》(2009，优秀奖)、《国色天香》(2007，优秀奖)、《锦色天香》(2007，优秀奖)。中国（深圳）第五届文博会"中国工艺美术文化创意奖"：《漓江春晓》(2009，铜奖)。2010年第三届中国（南宁）国家级工艺美术精品博览会：《百花齐放》(金奖)、《梅兰竹菊》(金奖)、《春朝鸣喜图》(金奖)、《风雨桥》(银奖)。2012年首届广西工艺美术作品展：《富贵长寿》(金奖)、《鱼跃龙门》(银奖)、《宝塔春色》(银奖)、《富贵吉祥》(银奖)、《锦上添花》(铜奖)。"金凤凰·青岛赛区"创新产品设计大奖赛（2012年中国工艺美术博览会举办）：《日月门神》(金奖)、《大吉大利》(铜奖)，等等。许多艺术品影响重大，如《香港回归梅报春》，为庆祝香港回归十周年，广西壮族自治区政府作为珍贵贺礼赠送给香港特区政府。2008年自治区党委选用了5幅贝雕精品画《富贵锦绣》，作为国礼赠送给东盟国家的领导人，产生了较大国际影响。

贝雕历史悠久，是艺术和工艺的融合，是智慧的结晶。贝雕承载着古老文化又体现现代文明，是中华艺术宝库中的瑰宝，为北海乃至广西对外宣传的一道亮丽风景，未来必将成为中国对外交流的一张名片。

（二）贝雕的工艺流程

贝雕的工艺多种多样，烦琐细腻，流程十分复杂。其工艺的最大特色，只能以"精雕细琢"来形容，最大限度体现出"磨"的精神。总体来说，该工艺是通过精选有色贝壳、海螺，巧用其天然色泽、纹理、形状，经多道工序的精心雕琢，最后创造出来的艺术品。以贝雕画为例，其主要制作步骤如图3-16所示。

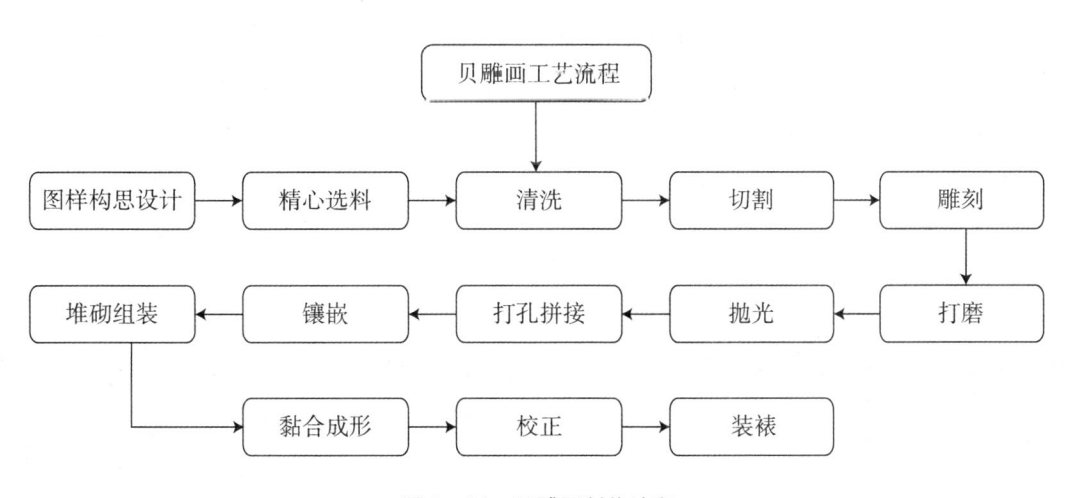

图3-16 贝雕画制作流程

各个流程的 12 个工艺要点如下。

其一，构思、设计图样：艺术家对贝雕作品的最终艺术效果、形象、总体图像进行构思，包括构图、组成部件、结构处理、最终效果等，进行预先设计。专业设计人员在图纸上设计好贝雕作品的目标图样，标明图纸各部位需要使用的各类色泽贝壳，以及流程。其二，选料：磨形工人根据设计图的需要，结合图样的形式、内容、色彩、规格及特殊效果等要求，精心选取与之吻合的天然贝壳材料。其三，清洗：将选取的贝壳清洗去污，除去杂质，以便切割及雕刻。其四，裁剪切割：根据作品的图案、内容、形式、规格、效果需要，切割贝壳，分切为无数个小部件。其五，雕刻，即精雕：根据贝雕图样的内容、纹路、大小、规格、效果等，对贝壳各部件进行雕琢加工。这是核心阶段，着重展示各种雕法、技艺，是贝雕工艺的本质之处。其六，打磨抛光：细琢、琢磨。将切割和雕刻出来的部件打磨抛光，使其发出亮丽光泽。其七，打孔拼接：在已打磨好的贝片部件上打孔，以绳串接，增强各部件间的稳固度。其八，镶嵌：把经雕刻和打磨抛光后的贝壳按图样单元镶嵌，组成图案基本单元。其九，堆砌摆件：把镶嵌后的各基本单元按设计图纸堆砌组合，以便黏合。其十，黏合成形：根据预先设计的效果图样，将各个单元件粘合成形。其十一，调整校正：贝雕作品组装完成后，仔细调整校正。其十二，装饰装裱：将粘合后的贝雕作品装裱成品，配以框和其他装饰品等，美化效果。其中第一至第三步是基本的准备阶段，第 5 步为核心阶段。

(三) 贝雕的艺术特点

贝雕作品精美绝伦，巧夺天工，是不可多得的艺术珍宝。其类型丰富多样，色彩艳丽，内涵深刻，艺术手法变化无穷，总之，其艺术特点为以下 5 点。

第一，它是多种工艺特别是各种雕刻技艺的叠加、吸收与创新的融合。贝雕源远流长，底蕴深厚，不管是春秋战国时期的贝类流通货币，还是新石器时代末期墓葬的贝类装饰品，都带有明显的雕饰烙印。贝雕是各种工艺特别是各类雕刻绝技叠加、借鉴和融合的结晶。它是通过精选各类天然有色贝壳，巧借其天然色泽、纹理、图案、形状等，经选料、切割、剪取、雕琢、车磨、抛光、镶嵌、黏贴、装裱等多道工序，经精心雕琢后创造出来的艺术品。其手法多种多样，选、切、雕、凿、磨、拼、接、黏并用，重点采取微雕、浮雕、镂空雕与立体雕等绝技，吸收了木雕、玉雕、石雕、砖雕、牙雕和国画等技法的优点，最终制作出平贴、半浮雕、镶嵌、立体等多种类型的艺术品。其类型多样，有贝雕画、微雕、贝雕摆件、贝雕饰品等，贝雕饰品又分贝雕花、贝雕纽扣、贝雕吊坠、贝雕项链、贝雕耳坠等。因精致复杂，图案惊人，其制作相当严格精细，流程也相当复杂，往往要经过十几道工序一丝不苟反复雕琢而成。正因如此，最后制作出来的产品璀璨夺目，形象生动，层次分明，将贝壳的艳丽、珍珠的光泽、玉雕的质感、刺绣的空灵及国画的神韵浑然融为一体,可谓人世间鬼斧神工之作。

第二,选材严格,关键在"纯"。贝雕之所以光华艳丽,堂堂皇皇,璀璨夺目,关键在于原材料。其原材料的选取,最关键在于"纯天然"。可以说,贝雕的美,很大程度上是源于大海的天然之美,它是大海的艺术结晶,是潮汐、波浪、阳光和时光共同孕育出来的精灵。就以贝雕画来说,不管色彩如何辉煌灿烂,其全部原材料都是利用贝壳的天然颜色制作,无任何染色或涂贴,全靠其荧光和天然纹理组合搭配而成,全部为真色。正因如此,一件五光十色的贝雕作品,要经过选取无数的贝壳,根据其天然颜色、纹理和形状,通过选取、切割、雕琢、磨制、钻孔、拼接等,最后制作出具天然色泽的各种精美图案。除了颜色之外,贝雕的技艺特点,就是"对形"。就是要对海螺、贝壳的天然形状,要善于识别、发掘、设计和搭配创意,做到手法独特,因材取势,因材施艺。民间艺人的技法极其高妙:如利用江贝的层层纹理,可制作为绝美衣裙;把具有螺丝旋纹的贝壳,切成仕女的发髻;以江瑶贝、银壳贝制作树叶;利用海螺、鸡心螺的红色制作枫叶,而贝内层的紫色,可做鸟的羽毛,也可以做葡萄;有斑痕的贝壳,可锯成带疤痕的树木躯干[①],以此类推。因而,贝雕的制作须投入大量的人力物力。一件只有几十斤重的贝雕画,往往需要消耗一两吨甚至更多吨的贝壳原料,并经过两三个月的精雕细凿方能完成。

**图 3-17 获吉尼斯奖的巨型壁画《高尔夫之传承——从英格兰到三千海》**

(本图片由北海市恒兴珠宝有限公司提供)

案例 1:《高尔夫之传承——从英格兰到三千海》

大型贝雕壁画《高尔夫之传承——从英格兰到三千海》,获得了大世界吉尼斯记录奖项(见图 3-17)。这幅巨型贝雕长 18.03 米,宽 2.58 米。该壁画以高尔夫发展史为题材,运用白蝶贝、黑蝶贝、黄光螺、白玉甲螺、犁头螺等 40 余种海洋贝壳,通过工艺师的精心设计,经选材、剪取、车磨、雕刻、抛光、镶嵌、黏贴等工序一步步制成。整个画面以北海三千海 18 洞海上国际高尔夫球场为背景,通过苏格兰牧羊人、士兵、贵族与高尔夫运动起源发展相关联的一系列风格各异的

---

[①] 林雄主编:《北海贝雕——海洋文化的辉煌记忆》,广西民族出版社 2013 年版,第 45 页。

异国建筑、人物形态、休闲设施等,再现了高尔夫传承发展之历史(见图3-18)。该巨幅贝雕从构思、立意到完成,包括设计人员制作,共有20多人参与,前后共花了10个月时间,至2011年11月才竣工。整个雕塑浩大壮观,灿烂华美,具有很高的工艺水准和观赏价值。空前的规模、深厚的底蕴、精湛的工艺、撼人的画面,使该幅巨作轰动国内外,成为贝雕发展史的一个里程碑,也成为迄今为止世界上最大的贝雕壁画。

图3-18 巨型贝雕画《高尔夫之传承——从英格兰到三千海》展厅
(本图片由北海市恒兴珠宝有限公司提供)

第三,侧重"雕"功,"雕"法高超。贝雕之所以璀璨夺目、光彩照人、富丽堂皇,除了原材料纯天然,即海螺贝壳的美丽光泽及纹理之外,更重要的是因为其"雕"功。通过"雕",精雕细刻、心血雕琢,使各种图案或花纹,包括风景、花卉、植物、动物、房屋、人物的各类形象惟妙惟肖,生动活泼,跃然纸上。贝雕的雕法丰富多样,传统技法主要有平雕、微雕、圆雕、浮雕、立体雕、沉雕、镂空雕等,技法变化无穷,专于细腻,出神入化。刀法讲究稳当准确、刚劲利落、线条突出,生动传神。以微雕为例,获奖作品《论语》《孙子兵法》《道德经》等,就是工艺美术大师利成世在巴掌大的一片贝壳正反面,将《论语》(15900字)、《孙子兵法》(6075字)等全文微刻在一枚完整的珍珠贝上。整个贝壳密密麻麻,但错落有致,布局合理,简洁突出,行云流水，令人称绝。北海贝雕最初是在"螺钿"的基础上发展起来的，后来不断发展演变，趋于多样化。近年来，北海贝雕在传统的基础上，借鉴国画构图，吸收了牙雕、玉雕、石雕、木雕等技法，发挥贝雕"螺钿"绝技特点，并不断融入现代设计理念，实现传统与现代相结合，最终成功研制出浮雕形式的纯天然、不着色、原汁原味的贝雕画艺术品。因此，在某种意义上，国画有多少种表现形式与构图，就有多少种雕法，因而就会有多少种贝雕画。

第四，类型多样，题材吉祥，寓意美好，展现中华传统核心价值观。贝雕的动人心魂之处，不仅在于其原材料天然美丽，雕刻技法高超，欣赏价值高，更在于其寓意美好，幸福吉祥，给人无限美好憧憬。贝雕题材广泛，但绝大多数为幸福吉祥、大富大贵、光明美好之类寓意，或表现出浑雄的大好河山、绮丽的自然风光、闲情逸致的小桥流水，或田园生活、渔业生活，或民族风情之类，分人物、花鸟及山水三大类。题材一般有竹、兰、梅、菊、月季、牡丹、百合、芙蓉、瓜果、鸟、喜鹊、龙、鱼、蝶、牛、狗、羊之类，也有凶猛的老虎、豹子、狮子之类，以及神话传说、历史故事、名人典故、名人名家，背景多有日、月、山、河等等。常见画面一般有"百鸟朝凤""百花齐放""春满乾坤""富贵锦绣""福寿同堂""万代辉煌""年年有余""国色天香""梅兰竹菊""八仙过海""一帆风顺""春晓""鱼跃龙门""喜相逢""鸿运当头""锦绣前程""大展鸿图"或"嫦娥""观音""妈祖"等，以及环北部湾地方特色的"南珠魂""椰岛风光""潮""美人鱼"等。贝雕作品类型多样，有贝雕画、圆雕、半圆雕、微雕、贝雕花、贝雕饰品、贝雕把件、贝雕摆件、立体贝雕、浮雕画等，仅北海就有6大种类1600余品种。有的摆于堂前，有的藏于柜里，有的镶嵌于家具上，如合浦现存明末清初的酸枝木贝雕座椅，珠光晶莹，非常精美。贝雕作品构图多采取国画风格和东方艺术构思，贯通国学，古朴典雅，寓意美好，蕴含中华传统价值理念，展示东方文明之大雅大美。

第五，融合自然，华美富丽，金碧辉煌，寄意未来。贝雕作品底蕴深厚，巧夺天工，动人心魂，显示出自然与文化的高度融合，将内陆文明与海洋文化深度融合，使作品气势恢宏，壮美无比。贝壳是沧海桑田的见证者，贝雕巧妙地将人与海结合起来，将海洋的辽阔深邃与人的气度胸怀融合，显示出中华民族的儒雅、修养、气度、胸怀之美。它记载着人与海的故事，传达着人们对美好明天的向往和期待。贝雕是海的绮丽与传统文化智慧的结晶，是国画的典雅美、雕塑的技法美与贝壳的自然美的完美交融，是美的再创造。贝雕是中华文化的积淀，是传统文化与未来追求的完美结合，是中华民族核心价值理念的完美表达，是对中华文化对世界繁荣、和睦欢乐和大同境界的理想描述和不懈追求。

## 案例2：巨型贝雕壁画《百鸟归巢图》

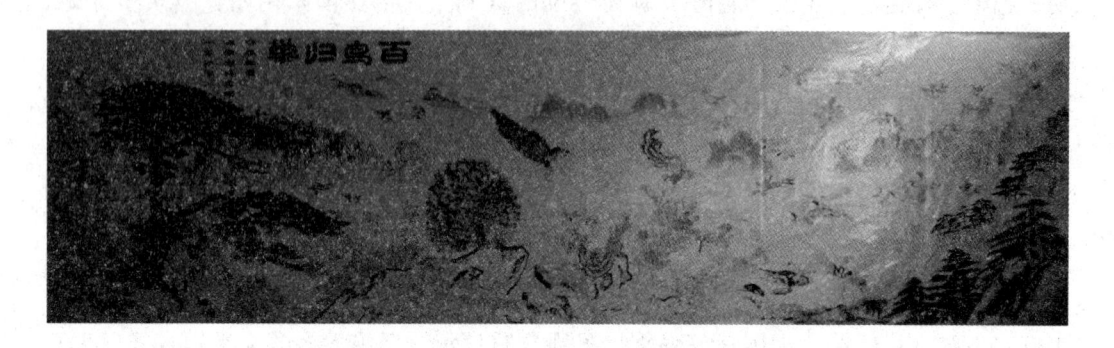

**图3-19　巨型贝雕画《百鸟归巢图》样稿（长约10米、高3米）（谭为民摄影）**
**（本图片由北海市恒兴珠宝有限公司提供）**

巨型贝雕壁画《百鸟归巢图》，长约10米，高3米，由恒兴珠宝公司设计制作。整幅作品，生产商投入大量的人力物力，用40多种纯天然珍稀贝壳，共消耗十几吨贝壳海螺原料，由一大批有三四十年从艺经历的贝雕工艺大师团队通力合作，历时3个月的精雕细琢方得完成。《百鸟归巢图》的落成，是目前为止全世界最壮观、最辉煌的贝雕艺术之作，标志着贝雕进入新的历史阶段。通过数十种的贝类纯天然颜色纹理的设计、搭配和筛选，经清洗、切割、雕凿、打磨、抛光、镶嵌等十几道工序，最终雕琢成这幅历史巨作。图中描绘的禽鸟有凤凰、孔雀、绶带、瑞鹤、五色鹦鹉、雉鸡、鸳鸯、春燕、黄鹂、野鹜、鸭凫、鹭鸶、八哥、白头翁等，或飞或息，生机勃勃；植物花卉则有梧桐、松、柏、牡丹、海棠、玉兰、山茶、翠竹、蜡梅、鸢尾、灵芝、水仙、兰草等，百花争艳，欣欣向荣。图中的孔雀开屏，展开的万根色泽艳丽的尾屏，都是由贝雕大师通过精挑细选将贝壳雕琢成一根根羽毛后黏连而成。无论是禽鸟，还是植物花卉，都被雕刻大师们刻画得惟妙惟肖，栩栩如生，色彩绚丽。画面中的禽鸟，千姿百态，百鸟和鸣，气氛热烈祥和；各种植物花卉，生机勃勃，表现了大自然中动植物和谐共处的美好景象。此贝雕画万物繁茂，内容丰富，寓意深刻，富贵又不失典雅。各种景象分别代表不同的含义：旭日东升表达光明，冲破云层蒸蒸日上；凤凰常被喻指德高望重者众望所归，或君主圣明而天下归附（见图3-20）；迎客松表示迎接天下客，朋友满天下（见图3-21）；百花齐放表达万物兴盛、天下繁荣。巨型贝雕通过对上述主题的深度刻画，表达人们对太平盛世的无限期盼，对和平开放的热烈追求，对天下繁荣昌盛、世界大同的无限憧憬（见图3-22）。

图 3-20 巨型贝雕《百鸟归巢图》局部清晰照（一）

图 3-21 《百鸟归巢图》局部清晰照（二）

图 3-22 巨型贝雕《百鸟归巢图》全貌（长约 10 米、高 3 米）
（本图片由北海市恒兴珠宝有限公司提供）

正因为环境的纯净、特殊的价值、精湛的工艺、浓郁的特色，贝雕成为海洋工艺品的代表，逐渐升温，成为北海乃至环北部湾亮丽的"海洋名片"。其已远销 20 多个国家和地区，国际影响不断扩大。

贝壳类的纯洁、美丽、典雅，使人类不管是东方人还是西方人，都对之情有独钟。人类对海螺贝壳的欣赏及爱慕，使之升华为一种文化、一门艺术。在希腊古神话中，美丽之神、爱情之神维纳斯，就与珍珠一起诞生于贝中（今天的大珠贝），所以，贝能象征母性和爱情，代表人类最伟大和珍贵的感情。在东方，由于表达的含蓄性，使这种感情的表达更深沉、更艺术，贝雕就是这类含蓄表达的重要方式。总之，不管从哪方面来看，贝雕不仅有历史价值，更有工艺价值、文化价值、艺术价值，还蕴含着不可轻视的科技价值、经济价值和生态文明价值。科技在进步，时代在发展，贝雕技艺也在不断传承发展、创新突破，将进入一个全新的繁荣发展历史时期。

（四）其他各类案例

除了贝雕之外，环北部湾有许许多多的传统技艺类珍宝，如北海珍珠饰品、钦州坭兴陶、雷州石雕，以及海南黎族刺绣织锦等，它们都是艺术奇迹。

以珍珠为例,合浦珍珠富贵、高雅、气派,光彩艳丽,熠熠生辉,奇美无比,各类饰品珠光宝气、璀璨夺目。其加工制作技艺变幻无穷,产生的艺术类型也丰富多样,如珍珠冠、珍珠链、项链、珍珠挂坠、头链、手链、珠宝戒指、耳坠、胸花、胸饰、珠宝摆件等上百个品种。仅珍珠链工艺来说就有发来链、发髻套、头箍链等式样;珠宝戒指就有单粒镶、挤珠镶、样形镶、包边镶、起珠镶等多门特技;珍珠胸花工艺就有孔雀形、梅花形、凤凰形、扇形等几十种式样;而珍珠摆件就集镶嵌、錾花、制胎、翻摸、焊接、电镀等技艺于一体等。珍珠饰品制作技法多种多样,每个门类内部,就成为一个丰富多彩的艺术世界,有待人们去发掘、探索和发扬光大。

又如钦州坭兴陶,学名紫坭陶,也称"紫砂陶"。坭兴陶以其特有的窑变艺术,堪称"世界一绝"。1915 年和 1930 年,坭兴陶两次在世界陶瓷展览会上荣获第一名(比利时博览会)、金质奖章(巴拿马太平洋万国博览会),由此威名远播海内外,跻身于中国四大名陶之列。坭兴陶历史源远流长,根据广东、广西文物考古工作队 1956—1980 年多次考古发掘,发现早在新石器时代钦州就有制陶遗迹。而坭兴陶源于唐,产生至少已有 1300 年历史。坭兴陶的代表作,有"高鼓花樽"(见图 3-23)"时来运转""龙纹君子钟""四神""巡天壁挂""古香茶具""风雨桥""世博园·壮乡情"(高 2.2 米,宽 0.66 米)等等。坭兴陶的制作,关键要以钦江东西两岸特有紫红陶土(优质红色黏土)为原料,东泥软为肉,西泥硬为骨,按软六硬四混合,骨肉得以相互支撑者方为上品。坭兴陶天然洁净、泥质细腻,绿色环保,富含铁、锌、钙、锶等十几种对人体有益的矿物质,用此泥土制陶无须添加任何陶瓷颜料。陶土原料经过球磨淘洗、过筛、压滤、练泥、成型、雕刻、烧成、打磨等多道工序,"窑变"产生。在烧制过程中,"窑变"是无釉坭兴陶的一大艺术特色:炉盘上升到 1200℃ 的临界点时[①],陶胚的极少部分胎体发生窜变现象,便自然形成各种斑斓绚丽的色彩和纹理,这时必须打磨表层氧化物,使五彩斑斓的真面目全部显露出来,包括天蓝、古铜、紫红、铁青、虎纹、大斑、墨绿等诸多意想不到的色泽,绚丽晕人,令人痴迷。其文彩之繁多,达到变化莫测之境界,绝无任何雷同,令人无法想象。

要想使毛坯原始件的艺术效果达到最高境界,则必须通过工艺造型设计,对陶瓷画面雕刻装饰结合。装饰讲究刀法,一般采用浮雕、圆雕、捏雕、刻、剔、填花、镂空、镶嵌等手法,在泥坯上雕出花卉、人物、山水等图案,煅烧后,最后打磨、抛光、打蜡,使其发出亮丽光泽,集春暖、夏绿、秋红、冬寒之灵气于一体。当然,现在已出现诸多新的表现技法,如高低浮雕、圆雕、素胎和艺术的综合应用,花色品种多样,尽显若隐若现色彩变化之奥妙。坭兴陶古色古香、音质铿锵、质地坚实、耐酸耐碱、透气性好,茶叶隔夜仍溢香芬淳,色味不变。正因这些特效,坭兴陶获得荣誉非常之

---

① 达到这个临界点时,氧化还原反应就会生成。

图 3－23 获奖作品《高鼓花樽》

多。近百年来，坭兴陶参加国际和国内大展获各类大奖达 60 多项。2012 年，坭兴陶作品《高鼓花樽》（作者李人帡，中国工艺美术大师）荣获联合国教科文组织"世界杰出手工艺品认证"。2012 年，钦州市被正式授予"中国坭兴陶之都"美誉。

在环北部湾传统技艺宝库中，陶瓷尤为突出。整个海湾周围，均分布大量的古制陶遗址、陶瓷遗片及各类制陶技艺，如合浦草鞋村汉窑群、合浦赤江陶制作技艺、三沙水下沉船及陶瓷遗址、黎族原始制陶等。尤其是黎族原始制陶技艺，中原已完全进入窑烧制陶法阶段，但海南黎族仍保留着被考古界称为制陶史上"活化石"的黎族原始制陶技艺。这些技艺，主要采取原始仪式、手制、露天篝火堆烧的原始方法焙烧陶器，保存着人类史前的最古老文化源泉[1]。从现有分布来看，整个环北部湾成为一条古陶瓷艺术大走廊或海内外陶瓷大通道，国内陶瓷在此汇集，由此对外出口贸易，从而使古海上丝绸之路变成"古代陶瓷之路"。

总之，环北部湾海洋传统技艺门类丰富，许多技艺都是不可多得的珍宝，它们或以历史价值取胜，或以珍稀性取胜，或以工艺烦琐难度著称，或以最终制作效果取胜。它们受外来或西方影响较深刻，成为传播文化、友谊交往的历史见证。

## 四 遗产的内涵案例分析——历史记忆与传统口头语言艺术

环北部湾是个历史记忆、传统口头语言与方言艺术宝库，类型多样，底蕴深厚，闪耀夺目。仅以传说故事为例，其类型多样，分珍珠传说故事、自然地理传说故事、

---

[1] 2006 年 6 月，海南省的黎族原始制陶技艺被正式列入国家级非物质文化遗产名录。

渔业生产故事、古海丝路传说、名人传奇故事、民族传说故事等。例如渔业故事，就有美人鱼传说、虾公的剑、歪嘴的龙利鱼等；如以族群来分类，则可分为疍家、京族、黎族、苗族、回族、瑶族、壮族、客家神话故事圈，以及东南亚故事圈、海丝路故事圈等。又如，名人传说故事就有马援、冼夫人、苏东坡、海瑞、黄道婆、冯子材传说故事圈等等。在这浩如烟海的历史记忆与口头传统艺术宝库里，数量最大、流传最广，也最为精彩的，则要数珍珠故事圈，如珠还合浦传说、夜明珠传说、美人鱼传说、珠龙、泪珠的故事、鲛鱼泪珠、还珠岭的传说、白龙珍珠城传说等等。同时，以珍珠为中心，涌现出大量的珍珠诗词歌赋文学艺术，以及珍珠采集艺术、养殖艺术、加工艺术、饰品艺术、雕刻艺术、表演艺术、珍珠民俗艺术等。此外，还有诸多遗址艺术，如古珠池、孟尝祠、还珠亭、海角亭、白龙珍珠城等。在千万颗明珠里，渊源最深、流传最广，也最具艺术魅力的，是民间神话故事"珠还合浦"。

（一）"珠还合浦"文本分析

"珠还合浦"传说为千古美谈，成为典故，家喻户晓。"珠还合浦"民间流传有数十个版本，并由此产生诸多变体，各版本风格各异，但大体来说其主题及节点均较为类似：都是以夜明珠为中心，以采珠能手海生和珍珠公主的爱情发展为线索，以与太监的斗争为导火线，不断冲突升级，精彩纷呈，高潮迭起，展示了浪漫大胆、惊心动魄的斗争画面，展示了波澜壮阔的采珠生活，最后以太监惨败、夜明珠飞回海湾照耀夜空的圆满结局告终。故事情节生动，想象力丰富，魅力四射，感人至深。剖析其版本，主要采取六段式结构：

第一段，赐珠。海底龙宫王母娘娘赐珍珠白龙湾，白龙海底从此珍珠繁茂，出产稀世珍宝夜明珠。古时，采珠能手海生冒死来到杨梅池的红石潭采珠。此处水深礁多，环境凶险，有两条巨大的恶鲨守护夜明珠。海生不畏险恶，与恶鲨搏斗，不幸负伤，鲜血直流差点丧命，幸被珍珠公主发现，全力救助，海生才得以脱身。赐珠交代了神话故事产生的背景，拉开了序幕。

第二段，联珠。夜明珠化身的珍珠公主同情珠民遭遇，更爱慕海生勤劳勇敢、不畏艰险、舍己为人的高尚品德，变为美丽姑娘来到渔村，与海生相识、相爱、结婚生子，结网打鱼，帮助乡亲，生活美满，闻名四方。

第三段，逼珠。夜明珠的名声传到了皇帝那里，皇帝十分动心。皇帝派太监谭纪前来坐镇白龙珍珠城，强迫珠民下海采捕夜明珠。太监以珠民为人质，若采不出珠即将其丢入海中。县官威逼采珠能手海生潜海采珠，扬言若采不到夜明珠，就要血洗渔村，把珠乡化为焦土。整个珠乡乌云密布，哭声震天，陷入黑暗恐怖之中。

第四段，化珠。巨浪凶险采不到珠，村民逐个被丢海中死于非命。在这危急关头，珍珠公主忍痛还原真身，化为夜明珠，离开白龙城远赴京城。整个珠乡痛失夜明珠，陷入无限悲痛之中。故事在高潮中发出人民的呼声：珠魂何时回白龙，何时回珠民身边？

第五段，藏珠。太监获得夜明珠欣喜若狂，即回京城，没到半路，一道白光飞出，急忙打开箱一看，夜明珠竟然不翼而飞。皇帝处死太监谭纪，再派太监赵兰赴白龙采夜明珠。为救村民，珍珠公主再次化身，还原为夜明珠。太监得珠后欣喜若狂。吸取上次教训，太监听从诡计，忍痛割开大腿，把夜明珠藏于自己股内，随身携带严加守护，这就是"割股藏珠"。

第六段，飞珠，即还珠。太监层层重兵，快马加鞭连夜急赶京城。当太监浩浩荡荡的队伍走到梅岭地界时，天昏地暗，风雨大作，惊雷四起，一道闪电划破黑夜。太监疼痛难忍，割开屁股一看，夜明珠早已踪影全无！夜明珠又飞回白龙海面闪耀夜空！合浦海面珠光灿烂，百姓欢呼合浦珠还！太监自知回京城必死，只好吞金而亡。珍珠公主又化身为美丽姑娘，从此与海生过上美好幸福生活。

（二）解读

珠还合浦故事有其深厚的背景，包括自然环境背景、生产力背景、历史背景和社会背景等，但根本背景是"南珠之乡"。合浦，位于北部湾畔，中国大陆的南端，北部湾环状海岸之半封闭圆圈的中间点，毗邻东南亚，地理条件十分优越。因这里属于与热带交界的亚热带海洋性气候，气候温暖，加上北部湾水域特有的水质、水温和养料，特别适合珠贝类生长，使这里的螺、贝类非常丰富，是珍珠生产的绝佳土壤，被誉为"南珠之乡"。这里珍珠的生产源远流长。合浦古时属百越之地，在反映史前时期社会的神话故事里，有许多涉及珍珠的内容。文字出现后，在各类古籍里，就载有百越民族开采使用珍珠的大量事实。中国有关珍珠的记载不绝经传，如《海史·后记》《诗经》《山海经》《离骚》《尔雅》①《墨子》《管子》《周易》《后汉书》等，源远流长，影响深远，其中多处专指南珠。例如，《书经·禹贡》载"珠贡惟土五色"；史载"适秦开疆百粤，尉屠睢采南海之珍以献"②，秦代合浦珍珠已作为贡品，驰誉于世。《汉书·地理志》载："廉州合浦县有珠母海，郡人采珠之所。"③《粤西杂录》曰："南珠出合浦白龙，历为贡品。"《豆棚闲话·续篇》云："贡珠多为南珠，产白龙者上品，次杨梅……"④ 据考证，中国古代八大珠池，合浦就占七个，白龙、杨梅、青婴、平江、断梦（断网、断望）、乌泥、海珠（又名海诸、珠沙）等（见图3-24），足见其地位之重。"珠还合浦"民间神话就是在这样的环境背景下产生的。

---

① 《尔雅》载："以金者为铣，以蜃者谓之珧，以玉者为之圭。"《说文》载："蜃属，谓之珠者也，谓老蚌产珠者也。"
② （清）屈大均：《广东新语》，中华书局1985年标点本，第195页。
③ （汉）班固：《汉书》（第八卷），中华书局1962年标点本，第293页。
④ （清）艾衲居士：《豆棚闲话》，人民文学出版社1984年版，第269页。

图 3-24 明代《廉州府志》所载古珠池分布图

合浦珍珠称为南珠，光华艳丽，硕大圆润，晶莹夺目，凝重结实，自商代被列为贡品，秦汉之后为皇室专用，深受帝王及王公贵族所喜爱，之后历代王朝都被列为贡品。历代帝王将相大都崇尚珍珠，多有珠帘、珠履、珠鞍和珠襦等。珍珠被视为华丽、荣耀和权力的象征，其佩戴有严格的等级规定，不得违反，普通百姓望尘莫及。"西珠不如东珠，东珠不如南珠"，世界三大珍珠之对比，更使南珠成为"珍珠之王"。作为南珠之乡，合浦历来被列为皇家贡珠的生产地，官府派兵严加把守，有的朝代皇帝亲自派太监坐镇把守，采集成果专供宫廷。但古代，珍珠生产完全靠人力潜海采珠，即珠民从船上，身上系绳，石垂双脚，丢入水底徒手捕捞后携篮潜出，对此《天工开物》有记载（见图 3-25）。李时珍的《本草纲目》"真珠"篇中曾描述了珠民采珠的艰险："合浦县海中有梅、青、婴三池。蜑人每以长绳系腰，携篮入水，拾蚌入筋即振绳，令舟人急取之。若有一线之血浮水，则葬鱼腹矣。"原始粗糙的作业方法，海底地貌、暗礁、风浪、漩涡、寒冷、缺氧和猛兽袭击使潜水险恶万丈，许多珠民葬身海底。"珍珠在数十丈水中，取之必以长绳引而石追蜑人下，气欲绝则擎动其绳，舟中人疾引而出，稍迟则七窍流血而死或为恶鲨所噬"[1]，珠民"多葬鱼腹中或绞绳上仅手足存耳"，"葬身鱼腹泪满襟"。采珠史可以说是珠民的血泪史，"以人易珠不见人""采得珠来泪已枯"是对其血泪生活的真实写照。

---

[1] （清）屈大均：《广东新语》，中华书局 1985 年标点本，第 215 页。

**图 3-25 《天工开物》记载的采珠方式**

历史，是文学产生的根基；生活，是文学产生的土壤。"珠还合浦"正是对这些历史生活的真实写照。然而，在这种真实写照之上，加上珠民的美好祈愿，再加上历代文人的艺术加工，以及传统美好价值追求，就成为"珠还合浦"故事的主题母本。千百年来，尽管有关珍珠的传说故事不计其数，"珠还合浦"的口头版本也超百个，但总不偏离这个主题母本。经典"珠还合浦"版本，其结构也基本相同，即六段式。其中的"赐珠"段，侧重交代自然及社会历史背景，以守护夜明珠的两条大恶鲨比喻珠民险恶的生产环境，揭示其"珠得人亡泪满襟"的悲惨生活，拉开序幕；"联珠"则通过珍珠公主化身美丽姑娘，相亲相爱、结婚生子的美满生活，表达了珠民对美好生活的幻想、渴望，也表达了对珍珠的深度依赖；"逼珠"则揭示了社会的黑暗，揭露了官吏的贪婪，毒剥珠民，暴劫珍珠，百姓水深火热，血泪斑斑，这是对"去珠""失珠"根源的揭露和控诉；"化珠"展示并歌颂了珍珠公主的纯洁品质：关爱穷苦百姓，危急时刻舍己救人,是对为了群众生存安危而自身走向死亡的人或神的歌颂。借此珠民痛发心声:珠魂何时回乡,何时回珠民身边?"藏珠"则从夸张的角度揭露贪官的丑恶嘴脸,揭露官吏层的贪腐愚蠢;而最后的"飞珠"(还珠),夜明珠不过梅岭便无影无踪,展示了珍珠公主珠魂萦绕故土、依恋故土、依恋人民的深厚感情,歌颂她不畏强暴、宁与玉碎不为瓦全的纯洁品质:即使再遭浩劫,被太监割股藏于肉中,严加看管,也最后喷水飞珠,于闪电雷鸣中化为一道闪电飞回白龙海面闪耀夜空!合浦海面珠光灿烂,百姓欢呼合浦珠还!太监吞金而亡后,珍珠公主化身美丽姑娘,与海生从此过上美好生活。整个故事的核心,表达了珍珠公主珍珠般的纯洁品质:热爱劳动人民,不变心、忠诚爱情、至死不渝(见图3-26、图3-27、图3-28、图3-29)。

图3-26 20世纪末连环画《夜明珠的传说》封面

图3-27 20世纪末连环画《珠还合浦》封面

图3-28 20世纪80年代热门连环画《珠还合浦》

图3-29 连环画《夜明珠》封面

(三)"珠还合浦"传说的艺术特征

"珠还合浦"流传千古,传唱至今,其悠久性、集体性、深入性、广泛性为国内及周边地区所罕见。"珠还合浦"故事流传两千多年,经民间口口相传,千千万万人创造,已经发展为多个版本、多种变体、多种艺术表现形式的庞大"珠还合浦"文化艺术圈。其多种变体及艺术表现形式过于繁杂，不能一一分析，但就上述的六段式民间传说而言，经研究，至少具有以下 6 个艺术特点。

1. 它是历史真人真事与神话艺术的完美结合

珠还合浦历史悠久、考证确凿。其真人真事，首先体现在"珠还合浦"传说源于有口皆碑的古代名人逸事：东汉孟尝。《后汉书·孟尝传》载"郡不产谷实，而海出珠宝"；"先时宰守多贪秽，诡人采求，不知纪极，珠遂徙于交趾郡界。于是行旅不至，人物无资，贫者饿死于道"；"尝到官，革易前弊，求民病利，曾未逾岁，去珠复还。百姓皆返其业，商货流通，称为神明"。"珠还合浦"，几乎与"起死回生"同义，堪称人间奇迹，成为千古美谈，流传两千多年至今传唱不衰。孟尝被百姓捧为神明，其艺术形象越来越脱离其原本形象，越来越民间化，即被民间采用了特有的神话手段传颂，被赋予神格，产生了强大的神力，最后终于演化为珍珠的化身或守护神——珍珠公主，演变为成百上千的珍珠传说故事。其真人真事还体现在古代采珠悲惨生活的真实性反映。故事保留了大量的古代采珠场景，记载了古代珠民采珠的艰辛，要付出巨大的生命代价，潜入风浪险恶的海底徒手捞贝，展示了波澜壮阔的海洋生活。其真实性还体现在过去社会历史的真实反映，如太监和县官强迫采珠，珠民生活十分悲惨。最后，其真实性还体现于诸多考古遗址见证，如古珠池、白龙珍珠城遗址、地下文物、还珠亭，以及诗歌、文献记载等。艺术源于生活，又高于生活。"去珠复还"虽神奇，但毕竟代表正统的主流意识，不能体现底层民间的价值观念。神话具有民间性、超越性，经过不断传颂美化，不断融入民间百姓的理想愿望，最后终于演变成极具神话色彩的夜明珠神话故事。该故事内容具原生性，从中可透视古百越民族的许多原始文化现象，如将孟尝被千家万户称颂，采用了民间特有的神话颂扬，被神性化，适合百姓口味。但与内地不同，内地神性化的神格一般为威猛的男性神或中性，孟尝却被神格化为女性，由男性变为珍珠公主，究其原因，主要是古百越母系社会的遗风、女性的地位所致。古百越长期处于母系氏族社会，主要为渔猎采集生产方式，特别是螺贝的手工采集，包括血脉支系的追溯，女性占主导地位，因而原始社会的主要神格为女性神，而非男性神。

2. 浓郁的海洋生产生活特色

珠还合浦传说属于"海的故事"，具有浓郁的海洋生产生活特色和神话色彩。在传统文化中，人们视珍珠为月之精华，能驱邪辟瘴。我国民间流传的"夜明珠"，底蕴深厚，灿烂华丽，最具神秘色彩。海底龙宫、夜明珠、织网、捕鱼、潜水捞珠、珍珠公主等等，反映的都是海洋生产生活，都是"水"里的事物、海之精华，为海洋文化的灵魂。"珠还合浦"的主题为珍珠，故事反映古代北部湾珠民的采珠场景，记载了珍珠的生产、社会环境、生活状态和百姓悲欢人生，反映珠民的珍珠图腾崇拜及心理情感，保存了北部湾远古先民开发南海的原生生活历史断面，揭示珠民波澜壮阔的海洋生活。如海底采珠，过去由于技术简单粗糙，靠潜入海底徒手掏取珠贝，珠民常常遭受恶鲨等海洋猛兽的袭击，葬身鱼腹。因而，在珠蚌的生活栖息地，常有鲨精、怪物护珠池的传说。例如，《桂海虞衡志·志虫鱼》载："相传海底有处所，如城郭大，蚌居其中，有怪物守之，不可近。蚌之细碎蔓延于外者，始得而采"；"珠有螺城，螺母居中，龙神守护，人不敢犯。"① 因而，《天工开物》载原始民俗："蛋户采珠，每岁必以三月时牲杀祭海神，极其虔敬。蛋户生啖海腥入水，能视水色，知蛟龙所在，则不敢侵犯。"② "珠还合浦"故事里揭示的诸多生产场景及传统经验，是先民早期开发南海、利用南海的真实写照，蕴含许多技术符号，暗示海洋生态文明。可以说，珠还合浦浓缩了秦汉以来合浦采珠的生产史、技术史。

3. 大胆浪漫，神奇惊险，主题鲜明

"珠还合浦"故事情节丰富、生动、惊险、神奇，不管是讲述潜水掏珠与恶鲨激烈搏斗场景，描绘珍珠公主与海生结婚的美好生活，还是描述太监官吏的贪婪凶残，以及后来不断升级的冲突斗争，都极其大胆浪漫，引人入胜。整个文本从头到尾，均采取大胆的浪漫主义和夸张手法，爱憎分明，歌颂美丽勤劳，歌颂光明奉献，鞭挞黑暗腐朽，具有神奇的艺术效果。特别是对于海生的勤劳勇敢、救助乡亲精神，珍珠公主的同情珠民、扶助贫弱、舍己救人，不畏牺牲、忠贞不渝、洁白无瑕的品质大胆歌颂，对贪婪和黑暗严厉挟击、无情鞭挞。虽然整个故事从头到尾都散透出一股淡淡的忧伤或美丽的忧伤，清丽委婉，但在结局上采用乐观主义的手法，以夜明珠在黑夜惊雷中化一道闪电飞回海面闪耀夜空，太监无奈吞金自杀，珍珠公主和海生从此过上美好生活为终，结局大圆满。故事想象丰富，采用浪漫、夸张与纪实相结合的手法，给物象以人性化，使珍珠公主和夜明珠之间相互变化，人、神、物的演绎过程充满了浪漫色彩。在情节处理上，故事一波三折，暗藏线索，冲突不断，险象环生，引人入胜，艺术感染力强（见图3-30、图3-31、图3-32、图3-33）。

图3-30　连环画《珠还合浦》场景（一）　　图3-31　连环画《珠还合浦》场景（二）

---

① （南宋）范成大：《桂海虞衡志校补》，广西民族出版社1984年整理本，第312—313页。
② （明）宋应星原著，潘吉星译注：《天工开物译注》，上海古籍出版社2016年整理本，第162页。

图 3-32　南珠宫壁画艺术长廊　　　　图 3-33　大型根雕《珠还合浦》（局部）

4. 艺术形象刻画细腻深入

艺术形象是"珠还合浦"神话传说的核心。本故事艺术形象鲜明，跃然纸上，审美倾向突出。海生勤劳、勇敢，为救乡民苦难不畏艰险潜水采珠，敢于和恶鲨搏斗，是珠民的优秀代表，在他身上凝聚了珠民的优秀品质。通过刻画，显示出歌颂勤劳、勇敢的审美倾向。而太监和地方官吏的形象，则着重对其贪婪、愚蠢、狠毒、阴险等特性的刻画，具有一定的夸张性，着重揭露封建统治者贪得无厌、不顾死活榨取百姓血汗的丑恶嘴脸，暗示见珠民的斑斑血债；对于珍珠公主的形象塑造则丰富、细腻、完美、感人。珍珠公主是夜明珠的化身，同情贫苦珠民，化身美丽姑娘与珠民织网打鱼，结婚生子，在珠民性命攸关之时忍痛变回真身，舍己救人。但屡次太监护送夜明珠回京途中，没过梅岭就化飞回白龙湾，在层层枷锁面前拼命反抗，化为闪电，飞回海面照耀珠民，保持洁白无瑕，可谓惊天地泣鬼神。通过珍珠公主艺术形象的塑造，暗含着对关爱百姓、造福百姓、献身百姓乃至最后自我牺牲的审美价值颂扬。无论哪种形象、哪种变体，包括美人鱼传说、鲛鱼滴泪成珠、螺三妹乳汁救遇难乡亲等，都是对造福劳动人民的歌颂，对真善美的热情颂扬。"珠还合浦"艺术形象丰富，情节感人。

5. 故事的核心价值根基表达：纯洁

神话传说是人类历史的重要文化形式，它以独特方式讲述着特定族群的环境历史、生活方式及情感，铭刻着特定族群的远古文化意识以及深沉族群心理，表现人民喜怒哀乐的思想情感。越是在无文字的人类发展早期，这种表述方式就越显得重要。可以说，它是特定族群某种沉淀下来的"集体意识"或"集体无意识"的表达，是其理想和价值追求的表述方式。"珠还合浦"民间传说大胆浪漫，一波三折，内涵深刻，精彩纷呈，但其核心价值根基只有一个，即"纯洁"，"纯洁无瑕性"或

"光明"。神话传说"珠还合浦"里的珍珠公主,是生长在合浦海域的一颗夜明珠。她不爱权,不慕官,却对珠民的艰苦生活无限同情,品格高尚;她不爱钱,不爱财,只爱慕贫苦但勤劳勇敢正直的珠民海生,与之相亲相爱结婚生子,情感纯洁;公主出生于海底龙宫,极为荣华富贵,却甘愿当渔民辛勤劳动,打鱼织网,帮助百姓;在百姓被逼珠丢入海底生死攸关之时,她啼血忍痛还原真身,化为夜明珠解救乡亲,感天动地;而太监队伍过梅岭之时,她依恋珠乡人民,化身白光不翼而飞飞回珠乡;即使再次解押赴京,太监割股藏于肉中,重兵把守,也于梅岭昏天黑地,惊雷四起,化为一道闪电飞回海面照耀夜空,真是惊天地泣鬼神!她与海生从此团聚,恩爱终生,忠贞不渝。每当夜黑雾蒙或风高浪急的时候,就在白龙海面放射光芒,为出海渔船指引航向,给千家万户带来光明。珍珠公主是美丽的化身,更是纯洁的化身,她的品格正如夜明珠一样,洁白无瑕!她是珍珠的保护神,更是人民的保护神。她是光明的化身,她是人民企盼的夜明珠、祈祷的神明、心中的孟尝!通过神话传说和爱情故事这种特殊形式,通过对珍珠公主这种洁白无瑕品质的歌颂追捧,表达了珠民期盼珍珠回归故乡、回归大海的愿望,表达了珠乡人民追求光明幸福的理想和强烈心声。

6. 形式多样、流传广泛、集体加工、雅俗共赏

"珠还合浦"是在历史长河长期流淌中形成的,是民间集体创作的结晶。太守心怀珠民,革除弊病,使珍珠竟然能起死回生,珠业繁荣,创造人间奇迹。故事为千家万户传颂,口耳相传,流传千年经久不衰,连外国的史书典籍也有记载,更迸发活力。由于流传广泛,飞入千家万户,深入百姓灵魂,被千千万万的人加工使用,因而其艺术形式多种多样。这一点不仅体现在口传文学的版本丰富性上,也由此产生了大量的"珠还合浦"诗词、书画、民歌、音乐、戏剧(见图3-34)、舞蹈、雕塑(见图3-35)、木刻(见图3-36)、版画、剪纸、艺术品,深入渗透至珍珠饰品、首饰、摆件、家具、陶瓷、加工、农业、工程、建筑、节庆、民俗、医药、宗教等领域,近些年来又扩展至首饰、装饰、电影、电视、动漫(见图3-37、图3-38)、卡通、网络、游戏等领域。"珠还合浦"典故的影响力,不仅走进千家万户,影响到生活的诸多领域,甚至渗透至科举制度等。如珠浦生艳女,当地传颂千古的美女"绿珠",实际是珍珠公主的演绎变体。唐贞元七年辛未科举考试,甚至直接以"珠还合浦赋"为殿试考题,选拔天下人才,足见其影响之深。在长达两千年的历史长河中,经过无数民众的口口相传,融入了千家万户的情感梦想,经无数代人的集体创作,凝聚了广大百姓的灵感智慧,最后终于演绎出有无数变体的艺术作品。"珠还合浦"是北部湾人民千百年来积淀下来的巨作,是海洋艺术宝藏里的璀璨明珠(见图3-39)。

图 3-34　大型粤剧《珠还合浦》剧照　　　　图 3-35　民间木刻《珠还合浦》

图 3-36　大型根雕《珠还合浦》　　　　　　图 3-37　漫画《合浦珠还》封面

图 3-38　海丝路印记——阿拉伯韵味十足的　　图 3-39　珍珠皇冠
　　　　　连环画《夜明珠》封面

## (四) 精神品质

"珠还合浦"故事比喻东西失而复得或人去而复回。故事分六节,最后以"惩恶扬善、珠还合浦"为完美结局。通过鞭挞贪秽,痛击假丑恶,颂扬廉洁、革新、除弊,歌颂真善美,其本质,就是对"纯洁""洁白无瑕"品质的价值肯定,就是对"纯洁"品质的心理敬仰崇拜,体现出珠乡人民对"纯洁"品质的理想和价值追求。珍珠是纯洁的、洁白无瑕的、美丽的,是典雅高贵的,做人也必须如此,必须如珍珠般纯洁、美丽、忠贞。南海鲛人(美人鱼),滴泪都能成珠,颗颗晶莹剔透。珍珠天生高贵典雅,其动人心魄之美正因为它来自痛苦中的孕育。只有经历了痛苦孕育,才会产生出任何宝石都无法替代的珍珠之美。要心怀爱心,辛勤劳动;要坦坦荡荡,大公无私,要有奉献精神,要爱憎分明;要心存感恩,忘我奉献;面对大众危难敢于牺牲;要忠贞,永不变心,哪怕玉石俱焚也决不背叛,气节不改,如珍珠公主般誓死捍卫纯洁、捍卫真理。做人如此,做官更须如此,要有"官德",特别要做到"纯洁"。珍珠本是性灵之物,晶莹剔透,容不得半点污点。不管是人品,还是做事,都要做到"洁白无瑕"。要如孟尝一样,关爱民生,为民做主。要如珍珠公主般心系疾苦,舍己救人。在钱财方面,更要注意"廉"。正因如此,合浦孕育了灿烂的"廉文化",产生了一大批历史清官,合浦也因此被称为"廉州"。这里留下来无数清官的清廉传说,如珠还合浦的孟尝,退官回乡后自事躬耕,一贫如洗;苏东坡等大批名士,被贬合浦、海南等地,一贫如洗,但气节不改,留下大量佳话,名扬千古;草花岭的传说,沈纶在位三年,一尘不染,离任时天昏地暗,飞沙走石,问原因却是因夫人私收珠一颗,引得上天发怒,于是怒斥夫人,当场扔珠于草花岭。冯子材、刘永福等英勇抗法,决不容外敌一丝侵略,誓死卫国,也是这种纯洁文化的最好体现。

环北部湾地区的珍珠故事,多以悲剧结局,具悲情色彩,如北海民间故事"阿斑火""龙珠""泪珠""美人鱼"等。其结局短促,留太多遗憾。一般来说,这种结局让绝大多数人觉得不可理喻,但如果从"洁白无瑕""无瑕疵"角度,便可理解这种"宁为玉碎不为瓦全"的心理逻辑结构和结局安排。珍珠神话,从侧面反映了百姓的心声:珍珠宝贵,珍珠虽好,但不能移走,更不能抢夺。要保护好珍珠,繁荣珠业,给珠民更多更好的珍珠。珍珠故事,从深层意义体现了劳苦珠民大众追求光明、追求美好生活的心声和理想,这种理想愿望在统治者的贪婪欺压恶劣环境下,不仅没被压抑,反倒被激发反弹,以各种各样的形式表现出来。该故事也暗喻着:人民的财富永远属于人民,任何暴取豪劫是永远也不会得逞的!

珠还合浦文化体现出一定的珍珠崇拜因素,并上升到哲学层面、审美思维。故事一波三折,充分显示出人与珠的自然依赖及血泪关系。通过"得珠""失珠""还珠"等,展示了美丽、纯洁、光明与丑恶、腐败、黑暗斗争的不同结局,充分剖析了"得与失"

"失与还"的因果转化深层辩证关系,上升到哲学观的境界。与西方美人鱼诱惑水手引入不归路、三叉戟威风男性截然相反,珍珠公主成为同情百姓、扶助贫民和化身救民的力量符号,体现中华价值观。"珠还合浦"阐释了深刻的道理:要尊重自然规律和社会规律,要尊重百姓、尊重自然、尊重劳动,更要尊重百姓的心灵。不尊重百姓的心灵,就会"珠迁徙交趾";关心百姓的冷暖,尊重并呵护百姓的心灵,终究会使珠"去而复返",如夜明珠闪耀夜空,名垂千古。以"珠还合浦"为典型的故事圈,展示了北部湾先民无穷的想象力、创造力和智慧,集中反映了北部湾海洋的环境伦理、民俗观念和文化意识,更表达了"纯洁"的精神境界及价值追求,传播了正能量和生态价值。

### 五 海洋表演艺术遗产案例分析——咸水歌、黎族打柴舞

环北部湾是表演艺术的精彩世界,陆海交汇,国内国外毗邻,各民族大汇集大杂居,使这里的传统表演艺术种类繁多,精彩纷呈。影响较大的有黎族打柴舞、湛江人龙舞、螃蟹舞、海南苗族招龙舞、黎族钱铃双刀舞、黎族面具舞、渔歌(临高渔歌、咸水歌、疍歌)、独弦琴、儋州调声、琼台歌谣,以及粤剧、雷剧、琼剧等。这些五彩缤纷的传统表演艺术,如无数颗灿烂明珠镶嵌在环北部湾沿线,使环北部湾成为一条国际性表演艺术大走廊。在此以咸水歌为重点,以黎族打柴舞、黎族竹木器乐为补充,剖析本区域传统海洋表演艺术的特点。

(一)疍歌

对疍歌,下面分4部分予以介绍。

1. 疍歌艺术基本格调

疍歌是以疍家人为主要载体的一种民歌,又称咸水叹、叹歌、叹姑妹、白话渔歌等,主要流传于广西防城港、钦州、北海,广东湛江、珠江三角洲,以及福建、海南沿海的疍民群体内,在越南婆湾岛也流传甚广。在北海,咸水歌主要分布于市区北岸的外沙岛、地角片区,南岸的侨港镇,以及铁山港区、合浦县临海部分乡镇。咸水歌类型多种,有劳动歌、娱乐歌、儿歌、情歌、哭嫁歌、祝贺歌、节日歌等,多用当地白话演唱,形式分单人唱、男女对唱、合唱等,内容多与渔业生产、渔家生活和爱情有关,也有猜谜语和唱古老歌等题材。北海咸水歌丰富多样,如按功能可分"生产歌"和"生活歌",前者包括打鱼歌、驳艇歌、摇橹歌、出海歌等,后者有情歌、儿歌、逗乐歌、婚嫁歌、丧葬歌等;根据歌曲蕴含的情感分为"欢歌"和"苦歌",也有学者从音乐学角度将之划分为"叹"和"唱"两大类。"叹"为轻声曼语地吟哦低唱,感情内在含蓄,旋律平缓柔和,有极强的即兴性,主要有三种曲调:叹家姐、唉调、叹调;"唱"是相对"叹"而言,情绪相对奔放,音域稍显宽广,具有较强的抒情性。"唱"按功用、场合又可分为"叙事歌""风俗歌""劳动歌""情歌""儿歌"和"娱乐歌"等。

各地咸水歌有一定的区别,仅在北海市区,北岸外沙岛的咸水歌与南岸侨港的咸水歌表演风格就差异较大。其曲调丰富多样,可分为咸水歌调、姑娌妹、姑妹腔、叹家姐、担伞调、大缯歌、高堂歌、伴郎、伴嫁、叹古人、叹情、送人歌等调式,但总的特点是随字求腔,结尾处有固定衬腔。歌词为两字一句,每句字数不受限制,但以七字句为多。每节词同韵,各节可转韵。曲式结构为上下句。每句的句首和句尾都有基本固定的衬词和衬腔,结尾时都用滑音下行,六声徵调式,音调悠扬抒情。如常见的七言四句曲调,男女对唱时的基本格式为,男唱前两句,女唱后两句,结尾多用"疍""姑妹""兄哥"等词。例如,北海咸水歌《十二月送人歌》①:

> 正月送人是信念,春满人间红艳艳。
> 哥你落艇妹荡桨,问声哥上哪只船?
> 二月送人艳阳天,春光明媚百花鲜。
> 东风鼓起远征帆,乘风破浪永向前。
> 三月送人人远去,海鸥绕船叫声喧。
> 海鸥啼出七个字:切莫丢妹心一片!
> 四月送人西南起,风吹浪花白涟涟;
> 劝哥稳坐妹的船,风吹浪打也安然。
> ……
> 十一月送人波粼粼,金虾银鱼跃水面;
> 送哥出海赶潮汛,满载归来歌声甜!
> 十二月送人到年边,爆竹鼓乐闹喧天;
> 千船万艇汇港里,喜庆渔家丰收年。

又如,以男女对唱表现情感的咸水歌②:

> 女:"哥你有情妹更有义咧,只恨牛郎织女隔条天河唉咧……"
> 男:"妹啊咧,海底珍珠咧容易撮咧好妹呀啰嗨,妹呀咧,
> 真心咧啊妹世上难咧寻啊啰嗨。"
> 女:"哥啊咧,海底珍珠咧大浪涌咧好哥呀啰咧,哥呀咧,
> 真心咧啊哥世上难咧逢啊啰嗨。"
> ……

---

① 卫敬星、李志艳:《"海水精神":北海疍家咸水歌研究》,《广西师范学院学报》(哲学社会科学版)2014年第5期。
② 资料来源:北海外沙岛疍家男歌手苏成亨和女歌手吴益芳对唱录音整理,引自卫敬星、李志艳《"海水精神":北海疍家咸水歌研究》,《广西师范学院学报》(哲学社会科学版)2014年第5期。

又如表现在过去社会政治受歧视、经济遭盘剥的咸水歌[①]：

做工来晚做工，腰骨弯弓背晒侬
做到衫裤都穿窿，做生做死因家穷
……

在艺术手法上，其歌词善用"比""兴""叠"等直述形式，歌男唱女见景生情地自由抒发，尤其是双关比喻，使咸水歌韵味十足。咸水歌"叠字"或"重复"手法用得最多，这种格式使得咸水歌的下一句歌词会反复使用上一句的某些字、词或短语。每首咸水歌至少要有一句以上重复的字或句子，而重复的轻重、次数则根据表现内容来定。重复的位置、形式相对自由灵活，但最常见的为下句句首的位置，从而造成重重叠叠、环环相扣、连绵不断、逐步上升的效果。如咸水歌[②]：

斜风斜雨落斜坡，斜竹斜蔑织斜箩。
斜针斜线钉斜钮，斜船斜撑入斜河。

这首歌仅2行，用了12个斜字，重重叠叠、环环相扣，足见其效果之奇特。

倚音是北海咸水歌的特色。北海咸水歌倚音分前后两种，均包括单倚音和复倚音，在咸水歌中运用频繁，广泛出现，尤以单前倚音为重。就音韵形式来看，其旋法较简单，多以"同度"和"级进"进行，节奏多为散拍，大约每分钟50拍，比较自由缓慢，旋律多以"弧形""波浪形""综合型"为主，形成了柔和舒缓的旋律特色。

咸水歌是疍家先民集体创作的结晶。其曲调虽较简单，但简洁有力，铿锵落地，表现力强。疍家人喜欢唱咸水歌，尤其在婚前，要两舟相合，男女对唱。事实上，疍民唱歌不只在婚礼前，他们平时摇舟海中，触景生情，也随时随地放声歌唱。在疍家的生产生活中，咸水歌无时不在无处不在。在重大节日、节庆，包括祭海等重大场合，咸水歌更是必不可少，起到了十分重要的撑台作用。

2. 疍歌的渊源

疍歌是疍家人经世世代代海上生产生活实践形成的海洋艺术。有关疍歌状况，史载：疍民"以舟楫为家，以渔为业"；"男女衣不盖肤，婚时以蛮歌相迎"。最早的疍家记载见于东晋的《华阳志》，称疍家为"獽蜓"，有明确记载的至少已有1700年历史。疍家是一个特殊群体，其图腾为蛇，自称龙种，"黥面纹身，以类蛟龙之子"，以舟楫为家，捕鱼为业，常年不上岸。婚时以蛮歌相还，其信仰、禁忌等大多都与水相关，其形成渊源尚

---

[①] 资料来源：北海外沙岛疍家男歌手苏成亨和女歌手吴益芳对唱录音整理，引自卫敬星、李志艳《"海水精神"：北海疍家咸水歌研究》，《广西师范学院学报》（哲学社会科学版）2014年第5期。

[②] 同上。

未揭开谜底。疍民,亦称疍蛮、疍人、疍户、疍家。有相关研究提出,疍形成于秦朝,但推动最大的是西汉。汉武帝平定南越国,百越人抵抗,最终战败,逃命于江海。朝廷禁止他们上岸居住,不入户籍,不准与岸人通婚,甚至死后不能入土。他们只能世代以海为田,以艇为家,像蛋壳一样漂洋过海,打鱼为生,忍辱负重。直到明朝,政策开始对他们宽限,得以上岸入住、贸易通婚等。但更多的成因解释是从生产力角度:海洋里鱼虾成群、品类丰富,鱼网下去鱼蟹满仓,永远吃不完捞不完,是天下最大的美食宝藏。陆地种庄稼周期慢、产量低,生产力极低,难以糊口,远不如打鱼划算。更何况沿海一带人口密集,人均耕地很少,加上社会贫富分化,有的人丧失土地,只有漂泊海上专心打鱼。与陆地耕作完全不同,打鱼有打鱼的规律特点,必须根据每天潮起潮落的汛期及各种鱼类的生长周期来确定生产时间,在黄金点时间内全力以赴捕鱼。因此,如果住岸上,一则渔具笨重无比,部件烦琐,每天搬来搬去,产生超负荷劳动;更重要的是,如此一折腾,则延误时机,错过最重要的捕鱼黄金时间点,全家损失将惨重无比,难以度日。因此,疍家人干脆不上岸,在岸边搭"疍家棚",偶尔有事时如婚嫁等才上"疍家棚",平时在船上待着,生产生活都很少下船。清代文学家屈大均撰《广东新语·舟语·蛋(疍)家艇》曰:"诸蛋以艇为家,是曰蛋家。"其圆圆的船篷漂于水上,远看就如一只蛋,因而得名"蛋家",后因不雅改称"疍家"。疍,亦作蜑、蜒、蛋,是历史上对各地水上居民的俗称。因而,称从广义上来说,疍民是指历史上广泛分布于我国东南沿海地区的水居族群。咸水歌具有鲜明的历史性,其创作、演唱、传承跟疍家人历史发展具有同步性,二者互为依托、互为表征。

3. "咸"的本质

环视世界各民族或族群,再没有哪个族群像疍家人如此依赖海、如此了解海、如此热爱海、如此信仰海了:他们世代漂泊于海上,生活在风浪之中,打鱼为生,每天在摇摇晃晃的小船"摇篮"上,夜里枕着海浪声入眠;他们长期与风浪搏斗,到处漂移闯荡,被誉为"中国古代最伟大的航海家"。东南沿海漫长的海岸线上,处处分布着饱受风吹浪打、坚定勇敢、辛勤劳作的疍家人。长期浸泡在海中,与风浪搏斗,风吹浪打、太阳暴晒、毒虫叮咬、鲨鱼追咬是常事,有时甚至面临着遭遇台风、飓风、海盗掠夺砍杀的巨大危险,苦不堪言。因此,他们生活的最本质,就是一个字:"咸。"最根本的特征,是"咸咸咸"。周围环境全都是咸的:四周全是大海,海水咸之又咸,可腐蚀一切;海风是咸咸的,空气是咸咸的;船长期漂泊在海上,长期浸泡,从内到外,全是咸咸的;就连在船里的人,也都是咸咸的。捕捞上来的鱼,为了能够在炎热高温天气中保存,大多都以重盐腌制,食物都是咸咸的;疍家人的生活,十分辛苦,更是咸咸的;他们的过去命运遭遇极度坎坷,是咸咸的;他们的心情,也是咸咸的;就连他们的婚礼、节庆、宗教信仰,也都是咸咸的。总之,"咸"是疍家文化的最大特征,不管是自然环境,还是人文的,从骨到肉,都是

"咸"。"咸"已渗透到疍家人生产生活的每个方面，渗透至疍家人每根血管及每个细胞，渗透至疍家人的情感、精神及灵魂。抒发情感、简朴精炼，咸水歌正是这种"咸"的最好表现。

4. 疍歌的艺术特点

艺术来源于生活，但高于生活。跟疍家人的周边环境及生产生活一样，咸水歌的特点就是"咸"，为了表达需要，其咸味更咸。综合各方面因素，其艺术特点可总结为如下五点。

第一，"咸"的环境：艺术源于生活，任何艺术都不能脱离环境而产生。疍家咸水歌的产生渊源，是疍家人的渔业生活或海上居住环境。北部湾海域辽阔，盛产各类鱼类、虾类、贝壳类及各类海产品，是中国的四大渔场之一。自远古以来，古百越以"善舟楫、食蛙蚌"著称，海洋文明源远流长。得天独厚的环境、丰富的渔业资源、深厚的底蕴，千百年来的海上生活积淀，使渔业文化成为疍家人的文化根基。这样，"咸"成为疍家生存的先天环境条件，更成为咸水歌的艺术后天遗传基因。其形成绝非偶然，而是与疍家人的海居生存环境及生产相联系。

第二，"咸"的主题。疍家人"以舟为室，逐水而居"。因生活于海，其生产生活的一切全处于海洋之中，因而，其歌唱的主题，就是海。其特点，就是"咸"。世代漂泊在海上，生活极其枯燥，常人难忍受的孤独和苦闷只能通过歌声来宣泄。遇到风浪或灾难，疍民也吟唱咸水歌，舒缓内心的紧张困惑。节庆或渔业丰收，疍家船上到处回荡着的快乐优美的咸水歌。常年的海上生活，描写水、吟咏水、刻画水，成为永恒的历史符号。"咸水歌"没有固定的歌谱，口口相传。顺着"咸水歌"，可探究疍家文化。长期以来，咸水歌已成为疍家人诉说历史、感怀身世、抒发情感、歌唱爱情的最重要载体，成为他们表达心声的重要手段。例如，海南疍歌：

南海碧波涛涛，
渔香飘过五洲，
潮涨潮落，几度秋，
淘尽渔家几多愁

又如，另一首歌颂三沙的咸水歌，哺育了一代代打鱼人：

西沙、南沙和中沙，
祖国宝岛是我们的家，
我们日夜在你身旁，
世代靠你永不忘。

第三，"咸"的生活。唱咸水歌，是为了表达情感，美化生活。咸水歌凸显实践本体性，它是随劳动生产节奏的产生而产生的。疍民最早在航海、摇橹、撒网、晒网时一唱一和，卖鱼时的叫卖声、黑夜里船头的海浪声或台风呼啸的无奈吟唱，都是咸水歌的最初萌芽元素和原始的艺术生活基础。"想唱就唱，唱得响亮。"得意时唱"金银满仓歌满船"，失意时叹"苦歌何日唱得完"。不论在赶海、织网、卖鱼、恋爱、婚嫁，还是建房、上学、赶考、拜年、迎客、送客等不同场合，还是日常喜怒哀乐，疍家人都要唱咸水歌，见人唱人，见物咏物，借物咏志，歌唱的都是生产或生活。在疍家人眼里，这些世世代代传唱的咸水歌，早已成为生活的一部分，成为衔接疍家人与海的精神支柱。例如，北海市地角已故名歌手麦九妹原唱词（十段）：

一
疍家渔民在海边，
日日撒网为捕鱼，
日常生活靠大海，
一切生活靠鱼虾。

二
铲除风帆小作业，
大船围网向全面，
改善生活得新策，
一切幸福靠党掀。

第四，"咸"的情感、"咸"的表达。疍家人常年与水打交道，视水为陆，以舟为家，海洋占据了他们的全部生活空间。咸水歌是特定自然环境和历史环境下生成的特殊艺术形式，成了疍家人世代的"流行歌曲"，不会唱歌的就是"哑巴"。由于海面广阔，疍家人都在船上，相距较远，只好以咸水歌来交谈闲聊、互诉衷肠、传情达意。不论何种场合的咸水歌，不管是吟唱或表演，都是对某种感受的表述，都是为了表达特定情感。耳濡目染致使潜移默化，疍家人也通过咸水歌来教化子女，使咸水歌得以世代传承。如北海的"咕哩美"，就是对渔家生活的情感表达。如这首《月光光》，曼声柔语，亲切流畅，曾陪伴着多少孩子进入甜蜜梦乡，表达的是一种柔柔的母爱及对美好生活的期望：

月光光，照地堂。
虾仔你乖乖训落床。
听朝阿妈去捕鱼虾，

阿爷织网织到天亮。

虾仔你快长大啰，

捕鱼为全家。

咸水歌分独唱、对唱或合唱等，善用"比""兴""叠"，以独有的音乐基本结构，使基本律、变律、衬词自然融为一体，见景生情自由抒发，艺术韵味十足。咸水歌的这种特点，使疍家人"咸"字当头，"水"性十足。在自然、历史、社会、生产等环境影响下，疍家人显示出亲近水、倾慕水、依赖水、崇敬水的内部特性，族群张力得到了最大限度发挥。

第五，"咸"的本质。疍家咸水歌从远古传到今天，其曲调、歌词、唱腔等已不断变化，但"咸"的本质不变。疍家人以船艇为家，常年浪迹江海。疍家的咸水歌，总是较为古老、沧桑、悲凉，悱恻感人，总有洗不去的大海的忧郁，有一股说不出的沉甸甸力量。疍家人历史曲折，沧桑坎坷，过去被视为贱民，不得上岸，漂泊海上，生活艰辛，境遇极其坎坷。咸水歌有低沉鸣唱，也有高亢悲愤，气势汹涌，苍劲悲壮，但以低沉为主调。通过咸水歌不怕大风大浪努力拼搏的反复传唱，产生自我激励，高扬不畏艰险、人定胜天的疍民奋斗精神。总的来说，其本质是"咸"的，勤劳、拼搏、奋斗而又极其无奈的基本格调贯穿始终。这种特点，在疍家婚礼、祭海等重要场合更显突出。咸水歌集疍家人的生产、生活、知识与信仰于一体，体现出了疍家人的生存理念，是疍家人生命本能、精神、情感、文化人格的自然流露，展示了一种自然与人类心灵高度契合的人海关系（见图3-40）。

**图 3-40 北海疍家婚礼咸水歌**

总之，咸水歌源于疍家人生活、劳作，是疍家人生活的重要组成部分，是疍家文化的重要标志。可以说，"有疍家人的地方，就有咸水歌"，"疍家人的历史就是咸水歌的历史"。咸水歌是北部湾海洋艺术的精华，值得挖掘、保护和发扬。不仅如此，在越南北部，也流行"北宁官贺民歌"（见图 3-41），与咸水歌有诸多类似之处，与咸水歌同出一处，均起源于百越"蛮歌"。这些遗产的存在，共同构成了"水上民歌艺术中国-东盟国际走廊"。该遗产线路的存在，深刻表明远古血脉渊源的共同性及千百年持续流动，使咸水歌成为举世瞩目的人类宝贵遗产。

图 3-41 越南北宁官贺民歌（越南世界遗产）

（二）黎族打柴舞

黎族主要聚居于海南岛五指山市（原通什市）、琼中黎族苗族自治县、保亭黎族苗族自治县、乐东黎族自治县、昌江黎族自治县、白沙黎族自治县、陵水黎族自治县、东方市、三亚市等地，是由古代百越的一支发展而来。黎族有自己的语言，黎语属汉藏语系壮侗语族黎语支，但黎族没有本民族文字，使用汉字。由于长期与汉族交往，不少黎族人能兼说汉语。1957 年，在政府的关心帮助下，成功创制了以拉丁字母为基础的黎文[1]。

黎族打柴舞是黎族民间最具代表性的舞种，俗称"竹竿舞"，黎语称"转刹""太刹"。它起源于古崖州地区（今海南三亚）的黎族丧葬习俗，系黎族人古代有人死亡时

---

[1] 百科：黎族民歌（http://baike.baidu.com/link? url=L_tFEuEgQkyku61Mt1e），2014 年 7 月 8 日。

用于护尸、赶走野兽、压惊及祭祖的一种丧葬舞。黎族村寨有一丧法叫"旱赛",即人死后入殓,停棺12天、24天、一个月不等,然后入土。在停棺"旱赛"期间,丧家及周村相关男女老少每晚都要到丧家跳打柴舞。清代《崖州志》载:"丧葬。贫曰吃茶,富曰作八,诸心以牛羊低灯鼓吹束奠。作八,心分花木,跳击杵。"①"跳击杵"即跳打柴舞,这是至今能见的唯一记载黎族打柴舞的古文献,打柴舞对于研究黎族的历史源流有活化石价值。

关于打柴舞来源,黎族民间传说是在远古时期,黎族祖先在盖茅草屋(船形屋)时,竹竿不断从船形屋屋顶滑下,为避免被砸伤,人们便不断地跳呀跃啊。这些动作有观赏性且颇具趣味,人们就逐渐模仿和改进,便形成了"跳柴舞"②。经过后来不断加工美化,其内涵越来越丰富,动作也越来越优美。目前,打柴舞是黎族最古老、最受欢迎的舞种之一。

打柴舞又叫竹竿舞,通过数对木棍的上下、左右、交叉的分合击板,人在其中来回跳跃,模仿生产、生活及各种动物习性做出各种动作,有一套完整的舞具和跳法。表演时,在晒谷场或山坡的地坪上,平行摆放两根相距2—3米的长木杆作垫架,垫架上再横向叠4—5对细杆。数对妇女两边跪坐,两两相对,各握两根木杆,按统一韵律,上下、左右、分合、交叉拍击,发出强烈有力的节奏声响。男子则在竹竿上下左右开合的间隙,合着节拍,来往跳跃,或蹲伏,或模仿劳动场景,或模仿青蛙、猴子的动态,避开夹击,轻盈起舞。舞步动作活泼,趣味横生。跳至高潮时,竹竿动作加快,节奏紧张,密密麻麻横竖敲打,但舞者依然不受夹击,轻松躲闪腾越而过,动作美妙,场面惊险热烈。在过去,舞者均为男子,如今女子也进场与男同舞,更为别致。木杆也多改用竹竿,音响更为刚劲动听,产生强烈的共鸣效果。

打柴舞是黎族舞蹈中唯一有成套的舞蹈内容、跳法和专有名词的舞蹈,其跳法丰富,动作多样,灵活多变,程式严格。持竿者姿势分坐、蹲、站三种,变化多样。整个舞蹈由九个相对独立的舞步组成,顺序不能颠倒。第一式,打平柴式;第二式,跳跃式;第三式,编结儿式;第四式,小青蛙式;第五式,大青蛙式;第六式,(狗追)鹿式;第七式,米筛式;第八式,猴(偷谷物)式;第九式,乌鸦式。舞蹈无音乐伴奏,全靠击木产生的有节奏的声响伴奏。

九大式的每一式,跳柴者的身法、跳法、步法等都有讲究。如第一式,步法为平步,较为缓慢,节奏为分—合—分—合……第二式,持竿者姿势为蹲,舞者采用磨刀步,跳跃通过;第三式,竹竿位置较高,于半空中呈十字状交叉横击;第六式,打柴者蹲式将竹竿突然举高过自己的头部,来回敲击,舞者只能夹在两竹竿间,伏地而跳。相传,原来场面为打柴者两两相追逐而跳,前者扮鹿,后者扮狗,十分生动,但至今

---

① (清)张巂:《崖州志》,广东人民出版社1983年版,第278—279页。
② 百科:黎族打柴舞(http://baike.baidu.com/link?url=c5MuCZ7kZkC9UL0JkRiT),2015年1月8日。

已无人会跳。第七式时,柴的摆放队形有很大变化,整体呈"井"字形,这时必须采用筛米步才能脱险。而第八式时,一人手执稻穗(或其他物品)在"井"口上逆时针方向摆动,诱惑"猴子",当猴子频频伺机想偷吃"谷物",每每奋力跳起抢吃时,常常被柴夹到头或脖子,会引来哄堂大笑,场面热烈。而到第九式时,柴的摆放队形已完全变化,打柴者不打柴也不跳柴,而是变换步法,逆时针旋转并推选一人爬高,模仿乌鸦展翅表示鸣叫高飞。至此,打柴舞在高潮中结束。

按传统习俗,打柴舞只能在停尸第三天起跳,一直跳到出殡前一天为止。打柴舞跳到一定阶段时要唱黎族丧歌。唱歌表示为逝者送别,将逝者送入极乐世界。丧歌的类型、内容、风格也多种多样,各位歌手的歌词唱腔特点也不一,但主格调基本相似,旋律相同。例如,以下丧歌为海南陵水县黎族歌手卓亚娘演唱,胡忠义采录,较具有代表性:

海南黎族丧歌[①]
(卓亚娘演唱,胡忠义采录)

**片段一:探病**

领唱:屋啊!
　　　你为何寂静呀?
众唱:屋啊!
　　　无人住也无人管呀!
　　　出去远做长工呵!
　　　架拉估茂!架拉估爱啊!
　　　啊!微啊!噢呀!
领唱:叫门啊!
　　　无人开呀!
　　　人到哪里去啊?
众唱:出远田啊!不能回;
　　　弃房无人住呀,弃室无人管,
　　　老鼠挖洞,山猪入房住。
　　　啊!架拉估茂!架拉估爱啊!
　　　啊!微啊!噢呀!
领唱:为何睡得早啊?
　　　为何睡得快呀?

---

[①] 百科:黎族民歌(http://baike.baidu.com/link?url=L_tFEuEgQkyku61),2014年12月29日。

众唱：做工劳累才早睡呀！
　　　闲人没睡呀！
　　　苦人睡啊！
　　　架拉估茂！架拉估爱！
　　　啊！微啊！噢呀！
领唱：叫你啊！
　　　你不应呀！
……
众唱：鬼病治不好啊！
　　　鬼想要他去呀，
　　　鬼想捉他走。
　　　啊！架拉估茂！架拉估爱！
　　　啊！微啊！噢呀！
领唱：今天啊！
　　　见你叫一声呀！
　　　往后啊！
　　　何时见你面呀？
众唱：今天见你啊！
　　　只一见呀！
　　　往后见你呀在梦中。
　　　架拉估茂！架拉估爱！
　　　啊！微啊！噢呀！

## 片段二：守灵

领唱：夜更深啊！
　　　人静啊！
众唱：好家做亲家呀，
　　　俺家啊哭死人呀！
　　　啊！架拉估茂！架拉估爱！
　　　啊！微啊！噢呀！
领唱：半夜啊！
　　　睡不下啊！
众唱：天降祸，家遭难呀，
　　　重担啊！有人替，

　　　　　灾祸自己顶，
　　　　　啊！架拉估茂！架拉估爱！
　　　　　啊！微啊！噢呀！
　　领唱：鸡叫啊！
　　　　　人醒起呀！
　　　　　谁在睡？
　　众唱：全家人醒啊！
　　　　　只你睡呀！
　　　　　鸡叫你不听呀！
　　　　　人叫你不醒呀！
　　　　　啊！架拉估茂！架拉估爱！
　　　　　啊！微啊！噢呀！
　　领唱：饭煮熟啊！
　　　　　你啊，不起吃，
　　　　　怕骂怕谁起呀？
　　众唱：喜家吃喜饭，
　　　　　祸家吃眼泪呀！
　　……
　　领唱：天啊，亮了，
　　　　　因乜还点灯呀？
　　众唱：泪啊！一夜里流干，
　　　　　声啊！一夜里叫嘶；
　　　　　饭菜啊！一夜里成酸，
　　　　　灯啊！点亮等你起呀！
　　　　　架拉估茂！架拉估爱！
　　　　　啊！微啊！噢呀！
　　……

　　海南黎族打柴舞的艺术形式，以舞蹈为主，兼有古歌、民歌及其他艺术形式。其底蕴深厚，内涵丰富，艺术形式多样。总的分析，其艺术特点主要有以下5点。

　　第一，强烈的自然主义色彩，具有浓厚的海岛文化特点。由于海南岛四面环海，可说较为封闭，外界隔离，加上黎族多居住高山区，交通不便，环境恶劣，生产力水平低，生产生活多靠自给自足，靠天吃饭，原始的自然依赖、自然崇拜习俗较为浓厚。与西方类似，黎族的绝大多数生产生活均靠手工原始生产，做法非常古朴，如船形屋，非常简单古老。又如黎族原始制陶，保留了数千年的原始工艺。黎族保留了人类自产生初期的钻木取火原始技艺，以及树皮衣制作等；就连庄稼种植，也多采用刀耕火种的半游牧式特点。与这种环境及生产力相适应，黎族的舞蹈特别是打柴舞也表现这种原始生活，表现这种环境。因而，也表现出浓厚的封闭隔离自给自足式海岛文化特点。

第二，深刻的历史烙印。黎族打柴舞表现出历史的力量延续。打柴舞原为非常神秘之护尸舞，非常古老原始，其渊源已难以考证。中华人民共和国成立不久，社会调查组去海南进行民族识别时，黎族仍大多处于刀耕火种的原始社会时期。原始社会是极其漫长的，占了人类发展史的绝大部分。打柴舞是原始社会的产物，"活化石"足见其古老程度。黎族是个无文字社会，民族的历史发展及技艺更多隐藏于环境及"活"物体中，包括文身、语言、神话、传说、刺绣、蜡染、舞蹈、建筑等。神圣而又神秘的护尸舞，更是蕴藏了无数远古秘密符号。打柴舞的场合、九大程式等非常严格，不能颠倒，体现了历史的纯度，保存了历史的真实烙印。

第三，浓厚的生产生活色彩。黎族打柴舞展示出强烈的生产气息。打柴舞取名"打柴"，以打柴为主题，足见其生产性。打柴舞虽融合了黎族的各类传统艺术形式，包括舞蹈、音乐、服饰、刺绣、民歌、故事、民俗，甚至宗教等，但主体仍为舞蹈。其舞蹈虽然动作形式多样，灵活多变，千姿百态，但总结起来有独立完整的套法，有活泼的舞步，有严格的程式，丝毫不能颠倒，象征着农业生产的程式不能颠倒，影响生产的一年四季自然规律不能颠倒，礼仪、道德和社会秩序不能颠倒。九大式里的平步、磨刀步、编结儿步、小青蛙步、大青蛙步、（狗追）鹿步、米筛步、乌鸦等，全部是来自黎族的生产，如大青蛙、小青蛙，及筛米，象征黎族水稻种植；狗追鹿步、乌鸦步象征着渔猎生活等；而磨刀步，则象征着砍柴等。所有这些艺术动作，均来自生产，说明黎家农业生产的根本性，间接蕴含黎族的价值观，即讴歌劳动生产，讴歌勤劳。由于打柴舞的全过程是使用木棍不停上下、左右、交叉击木情况下完成的，故很讲究击木者和舞者的默契配合，更讲究舞者的胆量、身手、脚步的灵活性，稍有不慎就会被击伤。古代，当地黎族人也利用丧葬活动跳打柴舞的机会，进行竞技性比赛。

第四，情感表达的特殊性。黎族是个勤劳勇敢的民族，是农业民族，但与国内其他农业民族相比，黎族的不同点在于两点：一是农业的热带海岛特点。海南岛全岛为热带气候，海南黎族从事的作业为海岛作业、热带农业；二是海南黎族1949年时绝大多数仍处于原始社会或原始社会末期，处于原始生产劳动状态，原始集体观念比较浓厚，这使海南黎族文化性格相对于内地各民族来说，具有更强烈的原始性、淳朴性、敦厚性、多彩性，但也表现出强烈的团结和开拓意识。但总体来说，因朴实性、敦厚性，以及无文字等，其表达的口头能力相对较弱，而将情感更多集中于行动上、艺术上，尤其是体现在舞蹈上。不同的是，打柴舞这种独特方式，表达的是"集体情感"，而非个人意识。在漫长的社会发展进程中,由于生产力低下,缺吃缺穿,晚上全村一片漆黑,只有以舞取乐。打柴舞在漫长的黎族历史长河中表达了社会情感,发挥了保持黎族凝聚力的重要作用。

第五,表现了黎族从容乐观的生命观和哲学审美意识。打柴舞是黎族最古老、最受欢迎的舞种之一,源于丧葬活动"转刹"。它是黎族古代在人死时用于护尸、驱兽、压惊及祭祖的一种丧葬舞,是黎族神灵崇拜、自然崇拜和祖先崇拜的产物,体现出黎族人民的生存意志。一般而言,很多族群很忌讳谈论生死,总会有意无意回避关于死亡的一切事情。但从黎族打柴舞可以透视出,黎族人对于死亡却有着另一种态度,他们善于把死亡转化成生命的一个启承点,在停棺的第三个晚上开始跳起来的打柴舞,就是他们连接生死的一种奇妙方式,另一头充满了吉祥、幸福和希望。舞如其人,黎族打柴舞表现出一种热烈奔放、刚劲有力的风格,深刻反映了黎族人民勤劳勇敢、机智、豪放粗犷的性格和乐观精神。

打柴舞是黎族原始记忆的结晶,集多种艺术于一身,是黎族这个无文字民族沉甸甸的"无字史册"。打柴舞古朴粗犷,气氛热烈,艺术感染力强。它节奏强烈,情节惊险,动作敏捷,既锻炼身体,更展示潇洒优美。黎族打柴舞反映了黎族人民朴实勇敢的性格和乐观坚强的精神。打柴舞唱的古歌,代代相传,有很高的历史价值、文学价值、民俗价值与考古价值。打柴舞源远流长,原始共产主义遗风浓厚,可追溯至黎族母系氏族的早期原始社会,体现出强烈的集体团结意识。在与外界隔绝、环境恶劣、生产力低下的环境下,在亲人离去的悲痛时刻,打柴舞团结社会关系,凝聚族群力量,化悲痛为力量,渡过难关,转化作为美好明天努力奋斗的集体意象。

黎族打柴舞因底蕴深厚、热烈奔放、动作优美、互动性强,常常被搬上舞台演出。中华人民共和国成立后,打柴舞参加各类比赛,获得各类殊荣,轰动一时;吸引国内外游客,流传八方。20世纪末,打柴舞到罗马尼亚、南斯拉夫、巴基斯坦、日本等国家演出时,被誉为"世界罕见的健美操"。随着时代变迁,它已从过去的丧葬场合,逐渐转变为黎族的重大节庆方式和全民健身文化活动的重要载体,成为青年男女寻觅对象、增进友谊的"鹊桥"。它已拂去原有阴郁、悲凉的格调,变得喜庆、祥和、热烈,成为海南岛屿文化的强烈符号。

环北部湾很多艺术遗产不仅特色鲜明,还具有强烈的国际性。以人偶戏为例,在环北部湾区域,海南有海南木偶剧、临高人偶剧、海南公仔戏(也称"傀儡戏""手托木偶戏"),茂名有茂港单人木偶、高州木偶戏、化州木偶戏、茂南单人木偶戏,湛江有湛江木偶剧、赤坎粤剧木偶戏、吴川单人木偶、吴川木偶戏,北海有山口木偶戏,南宁、玉林也有木偶戏,它们品类繁多,生动活泼,艺术特色鲜明。它们源于古代的祭祀活动,与"傩"有密切关系,是早期戏剧杂技的活化石,承载着大量的原始戏曲和民俗祭祀的事象。

而北部湾周边东南亚及海丝路沿线国家也有诸多木偶剧，如越南木偶剧、马来西亚木偶剧、印度尼西亚木偶剧、泰国传统木偶剧、印度木偶剧、土耳其卡拉格兹、埃及提线木偶剧等，与北海、湛江、海南的木偶剧如出一辙，表明为同源关系。甚至远在欧洲，也遗存有大量的木偶剧，如地中海西西里傀儡剧、捷克木偶剧、波兰木偶剧等。较典型的有意大利西西里木偶剧，受中国木偶剧的影响，东方文化痕迹深刻，为木偶剧的明显变种。其产生应为古中国古木偶剧通过海上丝绸之路传入地中海及周边地区，与地中海贸易交流、文化交流的成果，为中欧文化融合之后的新变体。上述木偶剧现象在世界性呈现出弧状轨迹分布，重心在亚非欧沿线，与古海上丝绸之路重叠，系古海上丝绸之路贸易传播交流的结果。

同样的例子，也见于独弦琴。独弦琴，亦称"独弦匏琴"，系京族古老的民间弹弦乐器，在京族重大节日里必不可少。独弦琴特色浓郁，成为京族文化的象征符号。独弦琴历史悠久，曾广泛流传于南亚和东南亚地区，原为诗人吟诗伴奏的乐器，后传入越南。后来随着京族从越南涂山一带迁入我国，也带来了独弦琴，至今得到较好遗存，成为我国民间音乐宝库的奇葩。至今，独弦琴仍遗存于越南以及东南亚一些国家，成为中华和东南亚血缘纽带渊源的见证，成为中国—东南亚血缘纽带的艺术象征，成为重要的国际艺术符号。独弦琴的传播，有力见证了远古族群迁徙交流互动的深厚渊源与传播力、影响力。

类似的例子还有黎族竹木器乐。黎族竹木器乐为岛屿原始社会的产物。因新中国刚刚成立时，黎族仍绝大部分处于原始社会时期，因而推断其产生于远古的原始社会时期。黎族竹木器乐种类繁多，据不完全统计，不少于40种，分吹管乐器、拉弦乐器、弹拨乐器、打击乐器，均散发着浓烈的原始艺术气息，充满了神秘色彩。黎族竹木器乐特色鲜明，以鼻箫最为特色浓郁。鼻箫低沉柔和，如泣如诉，优美动听，成为无数代男女青年传达心声、倾诉衷肠的主要工具，也使鼻箫成为黎族最重要的民间乐器之一。纵观世界各地，使用鼻箫的民族或"鼻箫族群"不多，只有个别地区分布。除了我国黎族、高山族等为鼻箫民族之外，总体来看，鼻箫主要流行于东南亚诸多岛屿、太平洋岛屿，以及大洋洲的一些南岛语民族。鼻笛和口弦至今仍流行于马来西亚婆罗洲西北部沙捞越的达雅族妇女间。此外，菲律宾北部吕宋岛的卡林加族、斐济群岛共和国斐济族、新西兰原住民毛利人等，都是使用鼻箫的民族。澳大利亚北部的土著民族流行类似鼻箫的传统乐器——迪吉里杜。令人惊奇的是，即使远在非洲，也能见到一些类似乐器，如科特迪瓦的横吹喇叭文化空间（见图3-42）[①]，其横吹喇叭与黎族鼻箫惊人地相似，多项要素高度重合。

---

① "文化空间"是联合国教科文组织非物质文化遗产保护的一个专有名词，是非物质文化遗产的一种重要类型。其存在的核心价值和理论意义在于完整地、综合地、真实地、活态地呈现了非物质文化遗产。地域文化的差异性是文化特色魅力的灵魂。

科特迪瓦文化空间的全称是"塔格巴纳的横吹喇叭音乐及文化空间",塔格巴纳是非洲"黄金海岸"科特迪瓦境内的一个特殊族群,其内部盛行一种特殊的乐器——"格玻夫"。它是用树根做成的喇叭状的吹奏乐器,制作是用特殊的树根卷通成月牙形并在其外裹护一层牛皮而成的(见图3-43)。"格玻夫"一般长50—70厘米,在距顶端几公分处开有一吹奏孔,吹奏者通过吹和堵放喇叭口即产生变化的音调,发音原理与鼻箫简直无异。一般演出是由六人同时吹奏"格玻夫",产生的音阶被妇女合唱班以歌声"翻译"出来(见图3-44、图3-45)。喇叭吹奏的音乐和歌手需要有打击乐伴奏。"格玻夫"艺术通常用于传统的仪式和传统庆典上。"格玻夫"技艺一般为父子秘传,外人根本无法得知。

图3-42 非洲黄金西海岸科特迪瓦位置图 　　图3-43 世界文化遗产——塔格巴纳的横吹喇叭文化空间

图3-44 塔格巴纳族群舞蹈 　　图3-45 塔格巴纳刺绣及"船型屋"

黎族竹木器乐与马来西亚、太平洋岛屿、印度洋岛屿土著民族的器乐有惊人的相似，不能不说是个奇迹。黎族的竹木器乐，主要流传于我国南方侗台语族的一些民族，东南亚国家部分岛屿民族，以及太平洋、大洋洲岛屿的一些古老族群。除我国海南黎族、台湾高山族外，如菲律宾北部吕宋岛的卡林加族、马来西亚婆罗洲西北部的达雅族、新西兰毛利人、斐济群岛共和国斐济族等，绝大部分属于南岛语系民族。擅长鼻箫的民族有一个共同点，都非常古老。在人类学家眼中，这种以鼻吸吹奏的古老乐器，是远古的海洋遗风，是来自海洋民族太古时代的标本遗存。鼻箫全世界罕见，但在海南黎寨十分流行。按黎族人的世界观，这些古老器乐多属于神秘的"祖灵之乐"，是从蛮荒时代飘来的祖灵音符。因而凡是吹奏鼻箫的族群，在祖灵上必然有共同的联系，为同源关系或近缘关系。这些现象，说明在远古时期，随着古百越的数千年持续渔猎迁徙漂移，古老的鼻箫民族不断往南、往东、往西漂移扩散到上述岛屿及太平洋区域，在世界范围内构成一个"鼻箫漂移文明圈""鼻箫考古遗产链""远古渔猎漂移扩散及鼻箫血缘圈"或"竹木器乐远古文明圈"。

而在非洲的"塔格巴纳的横吹喇叭音乐及文化空间"，地理位置相距遥远，但与我国黎族的文化基因相近或相同，其产生原因，不外乎两个：一是古百越渔猎长期漂移的结果。古百越出"内港"南海之后，继续向东、南、西方向漂移，其中西线方向经数千年持续漂流，到达非洲，并环绕非洲到达西海岸，将百越文化传播此地，因而，这种横吹喇叭是受鼻箫的影响所致。二是古海上丝绸之路交流传播的结果。科特迪瓦位于非洲黄金西海岸，中世纪曾先后建立过一些小王国，后来成为非洲南北贸易中心之一，海上贸易繁忙，各色人等会集。15世纪后半叶，这里形成著名的象牙市场，在1986年以前被称为"象牙海岸"。因为其贸易中心地位，古海上丝绸之路延伸到东非，形成贸易中心，然后以东非为中转站，沿南部海岸线西行至科特迪瓦。"鼻箫漂移文明圈"暗示了中华文化对外传播的巨大影响力。

总之，环北部湾表演艺术宝库里，隐藏着成千上万的海洋表演艺术遗产，它们是不可多得的宝贵财富，隐藏着巨大的价值，值得我们去发现、挖掘和弘扬。

## 六 原始图腾信仰艺术遗产案例分析——龙图腾、雷傩图腾、文身纹饰、花山岩画、鱼图腾、原始崇拜与稻作图腾信仰圈

环北部湾众多海洋艺术遗产中，最为古老、最深刻、最繁杂、最隐秘，也最为神秘的，当数各类原始图腾信仰艺术。环北部湾背靠大西南、北接中原、毗邻东南亚等，区位优势独特，交通便利，物产丰富，自古以来为人类繁衍的栖息地。众多恐龙化石遗址、古生物化石，以及人类洞穴遗址的考古发现，如灵山人遗址、三亚落笔洞遗址、钦州大石铲遗址，以及数以百计的旧新石器时代贝丘遗址等，表明这里为古人类的发源地和海洋文明的摇篮之一。百越族群"善舟楫，食蛙蚌"，早在数千年前，就通过海

上交通频繁迁徙流动，与周边远古族群产生血脉渊源，使这里族群多样化。加上秦汉之后的历代大开发、人口大迁移，中原及周边各族群迅速涌入，使这里变为多民族多文明聚居区，也使这里原始图腾信仰艺术多样化程度深、密集度高。龙图腾、京族图腾信仰、疍家图腾信仰、雷图腾、傩艺术、黎族图腾信仰、苗族图腾信仰、瑶族图腾信仰、壮族图腾信仰、古百越图腾、客家人信俗、冼夫人崇拜、伏波崇拜、美人鱼崇拜等，以及恐龙化石、贝丘遗址、花山岩画等古遗址艺术等等，加上海上传入的外来摩尼教、佛教、伊斯兰、基督教等，呈现出族群化、圆圈化、国际化的复杂多样特点。但经文化圈、文化层的提炼与反复梳理，环北部湾的原始图腾信仰艺术，总体可分为以下五大圈层（见图3-46）。

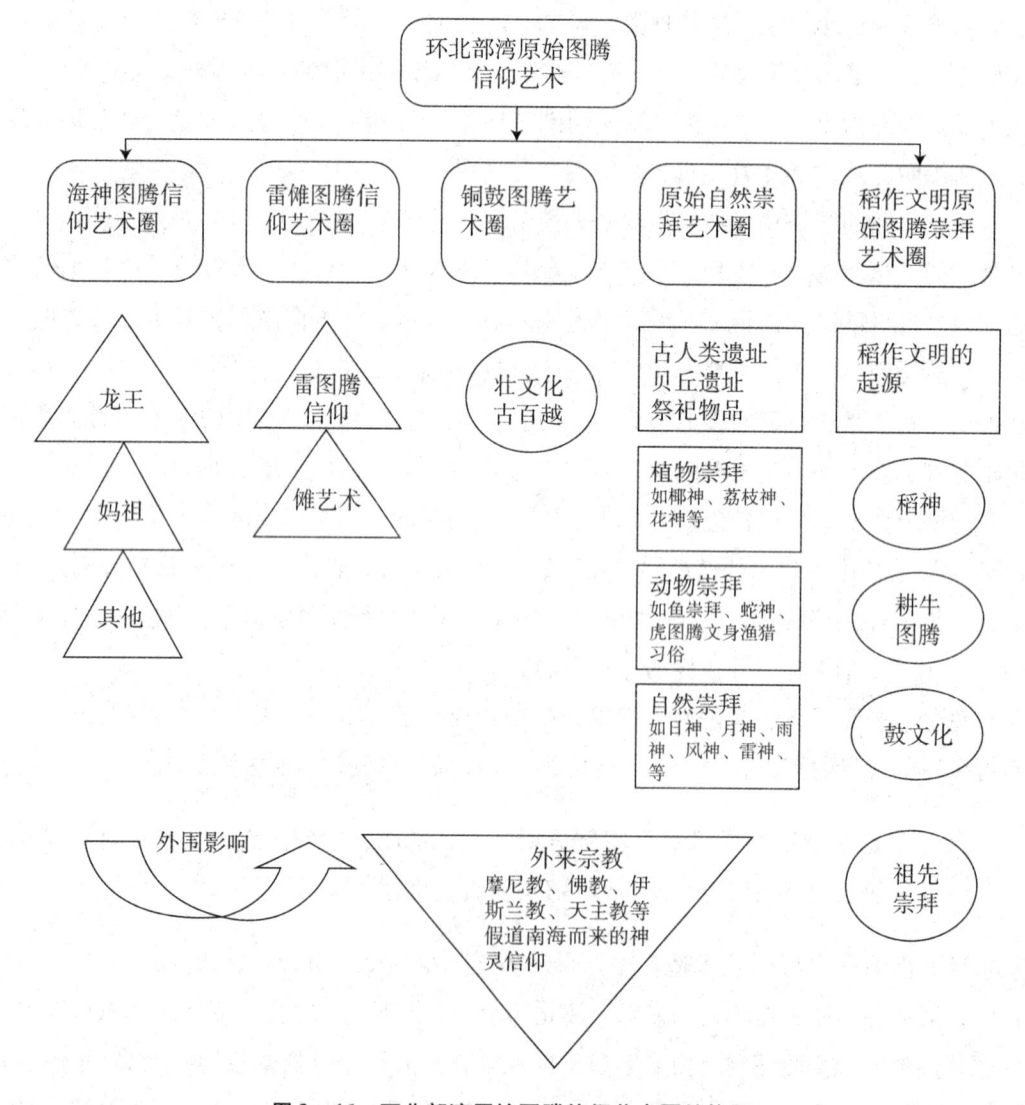

图3-46　环北部湾原始图腾信仰艺术圈结构图

## (一) 海神崇拜之龙图腾原始信仰艺术圈

### 1. 环北部湾龙图腾艺术总体概况

海神崇拜在百越先民的民俗信仰中十分普遍，这种海神图腾信仰在环北部湾表现得最为明显。但在北部湾地区，这种海神信仰更主要更普遍地表现为龙王，其次为妈祖，再为珍珠公主、美人鱼、冼夫人，以及京族的镇海大王等地方神灵，最后为其他崇拜对象。从环北部湾及周边区域包括东南亚许多国家的实际情况来看，渊源最为古老、底蕴最深、最璀璨多姿，也最为普遍的海神崇拜是龙图腾。越南、印度尼西亚、泰国、缅甸、老挝、新加坡等周边国家的龙文化艺术暂且不论，就环北部湾来说，这里是一个龙图腾信仰艺术天然博物馆、龙渊源高地、龙图腾艺术长廊。

这里的龙文化包括相关民俗艺术多姿多彩，底蕴深厚，形式多样，几十上百种，内容丰富，使这里成为一个精彩纷呈的龙文化世界、龙艺术宫殿。从各地情况来看，要素保存较好、特色较浓郁的龙图腾遗产主要有：合浦汉墓群出土的龙首羽纹铜魁、新莽龙首金带钩、龙首三眼长方形铜灶；北海外沙岛疍家龙母信俗、湛江东海岛人龙舞、雷州沈塘人龙舞、赤坎调顺网龙、赤坎籺古龙、雷州南门市高跷龙舞、龙船舞、钦州舞青龙（烧稻草龙）、隆安稻草龙、海南黎族织锦、海南黎族龙被、黎族刺绣龙蛇图式、海南苗族招龙舞；海底龙王故事、北海的"夜明珠故事""飞珠化龙"，钦州"龙泾环珠"、岑港白老龙的传说等民间传说，以及各地普遍流行的舞龙舞狮、划龙舟习俗（如南宁下楞龙舟节、扬美龙舟上水节、合浦赛龙舟、化州赛龙舟、茂名舞龙、海口龙舞、壮族芭蕉香火龙舞、香火龙舞），以及"四海龙王"民间信仰、上林壮族龙母节、玉林西江龙母文化等等。另外，环北部湾的美人鱼文化、文身文化等，因接近性，也可大体归入龙图腾信仰艺术圈范围内。因环北部湾龙图腾信仰艺术丰富繁杂，在此只能略举6个例子。

案例1：舞龙、赛龙舟艺术

> 环北部湾各地舞龙、赛龙舟习俗浓厚，仅广东的舞龙品类就极其繁多。据统计，中国龙舞72种，广东就占36种。广西舞龙的品类也相当可观。每逢春节、端午、中秋、元宵等重大节日或重大场合，人们庆祝节日的最隆重、最热烈方式就是舞龙。专业舞龙队或各民间代表队纷纷出场，龙多有青龙、白龙、黑龙、紫龙、黄龙、红龙等，并且随着时代发展，又增加了不少造型。各个队伍精神抖擞，一比高低，场面十分热闹。舞龙每年重大节日按期进行，内容各有特色。各地端午节主要庆祝方式是赛龙舟，活动丰富多彩。
>
> 以广西北海合浦县的廉州赛龙舟为例，每年农历五月初五在廉州镇西门江上举行，之前四天须举行龙舟下水仪式。每条龙舟19人：龙舟两侧各坐8名选手，船头1人为鼓手，中间1人为锣手，船尾1人为舵手。比赛时参赛两条龙舟相互竞

赛,赛道为直道竞速500米或800米,分逆流和顺流两轮进行。赛前各队首先插好旗子于江心作起点和终点,以最先到达终点者为赢。比赛过程中,锣鼓喧天,万众欢呼,龙舟昂首挺进,场面壮观。节庆期间,还常在水上举行"舞狮""屈原游江""合浦珠还"等艺术表演。

**案例2：海南苗族招龙舞**

招龙舞产生于苗族早期祭祀宗教文化活动,是苗族迁入海南岛后,在特定的环境和生产劳动中,经过漫长的历史发展演化而形成的。史料记载,明代朝廷强行征兵,苗族人便来到了海南岛,也有广西苗族人为生活所迫渡海而来之说。苗族人居住海南岛后,生产方式以刀耕火种为主,过着居无定所的艰难生活。为了摆脱恶劣环境带来的困苦及精神寄托,他们焚香祭祖,祈求平安,保佑他们丰衣足食,风调雨顺,安居乐业。苗族崇拜祖先,视龙为祖先,凡家人、六畜不安,都求祖先公来驱邪,保平安[①]。每年开春时节（农历三月）在砍山种山兰稻之前,要请来祭师举行仪式,叩求龙公开天降雨,象征一年风调雨顺。正式举行苗族招龙舞时要设坛焚香,杀鸡、宰猪祭拜祖先;祭拜完毕,由文、武大祭师手持代表龙神的长木剑,头戴龙帽,身穿绣有龙图案的长袍,带着小道公沿着固定的线路,手舞足蹈反复表演祭拜祖先招龙的各种动作。舞蹈从几十人开始,围观老小不断加入,热闹非凡,队伍不断壮大,最后数百人上下翻飞,甚为壮观(见图3-47)。在独特的自然社会环境下,在漫长的历史发展过程中,苗族逐渐形成了这种凝聚力极强的招龙舞习俗和民俗仪式,并得到了较完整的保存。

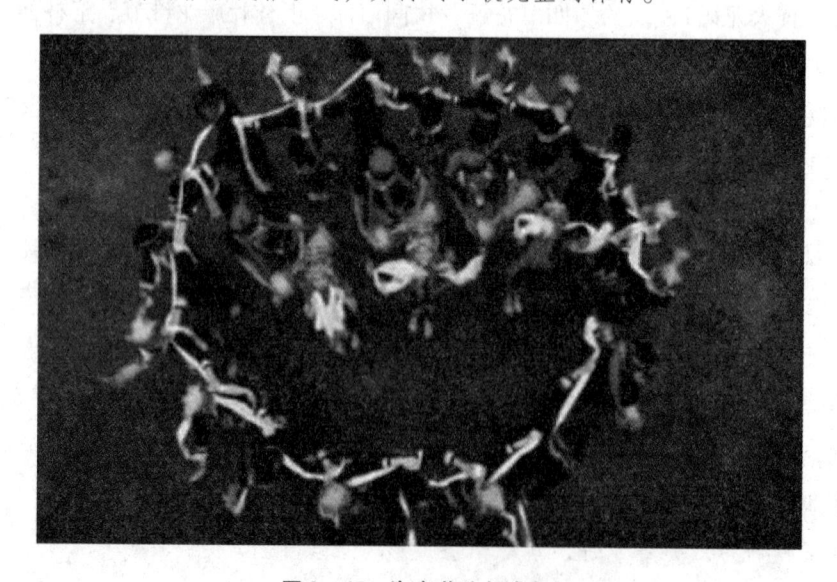

**图3-47 海南苗族招龙舞**

---

① 《苗族招龙舞》(http://www.hnmjwh.com/yqwd/2014/0318/29.html),2014年5月12日。

**案例3：调顺网龙**

调顺网龙是湛江赤坎调顺岛村世代相传的一种舞龙技艺，始于明建文（1399）初，至今已有600多年历史。调顺原为近海荒岛，风、旱、潮灾不断，环境恶劣。调顺祖先源自江浙，经福闽迁入，靠浅海捕捞与农耕杂种为业，生活十分艰苦。村民出于对大自然的崇拜，在每年农历正月初十"年例"中，皆舞网龙酬龙喜庆。网龙集麻网、绳缆、草叶、竹木编扎而成，就地取材，简易方便。其独特之处是在龙头上立起的一对粗大拱弯的竹扎"牛角"，用旧渔网拼接为龙身，稻草与椰叶编织尾鳍，犹如一条不伦不类的"牛鱼龙"合成物象，故称"网龙"。表演时群龙舞动，分别为两条公母大网龙和一对儿女小网龙，由龙珠引领，穿插相缠，旋跃翻腾，甚是精彩[1]。网龙制作古朴通透，可在陆地、舟筏和水中舞动，又谓"水陆蛟龙"（见图3-48、图3-49）。

图3-48 调顺网龙（一）

图3-49 调顺网龙（二）

---

[1] 《赤坎区文章湾村勒古龙》（http://www.ckqwhg.com/heritage/list/301.html），2015年4月1日。

**案例4：钦州舞青龙**

钦州舞青龙相对于各地的龙舞来说，较有亚热带及热带的特色。整条龙制作原材料严格讲究，只能用当地摘采的新鲜芭蕉叶扎成，不能犯禁忌。龙体一般长达百米以上。钦州舞青龙的特色不仅在于"舞"，更重要的是在于"烧"，因而又称"烧青龙"。中秋之夜，舞龙者齐装簇拥着百米巴蕉叶制成的青龙，开始舞"烧"，大街小巷随处穿插。所到之处，欢呼阵阵，鞭炮齐鸣，硝烟腾腾。精美的龙首在硝烟中若隐若现，上下翻飞；青龙身上扎着香火，点着油灯，在夜里的街上奔舞，宛如一条条火龙在街上交叉腾飞。按习俗，青龙走到哪里，哪里就吉祥，哪里就兴旺。约晚9点，在城郊举行"化龙升天"仪式，群众分龙筋、吃龙粥，祉求万事顺利，一切平安，舞青龙圆满结束。关于舞青龙，当地也有清乾隆年间廉州知府发现妖魔作怪，令随从烧之辟邪护佑百姓之说。

**案例5：黎族龙被艺术**

龙被，也称"为崖州被"，素有"广幅布"之称。它是黎族"织锦之王"，是黎族在纺、织、染、绣四大工艺中难度最大、品位最高、技艺最高超的一种，是黎族进贡历代封建王朝的珍品。传统上龙被使用踞腰织机制作，后改良为多用脚踏织机制作，其特点是先织制好布料，然后在布料上任意刺绣花纹图案。龙被因黎族支系及居住地区而异，一般分五类：单幅龙被、双联幅龙被、三联幅龙被、四联幅龙被、五联幅龙被，以三联幅居多。三联幅即由三幅彩锦联缀而成，一般长2—3米，最长可达4米，宽1.1—1.4米，以龙纹、凤纹、麒麟纹和鱼纹为主体纹样，花卉纹为辅样。五幅联很少见，以白色、黑色、咖啡色或棕色的人纹、蟒蛇纹为主体纹样，也称"鬼纹"。黎族龙被早期的图案多为人形纹与鬼纹，较典型的如"神树·灵芝图"、蛙纹图案、大力神纹、"祖宗图"图案，后来明显吸收了汉族的图案造型艺术，官福禄寿及道教内容占据主流地位，等级观念凸显（见图3-50、图3-51）。

龙被图案非常精致，其难度最大的为刺绣花纹图案部分，强调丰富多变。诸多图案中，植物图案主要有木棉花、龙骨花、泥嫩花、梅花、竹、青草等；动物图案有龙、凤、鹿、公鸡、鱼、青蛙、喜鹊等；自然界图案有雷公、闪电、太阳、月亮、星星、流水、田野、大海、蓝天等；生产工具图案有竹箩、米筛、钩刀、镰头、小桶、脸盆等。此外，还有诸多汉字图案，如"福""囍"等[①]。

---

① 《黎族龙被》（http://www.hainan.gov.cn），2007年1月12日。

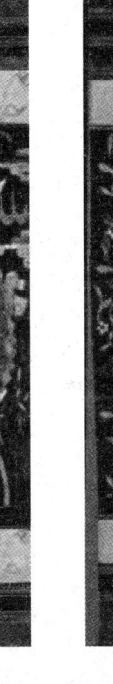

图 3-50　三联幅龙被被面——双龙飞舞　　图 3-51　三联幅龙被被面——龙凤吉祥

龙被的织造是一个复杂的过程，一般需五六个月甚至一年时间，其制作禁忌很多，织绣前要举行祭祀仪式。龙被的花纹图案色彩不同，用途各异，红色多用于红事，如婚礼拜堂、子女祝寿、盖房升梁等；黑色多用在白事，如祭祖、盖棺等。龙被是黎族传统智慧的表现，成为中华传统手工技艺的精髓。

**案例6：疍家龙母信俗**

龙母信仰是北海外沙疍民的主要信仰，外沙龙母庙是疍家龙母庙会的活动场所。龙母庙供奉的主神为龙母，辅神为北帝、关帝，其余还供奉观音、关平、周仓、千里眼、顺风耳、庙祖等诸神像。传说龙母是古仓梧（今广东肇庆、广西梧州一带）人，生于战国时期，她是古百越南方民族中仓吾部族首领。她聪明、勤劳，曾率领百越民众战天斗地，垦山治水，战胜天灾人害，让当地黎民百姓得以安居、生息、繁衍，深受人们的拥戴。秦始皇曾遣使邀"仓吾国"国王进京，龙母应邀前往，但不幸在途中病逝。后人纪念，因而成为后人敬仰的对象。

疍家龙母信俗的主要表现形式为诞期及其各类祭拜活动。一年中的诞期主要有：农历正月十五，做平安；正月十六，许福；二月初二，社王诞；二月十九，观音诞；三月初三，北帝诞；五月十二，关帝诞；五月十八，龙母诞；六月二十四，关帝诞；八月初二，社王诞（尾）；十二月十六，还福。

每逢诞期，龙母庙都举行抬龙母游街、烧金猪、唱大戏、吃祭、行香等活动。其中最隆重的，要数农历十二月十六的还福［见图3-52、图3-53、图3-54（1）、图3-54（2）图3-55（1）、图3-55（2）］。当天，锣鼓唢呐声喧天，人们身着疍家传统盛装，高举横幅、各色狼牙旗和彩旗，抬龙母像、打着花伞、摇（推）着花艇、舞着狮子、打起腰鼓，一路扭秧歌唱咸水歌，载歌载舞地从龙母庙出发，走过外沙桥、四川路，前往幸福街烧猪场接金猪。到了幸福街，上百头金灿灿的金猪用三轮车和花艇装好后，队伍穿出小巷转入大路，沿路吹吹打打，回到龙母庙。在庙门前击鼓喜庆、吹奏唢呐、燃放鞭炮，表演各类民间民俗活动，充满了浓浓的渔乡风土气息。人们通过祭拜龙母，缅怀祖神垦山治水开荒岭南之苦，表达对海洋的感恩及敬仰，祈求出海平安、鱼虾满仓、风调雨顺、国泰民安，表达了对劳动的热爱，以及对美好生活的向往。

图 3-52 北海外沙岛龙母娘娘　　　　　图 3-53 疍家龙母信俗

图 3-54（1） 唱咸水歌过节（一）　　　图 3-54（2） 唱咸水歌过节（二）

图3-55（1） 出海丰收龙母庙礼仪（一）　　图3-55（2） 出海丰收龙母庙礼仪（二）

仅以上6例，足见环北部湾龙图腾信仰的丰富多样性。虽然品类丰富、形式多样，龙图腾的艺术符号万万千千，但总的来说，其象征符号不外乎两类："载体"与"造型"。"载体"是指环北部湾龙原始图腾信仰的各类表现形式，包括显性形式与隐形表现形式。不管是各种模具、表演道具、艺术品、雕塑、壁画、建筑、绘画，还是神话、传说、故事、诗词、民歌、音乐、舞蹈、戏剧、体育、娱乐、礼仪、民俗乃至宗教信仰、深层价值观等，只要蕴藏龙文化、表现龙艺术、展示龙意象的，都属于龙图腾的"载体"。"载体"只是形式，除了空洞抽象的"载体"之外，龙图腾更需要生动具体的形象来展示，这就是"造型"。当然，"造型"的内涵十分丰富。一般来说，从浅层意义上，龙图腾艺术主要包括两种造型，即"外形造型""动作造型"。"外形造型"指龙的外形、造型、颜色、大小、风格、具象等，如龙的舞具道具，人龙舞、稻草龙、芭蕉龙、火龙、墙壁龙等。而"动作造型"则是指比较具体的、具深刻含义的各种表演动作或符号，如"龙翻身""龙打串""龙身入肚""二龙戏珠"等。然而，从较高层次来说，龙图腾的造型又包括"情感造型"和"形象造型"。前者主要是指龙图腾艺术产生的总体情感倾向，而后者是指龙图腾艺术产生的"最后总体形象"。

2. 龙图腾信仰艺术的内涵特点

北部湾的"龙"图腾信仰渊源久远，形态多样，艺术个性鲜明，内涵丰富深刻。其艺术内涵丰富多样，随主体的不同而产生变化，风格差异较大。例如，从合浦汉墓出土文物之龙首羽纹铜魁，龙头向前凸伸，以龙身紧缠铜魁。龙的神态生动活泼，眼睛似笑非笑，亲和有力，给人无穷遐思和艺术想象空间。而海南黎族龙被，分黑色、红色等色调，黑色龙被因多用于丧葬，盖于逝者棺材之上，宗教色彩浓厚。其龙图案庄严肃穆，威武有力，甚至狰狞万分，令人望而生畏。又如舞龙，以钦州青龙舞为例，其原料讲究，全身上下必须全部以刚采摘的新鲜芭蕉叶编织拼接而成，一般长达百米以上，其舞法讲究"舞"，更讲究"烧"；如湛江人龙舞，为几十甚至上百个壮汉肩负少年，靠身体倒卧逐个重叠而成，龙形淳朴自然、简单原始，但动作难度大，变化多端，特别需要团结精神，暗喻"人就是龙、龙就是人"的人龙合一图腾信仰。在艺术形态上，轻"形"而重"神"，更注重龙的气质、龙的韵味、龙的气魄。环北部湾的"龙图腾"，不仅有内地的龙的要素特点，在此还融合了多民族血脉要素，赋予了海洋要素、东南亚及海丝路要素，使其更具独特性。经深入分析，环北部湾龙图腾艺术具有以下5个特色。

第一，龙图腾的渊源古老性和原始色彩。环北部湾的龙图腾信仰源远流长，个性突出。它呈现出强烈的文化多彩性，但共同特点为：原始性浓厚。环北部湾的龙图腾，有深刻的古百越民族烙印，同时交织着其他文明的烙印。环北部湾龙图腾孕育于中华古百越文明，在由百越繁衍的各后裔民族中，民间龙习俗盛行至今，龙图腾崇拜观念浓厚是活的烙印。环北部湾各地，古属百越之地，古百越在中国古代四大族群华夏、东夷、南蛮、北狄中，属"南蛮"类。古百越"断发文身""善舟楫，喜食蛙蚌"，在稻作文明出现之前，主要靠采集渔猎，生活于南方热带亚热带的密林山地平原和河海之间，虎豹出没，巨蟒横行，鱼虾成群，万象繁荣。虽然物产丰富，但对渔猎生活原始人的人身来说经常构成巨大威胁。为总结经验，远离威胁或灾难，人们形成各种崇拜或祭祀，形成各种习俗、禁忌，以及各种氏族标记，如"树图腾""鱼图腾""蛇图腾""蛙图腾""鹿图腾"等。即使为了打猎、捕鱼需要，潜入水中或躲在林中，也要"断发纹身"，身上刻上花纹，使自己的身体像蛟龙的形象，可使水中恶鲨猛兽误当同类，避免被其咬伤，同时不容易被猎物发现。正是这些经高度抽象化的简单概括的图腾形象，构成了"龙"图腾的最核心部分及主轴印记。环北部湾处亚热带及热带，气候炎热，古时巨蟒缠绕，猛兽横行，使人们萌发"龙"的想象。如"龙"的"身"变化万千，雷霆万钧，其身系由蛇转变而来。这一点，可从环北部湾疍民习俗得到印证。疍，亦作蜑、蜓、蛋、疍蛮，其图腾为蛇，自称"龙种"，"黥面纹身，以类蛟龙之子"。而"蛇身"之上却长满了"鱼"的鳞片，"龙"头长"鹿角"，该现象源于远古渔猎文化，体现史前渔业文化、狩猎文化的融合。"鱼"鳞象征捕鱼生活，鹿角象征远古采集狩猎。海南等地都有梅花鹿，三亚至今还流传着鹿回头的美丽传说。所有这些具象，是对原始时期渔（含海洋捕捞）猎生活的真实写照。这些形象的组合，即构成"龙"形象的核心部分。又如海南临高新盈一带的渔民，有木龙习俗，即在渔船桅杆上都要贴上"木龙生辉"四个字，意为木龙常驻，渔船出海平安。木龙是传说中栖息在航海大船里的蛇。据考证，这种习俗为福建渔民传入。对此清代《海上纪略》、《福建省志·民俗志》均有记载。这些形象，可追溯到人类的最早发展时期，与古百越人对龙蛇信仰的原始图腾有关，可见其原始古老性，印证了龙图腾的深厚历史渊源。

第二，融合性，形态多样。环北部湾的龙图腾艺术具有高度的融合性，呈现出多文明深度碰撞融合的特征。这种深度碰撞融合，表现有四：其一，表现在海洋与内陆的融合、渔业航海文明与内陆农耕文明的融合上。环北部湾的"龙"的特性，不仅完整地保留、吸收内陆龙文化的特点，也烙上了鲜明的海洋烙印。如在环北部湾，龙身或相关部位或刻上贝壳海螺，或虾蟹鱼群的烙印，如以珊瑚为龙角，或挂上相关符号，融入海洋因素。以调顺网龙为例，造型奇特，内涵丰富，其龙头上的"牛角"象征农耕，也意喻渔业，凸显了渔农并举的生产、生活民俗特色，丰富了龙舞的艺术元素，表现出对原始生殖的崇拜和龙文化的深层理念。其二，它还表现为中原文明与边疆文化融合的特点。环北部湾龙图腾信仰艺术里，既有中原的龙图腾要素，也夹杂着更深厚浓烈的古百越图腾信仰成分。其三，它还表现为远古苗蛮集团文化与本土文化的融合。如同属于岭南的环北部湾周边的广州南海神庙，有关里面供奉的南海海神之来源，说法不同，有传说其为尧的被逐放到南方的儿子丹朱，丹朱生前为苗族的祖先，珥两青蛇、践两赤蛇，死后化为南海神，号"不廷胡余"；一说是古代时期，楚国强大，一直统治到滨海，楚人的始祖祝融成了南海神；另一说南海海神是祝赤，即祝融和南方赤帝的合称。至今的湛江雷州石头城、石狗、傩舞、傩祭，以及海南苗族招龙舞等，均为当时楚国的遗风，与古苗蛮集团有很大关系。此外，京族还供奉位本土海神"广利洪圣大王"，海南供奉的峻灵公，以及珍珠公主、冼夫人、伏波等。本土海神的供奉，说明了本土及外来文明的融合性。其四，其融合性还表现龙图腾艺术与原始宗教、巫术、生产、娱乐、民俗等紧密结合。在环北部湾的龙图腾艺术，为适应海洋、海湾和海岛特点，做了较多改变，并融合了周边国家族群的图腾要素，深刻融入社会生活各个领域，呈现出表现形式的多样性。

　　第三，简单古朴，亲近自然。有关龙的形象，古文献记载比比皆是，如《庄子·天运篇》《说文》《说苑·辨物种》《尔雅·翼释龙》《管子·水地篇》等多有探讨，龙为上天入地、呼风唤雨之神物，威严且变化多端，后来以天子的形象出现，民间犯忌则加以死罪。而环北部湾的龙图腾艺术，相对于中原，更为简单、古朴甚至丑陋、笨拙，更接近于自然的原始状态。如民间信仰"四海龙王"之南海龙王，掌控海洋中水族鱼类和风暴潮汐等，为龙头人身，有时以龙的形象出现，有时则以王者形象现身，但在渔民的心目中，海龙王则是一个相貌丑陋、威严无比的老者形象，相对古朴自然。如钦州舞青龙，除头部外，通体原料只有一种：芭蕉叶，使其原生性更强、贴近自然。又如湛江人龙舞，形态古朴，肉体堆成，貌似简单，但对神态、精神要求更严。在湛江每逢重大节庆，人们习惯舞草龙、舞布龙、舞簕古龙庆祝升平。以文章湾村簕古龙为例，簕古属露兜簕科植物，当地俗称橹罟子。过去如发生瘟疫，该村即以当地野生鲜簕古叶片组成龙身，以鲜菠萝皮扎成龙鳞，橙子作龙眼，柚子皮作龙鼻，菠萝皮作龙额，菠萝叶作龙眉毛，剑麻片作龙舌，榕树气根作龙须，以簕古果嵌成龙牙，最后制成簕古龙，沿着村巷巡舞，驱邪镇魔，禳灾祓难。巡舞结束，簕古龙身上的簕古叶，每家每户派发一片置于家中镇邪，保佑平安。据传"簕古可避邪"，该习俗是龙图腾与该习俗的结合。类似的图腾艺术，比比皆是，足见龙图腾的原始性、深厚性。同时，这种相对较为古朴笨拙的龙形象,并非像内地的官衙龙尤其是皇家龙那样高不可攀、神圣庄严,而是神态可掬、随手拈来、老少皆欢,保持了民间的原始色彩,更富于生活性。许多龙图腾现象如舞龙等常深入民间,走村串巷,男女老少皆参与,意在驱灾镇邪,更具情感性、亲民性。

第四,深入性、广泛性、扩散性。环北部湾的龙图腾艺术不仅原始古朴,也深入广泛,足以说明环北部湾龙图腾信仰的深厚根基及影响性。在环北部湾各地,"龙"图腾符号随处可见、随处可摸、随处可听、随时可感:从地下墓葬,如合浦汉墓群等到地上各类建筑物,宫殿、庙宇、桥梁、亭、台、楼、阁、书院、祠堂、民居,及相关雕刻、装饰等,再到各类渔画、工艺品、织锦、刺绣、服装等物质领域,再及古神话、传说、故事、诗词、书画、歌谣、音乐、舞蹈、戏剧、娱乐、民俗、宗教等非物质领域,甚至连街道、乡镇、村落带"龙"字的地名随处可见。龙图腾不仅影响着生产生活物质领域,更深刻烙印于当地各族人民的人生礼仪、娱乐、民俗、节庆、宗教,乃至深层精神、性格、价值观,产生了十分重要的影响。除此之外,对外扩散性也是其影响性的重要体现。在环北部湾区域及周边国家,如越南、菲律宾、马来西亚、新加坡等,龙图腾信仰艺术根基十分深厚,虽受所在地文化影响,产生某种交融变化,但其核心基因与环北部湾龙图腾信仰艺术相同或相似,构成共同的龙文化圈,说明其血脉的同根性或相近性。数千年间,古越人也逐海流而漂,将龙图腾因子传播至东南亚诸多地区,再深入至附近岛屿,扩散至更远的大洋洲、太平洋诸多相关群岛,同时,也往西向南亚、西亚、东洲及欧洲传播。

第五,精神性、理想性。环北部湾的龙图腾信仰艺术丰富多彩,原始性强,源远流长。在或奔腾或昂扬或恐怖的各种各样形态的龙图腾形象背后,涌动的是某股力量、某种精神、某种理想。这些复杂多变形象的背后,正如一条河流,流动的是某种基因、某种血脉。龙图腾不是某个民族的专利,而是远古时期各个氏族部落的图腾混血融合而就,并不断融合、不断滚动、生生不息、延续发展。龙图腾融合的许多成分,不仅是中华各个民族的共同标记,更是各民族的民族精神、审美、理想和价值的集体体现,是中华各民族动力的源泉、理想的寄托。例如湛江人龙舞,体现出一股高度团结、紧张、拼搏的氛围,体现出一种腾飞的精神力量。又如苗族招龙舞,它反映了海南苗族在与大自然搏斗开天辟地过程中团结坚定、吃苦耐劳、排山倒海、勇往直前的民族精神信仰。再如钦州舞青龙,既有取材自然、尊重自然的环保之意,又走村串巷,沿途燃点香烛,烟花爆竹烧之,体现出驱邪除害、祛除瘟疫、吉祥安康之意,更寓含红红火火、一炮打响之美好祝愿。环北部湾龙艺术是中华人龙精神的最好体现。以湛江人龙舞为例,在人龙舞中,人就是龙,龙就是人,人龙合一,顽强拼搏,天地合一,就会撼动天地。又如文身,史载越人"断发文身,以像龙子",在证明是龙的后裔的同时,也企盼得到龙的保佑,为远古龙图腾的强烈内化。又如北海外沙岛疍家人龙母庙会，外沙岛世代居住着疍家人，世代靠打鱼为生，自称"龙种"，为龙图腾信仰的强烈体现。龙母庙会活动其实是一种祭海仪式。通过"做平安""许福"等仪式，在强化尊重自然、保护自然以维护生态平衡，履行社会集体表达及契约功能的同时，表达祈求出海平安，鱼虾满仓，来年风调雨顺、国泰民安的强烈愿望。

3. 环北部湾龙文化的成因

环北部湾龙图腾艺术的产生原因是多方面的，既有自然环境因素，也有生产力因素，更有历史、社会和心理等因素。经分析研究，主要来自以下五个方面：其一，自然环境因素。海神崇拜是海洋文化的重要特点。从人类文明史来看，不管是西方文化，还是东方文化，在传统海洋文化里都会有海神信仰普遍存在。如在古希腊罗马文化里，就有海神波塞冬的许多神话。不同的地理环境会产生不同的生产方式，进而产生希望、幻想、价值理念，最终产生信仰。中国海岸线漫长，东南沿海及北部湾岛屿众多，百越族群远古图腾信仰丰富多彩，渔猎迁徙频繁漫长，舟楫漂流历史悠久，生产环境复杂多变，必定会产生地域性的海洋神灵崇拜体系，这是人类发展的心理需要，是人类早期发展的规律。其二，历史的积淀。图腾信仰的形成是长期的历史过程，是一个长期吸收、筛选、淘汰、孕育、形成和繁荣的漫长过程。图腾的孕育更多是发生于原始时期，形式固定后延续下来。我国作为海洋文明的重要发源地、东方海洋文明的典型，海神崇拜的内容相当丰富，如见诸史籍上的早期四方海神有：东海禺虢、北海禺疆、南海不廷胡余①、西海弇兹。仅海南的黎族地区，就保持了大量珍贵的原始文化或类原始文化。其三，文化的融合。龙文化是远古农、牧、渔等众多族群图腾混血的产物，是中华民族的共同文化渊源。而环北部湾龙图腾也正是这种混血融合的鲜明表现，它不仅是渊源于古百越各远古氏族部落图腾的混血，更是民族大融合、文明大融合的产物：它是北方游牧文明、中原稻作文明、南方沿海渔猎农文明的混血融合，是陆地与海洋文明的深层融合。其四，生产的需要。海洋波澜壮阔，深不可测，古时生产落后，渔民出海常葬身海底。为保护平安、满载而归，海洋图腾崇拜随之产生。辩证唯物主义和历史唯物主义认为，生产力决定生产关系，经济基础决定上层建筑；上层建筑又反过来作用于经济基础。龙图腾来与于农渔猎，作为意识形态上层建筑，又反过来影响生产，产生巨大的能动作用。其五，理想的寄托。图腾是一种原始宗教意识，属于层次较高的精神活动。在这种高层次精神活动中，既有意识、判断等因素作用，也有归属感、理想、价值、追求等的支撑。龙图腾崇拜仅为某种载体和媒介，其实质是主体的社会意识、社会需求及价值目标的间接映射，反映出其追求的理想图景。海洋信仰中的龙图腾艺术，更适应大浪滔天、航海打鱼、逢凶化吉的生存需求，反映平安吉祥、满载而归、风调雨顺、国泰民安的普遍美好心愿。

---

① 传说为苗族，属楚国。

### 4. 龙文化的实质

龙在传统文化中扮演了十分重要的角色，处于传统文化圈层的最核心。龙图腾艺术内涵博大精深，千变万化，难以读透。但总体来说，环北部湾龙图腾艺术的精神实质至少体现在以下 7 个方面：其一，自然顺畅、尊重自然。龙图腾的象征符号，绝大部分来于自然界，特别是某些动物、植物等，如蛇、鱼、牛、马、龟、鹿等。如钦州舞青龙的通体材料为芭蕉叶，湛江人龙舞则由几十个到三四百个壮汉肉身叠加而成，都是来自自然物或自然的人。这意味着生命来自自然，力量来自自然，因而，做任何事情，都要讲究自然顺畅、尊重自然。自然环境是龙图腾民族的血脉之根。龙一般潜藏于大海深处，或海底龙宫，或江河深处，或潭水深渊，龙宫金银财宝无数，有龙的地方必定雄壮绮丽、风光优美、生态良好、富足殷实。因此，要富足，要顺畅，必须首先尊重自然环境、生态平衡，暗含生态文明之意。其二，融。从起源来看，龙图腾崇拜是远古时期诸多氏族部落图腾的混血融合。中国的龙图腾最开始是起源于大陆文明，但龙的演变很快就有了海的背景，无论是封建统治者的官服，还是民间年画，四海龙王或深海蛟龙的图形屡见不鲜，海洋文化不知不觉中就渗入了中国大陆文化。就环北部湾的龙图腾艺术来看，它是内陆文明与海洋文明、农耕文化与渔猎文化、内地族群文化与古百越文化、国内文化与国外文化的融合。"融"是世界龙文化圈各个民族的血脉之源，"融"构成了龙图腾崇拜的核心。其三，变化、权变、力量、威力。龙文化之精髓，在于"变化""权变"。龙能呼风唤雨，翻江倒海，上天入地，能量巨大，其根源，在于其变幻无穷。蛇在地上行走，身体需快速扭动蜿蜒前行，龙更是如此。龙可大可小，可隐可现，腾云驾雾。这说明，要有"龙气"，必须善于变化，善于权变。适时变化产生力量，权变产生威力。其四，行善。龙是行善的象征，是救命的象征。环北部湾的龙母，传说为百越族所生，少年时以织布捕鱼为生。后带领人民开辟山川，治理西江，战胜灾难，造福百姓，深得爱戴，被拥为苍梧部落首领。救人行善是龙的核心本性。千百年来，龙王信仰也成了救神，是因为海上风云变幻，龙王能在惊涛骇浪中拯救落难者，渔民在危难时刻，可祈求龙王保护平安；即使在陆地，遇到干旱，龙神也能化作甘霖喷降下来，保证风调雨顺，五谷丰登。其五，团结。龙的精神就是团结的精神、精诚团结的作风。划龙舟、舞龙、湛江人龙舞等，就是这种精诚团结精神的展示和表露。其六，乘风破浪、克服困难、艰苦奋斗、繁荣兴旺。龙的精神是乘风破浪的精神，任何困难都压不倒，任何困难面前都做到乘风破浪。龙图腾的精神含有坚持不懈、艰苦奋斗之意。任何伟大成功并不是一蹴而就的，需要坚持不懈，克服很多困难，需要奋斗精神，也就是常说的"龙马精神"。其七，龙图腾艺术还是荣华富贵、繁荣兴旺的象征。在很多传说故事中，海底龙宫一般金银财宝无数，荣华富贵，是衣食无忧、繁荣兴旺的人间天堂。龙图腾信仰艺术的这种景象，就是要鼓励中华子女努力奋斗，坚持不懈，去实现这种荣华富贵、繁荣兴旺的梦想。

## （二）雷艺术、傩艺术圈

在环北部湾的广东湛江雷州市，有全国闻名的"雷"遗产现象，包括雷祖祠、雷神、雷公庙、雷斧、"南方兵马俑"之雷州石狗、雷式建筑，以及雷歌、雷胡、雷剧、雷州换鼓、祭石狗、舞火狗等，通称"雷文化圈"，由此形成的艺术圈叫作"雷艺术圈"。与雷文化相伴生的，是更原始神秘、分布范围更广的"傩"艺术，包括上刀山下火海、雷州翻刺床、雷州穿令箭、踩火场、喷玻璃、汽车过腹、翻秋千、穿刀洞、过火圈等等。从范围来看，"傩"艺术覆盖了环北部湾第一圈层的所有地区，主要包括广东湛江、广西北海及南宁等地的上刀山下火海，湛江麻章傩舞"考兵"、雷州的傩艺术、广西钦州"跳岭头"，以及海南的傩绝技、海南的黎族面具舞等，整个环北部湾是一座傩艺术宝库。有些习俗在相关族群里比较普遍。如北海疍家过去如海上遇不测，则有光着脚板从火炭堆中走过的"过火山"习俗。疍家传统信仰也很多，除共同信仰有"三婆婆"外，还有"北帝""观音"诸神，此外在蛋家棚里或小船上供奉木雕刻的几代先祖神像。在环北部湾外围的越南、缅甸、印度尼西亚、马来西亚、菲律宾等国家，也不同程度地有"傩"艺术遗产遗存。这些遗产现象，与环北部湾的傩艺术共同构成了一个"傩文化圈"。在此仅以"雷州祭石狗""跳岭头""爬刀梯"为例，对"雷艺术""傩艺术"进行剖析。

祭石狗为民间习俗，流行于广东雷州半岛。雷州几乎处处有石狗，农村尤多，有的一村一只，有的一村多达一二十只，多置于村口、巷口、祠堂、门前、天井、树下等处。据不完全统计，雷州现存石狗仍有2万只以上。其中，年代较早的是隋朝州治遗址附近的石狗坡上的石狗，距今已有1300多年。最大的为雷州城北门石狗，连座高2.5米；而最小的仅有10厘米。性别多以雌性居多。石狗仪态多样，但多作蹲势，没有四腿站立的。祭祀石狗的仪式很简单，除了香烛外，只需要奉以猪肉、水果、饼干、生菜等少量祭品即可。

雷州奉祠石狗，原因有二：一是古代图腾崇拜的遗风。古代苗族的原始信仰为盘瓠崇拜（犬图腾），推测为苗族母系社会的遗风。石狗性别以雌性居多，这是苗族远古母系社会的遗风。雷州后来属楚国界，筑有石头城防守，石狗为远古苗蛮集团在此统治的印证。二是雷州十年九旱，民间认为是有鬼怪作恶。当地认为石狗的血污秽，有神力，鬼怪黏上就永世不得翻身，可镇邪消灾，因而人们祭祀石狗求雨。也有一些专家认为，古代苗瑶同源，都有犬图腾习俗，雷州也曾有瑶民聚居，祭石狗之俗当与瑶族犬图腾崇拜有关。但从古代雷州属楚国境的角度及其他习俗综合考证，属于苗族遗风的可能性较大。除了大量石狗外，雷州还遗存有初建于唐贞观十六年（642）的雷祖祠以及其他相关习俗。

而"傩艺术"，仪式繁多，更为神秘。如"招兵"，为雷州民间宗教活动的重要仪式。招兵源于苗瑶古代神话，传说盘瓠为高辛帝平定番乱后被封为驸马，与三公主结婚繁衍子孙。招兵一般持续两三个昼夜，分祷告、请神、招兵、安兵、尝兵、收邪、祭祖等20多个程式。半夜的招兵仪式是整个活动的高潮。在祠堂前搭一高台，上设神坛，以米豆为香炉，上插青、白、赤、黑、黄五色旗表示东南西北中五营兵马，由法师念辞招兵。各营领一旗，到公厅正面拜祖后，即往田边、井旁、庭院及每个角落巡逻，发现邪恶随即驱赶或灭除。

又如钦州跳岭头，类型丰富，主要流传于钦州、灵山、浦北一带。最典型的是浦北傩戏"跳岭头"，为客家民俗，又称"岭头节""傩舞""颂鼓""跳鬼僮""跳庙""还年例"，主要流行于龙门、北通、大成、张黄等客家人聚居之地。明嘉靖《钦州志》、民国《灵山县志》等多有记载。每年农历八月至九月，客家傩戏表演开始，每年持续时间约两个月，大多以宗族为单位，地点一般在村边山坡上，故称"跳岭头"。内容丰富，形式多样，一般有打击乐伴奏，以颂鼓、铜锣打击乐器为主，节奏明快，铿锵有力。跳岭头有歌有舞，但其特点是歌时不舞，舞时不歌。

傩戏分四人、八人、十二人跳三种。表演者身着古装，头戴帽子，脸挂面具，手执刀、斧、戟、剑、棍、锄、铲之类的农具兵器。表演内容大致有"设坛""开坛""跳日午""跳三师""扯大红""跳四师""跳忠相""灭妖精"（五雷灭妖）、"庆丰收"等，通常取材于神话传说、民间故事和戏曲故事。

在跳岭头中，傩面具是仪式形象的核心。它是傩造型艺术的形象载体，也是傩戏最为重要、最鲜明的道具。表演傩戏时，村民们扮演傩神，要戴上各种具象征意义的面具，造型往往因角色的不同而有差异，其表现手法主要以面具为轴心，通过装饰、动作和五官的变化来塑造傩神的仪态和性格特征，如狰狞、威武、凶猛、严厉、剽悍、深沉、冷静、英气、狂傲、奸诈、滑稽、忠诚、正直、刚烈、稳重、反常、温柔、和蔼、妍丽、慈祥等，仪态万千，形象生动。戏中人物栩栩传神，时而诙谐有趣，时而神秘诡异，令人回味无穷。

面具是圣物，有诸多禁忌，其制作、取用、存放等都要严格遵守戒律。如什么角色佩戴什么面具有严格规定，不得搞混；制作面具时要举行"开光"仪式，取用时要举行"开箱"仪式，存放则要"封箱"。不能让女人触摸面具，更不让其佩戴面具；男人戴上面具后即表示神灵已经附体，不得随意说话和行动等。

傩艺术有其独特性，遵循着自身的艺术规律与原则。在跳岭头极具原始崇拜色彩的仪式中，傩体现了一种原始之美，如粗犷之美、剽悍之美、凶猛之美、狰狞之美、刚烈之美、英气之美……无不显示其中。这种"美"的背后，傩承载了客家人最为原始的力量：刚劲、无忌、血腥、坦然、秩序，还有尊严。总体来说，它体现了一种民间力量及自然秩序。

在钦州，跳岭头的隆重程度仅次于春节，20世纪80年代的傩舞仍可跳上几天几夜。目前，全市仍保留大大小小各类傩戏班20多个，近百个丰富多彩的传统节目。傩戏艺术内容丰富、风格各异、形式多样，深受民间喜爱，确实令人痴迷。

又如，"上刀山"为湛江雷州、北海等地民俗，属傩绝技，原来为苗族、瑶族的远古民间风俗，至今仍流行于云南、贵州、湖南湘西的苗族民间，民间称"上刀梯"。仪式大体如下：选较平坦开阔的地面，竖一根长十到二三十米高的圆木或杆做梯架，间隔半米左右，在竖杆上横插数十把刀口朝上的长刀作为梯级，架成"刀梯"，俗称"天梯"。也有平行竖两杆中间架刀的。上刀梯之前，祭师念咒祭祀，绕天梯行走3圈，接着杀鸡敬神，以鸡血涂抹刀口，有的也以猪头祭神。祭祀完毕后，登刀梯者以一小方纸钱垫住刀口，然后赤脚踩刀梯拾级而上，直至梯顶。登梯过程中，祭师在竿上不断翻腾跳跃。爬至梯顶之后，表演各种惊险动作，包括"叉肚转圈"，即以肚脐眼为支点平卧在木杆顶端钢叉上转数圈，为人祈福禳灾解难，然后沿着刀梯逐级而下，落地后向观众亮其足底，表明没被刀割伤。伴随着"上刀山"，往往为"下火海"仪式，即在地上铺满火炭和烧红的铁犁，祭师赤脚从上面来回走过。上刀山原为一项隆重的丧礼仪式，专为非正常死亡者超度而举行，后被改造成一种娱乐或民族旅游表演项目[①]。

雷艺术、傩艺术都是环北部湾重要的海洋文化遗产，其表面各为不同类型艺术，背后实际都为共同的海洋图腾信仰，或是内陆农耕与海洋文明交融的图腾信仰。以雷艺术为例，雷艺术符号虽多种多样，但其核心是"雷神""雷祖"。雷州多雷，雷人更崇拜雷公，并习以成俗。旧俗除普通祭礼及演戏酬神之外，还要举行场面浩大的"换鼓酬雷"仪式，就是这种习俗的体现。《广东新语》载：古代雷州人拜"雷公墨"，即陨石，古雷州人称"雷公石"或"霹雳砧"，并以此为驱邪避灾之物。传说雷祖为雷州首任刺史陈文玉，系巨卵开生，很具传奇色彩。《雷州祖志》云：自陈文玉任本州刺史后，政教并行，僮瑶向化，请更郡名为雷州。捐俸造城，不费民财，安抚峒落，各族和睦相处[②]。从此，雷州风俗大变，地方富裕。陈文玉因此被尊为雷祖，历代被人们敬奉。在广东雷州，除建雷祖祠，雷祖祠内除供雷祖像外，还把电母、风伯、雨师，以及雷车、雷鼓舞、电火等物，与雷公一同奉为崇拜对象。

"雷艺术"源远流长，主要源于古代苗族等苗蛮集团的远古图腾崇拜，尤其是雷神崇拜。雷神（雷公）崇拜为远古苗族信俗，苗族尊之为祖神之一，至今在贵州、云南和湖南湘西等地的苗族仍十分盛行。仅在湖南湘西与贵州铜仁交接的松桃苗族自治县，民俗专家学者经过田野调查搜集整理的"祀雷"口诀就浩浩荡荡，专著长达数部。雷神雷祖信仰也流行于广东、广西以及海南地区，以广东雷州半岛最为普遍，与古时楚国统治雷州半岛有关。雷神是中国古代神话中司雷之神，道教称之为"九天应元雷声普化天尊"，苗族敬称之为"da suo"，粤人呼为"雷公"。陈文玉的传说仅是个现象，或是"巧合"，但能说明陈文玉任刺史之前，当地雷祖崇拜的风气早就盛行，根基深

---

① 岭南文化百科全书编纂委员会编：《岭南文化百科全书》，中国大百科全书出版社2006年版，第191—192页。
② 林涛：《雷州石狗奇观》，中国文史出版社2004年版，第2页。

厚。雷文化的根基在于雷神崇拜习俗,其核心为"公平""正义""雷厉风行""天打雷劈",如闪电般公正无私。它是"公平公正"的标志,是"道德"的标志,是霹雳般雷厉风行的标志,是"铁面无私执行的标志"[1]。

傩是我们祖先创造出来的艺术形式之一,被称为中国戏剧及舞蹈艺术的"活化石"。傩戏,是远古盛行以"驱鬼逐疫"为目的的祭祀仪式。《周礼·夏官》载方相氏"掌蒙熊皮,黄金四目"主持傩舞驱疫,"黄金四目"即傩面具。近人通过对殷代甲骨文卜辞研究,认为甲骨文中已有"傩"字。柯琳在《傩文化刍论》中推断,傩可能产生于夏代中期,到商(殷)代已有定形。西周文献记载亦已有"天子傩"的说法。"天子傩"(国傩)与"百姓傩"("乡傩")相对应,一般来说,在"天子傩"形成之前,"民间傩"应发展已久、高度成熟,并影响很大,以至于国家直接使用或借用。可见在西周之前很长时期,"傩"早就形成,可追溯至更早时期。据推测,傩可追溯至新石器时代,发源于古原始部落氏族中的图腾信仰。

傩艺术的艺术符号多种多样,傩面具、傩道具、神辞、口诀、程式、傩舞动作、五官变化,以及环境布置等,都是傩艺术的关键符号。傩艺术,不仅富含远古时期人类文明的大量原始因子,底蕴深厚,其最终形成还是雕刻、绘画、民歌、音乐、舞蹈、民俗等各类艺术形式的综合产物,是原始宗教与各类表演艺术的融合体,具有特殊的历史价值、考古价值,更具特殊的艺术价值。

傩的核心观念是"圣洁",即圣洁之事、圣洁之物、圣洁之境界。圣洁与污秽相对应、相隔离,两者处于矛盾对立关系的两端,既离得很远,又离得很近,很多时候两者仅距一步之遥、相互转化,因而必须用严格的禁忌、严格规则和神圣力量来划界,以神圣力量来确保两者隔离。在远古时期,跳岭头的目的是为村屯辟邪收妖除瘟,祈求庄稼丰收、人畜平安、风调雨顺,保护村屯清洁。因过去生产力落后,灾难生病瘟疫多,但很多瘟疫都是人自身平时"不洁""不规"引起的。与现代的概念不同的是,在古代,不仅病菌、不卫生为"不洁",生病为"不洁",而且人的行为不轨、人的犯忌不端、人的观念不端也同样为"不洁""鬼"。因而要特别注重"洁"、讲究"洁",傩等禁忌文化从而产生。傩的本意在于驱鬼,更大的实践意义在于自我约束、防止"不洁"、与万恶隔离。

傩由古代民族社会图腾崇拜发展而来,因远古苗蛮集团的扩散,各族群的文化交融使之成为普遍的文化现象。随着文化的传播扩散,特别是随着后来中原汉人不断迁往各地,各地文化、贸易往来日益密切,在中国迅速传播开来,形成南至湖广、北至内蒙古、西至云贵川渝、东至闽台,扩散至东南亚及其他地区等地的格局。浦北客家傩戏系由客家先民几次大迁移,从中原传入至长江流域,再至岭南,再由环北部湾分

---

[1] 岭南文化百科全书编纂委员会编:《岭南文化百科全书》,中国大百科全书出版社2006年版,第216—217页。

海路、陆路传播至东南亚地区。

后来随着古海上丝绸之路的开辟，傩艺术传播到更远的地区，成为远古社会或蛮荒时期海上远航躲灾避难、勇往直前的宗教图腾及精神支柱。古海上丝绸之路横跨亚非欧，穿越南海、马六甲海峡、孟加拉湾、印度洋、阿拉伯海、红海，最后抵达地中海，穿越几十个国家和地区，复杂地形、漩涡、台风、巨浪、海啸、海盗、瘟疫、炎热、乃至战争等，可以说灾难多，邪恶多，令人触目惊心，船只及船员随时会葬身大海。面对触目惊心的场面，古海上丝绸之路船却丝毫不能后退，只能以人定胜天的英雄气概将自己生命置于脑后，勇往直前。"上刀山下火海"等之类的傩仪式，原为亡人超度仪式，后演变为一种出海壮行仪式。大浪滔天，长路漫漫，出海远行未知生死，在远古科技极其落后的时代，出远海几乎无异于上刀山下火海，几乎等同于某种死亡，因而，不管是官方出海，还是民间出海，几乎都要举行"上刀山下火海"之类的祭祀仪式，祭祀先祖，保护平安，保佑平安回归；也进行祭海仪式，祭祀海神，保佑风雨无阻，平平安安，驱除邪恶。因而，上刀山下火海等傩艺术是一种出海祭祀，是古海上丝绸之路远洋航海文化，是大洋航行的心灵图腾艺术，是穿梭大洋的精神支柱。

雷艺术、傩艺术是较罕见的文化现象，在全国来说仅有少部分地区遗存，在周边国家特别是东南亚有较多遗存。例如傩，古时在中原出现较多，如《周礼·夏官》载方相氏主持傩舞、曹操曾多次用"军傩"等，但中原地区大多已消失，至今只有河北涿鹿县等个别地区有傩，其余的均分布于湖南湘西苗族地区（见图3-62、图3-63、图3-64、图3-65、图3-67、图3-69、图3-70）、贵州、云南、广西，以及海南等地，主要集中于南部及西南区域。环北部湾为傩艺术的聚集区，整个环北部湾的傩遗存、傩艺术完整构成了一个"傩艺术圈""傩文明走廊"。

图3-56　美洲印第安人图腾柱（一）　　图3-57　美洲印第安人图腾柱（二）

图 3-58 墨西哥托托纳克人的傩印记——飞人典礼（一）（世界非物质文化遗产）

图 3-59 托托纳克人空中飞人表演

图 3-60 墨西哥托托纳克人的傩印记——飞人典礼（二）

图 3-61 托托纳克人的傩烙印——飞人典礼

图 3-62 湖南湘西苗族刀梯柱

图 3-63　湖南湘西苗族爬刀梯

图 3-64　湘西苗族女子刀梯高空表演

图 3-65 湘西苗族"过火海" 　　　　　图 3-66 保加利亚村庄"过火海"——蹈火舞古仪式

图 3-67 湘西苗族民间祭师吹牛角驱邪 　　　图 3-68 拉美哥伦比亚黑白狂欢节（世界文化遗产名录）

图 3-69 湖南怀化傩面具 　　　　　图 3-70 湖南新晃县傩舞

图 3-71 不丹世界遗产德拉迈茨的鼓乐面具舞　　图 3-72 早池峰神乐（自然礼仪，日本世界遗产）

"龙图腾""雷"艺术、"傩"艺术的发展、形成、传播有一定的轨迹。这三者之间相互形成，紧密联系。"雷""傩""龙"这几字读音相近，在有的语言里甚至几乎相同，在一定程度上，甚至可以推断出"龙文化圈＝雷文化圈＝傩文化圈"的论断。

令人惊奇的是，这条走廊不仅在内地及环北部湾各地遗存，还延伸至东南亚、南亚，乃至大洋洲、非洲、欧洲、美洲等地。尤其是在东南亚，这种文化现象最为明显。如在我国海南黎族地区，有傩功夫钢丝穿腮绝技，这种绝技全世界几乎绝无仅有，但在印度尼西亚，也有大量钢丝穿腮绝技及艺人表演。这表明两者之间为同源关系，为远古先民长期海上迁徙漂移扩散而至。即使在距离较远的大洋洲、非洲、欧洲、美洲等地，也可看到较明显的傩文明痕迹或傩文化因子，较为明显的如美洲印第安人的图腾柱（见图 3-56、图 3-57）、墨西哥托托纳克人的飞人典礼（见图 3-58、图 3-59、图 3-60、图 3-61）、哥伦比亚安第斯原住民黑白狂欢节的"羽人"（见图 3-67）及牛角法式。又如木偶戏，木偶戏是古代祭祀及傩艺术的产物，北部湾各地遗存有大量木偶戏，是木偶戏之乡，如北海有山口木偶戏，湛江有湛江木偶戏、赤坎粤剧木偶戏，茂名有高州木偶戏、化州木偶戏、茂港单人木偶、吴川单人木偶等，海南有公仔戏（也叫"傀儡戏""手托木偶戏"），含文昌公仔戏与三江公仔戏、临高人偶戏等。在周边，越南有水木偶，顺着古海上丝绸之路往西，不仅近处有木偶戏，如缅甸木偶、印度尼西亚木偶、泰国木偶、印度木偶等（见图 3-71、图 3-72），就连远在地中海的意大利西西里岛，也有"西西里木偶剧"（古中国称为"斯伽里野"，《诸蕃

· 373 ·

志》有载），显然为海上贸易文化传播的结果或变种。又如湖南湘西苗族、环北部湾各地的傩艺术，特别是"上刀梯"及傩面具，与美洲印第安人图腾柱的柱头和雕塑有惊人的相似；而湘西苗族的"下火海"，保加利亚西南斯特兰扎山区保加利村的蹈火舞仪式（Nestinarstvo），即每年圣康斯坦丁和圣海伦娜节的祭谢仪式（见图3-66）。就连拉美哥伦比亚黑白狂欢节传统游行的"羽人"造型，与我国出土的战国时期"羽人竞渡"大型青铜钺的划舟"羽人"也惊人相似，这些现象在数千年之前发生，竟然几乎如出一辙（见图3-74）。所有这些"非物质考古圈"的存在，说明其历史源头有一定联系性或渊源性。上述傩遗产的分布轨迹，说明远古时期漂流迁徙移动传播早就产生，形成了神秘多彩的"世界傩文明圈""血缘秘密符号""世界傩艺术遗产链"或"世界傩漂流传播遗产圈（漂流迁徙传播之路）"。

图3-73　哥伦比亚安第斯原住民黑白狂欢节的"羽人"造型（哥伦比亚世界遗产）

图3-74　我国出土的战国时期"羽人竞渡"大型青铜钺

这个"傩文明漂流传播遗产圈"的形成，以及诸多傩艺术的存在，是远古时期数千年来文化传播、交流、吸收与融合创新的结果，说明了傩文化的渊源性、古老性，说明中华文明的无限生命力与巨大感召力。千百年来，傩艺术在传承、发展和世界传播的过程中，融合了民族学、人类学、历史学、雕刻美术、音乐学、戏剧学、舞蹈学、宗教学、民俗学等内容，积淀了丰厚的底蕴，是人类文化遗产的精髓。这些文化遗产，是人类早期社会艺术的"活化石"，是人类不可多得的艺术宝库、基因库、创作源泉。在未来时代，这些人类遗产对人类文明的发展进步将有着不可估量的价值。

（三）纹身纹刻纹饰图腾信仰艺术圈

环北部湾地理位置特殊，古代属百越领地，自古以来人类族群迁徙频繁、贸易往来密切，各族群人口会集于此，相互融合发展，至今黎族、苗族、京族、回族、壮族、瑶族、疍家、客家等交叉聚居于此，为多民族多族群聚居区。多种文化的碰撞、启迪、相互吸收借鉴，使这里民俗艺术千千万万、五彩斑斓、大放异彩。在民俗艺术中，原始图腾艺术为最核心、最鲜明的艺术。这些原始图腾艺术有诸多特殊烙印，这些烙印既最为深沉，又千变万化、最为表露。环北部湾的原始图腾信仰种类很多，不同的种类有不同烙印，有其规律或"公式"，如黎族的纹面、文身、龙被、刺绣，苗族刺绣织锦，烙印就是各种"图案"，以及织法；铜鼓是壮族等古百越后裔的图腾，其核心是纹饰；百越的许多远古图腾崇拜，也表现为类似花山岩画的各种图案纹饰；京族哈节的原始信仰，也用许多特殊符号抽象表示等。上述各类原始图腾崇拜艺术，均可用"纹面、文身、纹饰、纹刻"之"纹"印记、"纹"图腾来加以抽象提炼。在此仅对3个典型进行剖析：

1. 黎族纹面、文身、刺绣、织锦之"纹"艺术

黎族的"纹"，是黎族原始图腾崇拜符号。当然，这种"纹"包括黎族的纹面、文身、织锦、刺绣等各种文化现象。就以黎族纹面文身现象为例，文身，黎语叫"打登"，亦叫"模欧"，海南汉语叫"绣面"或"书面"。文身（面）是黎家人的一种传统习俗，是地位和美丽的象征，对黎族妇女相当重要。黎族不同的族群，文身（面）的图式也不相同。族人从妇女的文身（面）的花纹、图案，一眼即可辨别出该妇女来自哪个族群、哪个村落，甚至哪个家族，因而成为区分不同氏族、部落的标志。中华人民共和国成立后纹面习俗逐渐消失，目前只存在于70岁以上的黎族妇女中。

海南黎族五大族群，除赛黎（加茂黎）文身已经绝迹外，其他四个族群润黎（本地黎）、美孚黎、杞黎、哈黎妇女均有纹面习俗。文身对于黎族来说，是一项神圣的人生礼俗。各支系严格按祖传之图案文身，互不相同，绝不允许假借紊乱。文身时不仅图有定形、谱有法制，连施术年龄、身体部位顺序亦有严格规定。如身体部位顺序，分布为：脸、背、胸前、腿、手。黎族女孩多于12岁开始纹面，黎族人称"开面"。"开面"有一个正规仪式，仪式中要使用一种蓝色液体，液体是用干香草加炭灰炮制的，有特殊功效。仪式开始后要用竹刺一针一针绣于女孩脸上和身上。黎族女子多为12岁纹脸，15岁开始纹双腿。绣面需几天时间，而纹腿需更久，需要一星期，且需在床上躺两个星期才能恢复。因而，黎族作家龙敏说过："黎族的文身是血泪的艺术。"当然，文身以妇女居多，男性也有少量简单文身。黎族各支系的文身繁简不一，不能一概而论。

文身在世界的族群中是一种罕见的文化现象。黎族文身历史悠久，自汉代开始已有文字记载。最早记载海南黎族文身的是《山海经·海内南经》，载珠崖、儋耳"点涅其面，画体为鳞采"；《水经注》提到海南黎族"披发雕身"；宋赵汝适《诸蕃志》载"妇及笄即黥面颊"。明清文献有关记载就更多、更为详细，有的还附详细的绘图。

黎族文身（面）的艺术符号主要为各类图案，以几何纹为多见。通常来说，纹脸部的纹路相对简单，而腿上就要复杂得多。腿上的图案纹路多种多样，主要有线条纹、菱形纹、锯齿纹、几何纹、网目纹、十字纹、日月纹、波浪纹、叶纹、鱼纹、雷纹、树纹、花纹、蛙纹、生产纹、雷神纹、祖先纹等。不同图案的名称、来源、含义、用法、禁忌均有严格区分。这些文身多以圆形和曲线形为主，通过搭配组合，组成品类繁多的文身图式和花纹图案。这些符号或简或繁，或动或静，或单或众，绣于黎族女性身上，形成了千千万万个绝无任何雷同的文身艺术品，形成一座座流动的"刺绣博物馆""人体艺术馆"或"无字天书"。

这些图案或线条，多为简单描绘自然界的事物，如日、月、鱼、水、树、花、食物等，也有较抽象的概念描述，表达复杂事物概念或事物之间的逻辑关系，如原始宗教意识等，多采用象征的手法。例如"祖先纹"，不同族群或氏族，因祖先不同，图腾纹则严格区分，美孚黎妇女为几何方形纹、泉源纹或谷粒纹组合，润黎则为树叶纹或方块形。青蛙是黎族最崇拜的动物之一，蛙纹为各支系共有的主要图案。而锯齿纹、叉纹、网目纹在文身或刺绣中也较多应用，多被解释为蛇纹的象征。这些祖先纹使用禁忌多，绝不能违反。"祖先纹"符号除了族群标记功能之外，也反映出许多特殊内涵，如族群神话、历史来源、祖先姓名、亲族支系、生存经验、劳动生产、重大历史事件、对外关系，以及其他相关方面的内容要素。

黎族文身纹样丰富，特征鲜明，蕴含的文化意义复杂深刻。各类图式包括线条都有特定的来源和象征意义，如纹在脸部两颊的图案，多为双线点纹图、几何线纹图、泉流纹图案，称为"福魂"纹；刺于上唇的，称"吉利"纹；刺于下唇的，为"多福"图案；划于臂上的铜钱纹图案，称"财富"纹；刺在手腕上的双线纹叫"保平安"纹；刻画于身躯上的，有"田"字形纹、谷粒纹、泉流纹图等，表示财富旺、子女多，称"福气上身"纹。而刺于腿的双线纹、桂树叶纹、槟榔树纹等图案，称"护身"纹。此外，与台湾高山族很类似，还有锯齿纹、曲折纹、叉纹、网目纹等，被解释为蛇纹，这类文身是兴旺繁荣的象征。

黎族文身（面）艺术承载着强大的审美功能。在外族看来，黎族妇女文身（面）非常难看，甚至可怕、狰狞、恐怖。这种艺术，在外族看来简直不可理喻，倍觉残忍，但对黎族人来说，这是一种至高无上之美，一种神圣之美。按黎族人的审美观，妇女的文身越多、越繁杂，就越美，越受尊重。纹面（身）是美丽的象征。妇女完成文身（面）之后，就不需要化妆，文身本身就是最美最好的盛装。女性年轻时不文身，是嫁不出去的，死后祖先也不收。文身（面），在黎族社会里，已成为一种美的标志，一种地位的象征，成为一种血脉艺术。

关于黎族文身（面）的产生渊源，有多种解释，比如图腾说、标记说、生产环境说、逃跑说等，各族群主体的解释不一，但有 4 种说法较有影响：一是图腾说或生产说。黎族有许多分支或部落，这些分支或部落之间血缘有远有近，关系有亲有疏。每个分支或部落都有自己的图腾，为了区别各分支或部落之间血缘关系，以及辈分、身份等，就把图腾标记及其他标志刻在脸上及身体上，做到一目了然，这就是图腾说。海南属古百越之地，黎族属于古百越之支系，在远古时期长期处于原始渔猎生活，"善舟楫、食蚌蛙"，经常潜入水底或潜藏于林中等候猎物。为避免被毒虫猛兽咬伤或被猎物发现，必须"断发文身"，外表装得跟猛兽怪物一样，使其认为是同类，这样才避免咬伤。由于中华人民共和国成立前黎族绝大部分尚处于原始社会，属母系氏族社会或母系向父系氏族过渡阶段，妇女处于支配地位，地位较高，因而，文身（面）也绝大多数在妇女的脸上、身上装饰。这种说法，就是"断发文身"渔猎生产说。二是纪念伟绩说。文身是祖先的烙印或标记暗号。黎族人民为追念黎母繁衍黎人的伟绩，并告诫后人：女子绣面、文身是祖先定下的规矩，女人如不绣面、文身，死后祖先不相认，或祖先因子孙繁多，难以遍观尽祖，若"祖宗不认其为子孙，则永为野鬼"。因此，黎族女子必须文身（面），并世世代代传下去。三是兄妹创世纪说。传说远古时，洪水泛滥，一对兄妹逃难到了海南岛，兄妹两人分头在岛上寻找人烟，说好见到当地人就或嫁或娶，但始终都没有找到。为了延续后代，妹妹将自己文身纹脸，使哥哥不能相认，结成夫妇，这就是黎族的创世纪。四是抢亲说。古老的民间传说，相传美丽的姑娘乌娜和刚强勇敢的小伙劳可相爱。有一年，皇帝闻知乌娜美貌，派兵丁来抢亲。劳可奋起反抗，最终寡不敌众惨败，携乌娜逃离村寨。当他们逃到海边时，已无退路，两人只好纵身跳下大海。恰巧海面漂来一根木头，他俩赶紧紧抓木头，随波逐流，一直漂流到了海南岛。在岛上，他们盖起了船形屋，开始了刀耕火种的生活。时隔一年，皇帝又打听到下落，带兵来海南岛抢乌娜。劳可在反抗时受伤，叫乌娜赶快往深山里逃。乌娜跨过许多崇山峻岭，穿过原始森林，筋疲力尽，眼看就要被抓住，忽然急中生智，摘下一根荆棘，往自己脸上猛扎，霎时间，美丽的脸庞花花点点，血流如注。兵丁把乌娜抓住，皇帝见她一脸血迹，不堪入目，就放弃了占有乌娜的念头。后来，劳可找到了乌娜，重新开辟家园，并生儿育女。为了避免重遭皇家的抢夺，乌娜让女儿也在脸上刺上斑点。如此代代相传，成为黎族的绣脸习俗①。

此外，较为类似的还有战乱说。在上古时代，种族部落之间常发生互相残杀的悲剧，妇女经常被虏为战利品。特别是唐末宋初海南烽火战乱，受害最多的当属黎族百姓，妇女成为烧杀掠夺的最大受害者。文身易于辨识，亦藉免为俘虏。为躲开种种社会危害，于是，黎族就渐渐形成文身习俗，即"黎家男女周岁文其身"。

---

① 岭南文化百科全书编纂委员会编：《岭南文化百科全书》，中国大百科全书出版社2006年版，第251页。

这四种说法，并不是孤立的。它们都从不同角度探索了黎族文身（面）艺术的起源。人不能脱离自然环境，文身图案源于人类生产生活的自然环境，基本是写实性的，其原初象征意义多为直接的自然形象。随着人类自身实践和认识水平的提高，赋予文身的象征意义也越来越丰富，越来越复杂和抽象化。图腾说或生产说侧重从自然地理环境和社会生产力角度探索其产生原因；纪念伟绩说和兄妹创世记说则解释其早期族群起源；而抢亲说则着重黎族发展后期的社会历史原因，即社会矛盾原因。三者相辅相成，互为补充，互为印证，形成文身解释的不同立面。

　　上述解释只是表层渊源，深层的原因，是审美观的巨大差异。然而，更重要的原因是黎族维持内部族群血统的需要，这是真正的根源。黎族文身习俗历史久远，因早期氏族内部血亲婚配，生产的后代多有畸形。经过无数代付出沉重的代价后，黎族先民为了防止血亲婚配，最有效的方法是让"及笄"，即让开始有生育能力的女性文身，按其母亲遗传的图案文身。因而，为禁止氏族内部血缘通婚，文身是避免血亲性关系的最有效的办法，成为黎族健康繁衍的根本保证。也有社会研究认为，黎族妇女文身（面），从现象上看，是出于妇女自我保护的需要，但深层次来看是来自本族群男性同胞强大的精神压力，是防止外来男子霸占本族妇女、维护本族群繁衍生育的族群血统需要。纹面使黎族各支系内部凝聚力得到了增强，保持了黎族血统的纯正性，并一直繁衍生育至今。

　　文身是黎族母系氏族社会的遗存，是母权制的产物，是黎族远古自然崇拜、祖先崇拜等原始信仰融合的产物。文身是黎族图腾的集中体现，是民族的标志。这种文身（面）艺术，是黎族在特有的自然社会文化环境下，尤其是在热带海岛山地气候和黎族特殊历史背景下，与自然环境之高度适应，与社会文化高度融合的产物。文身不仅成为区分支系的符号，更成为"美丽"的符号，以及"辟邪""平安""富贵"的象征。如"福魂"纹、"吉利"纹、"多福"纹、"财富"纹、"福气上身"纹、"保平安"纹，以及"护身"图案等，均体现出黎族自远古以来对幸福、安康、繁荣的强烈愿望，反映出黎族人民对美好生活的不懈追求，折射出黎族的深层价值观。这些价值观，是黎族原始图腾的集中体现，被看成民族的标志。

　　直至中华人民共和国成立前，黎族被视为"无文字"民族。然而，黎族的"文字"不是写在书本、典籍、学堂里，而是刻印在脸上、身体上，刻在心里，烙印在生活的每一个细节。黎族的这种神秘"艺术""另类文字"，呈高度流动性，只要人到哪里，哪里就会出现多种画面，不仅会带来审美享受，更会带来黎族的历史、观念价值、愿望图景。黎族妇女的文身（面），是黎族审美意识和深层自然观、历史观、社会观的烙印，就是黎族的"文字"，就是黎族活宝典、活文化。

　　黎族的文身（面）图案，与黎族的刺绣图案有密切关系，为同源互补关系。但两者严格不同：文身及纹面的图案、规格、时间、仪式等有严格的规定，严禁违反，特别是支系的纹饰图案，丝毫不得混乱，否则祖宗不认。而刺绣虽然也有严格的规定，但仅为其中某些核心部分，其外绝大部分范围有非常大的个人发挥空间。也就是说，虽然也有某种"规则"或"约束"，但这种规则的空间较大，有较大的创意余地，因而，刺绣的图案更为丰富多彩，更为灵活多变，更具有广阔的发挥空间。

黎族文身，背后存在深刻的社会原因，形成一个庞大的文化圈。黎族纹身是母系氏族社会的遗存，是自然崇拜、图腾崇拜和祖先崇拜等原始宗教交融的艺术结晶，其形成与黎族的族群来源有密切渊源。有关黎族的起源有多种说法，有冰川期退大陆桥陆路迁徙说；有百越（骆越）漂移说；有本土进化说，认为黎族先民起源于三亚落笔洞及周边地区；有本土演化与外来混合说；也有南来说，认为海南岛黎族来源于南洋群岛（包括印度尼西亚在内的东南亚地区）的一些古代族群。20世纪30年代，国立中山大学教授西雅博士对海南岛黎族、苗族人进行体测，发现马来人骨盆为直卵圆形，华北人为横卵圆形，提出"黎、苗与马来人，种族上本极接近，意昔时实出一源。太古自南中国以至交趾支那半岛，马来人与黎族有同名之关系，亦非大谬"。上海同济大学德籍教授史图博1931年、1932年两次到海南岛黎族地区调查，在春著作《海南岛民族志》中，认为黎族的物质文化和精神文化与印度尼西亚的古代马来人、印度支那大陆各民族有显著的类似，明显具有阿乌斯兹罗尼西亚（马来亚）和泰族两种要素，是经过几次民族大迁徙浪潮，从南方进入海南岛的。1934年，中国科学院生物研究所刘咸教授深入海南岛黎族聚居区，抽样观测调查了303个黎族人的体质。通过人体测量材料的分析比较发现，有一部分的黎族人在血统上与马来人有密切关系，同时掺杂有少数南洋群岛各民族的基因成分，从而推断黎族的一部分是在太古时期自南洋群岛从海道进入海南岛[①]。但也有人从其他角度提出相反的意见。虽然其去来的两端确定，但由于中国大陆中心的强大辐射作用及人口压力、族群冲突等外挤效应，其迁徙方向可能恰恰与刘咸教授猜测的线路恰恰相反，可以断定上述的南洋群岛诸多族群是由远古时期百越先民持续数千年漂流及历史上数次大迁徙所致，或与当地族群血缘融合重新再生。

中国古代江南吴越一带有文身的习俗，雕镂皮肤作为文身，后来消失。目前，除黎族外，我国仅有独龙族（见图3-75、图3-76）、台湾高山族（见图3-77）有文身现象遗存。当然，在国外的极少数地区也发现文身（面），包括亚洲的缅甸巴库图族，非洲的尼日利亚人、苏丹南部罗图佳族，大洋洲的蒂维族人、俾格米人，以及南美亚马孙河域的克波族人等。古代埃及贵族也盛行文身风俗，这一点可从木乃伊得到证实。令人惊奇的是，尽管存在一些差异，但在许多方面，海南黎族的文身（面）与

---

① ［德］史图博：《海南岛民族志》（日文版，下册），［日］清水三男译，中国科学院广东民族研究所馆藏1964年本，第275页a。

我国云南独龙族文身、台湾高山族文身，和东南亚土著、波利尼西亚诸岛土著、大洋洲毛利人，以及太平洋其他岛屿民族的文身有惊人相似，特别是在图案、花纹方面，有诸多相同或相似之处，说明其起源相同或间接相同（见图3-78至图3-85）。上述纹面分布，形成一个"世界文身（面）遗产圈""文身图腾艺术圈"或"世界文身（面）图腾信仰空间"。文身（面）文化圈的形成原因，与学术界、考古界长期考证的古百越人漂流轨迹有很大关系。黎族是由远古百越的一支发展而来，古百越人"善舟楫、食蛙蚌"，善于驾舟楫（独木舟或筏）往返漂流海上，因追逐鱼虾渔猎或族群人口扩大及冲突不断迁徙，逐渐漂移至婆罗洲及周边群岛，然后以此为中转站，再向东漂流到所罗门群岛、澳大利亚、新西兰、波利尼西亚诸岛及其附近的岛屿，甚至靠近美洲的复活节岛，长期活跃在一望无垠的太平洋上，也传播了渔猎及纹面文身文化。历史学家埃利奥特·史密斯通过对绕地球的"日石文化"研究发现，表明早在四五千年以前，人类便能以独木舟和木筏为航海工具，进行跨洋航行。自新石器时代开始，他们的活动在时间跨度上长达四五千年之久，在空间的跨度上几乎越过了半个地球。这种现象，以大洋洲毛利人最为典型。毛利人不仅"祖纹之记"文身与黎族极为类似，在竹木器乐、舞蹈、木雕、祖先祭祀仪式也极为类似，更为奇异的是，其传说的祖先漂移来此之木筏与百越之筏无异，与今天黎族传说祖先之筏相互印证，表明同出一源。毛利人属蒙古人种和澳大利亚人种的混合类型，使用毛利语，属南岛语系波利尼西亚语。新西兰官方文献证明，毛利人是4000多年前从海南、台湾一带迁出的原住民①。在与之类似的还有鼻箫遗产圈，可以推断古百越的漂流线路轨迹是：中国内地—台湾、海南—东南亚—澳洲—太平洋相关诸岛—美洲（印第安地区）、非洲（科特迪瓦横吹喇叭文化空间）。

图3-75 独龙族文面（一）　　图3-76 独龙族文面（二）　　图3-77 台湾高山族文面

① 《毛利人》(http://www.baike.sogou.com/baike/fulLemma.jsp? max = &lid = 103399&fromTitle = %6%AF%9B%E5%88%A9%E4%BA%BA)。引用日期为2015年3月21日。

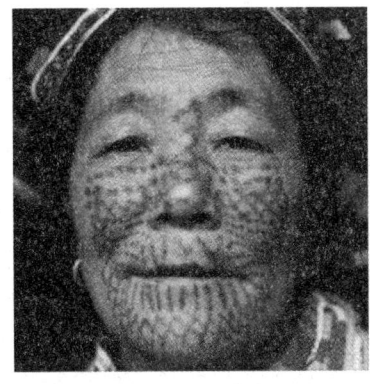

图 3-78 黎族妇女文面（一）　　图 3-79 海南黎族文面　　图 3-80 黎族妇女文面（二）

图 3-81 毛利人文面　　图 3-82 毛利人传统文面①　　图 3-83 毛利女人文面

图 3-84 新西兰毛利人文面　　图 3-85 毛利人文身

---

① 图片来源：kan.weibo.com254＊375。

不仅远古以来是这样，在近现代及当今，环北部湾特别是海南的人口迁徙流动仍呈现这种轨迹特点，即历史的"无形指针"。据估计，当前在海外的海南乡亲与其后裔（外籍华人）共有320多万人，也有人推算加上第四、五代后裔应有500多万人。侨乡文昌海外人口比岛内文昌人口还多。相对于北方，海南侨民世代更习惯于往南洋及海外漂移迁徙。这固然与气候、经济有直接原因，但更为深层的是南洋及海外的海洋文化特点，更主要的是，这些线路是海南先民"世代漂移之路"，是"祖灵之路"，有着深厚的血脉渊源及各色纽带。今天，海南乡亲及其后裔遍布五大洲，尤其以泰国、马来西亚、新加坡、印度尼西亚、越南、美国、加拿大和澳大利亚较多。这种现象，正是世界远古漂移圈及轨迹方向历史惯性的某种说明，显示出巨大的历史惯性力量（见图3-86）。

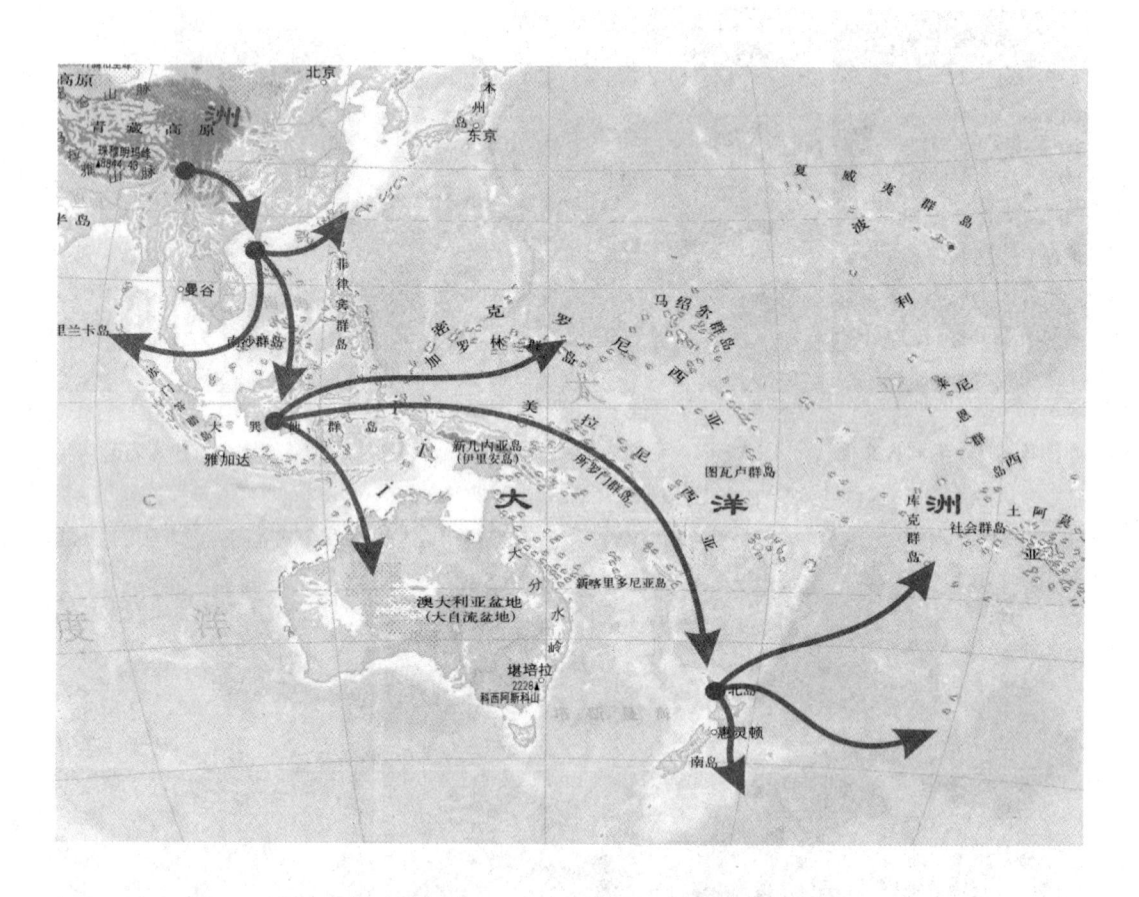

图3-86 纹身文化圈——远古渔猎追逐漂移迁徙流向图

2. 黎族刺绣之"纹"崇拜

除文身之外，黎族刺绣黎锦也是反映黎族原始图腾信仰的特有艺术。黎锦图案是黎族人民历史、生产、社会、生活风貌、爱情婚姻、审美情趣、文化习俗、民间信仰等特殊状况的反映。黎锦的图案多种多样，大体可分为人纹形、动物纹、植物纹、几何纹等，图样以龙纹、大力神纹、祖先纹、花纹、叶纹、蛙纹、鱼纹、蛇纹、鹿纹、鸟纹（甘工鸟）、龟纹、"喜"字纹图等为主。而几何纹多有直线、平行线、方形、三角形、棱形等，以及海浪纹、水纹、太阳纹等。如祖先纹，多以人形为主，一般绣于衣裙上。有关黎族生物来源，传说远古时期黎族祖先从大陆漂洋过海，漂到了"鸟飞都难飞过""鸟不拉屎"的蛮荒海南岛。黎族祖先钻木取火，刀耕火种，不屈不挠，繁衍后代，构成一部创世纪史诗。黎族妇女在双面绣上绣祖先纹或图案，多为写实的百人图，既表示纪念先祖开荒劳作之恩，一排排手拉手表示黎族祖先团结奋斗，也祈求祖先保佑子孙平安、生活美满幸福[1]。又如大力神纹，大力神是黎族神话传说中的英雄人物。传说太古时，天上有七个太阳和七个月亮，把大地烤得像个大热锅，人们实在热得受不了，都躲到深洞里，没法生活。大力神一夜之间使出全部本领：身躯拱高一万丈，把天空拱高一万丈。接着造大弓和许多支利箭，射掉了六个太阳和六个月亮，地球就不那么热了，适合万物生长。大力神接着造山造林造河。大力神竭力造完世间万物，最后精疲力竭地轰然倒下。这实际是对远古先民拓荒海南的历史记忆及写照，是对劳动的讴歌。为纪念先祖的功绩，黎族人民创造了气势宏大、粗壮有力的大力神这一形象。又如蛙纹，青蛙与雨水、稻作有关，绣蛙暗示风调雨顺，五谷丰登；同时，青蛙产卵多，繁殖能力强，原始社会社会生产力低下，瘟疫流行，人口死亡率高。人们刺绣蛙纹，也就是希望妇女像青蛙一样有极强的生育能力，繁殖氏族人口，促进氏族部落兴旺强盛。又如鱼纹，代表着四季平安、年年有余，被黎族视为吉祥图。祭祖时必须有鱼。在喜庆的婚礼酒桌及刺绣上，必须有双鱼，才幸福圆满、万事如意。而龟纹，象征着长寿、福寿无边，被视为寿纹。鸟纹则寓意安宁、和平。黎族认为鸟是呼唤春天的使者，是生命的象征。甘工鸟是美丽、善良、忠贞的化身。在刺绣艺术中，点、线、面是黎锦图案的基本技法结构。线是支撑图案的骨架，是最具活力的元素。黎绣的手法有"对比""变化""重组"，表现方式有归纳、夸张、重复、近似、对比等。黎绣就是凭借这些绝技及表现手法，经纺、织、染、绣等数道工序，最后精制而成。黎绣底蕴深厚，画面独特、个性鲜明、天然淳朴、图案精美，成为最具热带海岛特色的艺术精品之一。[2]

3. 铜鼓之"纹"

我国南方民族众多，文化各异，宗教信仰不一，但有一个共同的特点：那就是鼓文化普遍盛行，以壮族、瑶族、苗族、彝族等为典型。环北部湾是铜鼓文化的密

---

[1] 海南省非遗中心：《黎族传统纺染织绣技艺保护与传承国际学术研讨会论文集》，南方出版社2013年版，第52页。
[2] 岭南文化百科全书编纂委员会编：《岭南文化百科全书》，中国大百科全书出版社2006年版，第315—316页。

集区，铜鼓历史渊源流长，类型丰富多样，艺术千姿百态。有关铜鼓，相关记载不绝于书。据相关统计，目前我国各类文博机构收藏的出土铜鼓1400多面，广西出土就达600多面。各地藏数不一，仅广西壮族自治区博物馆就藏有300多面，广东省各地博物馆收藏170多面（湛江市博物馆馆藏22面），海南省民族博物馆收藏2面。就各地出土情况来看，截至1993年，南宁12面，北流县26面，灵山县24面，浦北县12面，贵港市7面，玉林市5面[1]。此外在北海出土的铜鼓不少于10面，钦州市出土54面。广东的情况，以茂名最多，出土的历代铜鼓多达18面。不仅如此，上述各地以铜鼓命名的地名非常之多，如钦州有铜鼓村，合浦廉州有铜鼓塘，灵山有铜鼓岭，等等。此外，类似铜鼓井、铜鼓江、铜鼓洞、铜鼓湾、铜鼓麓的地名非常之多。从这一特点来看，环北部湾成了全国铜鼓的中心区、世界铜鼓图腾艺术高地。

环北部湾铜鼓除了音色之外，最明显的艺术特征就是鼓身的各类纹饰，使其区别于其他地区的铜鼓。按目前分类，环北部湾的铜鼓主要属北流型和灵山型。北流型形体大而厚重，鼓面宽广，边沿有垂檐，腰稍内收，面晕纹明朗，边沿多铸立蛙。鼓身晕圈细密，浑身遍饰细密的云雷纹、云雷填线纹、席纹、钱纹、水波纹、方格纹等。以1985年广西廉江县曹江镇荷垌村出土的铜鼓为例，该鼓面径55.5厘米，鼓面大于鼓胸，鼓面中央有8道太阳纹，周围有6组三线弦纹分晕，晕圈内饰云纹，顺时站青蛙4只。鼓面边缘有檐边，鼓身残缺。鼓身饰雷纹，三线弦纹环绕鼓身。湛江博物馆收藏的13面北铜鼓，纹饰多为云雷纹。

而灵山型铜鼓体形较北流型小，多见扁耳，鼓胸腰足三段起伏幅度显著，纹饰较丰富，花纹晕有主次之分，鼓檐多铸蛙。如海南省民族博物馆收藏的灵山型铜鼓，出土于海南陵水，高32厘米，面径59.5厘米，七晕，四扁耳，鼓面饰以雷纹、鸟兽、水波等纹，6只蹲蛙逆时针排列。无论是北流型抑或灵山型，其鼓面多铸蛙，多为4或6只。

铜鼓上铸的蛙是一种强烈的符号，有着特殊含义，而且其含义为多内涵、多层次、多象征意义。如合浦县征集的六蛙云雷纹铜鼓，阐释的是一种远古农业文化或稻作文明体系——六蛙云雷纹铜鼓，其纹饰为云纹和雷纹，代表自然气候及雨水，云和雷分别为环境象征；而鼓面上的青蛙则代表稻作文明，代表农业生产和丰收。青蛙一般生长于稻田里，捕捉害虫，青蛙鸣叫则将预示着丰收；六只青蛙绕着鼓面朝同一方向围成一圈，象征着每年的12个月轮回等。总之，"蛙纹"成为远古时期稻作文明或农业文明的最强烈信号，成为稻作文明的象征。

---

[1] 岭南文化百科全书编纂委员会编：《岭南文化百科全书》，中国大百科全书出版社2006年版，第415页。

根据壮族神话相传，青蛙是雷王与蛟龙的儿子，后来被派为天使下到人间，它具有神力，能呼风唤雨，扼杀一切妖魔怪兽毒虫，因而被以种稻为生的壮族人民尊为保护神。

然而，蛙纹的内涵不仅仅局限于此，而是有着更多更深层的含义。铜鼓的纹不仅仅是蛙纹，而是隐藏着更多的图案、纹饰及"密码"。所有这些纹饰、符号及密码，成为潜藏在铜鼓本身背后的真实表达或本真意义体系。铜鼓上的许多纹饰，有着丰富的象征意义，需要去破译。意义是具体的，具体的意义是在具体的环境里产生的，而环境是流动的、随时发生变化的。因而，要解读这些符号密码及真实意义，必须回到具体环境，要回到当时的"场景"中去阐释、理解。

铜鼓身上的诸多"纹"，是民族的象征。铜鼓纹饰的各种艺术符号，都有各自深刻的寓意。其诸多图案，分别代表或暗喻族群的起源、支系、发展、生产、扩散、迁徙，甚至部落之间的战争、融合等。不同铜鼓之间的许多符号，分别为不同民族或支系的族群起源与图腾。如壮族铜鼓，以环北部湾外围的东兰县为例，铜鼓流传至少已有2700多年历史，全县几乎村村都收藏有传世铜鼓，每个传统节日、婚丧礼仪或重大活动都要敲奏铜鼓。铜鼓是民族文化的灵魂，已融入了民族的血液之中，成为祖宗流传下来的文化精神寄托。今天，铜鼓以古朴的面貌呈现在世人面前，给人们欢乐，给人们灵感，也给人们无穷精神力量。

环北部湾铜鼓历史悠久，"纹饰"艺术源远流长。最早的记载是范晔的《后汉书·马援传》："于交趾得骆越铜鼓。"晋代裴渊《广州记》载："俚僚铸铜为鼓，鼓唯高大为贵，面阔丈余。"房玄龄《晋书·南史》："广州夷人，宝贵铜鼓。"宋代范成大《桂海虞衡志》载："铜鼓，古蛮人所用。南边土中时有掘得者。相传为马伏波所遗……四角有小蟾蜍。"光绪《茂名县志》载："宋嘉泰初（1210），本县民得铜鼓于地中，高尺余，广二尺，款式精巧，悬而击之，其声颇震。"明清时期编纂的方志涉及铜鼓的记载更是不绝于书，足见百越之地铜鼓习俗之源远流长。

铜鼓"纹"艺术，是古百越先民图腾心理的反映及折射。从历史演变及分布族群来看，铜鼓主要流传于古百越部分后裔，特别是骆越支系，即今天的壮、黎、侗、布依等民族。直至今天，这些民族特别是壮族铜鼓仍非常盛行。这些铜鼓的纹饰均有蛙纹、太阳纹及其他诸多图案，这些"纹"是古百越图腾信仰的深刻反映。如蛙纹，是蛙图腾的表现，反映远古时期稻作生产的迫切需求及心理特点，是稻作文明的符号。从文化基因来看，蛙既是自然界的蛙，保护农业生产，又超越蛙本身，产生了象征意义，象征着与青蛙一样守护稻田辛苦劳作的先祖。因而，蛙纹成为祖先图腾的标志。而太阳纹，则代表自然规律与能量来源；几道光芒，分别代表日历节气。而太阳纹，也暗寓农业生产要严格遵守自然规律，保护生态，不得违反，否则要遭严重惩罚。雷纹或云雷纹，表现了人们对雷云的崇拜。羽人纹或鸟纹，是百越后裔对祖先崇拜鸟图腾的历史记忆。

铜鼓原始图腾信仰艺术，艺术符号丰富多样，它不仅包括铜鼓本身的外形、纹饰、图案，更包括铸铜工艺、雕刻、场地、环境装饰等"硬"工艺，以及民歌、音乐、鼓点、节奏、舞蹈等铜鼓表演艺术，各类神话传说、故事、记忆、文献、记载，各类相关活动、娱乐、仪式、节庆、禁忌、情感或精神表达等以及相关文化空间。它是艺术的集中体现，是文化的集成体。

铜鼓是祖先崇拜的产物，壮族人认为自己祖先灵魂附在铜鼓里面，敲打击乐之时，祖先灵魂才能出来与子孙同乐。人们把先祖符号铸刻于铜鼓之上，每逢节日就击鼓起舞祭祀。铜鼓是祖先的象征；铜鼓艺术是稻作文明符号；铜鼓是辟邪的象征，铜鼓雷声震天，天降神威，各种邪恶听到鼓声，就会吓破胆落荒而逃；铜鼓是生产的象征，鼓面上的蛙及纹饰象征着稻作生产；铜鼓还是丰收的象征，人们敲击铜鼓进行祭祀仪式，祈求风调雨顺、五谷丰登，获得丰收时，人们击鼓庆贺''此外，铜鼓还是娱乐的象征；不管是节日还是平时，人们击铜鼓，舞蹈娱乐，愉悦身心；铜鼓是团结奋进的象征，铜鼓吸引大众，凝聚人心，体现团结力量；最后，铜鼓还是繁荣昌盛的象征。

铜鼓习俗因其历史、文化、社会、生产、宗教功能，不仅被族群内部使用，也为统治者所用，如汉代伏波将军马援多用铜鼓，环北部湾有诸多铜鼓出土，推断为伏波遗物。环北部湾铜鼓为更多的外部多族群所吸收借鉴使用。

铜鼓图腾艺术的产生，既有自然环境因素、生产因素、技术因素、社会因素，然而更根本的原因是来自族群内部因素，如历史渊源、族群关系、生产、宗教等，必须把所有这些因素结合起来，把这些符号还原到一个更大、更系统的历史背景中，才能得到更准确的揭示。

在古百越各族体中，最早开始使用和铸造铜鼓的为古代的乌浒和俚人，后来逐渐扩及各大族群。今天，我国使用铜鼓的南方民族较多，但最典型的为壮族。壮族或黎族是乌浒和俚人的后裔，属于古骆越的后裔。壮族，如今人口1700多万，其祖先生活在四五万年前的旧石器时代的岭南地区，春秋战国时属百越的西瓯、骆越支系，汉代称"乌浒蛮"，魏晋、隋、唐时称"俚僚"，宋代以后又有"僮""俍""土"等称谓，自称有布壮、布僚、布曼、布板、布越、布雅伊、布沙、布土、布陇、布僳等，达20多种。中华人民共和国成立后通称"僮族"，1965年改称"壮族"。这些称谓与东南亚许多族群相同或相似，这些族群保留的诸多传统习俗，包括居干栏建筑、食蚌蛤、陶环石环或海贝首饰、铜鼓、三月三对歌、原始崇拜等与壮族相似，宗教信仰类似或相同，可基本判定为古百越民族数千年持续不断的渔猎、迁移、迁徙扩散的后裔或与当地的混血产物，因而铜鼓成为同族源或近源血脉渊源的象征。

铜鼓是中国南方少数民族及东南亚民族特有的打击乐器，是古百越的图腾信仰产物。在远古时期，古百越原属同一族类或部落集团，但后来由于人口繁衍、渔猎、生产、迁徙、战争等原因不断扩散，与各地交融，形成了许多不同的民族，但其血脉渊源是相同的。铜鼓产生于远古，一直流传至今，持续数千年，广泛分布于我国云南、贵州、广西、广东、海南、湖南、重庆、四川等8省、自治区、直辖市，以及除菲律宾以外的东南亚所有国家①，形成了世界（中国－东盟）铜鼓文明圈。铜鼓是远古血缘的见证，是共同基因的烙印，中国华南、西南至中南半岛铜鼓文明圈的分布轨迹，以及壮族先祖祭祀地左江花山岩画，诸多贝丘遗址、人类洞穴遗址、古生物化石遗址等遗址的存在，表明北部湾的人类起源中心地位，表明族群迁徙的线路，表明了中国、东盟各国诸多族群的族源是共同的、相同的，其共同远祖为古百越或古百越与当地血融族群，表明自古以来中国和东盟许多族群一直是血缘共同体、命运共同体，在漫长的历史发展过程中，展示出非凡的想象力、创造力，共同创造了灿烂的人类文明，为推动人类进步发展做出了重要贡献。

（四）原始自然图腾信仰艺术圈

环北部湾为京族、黎族、苗族、瑶族、壮族、回族，疍家、客家等聚居区，原始自然图腾信仰艺术多种多样，各类原始图腾艺术自然色彩浓烈，底蕴深厚，内涵丰富，艺术特点鲜明，较典型的有防城港京族的鱼伯公图腾艺术、美人鱼崇拜、北海恶鲨守珠神、黎族椰神图腾艺术、黎族石祖图腾、茂名祭荔枝神习俗等等。在此仅以京族鱼伯公、黎族椰神、茂名荔枝神为例，分析其自然图腾艺术及特点。

鱼伯公习俗是防城港京族典型的原始自然图腾艺术。京族原称为越族，1958年改称京族。京族自明代开始由越南的涂山等地迁入，聚居于防城港东兴市京族三岛（万尾、巫头、山心）及周边地区。京族是我国唯一的以海洋为生的全民海洋性民族，世代以海洋捕捞为生。京族民间认为，海洋中的鱼虾由鱼伯公掌管，因此出海捕捞时要祭拜鱼伯公，相关禁忌较多。京族三岛上建有鱼伯公庙，供奉鱼伯公神像（见图3－87）。京族渔民出海前，都必须到鱼伯公庙前用牲酒祭拜，祈求出海捕捞丰收，鱼虾满仓。围绕着京族的祭鱼伯公习俗，形成各类鱼伯公原始图腾艺术，包括建筑、美术、雕刻、民歌、舞蹈、民俗、原始宗教等，形成一个"鱼伯公艺术圈"。（见图3－88、图3－89）

---

① 谭滟莎：《环北部湾地区的铜鼓文化》，《东南亚纵横》2008年第4期。

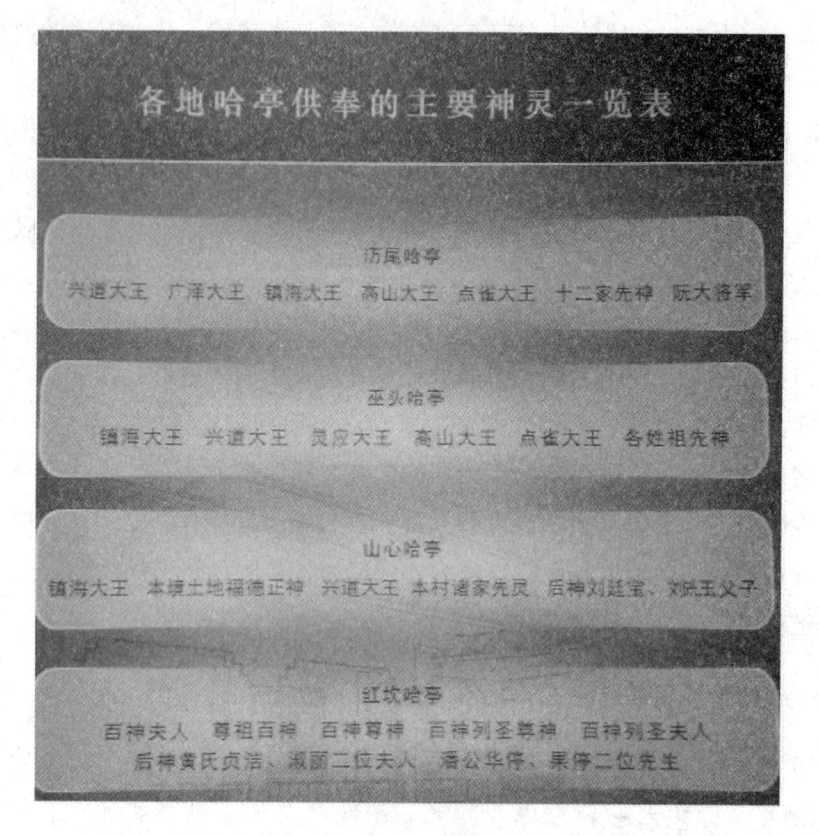

图 3-87　京族民间信仰体系（2015 年摄于东兴京族博物馆）

图 3-88　京族图腾艺术

图3-89 京族民间信仰核心构图——姜太公、孙大圣、八仙过海（2015年8月摄于东兴京族博物馆）

鱼伯公是京族平时敬奉的图腾对象，是京族最隆重节日要敬奉的对象。鱼伯公图腾崇拜，表面不可理喻，背后实际是深刻的生产力原因，折射出京族对海洋的尊重，对海洋的敬畏，对海洋物产的有限索取，对人性贪欲的约束及对大自然的保护，可透视京族的自然观、生产、社会、情感，以及宗教观念等，实际反映维护海洋生态平衡的一种自然伦理哲学观念。这些哲学理念被世俗化、神圣化、宗教化，被转化为一种民间禁忌，成为一种必须遵守的超自然力量，通过这种超自然的力量来维护生态平衡。此外，京族的"海龙王""海公""镇海大王"等，实际也反映出类似的原始自然图腾艺术。

即使北海的恶鲨守珠神崇拜，也反映出类似的原始自然图腾观念。与上述的神灵性质完全不同，恶鲨非"善"类，而属"恶"类，其内涵深厚。大海本身深不见底，巨浪滔天，威力无穷，危险无比，使人们对大海充满敬畏，只能祈求神灵保佑。古代采珠，珠民靠潜入水底徒手捕捞，常受恶鲨等海洋动物袭击。因而珠蚌的生活栖息地，常产生出鲨精、怪物护珠池的传说。海底有海神，而产珠的海底必定有护珠神。《天工开物》载："珠有螺城，螺母居中，龙神守护，人不敢犯。"所有这些，反映出古代珠民对恶劣自然环境的敬畏，这种可怕自然力的化身，就是神物化，就会产生各种自然崇拜观念。但从另一方面，通过对恶劣环境的神话描述，也间接透露出远古珠民的自然生态理念：越是美好的东西，越难以形成，就越要珍稀，必须以"恶"的严厉手段保护。

又如海南黎族的椰神艺术，是海南原始自然图腾信仰的艺术表现。海南岛盛产椰子，随处密密麻麻，是名副其实的"椰岛"。森林、路口、村前村后，全为椰树。椰树相关风俗很多，如订婚时，男方要送两棵椰苗给女方，名为"订婚椰"；结婚时，女方家母挑着两棵椰苗到男方家，夫妻一起种上，叫"结婚椰"，表示夫妻俩好似椰影形影不离，生儿育女，白头偕老。小孩子满周岁，父母会抱着孩子种上一棵椰树，并系上一截红巾，叫"同命椰"，寓意子女像椰树一样茁壮成长。椰树是有生命的，在黎族观念里，这些生命是由专有的神灵——椰神支配并赐予的，要想有椰树般蓬勃的生命力，必须祭拜椰神，感谢椰神的赐予。因而，围绕椰神，产生了大量神话、传说、故事及形象，形成了许多习俗及禁忌，处处渗透在黎族的日常生产生活及重大节日里的每个细节，形成了以椰图腾崇拜习俗为轴心的各种艺术表现形式。

这些自然原始图腾信仰有许多图腾艺术符号，形式多种多样，载体变化万千。如海南黎族椰神，既可以是村庄附近椰树底下的简单刻画的石块、石堆、木刻或石像等，也可体现在黎族的刺绣、雕刻、旅游纪念品里，也可以体现在各类建筑、装饰品里（图3-90、图3-91），人们可以看到各种奇特的、夸张的、原始艺术感强的椰神形象，充满了想象力、创造力，更充满了无穷的生命力。

这些原始图腾信仰艺术的艺术符号丰富多彩，表达手法多样，不同的艺术造型，产生的艺术效果和社会心理效果也截然不同。有的椰树神肃穆，有的椰树神亲切和蔼，有的椰神活泼，以亲近和蔼的占绝大多数，也有的凶恶狰狞，令人可怕，使人敬而远之。有的造型精致，精雕细琢，场面生动，呼之欲出，有的却很抽象，乍一看很难辨别得出；有的对椰神装饰、点缀、美化较多，整体效果强烈鲜明，有的却刻画简单，风格完全不同。

**图3-90　海南黎族雕饰椰神**　　　　　　**图3-91　海南黎族刺绣椰神**

图3-90中的椰神，全身为树状，椰树叶为头发，树身为脸，椰果为饰。树干高大粗壮，树叶茂盛，头发往四周四射，显得精力特别充沛；脸部为长方形，神情面带微笑，两眼炯炯有神，显得亲切、和谐、自然；其目光为平视前方，非俯视或仰视，给人一种平等、自由、轻松的氛围和平易近人形象；其鼻子饰以精美的方格纹或波浪纹。额头宽大，有弧形"珍珠链"额饰，由9颗椰果串成。嘴唇厚实宽大，显得非常敦厚朴实，表示口福好、衣食无忧。双耳异常突出，耳垂各挂一"珠链"，由5颗椰果串成，非常朴实、自然、美观、大方。椰神面部两侧，各有一孩童状的小椰神舞蹈，做开弓式半蹲状舞步，手上各持一壶椰酒，飘飘欲仙。整个画面沉重、清新、古朴、自然，给人庄重肃穆而又亲切自然、亲密无间的印象，象征着风调雨顺、瓜果飘香、快乐祥和的大美世界。而在图3-91中，椰神则为另一种形态：她是椰林中跳舞的妙龄少女，细腰丰臀，体态婀娜，舞步轻盈，飘飘欲仙，给人无穷的想象。它是黎族自身对远古祖先的描绘。

椰神原始图腾崇拜艺术内涵丰富深厚，其产生有深刻的生存环境原因。海南是个热带岛屿，全岛屿虽漫山遍野郁郁葱葱，森林茂盛，但物种较为单一，实际上椰树占了绝大多数。这样，别无选择，"椰"成为海南黎族的环境生态主题，成了海南黎族整个生态乃至生产生活的决定性因素，对于黎族生存有了决定性的影响。椰树虽貌似极为茂盛，但实则极度脆弱：稍不加保护，椰树就被容易遭破坏，甚至遭灭绝，水土流失加烈日暴晒，整个岛屿将会遭灭顶之灾。因而，爱护椰树成为整个黎族的生命意识。因此，通过这种特殊的形式，可使黎族世世代代、形成敬畏椰树、敬畏自然、保护自然、保护生命的氛围，更重要的是，要形成从老到小无一例外，有普遍制约性的禁忌、习俗和社会规则。因而，图腾文化成为最好、最理想的选择。椰树是神灵，是有生命的；椰神是椰树的保护神、生命神，它威力无比，但这种威力是双面的，如果利用好，敬畏它，供奉它，就会好处无穷；反之，如果冒犯它、侵犯它，则将会带来巨大灾祸。黎族祖先的灵魂附在椰树上，敬重它、保护它，就是尊重自然规律，保护自然环境，就是保护人类本身。椰神图腾信仰艺术是黎族人的传统自然崇拜习俗和共同信仰，是黎族劳动人民千百年来的经验教训的结晶。

而祭荔枝神，流行于广东茂名一带，一般在每年荔枝收获完毕后进行，于农历五月初五后进行，分集体和单户两种方式。祭荔枝神吉日选定后，单户做法，各自在家做籺、做菜，邀亲戚朋友饮罢，带祭品特别是自酿的荔枝酒去荔枝树下拜祭。拜祭完毕，燃鞭炮，跳傩舞。集体的，拣一条丰产、"功劳"最大的荔枝树下作祭坛，桌摆三牲祭品和荔枝酒，请道公喃斋。晚上在荔枝园附近演木偶戏。当地人认为，如果贪得无厌，不祭谢荔枝神，就会全家遭受恶报。

环北部湾的生态艺术范围广阔，包含了渔神习俗、沙滩习俗、美人鱼习俗、贝壳习俗、螺神习俗、海豚习俗、珊瑚信俗、红树林习俗、地名文化等，艺术内涵深刻。与椰神图腾、京族祭鱼图腾等类似，这些自然崇拜也呈现出类似寓意。这些习俗艺术，不仅有社会文化意义，更暗含着深刻的生态哲理。正如椰树对海南岛生态保护的决定性、鱼类对于京族生存的重要性那样，某自然图腾崇拜艺术的形成，相当大程度上源于该类图腾物种对生态或生存的极端重要性、脆弱性，并由此形成各种伦理及民俗禁忌，可以说，成为约束人们行为的严厉的"内心法律""道德法律"或"自然法律"。

（五）稻作原始图腾信仰艺术圈

环北部湾是一个各类原始图腾崇拜汇集的地区，是千千万万要素相互交织、非常宽泛复杂的文明圈。按马克思的唯物主义观点，一切精神文化的产生，皆源自物质基础，归根到底就是社会生产，即经济基础决定上层建筑。环北部湾是世界蓝色文明的起源地之一，渔业文明（含舟楫文明）构成这个区域文明的最大特征。然而，与其他区域特别是地中海文明不同的是，环北部湾文明不是纯粹的渔业文明区，也不是渔业与商业的混合（渔商业）的简单混合，或以交通贸易为补充的渔农型，它是渔业与农业的混合交融，即上述类型的交融。也就是说，它是以稻作为底蕴，以农业为支撑的渔农型文明类型。因而，环北部湾的许多文化现象，尤其是原始图腾艺术，除了可归结到蓝色文明起源之外，其他许多类型的文化现象，归根结底，可追溯至"稻作原始图腾文化圈""稻作文明圈"。

环北部湾作为海洋文明的主要发源地，包含范围广，历史渊源长，陆地文明和海洋文明在此交汇，稻作文明根基深厚。从构成情况来看，环北部湾"稻作原始图腾艺术圈"至少包括以下"内圈"或几大主要板块："神农文化圈""那文化圈（古百越）""铜鼓文化圈""牛图腾艺术圈（苗图腾艺术圈）""稻作文明起源图腾艺术圈"等。

环北部湾稻作原始图腾崇拜，有许多艺术符号，包括各种隐性艺术符号，也包括各类显性符号。各类符号综合起来，形成一套较为完整的原始图腾艺术符号独立系统。分析该系统，"稻作原始图腾艺术圈"的艺术符号主要有十一。其一，稻神及扩展神灵体系，如神农公、五谷神、舜帝、炎帝等。其二，稻作神话、传说、故事，如海南苗族的神农公传说。其三，稻作古歌。其四，稻作绘画。其五，稻作雕刻。其六，稻作手工艺，如蜡染、刺绣等。其七，稻作音乐（民歌），如民歌、铜鼓鼓乐。其八，稻作舞蹈，如鼓舞、舞春牛、傩舞。其九，稻作习俗、礼仪，包含各类习俗、禁忌等。其十，稻作祭祀仪式（崇拜艺术），如南宁的祭稻神等。其十一，稻作节庆，如三月三、中秋等。

稻作文明的产生，有深刻的根源，其产生的过程是极其漫长的，其传播、发展的历史过程更为漫长。因而，稻作文明起源先后涉及众多族群主体，时间顺序不一，因而在图腾崇拜上，有着诸多图腾崇拜信仰对象或目标，形成稻神及扩展神灵体系。在此仅以神农公、舜帝南巡为例。有关神农公，全国很多地方都有神农公传说，海南也不例外。海南苗族广泛流传着远古的神农公神话：

相传在盘皇出世之前，苗族有个祖先叫神公。那时没有五谷，人们只能以草根充饥。为了给人类寻找谷物，神农公历尽千辛万苦，尝遍百草，终于在三月三这天找到几十粒适合人类食用的野谷。他把谷物播在地上，育出了禾苗。经过精心栽培，终于收获了第一粒人工培育谷子。他把谷子分给族人，并教子孙播种耕耘。苗族先民掌握了稻作技术，从此世代专门种植水稻，因而全族被称为"苗"。苗族每年丰收粮食满仓，衣食无忧，富甲天下，其他民族纷纷过来向苗族学习水稻种植，稻作技术传遍天下。苗家感念神农公的功德，每逢谷物收获时，都要煮一顿米饭供祭他。在每年三月三日，即神农公找到谷种的日子，家家户户蒸好香喷喷的五色饭，载歌载舞，纪念神农公①。

除苗族外，我国南方很多地区及东南亚的许多族群，都有三月三的节庆习俗。三月三成了专门祭祀神农公的重要文化空间。在环北部湾，除神农公传说之外，还有关于稻作起源、稻作图腾及神灵的许多传说。

又如海南黎族的祭稻公稻婆仪式。黎族人在每年稻谷成熟时，要举行稻公稻婆祭礼仪式。仪式中，由"畏雅"（带头犁田人）到每块稻田里捆扎四条谷穗，象征着稻公和稻婆，其上放置一小团米饭，意为求稻公稻婆吃饱，并帮看管稻谷，确保谷种安全，以保佑丰收以及全体村民平安。稻公稻婆平时由"畏雅"保管，置于谷仓底层，次年收割之后，方能将其酿酒分给众人。在广西南宁，还遗存有祭稻神的民俗，并已被列入市级非物质文化遗产名录。

稻作原始图腾信仰艺术，除稻神及扩展神灵体系之外，远古帝王将相也成为图腾信仰艺术的重要符号之一，较典型的有舜帝南巡、伏波授农等。如舜帝南巡，为岭南传说，在广西梧州一带广为流传。舜帝，中国父系氏族社会部落首领，民间相传为黄帝的曾孙。司马迁《史记》载，舜帝巡狩，崩于苍梧之野，葬于江南九疑（嶷）山。约公元前22世纪，舜帝从虞（今河南虞城县）出发，过长江，入洞庭，溯湘江巡视后，沿湘桂古道抵达广西桂林，后顺漓江下苍梧。南巡中，舜帝教民耕种五谷，传播中原文化。不久，舜帝染病去世，终年112岁，葬于大灵山（今广西梧州白云山）②。舜帝南巡，给岭南带来了中原文明，因而成为祭拜之神。而有关伏波将军马援，传说也不少，尤其是平定交趾之乱后，在当地传授中原稻作文明，传授先进的生产技术，兴修水利，给当地带来巨大繁荣。时至今日，在环北部湾各地包括越南的北部、西北部，遍布分布着大量的伏波庙遗址，伏波祭祀习俗仍在民间广为流传，足见其贡献之大，足见其在民间心目中地位之重、影响之深。

稻作远古图腾艺术除了神话、传说、禁忌、仪式等艺术形式之外，还流传有许多古

---

① 岭南文化百科全书编纂委员会编：《岭南文化百科全书》，中国大百科全书出版社2006年版，第296页。
② 同上书，第297页。

歌，这些古歌分很多类型，既有各类仪式专门唱的古歌，也有日常唱的大量古歌。不仅在苗族内部有大量的这些"秘密"古歌（或史诗），壮族、黎族、侗族、瑶族等民族内部也存在大量古歌及史诗，在国外特别是东南亚，如菲律宾伊夫高族群的"哈德哈德圣歌"（被列入联合国非物质文化遗产名录），为祭祀稻神专用，结合祭拜仪式歌唱，酬谢稻神护佑稻谷，与苗族、壮族的民间习俗惊人吻合。菲律宾为岛国，没有发现明显的早期稻作遗址，可推断出其稻作文明的产生为周边大陆国家所传入，主要由远古中国苗蛮集团其部落为避难秘密渡海而传入。其祭祀的稻神，实际为苗族祭拜的"神农"。所有这些遗迹遗产，形成了一个由中国内陆起源地—中国南部—海南岛—中南半岛—菲律宾群岛、马来西亚群岛—大洋洲相关岛屿—太平洋其他群岛、印度洋其他群岛及其他地区的"远古稻作文明图腾圈"或"远古稻作文明迁徙、漂移及传播之路"。

图 3-92　伊夫高族群哈德哈德圣歌（菲律宾世界遗产）

民间神话传说、民间祭祀等，表面极其荒诞，经不起推敲，特别是在今天科技高度发达的情况下，更显得幼稚荒诞。有关神话传说的解读多种多样，相关理论流派较多，但功能论格外重要。按功能论观点，这些神话传说虽表面荒诞不经，但是一种原始思维、原始意识、远古记忆，属于某种"集体记忆"。对于这种文化现象，不能以今天科技社会已高度发达、时代已进步很多的视觉去解读，只能把时空还原至数千年前到数万年前，甚至更早的人类早期社会的场景。人类处于蛮荒时期，语言不发达，处于无文字状态，按人类学家的解释，尚处于人类智力发展的"童年期"，对于很多自然社会现象只能用神话解释，族群历史、生产、文化秘密等也只能以神话形式代代相传，社会的规则、习俗也只能借助于神话、禁忌、祭祀、图腾等形式确定，固定下来后严格遵守。因而，许多稻作神话传说，并非完全虚构，而是有诸多历史真实之处，只是以神话、图腾祭祀的特殊形式表述传承。因而，这些远古稻作图腾艺术保留了人类早期的远古记忆、生产探索。

在环北部湾各地，尤其在广西境内，遗存有大量的远古稻作文明相关地名，以"那"最为突出。仅在广西钦州，就到处遍布着几十到数百个带"那"的壮语地名，如那丽、那思、那蒙、那彭、那香、那勤等。"那"，在壮语里为"稻田""水田"之意；在（湘西）苗族语言里，"稻田""水田"也叫"那"，反映的就是稻作文明。地名的含义非常深刻，是对当地环境、物产、历史、族群、社会生产、宗教或某些重要特征的提炼反映，如李姓人聚居的村落常叫"李家庄"，有老虎出没的山沟叫"虎山"。遍布的"那"地名，表明自远古时期那里以稻作生产为主，而且很出名。这些"那"地名，是远古稻作文明的烙印，是稻作图腾崇拜的心理映射。"那"成为稻作原始图腾信仰的重要符号。

"那文化"，是以壮族为主体的稻作文明圈，其主要特征，是稻作图腾、蛙图腾、铜鼓、渔业、舟楫、歌圩以及干栏式建筑等。"那"的产生背景是深刻的，古百越广泛分布在平原洼地，以及靠近江河湖海、水道纵横的地区，属于南方低地平原族群。其不同于高原民族、高山民族，更不同于草原游牧民族之处，就在于和水的特殊关系上，也就是"水"性。其生存环境为"水"，生产靠"水"，交通靠"水"，甚至起居建筑都靠"水"，宗教意识为"水"，可以说，整个生产生活体系，包括宗教图腾，大多都是建立在"水"的基础上。表现在生产上，善种水稻，主食大米，多吃鱼蚌，习水便舟，居住干栏，断发文身，龙蛇崇拜、悬棺、崖画艺术等，无不与水有关。而这一切，主要基础为稻作文明。北部湾古时为百越分支"骆越"之地，历史记载其"种雒田"。壮族祖先祭祀地崇左花山岩画，也悬于左江断崖之上，就是这种"水"性的最好证明。这些原始图腾艺术复杂多样，表面看来与稻作关联不大，但从深层结构来看，实则为稻作文明在各个领域的文化表现，足见稻作文明底蕴之深。

环北部湾稻作原始图腾崇拜圈的另一强烈符号，就是铜鼓。铜鼓是我国南方民族普遍使用的特殊器物，壮族是主要群体，时至今日，在苗、瑶、侗、布依、水、仡佬、佤等民族和东南亚一些民族中仍广泛使用。有关铜鼓，唐《岭表录异》、宋《桂海虞衡志》等有记载。至今，我国各类文物机构收藏铜鼓1400余面，就有600多面多来自壮族地区。这些铜鼓大小轻重不一，大的直径1米以上，小的仅10余厘米，重量几十斤至数百斤不等。其构造，均平面曲腰，中空无底，体形凝重，外观大方，纹饰精美。铜鼓纹饰各不相同，鼓面多为太阳纹、月纹、云雷纹、波浪纹、云纹、人鱼纹、兽形纹、钱纹、蛙纹、同心纹、翎眼纹、乳钉纹、栉纹、游旗纹、花纹、方格纹等，图案有龙凤、人物、畜禽、舞蹈、十二生肖、双龙祈祷等。鼓边多铸蛙，四只或六只不等，形体多矮小笨拙，光素无纹，也有龟、牛、马等立体装饰，非常庄重、华丽。

铜鼓多为合金铸造，通体厚薄均匀，铸造精美。根据形制、纹饰和铸造工艺，国内铜鼓分8大类型,壮族先民所铸的铜鼓为8大类中的北流型、灵山型和冷水冲型铜鼓,以前两类为主。灵山型铜鼓多主要分布于灵山、南宁、钦州、合浦、浦北等地,而北流型铜鼓主要分布于桂东南、粤西和海南等地[①]。这3类铜鼓是铜鼓极盛时期的标志,反映了当时高超的金属冶炼和铸造工艺。

无论是蛙纹、太阳纹还是鸟纹、羽人纹,均与稻作有关。诸多纹饰中,以蛙铸及太阳纹尤为突出,构成环北部湾铜鼓的最大特色。如20世纪50年代合浦县征集的六蛙云雷纹铜鼓,鼓身属收腰型,通高51.4厘米,面径90.8厘米,足径86.5厘米。鼓面的圆心为八芒太阳纹,由内向外照耀,外围为8条同心圆云纹或雷纹晕圈环绕。鼓面的外缘,等距离铸6条蛙,方向同一,神态憨厚。鼓的外侧设两个铜环便于挪动。铜鼓通体为古青铜色,分上中下三节,收腰型流水线,美观大方。

铜鼓纹饰的各种艺术符号有深刻的含义。如云纹和雷纹,代表自然气候及雨水,云和雷分别为环境象征。云纹雷纹,不仅代表着某种氏族部落标记,更代表稻作生产的强烈追求和盼望丰收的愿望:只有乌云和雷电的结合,才能产生降雨;只有降雨了,庄稼才能丰收。铸之于铜鼓之上祭祀,表现了人们对太阳、雨水的崇拜,体现出深厚的稻作文明底蕴。而蛙纹则代表稻作文明。青蛙生活于稻田间,捕捉蚊虫害虫,保护庄稼,象征着五谷丰登;据壮族神话,青蛙是雷王与蛟龙的儿子,神通广大、能呼风唤雨,是稻谷的保护神。其圆滚滚的肚皮,象征丰衣足食、衣食无忧;蛙的繁殖能力很强,能产下很多卵子,象征人丁兴旺、繁荣富强。四只或六只青蛙绕着鼓面朝同一方向围成一圈,象征着每年四季轮回等。在过去的传统社会里,靠天吃饭的壮民将它铸在铜鼓上,祈求风调雨顺、年年丰收。所有这些,都为稻作图腾崇拜心理的深层映射,是远古时期稻作文明或农业文明的最强烈信号。

铜鼓在古代是主要用于祭祖或祭神时的法器、礼器,平时多藏于洞穴中或埋于地下,不能随便敲击,后来逐渐成为地位、财富和权力的象征,击鼓可聚众议事、举办节庆、祭祖,甚至可以作战。图案中心有太阳,光芒四射。随着后来发展,围绕着铜鼓,产生了系列铜鼓艺术,包括铸铜艺术、神话传说、雕刻、绘画、民歌、音乐、舞蹈、节庆、原始信仰艺术等,形成一种以稻作文明为底蕴的铜鼓艺术圈。

铜鼓是力量的化身。壮族传说铜鼓会飞,飞到河里和海龙王打架,打完架后又飞回到它原来所在的地方。铜鼓是辟邪的象征,雷声震天,邪恶会吓破胆。铜鼓还是爱情的象征,传说铜鼓会变成英俊的青年,到歌圩上和姑娘对歌,到火塘边同姑娘谈情说爱等。铜鼓是快乐的象征,不管是节日还是平时,人们只要敲击铜鼓,就会舞蹈娱乐,欢声震天。铜鼓是壮族的集体艺术的成果。

从最深层含义来分析,铜鼓纹饰折射出强烈的祖先崇拜意识。艺术符号的阐释不

---

① 姚舜安、万辅彬、蒋廷瑜:《北流型铜鼓探秘》,广西人民出版社1990年版,第277—278页。

仅要透析符号本身，更须还原至其原有的整体背景或社会体系坐标中去解读。铜鼓是稻作文明的产物，但稻作文明只是一种载体，载体的背后是人，即发明稻作、传承稻作和从事稻作的人，因而，稻作图腾就是祖先图腾，铜鼓是祖先的象征，就是血脉烙印。壮族认为，祖先的灵魂附在铜鼓里面，只有敲打击乐之时，祖先灵魂才出来与子孙同乐。因而，人们把祖先符号铸刻于铜鼓之上，每逢节日就击鼓起舞，表示纪念祖先，期望兴旺繁荣。最后，铜鼓还是团结奋进的符号。它能凝聚人心，鼓舞前进，推动繁荣昌盛。因而，铜鼓是稻作文明的标记。

铜鼓是我国南方民族的神圣之物，广泛流传于我国南方民族间，以壮族、瑶族、苗族、彝族等最为典型。铜鼓不仅在以壮族为主体的各个地区流行，在国外特别是东南亚地广泛流行，以越南等国家最为明显。在东南亚国家的诸多族群，如泰族、老族、掸族、岱侬族等，铜鼓遗风盛行，其他风俗类似，语言相近，经体质人类学、语言、文化要素测量，证明与壮族是同源异流民族[①]。当然，除此之外，在东南亚及周边区域有更多的铜鼓文化群体及文化要素，值得深入研究探索。总之，这些跨国族群之间的铜鼓现象，反映出遗存在它们之间的远古烙印或某种先祖原始图腾崇拜心理状态，表明它们起源相同或相近，血缘相通，为迁徙、漂流、传播与交融所至。

又如牛图腾崇拜及习俗，是稻作原始图腾信仰的最直接、最根本标志。环北部湾各地及周边国家很多族群保留着许多关于牛的图腾崇拜习俗，浓厚遗存，较典型的有京族哈节期间的斗牛习俗、钦州浦北县舞春牛、浦北青牛城地名、北海合浦汉墓出土的铜牛，以及湛江雷州的大量石牛等。可以说，整个环北部湾隐藏着一条远古牛图腾信仰艺术走廊。

牛图腾崇拜，并非崇拜"牛"本身，而是祖先崇拜的一种重要形式。牛图腾起源于远古苗蛮集团或相近集团。苗族是个古老的民族，最早活动于黄河下游一带的广大地区。后来迁徙至长江中下游的广大区域，包括今湖南的洞庭湖周边地区。大约在宋代以后，才陆续由湖南、贵州迁入广西境内。苗族的称谓，最早见于秦汉前的史册，有"三苗""有苗"等名称，汉代被侮称为"蛮"，唐宋以后被恢复为"苗"。苗族是稻作生产的创始人、发明者，其所处长江中下游等为水乡，主要产稻。牛是这片水乡里的最大动物，是除人之外的最主要生产者，一切稻耕衣食必须靠牛。因而，牛成为崇敬的对象，由此产生许多相关图腾习俗或图腾艺术。牛图腾崇拜成为古苗蛮集团的最主要图腾崇拜。古代的"苗"，经过发展、迁徙和融合分化，有的分支已消失，有的演化为今天的许多民族或族群，因而，今天的很多民族都有牛图腾崇拜习俗。牛图腾崇拜艺术形式多样，内涵丰富，表达深刻。其艺术形式主要有：有关耕牛的神话传说、牛雕刻、牛绘画、牛民歌、舞春牛、斗牛、敬牛等远古图腾习俗。

---

① 谭浥莎：《环北部湾地区的铜鼓文化》，《东南亚纵横》2008年第4期。

"骆越"属百越的一个支系，大致分布在今广西南部、广东雷州半岛、海南岛及越南北部等地。北部湾沿岸古为骆越之地。之所以称"骆越"，与耕"骆田"有关。《史记·货殖列传》载："楚越之地，地广人稀，饭稻羹鱼，或火耕而水耨，果隋蠃蛤，不待贾而足。"《水经注》转引《交州外域记》载："交趾昔未有郡县之时，土地有雒田，其田随潮水上下，民垦食其田。"①"雒"与"骆"相通，骆越就是垦食雒田的越人。因越人"从渔猎，喜耕种"，所以"民食鱼稻，食物常足"。而骆越稻作文明遗产很多，较典型的有"鸟田"遗址、稻神祭民俗、邕娅古城和古墓遗址等。这些遗存可以表明，稻作生产已成为骆越的重要生产方式和生活来源，商周时期北部湾沿岸因稻作生产在新石器时代的基础上有了较大发展，成为当时的富庶之地。

牛是勤劳、勇敢、诚实、纯朴的象征。而远古时期的稻作生产，牛则成为最大的动物，成为除人之外的最主要劳动力。正因为人与牛披星戴月常年劳作田间，牛也象征着辛勤劳作的先民。牛图腾崇拜，实则是祖先崇拜。环北部湾族群的多样性，使牛文化具多样性，艺术形式丰富多彩。如钦州市浦北县，流传着"舞春牛"风俗：舞牛人敲锣打鼓在村中表演，15个人组成一队，一般有两人舞"春牛"：一人在前撑牛头，一人在后弯腰拱背甩尾巴，后面跟着一个手拿犁架的汉子。此外，还有敲锣打鼓的，领唱春牛歌的，他们走到哪里，哪里就有歌声笑声。从初一闹到元宵节直至更长时间，舞罢上村又到下村，舞完上街到下街，热闹非凡。"舞春牛"内容是歌颂牛的伟大，它为千家万户带来了节日的欢乐，也寄托着千家万户对四季平安、风调雨顺、六畜兴旺、丰衣足食的美好祝愿。种种文化表明，牛图腾成为稻作文明的图腾象征。

"牛图腾崇拜信仰艺术"的根源，在于牛对于古代苗族及其他民族的决定地位：其一，苗族是稻作民族，稻作文化的核心，就是"牛"。其二，苗族的祖先，是"牛"。苗族的祖先世世代代在水田上耕耘，是"老黄牛"。其三，苗族的稻田生产，需要"牛"。其四，苗族的艺术，主题是牛。如舞春牛习俗等。其五，苗族的情感，是牛。其错综复杂的关系及情感，集中表现在"牛"身上。其六，苗族的原始宗教信仰、精神，集中于"牛"身上。整个"牛图腾崇拜艺术圈"，就是苗族文化圈。这些珍贵的文化遗产，已成为苗族及诸多民族祖先流传下来的文化根基及精神家园。

稻作图腾崇拜艺术有着丰富多样、变化多端的表达手法。民间神话传说为其重要方式：由于远古时期无文字，绝大部分历史记忆以口传为主。族群的记忆采取口传的集体记忆形式，特别是一些重要人物或重大事件，因其力量或影响，更容易采用神话的形式，以仪式、禁忌等方法来流传固化。因而，表面看起来很荒诞，但实际上为生产力极低条件下的产物，有相当部分源于真实事件，只不过是被神话化、超自然化而已。神话看起来只是宗教信仰的延伸体，但其实它最终向我们提供了人文精神和人性

---

① （北魏）郦道元：《水经注》（卷三十七），陈桥驿校释，杭州大学出版社1999年标点本，第97—98页。

最丰富的源泉。稻作原始图腾崇拜艺术的产生及表达，具有时代局限性。今天时代已高度发展，科技高度发达，当然不能以今天的科学思维和高度去理解上古时期的各种文化现象，而只能追溯数千年，还原至当时的历史场景，包括自然环境、生产力水平、族群关系、社会语境等等，才能真实准确地解释这些文化现象，得出正确的结论。这一点在某种程度上，正印证了国内一些学术流派的观点：中国文化复兴最深的、最本原的根源是神话而不是先秦诸子百家[①]。

**结论**

环北部湾上述各类艺术遗产的产生类型，可大致分为原生、次生（迁移）和外来（如西方影响）三种。通过对环北部湾艺术圈，特别是对上述各类原始图腾崇拜艺术的考究，大致可总结出四个结论：其一，蓝色文明摇篮、古人类族群发源地、血缘交融地及漂移扩散起跑线。环北部湾是古人类（百越）发源地之一、蓝色文明重要发源地。环北部湾历史悠久，这里至今仍遗存多处古生物化石、恐龙化石遗址，古人类洞穴遗址，如三亚落笔洞遗址、灵山人遗址、柳江人遗址等，以及诸多大石铲文化、数百处贝丘遗址，表明这里是人类重要发源地。仅在广西，早在80万年前，原始人类就生息繁衍在这片土地上。环北部湾古属百越之地。越，中国古族名，先秦时期广泛分布，因部落众多，故以"百"名，曾见于史册的有南越、句吴、于越、扬越、东越、闽越、瓯越、西瓯、骆越、山越、夷越、夔越等。《汉书·地理志》注云："自交趾至会稽七八千里，百越杂处，各有种姓。"秦汉前后，中原人对南岭以南众多原始部落统称为"越"，以壮、侗、黎、瑶、苗和僚族先民居多。虽然族群众多，生产方式多样，但海洋采集和捕捞活动始终是沿海地区重要的经济来源。这种涉水渔猎采集生活，使古百越早在新石器时代就发明了飘海技术，包括渡水腰舟、箕、筏、独木舟等原始器具。根据《物原》，就有"燧人氏以匏（葫芦）济水，伏羲氏始乘桴（筏）"的相关传说记载，与古百越有密切关系。直至今天，海南黎族仍遗存有渡水腰舟之绝技，合浦民间有"坐箕过海"之民间谚语，足见百越远古舟楫文明历史烙印之深。百越"断发文身"，借舟楫之便江海穿梭，其内部各族群不断交流交融，通过数千年追逐海洋鱼虾，不断往南、往东漂移扩散至印度尼西亚群岛、汤加群岛、菲律宾、新西兰、所罗门群岛，再扩散至太平洋其他相关群岛，最后间接影响至美洲印第安地区，也有西向漂流。这一点从考古学及其他学科可得到证明，包括石锛、石铲、纹身、鼻箫、铜鼓、"坐箕过海"习俗、三月三习俗、原始图腾信仰等。如根据民族学研究，百越文化是以有段石锛、石铲、印纹陶器为特征的新石器文化，根据有段石锛的世界分布及其技术特点、制造时间、发展阶段和方向轨迹来看，可推断太平洋海岛地区和东南亚民族的族源，

---

[①] 朱大可：《中国学术画地为牢 毫无建树》（http://www.my0538.com/2014/0928/143954.shtml），2014年9月15日参引。

就是来自中国东南沿海的越族。环北部湾古为骆越之地。古骆越是现代壮侗语民族（国际上称为"侗台语族"）的共同祖先，后来传播扩散，经数千年迁徙漂移，散布于各地，特别是东南亚许多国家及更远的大洋诸多岛屿。除此之外，陆路迁徙也极为重要。今天的壮、布依、侗、黎、傣、水、仫佬、毛南等世居民族和越南的侬、岱、高栏等民族皆源于西瓯或骆越。东南亚国家中的泰族、老族、掸族、岱侬族等民族与壮族是同源异流民族[1]。其二，古海上丝绸之路发源地。环北部湾是人类重要发源地，是蓝色文明发源地。古百越产生于此，"水"性构成其本质特征及图腾。根据不确切记载，古合浦人在"距今7000多年前就以原始舟筏为漂具开始了海上作业"。至今在合浦民间仍流传"坐箕过海"谚语，折射其远古漂移习俗传习之深，是活的见证。因"善舟楫、食蛙蚌"，追逐渔猎，古百越族群在古代乘坐原始工具漂移扩散，漂移至世界各地，南海成为渔猎追逐漂移的中心区，成为古百越的"祖宗地""内海""内港"，对外漂移的"加油站""起点站"。古百越先祖在追逐渔猎的过程中，探索开发了诸条线路，迁徙了人口，为古海上丝绸之路开辟做了准备。更路经或更路簿，为千百年来探索的智慧结晶。汉武帝"官道"的开辟，打通了这条大动脉，使这条道纳入中原王朝的交通版图，开辟了世界贸易体系。其三，龙图腾崇拜原始艺术的起源地、发展及辐射地。龙图腾崇拜的符号组成及内涵是相当复杂的，但其"蛇""鱼""蚌"等南方炎热平原及水乡产物之形象，无疑是龙图腾崇拜形象的重要根基；后来与中原文化融合，得到固定，产生新的内涵；最后，通过古越人"善舟楫"等海路及陆路持续传播至周边的东南亚国家、南亚乃至非洲及欧洲。其四，稻作文化圈的交融、演变、传播扩散轨迹。稻作文明起源于长江中下游的上古南蛮稻作文化圈，发源于古苗蛮集团，该集团后来因融合、战争、迁徙等不断被同化、分化，形成后来的诸多南方民族部落。今天许多南方民族特别是环北部湾的民族与古苗蛮集团在血缘上有同源关系、近源或交融关系，表现出许多特征，都体现出共同的"神农崇拜""五谷神崇拜""饭稻鱼羹""铜鼓""傩艺术""牛图腾""龙崇拜"等特征。而稻作文明在古百越地区，通过与渔蚌文化、舟楫文化的深度融合，使稻作技术产生革命，上升到新的阶段。更重要的是，这些稻作文明，通过上古时期苗蛮集团的历史大迁徙，以及古百越族群的"善舟楫"的追逐渔猎漂移，逐渐扩散传播至环北部湾的外圈层，包括越南、菲律宾、马来西亚、新加坡、印度尼西亚等，并以此为重要中转站，不断将稻作文明因素传播至新西兰及其附近岛屿、所罗门群岛乃至太平洋其他相关群岛，最后间接波及美洲印第安地区。同时，通过陆路及海路，将稻作文明因子传播至南亚、西亚、非洲及欧洲（见图3-93、图3-94）。这样，在世界范围，就形成了一个"远古稻作文明圈""稻作文明起源、传播、交流与发展融合圈"，形成了稻作文明特有的起源、发展、传播与交融运动轨迹。

---

[1] 谢寿球：《建设骆越文化产业高地——南宁市文化旅游产业发展战略的新构想》，引会议手稿，2014年11月7日。

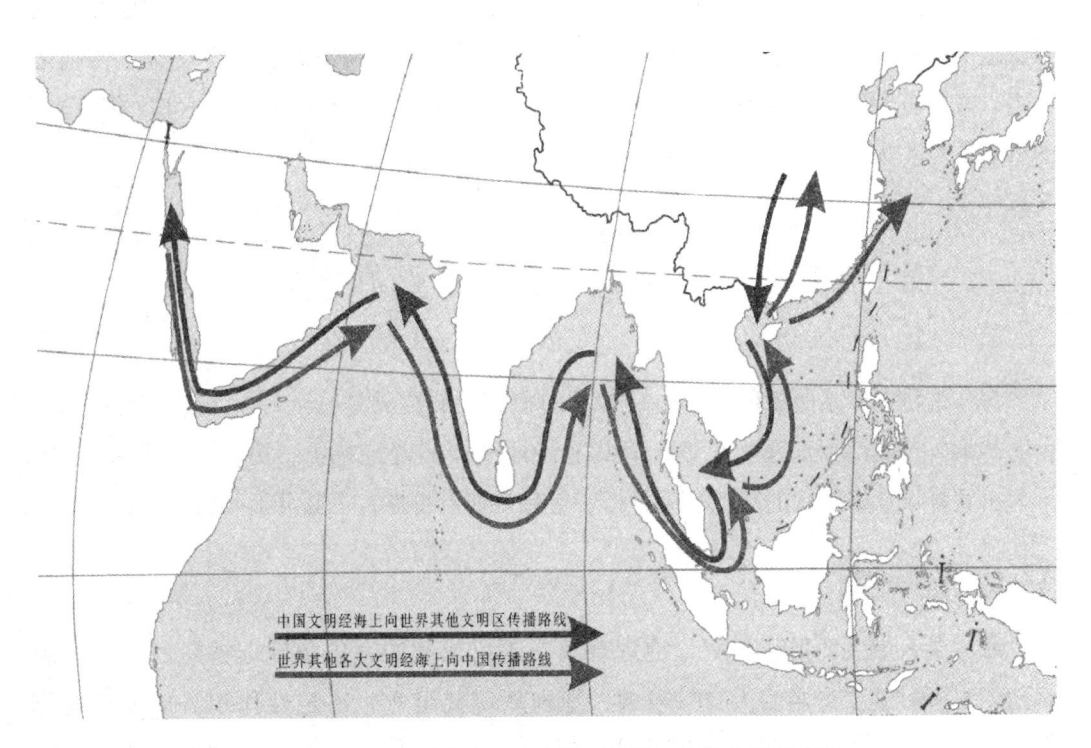

第三章 海洋文化遗产的深层内涵与艺术价值

图 3-93 北部湾蓝色文明起源、发展、交流传播互动图

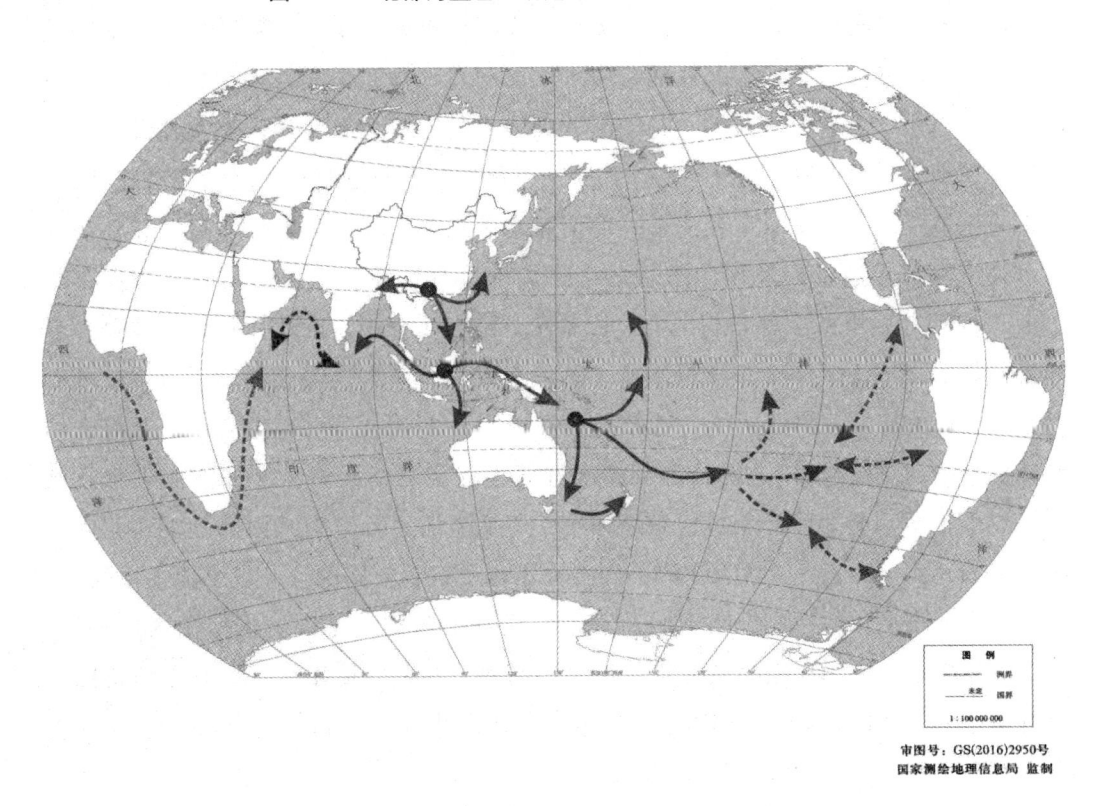

图 3-94 北部湾古百越族群起源、渔猎漂流、迁徙与传播方向图

总之，环北部湾为大海湾，区位特殊，毗邻东南亚。陆地与海洋在此交汇，使这里成为蓝色文明起源地，是中华文明重要起源地，更是中华文明对外拓展、交流、传播的制高点或后方中转站、加油站。环北部湾是中华文明对外传播交流的"中华文化轨迹"的重要支点、大拐点。

## 第三节 环北部湾海洋艺术遗产的特征、本质

海洋文化遗产是历史的产物，是智慧的积淀，其形成是特定环境下多因素长期作用的结果。环北部湾海洋文化遗产既具有各地遗产的普遍特征，更具自身的独特性，呈现出宽领域、多层次的特点。经分析，它具有如下特性，下面分七部分予以介绍。

（一）源头性、原生性、神秘性、壮美性

海洋是人类文明源头之一，地理环境是不可或缺的基础条件。越在人类发展的早期，人类社会生产越受大自然限制，地理环境甚至产生决定性作用。地理环境的差异性、自然禀赋的多样性，造成各地域、各民族物质生产的不同类型，产生不同的文明。海洋文明是缘于海洋而生的文明，是人类依赖海洋、与海洋长期互动的结果。环北部湾独特的热带南海亚热带——生态环境，物产丰富，果实累累，鱼虾成群，食源充足，适于人类繁衍，使该区域成为人类的重要发源地。恐龙遗址、三亚落笔洞遗址、灵山人洞穴遗址、柳江人遗址、众多的旧石器时代、新石器时代遗址，包括防城港社山、较杯墩贝丘遗址，海南陵水、东方、三亚、儋州、昌江和临高等数百处沿海贝丘遗址的发现，就是文化源头性、原生性的史证。环北部湾古百越"断发文身""食蛙蚌、善舟楫"，逐水而居，逐鱼贝而业，流动性强，食螺贝、悬棺、岩画等，是长期自然选择的结果。以疍家为例，其水居特点和许多习俗，既有后来因素影响所致，但也保留了更多的远古越族原生基因。至今仍流传于北海合浦民间的谚语"坐箕过海"，就是古百越族群原生习俗的活化石。又如疍家人喜欢戴"疍家帽"，即以竹篾竹叶编成，编织精细，坚实亮丽，具遮阴挡雨的功能，原生性强。又如北海传统疍民，认为在陆上用砖块建房子是不吉祥的，一般不愿上岸居住：一是怕得罪先祖，二是怕行船不顺，三是无钱购买床椅等家具。疍家棚内无凳椅，待客、用餐、坐卧均在棚楼板上进行，大多蹲着。若在陆地建房子，则必须将旧船板埋藏于新建的宅居地下，相当于以舟为宅，不得罪神灵，确保疍家人陆上居住大吉大利[①]。又以黎族文化为例，海岛文化具有倚海繁衍、安居、移民、自力更生、自

---

① 北海市地方志办公室：《北海有哪些历史文化》，2005年内部资料，第39页。

成体系的特点，黎族文化具浓郁的海岛特色，如船形屋、纹面、刺绣、钻木取火技艺、原始制陶、竹木器乐、山栏酒、椰图腾等，产生根源与其所处的自然环境密切相关。又如京族传统美食艺术，也是如此。而许多艺术遗产现象，如南海海神（海龙王）神话、南海航道更路经（簿）、京族拉大网、高跷捕鱼、临高渔歌、美人鱼传说、五指山的传说等，都是这种原生性的强烈体现。种种海洋遗产，种种远古风俗，包括百越渔猎漂移、珍珠采集、花山岩画、贝丘遗址等，反映了自远古以来中华先民对南海的开发史，是中国海洋文明发展的真实记录描述，保留了诸多珍贵的历史痕迹，是中国海洋史、边疆史、民族史、经济史、文化史的重要组成部分，是中国海洋文明的精髓。独特的地理环境及人类发展进程，使环北部湾成为海洋文明的发源地，使这里的海洋文化遗产具源头性、原生性、神秘性，具备蓝色神秘色彩，显示出生命的本然性和海洋浩瀚无穷的壮美性。

（二）纯洁性、浪漫性

环北部湾海洋艺术遗产的根本特点，是在于其"纯洁性"。环北部湾很多类型的海洋艺术遗产，都强烈显示出这种特性，最为典型的是"珍珠艺术遗产"。千百年来，以南珠之乡合浦为轴心，环北部湾是中国珍珠的重要产地。除了古合浦七大珠池外，其他各地均留下大量的珍珠遗址。如防城港的"珍珠湾"、湛江乐民珍珠城，从地名就可透视珍珠在远古时的重要地位。至今，合浦、防城港、湛江、海南仍在产珠，为中国海水珍珠的重要产地。北部湾海域是洁净的，其海螺、珠贝是纯洁无污的。珍珠的品质高贵、典雅、纯洁、璀璨，它是纯洁的，必须洁白无瑕。也只有纯洁，珍珠才能显示华丽，才能凸显其品质、身价。珍珠是如此，做人更必须如此。正因如此，环北部湾的南珠艺术正是这个价值的核心体现，不管是各类珍珠艺术品、装饰品、神话、传说、故事、诗词，音乐、舞蹈、戏剧、雕刻，还是民俗，都在竭尽全力表现这种主题，体现这个意境。自然界之纯，会影响到人，最终会影响到人的精神、气质和人格。南珠的纯洁性只是个载体、寓意、寄托，而其本意，其文化结果，是对人的熏陶、塑造，是对人的珍珠般纯洁性人格的塑造与形成。珠还合浦、喷水飞珠、龙珠、夜明珠故事等，正是对人的如夜明珠公主般美丽善良、忠贞、不屈不挠，宁愿玉碎也容不得半点污点的人格精神的写照。纯洁文化滋生廉政文化、忠诚文化、名人文化。珠还合浦典故，以及后来民间形成的各种敬奉等，正是对孟尝因具备爱民如子、为民请命的纯洁品质创造奇迹的千古美谈。草花岭的故事，正是对官员廉洁感天动地事迹的记载与歌颂。而合浦因出了一大批廉官，被称为"廉州"。苏轼被贬岭南，气节不变，纯若明珠；而岭南俚族首领冼夫人坚持国家大义，不畏艰险，危难时期维持汉族和越族统一关系大局，破除诸侯割据扩张，平定叛乱，携疆带兵归附中原，被世代传颂敬拜，正是这种珍珠般人格的真实写照。珍珠生长于海内，而海是极其险恶的，入海采珠要与大风大浪拼搏奋斗，需要坚忍不拔，因而，这种"纯洁性"是与"浪漫性""冒险性""牺牲性"连接在一起。"浪漫性"的本质是崇尚自由、光明、快乐与幸福，它是一种为了追求自由、光明和幸福而不惜牺牲、至死不渝的精神。环北部湾诸多艺术遗产的正是对这种追求光明、自由和幸福精神的热情讴歌，如英雄之舞黎族咚铃伽（钱铃双刀舞）、夜明珠传说、美人鱼传说、泪珠、东坡遗产、冯子材系列反侵略文化。这类故事多以悲剧为结局，寄寓纯洁、忠贞与不灭。即使跳岭头，也是为了驱邪，也是这种纯洁性追求的集中体现。而"璀璨性""刚强性"则是千百年来沿海人民面对大风大浪不畏险恶，顶狂风、战恶浪、勇于拼搏、敢于冒险的精神结晶。

（三）流动性、拼搏性、冒险性

环北部湾海洋文化遗产的特点是流动性、冒险性，即"水"性，亲水性。水的本质是流动的。地球大约有70%的表面为海水，整个地是个"大水球"或"蓝色水球"。陆地两点之间位置相对固定、保持不变。陆地上两地如要相连，则需修建高速公路、马路或铁路，筑路基或架桥，线路的每一寸距离都靠人工铺设，投入巨大。海洋却不同，世界七大洲所有的陆地和大大小小的岛屿，全都通过海连接起来，形成巨大的水体包围圈。水的本质是流动的、无边界的，只要产生水位差，水体就会由高向地流动。海洋的巨大潮汐、海洋本身的巨大洋流，使海水奔流不息的，永处于运动变化之中。这种流动是开放的，任何水体都有可能从世界的某一角落流至任何其他角落。然而，与陆地不同，几乎每一寸海面，几乎每一滴海水，都是天然的"水上高速公路"或"水上铁路"，不需消耗任何人财物去修建。这些"公路""铁路"天然一片，只要有海的地方，就会天堑变通途。只需一叶扁舟，就可能漂流至世界任何角落。因而，环北部湾"善舟楫、食蚌蛤"的古百越先民，正是凭借海水的流动性巨大能量，逐渔猎而居，以南海为内海，顺势而漂，数千年漂流至印度尼西亚诸岛、马来群岛，再影响至太平洋诸群岛、美洲地区，形成了远古的石锛文化圈、稻作文化圈，以及古百越—印第安文化圈等等。《山海经·海内南经》有"番禺始作舟"，古越人"习于水斗，便于用舟"，沈怀远《南越志》载"越人造大舟，溺人三千"，可见其水性及产生历史之早。水虽然是流动的，但因大海深不见底，波澜壮阔，风浪无常，迷路及葬身海底随时发生，极其危险，因而海洋文化具有强烈的冒险性。这种冒险性，体现在人与海斗、与风斗、与灾害斗、与大自然抗争，以及人与社会、人与自身抗争的巨大冒险精神和行动上。反映在艺术风格上，就是敢于和大自然抗争的故事，或高亢有力或沧桑无奈的民歌，大方粗犷的舞蹈动作，以及不屈不挠、敢和恶浪台风做斗争的不服输精神。近代的"闯南洋"就是这种精神的最好写照。

（四）璀璨性、交融性、辐射性

环北部湾海洋艺术遗产品类众多，璀璨夺目，交映生辉。其璀璨性来自文化多样性、包容性，因文化多样性、多元性及包容性而生辉。环北部湾海洋艺术遗产的璀璨性，从深层根源来分析，来自交融。不同的文明或文化之间，经过碰撞、交锋、交融，优点彼此吸收，剔除了缺陷，自身进行了革新，因而能使自身更趋完美、更具独特性。从文化组成因素来看，环北部湾海洋艺术遗产主要由以下五大领域的"融合"混血：其一，陆地海洋交融。内地农耕文化与海洋文化的融合。其二，汉族与当地文化交融。主要为中原汉文化与古百越文化的吸收、融合，包括平原文化、山地文化与水乡文化的融合，经济、政治、文化的融合，主流文化与边缘文化的融合等；以合浦为例，史载，隋唐时的合浦尚多俚僚，但到明朝时已"衣冠礼乐盖斑斑然矣"[①]。其三，当地少数民族或各大群体之间的交融。"百越"是个泛称，其支系部落非常之多，环北部湾作为百江汇流入海之地，古代各类群体汇集，直至今天仍有京族、黎族、苗族、瑶族、壮族、回族等民族，以及疍家人、客家人等特殊群体，其古代群体更是庞杂多变，分合交融，难以考究，难以统计。这些民族或群体密集分布于环北部湾区域，相互依赖，互动性强，相互交融。如海南的黎族苗族，关系非常亲密，融为一体，乃至外界难以区分，经常以"黎苗"称之。其四，国内与毗邻国家地区的文化交融。环北部湾自古以来与周边东南亚国家迁徙交流互动频繁，血脉同源或近源，关系紧密，特别是文化受相互之间的影响较大。其五，国内与外围文明的融合。通过海上来往、海上贸易等，环北部湾作为海上丝绸之路起源地，贯穿东南亚、南亚、西亚、东非，最后抵达地中海，形成贯穿亚非欧数十国家地区的海上生命线、贸易大动脉，由此产生世界文明大交融。产生的飞跃是首次实现世界四大文明古国之间的大沟通，引起世界几大文明中心的文化交流、交融与交锋。其中，最为显著的是不仅中华传统的文化，特别是中华龙图腾、早期儒教，以及南方民族原始宗教等中华文明源源不断向西传播，深刻影响沿线国家地区的经济文化，甚至成为不少海上丝绸之路沿线国家地区特别是东南亚国家许多族群的血脉基因及心灵图腾，佛教、基督教、伊斯兰教等也由于这条海上大动脉的繁荣进入中华古帝国，冲击古老文化，深刻改变中华古帝国的文化结构，佛教就是最典型例子。持续近两千年的海上贸易，使中华文明与南亚文明、西亚文明、非洲文明和地中海文明血脉交织，多方位深度融合。因海洋的四通八达，就海洋文化的运作机制而言，它具有对外辐射性与交流性，推动中华文明源源不断对外传播。正因为来自世界各大洲大洋、各族群的智慧碰撞，环北部湾文化遗产才呈现出惊人的璀璨性。

---

① （宋）苏轼《伏波将军庙碑》："自汉末至五代，中原避乱之人，多家于此，今衣冠礼乐，盖斑斑然矣，其可复言弃乎？"

(五) 农商性、生活性

世界各地的海洋文化，大多具有很强的商业性，较典型的为地中海海洋文化，商业性极强，贸易占了主导地位，商业扩张性成为海洋文化的灵魂；而有的则以农业性为主，"渔猎"占了主导地位。而环北部湾则不同，两者兼有之，呈现出强烈的农商性特征。环北部湾海洋艺术遗产，根基是"耕海""以海为田"，或广义农业文明（含自然采集的渔业）。这一点，可从环北部湾的文化特征显露出来：渔业文化、"哩哩美"、珍珠文化、美人鱼文化、盐业制作、稻作文化，及龙图腾等。从文化特征来看，渔业文化即从海里捕捞鱼虾贝类，本质上属于采集自然物，具海洋农业特点；珍珠文化也是如此，即使海水养殖珍珠，也是一种"耕海"；而美人鱼传说，尽管她是海龙王的女儿，又叫螺三妹，但她是非常勤劳的公主，每天清早就早起净海，百里海域最为清洁，突出勤劳的农业本性，实际反映的是一种自然崇拜。盐业制作虽具有一定的工业性，但从本质来说，仍具农业特点。即使从图腾崇拜来分析，龙图腾为主流，属农耕渊源。而从东方海洋神话之地震神话来分析，在汪洋大海中有一条很大的鱼，鱼身上驮着一头牛，牛角顶着地球，牛的四条腿分别支撑东南西北四方。牛代表稻作文明，从这个神话来看，该神话深刻反映环北部湾海洋文化的农业性。即使从环北部湾各主要族群的经济类型来看，疍家世代从事渔业捕捞；京族全民族从事海洋渔业捕捞；黎族、苗族主要从事稻作生产；周边壮族、瑶族等，均属于稻作文明圈。而迁徙而来的客家人，传统上也绝大多数从事农业生产。因而，环北部湾的底蕴是农业性，农耕是海洋文化的背景。即使这样，另一方面，环北部湾也呈现出了强烈的商业性特点，在早期就有启蒙，随着历史的后来发展，这种商业性特点越来越彰显、越来越重要。南海是我国最大的海区，中华先民特别是百越先民史前时期开发了南海，创造了辉煌的南海海洋文明，探索了"以海为商"的交通线路。先秦时期，百越人就"善舟楫"，利用海上交通便利，与周边地区甚至更远地区物物交换，海上贸易"秘密通道"萌芽并初步繁荣；汉武帝时期，开辟了古海上丝绸之路官道，与东南亚、南亚开展贸易，打开世界体系；汉之后直至明末清初，环北部湾走上与世界各地区、各民族交往的道路，积极开展与世界各地的贸易交流，创造了持续近两千年的世界繁荣。在此过程中，环北部湾吸收了海外的贸易文化，形成了明显区别于内陆的海洋商业文化风格。在今天来看，不管是从合浦汉墓群出土的两千多年前大量舶来品，还是近现代北海骑楼街区、海口骑楼街区以及大量西洋建筑群等来分析，都足以说明这种商业性起源之早、规模之大、地位之重要性。商业性是海洋文化的本质属性，海洋波涛汹涌，变幻莫测，但海洋里有金银财宝，隐藏无限财富。要超越海洋，深入海洋腹地，就要有冒险心态，就要有不惜以生命为代价，敢于面对大海、挑战大海的大无畏精神。然而，这一切需要以有巨大的利润及商机为前提，利润必须是代价的几十倍甚至上百倍。因而，以海湾、港口、码头为依托，以水为介质的海洋文化机制，其文化精神不是靠大陆农耕文化中的秩序及道德力量来维持，而是靠海洋中的暴利驱动来支撑。这样，慕利性、崇商性也成为环北部湾的文化个性本质，因而岭南自古以来出现商帮甚至包括妇女，敢远涉鲸波，远走南洋、欧美、大洋洲等地谋生创业经商，商品观念、交换观念、竞争观念等深入人心，正是这种农商性根系所致。也正是这种农商性特点，使环北部湾历史上数度成为全国开放开发乃至全球对外开放贸易的重地、高地。

（六）和平性、柔弱性、感恩性

环北部湾海洋遗产在文化根性上，具有和平性、柔弱性、感恩性的总体特点。其文化特性，深深烙上儒家传统的"和文化"灵魂和东方文明的含蓄特点。与近代西方海洋文化的张扬性、尚武性、刚强性、侵略性完全不同，作为中华海洋文明的重要板块，环北部湾海洋文化呈现出和平、含蓄、深沉、内敛、柔弱甚至悲惨的总体特点，总有抹不去的淡淡忧伤，有的甚至呈现出较明显的悲剧色彩。分析原因，这种"和文化"的特点产生，根植于环北部湾海洋文化背后的稻作文明背景。稻作民族温和、温顺，不像渔猎民族或游牧民族刚烈、张扬、孔武有力，由于生产方式的需要，渔猎民族需不断更换捕捉范围，以获得充足的食物，同时便于捕猎过的地方恢复休养；游牧部落需要带领大批牛羊转场，在寻找新鲜牧草的同时，避免过度放牧对草原造成彻底毁灭。因而，他们对空间的要求较强烈。农业的特点，与地中海式的商业特点也不同。地中海周边地区由于自然环境限制，不具备农业生产的条件，但凭借地中海运输条件从事商业贸易活动得天独厚，从而使商业不断被培育为其垄断优势。由于商业的无极限性、竞争性，必须培育和保持垄断优势，不断扩张，通过控制垄断优势打败对手，因而极具扩张性、侵略性。农业民族可在极小的地域范围内反复耕作，有强烈的本土观念，极不愿意离开本土，因而不事张扬，哪怕产生了海洋文化，其基调也是以渔盐之利为主，而不是以海外贸易殖民扩张为主。中国海洋文化的本质，仅从郑和下西洋一例就可透视：郑和七下西洋，沿途去过很多国家，可每去一个国家，不仅不占领任何一寸领土，反慷慨大方倾力厚赠该国，并高价收购这些国家的物品，乃至最后耗空国力，无法继续。又如，三国时期佛教传入岭南、义净由海路西行往印度取经、唐代高僧鉴真东渡日本、唐初伊斯兰教传入岭南，以及19世纪初基督教传入岭南等，都是基于这种"和文化"的底蕴环境及"弱"特性。再如"琼台歌谣"，如泣如诉，大多歌唱海南侨胞在外漂泊受苦、无根无靠、受尽凌辱的悲惨生活，催人泪下，与西方英雄主义完全相反。许多海洋神话故事，都带有"柔弱"甚至"悲"的色彩，如"鲛人泪珠"。即使以民间崇拜主海神进行对比，东西方海洋文化差异毕露：环北部湾的海神早期为超自然神龙神，后为救世观音，最后逐渐演变为人文神妈祖。妈祖与该区域崇拜的珍珠公主、美人鱼类似，均为柔弱女子，自身为救人而殉难，眼含热泪，手持灯而非武器,均在人们遭受苦难或遇海难时救人;而西方的海神希腊海神波塞冬(Poseidon)则为威武雄壮的半人半鱼男子,手持三叉戟,骑着骏马在海上飞驰,所到之处波浪翻涌,谁稍不服从就会遭灭顶之灾,其核心是征服、冒险、掠夺,本质为强权崇拜,就连大哲学家黑格尔也在著述中描述这种侵略性①,感慨"大海邀请人类从事征服,从事掠夺"。可见,中西方海神图腾特性有天壤之别。环北部湾海洋艺术遗产的和平性、柔弱性,深深地刻上了儒家文化的"礼"特点及"和"本质,深深烙上了"以柔克刚""月满则亏"的中国传统哲学思想智慧。也因这种"和""弱""感恩性",妈祖信俗传播到世界20多个国家和地区,为两亿多民众所敬奉并传承至今,成为全人类的共同财富——联合国人类口头与非物质文化遗产名录。此外,京族哈节(开渔节)、椰神图腾、荔枝神等,无不是善待海洋、感恩海洋,维护生态平衡、维系人海和谐、实现人类可持续发展的图腾意识的体现。

(七) 开放性、竞争性、信仰性

开放性、涉外性、竞争性、信仰性,是海洋文化的特性,是海洋文化的本质,环北部湾海洋艺术遗产也不例外。这些特性的产生根源,源于海洋的亲水性。海洋的本质就是联通、流动和开放。联通性,是指整个地球海水是一体的,四通八达,整个地球七大洲和大大小小的岛屿,全部都被海洋包围起来,不再孤立封闭。流动性,是指海水由于潮汐作用和洋流等原因,处于永不停息的流动状态,这意味着地球上任何一个角落的海水,都有可能流至任何另外一个角落。开放性,是指海洋随时向全人类开放,从古到今都是开放的。地球表面的3/4为海洋,几乎每一寸海面,都是天然的"海上铁路"或"高速公路",不需要建造。只需一叶扁舟,便可连接世界各地。正是凭借这种优势,很多沿海地区四通八达,连接世界各地,使八方物产汇集,滋生商业意识,催生商业繁荣和加工贸易。这种天然的交通便利性、开放性,使环北部湾的优势自古以来就得到充分利用和巨大发挥:不管是远古时期的古百越族群大迁徙,先秦时期形成的"海上秘密通道",汉武帝开辟"海上丝绸之路",以及合浦万座汉墓群、千古之谜花山岩画,还是后来印度教、摩尼教海路东进,三国时期佛教入传环北部湾,唐代鉴真东渡,义净走海路印度取经,伊斯兰教入传,到郑和下西洋,直至近现代的遗产遗迹包括西方领事馆、教堂、海关、洋行、医院等在内的北海西洋近代建筑群兴起,以及基督教入传等,都是这种高度开放性的证明。特别是随着汉武帝"古海上丝绸之路"的开辟,合浦、徐闻和日南(今越南东河市)成为最早的始发港,使环北部湾成为中国古代时间最早、规模最大的世界贸易核心区域,创造历史上的长期繁荣。这种开放性包含着强烈的个体意识、竞争意识、开拓意识、创新意识,包含着强大的

---

① [德]黑格尔:《历史哲学》,王造时译,上海书店出版社1999年版,第257页。

创造性。今天，随着全球一体化，商业性、竞争性时代的到来，由此带来的高风险性、高额利润空前倍增，使这种开放性、竞争性不断得到刺激、强化和升级。而北部湾这种开放开发的情感、动能、惯性和理性观念，形成中华文明的开放信仰，其进取精神和文化性格一直持续到今天，成为今天中国深化对外开放、融入世界体系、提升对外辐射影响力、推动中华民族伟大复兴的宝贵经验和强大动力。

总体来分析，环北部湾海洋艺术遗产的本质可以概括为以下十点：其一，尊重自然。要有"和谐"理念，推动生态平衡；要了解海、尊重海、依赖海、保护海、展示海、敬仰海。其二，崇尚纯洁精神。崇尚纯洁、追求真善美。其三，探索冒险精神，即敢为天下先。其四，"海纳百川、有容乃大"。宽阔坦荡，开放为本。其五，乘风破浪精神或冲浪精神。要有冲浪、拼搏、勇闯天下的奋斗精神、开拓精神、创新精神。其六，海枯石烂精神。要有水手的坚韧精神，海枯石烂心不移。其七，同舟共济精神。统一目标、团结合作。其八，远洋精神。要看得远，不能目光短浅，只盯眼前，要有长远繁荣富强及美好生活（合浦汉墓图景）价值观。其九，和的精神。讲究软，渗透心灵，打动心灵，心气血相通，深层信念相通，和谐、相容、包容、融合；要讲究和，讲究礼仪，讲究共赢，而非侵略性。其十，创新领航海丝路精神。"和平合作、开放包容、互学互鉴、互利共赢"，即要合作开放发展共赢。

**小结**

海洋文化，是人与海洋发生关系的行为中渗透出来的观念和价值系统。归根到底，它是一种人与海洋、人与社会、人与人之间的某种观念或意识形态，是一种艺术，是一种哲学、某种文明。环北部湾遗存的大量珍贵的、璀璨夺目的海洋文化遗产，是中华先民探索海洋、依赖海洋、开发海洋、繁荣海洋和再造海洋的最直接、最真实的历史记忆。这些类型丰富、内容精彩的海洋文化遗产构成一个完整的文化体系，折射出环北部湾海洋文明漫长曲折的发展史，是中华民族多元一体、文化多样性宝藏的核心部分。它们都是人类智慧的劳动结果，是美的结晶，是文明发展的见证、中华文化的DNA；它们是美的保存、美的记录、美的表达、美的展示；它们是美的创造，是中华伟大创造力的见证；它是美的寄托，是情感的寄托，是审美意识和中华文明核心价值的集中体现。海洋文化遗产底蕴深厚，它保存了诸多远古符号，它是艺术的基因库，是现代艺术设计的灵感源泉，是美的灵感源泉。它不仅是美的源泉，蕴含着人与海洋、人与社会、人与人万物和谐相处，共同繁荣的许多哲学观念、哲学思考、智慧火花和信仰体系，更是力量的源泉、美的引领、未来海洋时代的DNA、辉煌复兴的支撑点。正因如此，海洋文化本身就是一种"大美"，隐含某种永恒不变的真理或价值或人类发展规律，将反思自身、回归本真，不断启发美、发现美、创造美、引领时代，将这个世界不断推向美的更高境界。

# 第四章 迅速消逝的远古海洋文明

## 第一节 濒危状况：逐渐消失的海洋文明宝藏

环北部湾海洋文化遗产是千百年来的文明积淀，是艺术的宝藏，是人类瑰宝。这座宝藏是环北部湾的远古文化血脉，是文化 DNA，是环北部湾之所以千姿百态、璀璨夺目的秘诀所在。它是环北部湾不可多得的巨大财富，更是中华文化血脉的重要根系所在。然而，由于各种各样的原因或环境限制，这座天然宝藏正在急剧消逝，正以惊人的速度被无情吞噬。在某种程度上可以说，遗产的抢救是在和时间"赛跑"，形势惊人，遗产消逝速度远远大于抢救的速度，这座海洋文化宝藏已处濒危边缘。遗产濒危的表现多种多样，经文献调查、问卷发放、田野调查、访谈、统计整理等，以下五类田野调查报告可深刻揭示其严重濒危性。

### 一 田野调查状况

对于环北部湾海洋艺术遗产，下面分五类予以介绍。

（一）类型一：工业化、城市化影响类田野调查报告

与全球其他地区的遗产一样，环北部湾海洋艺术遗产正急剧消逝，有的已几乎濒临灭绝。濒危的原因多种多样，涉及方方面面的因素，但从总体情况来看，在造成濒危的诸多原因中，影响力最大、涉及面最广、持续力最大、破坏性最强的，是工业化、城市化。工业化、城市化成为致使遗产濒危的生态语境和时代大背景。自18世纪60年代英国工业革命以来，工业化席卷全球，成为全球的最大热潮。"二战"以后，全球工

业化进入一个新的历史发展阶段，之后又进入"科技工业阶段"。随着各种问题特别是城市病的出现，"去工业化"成为流行趋向。如今，随着网络信息时代的到来，全球又从"去工业化"回归至"再工业化"，进入"第三次工业革命时代"。伴随着工业化，结果就是城市化的加快。20世纪后半叶之后，尤其是近二三十年来，全球化、城市化步伐加快，一夜之间遍地开花，出现了成百上千的大规模、高强度、高密集的"工业圈""贸易圈""信息圈""科技圈""产业圈"，以及相应的城市带、城市圈。在工业化、城市化无限扩张取得巨大进步的同时，海洋文化遗产的生存空间不断被吞噬、蚕食，生存环境急剧恶化。工业化、城市化直接造成遗产的濒危或消亡，主要表现在：空间的占用、环境的污染破坏、旧城改造、生产方式转型、族群的变迁、文化的变迁，以及物产的灭绝等等。在某种程度上，可以说，城市化、工业化成为大规模、高强度的开发破坏系统。世界发达地区主要集中于沿海，沿海地区高强度的工业化、城市化和产业群建设等，使海洋自然资源和海洋文化遗产要比内陆地区遭受更多倍的剧烈破坏。尤其在1994年《联合国海洋法公约》签订之后，国际海洋权益竞争陡然激烈，新一轮全球性"重返海洋"的开发浪潮愈显高涨。"21世纪是海洋世纪"已成为国际共识，海洋竞争力已成为一个国家核心竞争力的判断标志。在这样的背景下，沿海地区的开发势头更为凶猛，规模和力度更是空前飙升。在时代滚滚潮流的巨大推动下，许多文化遗产被无情卷入滔滔洪流之中。

与此类似，我国沿海是最先对外开放，同时是发展最迅猛、产业最集中、现代化程度最高的区域，也成为对海洋文化遗产破坏最直接、最严重、最剧烈的地带。沿海地区的开发，包括港口新建或扩建、航道开辟、水产养殖、海底矿产资源开发、基础设施、工程项目、产业园区、房地产、滨海旅游等，各个领域各大产业全面铺开，遍地开花。这样既造成了对原有港口、码头、航道、水下遗产、传统作业区、滨海传统建筑及相关遗址等海洋物质遗产的破坏，更造成了对海洋记忆空间、海洋传统生活方式、海洋艺术、海洋民俗、海洋社会信仰等海洋类非物质文化遗产的巨大破坏。这些种种潜在威胁中，既有大规模占挤海滩及海湾的"围海造城""围海造厂""填海造地"工程，如诸多"大炼油""大化工"工程，各种各样的"重点项目区""试验区""示范区""产业园"等，以及楼盘新区、滨海小区、步行街、风情街等；也有大规模对旧街区、旧街道、旧民居、旧建筑的"旧城改造"或"破旧立新"工程；有为了拓展城区空间，不断将包括古港、古码头、古城镇、古渔村等"边区"划为新城区的"大城市化""市区化"工程。有的企业为抢赶工程进度，或为了抢占土地和海域，不经文物部门勘探批准就施工挖掘，瞒天过海，故意掩埋、破坏海洋文物遗产；在各种环境破坏活动中，既有海洋渔业资源过度捕捞、生态恶化，也有滥采海砂、非法围海填海，周边非法建设生产经营，更有各种大规模污染排放，随意倾倒废弃物，造成海洋大面积污染、鱼虾蛤蟹携菌带毒，生物多样性濒危甚至物种灭绝等。例如原油泄漏，造成部分海湾成"死海";乱排垃圾,环境植被及遗址被大面积污染物"覆盖"及侵蚀。大规模气体排放,造成全球性气候变暖,致使海平面上升,海洋灾害频发,破坏性更强。总之,在"海洋世纪"蓝色开发大潮冲击下,这些海洋文化遗产已经或正在遭到灭顶之灾。

案例1:北海南珠养殖

北海是著名的"南珠之乡",数千年来一直产珍珠,历朝历代均为朝廷贡品生产要地。中国古代记载的"八大珠池",七个在合浦,养殖面积非常广阔。清末民初,养珠业急剧萎缩。民国时几乎消失殆尽。中华人民共和国成立后,在国家的扶持下得以恢复。1995年,北海养殖场户1977家,从业人员8000多人,珍珠养殖面积43680亩,产量8831公斤。但2005年,养殖面积及产量急剧下降,几乎为零。2012年珍珠养殖场仅剩16户,养殖面积1570亩,插贝760万只,珍珠产量约250公斤。2013年有所回升,养殖面积达1.3万亩,插贝1100万只,收获珍珠500公斤(见图4-1)。主要问题:养殖技术规范性有待提高,品牌混乱。

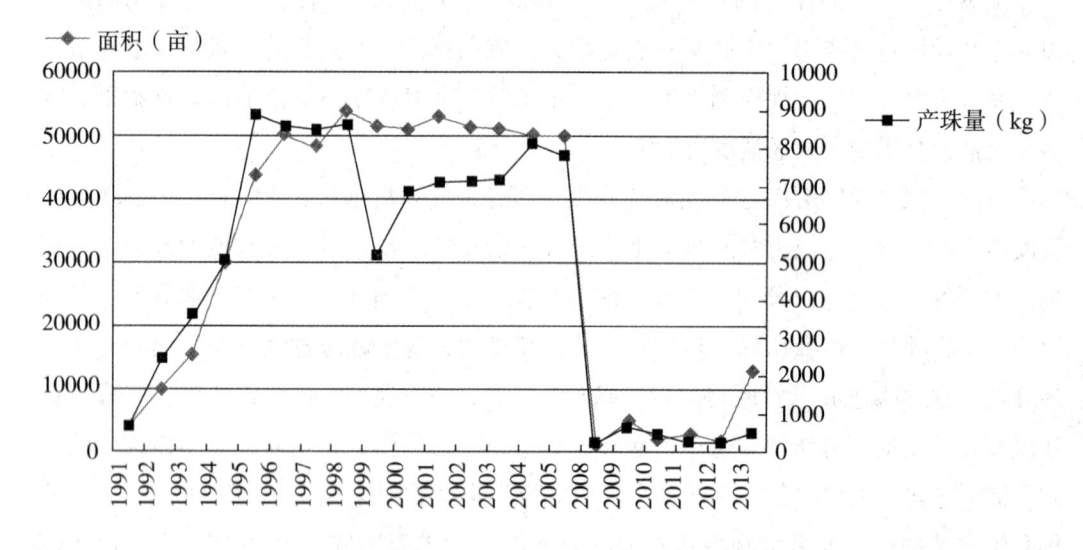

**图4-1 1991—2013年北海市珍珠养殖面积及产量年变化曲线图**

数据来源:北海市珍珠产业园区总体规划(2014—2020)(征求意见稿)

因传统养珍珠产值低,史上记载的八大古珠池从清末民初就已消失殆尽,改为养虾或其他养殖,或工业区建设。面临的问题:因沿海城市的大开发、大建设,土地征收,使养珠海域不断减少。特别是近年来海洋功能区划调整,发展临海新兴工业,传统珍珠养殖用海面积大幅度减少,空间受挤压;污染加重,育珠贝成活率低;养殖场地老化或被污染,病害多发,珍珠品质下降;传统养殖技术水平低,致使珠母贝种质退化严重;传统生产群体急剧缩小,大部分珠民进城,绝大部分人放弃原有南珠生产,改从事工业,使养珠人群体几近消失,南珠文化生存空间消逝。许多涉及珍珠养殖的海域或陆地，正被多家投资商开展激烈争夺战。城市化、工业化对滨海传统建筑影响最大，如北海外沙岛一带，原为一排排低矮的疍家棚户，后几乎全部被拆，盖上高楼大厦，也使外沙海面星星点灯的帆船少了很多。又如，小网目、非法炸鱼、电鱼、毒鱼等滥捕现象本已十分严重，随着电子科技化，捕鱼装备发达，致使海中难有"漏网之鱼"，鱼虾急剧减少，海洋资源枯竭难免。再如黎族船形屋艺术，原在海南黎族地区经常出现，现在只有少数几个村落保持较为完整。又如传统渔街渔镇渔村，被城市蚕食，肌理被切割破坏，在周边矗立房地产高楼大厦。多条见证历史沧桑的骑楼老街，因旧城改造或形象工程，被拆掉或严重改造，面目全非；骑楼街道的商铺、木桥、青石板路等消失殆尽。许多海洋文化遗址或保护文物，原本与民居、田园、村庄交杂相处，因城市扩张、工厂扩展、高速公路、房地产项目、居民建房、开荒取土、城市管道建设、园区建设等，不可避免造成挤占，破坏现象时有发生。随着沿海地区现代化的高速推进，各类海洋文化遗产的生存面临着巨大挑战。

（二）类型二：文化遗产本体保护类田野调查报告

历经15个月的田野调查，在普查之后，对数个类型的文化遗产点进行重点案例分析，发现遗产本体遭破坏或流失情况较严重。究其原因，主要有以下六点：一是历史作用；二是自然腐蚀；三是环境污染；四是自然灾害；五是人为破坏及管理；六是来自周边国家的破坏或国际社会的争夺。例如，古海上丝绸之路之重要史迹，号称"天威遥"的防城港潭蓬古运河，由于历史的变迁，"天威遥"已被废弃，现只残留潭蓬水库一段，运河的水下石壁所刻文字有的已模糊不清。又如江山半岛的白龙炮台，现存的六门火炮已锈迹斑斑，字迹模糊、遍体鳞伤。在自然原因里，老化的因素比较突出，产生物理属性的自然变化，包括石头、木、土、砖等原材料经时间和风雨侵蚀所引起的自然变异、风化、雨（水）蚀、盐蚀、龟裂、脱落、裂缝（隙）、坍塌、粉化、磨损，产生外形、结构、尺寸、材料、位置等方面的改变。自然界的光照、热、温度、湿度、盐度、水文、空气污染物、霉菌、寄生虫、植物（地衣、苔藓）等，也会造成腐蚀分解。各类自然灾害，包括暴雨、台风、虫害、地震、地面降沉、地下水抽取过度等，也会对文物本体产生较大影响。例如广西崇左花山岩画，数千年来经受风雨侵蚀，造成岩画褪色或部分脱落，保护形势严峻；北海合浦草鞋村汉城址属裸露遗存，暴雨、台风对裸露遗址及简易保护棚的安全造成威胁，包括水土流失及塌方。如防城罗浮教堂，已有一百多年的历史，但自然风化严重，虽得到部分翻修，但修女楼、钟楼损坏仍较严重；北海合浦惠爱桥属全木结构，因长期遭受风雨剥蚀，自然损害严重，已变成危桥；北海中山路、珠海路及其他骑楼老街，因临近海边，盐蚀度高，不少房子已破旧不堪，有的甚至成为危房。类似例子，俯拾即是。

相对于自然腐蚀、自然灾害而言，破坏性更大的是环境污染、人为破坏、管理等方面的问题。偷盗是破坏性之首，不管是滨海文化遗产，还是水下文化遗产，偷盗对文物容易造成毁灭性破坏。特别是近些年来，随着水下文化遗产尤其是海底商船的火热，有组织的盗窃走私集团或渔民群体，甚至外国船只，雇用潜水员采取抽沙甚至爆破等强力手段，非法打捞沉船沉物，造成对水下文物的巨大破坏。南海的某些重点区域或薄弱环节，成了"冒险家的乐园"。这些犯罪分子，越来越呈现出集团化、智能化、专业化、暴力化、国际化的特点，对文物的影响是毁灭性的。此外，管理疏漏也成为破坏的重要根源。例如防城港市的杯墩贝丘遗址、交东贝丘遗址为新石器时代遗址，均属于自治区重点文物保护单位，但因分属两个不同的区市，缺乏专门的管理机构，长期以来没有保护和维修经费，自然损毁严重；加上周边村民保护意识差，曾有段时间，未经批准擅自在遗址内挖虾鱼塘、建牛棚、盖房子，使这些遗址面临严重威胁。白龙珍珠城的情况也大体类似，"文革"期间大部分遭破坏，仅剩残垣断壁。许多文物点因这样那样的原因被单位、公司或私人占用，遗址内葬坟、种植农作物、挖虾塘、违法采掘等现象屡屡发生。例如，全国重点文保单位"北海西洋建筑群"17处西洋建筑，因历史原因，就分别为近10家单位使用，难以整合。而经过多年的挖掘、抢救及征集等，各地均积累了大量文物，不乏珍贵文物，但环北部湾绝大部分地市县博物馆少，库房面积小，功能简单，加上人手少，投入有限，各类文物藏品集中保存于库房之内，温度、湿度等需调控的力度大，无疑给保管工作带来很大困难。一些文化遗址周边环境恶劣，不少古建筑防火防盗措施薄弱，火灾隐患严重。而城市化带来的管理问题，包括规划问题、土地征收问题、保护问题、管理问题、环境卫生问题等，随着城市居住人口的急剧膨胀，其生存环境越来越恶化。上述种种隐患，无疑给文物保护工作带来巨大挑战。

(三) 类型三：传承类田野调查报告

在海洋文化遗产的构成体系中，相对于历史街区、不可移动文物等物质遗产的情况来说，非物质文化遗产的濒危要惨重很多倍，形势更为严峻，保护的手段方法难度更大、更复杂。其严重濒危性，集中体现于五方面：一是历史记忆、文化记忆库的逐渐消融；二是环境生存空间的急剧萎缩；三是传承人群体的消亡或迅速萎缩；四是各类技艺的迅速消失；五是社会急剧变迁，造成文化断层、文化变异和文化空间急剧减小。作为世界海洋文明的摇篮之一，北部湾积淀的海洋远古记忆、神话、传说故事等，是文明起源及辉煌成就的重要标志。环北部湾的各类海洋神话、寓言、童话、传说、故事、古歌、名人典故，各类传统表演艺术，以及大量的诗歌、石碑、古籍文献、历史资料、实物、民俗等，因时代转型，加剧失传。例如诸多海洋神话故事、远古传说，除了民俗学家、少量文化人研究之外，绝大部分被打入另类，以"非科学性"排斥在外，传承代际断裂；许多传说故事，如伏波庙传说、马援传说、孔子港的传说、苏东坡的传说、冼夫人传说、黄道婆传说、百鸟衣传说等，除了岁数大的一些人能追溯、记忆和讲述之外，大部分的"90后""00后"大部分时间沉迷于网络游戏、QQ、微信等，对于这类"老古董"，很少有人问津，更不用说熟悉讲述。许多传统技艺，许多身怀绝技的老艺人没有市场，更难以养家糊口，使年轻一代对之望而却步，拒之门外。又如民歌，过去在海南临高大部分渔村里，均设有"娘子馆"，村里未婚女子常在此结伴唱"哩哩美"古歌，以歌为媒谈情说爱，全村飘荡浪漫悠扬的歌声，如今"娘子馆"已不复存在。又如南海航道更路经（南海更路簿），原来在海南省广大渔船商船中广泛流传，为渔民外出航海之家传"秘诀"，可到了今天，除了60多岁以上的少数老人能完整掌握之外，现有的年轻人已没几人能全套掌握，造成这项"国宝"的断代灭绝危机。又如古造船技术及航海技艺，随着多位老船家相继离世，使许多代代相传的传统造船法式、指南针法、舟子秘本、古航海技术等无人继承，几近湮灭。

案例1："珠还合浦"神话传承

  北海合浦为"南珠之乡"，流传着许多美丽动人的神话传说故事，如"珠还合浦"传说、夜明珠传说、泪珠、龙珠、喷水飞珠、美人鱼传说、螺三妹传说、龙利鱼故事、歪嘴鱼传说、阿斑火、银滩传说、白虎头传说、地角传说、白龙城传说、海角亭传说等，以及成千上万的南珠诗词、曲赋、歌曲、舞蹈、戏剧等。由于时代网络化转型，在新的一代，很少再有人能叙述这些故事。如千古美谈"珠还合浦"，千古传诵，家喻户晓，载入典故，合浦在过去世世代代都会有很多人讲得很精彩。但由于"珠还合浦"篇幅较长，情节曲折，场面惊险，内容生动，大胆浪漫，对讲述水平要求较高。在20世纪五六十年代，尚有过100人能完整流畅地表演讲述该故事，到2000年只有八九个人名列其中。而到现在，整个北海市172万人，唯有铁山港区营盘镇传承人李世清、李世涌父子俩能担此任（见表4-1）。"珠还合浦"的艺术表现形式多种多样，而其他表现形式，如粤剧《珠还合浦》、根雕《珠还合浦》等，情况也大体类似，情况危急。

**表4-1　　　　　　　　"珠还合浦"故事传承人**

| 第四代 | 李世清 | 男 | 1951.10 | 高中 | 教师 | 父传 | 营盘 |
|---|---|---|---|---|---|---|---|
| | 李世涌 | 男 | 1972.10 | 本科 | 干部 | 父传 | 营盘 |

案例2：咸水歌

  咸水歌传统上为疍家的"流行歌曲"，无论是婚嫁娶亲、盖房节庆还是日常生活，疍民都离不开咸水歌，张口就来，一唱就是几天几夜。可如今，能唱咸水歌的已没有几人：20世纪80年代，在北海地角、侨港、外沙、合浦西场镇还有一些老人在唱，但都已年过60岁，且不足30人。他们都是跟地角麦九妹学唱的。麦九妹，北海地角人，1930年9月出生，文盲，自幼爱唱歌，十二三岁就跟父亲郭伟亲、母亲黄南妹学"叹家姐"，在广西首届歌王大赛中获"十大歌手"称号，为自治区级非遗传承人。目前能唱咸水歌的已不足10人，而且很少有年轻的疍家孩子学唱。只有地角疍家姑娘陈凌敏业余跟姑姑麦九妹学唱咸水歌。2015年，85高龄的麦九妹去世，传承人断代。而北海咸水歌另一位传承人郭亚十，1941年生于越南，1953年学唱咸水歌，后转到侨港定居，至今已76岁高龄。咸水歌也到了绝迹的边缘。合浦县常乐镇原流行"东海歌"，属于咸水歌的一种。2001年末，全镇22个村民委员会，280个自然村，总人口72722人。可经普查之后，发现会唱"东海歌"的人已寥寥无几，不超过15人，能创作歌词的人更少，当地只有卢统和容思会创作歌词①。咸水歌在疍家婚礼中表现最热烈、最为隆重。而流传久远、极其神秘、仪式复杂、热闹隆重的"海上婚礼"，即疍家婚礼，由于程序复杂，烦琐细腻，持续长达数天，已无人掌握，1949年后已消失②，后来仅有北海侨港沿袭"以船代轿""蛮歌相迎"习俗习俗，但比过去简单多了。传承人有黎明英、冼成枝、卢瑞明，经全部整理，能全套掌握仅有黎明英一人。该传承人为1941年5月出生，近80高龄，疍家婚礼消亡在即。

民间故事情况如此，其他海洋非遗艺术也大体如此，包括传统海洋生产技艺、海洋加工技艺、传统海洋美食、传统海洋音乐、传统海洋歌曲、传统海洋舞蹈、传统海洋医药、传统海洋民俗、传统海洋民间信仰也是如此。以传统渔业捕捞技艺为例，如特殊鱼箭技艺、三沙浅海捕鱼技艺、三沙深海捕鱼技艺、南海航道更路经（簿）等，因渔船装备已实现电子监测化、定位系统等先进技术，再也很少有人依靠这类传统技艺谋生，也致使类似临高渔谚等传统渔业经验逐渐失传。又如南珠文化，随着沿海大建设大开发和产业升级，使珍珠养殖用海面积急剧减少，同时，因养珠收益比其他行业低，养珠人只好改养鱼虾或大量进城务工经商，使传统上南珠生产技艺、加工技艺、珍珠装饰技艺赖以存活的族群主体急剧缩小，南珠艺术急剧濒危。又如"海洋文化名片"贝雕，历史悠久，底蕴深厚，20世纪末处于鼎盛时期，后因工艺复杂难以继承、原料紧缺、市场萎缩等原因，逐渐衰落。北海恒兴珠宝公司重振行业聘20多名艺人，现在只剩下14名，50岁以上占70.5%，年龄最小的也有50多岁。至今，贝雕已几成"绝唱"的工艺。

以海南黎族图腾烙印——文身为例，文身过去在黎族中间很流行，几乎所有的女性都要文身，文身成为黎族不同氏族、部落的标志。但目前来看，古老而独特的文身

---

① 田野调查采访资料：北海市群众艺术馆陈贤、陈建霞等调查，调查时间：2012年1月29日。
② 据调查，最后一位"以船代轿"的疍家新娘是在1986年农历十二月初八出嫁。新娘吴亚娇（20岁），新郎为冼秀金。

之美，即将灭绝。整个海南岛，在世的文身妇女有 2000 人左右，年纪最大的 90 多岁，最年轻的也约 70 岁，文身的青年女子已没有了①。她们去世后，黎族妇女文身历史也将画上句号。黎锦的情况也类似，黎锦技艺主要为家族式的传承，以母女口传心授最为普遍。后面因工业化社会转型、现代种植业挤占、女孩入校学习、耗时过多、效益不明显等，急剧消逝。据统计，掌握黎锦技艺的黎族妇女在 20 世纪 50 年代约有 5 万人，到 70 年代数量减少了一大半。到 2009 年，人数已不足 1000 人，且多为年过七旬的老年妇女，其中会织染技艺的不足 200 人，掌握双面绣技艺的仅有 5 人，龙被制作技艺则已无人能完整掌握②。上述情况，足见其濒危的严重性。

又如黎族打柴舞，过去流行于海南黎族聚居区，但目前，全岛若干个黎族自治县，仅三亚市崖城镇郎典村仍保留这一古俗。又如广西钦州浦北县"舞春牛"，它是地戏的一种，不需要舞台、布景、戏幕，直面村民，通俗易懂，深受当地老百姓喜爱。舞春牛表演，主要有唱春牛的艺人，加上演员、鼓乐队员等，整支队伍需 15 人左右。20 世纪八九十年代，浦北"舞春牛"尚全面盛行，全县有十多个春牛队活跃于城乡各个角落，盛况空前。现在，随着电视、网络、手机、麻将、现代舞等娱乐方式的多样化，使传统心授口传的艺术形式倍受冷落，观众急剧减少。会扎春牛的老艺人已很少，年轻人又不愿意学。乡村中年、青年、壮年大量外出打工，乡村"空壳化"严重。随着一批批老辈的艺人去世，舞春牛后继乏人。平时村里根本无法排练，久而久之，就逐渐淡出记忆之外。

而其他各类许多海洋传统手工艺、美术及造型艺术遗产，如珍珠、椰雕、根雕、木雕（花玟）、角雕、石雕、砖雕、坭兴陶、黎族织锦、黎族刺绣（含龙被）、海南黎族原始制陶、海南苗族刺绣与蜡染等，以及东海岛人龙舞、海南苗族招龙舞、京族哈节、粤剧、各族群语言文化等，虽各成体系、生存环境差别较大，但总体情况大体类似，生存空间遭巨大威胁，面临严重的生存危机。

（四）类型四：挖掘类田野调查报告

在文化遗产挖掘方面，也存在着较多问题，有的还较为严重。主要集中于 6 个方面：其一，挖掘漏洞或盲点太多，没有形成完整系统的挖掘体系。例如合浦汉墓群，很少有人研究，业内考古人士或学术界很少涉及或关注；尽管多年来抢救挖掘出土的文物非常庞大，超过万件，但因考古专业人员过少，研究队伍力量太薄弱，绝大部分的藏品只能摆库房，待以后研究。又如古海上丝绸之路，北部湾与东南亚毗邻，与南

---

① 海南省非遗保护专家符策超访谈："黎族文身"（http://baike.baidu.com/link?url=U3hB），2014 年 5 月 21 日。

② 陈佩：《建立科学的工作机制是黎锦技艺保护的基本保证》，《黎族传统纺染织绣技艺保护与传承国际学术研讨会论文集》，南方出版社 2013 年版，第 26 页。

亚、西亚、北非、地中海等海上距离最近，交通最为便利。合浦、徐闻等作为史书记载的最早始发港，与古海丝路沿线各国交通、经济、贸易、文化来往最为密切，文化渊源最为深厚，历史遗留下来的各类遗迹也最为丰富，但除了部分海洋专家、申遗专家以及当地专家之外，很少有人对之完整系统地研究。环北部湾海洋文明底蕴深厚、闪耀夺目，令人倾倒。各类艺术遗产包括海洋环境艺术、航海艺术、渔业艺术、珍珠艺术、疍家艺术、表演艺术、生态艺术、族群艺术、原始图腾艺术等，如一颗颗明珠璀璨多姿。这些遗产多与海洋文明起源或与古海丝路直接相关，或与东南亚及太平洋岛屿诸多族群有共同文化渊源，遗存非常丰富，价值重大，可形成若干专题深入研究。可从实际来看，学术界对此较少有人关注，更不用说深入系统挖掘，形成体系。近年来有所升温，但仍远远不够。其二，缺乏重点。对环北部湾海洋文化的挖掘缺乏重点，平均使力，缺乏特色。对于蓝色文明起源、古海上丝绸之路、珍珠、陶艺、疍家、黎族苗族京族艺术，特别是涉及东南亚及海丝路的各类重艺术遗产，以及与东南亚、海丝路沿线及太平洋岛屿相关族群有血脉渊源的远古图腾艺术挖掘不够。其三，缺乏文化艺术内涵。虽然各界对海洋艺术遗产有所关注，有一定的挖掘、创意、设计成果，但粗制滥造的较多，缺乏艺术内涵，尤其体现在建筑的模仿，以及工艺品等领域。其四，滥编乱造，研发能力低。在遗产挖掘、研究、创意、设计的许多相关领域，存在较多的滥编乱造甚至造假现象，如珍珠市场；在研究领域，有考证不严、轻易下结论的现象；在艺术遗产的创意设计环节，有较多的粗制滥造现象等。这些现象的存在，使文化遗产的原真性遭严重破坏。研发能力低问题突出。如在北海，当地艺术家多年来一直想组建"海洋贝类乐队"，可因这样那样的限制，至今仍无法落地。其五，针对出现的新问题，灵活性、应变性不够。海洋文化遗产体系庞大，涉及面广，活动层出不穷、异彩纷呈。特别是随着网络信息时代的到来，产生出来的各类问题更加复杂。针对不断出现的诸多问题，特别是网络化问题，缺乏灵活性、应变性，显得严重滞后，力不从心。其六，缺乏深度、高度。不管是创意、设计，还是研究，明显缺乏深度及高度，遗产的产品开发视野不宽，同质性强，缺乏高端引领。上述种种情况的存在，严重限制了海洋艺术遗产的抢救保护与繁荣复兴。

### （五）类型五：产业开发类田野调查报告

海洋文化遗产有的具有经济性，可以产业化，有的经济性不强，不能进行产业化或直接产业化，如节庆、语言、民俗、宗教信仰等。但总体来说，产业化或经济开发不失为多类海洋艺术遗产保护及繁荣的一种重要途径。通过普查及专项实地调查及统计整等，环北部湾许多类的海洋艺术遗产如北海老街、北海贝雕、钦州坭兴陶、海南椰雕、古船木艺术等，通过产业化，已走向全国各地甚至国际社会，为越来越多的人所了解、接受和追捧，形成了知名品牌，重新焕发生机。成功案例毕竟为少数，在取得巨大突破的同时，不少文化遗产的产业开发往往产生程度不等的各种矛盾、问题、危机、威胁，影响着遗产的生存，甚至成为"遗产杀手"。文化遗产的产业化面临的各种矛盾问题，主要集中于以下六个方面。

第一，过度商业化，旅游开发过度。随着旅游开发由自然观光型为主逐渐向深度体验型转变，文化遗产旅游逐渐成为热点、焦点，各类过度开发现象就应运而生。其中最为明显的是圈地、改城、挖地、建房、改道、广告、拉人、超载、造假、乱涂乱写和环境卫生等问题，造成无序占用、过度开发、环境破坏和遗产摧毁。例如许多地方急于求成，在老街骑楼、古遗址、墓葬、古村落等各方面条件尚不具备情况下，就一拥而上开发；很多海域或海滩到处被圈地，大兴土木，恢复或复兴某某海洋景观问题突出；各类文物建筑被翻新、改造或装修，改为宾馆、饭店或其他用途，破坏原有结构风貌；热点旅游区人满为患，负荷运转，而尚未成型的旅游区或萧条或粗制滥造，农家乐遍地开花。旅游区所到之处，周边基础设施、酒店等密密麻麻，拥挤不堪，造成环境卫生障碍，影响生态破坏。

第二，缺乏龙头，缺乏支柱产业。文化产业领域小型企业居多，甚至以个性化的手工作坊、设计室、工作室为主，如贝雕、角雕、珍珠、椰雕、花玫、古船木等，缺乏带动效应强、有冲击力的龙头企业或大型集团支撑，"文化航母"尚未成形。就以北海珍珠为例，除了南珠宫规模较大以外，其他的绝大部分均属于小企业甚至个体户、小作坊，缺乏产业支柱。

第三，缺内涵，产业水平低。在整个社会结构体系中，相对于环境生态、物质产品等，文化精神产品属于内核层，处于金字塔的顶端。也只有当文化产品、精神产品处于社会结构体系的内核、金字塔顶端的时候，而不是处于与普通商品无异的纯物品时，文化产业的潜能、威力才能得以真正发挥。但从环北部湾各地的情况来看，绝大部分刚处于起步阶段，表现为：文化产品或艺术产品单一，缺乏特色，缺乏人文内涵；海洋文化基础设施不完善；产业链低，附加值低；与现代社会、现代生活融合深度不够；低水平重复，造成恶性竞争；千篇一律，缺乏创新，缺乏设计，缺乏个性，缺乏竞争力。以珍珠为例，北海绝大部分企业或个体仍处于生产或初加工的上游阶段，高端时尚创意、设计少见，而相比之下，日本的海水养殖珍珠注重品质化、时尚化、高端化，注重品牌打造。因而，即使同一串珍珠，经创意、设计和加工装饰之后，日本的售价要比北海当地的价位高出近十倍甚至数十倍。

第四，"山寨"严重，模仿性强。在海洋文化产业、艺术、旅游等领域，这里因开发起步较晚，与国外及国内其他地区有较大差距，经验不够，产品塑造、运营、市场、管理等不够成熟，因而，较容易从国际或国内发达地区引进管理经验、运营模式，甚至直接吸收其文化，复制或克隆国外各类文化景观。环北部湾毗邻东南亚，为古海上丝绸之路的起源地，与沿线国家有血脉渊源，加上近代西方列强枪炮打开中国大门，北海等被开辟为通商口岸，致使对外开放程度高，与西方文化融合较深。体现在文化产业上，意识较新，思维开阔，但集锦式克隆或复制国外景观多，如世界公园、洋街、欧洲小城镇等。适当的国际文化要素吸收无疑是进步的、可取的，但如果不加思索就原封不动照搬、克隆，既构成侵权，更透露出背后的文化认同感和本土文化自信心的严重缺失，则非常不可取，特别值得关注和警惕。

第五，人才缺乏。文化是人类社会特有的现象，是人作为高级动物区别于其他动物的有力武器。文化、精神、意识属于人的活动的顶层，因而，文化产业属于智慧产业、情感产业、心灵产业，情感是其灵魂，人的智慧和创造力为其根本。正因如此，人才成为文化产业的决定性力量。而环北部湾的各类海洋遗产艺术产业，因这样那样的原因，人才严重短缺，突出表现在：传承人严重濒危，断层严重；挖掘、研究人才断链，难以带头；创意设计人员严重缺乏；管理、策划、运营尤其是国际推广运营方面人才更是严重紧缺。例如钦州坭兴陶，虽国内影响较大，在国际上也产生一定影响，但在如何国际运行、推向全球方面，缺乏高端人才。

第六，缺乏品牌，尤其是国际品牌，宣传推介不够，整体竞争力较弱。环北部湾区域的海洋艺术遗产开发，还没形成自己的品牌，更没形成在国际上具较大冲击力的国际品牌。虽然环北部湾海洋资源禀赋好，特色浓郁，基础较好，但由于起步晚，投入不够，经验不够等，国际国内影响力、竞争力仍较弱。例如北海的珍珠、北海贝雕、钦州坭兴陶、海南椰雕、雷州雕刻、京族哈节、三月三等，在国内有一席之地，产生较大影响，但对国际市场来说，大多还没冒尖，即使有的已拼进国际市场了，但在竞争中常处于劣势。中国的南珠，始终没有形成专门的品牌，在国际上更无生力军。如在"南珠之乡"北海，南珠综合开发利用在国内行业中处于领先水平，企业多、规模大、品种全。目前，从事珍珠综合利用的企业有18家，产品包括药品、食品、护肤品、工艺品。主要品牌有国发的"海宝"牌珍珠明目滴眼液、珍珠粉、珍珠层、护肤品，东方创美公司的"名门闺秀"系列护肤品，广西黑珍珠化妆品公司的"黑珍珠"系列护肤品，在全国同类行业中占有举足轻重的地位，但在国际上始终处于低端劣势，屡遭冲击。而日本经过多年培育和严格管理，终于形成了诸如MINIMOTO、Tashaki等数家优秀的世界级珍珠品牌。中国珍珠市场空间巨大，诸多国际品牌如MINIMOTO、Tashaki纷纷来抢占市场。缺乏包装、宣传推介等，也是整体竞争力缺乏的重要原因。注重产品的材质、工艺、品质等内在含金量，轻宣传包装，附加值低，是很多文化企业发展的瓶颈。因多方面的原因，很多文化产品缺乏自身特色，没能形成竞争力；各种产业之间缺乏互动，各种产品之间缺乏衔接，没能互补优势，培育产业链，整合形成环北部湾的整体竞争力优势。文化产业时代是"审美经济""艺术时代""体验共享"时代，环北部湾各地市虽各自定位了自己的城市形象，但海洋文化元素在各地市间彰显不一，海洋文化基础设施不完备，海洋产业布局不够突出，创意创新不够，海洋文化氛围不够浓厚。同时，各个城市的定位规划之间，也缺乏深度的互补、互动与推动，致使整体国际竞争力提升不明显，在国际竞争中处于弱势地位。

当然，除了上述种种问题之外，还有诸多影响因素，如缺乏统一的规划；缺乏理论支持引导，缺乏从整个人类文明史进化史的高度，研究蓝色文明起源特别是东方蓝色文明、环北部湾蓝色文明的起源问题；缺乏从海洋性聚落形态的高度，探索"人海关系"的海洋环境艺术研究，等等。总之，环北部湾海洋文化遗产危险破坏因素多，濒危形势非常严峻，不容乐观，必须加快保护抢救的步伐。

## 第二节 案例访谈（略）

详见田野笔记及相关材料。

## 第三节 环北部湾海洋文化遗产濒危统计及变化趋势预测

### 一 研究方法

为了摸清环北部湾海洋文化遗产的濒危状况，全面、系统、真实、深入地揭示环北部湾海洋艺术遗产的真实内涵及发展变化规律，本研究重点采取了六种研究方法：其一，文献资料法。通过查阅已有的文献资料，分析整理，获取相关数据资料。其二，问卷法。对于重点问题、核心问题、敏感问题，通过问卷进行调查。问卷收集完毕之后，采用数据统计分析法，通过 SPSS17.0 等软件对数据开展描述性统计、交叉式统计，对各类问题进行分析。其三，田野调查法。海洋文化遗产散落在环北部湾各地广大城乡之间，在乡村田间地头分布更广，田野调查成为本项目的最重要研究方法之一。在田野调查中，访谈法成为重要工具。其四，案例法。海洋艺术遗产门类丰富，内涵广阔，只能有针对性选取最具典型性的案例，深入透彻进行研究。通过典型案例剖析，从特殊推出一般。其五，系统分析法。海洋艺术遗产研究是一项庞大的系统工程，涉及方方面面因素，在此尝试以系统论的方法去探析其内在关系，总结规律。其六，多学科交叉法。环北部湾海洋艺术遗产领域广阔，跨度大，涉及学科多，在此，需要综合运用海洋学、地理学、环境学、考古学、历史学、人类学、民族学、社会学、心理学、音乐学、舞蹈学、建筑学、法学、经济学、旅游学、生态学、景观设计、管理学、哲学等多门学科，以及非物质文化遗产、文化产业等最新理论成果，对海洋艺术遗产进行深度研究。

## 二 研究说明

本项目研究主要采取田野调查法、问卷法和案例法，采取了问卷法与访谈法相结合的方式，对重点艺术遗产进行深入趋势研究。本次调研选取了防城港市、钦州市、北海市、湛江市以及海南省，共1省4市进行问卷调查与深入访谈，共发放问卷750份，其中有效问卷698份，有效回收率达到93.07%。其中北海发放250份，回收239份；防城港市100份，回收95份；钦州市100份，回收90份；湛江市90份，回收81份；海南省210份，回收193份。在各类调查对象中，历史名城、街区、村镇类共发放问卷90份，回收85份，有效回收率94.44%；文物类250份，回收237份，回收率94.80%；非物质文化遗产共250份，回收236份，有效回收率94.4%；综合管理类发放100份，回收89份，回收率89%；规划类共发放60份，回收51份，回收率85%。

## 三 研究结果

根据上述问卷的发放、回收、整理、统计、分析等，根据海洋文化遗产各类典型案例的数据及变化情况，可把环北部湾海洋文化遗产的濒危情形总体概括，分六种等级。

（一）环北部湾海洋文化遗产濒危等级分类说明（见表4-2）

表4-2　　　　　　环北部湾海洋文化遗产濒危等级分类说明

| 等级 | 濒危程度 | 判断标准 | 备注 |
| --- | --- | --- | --- |
| A1 | 已灭绝或已消失型 | 遗址已完全破坏，或完全消失，非遗已基本完全消失 | 如疍家婚礼 |
| A2 | 严重濒危型 | 遗址或非遗尚存，但仅存在痕迹，已接近完全消逝 | 如黎族纹身 |
| A3 | 濒危型 | 遗址或非遗尚在，但遭受巨大威胁，随时消亡 | 如咸水歌 |
| A4 | 隐患濒危型 | 遗产尚可存活，但存在较大隐患，条件具备时会消亡 | 如人龙舞 |
| A5 | 情况一般型 | 情况一般 | |
| A6 | 较乐观型 | 保护情况较好，得到发展壮大 | |

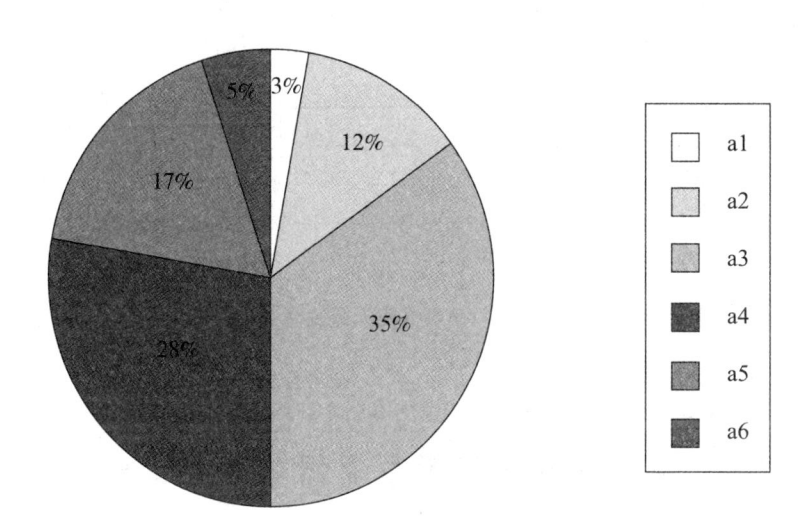

## （二）环北部湾海洋文化遗产濒危各等级总体分布（见图4-2）

**图4-2 环北部湾海洋文化遗产濒危等级状况分布图**

## （三）环北部湾海洋文化遗产濒危趋势分析

分析案例a. 珠还合浦传承人数（单位：人）

分析案例b. 黎族纹面（身）人数（单位：人）

分析案例c. 营盘镇白龙村南珠养殖人数（单位：人）

从图4-3、图4-4的演化趋势可知，随着城市化、工业化、现代化加快，社会的急剧转型，已使诸多海洋文化遗产遭受不同程度的损害甚至面临消失的危险，海洋文化遗产几近全面濒危，最古老的文化记忆和文化基因正急剧消逝，"民族传统文化正遭遇严重的集体失忆"，抢救、保护海洋文化遗产已刻不容缓。

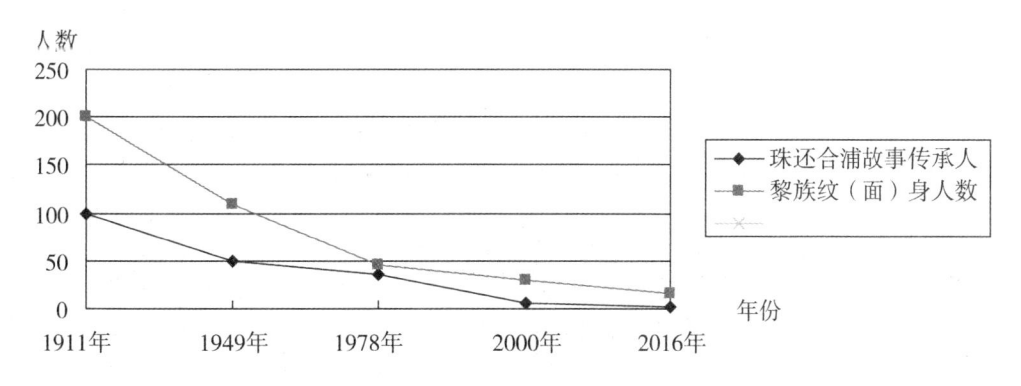

**图4-3 珠还合浦、黎族纹身传承人数量年份变化图**

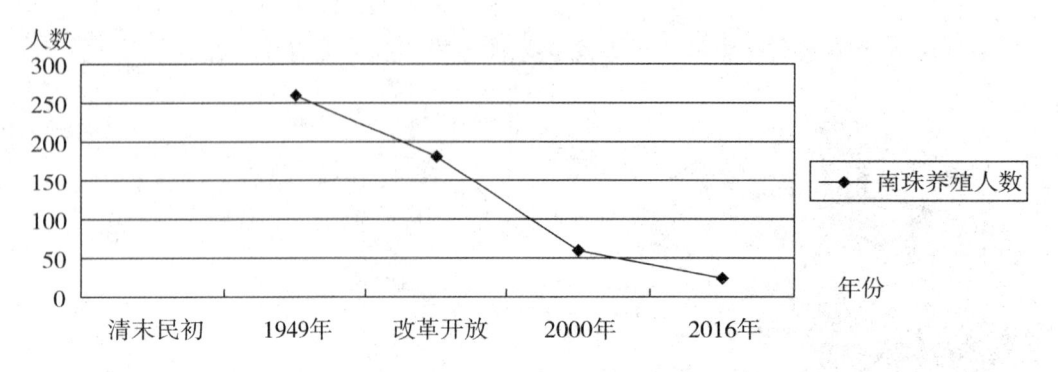

图 4-4　北海市铁山港区营盘镇白龙村南珠养殖人数变化图

## 第四节　环北部湾文化遗产濒危原因分析

环北部湾文化遗产已经在濒危的边缘,有的已严重濒危甚至灭绝。海洋文化遗产传承了千百年,为何会濒危?造成濒危的因素有哪些,根源是什么?它们分别受到哪些内部系统或外部系统的影响?经过综合各方面因素,深挖根源,环北部湾海洋文化遗产的濒危原因,有表层原因和深层原因两类。

造成海洋文化遗产濒危的直接原因是重视不够,投入不够。这些不重视表现为许多方面,如思想认识不到位,对艺术遗产缺乏了解,不掌握相关运行规律,对海洋文化遗产抢救、保护投入不够,特别是财力安排以及人力、物力方面明显单薄。即使已有一定投入,采取了一些措施,抢救保护取得一些效果,但不够全面、系统、深入,相对于时代滚滚洪流来说,简直是杯水车薪。

造成海洋文化遗产濒危的原因有自然环境原因、生产力原因、社会结构原因、社会变迁原因,但生产力原因是根本原因。当然,这个根本原因是多方面的,是多方面因素相互交织、相互作用的结果。总的来说,海洋文化遗产濒危的深层原因主要来自以下七个方面。

第一,生产方式改变,生产力飞跃。社会生产力是社会发展状况和发展水平的决定性因素,有什么样的社会生产力,就会产生什么样的社会关系。在某一段时期内,经过努力调适,社会生产力和社会关系基本是吻合的。社会关系一旦形成之后,就比较固定、框架稳固;但社会生产力是个活跃的要素,永远处于发展变化状态,不断扩展,当生产力发展到一定程度之后,势必要求冲破原有社会关系的框架束缚,要求建立新的社会关系,以适应新的生产力发展需要。纵观人类发展史,工业革命、科技革命、信息革命的巨大变革,无不有力地证明了这一点。社会生产力快速提高,生产出越来越多、越来越好的物品,势必要求打破封闭,使人类越来越充分享受现代文明带来的巨大成果，这是历史发展的趋势，因而，工业化、城市化、现代化是社会历史发展的必然。例如，环北部湾的航海技术，原来的小木船，肯定会被发动机船代淘汰；而传统发动机船舶，肯定会被现代高科技船舶所淘汰。很多产业带、园区、企业、房地产的布局、规划和产生是不可避免的。从历史发展趋势来看，环北部湾的社会生产必将经历一个渔业、农业—半工业—后工业（商贸、文化、旅游、智慧产业、现代信息技术、海洋技术、深海工程等）的发展轨迹。

第二，时代发展的产业转型。随着时代发展，尤其是城市化、工业化和现代化加快，城市扩张加快，产生了三个重大社会变化。一是农村变城市。不仅农村的绝大部分剩余劳动力迁入城市，从事非农业生产，甚至连农村的大片区域，都被划入城市发展新区，建工厂、园区、基础设施、房地产等，使广大农民脱离了原来的农村生存环境。二是产业转型。环北部湾的相当农村人口，由渔业转农业、贸易业，或由农业转入第二、三产业。如疍家棚，原在北海外沙岛连成片，但后来随着绝大多数疍民搬至陆地建大楼房，主业也转为海产品加工贸易，致使疍家棚失去原有功能，逐渐消失。三是由封闭转为开放。开放致使当地各群体获取巨大利益的同时，也迫使其淘汰、抛弃与开放需求格格不入的观念、陋习与做法。

第三，科技进步的原因。科技进步是促使许多海洋艺术遗产升级、转型、变化乃至濒危或消失的重要原因。如南海航道更路簿（更路经），它是海南省的无数渔民及商船在数千年来渔业生产捕捞、商贸、航海的过程中，历经世世代代的反复锤炼而积淀形成的宝典，是以无数献血换来的生命线。它是海南广大渔民、商船千百年来的伟大创造和智慧结晶。南海航道更路经（簿）的产生有它的时代背景和环境，对于自远古以来引导渔船进出南海捕鱼劳作、开发南海诸岛，深入东南亚，对外贸易远航有重要意义。但时代发展到了今天，科技高度发达，有全球电子实时定位监测系统，有雷达定位，有电子地图，有自动装置，有天气预报。这套先进的系统比传统经验要快速、准确、完整很多，人们再用不着花若干年反复背诵、理解这些经文。因而，更路经在现代社会逐渐淡出航海实际操作，转变为一种历史记忆和文化功能。又如"珠还合浦"故事，传唱千年，靠的是人工劳动，在记忆、表演、传播方面受很多局限，而如今MP3、视频、动漫、卡通、影视等更为生动，更便于保存和传播，因而口传形式濒危难免。又如贝雕，原来在每块天然贝壳上都要靠人工磨，效率低，非常艰苦，反复磨上很多天都完成不了几块材料。在采用现代打磨机之后，齿轮高速运转，不仅快得惊人，也非常准确、精致。原来贝雕的图案只能靠大脑构思，简单画图，做起来可控性差，现在采用流程化电脑制图，可做到非常准确、可控性强。珍珠生产也是如此，有许多传统技巧，但总难以克服很多短板，如育种。基因工程的出现，冲破了这道难关。因而，科技的出现，必将使许多原有的传统技艺被历史淘汰。科技的创造、信息的进步、网络的发展，必会产生许多重大革命。

第四，环境问题。自然生态环境是催发诸多海洋文化遗产产生的重要原因，如椰神观念的产生，与黎族世代生活于椰林里有关，椰树对于黎族生产生活的极端重要性乃至决定作用，使当地产生对椰树的图腾崇拜观念和各种禁忌、仪式。珍珠文化的产生与海域环境、珍珠技术及历史事件直接相关。"三月三"节日与稻作文明、稻作生产有紧密因果关系，脱离了稻作文明，就会脱离了生存土壤，失去文化根基。因而，长期的城市化、工业化和现代化，过于急功近利，不注意生态平衡，对自然生态环境造成了很大破坏，是致使许多海洋文化遗产濒危的重要原因。例如钦州坭兴陶艺术，曾获得许多国际国内大奖，影响很大，国内外畅销，但今后面临巨大的危机：陶土的获取。几十年前，坭兴陶陶土尚特别丰富，城外随处都是，但随着近几十年的滥开采，陶土急剧萎缩，根据推算，现有存量不够10年之用。为保护这一传统工艺，当地不得不采取限额配送制，不用说普通的生产者被严格限制数量，就连国家级工艺美术大师获得的配额也相当之少，根本都做不了几件。从坭兴陶的例子，可透视出许多海洋文化遗产的严重濒危性。

第五，社会变迁、文化变迁。生产力发展、产业转型将会带来社会变迁和文化变迁。特别是技术革命，将带来产业的升级发展和社会结构重组，势必带来文化的变迁。如机器大生产、交通发展必将产生商贸物流，就打破了传统的自给自足经济，促使社会从传统的自然经济向市场经济转变，商品观念支配社会的生产和个体活动。商品观念的产生，最明显的特征就是打破了原有的行业优势和限制，转为什么能挣钱就做什么。例如北海合浦，是著名的"南珠之乡"，几千年来都以珍珠生产为主，但近些年来，因为环境的变化，养珍珠的产量低，而养鱼养虾见效快，比养珠挣钱很多倍，于是当地珠民大部分改业，改挖鱼塘养鱼养虾，因而造成了南珠产业的迅速濒危。又如全球化带来了全球的文化、娱乐和精神产品的大汇集，使文化产品、娱乐产品多样化。现代娱乐的丰富化，包括电影电视、KTV、网络、游戏、公园、QQ、晚会、旅游、高尔夫、足球等，使大众选择日趋多样化、个性化，也使传统的口传心授娱乐方式如咸水歌、粤剧、狮舞、龙舞等备受冷落，观众急剧减少。

第六，文化根源、格局盲区。海洋文化遗产的濒危加速，跟文化根源、文化观念有重要关系。社会的文化根源、文化观念很多源于社会结构，尤其是社会生产结构。中国长期以来，一直是以农耕为主体的多民族国家。中国古代文明是建立在长江、黄河流域的农耕文化根基之上，中国历代王朝从本质上来说，是无数个农耕王朝的叠加和延续。因而，在中华文化深层观念上、文化根基上，历来就存在"重中原、轻四周"，以及"重内陆、轻海洋"的烙印。重农耕、轻海洋，国民海洋意识淡薄，是中华文化根基的缺陷。相对于"黄色文明""两河文明"而言，以东部沿海、东南沿海、南部沿海为中心，再往外扩展到"环中国海"外围在内的中华海洋文化体系，长期处于中央王朝政治、经济、军事以及社会体系的边缘和弱势环节，"蓝色文明"具有浓厚的民间、边缘社会文化色彩，海洋文化的价值被长期扭曲、忽略。正因为这种惯性，在文化遗产的抢救保护上，在文化事业的发展繁荣整体布局上，往往没能迈出这个"怪圈"，从而导致整个海洋经济文化科技的严重滞后，难以适应社会的发展需要，更不能适应海洋强国的形势需要。

第七，全方位竞争及其他原因。当今社会是个竞争社会，随着全球化、信息化、科技化的加快，整个社会竞争及各行各业的竞争只能愈演愈烈，而不是相反。市场的无孔不入、广告的渗透、价值的激烈争夺，产生的力量是非常强大的，可以摧毁一切，破除一切旧的关系和牢笼束缚，加快社会各方面资源整合。行业内部及行业之间竞争的加剧，只能导致两个极端后果：一种是促进行业的升级发展，不断进步；另一种是造成整个行业淘汰，或整个行业主体部分的淘汰。以北海咸水歌为例，其内部存在竞争，不仅有外沙咸水歌，还有地角咸水歌、侨港咸水歌之间的竞争，还有各位歌手之间的竞争。而整个咸水歌行业，在现代社会里还要与KTV、电影电视、动漫、网络、游戏等现代娱乐方式相竞争，面临着抢夺观众的竞争。又如坭兴陶行业，不仅在当地坭兴陶企业和从业者之间竞争激烈，整个坭兴陶又要与国内国际的陶瓷品牌及其他类似产品开展竞争。其他艺术品也是如此，不仅在本行业内部要开展激烈竞争，还要跨行业与其他各种网络社会的娱乐产业展开竞争，更要在艺术娱乐全球大潮冲击的夹缝中寻求生存空间。这种竞争，导致了产品分化：有的存活下来了，得以壮大，而大部分逐渐销声匿迹。

总之，环北部湾海洋文化遗产的濒危原多种多样，既有表层原因，更有深层原因；既有观念、意识等主观原因，也有客观原因；既有生产力、技术进步原因，也有生产关系原因。但总的来说，濒危的根源主要是时代原因，特别是生产力发展引起的技术进步及巨大社会变革等方面的原因。

### 结论

环北部湾海洋文化遗产是中华文明秘藏宝库，是中华民族的血脉根源，是巨大的精神财富，是时代开拓进取的巨大动力和源泉。其濒危急剧加快，是对我们的严重"蓝色警告"，将对国家和民族产生巨大的七个潜在威胁和可怕后果：其一，水下文化遗产的存在，是中华自远古以来就探索南海、开发南海、保护南海的痕迹残留，是海洋主权的铁证，是中华对外开展友好往来、开拓古海上丝绸之路世界贸易的远古见证。水下文化遗产的濒危破坏，将对国家主权，特别是领海主权产生永远无可挽回的空前侵害和巨大潜在危险。其二，对中华民族文化身份、文化地位产生巨大威胁。海洋文化遗产是中华文明宝的另一半，是中华文明核心部分、中华文化渊源DNA，保护遗产就是保护文化身份、文化地位。海洋文化遗产的濒危，将对中华民族文化主权、文化身份产生终极性毁灭。其三，对历史、文化以及文明进程产生影响。文化遗产穿越时空，恒久不变。文化遗产自远古产生，流淌到现在，也必将走向未来。文化遗产不仅仅代表过去，更是对过去的反思、批判及吸取，更代表一种思维、理性及机会选择，代表未来发展的某种趋向，代表人类未来发展的某种规律。从某种意义上说，丢失文化遗产，就等于丢失某种历史发展机遇。21世纪，人类已步入蓝色时代，海洋文化遗产这座人类智慧宝库将改写人类蓝色历史、谱写人类发展蓝图。其四，对全民社会生活幸福指数产生巨大影响。海洋文化瑰丽多姿，波澜壮阔，气魄雄壮，令人痴迷。海洋文化不仅是沿海人民的传统文化生活方式和精神植被，关系到沿海广大群众的文化生活、娱乐及精神追求，更是内地民众梦寐以求的生活方式及沙滩阳光休闲度假家庭幸福指数的重要组成部分。海洋文化遗产的濒危，既破坏了传统社会的生活方式，破坏精神植被，更影响国民的文化生活及娱乐的丰富性、情感性。其五，对产业的巨大影响。海洋遗产是中华先民千百年来的伟大创造，是智慧的结晶，融入产业，必将产生核心优势，发挥国际国内品牌效应。海洋遗产濒危或遭破坏，在21世纪海洋时代背景下，将严重削弱我国产业发展的巨大潜能，丧失国际竞争力。其六，影响认同。文化遗产是文明的起源见证，是发展的轨迹，是很多族群血脉渊源的共同载体。环北部湾是世界蓝色文明的摇篮之一，中华先民特别是古百越通过舟楫，不断追逐渔猎，不断迁徙漂移，以中原强大辐射力量为背景，以北部湾为圆心，以南海为"内海""祖宗地"，源源不断向外渔猎追逐、漂流、迁徙，形成若干"同心圆"，其足迹遍布世界各地，特别是集中于东南亚大陆及诸多群岛、大洋洲，以及太平洋诸群岛，南岛语系的各相关群岛、大洋区，最后甚至间接影响到美洲地区。其足迹也涉及印度洋及亚非欧的诸多沿海地区。穿越数千年，横跨几大洲，唯有文化遗产这个远古的文化基因、血缘DNA能产生认同，成为共同血脉、共同渊源的纽带，甚至成为共同图腾信仰的文化血缘基础。然而，海洋文化遗产的严重濒危，加速破坏或消亡，势必会削弱纽带的力量、血缘的力量，这样不仅会影响到族群的内部认同，还会严重影响到国际认同，特别是周边国家的认同。文化遗产的整合状况，将会影响到共同信仰。其七，影响国家综合实力，影响国际形象。文化软实力是国家综合实力的核心部分，而文化遗产是国家或民族的文化根基，更是国家综合实力核心中的核心。文化遗产遭破坏或濒危，则将大幅度降低国家的综合实力及国际影响力。同时，文化遗产是全世界共同关注的人类财富，是全人类的共同成果。文化遗产保护，是一个国家文明进步的标志，是文明发展水平的标志。文明程度越高，文化遗产就会保护得越好、越璀璨、越发力。海洋文化遗产是海洋文明的精髓，从本质上来说，它更是一种精神、一种开放、一种人格、一种进取，它是创造力的象征，是活力的象征，是凝聚力、向心力的象征，更是一种领先能力的标志。因而，海洋文化遗产的保护状况，与中国的国际形象密切相关。加强环北部湾海洋文化遗产抢救、保护具有紧迫性，势在必行。

# 第五章 战略反思——寻找失落的海洋文明

## 第一节 再反思：海洋时代的国家核心战略资源

### 一 海洋文化遗产的核心——"价值"再审视

(一) 海洋文化遗产的核心问题：价值

海洋文化遗产是无所不包、领域宽泛、门类齐全的集合体，环北部湾海洋文化遗产也是如此。环北部湾海洋文化遗产体系复杂，门类宽泛，内涵深刻，不仅包含着海洋文化遗产具有的普遍性，更拥有着其他地区所不具备的大量区域性，如古海上丝绸之路遗产、白龙珍珠城、史前贝丘遗址、骑楼、疍家棚、黎族船形屋、近代西洋建筑群等大量物质性遗产，以及南海更路簿、特殊鱼箭技艺、珍珠加工、南海深海捕捞技术、黎族原始制陶、咸水歌、夜明珠故事、美人鱼传说、独弦琴、族双刀舞、黎族纹面、傩舞、龙图腾艺术等。这些遗产，在门类上不互相统属，专业门类交叉交流难度大，具"特殊性"。这些"特殊性"更多体现于这些遗产各自的历史特殊性、文化特殊性、内涵及表达形式特殊性、价值特殊性等。任何事物都兼有"特殊性"和"普遍性"，这些遗产除各自门类"行业性""特殊性"之外，其之间还具有"普遍性"或"共同性"。这些"普遍性"就是撇开各类遗产的具体表现形式、载体和内涵，转化为抽象的无差别人类劳动量大小，也就是"价值"。"价值"是各类文化遗产的共同特征，是文化遗产区别于其他事物的本质特点。文化遗产的抢救、挖掘、传承、创新及繁荣，除了具体的各类表现形式之外，其他无一例外都是围绕着"价值"进行。但是，所有的一切活动，都必须以文化遗产的价值为前提。因而，"价值"构成了文化遗产的核心问题。

(二) 价值概述

有关价值，有很多学说，如价格说、效用说、关系说、属性说、情感说、需求说等等，以上这些学说从不同角度、不同程度上反映出价值的某些外部或内部特性，但都有片面性，或非量化性，均不能全面反映价值的本质。马克思劳动价值理论克服了这些缺陷，全面、深入、准确地阐释了价值产生、发展和变化的内在规律。马克思劳动理论是在古典政治经济学的基础上发展起来的，是对经济学家配第、亚当·斯密和大卫·李嘉图理论的丰富和发展。马克思劳动价值论认为，商品是为了满足交换目的而非自己使用的物品，是适应社会化大生产的产物。而商品是由劳动产生的，这种劳动具有二重性：具体劳动和抽象劳动。具体劳动创造商品的具体形态、内涵、功用等使用价值，而抽象劳动则创造商品的价值。从价值形成的过程来看，具体劳动在创造使用价值的同时，把生产资料中包含的物化劳动转移到商品之中，同时作为抽象劳动又把新的价值凝聚在商品之中。因而，商品具有二重性：使用价值与价值，它是这两者的统一体。价值是撇开商品（物品）生产的各种具体形式，折算为凝聚在其之上的抽象的人类一般无差别劳动的量的总和。商品的价值大小不是取决于个别生产时间状况，而是取决于生产商品的社会必要劳动时间，即"在现有社会正常的生产条件下，在社会平均的劳动熟练程度和劳动强度下制造某种商品所需的劳动时间"。价格是价值的表现形式，商品的价值是固定的，但其价格会因各种因素变化而围绕价值上下波动。劳动产品只有转化为商品并完成交换之后，才能全面实现价值。在劳动价值论的基础上，马克思进一步发展了劳动力创造价值学说和剩余价值理论。资本的本性，在于无限制增值。

(三) 价值构成理论

商品价值的形成，有其内在运行机制及规律。按马克思的劳动价值论，商品价值由生产资料的物化劳动、劳动者的必要劳动和剩余劳动三部分组成。从资本生产者的角度看，假设购买生产资料的不变资本为 C，购买活劳动的资本为 V，劳动者创造的剩余价值为 M，那么价值形成的公式可表示如图 5-1 所示。

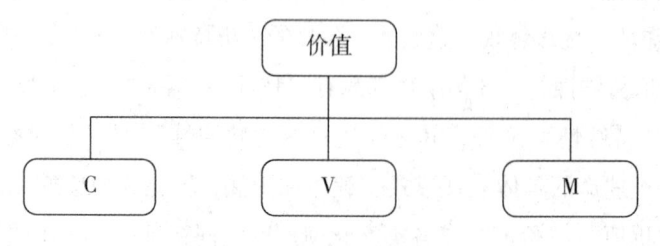

图 5-1 商品的价值理论构成

当然，文化遗产涉及面广，门类多样，绝大多数海洋文化遗产具某种"非商品性"，即不能直接作为商品而存在或生产，而是作为社会的文明根基、底蕴，或生活习俗、社会礼仪、社会制度，或精神、价值、追求等上层建筑或文化空间而存在，文化与经济是根本不同的两个领域，有其自身独特性。因而，文化的价值形成有其特殊的背景、环境条件，有不同的产生及影响要素系统，有完全不同的形成积淀过程。因此，遗产价值形成的总体过程，可以参照商品生产的劳动价值形成原理进行概括，但也要考虑更多的非商品性（公益性）及文化领域因素，如遗产的历史性、品位、内涵、特色，以及稀缺性、影响度、社会需求波动等。总之，要考虑到要素构成和影响因子系统，考虑内外部环境条件及其发展变化。

（四）文化遗产价值相关理论

与文化遗产价值相关的理论主要有以下七种。

第一，劳动价值论。劳动价值论更侧重文化遗产形成、传承和发展过程中抽象的人类无差别劳动的总和。文化遗产的劳动价值论是无数个价值的叠加：文化遗产一般来说世代传承，年代久远，是集体劳动的创造结晶，因而，它的价值是千千万万劳动人民，千百年来连续在该遗产上投入的无数无差别抽象劳动的总和。因而，以此算法来测算，每项文化遗产都是一笔无法估量的巨大财富。

第二，文化基因论。基因是"播种机""再生器"，是控制生物遗传保持连续同一性特征的生命密码，或国家、民族、族群维系同一性的关键密码，文化基因是保持文化生命力的不可再生资源，是核心竞争力的源泉。因此，其价值不能仅从劳动价值的抽象劳动去测算，更要考虑到基因的核心优势及社会需求价值。

第三，稀缺资源论。文化遗产属于稀缺资源，之所以能够成为"遗产"，很多都是因为"濒危性"。其稀缺性，原因是多种多样的，不可再生性是其中的重要原因。而且，从发展趋势来说，随着时间的流逝和社会主流文化冲击，绝大部分文化遗产只能越来越稀缺。但从价格受需求影响的角度来说，其稀缺性越强，只会使其"价位"越高。

第四，发生学理论。一个地区新文化现象出现的时候，旧文化的主要部分并不是以消亡和破产为特征，而是经过选择、转换与重新解释之后，依然被一层一层地重叠和整合在新文化结构之中。而对于外来异文化，也是如此过程，被一层一层重叠和整合在新文化结构之中，形成了"新""旧""异"的"多重时空层叠整合"状态。因而，呈现在我们面前的，往往为所有这些元素叠加起来的图景。但是，仅仅看这些累加起来的图景，是不可能了解文化真谛的。发生学认为，要了解文化的习性，就必须靠"发生学还原"的方法，将共时态的层叠文化材料还原到历时态中去，将文化遗产的发生发展展现为一个动态的结构，从而建模展现文化发展的历史过程。这个理论是对以前诸多理论"重结果而轻建构过程"的修正。

第五，文化认同论。从商品价值产生的角度来看，文化遗产的直接经济价值不大，有的甚至短期内产生不了任何经济效应。但是，文化遗产的主要功能不是在于经济性，而是在于文化性、渊源性、认同性、心理性。其主要功能不是产生直接的经济活动或商品生产，而是为这种经济活动提供"非营利性保障"，如打通壁垒，消除障碍，以文化的渊源、交流、认同作用促进深度合作交流。亨廷顿的文明冲突理论甚至认为，未来时代国家与国家之间、不同社会制度之间的矛盾冲突会锐减，文明成为人们认同的标志，成为人类划分界限的标尺，文明的价值观差异将成为全球矛盾的最主要根源，全球的冲突、矛盾和斗争最后会聚焦于世界几大文明之间的激烈斗争。

第六，文化资本论。与"货币资本""经济资本""技术资本"等完全不同，"文化资本"是个全新的概念。文化资本论的兴起，与全球科技信息时代、创意时代、文化产业时代到来有很大关系。按照西方经济学的解释，所谓"资本"，就是"能够带来剩余价值的价值"。因而，资本更多是一种运动，是一个不断发展变化以带来利润的历史范畴。传统的商品生产，需要投入土地、劳务、资本，今天则不然，随着社会发展，尤其随着科技信息时代、文化产业时代的到来，文化产品成为社会生产的主流和趋向，文化是商品的魅力所在，是其核心竞争力源泉，因而，文化和科技成为现代社会最重要的生产要素。文化遗产作为千百年人类伟大创造力的积淀，就是某种生产要素，就是巨大的资产。

第七，文化软实力论。"软实力"（Soft Power）是由美国哈佛大学教授约瑟夫·奈1990年提出。他在《政治学季刊》《外交政策》等杂志提出这个概念，成为近年来最流行的关键词。约瑟夫·奈指出，一个国家的综合国力既包括由经济、科技、军事实力等表现出来的"硬实力"，也包括以文化和意识形态吸引力体现出来的"软实力"。他指出，这两者都很重要，但在信息时代，软实力变得比以往更为突出，在很多领域甚至起到比硬实力要强很多倍的作用。该理论的提出，深刻影响了人们的认识结构，使世界各国特别是发达国家从关心军备、GDP、领土、科技等"硬实力"，转向关注文化魅力、价值观、道德、制度、影响力、文化感召力等无形的"软实力"。文化遗产是千百年来传承下来的文化精髓，是文明的积淀，是特定族群的血脉基因，更是未来时代智慧的宝库、创造力的源泉。因而，抓好文化遗产的保护、挖掘与继承创新，能很大程度地提升国家的软实力。

当然，有关文化遗产的相关价值理论很多，要素复杂多样，在此不能一一列举。但总的来看，文化遗产大多各自处于一个复杂的网络体系之中，这个体系在不断运动、不断发展变化，因而，文化遗产总处于一个原有格局不断被打破、新格局不断产生的无休止循环过程，文化遗产的"价值"是不断运动、发展和变化的。

## 二 价值存在、发展、变化的深刻根源：时代需求

商品价值的基础是相对固定的，按马克思劳动价值论，商品的价值＝生产资料不变资本（C）＋劳动力资本（V）＋剩余价值（M）。但是，这仅仅是一般意义上的商品价值，也就是基础价值。文化遗产公众性或公益性强，绝大多数并非商品，不用于买卖，其生产也绝非在车间或工厂进行，而是要历经千百年锤炼，经过无数人世世代代的心血铸就而成。因而，文化遗产的基础价值一旦形成之后，其价值受诸多因素的影响，有其延伸、发展、变化、衰落或催生的过程，呈现出各种弹性变化趋势，包括正向弹性、反向弹性、不确定性方向弹性。综合各方面因素，遗产的价值如图5–2所示。

文化遗产价值 ＝ 价值基础 ＋ 生存维系成本 ＋ 开发转换成本 × 稀缺性 × （时代需求、社会需求、时代需求、市场、环境）

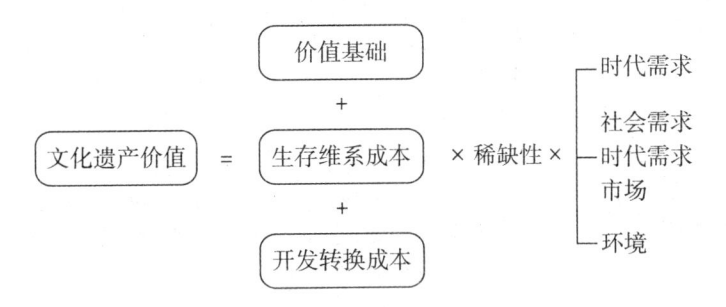

**图5–2　文化遗产价值产生变化的理论构成**

从文化遗产价值构成的上述公式可以看出，文化遗产的价值基础是固定的，其生存维系成本、开发转换成本也是相对固定的，其稀缺性系数在短时间也不可能大有改变，因而，唯一的可能波动刺激因素是时代需求。因而，在某种意义上，可以说时代需求是现代社会市场条件下催发文化遗产价值、促使文化遗产价值发生波动变化的决定性因素。文化遗产在不同的市场环境条件下，催发出来的价值意义也完全不一样。

## 三 化学反应剧变

时代需求、社会需求是现代社会市场条件下催发文化遗产价值的决定性因素，也就是说，时代需求是文化遗产价值的催化剂、发射器。当然，时代需求影响文化遗产价值的方向有多向性，既有正向的也有逆向的，以及其他诸多方向。当时代需求、社会需求减弱时，催化作用被抑制；当这种需求上升但尚较弱时，这种价值催生作用难以产生。但是，当时代需求这个催化剂积累达到一定程度，储蓄能量充足到随时可爆发的状态之时，就可实现由量变到质变的巨大飞跃，促使文化遗产的价值剧变井喷。这种情形，在时代转型产生需求革命的时期，作用更为明显。时代转变催发出来的文化遗产价值剧变过程，可借鉴化学反应的公式演示说明。

化学反应是指通过特定条件控制，促使分子断裂为原子，原子重新排列组合产生新物质的过程[①]。要完成一个化学反应，需要特定条件及相应过程，如原材料、催化剂、能量、碰撞、裂变等。化学反应分化合反应（A + B = C）、分解反应（A = B + C）、置换反应（A + BC = B + AC）、复分解反应（AB + CD = AD + CB）四大类型，以及异构化（A→B）、歧化反应等类型。化学反应过程中常伴有发光、发热、变色、生成沉淀物等现象，但其本质是物质旧化学键断裂和新化学键形成，因而，判断一反应是否为化学反应，其标志为是否有新物质的产生。其过程如图5-3所示。

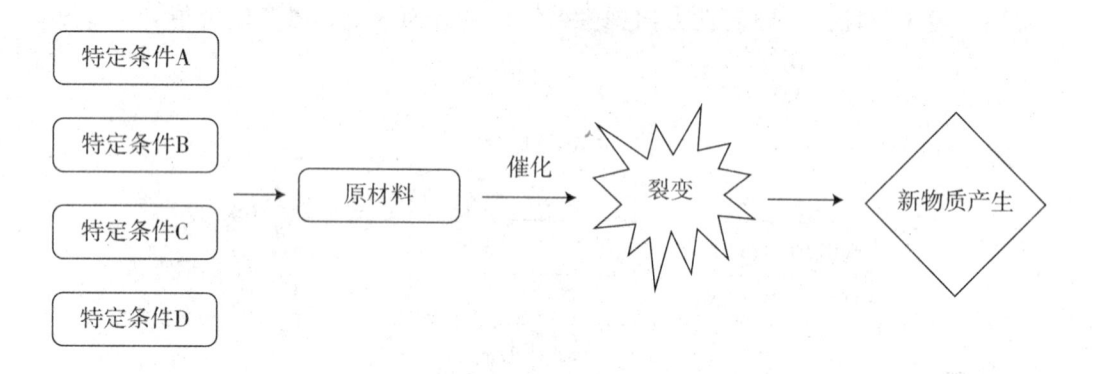

**图 5-3　化学反应流程**

催化剂是化学反应中的活跃因素，其活跃程度，可影响到化学反应能否成功及具体效果。而且，催化剂在化学反应中自身不会被破坏，可反复使用。在上述公式中，"原材料"是指文化遗产的原有功能和价值，时代转型产生的巨大需求是环境刺激，即催化剂。在特定条件满足，催化剂功能强大乃至实现"爆破"下，文化遗产原有分子结构发生裂变，产生新的物质，也就是完成了文化遗产价值的巨大转变，催生出比之前更重要的新价值。

### 四　海洋文化遗产：海洋时代的国家竞争力战略性核心资源

海洋文化遗产作为海洋时代的国家竞争力战略性核心资源的理由主要有以下五点。

#### （一）海洋时代到来的历史性逆转

近些年来，特别是进入21世纪以来，在全球范围内，在人类生产生活的各个领域，包括资源、环境、空间、技术、材料、交通、建筑、医药、通信、能源等，

---

[①] 徐中舒主编：《汉语大词典》（第二卷），四川辞书出版社1986年版，第219页。

都在悄悄地发生一场翻天覆地的革命，各个国家特别是西方发达国家之间围绕这场革命开展的竞争更是空前激烈。这场革命从萌发，到悄悄开展、暗自较量，到目前已初显暴发和竞争白热化，已彻底改变了人类的整个生产生活，改变了技术和社会结构，深刻改变了人们的灵魂、思想意识、观念甚至信仰。这场革命，就是新的"蓝色革命"。"蓝色革命"的产生和崛起，是海洋时代到来的标志。海洋时代到来，意味着时代潮流的历史性转向，意味着时代剧变。这种历史性转变，核心就是海洋要素的价值急剧提升和时代引领作用。21世纪是海洋世纪，全世界范围内，不论是哪个国家和民族，也不管是任何行业，无一例外，都将会被卷入滔滔洪流之中，都将会直接或间接地为海洋所卷入、影响和控制。海洋最终成为控制全球社会生产生活的决定力量，成为全人类生产生活的"中心轴"，因而也成为社会物质生产资料和人类生产活动的支配力量，更成为未来各个国家和人类群体活动绩效成功与否的评判标准与价值努力方向。按市场需求理论，当需求急剧增加，远远超出供给能力，造成巨大短缺时，商品的价格就会上涨。随着海洋时代的到来，海洋要素成为最紧缺、最宝贵、最抢手、最具发展前景的要素，成为迎接新时代浪潮、领航新时代、塑造核心竞争力的核心因子。因而，一些长期边缘化、很少被关注的海洋生产要素，包括濒危的各类海洋文化遗产，在这时代的巨大需求催发作用下，将激发出许多新的时代战略价值，将由"破旧""垃圾"转变为"时代金矿"。海洋时代的到来，彻底改变了世界的起航航标，彻底改变了人类的整体发展方向，将彻底改变社会的技术结构和阶层结构，更深刻改变人们的观念、思想、认识甚至信仰。因此，"蓝色时代"的到来，必将产生时代需求的巨大逆转，将产生需求大转型、大刺激和大爆炸，最终催发价值革命，产生倒置，促使海洋因子从"边缘"转"前沿"，从"垃圾"变"金矿"，从"区域性"变"世界性"。

（二）海洋时代需要强大的海洋文化支撑

每个时代都需要有各自时代的文化，需要根据该时代的环境、形势、使命、任务、特点等塑造相应文化。尤其在时代发生大的转型，新旧时代文化之间的交接尚未完成或有较大缺口之时，更急需文化的强大支撑。海洋时代也是如此，海洋时代呼唤海洋文化，需要海洋文化的强大支撑。海洋文明的复兴，不仅是海洋生态文明壮美蓝图的实现及伟大复兴，是海洋科技的突飞猛进、海洋新兴产业的崛起，更是海洋创造力、情感力、审美力和艺术力的尖峰爆发。而所有这一切都取决于人的手段、认识、观念、意识乃至信仰等，也就是取决于文化。海洋时代的到来，将颠覆性改变人类生活的原有模式，将深刻改变人类的技术领域、生产领域、生活领域、思想领域，其变革性、开创性、前瞻性非常之惊人，为人类所始料不及，且无任何先例可循。这给人类生活带来巨大发展进步，也带来了诸多不可预测的风险。如何趋利避害，协调处理好种种矛盾、种种关系，以适应海洋时代，实现发展繁荣，需要系列新认识、新思想、新理念、新做法、新思考，更需要新行动。所有这些，都属于文化支撑的范畴。文化虽属于灵魂、思想、观念的范畴，看不见、摸不着，属于最内在的因素，然而，一旦文化产生作用之后，它是先决性的，其力量是最强大、最持久的，人的头脑意识一旦被某种文化占领渗透之后，就很难改变，甚至回天无力。正因为文化的这种深层性、无形性、内在性，发生的系统层次高，会影响到人的思想行为和社会生活的一切方面，因而，其渗透性、综合性最强，最活跃，引领性最强。海洋文化遗产是人类涉海族群千百年来的独特创造和文明积淀，是海洋文化的精髓，是海洋时代主流文化的"母矿"，含金量最高，为未来主流文化之源，在蓝色时代到来之时，必将会催生巨大价值，产生"金矿"效应，起到时代支撑引领作用。

（三）关于海洋遗产的人类文明反思

海洋文化遗产价值巨大，它是已经到来的整个海洋时代的文化基石，是今后历史长河文明开启的砥柱，是控制人类未来发展品格方向的DNA和关键一环，具有引领未来的时代战略性。在很多人看来，遗产就是过去，它从历史长河深处走来，离现实越来越远，终究逐渐走向衰落，直至最后生命消亡。因而，它更多属于"过去"的范畴，绝非属于"未来"之流，因为它对未来不能造成影响或影响不大。这种观点是极其错误的，而且很严重。理论和实践证明，与许多陆地文化遗产一样，海洋文化遗产不仅仅是关于过去的遗产，恰恰相反，它更是一种关乎人类未来和影响人类命运的遗产。它代表着过去的文明，代表传统经验智慧，代表着传统情感，更代表着对过去的反思批判、对现在的审视及对未来的思考。因而，可以说，保护文化遗产，绝不仅仅是文化回归，更是一场文化自觉。正是这些遗产带着这些远古记忆，如同一条河流，缓缓流向未来。许多遗产从远古走来，虽然濒危，却千古不绝，无法割断。正是海洋文化遗产强调对海洋生物多样性、传统渔业知识、航海技艺、传统工艺、口头遗产、表演艺术、海洋传统民俗、海洋景观和海洋生态环境的综合保护，一旦这些海洋文化遗产消失，其海洋生态互动系统里个性的、独特的经验智慧情感及相关环境和文化利益也将随之永远消失。因此，保护海洋文化遗产具长远性，它不仅仅是保护一种传统，更重要的是在保护未来人类生存和发展的一种机会。从这个意义上来看，保护海洋文化遗产是一种战略行为，是全球和各地区人类可持续发展的重要组成部分。

> **联合国教科文组织：遗产保护与创造力培养**
>
> 在如今这个相互交融的世界，文化无疑拥有改变社会的力量。文化有诸多表现形式从我们珍视的历史遗迹、博物馆，到传统习俗以及当代艺术形式，它以众多方式丰富了我们的日常生活。遗产是身份认同的来源之一，也为遭到突发变化和经济波动影响的社区注入了凝聚力，而创造力能够协助构建开放、包容和多元一体的社会。遗产与创造力能为一个有活力、创新、繁荣的知识社会奠定基础。正因如此，联合国教科文组织呼吁："保护我们的遗产，促进创造力的发展。"

> **人类文明发展进步需要巨大的基石**
>
> 人类文明发展进步需要基石，不仅需要技术的积累、生产积累，更需要指导技术、生产和社会管理的背后方法、思维、观念的经验积累，需要智慧及创造力的积淀，需要对整个人类文明进程进行反思，需要由质变到量变的能量积累爆发。而遗产正是人类文明最重要的基石，是整个人类发展的"家底"，丰富多彩的文化元素正是这些"基石"深度、宽度、厚度、高度的体现，是人类未来创造力的源泉。尊重历史，就是尊重未来。联合国教科文组织坚信，没有充分的文化元素就没有可持续发展，就没有基础支撑。事实上，只有采用以人为本的发展方式，以不同文化之间的相互尊重和公开对话为基础，才能实现人类社会持久、包容与公平的发展繁荣。

（四）蓝色时代催发出来的巨大价值：价值链塑造

海洋文化遗产除了具备各自所属门类特有的特殊价值之外，还具备文化遗产的共同普遍价值，即历史价值、科学价值或艺术价值。上述这些价值属于海洋文化遗产的传统价值，即化学反应中的"原材料"价值。但是，随着海洋时代的到来，在时代巨大需求催化剂的强大刺激作用下，这些"原材料"经化学反应，产生出新的物质，即海洋遗产的战略新价值。这些新催生的遗产价值多种多样，主要有12类型：历史价值、考古价值、文化价值、艺术价值、产业价值、科技价值、品牌价值、社会价值、政治价值、学术价值、生态价值、创新价值等。蓝色时代对海洋文化遗产价值的巨大激发，不仅表现在对原有"原材料"价值的肯定、深化和提升，更体现为对原有价值的"爆炸式"增量，最重要的是，它促成了许多开创性、革命性因子的产生，促进遗产许多传统价值的转型升级，促使许多新物质的产生，并在未来时代发挥其"核能"的巨大能量。

（五）命脉理论：海洋文化遗产的国家战略地位分析

海洋时代到来，使人类进入了大规模开发利用海洋、以海洋实力比高低的新阶段。一切与海洋有关的积极要素都被全球各个国家、地区或群体大胆改造、吸收和利用，日趋火热，价值急剧飙升。随着海洋时代的不断深入，海洋资源的激烈争夺，以及海洋经济、科技、文化等硬软势力的竞争加剧，海洋文化遗产这种以前很少被关注的文明形式，这个千百年来无数人千锤百炼积淀起来的智慧宝库，被不断关注，从最边缘的角落逐渐转型升级为国家的核心战略资源，其核心地位越来越突出。因而，在这种意义上，可以说海洋文化遗产是海洋时代的国家命脉资源。经多方面分析，海洋文化遗产的国家战略地位有十点：其一，海洋安全之基。海洋文化遗产是人类活动的成果，是主权的证据，关系领土安全、领海安全、海洋权益、国家主权和国家文化身份，特别是对于那些分布于靠近外侧的诸多海域、海岛的权益维护，海洋文化遗产就表明千百年前，早就是古代中国人的活动区域和管理范围，就是千百年前"先占为主"的最有力证明。其二，血脉之根。它是中华民族海洋文化的基因密码，不仅是特定族群的标志，更是中华民族身份符号和血脉DNA。其三，海洋文明之根、海洋文化之母。海洋文化遗产是人类文明之源，是海洋文化的催生器、母矿，是中华文化血缘之源、文明底蕴；它从过去走向未来，成为沟通过去、现在与未来的桥梁。其四，艺术之魂、特色之基。许多海洋文化遗产代表最高成就、辉煌和水平，凝聚着无数心血雕琢，是海洋文化的精髓，是艺术之根、魅力之源。其五，产业之撑。海洋文化遗产是人类千百年来生产生活的智慧结晶，是对海洋的认识、实践、开发的过程，是对海洋劳动生产的经验积累，是无数产业价值链控制力的秘诀所在，隐藏着巨大的财富空间。其六，品牌之源。海洋文化遗产是经过历史上千千万万人集体生产或创造，经很多代人传承的文明成果，历经千锤百炼，无形价值高，容易被大众认同。其七，生命力的源泉。不管是从海洋是地球一切生命之源之进化史来看，从人类食物源泉、医药宝藏、养生之托、生态环境屏障等"硬"实际来考虑，还是从面对狂风恶浪、身处艰险时焕发的力求生存、不畏险恶、勇于搏斗、战胜困难的精神意志来看，不能不承认海洋文化特别是海洋文化遗产是生命力的源泉，是生存之本。其八，创造力的源泉。海洋文化遗产是劳动成果的凝聚，是对过去的深刻反思，是智慧的源泉，是创造力的源泉，也是产业技术革命之源。其九，精神之家、情感之根、文化之轴、信仰之源。文化遗产代表智慧、文明成就、道德价值，是血脉渊源和情感魅力的象征，它是城市之魂、地方之魂、民族之魂，是国家之魂。而且，通过海洋天然交通便利及其漂移传播产生的血脉渊源，它更容易成为多国家共同体或超国家共同体之魂，形成灵魂深处"原初的信仰"。因而，它是开放合作、对外交流和国家形象塑造的载体及支撑。其十，竞争力之源、腾飞之托。它是形成核心竞争力的最重要源泉，其地位越来越重要。它是提升中华文化软实力的文明基础，是海洋文明复兴的战略支点，是重建中华海洋文明史的动力源泉。它是信仰之源，是奋斗不息之魂，将成为中华民族实现海洋时代跨越发展、实现腾飞的支撑点，也是构建未来和平包容的世界海洋文明价值体系的文化支撑点。

> **透视：为什么会产生"文化遗产热"**
>
> 杰梅因·格里尔（Germaine Greer）说：遗产构成我们身体的DNA的文化表达。大卫·罗文素尔（David Lowenthala）在《遗产圣战》中说，文化遗产从历史中萃取认同的符号，将我们与先人和后辈联系起来。因此，文化和认同是文化遗产的两个根本因素。保护文化遗产，本质上是对文化精神的再现，以及对群体团结的凝望。从某种程度上，也可以说，保护文化遗产，就是保护自己的"边界"。

> **透视：文化遗产的力量到底有多大**
>
> 从口头文学到书面文学，从石窟、墓葬到纪念性的古迹，一个文化体系通过这些符号性的文化表征得以延续，并对一代代传承者的心理和文化结构进行影响，塑造着他们的世界观和价值观。从空间维度上来讲，文化遗产可以令生存于一定空间系统中的人产生集体归属感，甚至可以使生活在不同地点的人群形成超越地理边界的凝合力。从这个角度而言，文化遗产在塑造集体认同上的能力甚至超过了政治和经济，更超过了军事。

总的来说，海洋文化遗产是文明的积淀，是海洋时代的文化"金矿"矿藏。在海洋时代已到来的今天，作为海洋文明千百年来的伟大智慧积淀，海洋文化遗产将成为最重要、最宝贵的财富，成为推动跨越发展的核心战略资源，乃至成为控制未来发展的"命脉"。作为海洋文化之"母矿"，海洋文化遗产必将成为中华民族海洋文明崛起、中华民族伟大复兴的支撑点。因而，在海洋时代已到来的今天，要扭转过去的思维，铸就"海洋决定论"的思维模式，即在未来时代，不是陆地决定一切，而是海洋决定支配世界的思维模式，加快海洋文明进程，努力实现中华海洋文明的伟大复兴。

## 第二节 复兴的焦点

海洋时代是海洋文明大复兴大繁荣的时代，是海洋生产力不断取得革命性突破、海洋能量大爆发的新时代。海洋文明复兴是庞大体系工程，分很多层次，涉及多领域，海洋文化遗产是关键部分，是根基。因而，海洋文明的复兴，海洋文化遗产是关键。而文化遗产复兴涉及诸多系统工程及成千上万因素，不仅涉及抢救、保护、传承，更涉及价值挖掘、提升、转换、创意、设计、创新等。做好每一环节的工作，则非常重要。

### 一 复兴的前提

各类海洋文化遗产的价值无疑非常巨大，特别是随着海洋时代的到来，这些遗产要素将成为海洋文明复苏的无价之宝。海洋文化遗产历经千百年历练形成，贯穿人类海洋生产实践的始终，成为人类海洋文明中最深层、最持久、最珍贵、最具血气的品格基调。因而，海洋文化遗产是海洋文化之魂，而且，这种"魂"延续下去，在海洋时代将爆发出巨大能量，在人类生产生活各个领域全面爆发。因而，海洋文化遗产将成为未来时代推动海洋文明复兴的最宝贵资源。但上述目标的实现，需要一个根本前提：保存。即海洋遗产资源真实完整保存，是开展一切活动的前提。离开这个前提，一切将无从谈起。对于文化遗产保护，习近平总书记高度重视，高瞻远瞩地指出："我们保管不好，就是罪人，就会愧对后人。"因此，要复兴海洋文明，首先必须要保护好各类海洋文化遗产，储藏各类海洋文化基因。为此，抢救、保护、挖掘、采集、征集等成为保存遗产因子的重要方法。如对于海洋口头遗产、海洋传统技艺、海洋表演艺术、海洋民俗等，可通过摄影、MP3、录音、录像等数字手段，进行系统深入记录。

---

**文物不仅属于我们，也属于后代子孙**

保护历史文物是国家法律赋予每个人的责任，也是实施可持续发展战略的重要内容。万寿岩旧石器时代洞穴作为不可再生的珍贵历史文物，不仅属于我们，也属于后代子孙，任何个人和单位都不能为了谋取眼前或局部利益而破坏全社会和后代的利益。

——习近平 2000年1月1日（时任浙江省代省长）

---

**保护文化遗产是每个人的事**

保护和传承文化遗产是每个人的事。只有我们每个人都关心和爱惜前人给我们留下的这些财富，我们民族的精神和独特的审美情趣、独特的传统气质，才能传承下去。

——2006年6月10日，习近平《"文化遗产日"调研讲话》

---

## 二 复兴的核心

价值创造，是海洋文化遗产价值复兴的核心。海洋文明的复兴，不仅表现为文化遗产"复活"，更表现为文化遗产本身价值的急剧提高。这个过程，就是海洋文化遗产价值"无限空间扩容"的过程。海洋文化遗产价值的这种提升，一般都经过"原材料"的研究、挖掘、设计、转型、移入、交融、深加工、再加工、扩展，以及相应推广等，经过大量脑力密集及技术密集劳动，并大胆创新，形成特色，以此形成产业链，培育价值链的竞争控制力，最终才会使其身价比"原材料"呈百倍千倍飙升。价值创造的因素很多，途径多样，主要有10个环节：（1）研究、挖掘、提高；（2）创意；（3）设计；（4）扩展；（5）移入；（6）交融；（7）转型；（8）升级；（9）推广；（10）拓展；等等。而创意的关键，在于5点：（1）时代的融合，时代背景的把握，特别是时代需求及动向的精准把握；（2）遗产本质的弘扬，即原真性；（3）形式的妥当性，创造美、传播美、再现美的能力手段；（4）艺术家的创造力，特别是想象力和创意空间；（5）手段的融合运作转现能力。如创意的融合能力，通过文化创意，可使许多产业渗透融合，促进产业创新及结构优化，带动各个领域的经济革新。对于许多传统海洋产业，可引入创意产业的思维、逻辑、发展模式，实现产业创新；如移入和交融，移入强调外部价值的移植，使遗产的价值飙升；而交融则强调遗产自身价值与外部其他生产要素价值的交融等。总之，遗产价值的创造，就是遗产的"原材料"价值被发现、锁定、拓展、拉伸、转型、改造、再生的过程，是遗产的内部价值获取内生动力，实现自我繁殖、无限再生的有机过程。

### 三 复兴的焦点——价值转换

价值转换，也就是价值的顺利完成，是海洋文化遗产价值运动的目标所在。只有实现了价值转换，海洋遗产的价值才能真正实现，其功效才能得以更好发挥。马克思的价值学说认为，在社会大生产条件下，商品生产是为了"销售"而生产，即不是为自己个人，而是为"别人"进行的生产。而这种为"别人"而生产的目的，是为了比为自己生产获取更多的剩余价值。但这种能从"别人"那里获取无数巨额利润的生产，也经常面临着生产过剩、卖不出去的血本丢尽巨大风险。因而，只有在商品交换顺利完成之后，商品的价值才得以实现。海洋文化遗产的情况也大体类似。虽然绝大多数海洋文化遗产多为族群内部使用，很少对外，更不用于贸易交换，因而绝非商品或可直接转化为商品，但从全球市场经济大包围、大冲击、大竞争的大环境来看，以及各类遗产期待全球化带来的巨大商机来看，几乎所有的各类海洋文化遗产都是"商品"。这些"商品"是游弋在全球市场经济大潮特别是海洋时代市场大潮的漂浮物，不管这种"商品"是个体层面的，还是群体层面、超群体层面的。不管是任何商品，价值转换实现是核心。但是，海洋文化遗产与商品的价值实现路径不同：商品既已成为商品，其价值实现只需交换这一步；而海洋文化遗产类型多样，原始古朴，本非商品，其价值实现需要分两步，第一步为价值转换，即通过各种途径，包括传承、转型、改造、创新等，把文化遗产转换为消费者喜爱、看迷、追捧的产品或文化艺术形式；第二步是价值交换。只有这两步都完成之后，才能真正实现海洋文化遗产的巨大商品价值。

### 四 复兴的途径

海洋文明复兴是伟大蓝图。海洋遗产的复兴，不仅需要产业的复兴、价值的复兴，需要环境的烘托，更需要人的精神、人的灵魂的全面复兴。马克思说："社会生活在本质上是实践的。"海洋文明复兴的本质不是在于海洋，而是在于人，海洋仅仅是利用工具而已。因而，海洋文明复兴，最根本的途径是让海洋彻底改变人们的生活方式，不仅改变经济生产，改变社会活动，更重要的是改变人们的观念灵魂。除了生产蓝色化之外，还要最大程度对其生活化、实践化，使海洋进入生活情景和社会氛围，使其影响像空气一样无所不在、无刻不有。要根据海洋时代的发展趋势，结合各行业的特点，对各类海洋文化遗产分门别类，按其内部规律及专业特点制定多通道、分级递进复兴繁荣计划。尽管各类遗产之间各不相同，路径不一，但总的来说，海洋文化遗产复兴的路径步骤基本可描述为"六步曲"（见图5-4）。

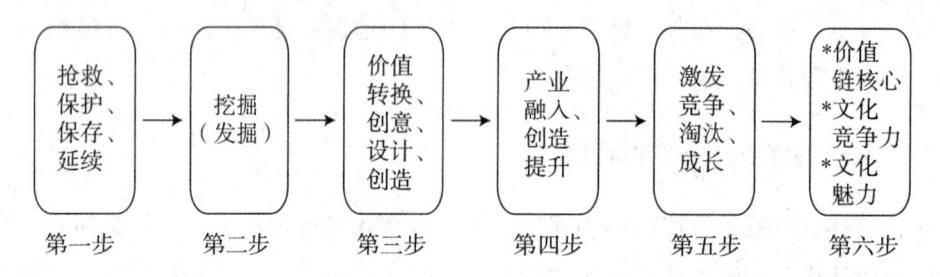

| 第一步 | 第二步 | 第三步 | 第四步 | 第五步 | 第六步 |
|---|---|---|---|---|---|
| 抢救、保护、保存、延续 | 挖掘（发掘） | 价值转换、创意、设计、创造 | 产业融入、创造提升 | 激发竞争、淘汰、成长 | *价值链核心 *文化竞争力 *文化魅力 |

图5-4 海洋文化遗产复兴"六步曲"

第一步是抢救、保存、保护和延续。主要为保护了各类遗产资源，确保文化血脉延续，保护海洋文化基因。为复兴"六步曲"之首，任务艰巨，包括建立若干个"文化遗产红线保护圈"，重点抢救各类濒危遗产，保护濒危遗产本体及周边环境；严格保护各类文物，保护各类非物质文化遗产；借鉴国内外先进经验，完善传承人体系，壮大后备队伍，建立传承保护奖励机制；摸清各文物点的分布状况、保护情况，及时发现、修复受损毁文物；长期征集各类非物质文化遗产信息，定期向社会公布名录；摸清各名录的历史渊源、发展特点、表现形式、内涵、传承脉络、空间分布、社会影响等，通过摄影、MP3、录像等数字手段保存、刻录、储存，真实、全面、系统记录，建数据库。建立各类传承基地，壮大人才队伍。第二步是挖掘。加深研究，加大挖掘的力度。第三步，价值转换。通过系列发掘、创作、创意、设计、开发、创造等途径，将海洋文化遗产转换为实实在在、看得见摸得着的文化资本。第四是产业融合，通过与多产业结合，激发其生产力潜能。第五步是在文化遗产红线保护圈的体系外，通过激发竞争、淘汰、成长等，促使文化遗产蓬勃竞争成长。第六步，经过这些努力之后，遗产的价值链初步形成，文化魅力持续产生，文化竞争力塑造成形，文化信仰最终铸就。

总之，海洋文化遗产的复兴涉及很多系统、诸多领域，涉及许许多多因素，有许多关系需要去处理，有许多技术需要突破，但复兴的最关键是：使遗产"活"起来，正如习总书记在联合国教科文组织总部中演讲时所说那样："让收藏在博物馆里的文物、陈列在广阔大地上的遗产、书写在古籍里的文字都活起来。"也正如习总书记指示的那样，只有通过"活"起来，激发中华民族的伟大创造力，才能创造出更为丰富灿烂的海洋文明，使中华文明同世界人民创造的丰富多彩的文明一道，为人类提供正确的精神指引和强大的精神动力。

## 第三节 海洋文化遗产复兴的突破之路、根本之路——艺术之路

### 一 海洋文化遗产复兴的多种途径及特性比较

海洋文化遗产复兴的具体路径有多种，模式多样。各种路径的出发点不同，侧重点不一，产生作用的方式有别，最后产生的效果也有天壤之别。因而，对于不同的遗产类型，需要有针对性地选择相应的保护途径。从各地情况来看，文化遗产复兴的途径主要有以下7种：政治保护形式、经济方式、村镇化模式、文化研究模式、博物馆模式、商业旅游模式、艺术模式即艺术之路等等。

上述各模式效果不一，各有利弊。政治保护模式主要采取以精神激励为主，通过激起文化遗产自身或文化遗产保护主体的发展需求，激起使命感，从而增强主体自我的内生机制及保护机能。其优点是激励深刻持久，内部为主，推动力强，物质投入少。其缺陷是保护面狭窄，短期难见效。而商品经济方式，即产品方式、工业方式，虽然得到了巨大的动力，但其动力不是来自遗产的内部要素，而是来自外部市场的利润，这将导致较大的风险和破坏性。村镇化模式固然较好，但更容易造就空壳，使村镇化这种立体保护模式流于形式。文化研究模式优点是深刻，但其强项为从外部视角研究资料、保存资料，却丝毫不能取代文化遗产的本体地位。而博物馆模式较为专业，效果很好，但不足的是，只能以物质文化遗产为主，以静态保护为主，许多非物质文化遗产难以得到展示；而且博物馆投入大、建设周期长，只能选取样品个别收藏，无法大面积保护。商业旅游模式，是一种较理想的保护模式，综合性强，但因商业利润的驱动，容易失控，造成过度开发，最终导致文化遗产被破坏。最能持久、最本真、最生态、最理想的保护模式，为艺术模式。

### 二 艺术形式的特点

艺术是指通过形象塑造来引起人的思想或情感升华，以产生审美享受的特殊活动。形象、审美、思想、情感表达对于艺术来说非常重要。形象是构成艺术的轴心要素，是艺术的表达主题。艺术通过形象来反映现实，但比现实层次更高、更具深刻性。不管是建筑、雕塑、绘画、书法等造型艺术，音乐、舞蹈、戏剧、曲艺等表演艺术，神话、传说、诗歌、民歌等语言艺术，还是电影、电视、动漫、动画等视觉艺术，以及其他各类环境空间艺术等，它们的本质是产生审美体验，通过审美体验产生思想情感，最后引发强烈共鸣。所有艺术，既是形象把握与理性把握的统一，也是情感体验与逻

辑认知的统一，更是审美体验与意识形态的合一。艺术的特性是审美性，其核心是感情，本质是情感表达。艺术通过视觉、听觉等作用于主体对象，直接将艺术家的内在思想情感传达出来，使人产生起伏变化的某种感情体验，甚至引起人体生理上的变化和强烈反应。也正是因为情感性，艺术才具有本真性，使本真性构成艺术的核心特征。因而，艺术没有了情感，脱离了审美，脱离了本真，就不是艺术，将不成任何艺术。

不仅如此，艺术与许多更重要、更深层的社会文化因素紧密交织，血乳交融，最为明显如艺术与文明、艺术与哲学、艺术与心灵、艺术与智慧、艺术与科技等。艺术源于文明，需要文明的土壤，但艺术表达依赖文明、展示文明、提升文明；艺术需要哲学，需要哲学指导启迪，但艺术反过来会丰富哲学；艺术滋养心灵、影响心灵、塑造心灵，心灵会反过来萌芽、启发艺术；艺术需要智慧，需要智慧的创造，但艺术会打破各种界限，启发文明，开启智慧。艺术与科技是交互辉映、相得益彰的，艺术凭借科技的翅膀，会得以更丰富、更准确、更完整系统的表达，而科技也从艺术的无穷创意中得以创新、得以连续飞跃。

艺术是心灵的特殊活动，是心灵的学问。艺术侧重本真性、情感性、表达性，注重创意性、激发性和境界品质。追求"品位"，往最靠近心灵最深处的"情感源""兴奋点"无限靠近，是艺术的本能。艺术启发文明，锤炼哲学，刺激科学，刺激潜能，唤醒意识，保护本真，点燃激情，其前进线路图是无休止往"源点"高度螺旋式靠近，而不是纯属外力的商品利润所驱，即使为了商品价值交换，也绝非改变艺术性本身。因此，可以说，艺术是最本真的，艺术形式是海洋文化遗产复兴的效果能达到最完美、最圆满的最理想形式。

### 三　通往蓝色心灵、蓝色文明的"蓝色艺术"

蓝色时代，就是海洋文明的复兴时代。海洋文明的特征是什么？其特征很多，诸如海洋空间的拓展、海洋物种的巨大繁荣、海洋生态环境的净化、海洋生产力革命、海洋科技井喷、人海关系文明和谐、海洋创造力迸发、海洋价值的引领、海洋文化繁荣昌盛、人的素质全面提升等，但海洋时代未来发展的核心标志，就是蓝色心灵、蓝色文明。我们如何从目前的较低发展阶段此岸，通向遥远的未来理想中的蓝色心灵、蓝色文明美好图景？道路只有两条：一条是科技，另一条是艺术。科技通向未来，其功能自不用说，但艺术通往蓝色心灵、蓝色文明世界产生的巨大能量，更不容忽视。其原因只能从海洋文明与蓝色艺术的辩证关系分析起。海洋文明是蓝色艺术的源泉、灵感之源泉，是蓝色艺术的文明底蕴，更是蓝色艺术的文化土壤空间。反过来，面对波澜壮阔、瞬息万变、浩瀚无边的大海，除了科技，就只有艺术能把这强大的力量与辽阔的宇宙世界紧密捆绑起来。海洋艺术是海洋文明的集中体现、展示，是海洋文明的精髓。海洋艺术是对海洋文明的探索，是对海洋文明的接触、观察、体验、思考与升华。通过探索，海洋艺术把人的认识、人的情感、人的审美、人的心灵智慧与亘古不变浩瀚辽阔的大海连接起来，建立了一条通往蓝色慧根、蓝色文明世界的心灵通道。通过各种表现形式，艺术不仅从自然规律上把握了海洋及其文化的本质特点、运动趋向和精气神等，更从情感上对之驾驭，超越了各种自然能力的限制，达到了某种自由超脱。海洋艺术更是对海洋文明的一种创造，每次艺术过程，都是一种再创造。通过创造，艺术表达、流露出某种感情或传达某些价值意义。越是水平高的艺术，精神层次更高。蓝色艺术，就是对蓝色文明、蓝色现象的深层表述，是蓝色情感、蓝色意识、蓝色精神的表达流露，是对蓝色价值的不懈奋斗与追求。蓝色艺术，从本质上来说，是一种海洋思维、海洋情感、海洋体验、海洋深层意识、海洋信仰或理想信念及其表达。总的来说，它是一种情感共鸣的艺术，是对蓝色价值探索追求的艺术。因而，可以说，它是通往蓝色文明、蓝色世界的心灵通道。

### 四 艺术实践：国内外案例借鉴

文化遗产保护方面，国内外的艺术实践早就开始，在国外开始最早。文化遗产的艺术实践形式多样，包括诸多艺术品体验、设计创意以及赛事、艺术活动等；诸多主题历史街区、艺术特区、博物馆、艺术馆、艺术城市以及艺术节等。各国的历史、发展轨迹、经济水平、社会状况、管理体制情况不一样，文化遗产资源千差万别，艺术实践的内容及特点不同，因而线路图也完全不同，效果完全不同。

(一) 各国文化遗产保护经验模式扫描

因各国的具体情况不同，侧重点不一，采取的政策措施也千差万别，效果不一，因而保护经验模式也完全不同。全世界各地的保护经验很多，各有利弊，在此仅列举6个较具有典型性的主要国家来展示保护经验模式。

经验1：罗马——历史记忆与废墟主义

意大利古罗马灿烂时期遗留下大量文化遗产，经两千多年的沧桑变迁，有些已毁于炮火，如古罗马城，有些毁于自然灾害，如庞贝古城、哈德良庄园等。即使保存下来的也经历风霜，遭受了很大程度的损害。意大利文化遗产保护在几个世纪前早就开始，因而经验最丰富，教训也最惨痛。意大利的经验以原址保护为主，以罗马为最典型，其政策大致可称为"历史记忆与废墟主义"。该政策的形成源于庞贝古城挖掘。庞贝古城规模庞大，发掘过程中遇到大量壁画、马赛克地面和其他文物，急需抢救、加固。当整座古城发掘到 2/3 时，保护工作出现严重滞后，造成文物损毁破坏，所以停止了发掘，工作重心转向保护为主。这种"废墟主义"，源于罗马的深刻教训。惨痛的教训，使罗马人反对对废墟进行修复,认为只能采取必要的"干预"措施防止废墟的进一步损坏。因此,罗马的古文物大多都保持着荒凉的废墟状态,不翻建,不整修,不种草,尽量保持历史原貌,让历史在这里沉思,让文明在这里凝固。不管是举世震惊的古罗马斗兽场废墟、古罗马帝国心脏的罗马广场废墟,还是随处可见的几块残石、最不起眼的地板砖,或几尊雕像,罗马都精心保护、原样呵护。许多地方曾殿堂高耸、神庙林立,如今断壁残垣,莺飞草长,只剩下片片瓦砾散落于荒草中;高耸的神庙,唯余几堵残留的高墙在风中呻吟,或孑然兀立的石柱及庙墩在空气中颤抖。这些废墟和遗迹,或掩映在绿树丛之中,或竖立在草坪之上,或横卧在街边路旁。每当游人穿梭在废墟间,就会发现这里几乎每一步一段都是历史,每一步就一声叹息。罗马的废墟和遗迹遍布罗马大街小巷,难怪世人誉为"废墟之都"。

罗马废墟保护的理念及机制是很有远见的,其保护政策也经历过巨大转折。在早期,意大利文化遗产保护侧重重修、修复,并尽可能从美观的角度而不是从历史的角度去修复古建筑。后来观念根本转变,可大致总结为废墟保护理念,即侧重其本原状态的修复与维护。面对古罗马文明的废墟,他们没有用推土机去推倒,也没有在废墟上去恢复和重现古罗马的壮丽辉煌,而是独有匠心地将废墟原封不动保存起来。因为他们深深懂得,废墟是文明的遗物和历史的见证,毁掉了废墟也就毁掉了历史和文明。只有尊重废墟,才能超越废墟,去创造新的辉煌。废墟是古代留给现代的脚印,是古代连接现代的桥梁。残破的废墟正是完整历史的展示,倘若没有废墟,人类的历史就会变得苍白单调,就会变得残缺不全。正因如此,罗马人才以巨大的勇气精心呵护每一处废墟,罗马也因此成为全世界人们向往的地方。每天从全世界四面八方来游览的人络绎不绝,观光业成为罗马空前兴旺的支柱产业、黄金产业。同时,罗马也要求观光者,除了照片什么都不带走,要带走的除了一张张精美的照片之外,就唯有对人类文明一连串深沉的思索,对历史时空的跨越领悟,以及对人类未来美好发展的追求探索。变废为宝,是罗马经验给世界深刻的启示①。

经验2:法国——历史保护区、公众活动

法国最具特色的做法是"历史文化遗产保护区",强项是历史街区保护。早在1943年,法国就通过了《纪念物周边环境法》,明确规定纪念物半径500米范围内的建设受严格控制。之后,法国积极推行"纪念建筑"。截至2005年年

---

① 刘彦锋:《意大利文化遗产保护经验及教训》(http://www.wxphp.com/wauh7rs9_1.html),2015年1月16日引。

底，整个法国受到国家保护的纪念建筑多达 4.2 万处。1962 年，法国颁布了《马尔罗法》，明确规定将有价值的历史街区划定为"历史保护区"，纳入城市规划管理，成为世界上最早对历史街区立法保护的国家。按照法律，全国划分若干"保护区"，保护内的建筑物不得任意拆除，符合要求的修整可得到国家的资助，享受若干减免税的优惠。截至目前，整个法国已划定国家级历史保护区 100 处，地方各级历史保护区数百处，保护区内的历史文化遗产达 4 万多处，80 万居民生活在其中。因"保护区"保护的对象是一片有生命的、正在使用的街区，其保护政策与文物有很大区别。政府的工作主要是整修住房和改善交通，原样整修保存其外表，内部加建厨房、卫生间，使居民可以有好的条件继续居住。划定如此多的"保护区"，并不意味着将其封闭保护，法国政府采取各种措施，包括举办各类公众活动，让历史文化遗产保护区敞开大门，使之成为人们了解民族历史与文化的窗口。"文化遗产日"是法国的首创之一，它使保护区内的博物馆等免费开放，并鼓励公众举办或参与各种活动。此外，积极培育各种社会组织、文化协会、保护协会、志愿者协会等，也是法国政府保护文化遗产的重要举措。截至目前，法国注册的保护和展示历史文化遗产文化协会、志愿者协会等竟达 1.8 万多个。受法国的影响，意大利政府也举办诸多类似活动，如"文化与遗产周""乡村生态旅游""美食文化旅游"等，促使文化遗产在新时代得到蓬勃发展。

**经验 3：日本——"文化财"法、传统建筑、人间国宝**

日本的做法，以"文化财"制度及保护体系最为著称。日本关注文化遗产保护，早在 1897 年，日本就颁布过《古寺庙保护法》。1950 年制定《文化遗产保护法》，以法律形式保护各类文化遗产（文化财），特别是非物质文化遗产（日本称为"无形文化财"）。虽有了文物保护法，但 20 世纪五六十年代处于建设高潮阶段，人们的观念是"拆旧建新"，只能保护文物单体，成片的历史街区却无法得到保护。1966 年，日本制定了《关于古都内历史风土保存的特别措施法》（简称《古都保存法》），着力保护东京、奈良、镰仓等古都的"历史风土地区"。1975 年，日本修订《文化财保护法》，增加了保护"传统建筑群"的内容，将"传统建筑集中、与周围环境一体形成的历史风貌区"划定为"传统建筑群保护地区"。日本认为，保护生态环境只影响到人的肌体，而保护历史环境却触及人的心灵，所以保护历史环境是现代化进程中更为重要的内容。截至目前，日本现有各类国家级"传统建筑群保护地区"78 处。对于保护区内的建筑整修，属"传统建筑"的，要求原样修整；而对"非传统建筑"，则要求改建或整饰；对严重影响风貌的，要改造或拆除重建。后来，"文化财"逐渐扩及无形文化领域。1996 年，日本引入"文化财登记制度"。同时，日本建立严格的"人间国宝"制度。对那些造诣颇深、身怀绝技的艺人和工匠，日本称为"人间国宝"。从1955年起，就开始在全国不定期选拔认定"人间国宝"，各类大师级的艺人、工匠，经严格遴选后，由国家保护起来，每年投入生活保障金、特别扶助金、传承奖励金，以及大批专项活动经费、场馆建设，以磨练技艺、培养传人、服务社会、文化交流。如今，经文部省认定的"人间国宝"已累计360位，包括能乐、歌舞伎、文乐等联合国代表作传承人。

日本的文化遗产保护超出世界许多国家之处，是在于其不仅侧重遗产"保护"，更侧重对其创新、创意、设计，以及产业化。本着这些理念，努力做到在保护中创新、创意、设计、产业化，在创新、创意及产业化中保护，使文化遗产的艺术实践不断前进、不断升华。这一点，在日本的传统文化产业中得到最大限度的体现，如动画、动漫、卡通、游戏产业等，仅动漫产业就占GDP的10%。在汽车、电器等领域也得到最大限度发挥。日本文化遗产保护的过人之处：不是将文化遗产单纯停留在"保护"阶段上，而是注重发挥，学会活用，让其发挥更大的作用，尽可能公开展示，以最大限度产生影响力。日本对传统文化表现出持之以恒的保护理念，即既要尽快实现现代化，又要在社会发展过程中坚持以本国传统文化的传承为底限，实现两者的最佳结合、最佳统一。

经验4：韩国——《文化财保护法》、保有者、时尚产业

韩国的情况与日本类似。韩国自20世纪60年代就开始国内传统民族民间文化的搜集和整理，并于1962年制定了《韩国文化财保护法》。50多年来，韩国已陆续公布了100多项非物质文化遗产。按照《文化财保护法》，根据价值大小把非物质文化遗产分为不同等级，对于国家级非物质文化遗产，将给予100%的经费保障；对于省、市确定的非物质文化遗产，国家给予50%经费保障，剩余由所在地区筹集资助。韩国政府制定了金字塔式的传承人制度，最顶层被授予"保有者"的称号，他们是全国掌握传统工艺制作、加工、传统文化技能，或具有民间文化艺能的最杰出的文化遗产传承人，共有199名。政府给予每人每月100万韩元生活补助，还提供医疗保障制度，保证他们衣食无忧，此外给予他们公演、展示会等各种活动及用于研究、扩展技能、艺能的全部经费，保证他们的活动有序进行。在产业开发方面，利用传统的文化底蕴，结合影视、美食、美容、手机、科技等手段及现代流行趋势等，韩国提出"文化立国"，打造面向世界的"流行文化""时尚文化"，特别是以东亚文化圈为重点目标，以中国的巨大市场为焦点，量身定做，打造"明星文化""偶像文化""整容艺术""化妆品艺术""个性文化"

"酷文化""粉丝文化",以及"汽车艺术""手机文化""泡菜文化""音乐文化""名牌服饰文化"等等。这些产业,在世界范围特别是中国掀起了一股股"韩流",风靡各地,创造了巨大的产值,提升了国际形象。在未来的几年,韩国的重点进攻方向是游戏产业,其努力目标是争取近几年内上升为世界三大游戏生产国之一。

**经验5:泰国——王室政府"两架马车"拉动文化风尚**

在全球化浪潮席卷全球的今天,泰国的传统文化却得到了很好的保护及弘扬,呈现出蓬勃发展的势态。无论是在都市还是在乡村,特征鲜明的泰国传统文化随处可见,包括语言、服饰、舞蹈、音乐、建筑、美食、美术、手工艺品、民俗等。其成功的原因是多方面的,但泰国政府和王室的倡导推动至为关键。泰国的主要经验有四:其一,政府主导、设立机构。泰国明确规定,文化部的职能是保护、延续、提升、传播及弘扬国家的宗教、艺术和文化;鼓励培育全民的文化根基意识和自豪感。然而,文化传承发展不能仅靠文化部,而是需要全国民众参与。为此,泰国文化部设立诸多专门机构,如设立"艺术学院",专门负责国内各地区各民族的舞蹈、音乐、美术及手工艺方面的职业教育、演出及科研。此外,还负责推广、保持、创新、培养和传播具有国家象征意义的民族文化艺术。又如,泰国文化部下设的"国家文化委员会",作为中央级协调机构,广泛吸收成员,使各级部门、社会各界、专家、少数民族学者可以直接参与到文化活动当中。其二,王室带头,以身作则。泰国王室向来重视传统文化的保护,通过创立基金会、博物馆,开发传统手工艺、恢复礼仪等方式,在保护传统文化方面起到带头作用。前国王普密蓬曾亲自到泰国国家博物馆和文化遗址考察,提出保护国家珍宝的意见。泰国文化部遵照国王的建议,启动了恢复古老皇家礼仪的工作,包括传统仪式的梳理和传统工匠修缮等工作,使具有鲜明泰国文化特性的宫廷文化在现代世界得以继续保持。诗丽吉王后亲自创建了"诗丽吉王后促进手工艺职业基金会",在泰国各地推广并扶持民间手工艺职业培训和发展事业。目前已发展出26个主要门类的手工艺职业,包括黄金漆器、手工打制金银饰品、传统陶瓷工艺、手绘陶器、棉布纺织和印染、细藤编织、木雕、丝绸工艺、皮革工艺等,成为泰国诸多地区重要的传统产业,虽未能成为支柱产业,但为当地民众带来可观收入,也推动了泰国民间手工艺的保护与繁荣[1]。诗丽吉王后本人参加重要活动时都会穿着泰丝服饰,这一令人瞩目的行动掀起时尚潮流,致使泰国各界成千上万妇女出席重要活动时都要身着泰

---

[1] 陈淑杰:《泰国王室政府"两架马车"拉动文化风尚》,载《中国文化报》2013年9月19日第5版。

丝服饰。此外，诗丽吉王后倡导成立了"纺织博物馆"，收集了大量杰作藏品，向世人展示。泰丝已成为最受游客欢迎的泰国传统工艺品之一。1992年联合国教科文组织授予诗丽吉王后婆罗浮屠金质奖章，表彰她在保护人类文化方面做出的贡献。其三，上行下效，官方带动。泰国各级政府官员在各种场合积极宣传和推广该国的传统文化。官员带头身着泰丝民族服装出席各种活动，形成了一种社会时尚。例如，泰国总理英拉在2011年泰国传统节日宋干节期间与民众互相泼水祝福，共享传统节日之美，备受点赞，一时人气急剧飙升。其四，借力活动，宣传文化。泰国文化部和媒体不失时机地借助于王室举办的一系列公共活动，宣传本民族传统文化。例如，2012年4月8日至12日，六世皇公主昭华碧差叻的葬礼在皇家田广场举行。此次皇家葬礼启用古老皇家礼仪，泰国电视台全程直播了葬礼仪式。这场古礼图样葬礼向民众展示了传统泰国宫廷文化，让生活在现代社会的人们直接领略到精美的宫廷服饰、建筑艺术、传统手工艺及宫廷礼仪，泰国文化部也借机向世界展示有关国王的辉煌业绩及泰国的文化艺术。

### 经验6：美国——遗产廊道、国家公园、国家历史地标、文化产业

美国的经验模式大致可以概括为：遗产廊道、国家公园体系，以及全球文化产业。所谓遗产廊道（Heritage Corridors），是一种线性的文化景观，它是指通过一定的纽带，包括有形纽带，如具有文化意义的运河、公路、铁路、绿化带，或河流、山川等，也可以是抽象的纽带，经过适当的景观整理措施，将诸多单个的遗产点联系起来而形成的具有一定文化意义的文化通道或绿色通道。伊利诺伊和密歇根运河国家遗产廊道（Illinois and Michigan Canal National Heritage Corridor）是首个通过美国国会立法确定的国家遗产廊道，开辟了美国遗产廊道体系的历史先河。作为一种保护理念，从规划及人文角度来看，遗产廊道概念可以理解为一种地区发展战略或规划方法，通过对世界独有资源的独特性保护，强调遗产保护、经济发展、人的情感及生态保护的多赢，最后作为一个地方资源整合的结构和方法出现。而且，遗产廊道多与自然或自然保护区相结合，以国家公园的综合体形式展现。而国家历史地标（National Historic Landmark）是由美国内政部公布的，具有重大历史价值和文化价值、具有重大国家级意义和高度完整性的建筑、遗址、区域构筑物以及物体。保护这种与各种各样关键历史、重大事件或人物相关的遗产，有助于帮助人们了解美国的历史、风格、影响、世界贡献及潜在信息。其遴选标志，除了国家性的重大意义之外，侧重考察在阐述或展示美国历史、建筑、考古、技术与文化方面具有突出的价值，以及在位置、设计、环境、材料、工艺、情感与相关物上的真实性与完整性。据

统计，目前美国有国家历史地标 2400 多处①，约占 8.5 万处国家史迹名录的 3%，登录保护的历史场所达 8 万余处②。全国 50 个州均有国家历史地标，其中纽约州有 256 处，约占总数的 10%。美国许多著名的历史遗迹，如珍珠港阿波罗任务控制中心、芒特弗农、恶魔岛、亚特兰大马丁·路德·金的诞生地等，均为国家历史地标。多数国家历史地标为私人或群体所有，其他的为联邦政府、地方政府、州政府、部族所有或为公众和私人共同所有。私有者有权对私有财产做出任何改变。在管理体制上，所有的国家历史地标均由国家公园管理局统一管理。而且，美国的文化遗产保护有着完善的法律支撑保障。早在 1935 年，美国就颁布了《历史古迹法》（Historic Sites Act of 1935）等法律法规，确定了文化遗产保护制度，包括国家史迹登录制等；1966 年，美国颁布了《国家历史保护法案》（National Historic Preservation Act），从法律上确立了国家历史地标制度。后来陆续颁布了责任制度、公共参与制度、保护监测制度、监测结果公开制度、招投标制度、动态管理与退出制度、筹款及扶持补助政策，以及《考古与历史保护法案》（1974）、《国家公园采矿法案》（1976）、《税制改革法》（1986）等。通过法律，明确了各级政府的责任，鼓励社会公众积极参与保护。

综合利用各类文化资源，充分发掘各类遗产要素，努力吸收全世界一切人类文化成果及智慧，以创新为动力源泉，以市场、利润、法律、制度及政策为支撑，以工业科技实力为背景，以美国的价值观为灵魂，努力打造引领全球的文化产业，实现美国的文化全球垄断权，是美国的文化产业政策目标所在。以科技工业背景为依托，以创新为动力，引领全球，是美国文化产业的最成功之处。因而，其文化遗产保护、创意及艺术实践，都与美国的工业生产及全球主义紧密联系在一起。几乎所有的美国文化产业，如游戏、卡通、动漫、大片、主题公园等，均以科技为主题，均侧重展示出美国的某项科技成果，如电子设备、计算机、软件、汽车、通讯、航天、生物工程、海洋技术、军工等，或是综合科技成果。即使出现诸多遗产元素，也与科技紧密融合。美国的文化产业场景里展示的文化遗产艺术，已经不仅仅限于美国境内，而是展示出全球视野，展示出几乎所有人类族群的文化遗产艺术元素，以及更多的科技幻想成分，如迪士尼乐园，影片《阿凡达》《海洋奇缘》《飞屋环球记》等等。因而，美国的艺术实践表达，都是全球皆可以接受的"普世主义""自由主义"（自由女神、牛仔）、"全球价值""人类价值""拯救世界"，浓缩起来，就是"三片"：芯片（计算机）、薯片（麦当劳）、影片（文化产业）。这些现象的产生，均可归结于美国科技工业生产力极度过剩之后急需倾销全

---

① 1960 年 10 月 9 日，美国公布 92 处遗产为第一批国家历史地标，其中第一处为位于爱荷华州苏市的弗洛伊德中士墓葬与古迹。

② 李和平：《美国历史遗产保护的法律保障机制》，《西部人居环境学刊》2013 年第 4 期。

球的商业渗透主义、文化霸权主义及全球扩张主义，综合显示出新时期灵魂殖民武器的巨大影响。

(二) 艺术实践——创意城市

在全球化、信息科技化加快的大环境下，创意已成为各个国家和城市发展的动力源泉，为城市增添了人文气息，带动经济社会转型升级，成为国家或城市发展的核心竞争力所在。全球 11 大创意城市都是文化遗产创意的成功城市。其一，电影之都——布拉德福德。作为联合国教科文组织全球创意城市网络大家庭的成员，非常重视电影教育，电影学院林立。通过人才培养、培训教师、开展电影教育交流会，这座曾以羊毛工业而闻名遐迩的英格兰工业小城因为电影，变成了活力四射的"创意城市"。其二，媒体艺术之都——光州。素有韩国"文化艺术之乡"之称。通过举办国际艺术双年展和国际电影节，在世界范围内一定影响力。同时，通过光州泡菜文化节、光州阿里郎庆典等传统文化节庆，推广韩国传统文化。其三，媒体艺术之都——达喀尔。因举办汽车拉力赛而闻名，还有国际知名的塞内加尔首都达喀尔当代非洲艺术双年展。年展旨在发现非洲艺术创作领域中新的人才，推动非洲文化、艺术事业的发展，促进非洲艺术家之间的交流与合作。其四，德国曼海姆——音乐之都。为早期古典音乐流派"曼海姆乐派"的起源地。最早的交响乐团"曼海姆管弦乐队"诞生于此，闻名全欧。其五，滨松——"日本的音乐之都"。日本第一个生产钢琴的城市，因以滨松国际钢琴大赛为代表的多项国际性音乐活动的举办而蜚声海内外。其六，文学之都——墨尔本。通过澳大利亚墨尔本国际喜剧节的成功运作，使该节日成为世界三大喜剧节之一，也是南半球最具规模的喜剧节。其七，手工艺和民间艺术之都——北加浪岸。是印度尼西亚知名的民间艺术创意城市，以传统手工艺术、联合国教科文组织人类非物质文化遗产代表作蜡染的传承和推广而闻名，包括出台地方法规、公务人员特定日期要求穿着巴迪克服装等。其八，设计之都——加拿大蒙特利尔。它有 20 所学院、4 所大学，其中与设计相关的系或专业有 6 个，此外还有六大设计研究机构、11 个专业协会，包括国际平面设计协会联合会、蒙特利尔魁北克大学艺术中心、加拿大建筑中心、蒙特利尔艺术博物馆和蒙特利尔设计研究所等。其九，设计之都——深圳。联合国教科文组织创意城市网络首届"2013 深圳创意设计新锐奖颁奖典礼暨优秀作品展"于 2014 年 3 月在设计之都——中国深圳举行，吸引了全球 16 个创意城市的 2000 多名青年设计师参与，大赛最终评出 14 个中外获奖设计师或团队。新锐奖的成功举办，提升了创意设计的能力，提高了深圳在全世界的知名度。其十，文学之都——爱尔兰都柏林。通过设置世界知名奖项，如世界上评选范围最广的文学奖项"国际 IMPAC 都柏林文学奖"等，使其在国际产生深刻的影响。各类奖项定期举办颁奖典礼。其十一，文学之都——爱丁堡。创办于 1947 年的爱丁堡艺术节现已成为世界性的艺术盛会。它包括爱丁堡国际艺术节、爱丁堡边缘艺术节、爱丁堡军乐节、爱丁堡国际图书节、爱丁堡电影节、爱丁堡国际爵士乐节等。通过各种艺术节，爱丁堡上演了一幕又一幕大戏，常常轰动世界。

（三）艺术实践案例

文化遗产的艺术实践案例下面介绍18个。

案例1：意大利庞贝古城的保护——"露天陈列柜计划"

庞贝古城（Pompeii）位于那不勒斯附近，是亚平宁半岛西南角的一座古城，距罗马约240公里。庞贝古城已被联合国教科文组织列为世界文化和自然遗产，被游客们誉为"天然的历史博物馆"，每天吸引着数以万计来自世界各地的人们来参观。整个古城都是废墟，由无数的大街小巷组成，建筑类型包括半毁的民宅、别墅、商铺、面包房、贸易市场、仓库、温泉澡堂、大剧院、运动场、斗兽场、朱庇特神庙、阿波罗神庙[①]、市政广场，以及围墙、雕像、壁画、道路、引水道、花园等。古城建造于公元前6世纪，呈长方形格局。公元79年，10公里外的维苏威火山突然爆发，将整个庞贝古城掩埋在火山灰和岩石之下，将其凝固。在过去的2000年里，庞贝古城一直是灾难的代名词。庞贝古城位于那不勒斯湾，先后遭受4次大地震，遭受了灭顶之灾。后来遭受两次世界大战，又被犯罪组织"修复"，比灾难更严重。历经2000多年的变迁和风雨侵蚀，庞贝古城的一些建筑墙壁开始出现坍塌，不管是建筑、艺术品、文物，还是遇难者遗体的维护和保护等，都危机重重，面临巨大挑战。如今，这座灾祸不断的古城正逐步向"考古陈列柜"转变，涌动出生命的气息。意大利庞贝古城保护的特色是基调以原址保护为主，强调原址的原真保护。自1748年起，这座古城就开始发掘。2014年，在12位建筑师的指导下，几组建筑工人在废墟里展开挖掘，加固侵蚀建筑外观、安装排水管道。工程师们和生物学家们聚在一起，讨论问题。古城修复项目监督、意大利考古学家Massimo Osanna教授表示："修复古城的目的是创作一幅生动形象的古罗马画像，使其看起来就像是'我们为这个2000年前的社会拍摄的特写照片'。"庞贝古城保护的独特性还体现在项目上，即制订了"伟大的庞贝古城修复计划"，它是人类历史上最野心勃勃的考古项目之一，目标是到2017年将这座古城变为"无与伦比的陈列柜"。2015年，考古学家和科学家对火山灰下的居民化石进行修复。庞贝古城保护的另一特点是科技手段的先进性。在修复的过程中，成立了庞大的科学家及技术人员团队，包括大量建筑师、考古学家、人类学家、生物学家、医学工程师、地质学家、计算机科学家，以及大批砖匠、电工、水管工、油漆匠、

---

[①] 按照当地传统意义，阿波罗神庙即太阳神庙。

木匠、摄影师、牙医、放射科医师、测绘技术人员、艺术修复专家、水电工程师等等。在此过程中，科学家们用到各种最先进的技术和设备，以及各种跨学科的科学技术手段，即"综合考古法"。此外，还建设了重点高科技观测技术系统，意大利航空局还将启用卫星高解析度影像观测庞贝古城土体。同时，修复项目多次受到欧盟的紧急拨款援助，接受欧盟的紧急拨款为古城保护的重要财源。庞贝古城的另一个保护措施就是"少量开放"。1956年，庞贝古城向游人开放的建筑达64座，2010年年末著名的"战士之家"突然倒塌后，减为10座。截至目前，庞贝古城已发掘的45公顷遗址中只有13%允许游客访问，其余部分还埋在地下（见图5-5、图5-6）。尽管只看到个别侧影，但仍为我们了解罗马帝国鼎盛时期的社会生活打开了一扇窗户。

图5-5　庞贝古城全景　　　　图5-6　庞贝古城

### 案例2：雅典卫城：英雄史诗之城

卫城，希腊语是阿科罗波利斯，意为"高山上的城邦"。希腊境内有不少卫城，但雅典卫城自建造起来的那一刻起，便成为希腊人永远的骄傲。雅典卫城始建于二千六百年前，是纪念希波战争的胜利和祭祀雅典守护神雅典娜的圣地。卫城位于雅典城西南海拔150米的石灰岩山冈上，主建为筑帕特农神庙，以及山门、胜利女神庙、伊瑞克提翁神庙、阿迪库斯音乐厅等建筑。帕特农神庙背靠雅典市区千千万万的民居，向海的一面峭壁陡立，在碧海蓝天中巍然耸立。卫城的总建筑师是当年名倾一时的菲迪亚斯。卫城历代为希腊人敬仰与歌颂，以至于19世纪法国作家福楼拜则称卫城为"历史与艺术最璀璨的源泉"。阳光下的卫城俨然是披上了一层金色衣裳的君主，于峭壁之上俯视万邦，威严庄重，与其后大片民居普拉卡高低错落、蜿蜒曲折、酒肆饭铺林立形成鲜明的对比。但卫城之美不仅在于阳光下的绚丽巍峨，还在于月夜下令人浮想联翩的静谧。在希腊，人们已习惯在于夏天明月下坐在户外剧场、音乐厅观看戏剧、歌剧演出，人们对舞台艺术的热爱是深入骨髓，这个传统已持续几千年。每年7—8月间，雅典都要举办艺术节，位于卫城入口南侧的阿迪库斯露天音乐厅则会上演各种歌剧、音乐剧，如《茶花女》等。阿迪库斯音乐厅建于罗马时代，依地势而建，上下共三层，为半圆形，直径38米，可容纳6000余人。音响效果设计非常精妙，以至于最后一排的观众都能清楚地听到台上哪怕是最轻微的叹息。而在当地流传、上演的各种节目或传说中，有一种主题被人们反反复复传颂、上演或歌颂，那就是自希波战争时起发生在卫城上的一幕幕历史剧，即希腊人为反抗侵略而奋起抗争的历史，也可以说是英雄剧、英雄史诗。这种不畏牺牲、捍卫正义、保家卫国的精神已经深深铸入雅典人的灵魂，渗入雅典人的斗志里。正因如此，雅典卫城两千多年来一直成为希腊各种重要事件的舞台中心，成为历史的焦点。希腊的历史在卫城上演，也在卫城的注目下继续，希腊人向往自由、勇于抗争的精神，成就了卫城，成为卫城的灵魂。如同曾多次被炮火摧毁又重新修建、依旧灿烂夺目一样，即使在战后的和平时期，希腊正经受史上最严重的金融危机，但会再次为人们点燃生活的火焰，重拾辉煌，继续对人类文明做出贡献。正因如此，可以说雅典卫城是希腊的英雄史诗之城，是自由之城，成了希腊人永恒的信心之城（见图5-7、图5-8）。

图5-7　雅典卫城全景　　　　图5-8　雅典卫城帕特农神庙

**案例3：埃及神庙：神秘王国**

古埃及是世界四大文明古国之一，文化灿烂辉煌。埃及文化遗产数量庞大，类型多样，遍布埃及的每个角落。在埃及的众多文物古迹中，最为辉煌、最为灿烂、最令世人震惊的当推众多神庙。在埃及传统观念里，神庙作为人与神的交流中心，一般分为外神庙与内神庙。埃及神庙林立，每处都有神庙的踪影，每个城市都建有城市保护神的庙宇。影响最大的主要有：卡纳克神庙（Karnak）（见图5-9）、阿布辛贝尔大神庙（见图5-10）、埃德福神庙、菲莱神庙、得尔拜赫里神庙、纳穆提斯神庙、拉美西斯二世庙、拉美西斯三世庙、底比斯遗址等等。这些神庙多为前16世纪—前11世纪埃及新王国时期的建筑。神庙多以石块砌筑，分带有柱廊的内院、大柱厅和神堂，大柱厅内柱直径大于柱间间距，借以强化圣庙的气氛。大门前多有方尖碑或法老雕像，正面墙上刻有着色浅浮雕。埃及神庙因为其浩大的规模而扬名世界，如卡纳克神庙建于三千九百多年前的中王国时期，内有大小20余座神殿，主神殿太阳神阿蒙神的大柱厅，面积5000多平方米，厅内矗立134根如原始森林般的巨石柱，分16行排列，中央两排特别粗大，柱高达21米，直径达3.57米，每根柱顶可容纳100个人在上面站立，震撼人心（见图5-11）。众多神庙中，较为典型的有卢克索的阿蒙神庙。神庙是古埃及许多神与女神崇拜的圣居，据玛特律法所说，所有的神庙必须保持洁净，否则，神或女神会弃之而去，会导致埃及出现大动荡。随着祭司权力越来越强，墓地后来也变成了大神庙的一部分。这些神庙非常重要，它们周围会逐渐形成建筑群，越往中心越神圣，最里面是神圣的圣地，通往塔门的大道两侧通常有狮身人面像、圣羊像或其他巨型雕塑，神圣而又庄严。埃及神庙艺术的范围十分广泛，最主要的是建筑艺术，然后分为空间艺术、装饰艺术、浮雕艺术、象形文字艺术、绘画艺术等。其内部空间装饰以浮雕和绘画为主（见图5-12），门墙、围墙以及大殿内墙面、石柱、梁枋上都刻满了彩色浮雕。它们是记录法老远征的一目了然的编年史，描绘了军事会议、狩猎、宿营、攻克城堡、激战、热烈欢迎法老满载战利品凯旋的场面，题材丰富，构图变化多端，场面激动人心。构图保持着传统倾向，形象是理想化的，国王始终在构图里占据着主要地位，常被描写成百万雄师的领袖，或率众狩猎，威武雄壮。不论是浮雕还是绘画，采用的是现实主义方法，都表现出精确的技术性和真实而激动人心的场景。这种表征具有深刻的民间基础，是在描写埃及人民日常生活的基础上发展而来的。在神庙的整体设计上，"想尽办法创造神秘的气氛"，"适合埃及全国的精神需要"。埃及神庙特别是卡纳克神庙的建筑元素，如大圆柱和轴线式设计，先后影响了希腊建筑和世界建筑。

图5-9　埃及卡纳克神庙　　　　　图5-10　埃及阿布辛贝神庙

图 5-11　埃及卡纳克神庙巨石柱　　　　图 5-12　埃及神庙壁画

辉煌的历史，使这些神庙成为埃及最宝贵的财富。然而，由于历史、自然、战争、建设等原因，这些遗产遭受严重破坏，有的倒塌，有的被彻底摧毁。为保护埃及的辉煌历史，埃及于 20 世纪中期开始修复重建。其基本做法为：重建尽可能在原址原样恢复；重建特别强调必须考虑历史因素；文化遗产保护既要尊重历史，严守原真性底线，也要适应 21 世纪的特点，还要与埃及的特殊区位及充满欧、亚、非文化情调的大背景相融洽。

在文物保护过程中，埃及形成了六个独特的文物保护理念。除了"遗产立国"之外，第一个理念：埃及宝贵的历史文化遗产既是埃及的，更是世界的。埃及的文物浩如烟海，光靠自己来保护力量太有限。因此，文物保护依靠埃及，更依靠全世界。来自联合国教科文组织、外国政府、跨国企业、国际组织、公益人士，以及国际相关领域的协助，是重要来源。阿布辛贝神庙、阿斯旺菲莱神庙、卢克索王后谷、努比亚遗址、希拉克里雍海底古城等世界知名文化遗址的修复和重建，联合国教科文组织及国外文物考古专家在资金、技术等方面鼎力协助，起到了支柱作用。目前，来自 60 多个国家的 100 多个考古队正在全埃及境内 500 多个文化遗址进行考古挖掘。因而，不断探索发展国际合作、拓宽国际援助，为其核心做法。第二个理念：借助外力，筹集资金。例如通过拍卖电视台考古直播权，以及收取复制文物的版权费用，来筹集木乃伊 DNA 实验室资金，就非常成功。第三个理念：深度艺术化。通过艺术手段，挖掘设计，多维度立体呈现遗产风采。通过雕刻、修饰、灯光、3D、电影、电视，以及其他高科技手段，深度展示遗产的风采。第四个理念：人才为本。加大各类人才培养。第五个理念：高科技保障、法律护航。通过建一系列庞大、复杂的网上信息数据系统，如较有影响的"地理信息地图"系统，实现准确保护。1983 年 8 月 12 日，埃及《文物保护法》颁布并生效，明确禁止文物买卖和交易，严厉打击侵占、破坏、盗窃和走私文物行为，遏制了疯狂猖獗的盗窃走私行为。通过法律保障，防止破坏。第六个理念：策划活动，大众参与，赋予生命。通过旅游、节庆等，提高知名度。古埃及的历史，是人类迈入文明的第一步，这一步是漫长而巨大的。古埃及人创造的文明成果，仍在世界史上闪耀不灭的光辉，为后人所不可逾越。如今，埃及和底比斯有许多庆典，很多都放在这些神庙前举行，埃及神庙成为节庆的中心地。残破神庙见证数千年风霜，使其成为全世界各地游客的中心地，更成为埃及人民心目中最神圣、最令之自豪的精神高地。埃及文化遗产保护方面的艺术实践，给全人类留下了宝贵的财富。

案例4：印度文物保护、民族文化传统保护与宝莱坞

印度是世界四大文明古国之一，长达4000余年的文明史，使这个地域广阔的国度拥有丰富的文化遗产。各方面因素的综合作用，使印度产生出独特的文化体系。印度的文化遗产从史前到19世纪的历史古迹和建筑，共有5000多处，较典型的有：卡杰拉霍遗址群（Khajuraho Groupof Monuments）、科纳拉克太阳神庙、法塔赫布尔西格里、泰姬陵、埃洛拉石窟群、阿格拉古堡、斋普尔古城、桑吉佛教古迹、汉皮遗址群等等。此外，印度国内各地仍没有纳入保护范围的文化遗产还有1000多处。截至2014年年底，印度共有11项文化遗产被列入联合国非遗名录。然而，随着近年来的城市化、人口膨胀、环境污染、自然灾害等，这些文化遗产遭受摧残，面临巨大危机，加上以往因忽略对传统产品的专利保护，致使一些传统产品被其他国家"仿制""引进"或其他侵权，给印度的经济和文化带来难以估量的损失。印度政府也认识到了这些问题的严重后果，积极应对，开展了系列保护工作。印度的保护经验模式主要集中为五点：其一，积极保护各类文物古迹，特别是在庙宇这类传统公共建筑及"精神空间遗址"方面，突出重点；印度文化遗产众多，是印度教的起源地，保留了大量的印度教神庙建筑遗址（见图5-13、图5-14）。此外，还保留了大量的佛教建筑，以及伊斯兰教建筑等。印度的纪念性建筑分为三类：A类26个，其中20个被列为世界文化遗产；B类为100座重点保护纪念性建筑；其余属于C类。其二，保护民族传统文化，繁荣民族歌舞，恢复民俗，彰显民族特色。侧重保护各族群传统文化，特别是口头艺术、表演艺术、传统技艺及民俗，如乌尔都语（Urdu）诗歌、Kollywood诗歌、瑜伽等。印度文化部先后设立了26项专项保护计划，涵盖了文学艺术、视觉艺术、表演艺术、口头传承、社会实践、礼仪礼节、节日庆典、传统手工艺等各个领域。2005年，印度积极加入《保护非物质文化遗产公约》，民族文化保护跨入更高的发展阶段；组建族群传统文化网络；发动各界及民众积极参与，将"博物馆日"改为"世界遗产周"；加大宣传，激发民众对本国文化遗产的兴趣；积极建立各类专业机构，如"遗产古迹委员会""印度考古研究所"等，由专业机构提供技术支持。2015年6月，成立国家非遗委员会。其三，注重知识产权保护，防止外部侵扰破坏。设立"印度传统知识数字图书馆"是重要工程，除印度官方语言之外，该数据库提供西班牙语、德语、英语、日语和法语等5种版本。2002年，印度颁布《生物多样性法》。印度政府把1500多种瑜伽体式录制成视频，并以视频的方式收录在印度传统知识数字图书馆（TKDL）中，目前，已录制了

250多种瑜伽体式。制定标准规范，明确规定这250种体式为国家专利保护技术标准。印度政府这样做，旨在阻止外国跨国公司和个人获得印度古代瑜伽体式的专利和商标。而之前，印度的很多遗产如传统医药印楝、姜黄等，被一些跨国公司申请了相关专利，损失惨重。经过多年努力，图书馆已经拥有1000万页的数据库，涵盖药用植物、吠陀药物和瑜伽体式，仅药物就超过了20.93万种，内容不断刷新。其四，加大投入，多渠道寻求保护资金。在2012—2013年度，印度政府针对文物保护的国家拨款为21.6亿卢比。2013—2014年度的预算则达31.2亿卢比，增加44%。印度国内各类名胜古迹门票的收入成为修缮和维护各类文化遗产的经济来源之一。其中，A类、B类文物建筑采取的是门票参观制，而票价又实行双轨制，国内游客和外宾的价格通常相差十倍或数十倍。印度在文化部下设了"国家文化基金会"，专门提供和管理捐赠款。此外，非政府组织也积极筹措保护基金。其五，瞄准国际市场，积极走出去，积极打造文化产业，打造了世界影视品牌"宝莱坞"（Bollywood）。除了宝莱坞之外，印度还有其他几个主要影视基地。印度的庞大电影业，每年出产的电影数量和售出的电影票数量居全世界第一。宝莱坞是世界上最大的电影生产基地之一，拥有数亿观众。现代艺术与古老精湛、民族韵味强烈的音乐舞蹈艺术的完美结合，使印度电影全球火爆，在世界范围内掀起了印度热或印度艺术狂潮（见图5-15）。在全球影响中，印度对整个印度次大陆、中东、非洲和东南亚影响最大，在东亚、俄罗斯、欧美，以及大洋洲的斐济、新几内亚等国也产生了很深刻的影响。这样，印度通过保护各类文化遗产，积极向外拓展，在文化遗产保护艺术实践方面引领世界，取得了非凡的成就，几乎达到巅峰状态。

**图5-13　印度建筑遗产（一）**　　　　**图5-14　印度建筑遗产（二）**

图 5-15 印度宝莱坞电影剧照

案例 5：欧洲及地中海文明博物馆

欧洲及地中海文明博物馆（Musée des Civilisations de l'Europe et de la Méditerranée）位于法国马赛，于 2013 年 6 月 7 日落成，马赛也因此于 2013 年被评选为"欧洲文化之都"。博物馆位于法国港口城市马赛的入口处，背靠蔚蓝色的地中海，为深色巨型立方体建筑，共七层，建筑面积 4 万平方米。博物馆有一条

115米的小路与圣让田园堡相连,还有一条820米的散步道从建筑中间穿过,有着优雅的弧线和高效的连接方式。博物馆的诞生,有着极其复杂的各方面背景。位于法国南部海岸的马赛长期以来饱受黑帮暴力、贩毒活动和地下经济猖獗的困扰。多年来,警力缺失、枪支泛滥、公共设施不足等社会问题十分严重。2012年,马赛共发生25起黑帮寻仇致人死亡的暴力事件,其中20起与贩毒活动有关。马赛的黑势力也一直是法国政府面临的难题,法国政府也一直致力于打击马赛犯罪活动。2008年9月,马赛-普罗旺斯当选欧盟评选的2013年"欧洲文化之都",马赛试图甩掉"黑势力之都"的愿望日益迫切。马赛市政府在竞选中宣称,今天欧洲面临的真正的文化问题是"移民、种族主义、性别关系、宗教、生态",而马赛在这些方面均有出色的表现。为打造"欧洲文化之都"城市规划品牌、扭转城市形象,同时加强文化设施建设,修建欧洲及地中海文明博物馆成为马赛的重要举措。马赛希望能通过这座"欧洲及地中海文明之城"帮助扭转枪支泛滥、帮派争斗、毒品走私、政治腐败等负面的城市形象。博物馆由法国建筑师鲁迪·里乔蒂设计,体现马赛人大胆的设计风格与独具魅力的地中海文明主题。经过10年酝酿、设计、收藏和整理,博物馆终于正式对外开放,法国总统奥朗德亲自前来为博物馆揭幕。整个博物馆造价约1.91亿欧元(约合15.41亿元人民币),藏品近100万件,是世界上第一座以地中海文明为主题的博物馆,也是法国有史以来第一座位于首都巴黎以外的"国家博物馆",预计每年将吸引30万游客参观。"博物馆传递的主要信息与当代社会问题有关。"博物馆馆长布鲁诺·苏扎勒利说,"地中海是各种不同文化的交汇点,也是一个冲突地带。博物馆允许地中海沿岸国家之间的不同观点发生碰撞。"博物馆举办多期展览,如2014年展览的主题是"黑与蓝:地中海的梦想"。它追溯了从拿破仑时代的地中海梦想,到西班牙画家胡安·米罗的超现实主义画作,再到意大利黑手党,以及发生在贝鲁特、萨拉热窝等地的流血事件,展现了历史及严重社会问题。游客置身其中,不仅开启了一个色彩斑斓的视觉之旅,更引发了对近代以来的严重社会问题的思考,如殖民主义、旅游、战争、人性等。此外,为打造马赛新貌,法国政府和马赛市政府共斥资6.6亿欧元,新修了一大批建筑,如已投入使用的马赛曲纪念碑、M展览馆、J1展览馆、坎蒂尼博物馆等。马赛的文化投入已超过市政总投入的11%,仅次于教育。马赛还计划建设一条长1.5公里的海滨长廊,连接港口周围的各个文化设施,同时让游船驶入城市中心,使马赛古老与现代、自然与都市相融合。根据"2013马赛—普罗旺斯计划",马赛及所在的普罗旺斯地区将举办超过400场次的各种文化活动,包括举办40多个大型专题展览和100多场演唱会,开辟数条艺术专题旅游线路,举办各种电影专场、古典音乐会、杂技、舞蹈、大型艺术狂欢节等。实践结果表明,博物馆的开放及艺术活动确实大力扭转了马赛的负面形象。

### 案例6：迪士尼：成功的秘诀在于"会讲故事"

迪士尼为全球闻名遐迩的娱乐巨霸，全称为 The Walt Disney Company，名字取自创始人华特·迪士尼。迪士尼是全球性跨国公司，总部设在美国伯班克，主要业务包括娱乐节目制作、主题公园、玩具、图书、动画、表演、电子游戏和传媒网络。其旗下机构及公司（品牌）众多，主要有皮克斯动画工作室（PIXAR Animation Studio）、惊奇漫画公司（Marvel Entertainment Inc）、试金石电影公司（Touchstone Pictures）、米拉麦克斯（Miramax）电影公司、博伟影视公司（Buena Vista Home Entertainment）、好莱坞电影公司（Hollywood Pictures）、ESPN体育，以及美国广播公司（ABC）。2012年11月，迪士尼又收购了卢卡斯影业，后来领域扩展到手表、饰品、少女装、箱包、家居用品、电子产品等多个行业。迪士尼在20世纪三四十年代依靠米老鼠起家，后来推出的动画精品有：《狮子王》《森林王子》《白雪公主》《美女与野兽》《睡美人》《小美人鱼》《奇妙仙子》《灰姑娘》《小姐与流浪汉》《小鹿斑比》《小熊维尼》《泰山》《阿拉丁》《花木兰》《疯狂的飞机》《救援突击队》《星际宝贝》等；塑造的经典形象有 Mickey Mouse 米老鼠（米奇）、Minnie Mouse（米妮）、Donald Duck 唐老鸭（唐纳德）、Pluto（布鲁托）、Ariel 美人鱼爱丽儿公主、Snow White 白雪公主、Daisy Duck（黛丝）等等。由于全球很多国家特别是西方国家大多数民众都是从小看着迪士尼的动画片长大，很多人都是这个品牌的终身客户，动画获得了巨大的商业价值。迪士尼把动画运用的色彩、刺激、魔幻等表现手法与游乐园的功能相结合，1955年推出了世界上第一个现代主题公园——洛杉矶迪士尼乐园。正因如此，迪士尼领导着动画、电影、主题公园等多个产业的世界潮流。截至目前，全球已建成的迪士尼乐园有6座，分别位于美国洛杉矶、美国奥兰多、日本东京、法国巴黎、中国上海和中国香港。随着娱乐产业的不断升温，迪士尼这个国际品牌不断受到热捧，产值和品牌价值不断飙升，世界影响力不断增强。2008年品牌价值292.51亿美元，名列世界品牌价值100强的第9位，后来不断飙升。2014年，迪士尼资产812.41亿美元，营业收入450.41亿美元，比上年增长6.5%；利润61.36亿美元，比上年增长8.0%；2014在世界500强中排名第232名，比2013年的第248名上升16位。到2015年，福克斯全球品牌价值100强排行榜公布，迪士尼品牌价值为346亿美元，比2008年增长118.29%，排第11位，显示出无穷的活力与后劲。

然而，最令人惊奇的是，几乎迪士尼推出来的任何一个文化产品，都非常成功，都会快速走热，实现时髦化。这些成功源于其背后的长达数年甚至数十年的调查、偏好测评、市场问卷跟踪，特别是个性化设计能力以及产品快速适应调整能力，因而可以适应全球范围内的几乎任何地区、任何族群及任何文化区。但是，这仅仅是技术层面的问题,迪士尼成功的根基在于家庭化、全球营销视野、跨文明沟通能力、普世价值,以及共鸣反应。自迪士尼产生的那一刻起,其设计之初就不是为了个人或公司或社会组织,而是定位为面对家庭,为家庭集体娱乐服务,以提升和促进家庭的凝聚、团结、理解、关心、快乐和温馨为目标,专门设计产品,使自身成为必不可少的"家庭快乐的润滑剂"。迪士尼有很多理念:创新——Innovation(坚持创新),品质——Quality(达到高质量标准),共享——Community(创造的娱乐可以被全家人和各代人所共享),故事——Storytelling(永恒的故事总会给人带来欢乐和启发),乐观——Optimism,以及尊重——Decency(尊重每一个人)。然而,迪士尼的成功真正秘诀并不在于此,而是在于"会讲故事"。华特迪士尼消费品及家庭娱乐部门大中华区高级副总裁韩刚认为,迪士尼的成功在于讲故事的方式:"迪士尼一直专注于提供适合整个家庭的故事,以此形成家庭成员之间、家庭之间与迪士尼的情感纽带""正是借助了家庭的力量,迪士尼才能获得全球范围内跨文化的成功""我们所提供的故事特别能引起家庭的共鸣,这些故事已经获得几代人的信任,所以,我们的品牌是不会被人误读的。无论是在世界的哪个地方,人们都会把它与欢乐、时尚相联系"。

**案例7:邮票、年画、婚纱艺术、生活艺术品类**

代表性作品有海南风光系列邮票"黎族三月三""万泉河""鹿回头""海南风光","渔家乐"年画、儿童画"蓝色世界"、坭兴陶,以及婚纱摄影艺术等。典型的代表作如图5-16至图5-25所示。

图5-16 邮票《黎族三月三》　　　　图5-17 邮票《椰岛风光》

图 5-18　邮票《鹿回头》　　　　　　　图 5-19　邮票《海南风光》

图 5-20　年画《渔家乐》　　　　　　　图 5-21　海报《旋律》

图 5-22　时尚　　　　　　　　　　　　图 5-23　童心——海洋世界

图 5-24 养生时尚　　　　图 5-25 形象标识设计

案例 8：美国动漫《海底总动员》《白雪公主》《花木兰》《泰坦尼克号》，以及好莱坞

在艺术实践方面，美国做得最成功的，当数好莱坞。好莱坞是美国艺术产业的符号，是美国文化产业成功与世界影响的象征。好莱坞（Hollywood），位于美国西海岸加利福尼亚州洛杉矶郊外的圣佩德罗湾和圣莫尼卡湾沿岸，人口 30 万（2013 年），市区面积 1204.4 平方公里。"好莱坞"往往直接用来指美国的电影工业，经常与美国电影和影星联系起来。好莱坞是世界闻名的电影中心，每年在此举办奥斯卡颁奖典礼，成为世界电影业的盛会。好莱坞不仅是世界电影中心，也是全球音乐产业的中心，更是全球时尚的发源地。这里拥有着世界顶级的娱乐产业和奢侈品牌，如梦工厂、迪士尼、20 世纪福克斯、哥伦比亚公司、索尼公司、环球影片公司、WB（华纳兄弟）、派拉蒙等巨头，以及环球影城、派拉蒙电影城、比华利山、星光大道、日落大道、野外剧场、杜比剧院、好莱坞中国戏院、埃及大剧院、好莱坞娱乐博物馆等，还有像 RCAJIVE Interscope Records 级别的顶级唱片公司，NBA 等全球时尚体育，以及如好莱坞顶级品牌俱乐部（HOLLYWOOD SUPER BRAND CLUB）之类的诸多时尚产品及奢侈品的世界总部，引领全球并代表着全球时尚的最高水平。好莱坞的巨大成功与世界影响力，使之近些年来迅速成为全球的旅游热门地点。据美国经济分析局和国家艺术基金会联合发布的艺术和文化产业报告显示，2016 年好莱坞的经济产值超过 470 亿美元，而由好莱坞为代表的文化创意产业的总产值已经突破 5000 亿美元大关，约占美国 GDP 总量的 3%[1]。好莱坞不仅满足了美国国内电影市场的观众需求，还出口到世界各地，为好莱坞投资人带来了丰厚利润，更输出了美利坚合众国的文化魅力、形象与价值观。而好莱坞之外的大量动画大作，也深深赢得了全球观众之心。

---

[1] 腾讯体育：《好莱坞与 NBA 令洛杉矶年入 500 亿》（http://sports.qq.com/a/20170227/008651.htm），2017 年 2 月 27 日。

《海底总动员》：2003 年，通过与美国皮克斯动画工作室合作，迪士尼公司推出了一部以海洋为背景的动画电影《海底总动员》，短时间内风靡全球。据统计，这部动画总共获得全球票房约 8.67 亿美元，2003 年票房排第二。随后，迪士尼公司又推出了《海底总动员》的游戏版、图书版等，获取了可观收入。在 2012 年 9 月 14 日又推出了《海底总动员》3D 电影版进行重映，首映周末就收获 1750 万美元，名列全美票房第二位。《海底总动员》等系列海洋探索、海洋体验、海洋探险之类的海洋题材，在全球范围内掀起一次次海洋动漫热潮，世界各地的观众特别是儿童们对海洋加充满神秘感、新鲜感与好奇感，充满了期待，使海洋动漫产业发展前景广阔。《海底总动员》的成功仅仅是迪士尼无数成功案例中的一例，从中可以窥见中迪士尼艺术实践的成功与巨大魅力。

《白雪公主》（1937）：白雪公主是一个年轻美丽的小公主，她美丽优雅年轻，说话温柔，为人和善，对身边朋友充满爱意。她是一位真正的公主。她的美丽被恶毒的继母忌嫉，她逃离王宫，在森林和七个小矮人成为朋友。由于她的单纯，不幸被继母的毒苹果毒害。可是也正是由于她的单纯可爱，赢得了朋友，赢得了森林里小动物们的友谊，最重要的是，赢得了属于自己的白马王子的爱情，王子的一吻让她从此过上了幸福快乐的生活。迪士尼利用这个民间故事，演绎了美丽纯洁的童话世界，令世人倾倒，也深入阐释了纯洁与美丽的辩证关系。

《花木兰》（*Hua Mulan*，1998）：这部取材自中国著名民间传说的动画电影是迪士尼推出的第 36 部经典动画，把我们耳熟能详的巾帼英雄"花木兰"介绍到全世界。而花木兰刚柔相济的性格、一往无前的勇气、英姿飒爽的形象彻底把西方观众征服。他们慨叹木兰姑娘英勇事迹的同时，也深深地热爱上了这个坚强的中华女子，甚至把自己心目中的"年度亚裔风云人物"毫不犹豫慨赠予了这个传奇角色，以表达他们对她的崇敬和爱戴之情。为了《花木兰》的制作，迪士尼专门在佛罗里达州重建了一个强大动画片场和制作工作室，力求尽量还原中国古代故事的风貌和轨迹，而配乐大师杰瑞·戈德史密斯（Jerry Goldsmith）则亲自为本片担任原声配乐。成龙和李玟两大华人巨星更被重金聘请担任配音和中文主题歌的演唱，使本片在华人地区产生强烈共鸣。通过一系列精心铺排和超过五年时间的准备，《花木兰》一炮打红。

而电影《泰坦尼克号》，又为好莱坞的又一大巨作。该影片以巨型邮轮的海难为背景，以宝石链"海洋之心"为引线，以男主人公和女主人公的爱情为主线，展示了惊心动魄的灾难场景，以及种种人性表现，最后歌颂奉献精神和人道主义的伟大，可以说是有史以来的场面最为宏大、最惊心动魄、最为感人的海洋巨作。该影片上映以后，短期内风靡全球，上座爆满，全球票房达 21.868 亿美元（其中北美票房 6.587 亿美元，海外票房 15.281 亿美元）。该作品使好莱坞影片上到了一个新的历史巅峰，开辟了新的历史纪元。

**案例9：海南槟榔谷、三亚鸟巢酒店**

　　槟榔谷全名"海南槟榔谷黎苗文化旅游区"（见图5-26），创建于1998年，是中国首家民族文化型AAAAA级景区，位于保亭黎族自治县的甘什岭自然保护区境内。槟榔谷置身于古木参天、藤蔓交织的热带雨林中，周边森林层峦叠嶂，这里保存着最原始、最淳朴的黎族苗族风情。景区规划面积5000余亩，由非遗村、甘什黎村、谷银苗家、田野黎家、"槟榔·古韵"大型实景演出、兰花小木屋、黎苗风味美食街七大文化体验区构成，展示"活化石黎族文身"，还展示了十项国家级非物质文化遗产，包括黎族打柴舞、黎族竹木器乐、黎族原始制陶，以及联合国教科文组织颁布的急需保护名录"黎族传统纺染织绣技艺"等。秉承"挖掘、保护、传承、弘扬海南黎苗文化，使其生生不息"的使命，向世界再现了海南千年的文明，整个景区为一个黎苗族活态博物馆的构造设计，里面展示黎族苗族的历史、生产方式、社会、民风民俗、宗教信仰等等。槟榔谷还是海南黎、苗族传统"三月三"及"七夕嬉水节"的主要活动举办地之一，每到节日时，就热闹非凡，魅力十足，成为最具海洋岛屿民俗风情的纯净之所。作为中国首家民族文化型AAAAA级景区，槟榔谷还获得国务院颁发的"全国民族团结进步模范集体"，以及"国家非物质文化遗产生产性保护基地""十大最佳电影拍摄取景基地""国家文化出口重点项目""全国休闲农业与乡村旅游五星级企业"等多项国家荣誉。而离之不远的三亚亚龙湾人间天堂鸟巢度假村（见图5-27），则基于海南独特的生态及民族文化，独特创意，大胆设计，在山顶、半山腰及悬崖处热带雨林之间形成一排排悬空的"鸟巢"建筑，令人惊奇，展示了文化创意的伟大力量。因独特的风格，该酒店成了世界顶级森林度假村，享誉世界。

**图5-26　槟榔谷门景区**

图5-27　三亚鸟巢度假酒店

**案例10：青岛啤酒博物馆：国家4A级旅游区**

　　青岛啤酒博物馆是国家AAAA级旅游景区，是国内唯一的啤酒博物馆。该博物馆位于山东省青岛市，设立在青岛啤酒厂百年前的老厂房、老设备之内，展出面积6000多平方米，投资近4000万元。青岛啤酒博物馆，以青岛啤酒的百年历程及工艺流程为主线，充分利用百年德国建筑、设备，将百年青啤发展历程、百年青啤酿造工艺与现代化生产作业区相连，设计精巧，独具匠心。博物馆分百年历史和文化区、生产工艺流程区、多功能娱乐区三个浏览区，其中最具价值的当属青啤百年历史和文化展区，为整个博物馆的核心区域。在此，顺着时空的脉络，通过详尽的图文资料，游客可以了解啤酒的神秘起源、青啤的悠久历史、工艺流程、品质特点、青啤数不胜数的荣誉、青岛国际啤酒节，以及国内外重要人物到青啤来访参观的情况。青岛啤酒博物馆浓缩了中国啤酒工业及青岛啤酒的发展史，体现了世界视野、民族特色、穿透历史、融汇生活的文化理念，不愧是一座世界一流、国内唯一的啤酒博物馆（见图5-28）。

图 5-28　青岛啤酒博物馆风貌

**案例 11：斐济：全球最大水下酒店**

波塞冬海底酒店（The Poseidon Undersea Resort），位于南太平洋岛国斐济境内的一个私人小岛上，是世界上第一个海底度假村，号称"全球最大水下酒店"。酒店占地约 91 公顷，被一个约 2023 公顷的潟湖所包围。该酒店位于沿海潟湖水下 12 米处，共 25 间套房，1 家世界上最大最优雅的海底餐厅，以及酒吧、Spa 水疗室以及水下婚礼小教堂。每一间套房都配有海景展示窗，拥有 270 度的广角视野，能享受到窗外的海洋全景，饱览令人瞠目结舌的水下生物景观，如色彩斑斓的热带鱼群、形态各异的珊瑚。此外，每间套房还配有水流按摩浴缸，套房外围 70% 的面积都有亚克力材质包装，内部还装有调光灯以及给料机。酒店还提供潜水艇，以方便顾客考察周边暗礁。据称，这座水下建筑物是根据乘客潜水艇设计的。自海岸乘坐电梯可进入水下，酒店将为顾客提供秘密航班到达酒店，更增加了这里的神秘感。海岸上设有接待室、餐厅、休息室、泳池、奢华水疗中心、礼品店、网球和高尔夫场，甚至还有小型码头、剧场区，整个度假村占地达 5000 英亩。虽然在该酒店入住一周需要 9000 英镑（约人民币 8.9 万元），却也没有打消人们入住的任何愿望，至 2015 年 2 月，这家酒店已拥有 15 万位预约顾客[①]。酒店自 2001

---

① 陆月歆：《全球最大水下度假酒店》，2015 年 2 月，环球网（http://www.qh.xinhuanet.com/2014-09/19/c_1112.htm）。

年开始施工，原计划于 2008 年开放，至今仍未完成，期间投入的花费无人知晓（见图 5-29）。除斐济之外，迪拜水下酒店（Hydropolis）在全世界范围内也较有影响。

**图 5-29　斐济波塞冬海底度假酒店**

## 案例 12：首家博物馆式酒店——北京玛雅岛酒店

中国第一家博物馆式酒店——北京玛雅岛酒店面世，2019 年 10 月正式投入试营业。玛雅岛酒店总建筑面积约 2.7 万平方米，不仅具备功能齐全、配套完善的五星级酒店服务设施，还具有自身独特的玛雅文明展示的博物馆功能。玛雅岛酒店对玛雅文化及历史进行梳理，然后貌似随心所欲、实则自然和谐地将其融入酒店的建筑空间，从而形成一个集精品酒店、高档餐饮、休闲文化、旅游等为一体的高级酒店。不管是玛雅岛酒店的四周，建筑外观，还是内部装饰，或博物廊里，随处可见具有玛雅文化标记的饰物或壁画，如图拉武士像、鳄鱼文饰、玛雅象形文字、玉米神、羽蛇神、太阳神等，姿态万千，神态迥然，栩栩如生。这些饰物或壁画，或记载着玛雅人的历史起源与神话传说，或展现着玛雅人战争与凯旋的场面，或刻画玛雅人物物交换的场景，或记录着玛雅人的游行与舞蹈，或描述着玛雅人对神灵的敬仰与祭祀场景，一幅幅活灵活现的玛雅艺术珍品引人注目，发人深思，引人回到那遥远古老的玛雅时代，去感触充满神秘的古代文明。玛雅岛酒店被业界评价为"玛雅文化与中国传统文化及现代酒店文化的完美结合，是传统瑰宝与现代艺术的碰撞"，仅玛雅岛酒店博物廊展出的有关玛雅文化的照片、绘画、雕塑、石刻等就达到198件[1]。酒店由总部基地（中国）控股集团全资打造，文化是一个企业或一个区域持续发展的根基与深层动力，总部基地从一开始就努力打造多元的总部文化。玛雅文化与中国文化之间有着或多或少的联系，玛雅岛酒店在有限的空间内实现了两者的完美结合。董事局主席许为平表示，玛雅人创造了古老神秘而又高度文明的人类文明，我们从玛雅人的这种创造精神中得到启示和力量，将梦想变为现实，开创了中国第一个总部经济生态区——总部基地。玛雅岛酒店的建设过程，正是发掘玛雅历史、再现玛雅文明的过程，更是积极创新、开拓进取、精雕细琢、塑造文化的精神体验过程，人们在此不仅能体验到浓郁的玛雅文化魅力，还能感受到中国传统文化与世界文明交融的惊人力量。

**案例13：太阳神鸟：塑造一个城市的文化品牌**

太阳神鸟金饰，2001年出土于四川成都金沙遗址，是一张圆环状金箔。太阳神鸟属商代晚期（约公元前1300—前1046年）作品，金饰极薄，其上有复杂的镂空图案，分内外两层：内层为周围等距分布有12条旋转的齿状光芒；外层图案围绕着内层图案，由四只相同且逆时针飞行的鸟组成。四只鸟首足前后相接，朝同一方向飞行，与内层旋涡旋转方向相反。远远看去，里面的旋涡就如同一轮旋转的火球，蕴藏着无穷生命力。该金饰外径12.5厘米，内径5.29厘米，厚0.02厘米，重20克。经检测，金箔的含金量高达94.2%。现藏于成都市金沙遗址博物馆。有关太阳神鸟的产生及图案意义，始终是个千古之谜，考古界各种猜测较多。但较多的专家认为，该金饰为古蜀人祭祀用的神器，主要用于祭祀及安排农活。有研究认为其外层4鸟代表春夏秋冬四季轮回，内层12道芒纹代表一年12个月周而复始。四鸟绕日，周而复始，循环往复，生生不息，体现了上古人类对一年4季、12个月等天文历法的认知，体现出对太阳的强烈崇拜。因而，专家认为，该

---

[1] 龙坪：《内地首家博物馆式酒店迎客——玛雅岛酒店》，《中国文化报》2009年10月26日第5版。

器是上古人类"金乌负日"神话传说故事的反映。太阳神鸟图案反映了人类早期朴素的世界观及宇宙观。阳光是生命之源,因而成为人们最早崇拜的神。中华民族便把太阳和天空中飞翔的神鸟联系在一起,认为是神鸟驼着太阳飞行。这些观念,成了中华民族早期的部落图腾。太阳神鸟金饰,象征着中华民族追求光明、奋发向上的精神风貌。它遨游太空,象征中华民族千年飞天梦。

太阳神鸟金饰构图凝练,线条简练,流畅有力,充满强烈的动感,给人极大的想象空间(见图 5-30),展示了远古中华民族非凡的艺术创造力与想象力,是中华民族辉煌成就的典型代表。太阳神鸟展示出古人的智慧与魅力,展示出中华民族的巨大凝聚力与永久向心力。经多轮淘汰,2005 年,"太阳神鸟"金饰最终被评选为中国文化遗产标志。

太阳神鸟揭晓之后,备受推崇,并成为成都市城市形象标识。其图标构成是:以太阳神鸟图案作为核心图案,再加上"成都"中英文标准字,金色和赭红色成为标识的标准色,共同组成了成都市城市形象标识。无论是在市区内部还是对外宣传,成都市首先播放的都是太阳神鸟形象标识宣传片。"太阳神鸟"已经成为中国文化遗产的标志,更成为成都最靓丽、最具有世界性的文化符号。成都在努力打造"太阳神鸟"城市文化品牌,积极打造文化产业,使"太阳神鸟"构成一个具世界影响的文化圈。无论是已成为中国文化遗产标志的"太阳神鸟",金沙遗址,还是演出千场的音乐剧《金沙》,或建成开放的金沙遗址博物馆,在演绎太阳神鸟独特魅力的同时,将成都与世界相连,让更多的人走进成都,让更多的人认识了解这座城市,让更多的人永远爱上这座城市。

**图 5-30 太阳神鸟金箔**

**案例 14:韩国端午祭**

江陵端午祭（Gangneung Danoje Festival）是韩国最重要的传统习俗之一，是为了继承和发扬端午节而举行的庆典活动。韩国许多地区原来都有这种习俗，后来逐渐消失，唯独江陵地区保存较为完整。1967 年，江陵端午祭被列为韩国第 13 号重要无形文化财，2005 年被联合国教科文组织列为世界级人类口头与非物质文化遗产。江陵端午祭从酿制神酒开始，以大关岭祭神为始拉开帷幕（见图 5 – 31），活动期间将会举行各种绝技和祭祀典礼，精彩的汉诗创作比赛、乡土民谣竞唱大赛、国乐表演、伽琴并唱、官奴假面戏（见图 5 – 32）、假面舞、农乐表演、农乐竞赛、鹤山奥道戴歌谣、端午放灯等；跳绳、假面制作、烟火等传统游戏，以及拔河、摔跤、荡秋千、射箭、投壶等传统体育活动。江陵端午祭历史悠久，根基深厚。韩国政府借用节日的传统力量，积极打造江陵端午祭文化，以"国祭"的规格对之进行保护、推广、弘扬，以凝聚人心，激发爱国热情，巩固韩国血脉根基。同时，政府和各界积极对这个传统文化进行创意、开发、包装，开发出很多文化产品，形成许多国际国内有影响力的文化品牌。政府的力推，使端午祭不仅成为江陵文化的标志，更成为韩国民族精神的象征。由于久负盛名，每年端午祭期间，韩国和世界各地慕名而来的观光者达百万之多，并不断增长，期间开展多项国际活动，如 2015 年来自中国、日本、韩国、越南、俄罗斯、瑞士等 9 个国家和地区参加的国际亚细亚民俗学会的第七届年会。值得一提的是，韩国的端午祭与中国的端午节既有诸多相同之处及血脉渊源，也有很多区别，如中国端午节的插艾蒿、菖蒲、吃粽子、饮雄黄酒、五毒兜兜，划龙舟、纪念屈原等习俗，在韩国的端午习俗中并不存在。但江陵端午祭同样内容丰富，祭祀、演戏、游艺是主要内容。其祭典仪式形式和内容均保存完整，可以说是韩国江陵端午祭的核心。这些祭典仪式主要来自神话传说，他们祭祀的对象是"大关岭山神"、大关岭国师女城隍郑家女、国师城隍"梵日国师"、洞（村落）城隍、金庾信等，共有 12 位之多，实际上是萨满祭祀、舞蹈和民间艺术展示，但时间相接，跟我们传统端午节有很大区别。更重要的是，江陵端午祭并不是特指某个时间的一个节日，而是韩国江陵地区在端午节前后的一种祭典活动，整个祭典可长达 20 多天，甚至一个多月。根据相关特征可推测，江陵端午祭起源于中国，但传播至韩国之后被本土化改造，只保留了原有部分要素，其他的以当地原生文化特别是原始宗教文化或民间信仰为主。

图 5-31　江陵端午祭

图 5-32　官奴假面戏

### 案例 15：奥鲁罗狂欢节

奥鲁罗狂欢节（The Oruro Carnival），每年在奥鲁罗举办，是玻利维亚民间最盛大的庆祝活动，是南美大陆最具特色的狂欢节之一。奥鲁罗位于玻利维亚西部山区，海拔 3700 米。狂欢节是一个有超过两千年历史的宗教节日，狂欢节以当地的尤鲁土著居民群体为主，外部各个群体源源不断卷入①。狂欢节为期一周，狂欢期间，人们身着艳丽的服装，列长队在街上跳神魔舞（Diablada），它不仅仅是正义战胜邪恶的表现，还将宗教与传统、基督教的文化融为一体。狂欢服装的设计和制作别具特色，已发展成为奥鲁罗的一大艺术形式。除服装之外，独特的音乐、舞蹈和工艺品，也是狂欢节的精彩之处。狂欢节很受当地热捧，社会各界参与度高。节日里有很多神魔舞俱乐部，每个俱乐部的成员在40—300人。由于表演服装昂贵，各俱乐部都靠企业家赞助。狂欢节到来之前的几个月，各俱乐部就非常紧张地排练神魔舞了。不仅广大平民参加，许多政要也积极参加这一重大节庆及民间创意活动。2007年，玻利维亚总统和副总统都在狂欢节上翩翩起舞，与民众热烈庆祝节日。狂欢节有着浓郁的社会文化特点，除了"奇""怪""震撼"之外，规模超大也构成该节日的重要特点。如数年来，当地一直以2万名左右的舞蹈家和1万名左右的音乐家的规模，组成一支大型游行队伍，仅舞蹈队就绵延4公里长，在4平方公里的地方连续表演20个小时。以狂欢的特殊方式，该文化空间淋漓尽致地展现了安第斯传统文化和惊人艺术（见图5-33）。每年的狂欢节都吸引着40多万人前来观看。由于其独特的艺术风格及各方面价值，2001年联合国教科文组织将奥鲁罗狂欢节列为"世界级人类口头和非物质文化遗产"，奥鲁罗也因此成为玻利维亚"民间文化之都"。

---

① 对尤鲁土著居民而言，身着安第斯文化的特色服饰载歌载舞的奥鲁罗狂欢节其实就是传统的纪念La Pachamama的依托节，只不过在天主教的影响渗透下，官方的纪念对象变成了基督教洞穴圣母，依托节日披上了天主教仪式的外衣。

图 5-33 奥鲁罗狂欢节

**案例 16：创意 798**

798 艺术区（Art Dist）位于北京市朝阳区酒仙桥大山子地区，原为国营 798 厂等老厂所在地，面积 60 多万平方米。其建筑为 20 世纪 50 年代初苏联援建，由东德负责设计建造的重点工业项目构架，为典型的包豪斯风格，巨大的现浇架构和明亮的天窗为其他建筑所少见，不仅空间大、坚固性好，也能保持光线的均匀和稳定，是实用和简洁的完美结合。随着全球化浪潮到来、北京都市化扩张和生产方式的升级转型，高污染、高能耗的产业被直接淘汰或迁出城区，产生大批厂房空置或荒废。这些荒废厂房租金低廉，成为年轻艺术家的场地首选和大批"流浪"艺术家的创业天堂。2002 年 2 月，美国人罗伯特租下了这里 120 平方米的回民食堂，改造成前店后公司的模样。后来，多个文化行业积极入驻，包括设计、出版、展示、演出、艺术家工作室等，也有精品家居、时装、酒吧、餐饮、蛋糕等服务性行业。至少有 300 位艺术家在此直接居住或以此为主要艺术创作空间。不少国外艺术家，分别来自法国、美国、比利时、荷兰、澳大利亚、韩国、新加坡等 30 多个国家和地区，以欧美国家为主，既有大名鼎鼎的艺术家，也有名不见经传的无名之辈。这些艺术家和文化机构进驻后，大规模地租用或改造空置厂房，进行了重新定义、设计和改造，逐渐发展成为画廊、艺术家工作室、设计公司、艺术中心、餐饮酒吧等各种空间的聚合，形成具国际化色彩的"SOHO 式艺术聚落"以及"LOFT 生活方式"，引起了国际社会的相当关注。798 有各种画廊，有美国的、法国的、德国的、比利时的、日本的，也有朝鲜的，俨然成为一个艺术的国际盛会。经城市生活环境、历史文脉、建筑空间、当代艺术与文化产业的有机结合，798 已演化为一个文化概念，形成某种共识，以及 LOFT 时尚居住与工作方式。这些生存方式本身就是经济改革的产物，他们展示了 798 共识，展示了个人理念与社会经济结构之间新的关系——在乌托邦与现实、记忆与未来之间。798 是新时期的青年文化经过积淀转向成熟的载体。798 当代艺术和生活方式闻名于世，成了北京都市文化的新地标。2003 年，798 艺术区被美国《时代》周刊评为全球最有文化标志性的 22 个城市艺术中心之一。

**案例 17：太空旅游：太空电梯、太空酒店、太空新兴人类**

太空游项目始于 2001 年 4 月 30 日，第一位太空游客为美国巨商丹尼斯·蒂托[①]，第二位为南非富翁马克·沙特尔沃思，第三位为美国人格雷戈里·奥尔森。

---

[①] 2001 年，世界上唯一提供太空轨道观光飞行的政府机构——俄罗斯联邦航天署将美国富商丹尼斯·蒂托送上太空，让后者成为人类首位太空游客。蒂托为了这次太空飞行花费了 2000 万美元。

但高昂的费用,使太空旅游仅成为"富人的俱乐部"。太空旅游是由宇航员们担任"导游",由宇航员操纵航天飞船的特殊活动,而游客要做的,仅仅是听从宇航员命令,并不需要经过严格系统的训练,但必须具备健康的身体。从目前来说,常被提及的太空旅游至少有4种途径:飞机的抛物线飞行、接近太空的高空飞行、亚轨道飞行和轨道飞行。其一,抛物线飞行:并非真正意义上的太空旅游,它只能让游客体验约半分钟的太空失重感觉。游客如果乘坐俄罗斯宇航员训练用的"伊尔-76"等飞机做此体验,费用为5000美元。其二,高空飞行:也非货真价实的太空旅游,但可让游客飞到距地面24公里以上的高空,便看到脚下地球的地形曲线和头顶黑暗的太空,可让游客体会到一种无边无际的空旷感(见图5-34、图5-35)。游客如乘坐俄罗斯的"米格-25"和"米格-31"高性能战斗机,每

图5-34　太空遨游

图5-35　有待探索的浩渺宇宙

张票价约为 1 万美元。其三，亚轨道飞行：在火箭发动机熄火和再入大气层期间，能产生几分钟的失重，以美国私营载人飞船"宇宙飞船一号"和俄罗斯计划研制的 C-XXI 旅游飞船为典型，"船票"约为每人 10 万美元。其四，轨道飞行：环地球太空绕行，为真正意义上的太空旅游。美国哥伦比亚号航天飞机失事后，太空旅游机构大多将目光转向了"联盟"系列飞船。如乘坐美国航天飞机体验此项目，每张票价约为 2000 万美元。美国空间技术产业化已经创造了 2 万多亿美元的巨额利润。发展空间如此之大，以至于 2007 年 9 月 17 日，美国宇航局局长迈克尔·格里芬在纪念宇航局成立 50 周年的演讲时说，"太空经济"（Space Economy）时代已经到来。除了这 4 种相对成形的"太空游"模式，新项目更为丰富惊奇，人类在积极畅想并探索研发"太空巴士""太空电梯""太空旅馆""太空育种站"，设想悬浮在距地面 400 公里高空的度假酒店，设想人类背着行李通过国际空间站走向月球、飞入其他星球、走向茫茫宇宙，成为茫茫宇宙深处的"主人"……太空游越来越火热，转向这一空间开发的巨头也越来越多。为扫除高费用的障碍，英国亿万富豪布莱森创立维珍银河公司，大力推广相对廉价的太空游。2017 年 3 月，全球已有超过 500 人预订了维珍银河公司的太空飞船"船票"，其中不乏好莱坞明星汤姆·汉克斯、英国物理学家斯蒂芬·霍金等名人，也包括一名浙江宁波籍商人。人们遨游太空的数万年人类理想，期盼已久的最令人刺激的体验，在不太久远的未来，将走向普通大众，将会如梦幻般很快实现。

案例 18：迪拜——艺术产业、世界时尚中心

迪拜（阿拉伯语：دبي）位于阿拉伯半岛中部、阿拉伯湾南岸，与南亚次大陆隔海相望，是海湾地区中心。迪拜地处亚非欧三大洲连接交接处，属水陆交通枢纽。迪拜常住人口约 280 万人，本地人口仅占 15% 左右，外籍人士来自全球 200 多个国家和地区。常住迪拜的华人约 34 万人，其他外籍人士来自埃及、黎巴嫩、约旦、伊朗、印度、巴基斯坦、菲律宾等。迪拜为阿联酋人口最多的城市，2016 年人均 GDP 为 109527 美元，为中东最富裕的城市、现代化国际大都市、全球性国际金融中心之一，被称为中东-北非的"贸易之都"。迪拜在 20 世纪 70 年代之前只是一个小小的渔村，靠打鱼和珍珠为主要谋生手段，自 70 年代发现了石油后，短短三四十年内一跃成为世界瞩目的明星城市、世界金融中心，是世界一大奇迹，有许多不解之谜。迪拜的巨大成功，不能简单归结为某个原因，而是多方面作用综合的结果，包括地理优势、优厚免税政策、石油产业、文化产业及艺术等。而在其中，艺术和文化创意无疑是最重要的因素。这种艺术及创意，首先深刻烙印于迪拜城市的整个规划理念之上。可以说，迪拜的整个定位、规划、发展，无不是建立在艺术和创意的根基之上。迪拜的灵魂是艺术，无论走到哪里，所见的都是艺术。不管是从外层，还是

深入灵魂，到处渗透的是艺术的魅力。其次，从城市规划和建筑来看，无论是从城市的整体规划，还是从微观建筑个体或内部装饰雕刻，无不渗透出艺术的气息。这种理念，表现为阿联酋不断建造各式各样的"世界之最"建筑（见图5-36），着力把迪拜打造成为世界艺术之星。几乎每一座建筑，如七星级酒店（帆船酒店）、世界最高的摩天大楼（哈利法塔）、棕榈岛（见图5-37）、The Dubai Mall、月亮建筑、阿拉伯塔酒店、迪拜园、迪拜塔区、商业湾，以及贸易港口Jebel Ali港、Rashid港等，都是建筑艺术的典型代表，成为世界建筑地标。从产业实力来看，迪拜发展的核心竞争力是时尚艺术产业。迪拜的支柱产业包括物流、贸易、金融、旅游及时尚产业。从整个构成及发展态势来看，时尚产业及旅游业为产业的灵魂。迪拜拥有世界上第一家七星级酒店（帆船酒店）、世界最高的摩天大楼（哈利法塔，总高828米，15亿美元建造）、全球最大的购物中心（迪拜贸）、世界最大的室内滑雪场（阿联酋贸），以及许多的自由贸易区。迪拜为阿拉伯世界时装之都，22个阿拉伯国家的服装聚集此地，丝毫不逊色于米兰、巴黎。迪拜还是一个吸引外国商人（以印度人为主）来城市定居的重要港口城市。迪拜投入巨资，采用最先进技术修造海下酒店（亚特兰蒂斯酒店），令全世界为之疯狂。随着众多产业庞然崛起，迪拜以具特色、极其活跃且近乎世界纪录的房地产、赛事、会谈等，吸引了全世界的目光，使迪拜几乎成了奢华的代名词。迪拜一直不惜代价极力打造时尚产业，多年来的努力使迪拜迅速成为世界"时尚之都"。自2006年起，迪拜国际电影节设立"马驹奖"，以表彰阿拉伯电影工作者。作为欧洲、非洲和亚洲的交通中转枢纽，迪拜每年举办无数次国际性的大型展会、博览会、招商引资会等，带来无限商机。今日，迪拜不仅成为重要的观光胜地与港口，也是资讯技术与金融的产业重镇，更是时尚产业的世界重镇。从迪拜的巨大成功经验来看，艺术已成为城市核心竞争力的源泉，成为城市形象、魅力和感召力的源泉。

图5-36 人间奇迹——迪拜艺术建筑群

图 5-37　世界艺术奇迹——迪拜棕榈岛

(四) 艺术知名品牌

1. 世界知名文化艺术创意产业品牌 (见表 5-1)

表 5-1　　　　　　世界知名文化艺术创意产业品牌

| 经典品牌 | 所属国家 | 所属行业 | 营业收入<br>(百万美元) | 利润<br>(百万美元) | 500 强排名<br>(2016) |
| --- | --- | --- | --- | --- | --- |
| 美国好莱坞 | 美国 | 影视业 | — | — | — |
| 法国戛纳 | 法国 | 影视业 | — | — | — |
| 印度宝莱坞 | 印度 | 影视业 | — | — | — |
| 百老汇 | 美国 | 影视娱乐 | — | — | — |
| 新闻集团 | 美国 | 新闻业 | — | — | — |
| 保利集团 | 中国 | 艺术、贸易 | 26046.6 | 1020.5 | 457 |
| 时代华纳 | 美国 | 媒体影视 | 28774 | 3827 | 415 |
| 华特迪士尼 | 美国 | 娱乐 | 52465 | 8382 | 164 |
| 万达集团 | 中国 | 文化综合 | 3000 | — | — |
| 腾讯集团 | 中国 | 游戏产业 | 2500 | — | — |

续 表

| | 经典品牌 | 所属国家 | 所属行业 | 营业收入（百万美元） | 利润（百万美元） | 500强排名（2016） |
|---|---|---|---|---|---|---|
| 品牌企业① | 超级跨国创意巨头（9家）：三星、Alphabet、苹果、亚马逊、微软、索尼、英特尔、甲骨文、高通 | 文化创意及文化资本领先企业（22家）：伯克希尔·哈撒韦、IBM、软银、迪士尼、思科、华为、汉莎、埃森哲、21世纪福克斯、维旺迪、时代华纳、麦当劳、途易、黑莓、弗劳恩霍夫、AMD、赛门铁克、摩根士丹利、瑞银、高盛、瑞士信贷 | 潜力全球文化企业（集团）（共19家）：康卡斯特、贝塔斯曼集团、威亚康姆、哥伦比亚广播公司、万达、新闻集团、百度、腾讯、阿里巴巴、时代华纳、雅虎、朝日新闻、央视、博达媒体集团、独立电视、Gannett、赫斯特集团、iHeart Media、Advance Publications | | 其他：环球影片公司、狮门影业、顶峰娱乐、派拉蒙电影公司、米高梅、梦工厂等。有的已被收购 |
| 经典电影 | 《阿凡达》《泰坦尼克号》《加勒比海盗》等等。经典好莱坞电影：《公民凯恩》《卡萨布兰卡》《教父》《乱世佳人》《阿拉伯的劳伦斯》《绿野仙踪》《毕业生》《在江边》《辛特勒的名单》《雨中曲》等等 ||||||
| 经典演出 | 《图兰朵》（佛罗伦萨歌剧院）、《茶花女》演剧、《吴哥的微笑》（柬埔寨）、东芭民俗乐园（泰国）等等 ||||||
| 经典动漫动画 | 世界各地：《机动战士高达》（全球总收视率13.2亿）、圣斗士星矢（票房4.1亿）、名侦探柯南（3.87亿）、《冰川时代》（2002）、《海底总动员》《玩具总动员》《花木兰》（票房3亿美元，1998）、《变形金刚》（4.3亿票房）、《非洲历险记》《飞屋环球记》 ||||||
| 经典动漫动画 | 《冰雪奇缘》《海贼王》（日本1997）、《龙珠》（日本）、《通灵王》（日本1997）、《千与千寻》（日本）、《铁臂阿童木》（日本）、《灌篮高手》（1990）、《火影忍者》（日本）、《料理鼠王》（日本）、《游戏王》（1998）、《棒球英豪》（票房3.6亿美元）、《七龙珠》（3.412亿美元）、《口袋妖怪》（2.8亿美元）、《棋魂》（2亿美元）、《蜡笔小新》（2.3亿美元）、《犬夜叉》（2.2亿美元）、《美少女战士》（2.142亿美元）等等。<br>迪士尼经典系列：《狮子王》《森林王子》《白雪公主》《灰姑娘》《小美人鱼》《睡美人》《美女与野兽》《小飞侠》《仙履奇缘》《小熊维尼历险记》《奥利华历险记》《艾丽斯漫游仙境》《阿拉丁》《风中奇缘》《旋律时光》《小鹿斑比》《小姐与流浪汉》《妙妙探》《斑点狗》《101忠狗》《泰山》《米奇与魔豆》《石中剑》《大力士》《三骑士》《罗宾汉》《钟楼怪人》《日小飞象》《救难小英雄澳洲历险记》《猫儿历险记》《木偶奇遇记》《星银岛》《变身国王》《失落的帝国》《疯狂的飞机》《星际宝贝》等。创造形象：主要有米老鼠、唐老鸭、白雪公主等 ||||||

① 列出依据主要参考英国创意咨询及投融资机构 Psonerh Creative Capital（PCG）发布的跨国文化创意企业50强名单（2016）。来源：《跨国文化创意企业50强榜单》（https://sanwen8.cn/p/276b26B.html）。

续 表

|  |  |
|---|---|
| 游戏卡通 | 品牌产品:《魔兽世界》,实现利润100亿美元;《使命召唤黑色行动》,实现利润15亿美元;《马里奥卡丁车Wii》,实现利润14亿美元;《侠盗猎车4》,利润13.5亿美元;《WiiPlay》,利润12.5亿美元;《新超级马里奥兄弟Wii》,实现利润12亿美元;《侠盗猎车手3》圣安地列斯,创利8.5亿美元;《使命召唤现代战争2》,7.8亿美元;《模拟人生》,7.4亿美元;《使命召唤4:现代战争》,7亿美元等等 |
| 遗址保护 | 古希腊帕特农神庙、雅典卫城、古罗马斗兽场修缮,意大利庞贝古城的保护,埃及卡纳克神庙、阿布辛贝神庙的修缮设计,阿曼乳香之路等等 |
| 环境艺术 | 挪威创意森林、新加坡花园走廊、西班牙伊比利亚半岛石壁画艺术、西雅图布莱克冒险岛、"人间天堂"夏威夷、马尔代夫、"上帝的后花园"巴哈马群岛、热浪岛(马来西亚最美岛屿)、普吉岛、董里岛、巴厘岛(印尼)、斐济水下酒店、迪拜水下酒店、希腊圣托里尼岛等等 |
| 时尚 | 夏威夷草裙舞、西方本牛节,皮尔·卡丹(服装)等 |
| 世界节庆品牌 | 西印度群岛:加勒比海盗节、多伦多"加勒比服装比赛会"、加勒比海上艺术节;西班牙奔牛节(圣费尔明节);"非洲文化摇篮"尼日利亚之安娜堡艺术节;加拿大特利尔市狂欢节;印度风情周①、阿布贾狂欢节、上海国际艺术节等等 |
| 工程 | 英国:"拥有艺术"计划,目标:人人都能成为收藏家 |
| 成功案例 | 迪拜棕榈岛、迪拜帆船酒店、干船坞世界、迪拜海中悬浮别墅;金阁寺:日本人"心灵故乡";印度总理:瑜伽出访+国内万人瑜伽活动等等 |

2. 中国艺术创意品牌（见表5-2）

表5-2　　　　　　　　　　　　中国艺术创意品牌

| 类别 | 艺术创意(含遗产创意)国内知名品牌 |
|---|---|
| 主题公园或主题创意园 | 青岛极地海洋世界、大连老虎滩极地海洋动物馆、烟台海昌鲸鲨馆、北海海洋之窗、北海海底世界、成都基地海洋世界、天津基地海洋世界、重庆加勒比海水世界、武汉极地海洋世界、珠海神秘岛乐园、世界之窗、锦绣中华、华侨城、海南保亭槟榔谷(黎苗欢乐谷)、岭南印象园、大连发现王国主题公园、北京798艺术区、海口电影公社、浙江横店、上海迪士尼乐园等等 |

---

① "印度风情周"内容丰富,精彩不断,主要活动包括印度时装表演、印度传统舞蹈、印度传统婚礼、印度现代舞蹈、经典电影回顾等等。

续 表

| 类别 | 艺术创意（含遗产创意）国内知名品牌 |
|---|---|
| 遗产品牌 | 京杭大运河、三坊七巷、金沙遗址、海上丝绸之路博物馆（阳江）、贵州生态博物馆群——梭戛生态博物馆（中国—挪威文化合作项目）、藏羌彝文化走廊（甘孜、阿坝、凉山等）、茶马古道、坭兴陶文化创意园、青岛啤酒博物馆、岱山海洋文化节（含海洋系列博物馆群）等等 |
| 知名企业 | 浙江横店集团、横店影视、巨人网络等等 |
| 演艺作品 | 大型历史舞剧《碧海丝路》《印象·刘三姐》《印象云南》《印象西湖》《宋城千古情》《天门狐仙》《大地飞歌》《八桂大歌》《魅力湘西》《热贡神韵》《大明宫》等等 |
| 动漫动画 | 《喜羊羊与灰太狼》《熊出没》等 |
| 知名节庆 | 中国-东盟博览会（南宁）、南宁国际民歌节、象山开渔节、张家界国际乡村音乐周、三亚国际沙滩音乐节、万宁国际冲浪节等等 |
| 著名景区 | 海南三亚南山佛教文化园、西岛海洋文化旅游区、长隆海洋度假区（长隆水上乐园）、曲江大唐不夜城、曲江文化景区等等 |
| 成功案例 | 三亚海螺姑娘创意文化园、万宁"世界冲浪小镇"、观澜湖·华谊·冯小刚电影公社、汕头方特欢乐世界、深圳西部海上田园旅游区、深圳南山"总部高地"、深圳福田"环CBD高端产业区"等等 |

## 五 艺术载体——遗产本真保护的最完美、最理想模式

海洋文化遗产该采取哪些方法保护，才最理想、最完美？不能一概而论，必须根据遗产的实际情况分门别类对待。但一般来说，海洋文化遗产内涵及特殊性的表现形式，是海洋艺术。相对于其他各种形式，艺术之路成为文化遗产本真保护的最完美、最理想模式，因为艺术形式具备七个优点：其一，能实现本体保护、原地保护。艺术注重协调，尤其是遗产内部各个结构及遗产与外部环境及生存空间之间的协调。通过艺术之路，能实现遗产与环境土壤相协调。其二，能挖掘真正内涵，维护本真，彰显价值。艺术以追求遗产的内涵及本真意义为本，以真善美为最高价值，以追求美为使命，而不会为了利润抛弃艺术本身，致使自己毁灭。其三，艺术注重表达形式、表现形式。艺术就是追求美、展现美，为此，艺术尝试各种手段，塑造形象，极力表现这种美的各类姿态，能做到内涵内容与表达形式的完美统一。其四，

艺术形式较为固化、稳定，能避免由于保护手段频繁更换引起的内外部因素干扰产生的种种破坏，实现可持续发展。文化遗产是千百年来劳动成果的体现，是智慧的凝聚，是创造力、表现力的结晶，因而，它是艺术和创新的源泉。其五，艺术的交流是心灵的交流，层次高，交流面广。艺术探索人的本质，捕捉瞬息万变的现象，描绘人的体验、感受或享受，表达人的苦辣酸甜情感，深刻揭示事物的本质，因而，艺术可跨过语言、文化、阶层、族群或国家的界限，渗进人的心灵、每个细胞、每个分子，它是人类文明交流之脉。艺术沟通人类文明，可以"全球直通车"。其六，艺术形式人见人爱，能深入灵魂。艺术是人类的创造力、智慧的展现，开拓人类潜能。通过表达某种特定追求或共同的愿景，艺术可产生跨族群认同性。其七，艺术能激发心灵、催人反思、唤醒意识、激活潜能。在海洋时代，艺术形式更能激发蓝色心灵，激发蓝色兴趣，唤醒蓝色意识，激活蓝色潜能，点燃蓝色激情。总之，海洋文明复兴需要依靠强烈的蓝色意识，更依赖于智慧、想象力、创造力，更取决于每个人的行动，取决于国民意识，而艺术是能取得上述突破的最有力途径。保护文化遗产，就是繁荣艺术。

> **艺术：时尚性与本土性的再反思**
>
> 强调民族性并不是要排斥其他国家的学术研究成果，而是要在比较、对照、批判、吸收、升华的基础上，使民族性更加符合当代中国和当今世界的发展要求，做到越是民族的就越是世界的。解决好民族性问题，就有更强能力去解决世界性问题；把中国实践总结好，就有更高水平为解决世界性问题提供思路和办法，这是由特殊性到普遍性跳跃的发展规律决定的。因而，要学习借鉴，推动中华文明创造性转化、创新性发展，激发活力，让中华文明同各国人民创造的多彩文明一道，为人类前进提供正确精神指引。

> **深度：历史复兴、遗产、艺术**
>
> 一个成熟的国家，应让民众有更多存在感和更强凝聚力，让文化遗产的内涵有扩展和提升的巨大空间。遗产不应成为今人逃避现实的避难所，而应成为促进民众反思历史、凝聚认同、扩大交流、激发创新的互动空间。文化复兴需要价值重建和创新，任何民族复兴都是改革创新的过程。当代中华文明的价值重建不是复古而是在中西文明交融、世界文明交融中再造新价值。一个国家的文化影响力必须以民族传统文化为支撑，且往往以文化艺术的价值固定下来，才能在全球交流中得以充分展示，逐渐被国人们欣赏喜爱，最终得到世界的认可。

因此，开启海洋文明，艺术是最好的形式。海洋文明的伟大复兴，就是以大海洋生态环境为背景，以海洋文化遗产宝藏为核心资源，以未来时代发展为导向，通过保护文明根源，不断挖掘创新乃至革命，以艺术开启心灵、智慧，激发激情，以艺术铸就生命灵魂，以艺术开启蓝色时代文明的历史过程。文化竞争是所有竞争中最高层次的竞争。遗产是文明的根基，是文化核心中的核心。因而，海洋文明复兴，海洋文化遗产是最重要的资本，是未来时代的"母矿"。著名文化学家罗迈德·威廉姆斯说过:"文化研究最精彩的片段,将不再是回溯古老洞穴的火把,而是照亮未来选择的光柱。"因此,艺术之路,就是保护文明根基之路,就是照亮未来文明、提升文明之路。

## 第四节 海洋文化遗产的艺术创意模式探索

### 一 创意及创意产业概述

1. 创意

创意(Creativity)是创造意识或创新意识的简称,亦译作"创造力"。它是指对现实存在事物的理解以及认知,并由此衍生出的一种新的抽象思维和行为潜能。创意是打破常规的一种哲学思维,是对传统的叛逆,是逻辑思维、形象思维、逆向思维、发散思维、系统思维、模糊思维、直觉以及灵感等多种认知方式综合作用的结果。创意重视直觉和灵感,更多的突破都是源于这种一瞬间的想法。随着时代发展和消费层次的提高,享受层需求逐渐提高,深度体验成为许多消费的主流趋向。在这种背景下,"体验"成为新兴经济形态的动力支撑。创意是破旧立新的创造,不同于寻常的解决方法。按凯夫斯的观点,创意产业正是以消费者体验作为基础,培养创造审美感受,满足审美需求,通过文化力量来创造消费享受的活动。通过创新,创意进一步改进和激活资源组合方式,提升资源价值。今天,投资驱动型经济(Investment Driven)已走到尽头,创新驱动型经济(Innovation Driven)与知识驱动型经济取而代之,是创意经济产生的时代大背景。

创意是以人的智慧、想象力和创造力为基础的创造活动,是以人本价值导向的创新,更强调创新内涵的人文化。从创新的方式来看,它一方面强调创意必须是原生态的创新,另一方面更加强调创意必须是"活"的创新。创意经济实际意味着,传统的以效用为重心的经济,已经向以价值为重心的经济转变。也就是说,原有的经济以理性资本(包括物质资本与公共知识,即物化知识为基础的经济)为基础,现在已经转向以"活性资本"(包括知本,即个人知识资本、社会资本、文化资本、创造力资本、精神与潜意识资本)为基础的经济。创意虽然也追求利益最大化,但其导向已实现从效率优先到价值优先的根本转变,这种价值优先,最突出表现为人的想象力、创造力价值优先。

2. 创意产业概述

创意产业,又叫创意经济(Creative Economy)、创新经济、创意工业(Creative Industry)、创造性产业等,是指那些从个人的创造力、技能和天分中获取发展动力的企业，以及一切通过对知识产权的开发来创造潜在财富及就业机会的活动。"创意产业"与传统产业最大的区别在于：创意为产品或服务提供了实用价值之外的文化附加值，最终提升了产品的总体价值。全世界创意产业每天创造的产值高达 220 亿美元，并以 5% 的速度递增。美国、英国等西方发达国家的创意产业增速已高达 10% 以上。创意产业，由英国经济学家约翰·霍金斯先生提出，其核心理念，就是通过"越界"促成不同行业、不同领域的重组与合作，以实现生产力的整体突破。即通过各领域、各产业的不断"越界"，寻找新的增长点，依靠全社会实现创造性发展，来促进技术进步及社会机制的改革创新。因而，创意产业来自创造力和智力财产，属于具备自主知识产权的智慧产业。它来源于技术、经济和文化的交融，是内容密集型产业。在科技信息越来越繁杂的今天，"注意力"已成为一种稀缺资源。创意产业，正是以"注意力"作为市场目标的新兴经济形态。"创意经济"概念 1998 年最先由英国政府正式提出后，迅速红火，很多国家把创意提高到发展的战略层面，有的国家甚至提出"创意立国"的经济发展模式。随着经济社会的快速发展，创意的内涵也越来越广，门类更繁多，由此衍生出许多概念，如"创意资本"（Creative Capital）、"人力资本""创意阶层"（Creative Class）、头脑风暴法（Brainstorming）、"文化创意产业园"（德瑞克·韦恩提出）、"文化区"（Hilary Anne Frost‐Kumpf 提出）等等。创意越来越成为创新的内在活力重要源泉和震撼力根基所在，成为时代技术进步发展的"助推器"。

创意产业包括广告、建筑艺术、书画、文博、古董市场、手工艺品、时尚设计、电影、电视、广播、录像、动画、动漫、表演艺术、音乐、交互式互动软件、出版业、软件及计算机服务、会展、节庆等。此外，还包括旅游、博物馆、美术馆、体育、养生、培训，以及相关的策划、咨询、规划、设计、宣传、推广、管理等相关活动。这些产业已经深刻改变了现代人的能力、生产、生活，改变了人的思维观念及灵魂。这些产业群的迅速崛起，标志着创意经济时代已经到来。

## 二　创意设计的"法则"

海洋艺术创意虽多种多样，变化万千，但还是有一定的规律可循。创意有创意的"法则"，当然，这些"法则"包括很多方面，以下 4 个方面至为关键。

第一，主题定位："海洋主题法则。"创意设计的主题定位，应该围绕海洋展开，特别是围绕海洋生态文明、生态保护，海洋行为、制度、信念理念，以及蓝色潮流或蓝色时代发展繁荣主题，如"走向海洋""探索海洋""深入海洋""亲近海洋""创造海洋""复兴海洋"等，或是"海洋化""本土化""国际化"等，集中发力。必须以海洋为中心，聚焦海洋，不能偏离。

第二，创意设计的原理："价值内核法则。"创意设计要以一定的逻辑思维为主线，以某种基本原理或准则处理各种关系。但不管是什么活动，都万变不离其宗，都是要围绕价值，凸显价值，展现价值，最后创造价值，即紧扣"价值内核"，开展各种创意、设计、发展、交融、创新、宣传、推广活动。

第三，创意的方法、手段及关键："360°立体手段并用。"创意的逻辑、方法、手段多种多样，如既可以按视觉从点、线、面的角度来展开，也可以按照要素—系统—形状—功能（空间分布格局）的主线开展创意，或以历史、现实、未来的时间坐标维度来展开，也可以以波浪性思维、曲线或其他几何形的空间组织结构等来展开，大胆创造。

第四，创意的核心："搭配。"创意设计除了具备"初级设计"和"次设计"的因素外，需要融入与众不同的设计理念——"创意"，即更强调人的目的性、想象力、创造性。创意的成功在很大程度得益于要素的重新排列组合及搭配创造。一定条件下，越是大胆、独特的要素排列组合、互补搭配，创意越是成功。通过搭配，使遗产要素活起来，使遗产的价值"活"起来，激发系统机能，实现优势互补，整体效用能得到最大限度的提升。

总之，创意的过程就是资源整合内聚、突出自身优势，提升核心竞争力的过程，是塑造产业灵魂、培育文化魅力的过程，就是海洋文明复兴的微过程。而要将所有的遗产系统整合，深入搭配，综合运用，激发集聚效应，就必须借鉴国际上最新推广的、最先进的保护线性遗产"文化线路""遗产廊道"模式，通过整合、重组、建模，构建"环北部湾海洋艺术遗产廊道"模型。通过遗产廊道塑造，最终打造环北部湾"海洋艺术之城"或"海洋艺术城市走廊"。

### 三 海洋文化遗产创意设计模式

海洋文化遗产的创意设计模式有多种，同一项遗产可有不同的方法及设计模式，不同项遗产之间的创意设计模式更是千差万别、形态万千。各种创意设计模式的背景、原理、侧重点、内涵、线路，以及操作手法、目标差别很大，需结合具体情况选择使用或变通使用。不同的创意模式、设计方法之间可交互融合，产生出新的类型。但经过理论总结及各地实践的概括，一般来说，海洋文化遗产的创意设计模式主要有以下27种类型。

类型1：废墟型。严格废墟保护、原址保护、原真保护。主要针对各类遗址、城址，以及各类不可移动文物，包括古生物化石、恐龙化石遗址、古人类化石、古人类遗址及聚落，以及其他相关类型。创意：遗址公园型或考古公园型。典型案例：罗马废墟之都、庞贝古城遗址、金沙遗址、三亚落笔洞遗址等等。

类型2：修复维持型。对于遗产的主体严格维护，对于损坏部分进行修复、设计、展示。典型案例：雅典卫城、埃及神庙等等。

类型3：完全复原型。遗产已损坏或消失，按照原来的形象及规格进行重建。

类型4：虚拟演示型。鉴于重修或重建投入巨大，或失真，通过电子虚拟技术，通过真实场景进行设计，对遗产进行三维图像展示或4D展示。

类型5：构建型。对于本地区原本没有的或没出现过的，大胆设计创意，构建出某种图景或文化。典型案例：常州恐龙文化园，深圳中华民族村、世界之窗。

类型6：历史保护区型。在文化遗产遗存较为丰富的地区，划出历史保护区，严格进行保护。典型案例：法国历史保护区、福州三坊七巷、凤凰古城。

类型7：历史风土区活态型。即在传统文化遗存较丰厚、文化传统及风土人情保留较好的地方，划定进行活态保护。生态博物馆型也属此类，即"活态"的博物馆，继续存活的、有生命的博物馆类型。核心：保持生命流动状态。典型案例：日本历史风土地区、贵州嗦嘎苗族生态博物馆等等。

类型8：博物馆型、收藏型。即静态的博物馆，展品未存活，无生命流动状态，如地中海文明博物馆、新加坡亚洲文明博物馆、湛江博物馆等等。

类型9：花园、园林或生态田野型（环境型）。对环境要求较高，或与周边环境依赖性强、互动性强，关系不可分割的野外遗产类型，通过修建遗址花园、园林、遗址河流、遗址森林，建生态田野艺术景观来进行保护，如崇左花山岩画。

类型10：影视开发型。对遗产的内容及形象，通过影视创意来展示。适合民间神话传说、名人、英雄人物等类型。典型案例：《白蛇传》、印度电影、好莱坞。

类型11：动漫动画卡通型。适合于民间神话、寓言、典故、传说、名人、英雄史诗，以及海洋生物、海洋常识等类型。典型案例：《海底总动员》《白雪公主》《花木兰》《千与千寻》等等。

类型12：演艺展示型。通过艺术的形式，借助于演艺，传承遗产，展示魅力形象，广泛传播。典型案例：日本的能乐、歌舞伎；戏剧《图兰朵》《茶花女》；舞台艺术《魅力湘西》《印象·刘三姐》《印象西湖》；等等。

类型13：游戏设计型。利用海洋文化遗产的文化宝藏，尤其是民间神话故事，开发游戏产品，推广传播海洋文化。

类型14：娱乐设计型。利用海洋文化遗产的文化宝藏，挖掘要素，开发大众喜欢的娱乐健身产品，弘扬文化。典型案例：黎族打柴舞、东北二人转。

类型15：工匠型（作坊型）。主要包括各类传统技艺，装饰雕刻类，如贝雕、陶艺、刺绣、蜡染等，通过扶持传承人，积极发展各类作坊，激发创意，促使设计出各类工艺产品类。典型案例：坭兴陶、贝雕等。

类型16：时尚设计型（含时尚生活、时尚产品）。利用海洋文化遗产智慧宝库，大胆设计，开发各类专题产品，如购物、度假、美食、运动、养生、医疗等等。典型案例：三亚鸟巢酒店、迪拜水下酒店、斐济水下度假天堂、泰国王室文化复兴运动、韩国泡菜等等。

类型17：传媒型。积极创意，发展海洋传媒。案例：哥伦比亚公司创意。

类型18：科幻创意设计型。积极进行科技策划、创意、设计、生产、推广。典型案例：太空旅游。

类型19：探险类。通过创意设计，积极开发"海底迷宫""海底龙宫""海底音乐""海底舞蹈""火山探奇""文明之源"类产品。

类型20：景区设计型。通过艺术创意设计规划，打造各类海洋景观及海洋景区，如夏威夷岛、普吉岛、海南槟榔谷等等。

类型21：主题公园型。立足海洋因素，通过艺术创意、设计、开发，建造主题公园，培育海洋核心竞争力。典型案例：迪士尼、华侨城、深圳世界之窗。

类型22：文化创意园区型。通过建造文化创意园区，打造文化创意产业链，推动创意产业发展，迅速提升城市文化软实力。典型案例：北京798。

类型23：特色小镇、专题小镇（村庄）型。通过规划设计，打造特色小镇、专题村庄，如时装小镇、音乐小镇、动漫小城、电影小城、会展小镇等，快速提升竞争力，展示城市影响力。典型案例：法国戛纳电影节小镇、蒙顿水果雕塑小镇。

类型24：历史地标型、新城区型、新兴建筑地产类。通过创意、规划、设计，开发新城区，打造新兴地标建筑。典型案例：美国历史地标、迪拜系列"世界最美建筑"。

类型25：节庆型。立足海洋文化，挖掘历史资源，面向未来，积极创意设计，打造各类海洋节庆产业。典型案例：奥鲁罗狂欢节、加勒比海盗节、西班牙奔牛节、韩国江陵端午祭、象山开渔节。

类型26：文化标志、图腾符号类。对文化标志、图腾符号进行研究、创意、设计、开发、应用，使其产生巨大精神指引作用。典型案例：长城、太阳神鸟。

类型27：遗产走廊或艺术大走廊。对于遗产较集中、线路较长、分布空间大的遗产区域，构建遗产走廊或艺术大通道，整合资源力量，培育核心竞争力，迅速提升影响力及全球竞争力。

## 四 综合艺术实践：艺术城市的打造、城市品牌的打造

海洋文明复兴繁荣的综合艺术实践，对于一个城市、地区甚至对国家来说，其最好的图景，就是艺术城市、城市品牌的打造。对于海湾地带、滨海区域来说，就是海洋魅力城市的培育塑造、海洋艺术城市（链/带/群/圈）的打造、城市品牌的打造，以培育核心竞争力绝对优势。在艺术城市塑造、打造品牌、培育城市核心竞争力绝对垄断方面，国际国内已经有很多先例，形成诸多经典案例，较典型的有"世界艺术之都"意大利佛罗伦萨（Firenze）、"世界时尚之都"法国巴黎（Paris），"博物馆城""世界

永恒之城"意大利罗马（Roma）、"千塔古城"埃及开罗（Caro）、"千塔之城"（缅甸蒲甘）、"佛教艺术之都"泰国曼谷（Bangkok）、"亚洲魅力之城"吉隆坡、"壁画城"墨西哥墨西哥城、"音乐之都"奥地利维也纳、"鼓城"西班牙卡莱达、"酒城"德国慕尼黑、"水城"（水艺术之城）意大利威尼斯、"魔法乐园"美国奥兰多（Orlando）、"世界奥运之都（运动艺术之城）""茉莉花之城"希腊雅典（Athens）、"度假小镇之国"瑞士、"湾边之城"旧金山（Francisco）、"世界都会之城"英国伦敦（London）、"世界花园城市"新加坡（Singapore）等等。除此之外，还有一些"世界电影小镇""世界时装小镇""世界动漫小镇""世界节庆小镇""世界油画小镇""世界魔术小镇""世界科幻小镇""世界会展小镇"等等。而在国内，也涌现出一大批艺术品牌城市，如"浪漫之都"大连（浪漫艺术）、"冰城"哈尔滨（冰艺术）、"古都"西安（古都艺术）、"慢城"丽江（慢生活艺术）、"时尚之都"上海（时尚艺术）、"动感之都"香港（动感艺术）等等。艺术、魅力、美，构成了这些城市或国家的灵魂及最大特色，成为城市魅力形成的根源，更成为其他所有城市无法模仿的垄断优势，形成这些城市竞争力的产生源泉。下面简单介绍5个品牌。

品牌1：世界艺术城市——巴黎

  巴黎是世界著名的艺术之都，艺术构成巴黎的灵魂，使之浑身透射着艺术的浓烈芳香。不管是卢浮宫、巴黎圣母院、万神殿、凯旋门、埃菲尔铁塔、塞纳河等大大小小的城市建筑、装饰、雕刻，以及广场、桥梁、公园，还是数量众多博物馆，不管是到处可见的艺术馆、艺术中心、沙龙，还是各类产业、诸多活动，每一步都看到艺术，每一处都是艺术品，城里城外都洋溢着浓烈的艺术气息。就连很多桥梁，也变成艺术之桥，以至于有人说"巴黎街头的踏脚石和空气都是艺术品"。仅罗浮宫里的珍藏就多到令人觉得奢侈惊奇，竟达30万件。奥赛博物馆、毕加索艺术馆、达利艺术馆、罗丹艺术馆等琳琅满目。这里世界顶级大师云集，古典主义、浪漫主义、表现主义、超现实主义、达达主义等各种主义，各种艺术流派云集交锋，精彩纷呈。世界最著名的画家村在此。浪漫、时尚、香水、化妆品、美容、皮革、时装、奢侈品、人体艺术、表演等，以及美神维纳斯，成为巴黎的代名词，令世界各地无数人为之倾倒。巴黎是葡萄酒艺术世界，令无数人陶醉。尽管著名的"蒙娜丽莎的微笑"每年仍吸引600多万游客涌入巴黎，但事实上，巴黎的艺术活动已转入了地下阶段，那些一度被废弃的工厂、剧院和仓库，租金往往比较低廉，因此年轻的艺术家、设计家、创意人群纷纷前来开办艺术工坊。这给巴黎带来了巨大的活力与潜力，带来了巨大繁荣，使巴黎始终能引领世界的时尚。

### 品牌2：世界艺术城市——洛杉矶

几乎一夜之间，洛杉矶摇身变成了美国领先的艺术中心之一。这里拥有温和的气候、价格适中的工作室和懒散休闲的气氛，因此跟地价昂贵、竞争超级激烈的纽约相比，这里简直就是天堂。诸多艺术区、世界闻名的艺术博物馆、首屈一指的全世界藏品、艺术院校和文化艺术活动使洛杉矶夺人眼目。百老汇、Huntington艺术博物馆、Spring Street、12国园艺区、加州理工大学、体育赛事、大型演唱会等，使这里的生活丰富多彩。从唐人街到圣塔摩尼加再到考文城，洛杉矶的每个角落都充满了创造活力和大受欢迎的画廊展出。当闪亮的好莱坞新鲜不再，洛杉矶的艺术家便成了这个城市新的魅力源泉，吸引着世界各地如潮游客，引发惊喜不断和无限感叹，始终引领全球。

### 品牌3：世界艺术奇迹——迪拜

迪拜是世界艺术史上的奇迹。几乎是一夜之间，迪拜崛起，变为世界艺术的最前沿。不管是从建筑外观、规划、设计，还是装饰、雕刻、时尚、生活、文化产业，每一处都与众不同，渗透出艺术的气息。这一点在建筑艺术上体现最为明显。基于打造"世界最美的建筑"的理念，迪拜竟然在一片沙漠之上，打造了人类历史上最奇特、最宏大、最奢华的无数栋建筑，摩天大楼（哈利法塔）、七星级酒店、棕榈岛、海底别墅、永不落的月亮等等。可以说，几乎每一座建筑，都是世界建筑艺术极品。迪拜的展览、赛事、会议、电影、服装、贸易、金融等新潮不断，吸引着全球的目光，在全球范围内不时掀起时尚潮流。迪拜的灵魂是艺术，正是艺术的力量，使这个城市便开始了她令人惊艳的变身过程，成为世界亿万人梦寐以求的时尚生活目的地，成为世界时尚重要发源地。

### 品牌4：希腊圣托里尼岛

圣托里尼岛为世界最美胜地，是爱琴海最璀璨的一颗明珠。它由3个小岛组成，这里曾发生多次火山爆发，距雅典110海里。它是全球闻名的艺术之岛、摄影天堂。这里有世界上最美的落日，火山、断崖、碧海、海浪、海岛给艺术家无限的想象力及灵感源泉，涌现出许多举世杰作。该岛南部考古挖掘的3600年前古代都市遗址，发现精彩的壁画，更增添无限神秘色彩。岛上伊亚小镇的建筑均为纯白色，鸟巢原始洞穴房屋，白顶或蓝顶，依海而建，悬于断崖之上，白色的房屋沿山坡层层叠加，小巷如迷宫般密密麻麻，教堂林立，给人纯洁、神圣的感觉，形成一种独特的景观。圆拱顶教堂改为博物馆，展出不少古代地图及文物。此外，这里的酒店、餐厅、咖啡馆设计独特，散发魔力。葡萄酒工业及艺术很出名。晚上这里灯火璀璨，人们熙来攘往，具有令人无法抗拒的魔力。

**品牌5：海洋和谐号**

海洋和谐号（Harmony of the sea）是世界上最大的游轮，由位于大西洋西岸的STX法国船坞建造，属皇家加勒比国际游轮公司所有。全长361米，比埃菲尔铁塔长50米，甚至比历史上著名的泰坦尼克号还要长100米。宽约66米，是迄今为止世界最宽的游轮。2013年9月以来，由STX雇用2500名人力，耗费1000万工时来造就这个庞然大物，共耗资74亿美元。重量22.7万吨，载客容量6000人。2016年5月首航。船上娱乐产业聚集："终极深渊"、攀岩墙、迷你高尔夫、大剧场、商业街、中央公园等（见图5-38、图5-39）。

图5-38 目前全世界最大最的豪华游轮"海洋和谐号"

图5-39 "海洋和谐号"在海上的雄姿

城市品牌，简而言之，就是一座城市的形象、魅力、吸引力、感召力，以及由此衍生出来的各种价值。城市品牌，是从某一角度对城市的历史渊源、文化底蕴、自然景观、人文风情、产业特色、建筑特色等要素的高度凝练，并得到国际国内认可、广泛流传。城市品牌是一个城市区别于其他城市的特质和标志。一个好的城市品牌就是巨大的无形资产和核心竞争力所在，能提高城市知名度、体现特色、展示城市魅力、增强吸引力、提升城市总体价值。因而，海洋艺术实践的综合之路，就是海洋艺术城市及廊道（带/群/圈）的打造，就是海洋城市品牌的打造。在海洋时代已到来的今天，以艺术为魂，集中资源全力以赴打造海洋之壮美，打造海上花园和海洋艺术城市群，打造海洋城市品牌，提升城市核心竞争力，是海洋强国所需、文化强国所需，更是中华民族在蓝色时代引领潮流、在激烈竞争中永处于不败之地的长远战略迫切需要的。

# 第六章　海洋文明复兴的蓝色图腾艺术廊道勾勒

## 第一节　总体构架

### 一　系统圈层论：海洋文明复兴的深层问题

海洋文明是一个全领域、多系统、多圈层构成的综合复杂体系。如果将海洋文明看作一个球体，那么这个球体内部则由多级次圈层构成。当然，从不同的领域或角度来划分，这个多级次圈层将有不同的分法。但从一般意义来说，这个球体从外到内由如下5个圈层递进构成。

第一，环境层。包括海洋生存空间、海洋本体、海洋环境、自然生态、外观风貌等，即海洋文化遗产赖以产生的历史地理基础，属外层。

第二，生产层。包括物质基础、物资生产、产业、技术、工具、生存资料系统等，它是海洋文明产生的物质条件与经济基础，属于器物层，属表层部分。

第三，行为层。包括各种行为，日常生活产生的各种行为及现象，属浅层生活层。

第四，制度层。包括社会结构、生产关系、各类社会组织、社会关系，以及相关制度文化、管理等，为海洋文明的制度文化层，属中层。

第五，精神层。包括浅层精神、世界观、哲学、图腾、潜意识乃至宗教观念等。其中思想创新层为精神层浅层，位于制度层之上，但又没达到精神深层的各类思想、观念、方法、技术创新、管理思维等，包括尝试层、探索层、科技层等，属海洋文明核心部分。世界观、哲学、图腾、潜意识乃至宗教观念等，则属于海洋文明深层部分。

因而，海洋文明的复兴，也需要由外到内逐层进行，分别相应从几大圈层的复兴开始，按照这几大层次，刺激海洋文明的生态环境、生产、行为、科技、制度，刺激深层意识，激发人类潜能，激发艺术激情，促发"革命"，最终能达到海洋文化艺术大繁荣大复兴之目标。因此，海洋文明的复兴，由外到内逐层递进的圈层"路线图"总体如图 6-1 所示。

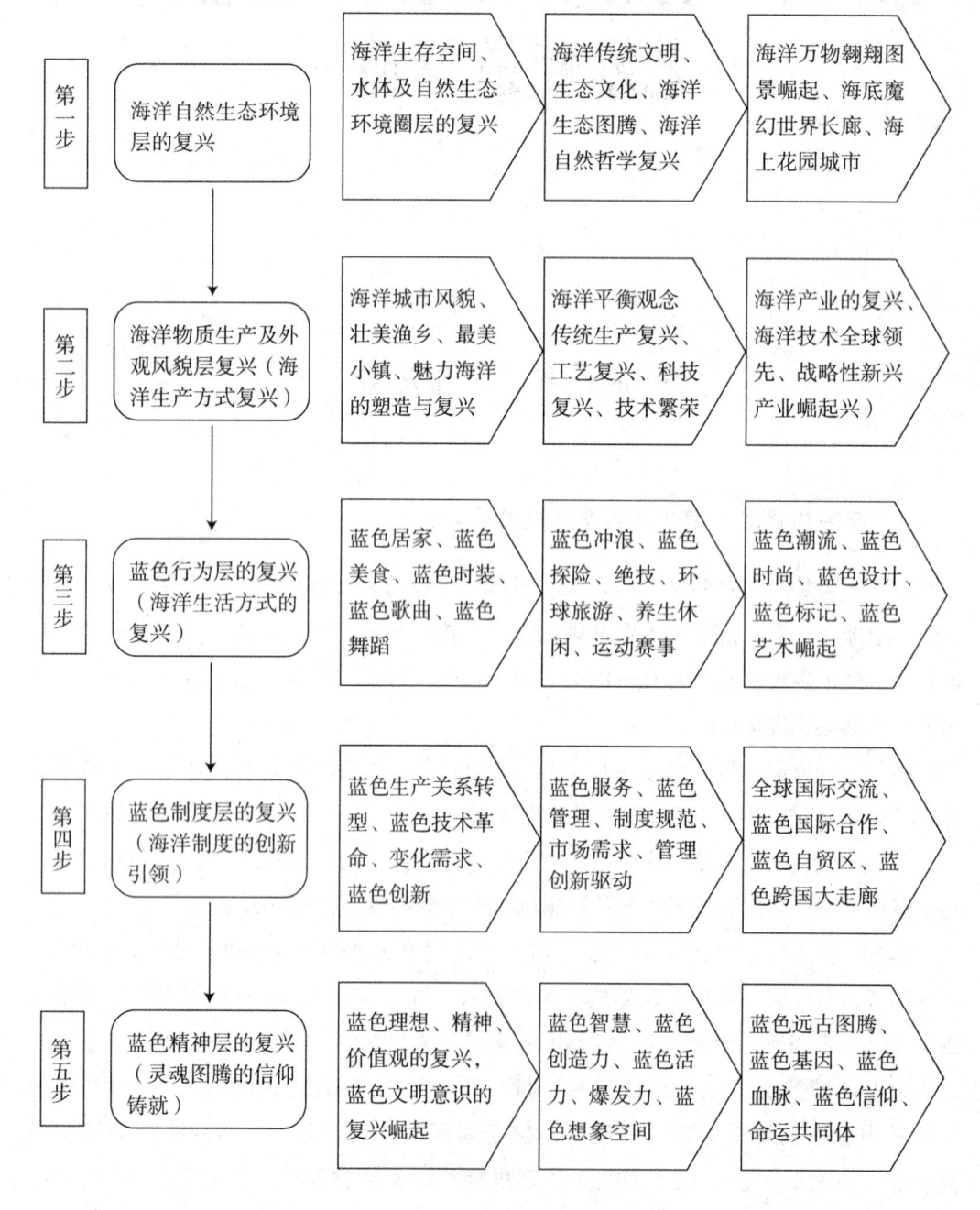

| 步骤 | 层次 | 内容一 | 内容二 | 内容三 |
|---|---|---|---|---|
| 第一步 | 海洋自然生态环境层的复兴 | 海洋生存空间、水体及自然生态环境圈层的复兴 | 海洋传统文明、生态文化、海洋生态图腾、海洋自然哲学复兴 | 海洋万物翱翔图景崛起、海底魔幻世界长廊、海上花园城市 |
| 第二步 | 海洋物质生产及外观风貌层复兴（海洋生产方式复兴） | 海洋城市风貌、壮美渔乡、最美小镇、魅力海洋的塑造与复兴 | 海洋平衡观念传统生产复兴、工艺复兴、科技复兴、技术繁荣 | 海洋产业的复兴、海洋技术全球领先、战略性新兴产业崛起兴 |
| 第三步 | 蓝色行为层的复兴（海洋生活方式的复兴） | 蓝色居家、蓝色美食、蓝色时装、蓝色歌曲、蓝色舞蹈 | 蓝色冲浪、蓝色探险、绝技、环球旅游、养生休闲、运动赛事 | 蓝色潮流、蓝色时尚、蓝色设计、蓝色标记、蓝色艺术崛起 |
| 第四步 | 蓝色制度层的复兴（海洋制度的创新引领） | 蓝色生产关系转型、蓝色技术革命、变化需求、蓝色创新 | 蓝色服务、蓝色管理、制度规范、市场需求、管理创新驱动 | 全球国际交流、蓝色国际合作、蓝色自贸区、蓝色跨国大走廊 |
| 第五步 | 蓝色精神层的复兴（灵魂图腾的信仰铸就） | 蓝色理想、精神、价值观的复兴，蓝色文明意识的复兴崛起 | 蓝色智慧、蓝色创造力、蓝色活力、爆发力、蓝色想象空间 | 蓝色远古图腾、蓝色基因、蓝色血脉、蓝色信仰、命运共同体 |

**图 6-1 蓝色文明复兴的圈层"路线图"**

因而，海洋文明复兴包含着诸多层次的亚圈层、子圈层，如环境与海洋生态文明圈层、海洋文化遗产圈层、城市人文景观与形象圈层、城市公共文化圈层、海洋开发探索与科技创新圈层、海洋伦理制度与哲学圈层，以及海洋精神培育圈层等。其复兴规划的总体目标，在于海洋文明体系的构建。而海洋文明复兴，可通过构筑世界（环北部湾）海洋文明艺术廊道特区（或艺术大动脉）这种特殊载体来实现。经过SWOT分析，即资源分析、优势分析、劣势分析，以及需求变动分析预测等，区域性国际创意产业廊道或艺术廊道构筑是最有力、最有效的复兴繁荣途径。

## 二 总定位

目标是世界（环北部湾）海洋文明艺术廊道（特区）的构建，打造世界级艺术时尚起源地。总体思路是：重点把握时代脉搏，顺应历史潮流，以海洋时代的巨大转型为契机，以海洋文化遗产作为文明根基，立足海洋，扎根海洋，面向海洋，激发巨大潜能，复兴海洋文明，繁荣海洋文化艺术，激发世界文明多彩性，提升环北部湾海湾城市内涵品位，塑造新时代海洋文明，提升国际文化竞争力、影响力、交融力和感召力，促使国家海洋综合实力快速崛起。海洋艺术廊道（特区）的构建，不仅要在该海湾区域内各地重点建设海底生态奇观艺术廊道、沙滩阳光地带、度假胜地、滨海旅游名城、智慧城市、特色创新城市，更要打破各地的界域限制，打破国家的界限，打通世界各大文明区，跨越海洋，明确主线，划定重点，打造以环北部湾城市为根基，以东盟国家为血缘纽带，贯穿海上丝绸之路沿线国家地区，引领全世界开放交流共享的"世界钻石级海洋艺术廊道""海上丝绸之路艺术大动脉""海洋心灵之城（蓝色文明发源地艺术走廊、寻根之地）"，打造国际一流的、划时代的世界（蓝色）艺术创意源泉城市（带）、世界（北部湾）海洋幸福魅力城市链、国际海洋时尚潮流发源地、世界（东方）蓝色艺术之都。总定位：全球性的海洋艺术地标走廊。

## 三 总体规划

(一) 规划范围

本研究所指的世界海洋文明（环北部湾）艺术廊道规划范围，仅为环北部湾几大圈层中的第一圈层包含的区域范围，即环北部湾的"内圈"，包括广西壮族自治区的南宁市、崇左市、玉林市、防城港市、钦州市、北海市，广东省的湛江市、茂名市，以及海南省全境（重点是三沙市），包含了北部湾海域及广西、广东、海南省管辖的全部海域。因精力有限，本研究界定的环北部湾地理范围的第二圈层、第三圈层、第四圈层的创意廊道规划暂不列入，留待以后相关研究进一步完善。

## （二）规划期限

因本研究属概念性研究、远景规划，不属于项目性规划，因而不设立规划期限，以便为国内相关研究机构、规划机构、专家学者，以及社会各界及相关企业提供参考。

## （三）规划的依据

1. 有关政策、文件和规定

《决胜全面建成小康社会 夺取新时代中国特色社会主义伟大胜利》（中国共产党第十九次全国代表大会报告，2017年）

《中共中央关于深化文化体制改革推动社会主义文化大发展大繁荣若干重大问题的决定》（2011）

《关于加快发展服务业的若干意见》（2007）

《国务院印发关于文化产业振兴规划的通知》（2009）

《关于加快发展生产性服务业促进产业结构调整升级的指导意见》（2014）

《关于加快科技服务业发展的若干意见》（2014）

《国务院关于加快发展旅游业的意见》（2009）

《服务业发展"十三五"规划》（2016—2020）

《全国生态环境保护纲要》（2000）

《中共广西壮族自治区委员会 广西壮族自治区人民政府关于加快推进我区城镇化跨越发展的决定》

《广西壮族自治区人民政府关于塑造城镇特色提升城镇品质的意见》（桂政发〔2010〕82号）

《广西壮族自治区人民政府关于加快文化产业发展的实施意见》（桂政发〔2010〕63号）

2. 相关国际公约、法律法规

《联合国海洋法公约》（1982）

《保护世界文化和自然遗产公约》（1972）

《实施世界遗产公约操作指南》（1977）

《中华人民共和国领海及毗连区法》（1992）

《中华人民共和国专属经济区和大陆架法》（1998）

《中华人民共和国海域使用管理法》（2001）

《中华人民共和国海岛保护法》（2009）

《中华人民共和国渔业法》（2004）

《中华人民共和国海洋环境保护法》（1999）
《海洋自然保护区管理办法》（1995）
《无居民海岛保护与利用管理规定》（2003）
《中华人民共和国环境保护法》（2002）
《中华人民共和国土地管理法》（2004）
《中华人民共和国土地管理法实施条例》（1999）
《中华人民共和国水土保持法》（1991）
《中华人民共和国水污染防治法》（2008）
《中华人民共和国水法》（2002）
《中华人民共和国自然保护区条例》（1994）
《中华人民共和国森林法》（1998）
《中华人民共和国矿产资源法》（1999）
《中华人民共和国野生动物保护法》（2004）
《中华人民共和国城乡规划法》（2008）
《中华人民共和国文物保护法》（2002）
《中华人民共和国文物保护法实施条例》（2003）
《中国文物古迹保护准则》（2001年）
《古生物化石管理办法》（2002）
《非物质文化遗产保护法》（2011）
《中华人民共和国旅游法》（2013）
《文物认定管理暂行办法》（2009）
《（中国）世界文化遗产保护管理办法》（2006）
《中国世界文化遗产监测巡视管理办法》（2006）
《历史文化名城名镇名村保护条例》（2008）
《宗教事务条例》（2004）
《地质遗迹保护管理规定》（1995）
《风景名胜区条例》（2006）
《建设项目环境保护管理条例》（1998）
《广西海域使用管理条例》（1995）
《广西壮族自治区文物保护条例》（2003）
《广西壮族自治区旅游条例》（2016）
《生态广西建设规划纲要（2006—2025年）》
其他相关法律法规

3. 技术规范、标准、指南

《中华人民共和国海水水质标准》GB 3097-97
《中华人民共和国渔业水质标准》GB 11607-89
《海洋沉积物质量标准》GB 18668
《城市规划编制办法》（20051231）
《城市用地分类与规划建设用地标准》（GB 50137-2011）
《自然保护区类型与级别划分原则》（GB/T 14529-93）
《国家地质公园规划编制技术要求》（2010）
《旅游资源分类、调查与评价》（GB/T 18972-2003）
《旅游规划通则》（GB/T 18971-2003）
《旅游区（点）质量等级的划分与评定》（GB/T 17775-1999）
《风景名胜区规划规范》（GB 50298-1999）

4. 地方性规划、计划

《广西壮族自治区海洋功能区划》（2011—2020）
《广西壮族自治区海洋环境保护规划》（2008）
《广西壮族自治区近岸海域环境功能区划修编方案》（2011）
《北海市海洋功能区划》（2011）
《北海市海洋环境保护规划》（2010—2020）
《北海市海洋经济"十二五"发展规划》（2012）
《广西北部湾经济区发展规划》（2006—2020）
《广西北部湾经济区城镇群规划纲要（2009—2020）》
《广西服务业发展"十三五"规划》（2016—2020）
《北部湾旅游发展规划（2009—2020）》
《北海市城市总体规划（2008—2025）》
《北海市历史文化名城保护规划》（2008）
《北海市历史文化名城保护管理规定》（2012）
《广西合浦县城总体规划》（报审稿）（2008）
《合浦汉墓群总体保护规划》（报审稿）（2016）
《大浪汉城址保护规划》（2012—2025）
《草鞋村汉城址保护规划》（2008—2025）
《白龙珍珠城址保护规划》（2008—2025）
《北海市旅游业发展总体规划（修编）》（2013年）
《北海市南珠产业发展规划》（2013—2020）

《涠洲岛、合浦乌坭、铁山港白龙珍珠养殖示范区规划》（2014—2020）①

《北海市珍珠产业园区总体规划》（2014—2020）

《北海涠洲岛旅游区发展规划》（2011—2025）

《北海涠洲岛旅游区（镇）总体规划（2011—2025）》

《广西涠洲岛自治区级自然保护区总体规划（2009—2015）》

《北海涠洲岛旅游资源开发与生态环境保护规划（2004—2015）》

《珠江—西江经济带发展规划》（2014—2020）

各地其他相关规划、计划（略）

（四）规划的指导思想、理念和原则

1. 指导思想

以习近平总书记重要讲话为核心，积极落实党中央、国务院有关海洋强国的系列重大决策部署，以"一带一路"倡议实现为目标，以北部湾及南海海域为根基，以社会主义核心价值观为支撑，迎接海洋时代的到来，推动产业转型升级，抢占蓝色时代的时代制高点，快速提升中国海洋综合实力。要以北部湾及南海海域为自然生态空间基础，以海洋文化遗产为文明根基和复兴基石，把握时代脉搏，抢占时代先机，引领时代潮流。要以此为依托，通过保护资源，整合优势，统筹规划，激发潜能，不断攀登艺术高峰，集中突破，以艺术之真、艺术之美、艺术之情、艺术之力为依托，建设高度国际开放的艺术廊道、情感廊道，推进21世纪海上丝绸之路文化艺术繁荣，塑造国际影响力、感召力、形象力和国际竞争力，推进海洋强国战略目标，实现中华民族乃至全世界海洋文明的伟大复兴。

---

**文物保护要让遗产"活"起来**

2014年3月27日，习近平总书记在联合国教科文组织总部演讲时说："让收藏在博物馆里的文物、陈列在广阔大地上的遗产、书写在古籍里的文字都活起来，让中华文明同世界各国人民创造的丰富多彩的文明一道，为人类提供正确的精神指引和强大的精神动力。"

---

**习近平谈历史博物展览**

搞历史博物展览，为的是见证历史、以史鉴今、启迪后人。要在展览的同时高度重视修史修志，让文物说话、把历史智慧告诉人们，激发我们的民族自豪感和自信心，坚定全体人民振兴中华、实现中国梦的信心和决心。

——2014年2月25日于首都博物馆

---

① 广西城市设计有限公司、北海市碧蓝海洋环境保护服务有限公司2014年6月编制，征求意见稿。

## 2. 理念

理念有九，如下。其一，"生态第一、万物翱翔"：美好的生态是海洋时代最宝贵的资源，要严格保护好北部湾及南海海域的海洋资源，包括水体、斑斓鱼群、虾蟹、珊瑚礁、微生物，创造壮美的海底奇观和生物多样性；要保护海湾、海滩、湿地、森林，塑造回到数亿年前的恐龙时代生态效果，塑造水深树密、藤蔓缠绕、鱼群奔腾、万物翱翔的壮美场景。自然生态环境是夯实海洋文明复兴的环境土壤根基。其二，"文明为本、延续血脉"：海洋文化遗产是数千年人类智慧的成果结晶，是未来海洋时代的文明基石。要以海洋文明遗产为本，挖掘资源，挖掘本土内涵，追溯本真，突出乡土特色多样性魅力，提升艺术城市文明底蕴。其三，"空间梳理、形成体系"。其四，"找准定位、塑造魅力"。其五，"转型升级、提升活力"。其六，"创意为命、挖掘金矿"。其七，"吸收全球、交融创新"。其八，"由软变硬、争创一流"：世界（北部湾）海洋艺术动脉的构建过程，就是培育特色、塑造形象、着力培育核心竞争力、提升国家软实力的过程；就是打造品牌、争创国际一流、铸就艺术之都的过程。国家综合实力是由硬实力和软实力综合构成，软实力的培育最终会变"硬"，成为国家整体实力的核心部分。其九，"信仰为魂、铸就认同"。海洋时代的到来，海洋在人类生产生活中的地位越来越重要，甚至起决定性作用。海洋时代使全世界范围内人们的联系越来越紧密。海洋文明艺术廊道的构建，不单是为了国内发展的需要，更重要的是要加深与21世纪海上丝绸之路沿线国家地区的交流合作，深化全球合作。这种合作需要认同，需要情感，更需要血脉，需要信仰，而艺术是血脉基因及情感纽带。因而，海洋文明艺术廊道的构建，不仅是创新驱动，价值引领，产生认同甚至产生兴趣、信仰的过程，也就是我国引领世界前沿、海洋文明复兴繁荣的过程。

## 3. 原则

原则有12项，如下。其一，本真性[①]。维护载体的历史真实性，保护其文化的纯粹性、真实性、乡土性，体现原汁原味和本土特色。其二，红线保护原则。其三，完整性原则。统筹规划，优化布局。其四，功能突出原则（突出审美、文化、艺术功能）。其五，满足未来需求原则。其六，人性化原则。规划设计符合人的身心需要，符合人性原则，包括公共性、共享性，以及特殊群体的特殊需求。其七，创新原则；增强创新能力，激发发展活力。其八，成本原则：减少成本，注重节约。其九，弹性原

---

① 有关原真性保护，福州三坊七巷提出"五个原真性"保护原则，即区位原真性、环境原真性、格局（脉络）原真性、建筑（材料）原真性、人文原真性，从点、线、面、街区背景和无形文化等五项指数强调街区原真性、整体性的保护要求。而1977年版《世界遗产公约实施指南》的"真实性"要求涉及"设计""材料""技术""地点"等四个要素。

则，即讲究灵活性。其十，法治原则。其十一，生态原则，即崇尚自然，保护环境，达到人与自然和谐。其十二，国际化原则。

(五) 艺术廊道的基本框架

1. 艺术廊道的概念分析

"廊道"源于世界遗产的新类型"文化线路"[①] 概念。廊道（Heritage Corridors）是一种线性的文化景观，既可以是具有某种文化意义的河流、航道、运河、道路、产业、建筑线路，也可以是某种民俗、历史记忆、景观、生态、文化空间以及其他类型线路[②]。其本质是指通过适当的景观整理措施，将无数个支离破碎的单个遗产"点"（包括水面、水下、岛上、岸上及外围等）按某种逻辑连接串成"线"和"面"，从而构成具有一定文化意义的通道，即"文化线路"。作为由无数个"点""线""面"构成的"文化线路"或"文化空间"，其产生的价值效用远远要比其作为单个"点"的价值要大得多。艺术廊道通过对其构成要素系统重构，对其整体内涵深刻揭示并以主位视角呈现，不仅能够高效保护历史文化资源和线性遗产，更能对景观、旅游、生态、休闲、艺术、教育、科技、社会及跨区域产业发展等产生非凡的影响力及促进功能，为遗产保护及社会发展提供崭新的视角、战略和途径。艺术廊道的构建，原理也如此，只不过是更注重创意及产品产业的因素及作用。

2. 创意产生廊道的构成剖析

有关廊道的构成，主要涉及六个层面因素。其一，外围生态环境生存空间、环境土壤，即外围生态保护屏障、大环境。其二，遗产实物本身。为艺术廊道的主要构成要素，是最核心、最宝贵的部分，是艺术廊道构建的基石和直接依据。本子系统包括已公布的各级文物保护单位，尚未纳入文物保护体系的线性文化遗产，有潜在价值的未公布的各类非物质文化遗产，以及其他遗产类型。遗产资源的保护是重心。其三，遗产实物的缓冲空间。包括遗产本体之外的周边环境、外部资源、外部影响，如缓冲区等外围环境，即"遗产周边环境""小环境"。其四，遗产的线路搭配连接方式：遗产的要素组合、组团、搭配、线路划分。其五，艺术廊道的要素创意设计，包括以遗产为创意源泉载体、以人为服务对象的休闲体验活动、创意、设计、科技创新及发明创造。其六，艺术廊道的层次结构的整合、划分、空间布局与整体功能发挥。因而，艺术创意廊道的层次结构剖面应如图 6-2 所示。

艺术廊道的生命、运行的根本标志，就是流动、活起来。唯有使廊道内部的各种

---

[①] 新增文化遗产类型：乡土建筑、工业遗产、20 世纪遗产、文化景观、文化线路、文化空间、老字号。
[②] 王肖宇、陈伯超：《美国国家遗产廊道的保护——以黑石河峡谷为例》，《世界建筑》2007 年第 7 期。

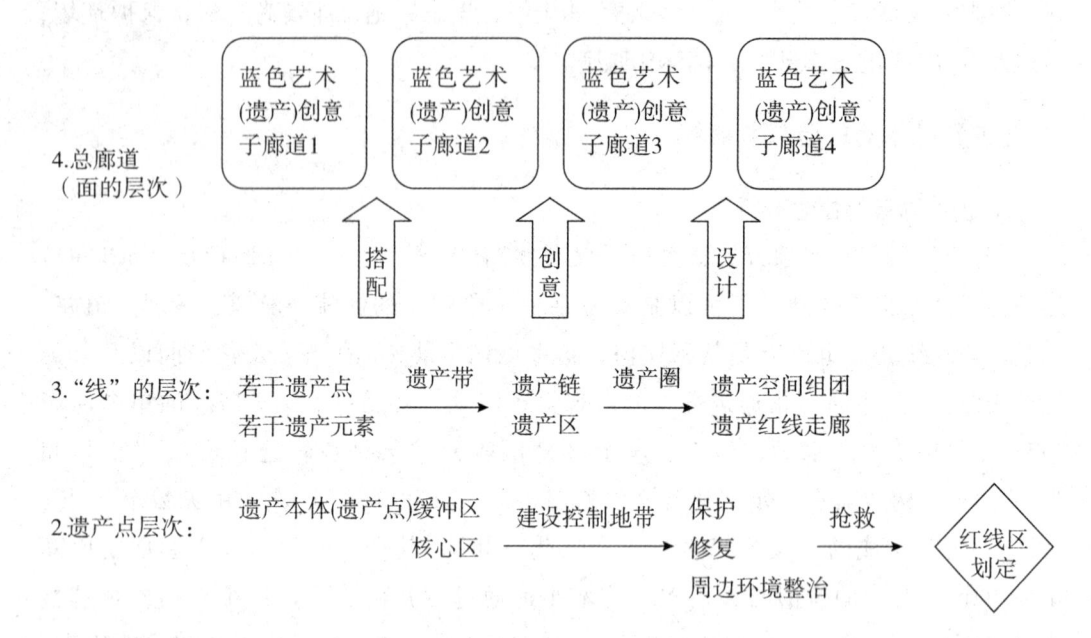

```
4.总廊道          ┌─────────┐  ┌─────────┐  ┌─────────┐  ┌─────────┐
  （面的层次）    │蓝色艺术 │  │蓝色艺术 │  │蓝色艺术 │  │蓝色艺术 │
                  │(遗产)创意│  │(遗产)创意│  │(遗产)创意│  │(遗产)创意│
                  │子廊道1  │  │子廊道2  │  │子廊道3  │  │子廊道4  │
                  └─────────┘  └─────────┘  └─────────┘  └─────────┘
                       ↑            ↑            ↑            ↑
                      搭配         创意          设计

3."线"的层次：  若干遗产点  → 遗产带  → 遗产链 → 遗产空间组团
                若干遗产元素    遗产区          遗产红线走廊

2.遗产点层次：  遗产本体(遗产点)缓冲区  → 建设控制地带 → 保护  → 抢救 → ◇红线区划定◇
                核心区                                  修复
                                                        周边环境整治

1.外围生态屏障：外围绿色生态环境稳固区、防护区、美化区
```

**图 6-2 艺术创意廊道的层次与结构**

资源、要素、信息、技术，各类活动，以及由活动产生的灵感、智慧、情感被激发起来，使要素自由配置流动，深入互动，相互依赖，履行各部件的职能，才能使廊道真正"活"起来，真正运转起来，发挥功能。同时，只有通过各种要素交流及活动的不断滚动放大，才能把各种资源要素紧密凝聚在一个框架里运动，才能深入互动，深度交融，凝聚共识，逐渐形成共同的理想、信念和价值观，形成艺术廊道的灵魂支撑，进而形成有生命力的共同体。

## 小结 创意产业廊道的规划布局总体框架

世界（环北部湾）海洋艺术廊道的构筑，是一个全领域、多因素、多层次的控制系统，是不断打破平衡、不断突破创新的动态演进过程，其总体框架结构，是一个庞大的立体系统结构、复杂立体工程。其规划总框架，从纵向看，是一个多阶的多层级的功能层次布局立体结构。

按照文化的结构，按由外到内、从低到高、从外观到灵魂的层次分类，按海洋文明复兴的外部环境，物质层、行为层、制度层以及精神层的进化步骤，本海洋艺术廊道的内部功能结构系统也相应分为五大层次，即"五大阶梯"，而每个阶梯内部又可分为很多层级，相互包含、相互交叉、密不可分。总体来说，其结构为"五阶十二层级"，具体如图 6-3 所示。

# 第六章 海洋文明复兴的蓝色图腾艺术廊道勾勒

**超越体：心灵共同体** → 血脉共同体、艺术共同体、心灵共同体、图腾共同体、梦想共同体、

超精神层、超灵魂层、信仰层

**支撑管理体系**：政策、制度、管理、金融、科技、信息、人才、基础设施等

**八核：**

| 层次 | 内容 | 轴/区 |
|---|---|---|
| 深层精神层、灵魂层信仰层 | 蓝色共同渊源、蓝色血液、蓝色心灵、蓝色梦想和原始图腾艺术的回归 | 灵魂轴 |
| 制度层 | 蓝色国际交流、蓝色公共活动、魅力展示、会展、贸易、节庆和城市幸福指数的编织创造 | 交流合作轴 |
| 灵感层智慧层加油站 | 蓝色创造力、蓝色灵感、设计创意、蓝色科技、蓝色产业孵育研发带 | 智慧轴、创新区、驱动力源泉 |
| 深层行为生活层 | 蓝色生活方式深度融入、改变生活、灵感复兴、引领时尚，全球时尚策源地 | 产业轴 |
| 生产行为层 | 蓝色影像艺术的启动、振兴与全球传播 | 产业轴 |
| 表达层 | 蓝色艺术，蓝色情感的点燃、复兴与繁荣 | 情感轴 |
| 浅层行为生活层 | 海洋生活方式的记忆恢复、体验、复兴与繁荣 | 蓝色生活方式体验长廊 |
| 物质层 | 蓝色符号，蓝色意识的传承、挖掘、提炼与复兴 | 生产轴 |

**三翼：** 蓝色历史记忆与族群文明交融轨迹走廊 ◆ 近现代开放反侵略及革命遗迹及文博走廊 ◆ 城市风貌协调区及魅力形象走廊（海洋外部风貌景观的复兴圈）

**二轴：** 蓝色文明起源地遗产复兴展示轴心走廊 ｜ 世界古海上丝绸之路发源地文化空间走廊

**一底：** 遗产本体红线警戒区走廊

**一圈：外围生态环境美化与保护层** — 外围生态环境美化与保护圈

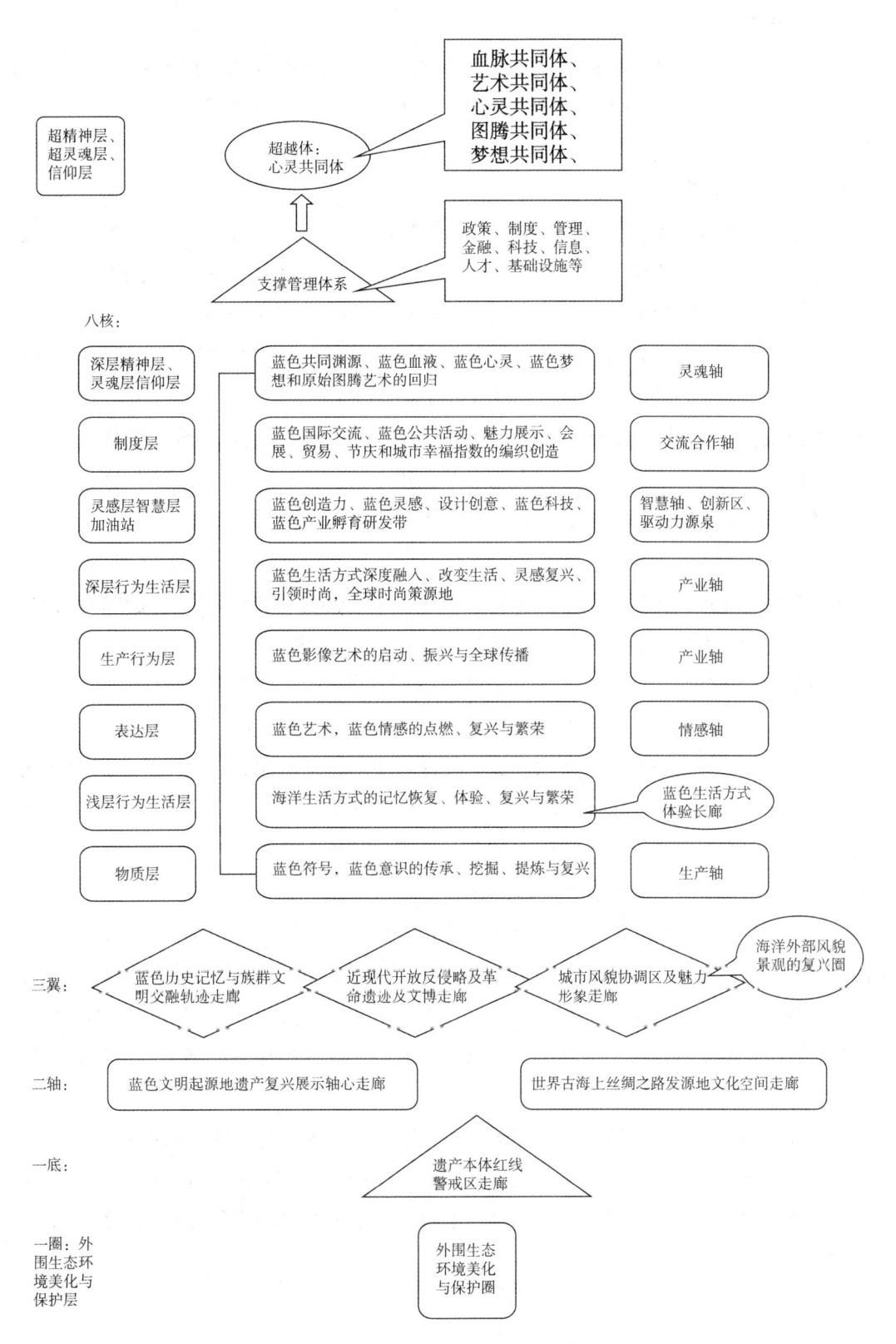

**图 6-3　世界（环北部湾）海洋文明艺术繁荣复兴之总体构架阶梯进化图**

**第一圈层/阶梯**

外围生态环境美化与保护圈：海洋文明复兴的自然生态环境保护屏障——海洋生存空间保护、环境修复与生态文明景观艺术圈层。属绿色自然生态保护景观子廊道，为整个国际艺术廊道的生态轴，即"一圈"。

**第二圈层/阶梯**

根基层（底蕴层）：蓝色文明复兴的血脉"基因库""万年宝藏"——遗产本体红线区子廊道，即遗产本体系统。本部分为整个艺术廊道的底蕴系统、根源核心区，为整个艺术廊道的红线警戒区，即"一底"。本部分主要包括以下四轴。

轴一，世界（环北部湾）蓝色文明起源地遗产复兴展示轴心走廊。包括环北部湾沿线史前古生物化石遗址、人类起源考古遗址、贝丘遗址、古人类族群文化、古渔业、舟楫漂流及古航海等遗址遗迹的保护、挖掘和展示，濒危蓝色传统技艺抢救、传承、展览，以及蓝色文明起源记忆、口头艺术与文化空间的保护展示，为文明之根艺术展示廊道，属蓝色文明起源文化圈保护区子廊道。

轴二，世界古海上丝绸之路发源地文化空间走廊。包括古海上丝绸之路系列遗址遗迹的探索、保护、挖掘和展示，相关各类非物质文化遗产的保护、研究和展示，为环北部湾海洋艺术（国际）廊道的本质特色部分、轴心走廊。

**第三圈层/阶梯**

一翼，蓝色历史记忆与族群文明轨迹走廊。重点展示因北部湾特殊区位、百江汇流、跨洲性漂移流动特别是周边地区流动迁徙产生的族群汇集性、交融性，以及文化多样性。在此重点保护展示蓝色起源记忆、蓝色发展记忆、族群迁徙轨迹，保护古百越文明圈，以及黎族、苗族、京族、回族、瑶族、壮族、疍家、客家、东南亚（南洋文化圈）、海丝路沿线国家地区等文化。

二翼，近现代开放、反侵略及革命遗迹及历史文博走廊。即上述三大类遗产之外的其他历史遗产，诸如古城古镇、历史建筑、历史街区、名镇名村、传统村落，各类工程，各类非物质文化遗产；近现代开放史迹，包括建筑、工程、历史事件发生地、纪念地；反侵略遗迹遗址，以及革命文物。同时，还有各类历史记忆、口头传说，相关资料、文献、照片，以及相关实物，等等。

三翼，海洋外部风貌景观的复兴圈层——遗产核心区风貌协调及城市魅力形象走廊。包括遗产核心区及散布区环境风貌协调圈、特色风貌协调区、特色建筑及设施展示区、城乡魅力与形象标识功能区走廊。本圈层属整个艺术廊道的外形风貌层，属于"一带"。

**第四圈层/阶梯**

八核：八大艺术特区、层次功能带或功能走廊。下面分别予以介绍。

其一，海洋珠宝艺术品功能带——蓝色符号，蓝色意识的传承、挖掘、提炼与复兴。即传统手工艺艺术走廊，包括各类海洋传统工艺、传统技术的传承、保护与创意，相关区域的专门划定、保护、养殖或生态保护，融合现代社会转型及科技创新促进产业繁荣。属生产轴。

其二，休闲旅游观光娱乐探险走廊——海洋生活方式的记忆恢复、体验、复兴与繁荣。属观光、体验、娱乐、探险等浅层行为生活层，目标是构建蓝色生活方式体验长廊。

其三，蓝色表演艺术走廊——蓝色艺术，蓝色情感的点燃、复兴与繁荣。艺术是打通人心的武器，而表演艺术是艺术的精髓，通过表演艺术，能产生美感，激发情感，激发心灵。本功能带属于文化结构中的行为层，为整个廊道的情感轴。

其四，蓝色传媒数码视觉艺术走廊——蓝色影像艺术的启动、振兴与全球传播。本功能区包括影视、动漫、动画、卡通、游戏、广告、网络、传媒等现代产业，是遗产的视觉艺术手段，为传统遗产的现代技术应用，与高科技、现代创意产业高度融合，属生产行为层，属于现代产业轴。

其五，蓝色时尚艺术功能带——蓝色生活方式的深度融入、渗入生活、灵感复兴、引领时尚。本功能带的定位是全球蓝色时尚艺术起源地，包括探索、策划、设计诸多海洋时尚方式，使之进入生活，改变生活，倡导理念，引领潮流，成为世界时尚的起源地。本子系统为海洋文明复兴的深层行为生活层。

其六，蓝色智慧产业走廊——蓝色创造力、蓝色灵感、设计创意、蓝色科技、蓝色产业孵育研发带。本功能带为整个廊道的灵感层、智慧层，创意的启蒙区、培育区、加油站、孵化带、创新区及科技转化区，属于文化结构中的行为层深层，以及精神层的某个区域。本功能带为整个廊道的智慧轴、创新区、驱动力源泉。

其七，蓝色交流、蓝色情感、蓝色幸福艺术走廊——蓝色国际交流、蓝色公共活动、魅力展示、会展、贸易、节庆和城市幸福指数的编织创造。本功能带为整个国际艺术廊道的制度层，属交流合作轴。

其八，蓝色精神空间、蓝色心灵与图腾艺术走廊——蓝色精神空间、共同渊源、蓝色血液、蓝色心灵、蓝色梦想和蓝色原始图腾艺术的回归与历史复苏。本子系统为整个廊道的深层精神层、灵魂系统、认同系统和信仰层，为"原始图腾艺术共同体"的框架支撑，实质属"精神空间交流区""情感交流区""灵魂交流区"。本功能区属于精神层深层，为整个廊道的灵魂轴。

衔接层：支撑管理体系，即廊道构建及运转所需的相关管理系统，含政策、制度、管理、金融、科技、信息、人才、基础设施等方面。

**第五圈层：超越体**

通过廊道的构建，最终超越各子系统、子廊道，超越地区和城市，超越文化社会经济界限，形成以血缘为依托的，与东南亚国家、海上丝绸之路沿线国家乃至全世界牢固紧密的"艺术共同体""心灵共同体""图腾共同体"及"梦想共同体"，最终实现中华民族海洋强国、文化强国的宏伟蓝图,实现中华民族世界伟大复兴的中国梦。

上述海洋文明复兴的各层级结构及发展战略重点,从总体构成布局来看,则构成了一个一圈、一核(底)、两轴、三翼、八核、多点,以及一支撑、一超越体的多系统多级层共同框架格局。

## 第二节 创意产业廊道内部功能系统构成

世界(环北部湾)海洋文明创意产业廊道内部功能系统构成分四部分予以介绍。

### 一 环境外围层:海洋生态空间保护、生态复兴与景观艺术廊道构筑
——海洋自然环境与生态空间的整治、修复与历史复兴

(一)理念及目标设定

环境是人类存在的前提基础,人类的任何生产生活都离不开环境,环境的状况及变动都深刻影响到人的生产生活。离开了生态环境,一切将无从说起。因而,海洋文明的复兴,环境是前提,生态是保障。美好的生态是海洋时代最宝贵的资源,是海洋文明复兴的最大资本。因此,一切文明的复兴,都必须以遗产的存活为前提,必须以环境为基础,第一步要从环境做起。因此,世界(环北部湾)海洋艺术廊道的构筑,必须以良好的自然生态环境为基础,以"生态第一、万物翱翔"为目标,采取各种措施及标准化管理,严格保护好北部湾及南海海域的海洋资源,包括水体、斑斓鱼群、虾蟹、珊瑚礁、藻类、微生物等,创造壮美的海底奇观和生物多样性,保护海湾、海滩、湿地、森林,要塑回数亿年前的恐龙时代纯净生态效果,铸就水深树密、藤蔓缠绕、鱼群奔腾、万物翱翔的壮美场景。只有这样,才能夯实海洋文明复兴的环境土壤根基。

(二)逻辑方向

1. 环境空间整治与生态复兴的空间逻辑:点—线—面—生态文明立体空间
2. 环境圈层海洋生态文明复兴的纵向逻辑

总之,海洋环境与生态空间景观艺术圈层的构筑,只有经过这几大环节,经统筹考虑、目标定位、功能分区,在此基础上进行环境综合治理、修复、净化、保护,最后是绿化、艺术化等,整个外部环境圈层系统才能构建。也只有这样,海洋生态文明的壮美蓝图才有可能得以展现(见图6-4)。

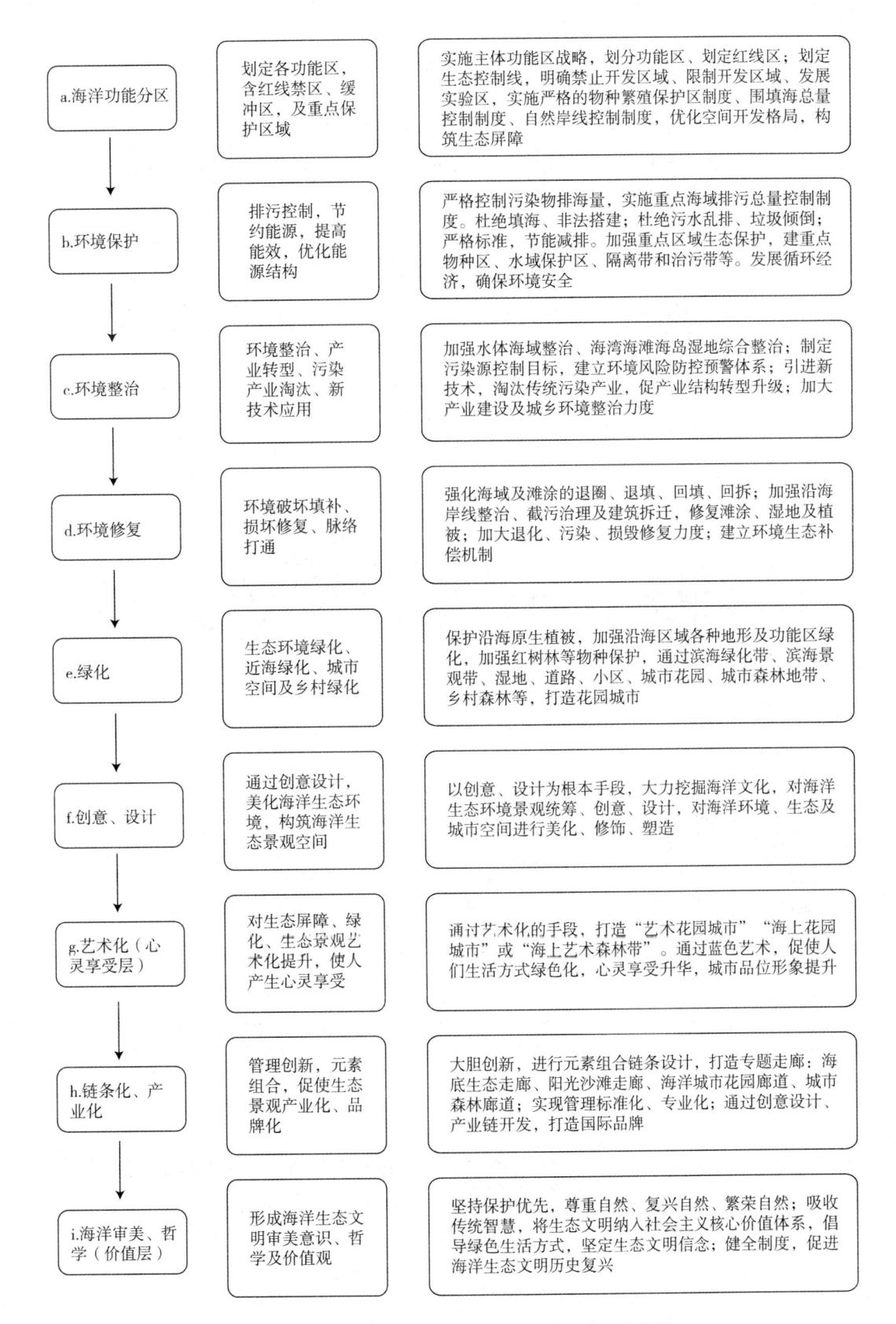

第六章 海洋文明复兴的蓝色图腾艺术廊道勾勒

| | | |
|---|---|---|
| a.海洋功能分区 | 划定各功能区，含红线禁区、缓冲区，及重点保护区域 | 实施主体功能区战略，划分功能区、划定红线区；划定生态控制线，明确禁止开发区域、限制开发区域、发展实验区，实施严格的物种繁殖保护区制度、围填海总量控制制度、自然岸线控制制度，优化空间开发格局，构筑生态屏障 |
| b.环境保护 | 排污控制，节约能源，提高能效，优化能源结构 | 严格控制污染物排海量，实施重点海域排污总量控制制度。杜绝填海、非法搭建；杜绝污水乱排、垃圾倾倒；严格标准，节能减排。加大重点区域生态保护，建重点物种区、水域保护区、隔离带和治污带等。发展循环经济，确保环境安全 |
| c.环境整治 | 环境整治、产业转型、污染产业淘汰、新技术应用 | 加强水体海域整治、海湾海滩海岛湿地综合整治；制定污染源控制目标，建立环境风险防控预警体系；引进新技术，淘汰传统污染产业，促产业结构转型升级；加大产业建设及城乡环境整治力度 |
| d.环境修复 | 环境破坏填补、损坏修复、脉络打通 | 强化海域及滩涂的退圈、退填、回填、回拆；加强沿海岸线整治、截污治理及建筑拆迁，修复滩涂、湿地及植被；加大退化、污染、损毁修复力度；建立环境生态补偿机制 |
| e.绿化 | 生态环境绿化、近海绿化、城市空间及乡村绿化 | 保护沿海原生植被，加强沿海区域各种地形及功能区绿化，加强红树林等物种保护，通过滨海绿化带、滨海景观带、湿地、道路、小区、城市花园、城市森林地带、乡村森林等，打造花园城市 |
| f.创意、设计 | 通过创意设计，美化海洋生态环境，构筑海洋生态景观空间 | 以创意、设计为根本手段，大力挖掘海洋文化，对海洋生态环境景观统筹、创意、设计，对海洋环境、生态及城市空间进行美化、修饰、塑造 |
| g.艺术化（心灵享受层） | 对生态屏障、绿化、生态景观艺术化提升，使人产生心灵享受 | 通过艺术化的手段，打造"艺术花园城市""海上花园城市"或"海上艺术森林带"。通过蓝色艺术，促使人们生活方式绿色化，心灵享受升华，城市品位形象提升 |
| h.链条化、产业化 | 管理创新，元素组合，促使生态景观产业化、品牌化 | 大胆创新，进行元素组合链条设计，打造专题走廊：海底生态走廊、阳光沙滩走廊、海洋城市花园廊道、城市森林廊道；实现管理标准化、专业化；通过创意设计、产业链开发，打造国际品牌 |
| i.海洋审美、哲学（价值层） | 形成海洋生态文明审美意识、哲学及价值观 | 坚持保护优先，尊重自然、复兴自然、繁荣自然；吸收传统智慧，将生态文明纳入社会主义核心价值体系，倡导绿色生活方式，坚定生态文明信念；健全制度，促进海洋生态文明历史复兴 |

**图 6-4 环境圈层海洋生态文明复兴的层次结构逻辑**

### (三) 海洋环境与生态空间景观艺术长廊的构成

本圈层的内部构成，有4轴，分别为海洋环境生态保护红线区组团、城市观光园林生态景观组团、城市生态文博轴、城乡发展绿色生态产业轴。这些组团内部又可以分为许多子系统，具体如下（见图6-5）。

**一、海洋生态文明建设轴（海洋环境生态保护红线区组团）**

**1. 海洋水域、海底世界及海洋公园体系**
- 海洋生态保护区长廊：南海国家级海洋生态公园（海南省）—湛江特呈岛海洋重点保护区—北海国家级海洋红线保护区（含涠洲岛珊瑚礁国家海洋公园）—钦州国家级海洋保护区（重点：三娘湾国家保护区、茅尾海国家级海洋公园）—防城港国家级海洋保护区（重点：珍珠湾海洋生态公园）

**2. 美丽海岛体系**
- 海南（三沙：西沙群岛、中沙群岛、南沙群岛自然景观保护区—三亚蜈支洲岛、东岛、西岛、分界洲岛、海甸岛、南湾猴岛、七州列岛等）—湛江特呈岛—茂名放鸡岛—北海涠洲岛、斜阳岛红线区—钦州龙门群岛海上生态公园（龙门七十二泾）—京岛景区（防城港）、江山半岛

**3. 特殊景观保护区长廊**
- 火山景观长廊：岩壁、岩礁、泻湖火山爆发遗迹：防城港火山岛—钦州龙门群岛—涠洲火山岛—湛江火山湖—海口火山口、雷琼火山群—三沙火山相关遗迹
- 海蚀地貌长廊：怪石滩、基岩沉积岩层、龟裂奇石、岛礁、黑色礁石景观、海蚀地貌景观
- 地质博物馆链：海口雷琼世界、三亚小鱼温泉—湛江湖光岩—涠洲岛地质公园—崇左宁明第三世纪地质遗址—南宁六景泥盆系地质公园

**4. 海底景观长廊**
- 海底奇观走廊：北海涠洲岛至斜阳岛五彩海底世界—徐闻珊瑚礁、乌石灯图角—海南临高、磷枪石岛、大东海—大洲岛、三亚珊瑚礁、三亚海底景观—三沙珊瑚礁五彩海底世界及鱼群
- 五色斑斓鱼群、珊瑚群、珊瑚礁、贝类、海螺、麒麟菜、藻类、海草床等特殊景观
- 鱼类保护区、螺类保护区、贝类区、鲍鱼、白蝶贝、鲨类、儒艮、海底世界+海底探奇+海底生物带保护区

**5. 史前生物**
- 崇左渌榜恐龙化石点—江山恐龙化石点—茂名恐龙化石保护区—海南相关化石点
- 古鱼类、古生物化石遗址，基因库
- 古人类化石：大新正隆巨猿化石点、仁合村古人类牙齿化石点、木榄山—灵山人遗址—落笔洞遗址

**6. 沙滩阳光长廊**
- 美丽海滩长廊：防城港金滩、白浪滩—钦州海滩—北海银滩—湛江金沙湾沙滩浴场—茂名—海南环岛海滩链
- 海滩环境类：阳光、空气（负氧离子数）、风力、降水、温度、湿度、污染度、无霜期、植被物种、生态景观
- 黄金海岸生态体系：公共沙滩、阳光沙滩、半沙滩地、滨海植被、原始植被、各类森林景观

## 第六章 海洋文明复兴的蓝色图腾艺术廊道勾勒

| | | 美丽海滩长廊 | 红树林带 | 湿地长廊 |
|---|---|---|---|---|
| | 7.海湾景观艺术长廊 | 防城港江山半岛及珍珠湾—钦州三娘湾—北海廉州湾—湛江吉兆湾、白沙湾—海南亚龙湾、日月湾等68个海湾 | 防城港北仑河口—北海山口、金海湾—湛江—茂名茂港、电白—海南东寨港等自然保护区长廊 | 湿地公园、沼泽及生态储备景观长廊：北仑河口—龙门群岛—星岛湖—湛江—海南环岛湿地群等 |

| | | 特色物种之乡 | 医药类、真菌微生物类、养生类、食物类 | 珍稀物种走廊 |
|---|---|---|---|---|
| | 8.特产之乡农业景观艺术（物种保护区）网络 | 渔业带、珍珠之乡、贝类走廊、对虾之乡、沙虫之乡、文蛤之乡，各种保护区、养殖区或产业带 | | 美人鱼之乡、海豚之乡、中国鲎之乡（4亿年古物种），上述物种保护区走廊 |

9.自然保护区、生态保护区景观艺术长廊：海南南沙群岛、中沙群岛、西沙群岛（海洋生态及物种）自然保护区，其他各类自然保护区等—茂名各自然保护区—湛江白海豚保护区、角尾珊瑚礁、硇洲岛、雷州湾珍稀海洋动物自然保护区—北海涠洲岛珊瑚礁及火山地貌保护区、合浦儒艮（美人鱼）国家级保护区、营盘马氏珍珠贝、山口红树林、滨海湿地公园保护区—钦州的三娘湾风景区、白海豚保护区，茅尾海保护区—防城港北仑河口、十万大山自然保护区，金花茶特区—崇左白头叶猴保护区、各类自然保护区等等

10.热带雨林、亚热带森林景观艺术长廊：海南热带雨林群（重点：五指山圈层、万泉河流域、环岛热带雨林，含8个国家级森林公园、热带林区，即五指山、尖峰岭、霸王岭、七仙岭、七指岭、吊罗山、黎母山、三亚呀诺达雨林，大田、铜鼓岭、鹦哥岭、邦溪及各类省、市级雨林保护区）—湛江亚热带雨林—北海森林地带—钦州八寨沟—防城港十万大山、源头保护带、鸟类乐园—德天瀑布—崇左弄岗、恩城、天堂山、龙州、青龙山自然保护区—玉林大容山那林等自然保护区—南宁大明山、龙山、龙虎山森林保护区

| | 1.城市阳光沙滩浴场走廊 | 城市阳光浴场走廊：东兴金滩、白浪滩、江山半岛阳光浴场—钦州海湾阳光浴场—北海银滩阳光浴场—湛江金沙湾阳光浴场—茂名阳光浴场—海南环岛度假海滩浴场群 |
|---|---|---|
| 二、城市美化生态景观组团（人居环境艺术） | 2.滨海生态景观长廊 | 城市海洋生态景观带、海湾自然生态千里画廊、滨海海洋生态景观、滨海观景廊、城市观海长廊、滨水区栈道走廊等等 |
| | 3.海上花园走廊 | 城市公园廊道（体系）、园林景观、滨海园艺带、盆景景观带、植物雕塑带、热带植物大世界、兰花大世界、各类花世界、城市花园走廊、海上花园城市长廊 |
| | 4.城市森林廊道 | 滨海森林公园、氧离子走廊、滨海椰林、城市森林带及森林公园、浪漫森林城市、童话森林城市、海上森林城市走廊：崇左、南宁、防城港—钦州—北海—湛江、茂名—海南各地森林公园带 |

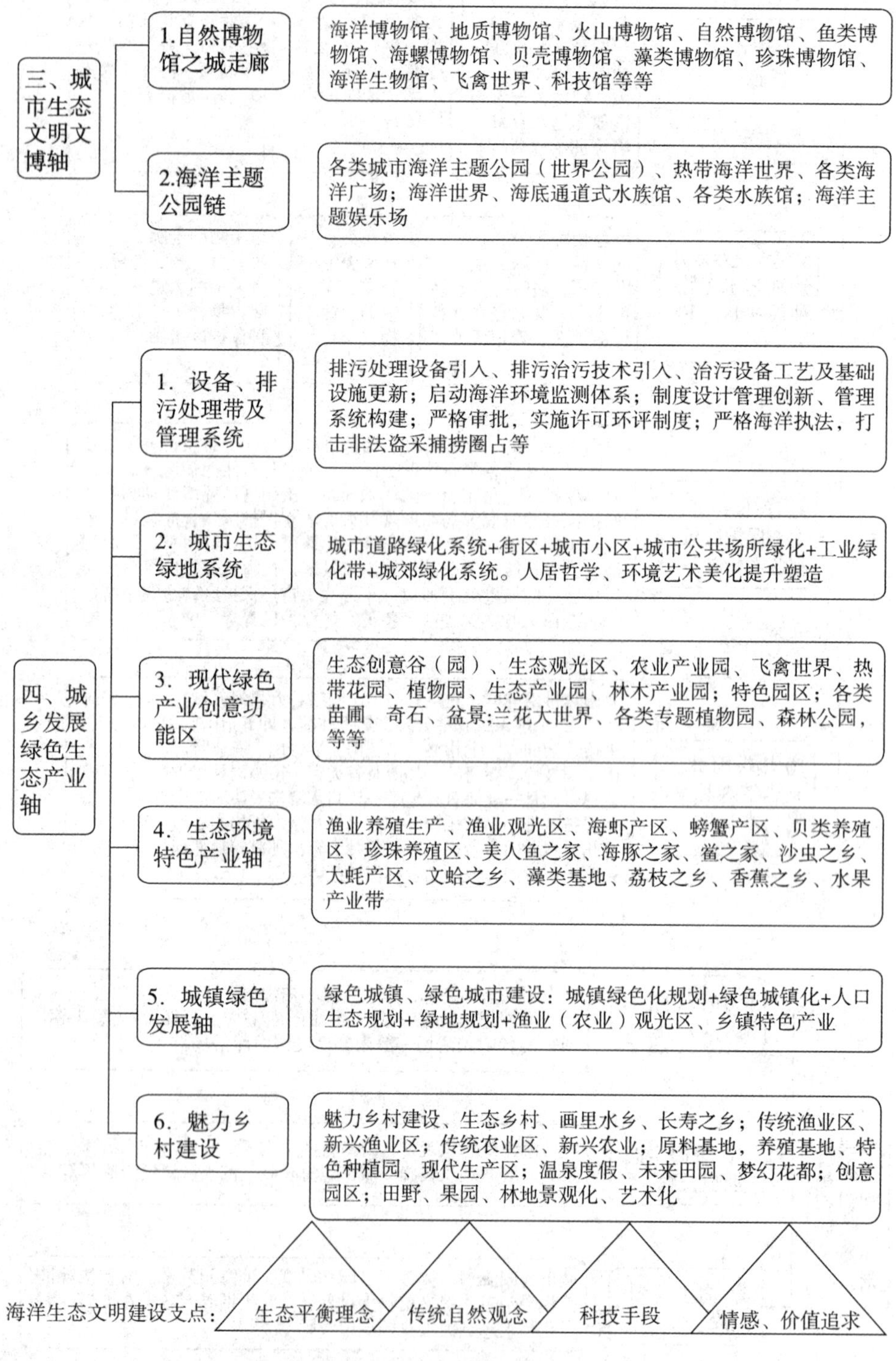

|  |  |  |
|---|---|---|
| 三、城市生态文明文博轴 | 1. 自然博物馆之城走廊 | 海洋博物馆、地质博物馆、火山博物馆、自然博物馆、鱼类博物馆、海螺博物馆、贝壳博物馆、藻类博物馆、珍珠博物馆、海洋生物馆、飞禽世界、科技馆等等 |
| | 2. 海洋主题公园链 | 各类城市海洋主题公园（世界公园）、热带海洋世界、各类海洋广场；海洋世界、海底通道式水族馆、各类水族馆；海洋主题娱乐场 |
| 四、城乡发展绿色生态产业轴 | 1. 设备、排污处理带及管理系统 | 排污处理设备引入、排污治污技术引入、治污设备工艺及基础设施更新；启动海洋环境监测体系；制度设计管理创新、管理系统构建；严格审批，实施许可环评制度；严格海洋执法，打击非法盗采捕捞圈占等 |
| | 2. 城市生态绿地系统 | 城市道路绿化系统+街区+城市小区+城市公共场所绿化+工业绿化带+城郊绿化系统。人居哲学、环境艺术美化提升塑造 |
| | 3. 现代绿色产业创意功能区 | 生态创意谷（园）、生态观光区、农业产业园、飞禽世界、热带花园、植物园、生态产业园、林木产业园；特色园区；各类苗圃、奇石、盆景；兰花大世界、各类专题植物园、森林公园，等等 |
| | 4. 生态环境特色产业轴 | 渔业养殖生产、渔业观光区、海虾产区、螃蟹产区、贝类养殖区、珍珠养殖区、美人鱼之家、海豚之家、鲨之家、沙虫之乡、大蚝产区、文蛤之乡、藻类基地、荔枝之乡、香蕉之乡、水果产业带 |
| | 5. 城镇绿色发展轴 | 绿色城镇、绿色城市建设：城镇绿色化规划+绿色城镇化+人口生态规划+绿地规划+渔业（农业）观光区、乡镇特色产业 |
| | 6. 魅力乡村建设 | 魅力乡村建设、生态乡村、画里水乡、长寿之乡；传统渔业区、新兴渔业区；传统农业区、新兴农业；原料基地、养殖基地、特色种植园、现代生产区；温泉度假、未来田园、梦幻花都；创意园区；田野、果园、林地景观化、艺术化 |

海洋生态文明建设支点：生态平衡理念 / 传统自然观念 / 科技手段 / 情感、价值追求

**图 6-5　海洋环境圈层生态景观艺术空间长廊的内部构成**

> **案例1：美国国家海洋保护区**
>
> 美国有诸多国家级及州级海洋保护区，如佛罗里达群岛国家海洋保护区成立于1990年，面积9600平方公里，深入大西洋、佛罗里达湾以及墨西哥湾。保护区内的佛罗里达环礁是美国覆盖面积最大的活珊瑚礁，也是世界上第三大活珊瑚礁。保护区覆盖着大面积的对珊瑚礁生态系统至关重要的海草，6000多种海洋生物生活其间。这里是重要的考古区，许多船只遇难于此。保护区侧重保护海洋生物，也保护国家重要的历史遗产，并为游客提供冲浪、潜水、游泳、垂钓等，但前提是不能破坏任何生态环境。每年超过400万游客从四面八方涌来潜水，欣赏珊瑚礁和沉船。而夏威夷帕帕哈瑙莫夸基亚国家海洋保护区创建于2006年，拥有逾7000种海洋生物，不少为珍稀物种，2010年被列为世界遗产。对于保护区内的珍稀海洋生物、珊瑚礁及"二战"战舰战机残骸，采取永久性保护，严禁任何商业捕捞及资源开采。2016年，奥巴马总统宣布将夏威夷国家海洋保护区面积扩大四倍以上，面积逾150万平方公里，划定为全球最大的海洋保护区。

> **案例2：新加坡国家公园廊道**
>
> 新加坡面积仅700平方公里左右，然而，这个"亚洲的十字路口"的小岛国不仅是世界金融中心之一，也是世界闻名的"花园城市"。在极度狭小的国土内密布大大小小的公园竟然达300多个，其公园分很多类型和等级，包括自然公园、海岸公园、区域公园、新镇公园、邻里公园、住区公园和特殊公园。新加坡建了数条将全国所有公园都连接起来的"绿色走廊"（含环道），将所有自然保护区、公园、湿地、各类景观及森林连接起来，形成了公园网络体系，使新加坡到处是森林，处处是美景，吸引世界各地成功人士竞相居住并投资，从而获得"世界花园城市"美誉。

总之，重点建设区域：海洋（含海岛）保护区、海底世界区、沙滩保护区、城市风貌景观设计区。重点打造七个品牌：1. 海湾体系；2. 海岛、火山及特殊地质地貌景观体系；3. 海底生物世界体系；4. 沙滩阳光地带；5. 滨海生态景观长廊；6. 产业生态体系；7. 海上花园城市廊道。

## 二 底蕴层：遗产本体红线警戒区子廊道构筑——蓝色文明复兴的血脉"基因库""万年宝藏"

海洋文化遗产是人类海洋生产实践的智慧结晶，是中华文明数千年来延绵不绝、保持血统的基因密码，是蓝色时代海洋文明复兴的基石。然而，随着时代大潮的冲击，面对千变万化的不可控因素挑战，这些遗产面临巨大的生存危机，具高度濒危性。但鉴于海洋文化遗产的时代金矿价值，在种种挑战情况下，必须采取特殊的手段，启用特别措施，把这些基因"冻结"起来，建立"血脉工程""万年基因库""重点记忆库"或"文化源廊道"。通过全面系统深入整理梳理各个遗产点，理清脉络，确定重点，划定红线区域，制定遗产红线分布图，完善基因储备库及保护支撑系统，构筑"遗产红线分布系统"，即一核——世界（环北部湾）海洋遗产本体红线警戒区廊道。

本警戒区廊道为世界（环北部湾）海洋艺术廊道的文明轴心，为蓝色文明之根廊道，也是文化创造力源泉、魅力之源廊道，形成了整个大廊道的文明基石。廊道的构成，既包括世界海洋文明起源的相关遗址遗迹，如史前人类考古遗址、洞穴遗址、贝丘遗址、渔业遗迹、渔业作业区、航海遗址遗物遗迹等，相关远古历史记忆，相关遗风遗俗，也包括早期各类渔业、航海起源或早期人类迁徙文化线路、文化空间，更包括后来历史发展不断创造出来的各类文明成就等。因此，本子廊道创建的背后"轴心"，更多依赖考古学发现，聚焦于文化的起源、传播与演变地理图，更多地关注各类遗址遗迹，也关注传说、文献等历史"软证据"，同时关注相关文化元素、文化圈，以及由此而产生的文化交流、文明碰撞。而遗产本体红线区系统则由上述因子的点、面、线、链、圈组成如表6-1所示。

表6-1　　　　　　　　　　遗产红线区廊道的形成轨迹

| 层次 | 侧重点 | 系统构成 | 工作内容 | 重点 |
| --- | --- | --- | --- | --- |
| 立体廊道 | 空间组合 | 遗产空间组合，立体廊道构造 | 空间组合、历史组合、业态组合、关系组合、逻辑感受或体验组合 | 时、空、物的组合 |
| 面 | 遗产面 | 遗产聚集区 | 遗产圈、遗产丛、遗产带，遗产群落的搭配、组合及重新构造 | 线的组合、结构处理 |
| | | 遗产集中区 | | |
| | | 遗产密集区 | | |
| 线 | 线路链接、组合 | 遗产线路 | 因果关系、共同因素提取、组合、搭配、设计、创意 | 关系确定、选点、组合 |
| | | 遗产片段 | | |
| | | 节点构成 | | |
| 点 | 遗产本体 | 遗产本体 | 抢救、保护、(碎片)修复、挖掘创意、设计、环境美化 | 抢救 保护 修复 挖掘 |
| | | 核心区 | | |
| | | 缓冲区 | | |
| | | 建设控制地带 | | |

环北部湾海洋文化遗产领域广阔，无所不包，类型多种多样。根据海洋遗产的类型分类，其空间分布状况，其相互关系，以及诸多遗产的点、线、面、圈的延伸轨迹及交叉关系，世界（北部湾）海洋艺术廊道的遗产本体红线保护区系统的内部结构，有四大板块，即四"轴"（见图6-6）。

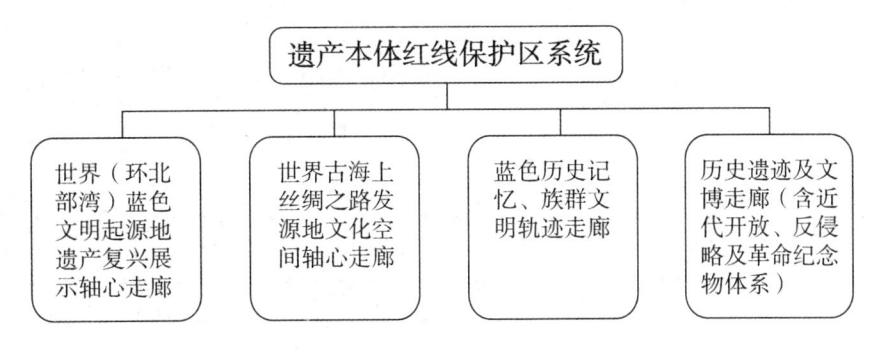

```
                    ┌─────────────────────────┐
                    │  遗产本体红线保护区系统  │
                    └─────────────────────────┘
         ┌──────────────┬──────────┴──────┬──────────────┐
  ┌──────┴──────┐┌──────┴──────┐┌────────┴────┐┌────────┴────┐
  │世界（环北   ││世界古海上   ││蓝色历史记   ││历史遗迹及文 │
  │部湾）蓝色   ││丝绸之路发   ││忆、族群文   ││博走廊（含近 │
  │文明起源地   ││源地文化空   ││明轨迹走廊   ││代开放、反侵 │
  │遗产复兴展   ││间轴心走廊   ││             ││略及革命纪念 │
  │示轴心走廊   ││             ││             ││物体系）     │
  └─────────────┘└─────────────┘└─────────────┘└─────────────┘
```

**图 6-6　遗产本体红线保护区系统图**

（一）世界（环北部湾）蓝色文明起源地遗产复兴展示轴心走廊

蓝色文明起源地遗产复兴展示轴心走廊，即蓝色文明起源地（渔业）文化空间走廊。本遗产红线区廊道的构筑，以南海为圆心，以环北部湾沿线为重点区域，以史前遗迹、人类文化遗址（化石遗址、洞穴遗址等）、大石铲遗址、贝丘遗址、史前渔业遗址、渔业艺术、舟楫文明、古航线、漂流轨迹、珍珠文化、蓝色文明起源记忆、宇宙观念、原始图腾艺术等线性遗产及非线性遗产为依托，连接重要遗产点或片区，按照蓝色文明的脉络渊源、内涵、价值、发展轨迹、空间分布等指数，勾勒世界（环北部湾）蓝色文明起源地遗产链网络廊道，构筑世界蓝色文明起源地 DNA 及文明复兴轴心廊道。内部系统结构及主要线路如图 6-7 所示。

**1.史前考古遗迹分布轨迹（含恐龙化石遗址/点、古生物化石点、古人类化石点、生命摇篮相关遗址）**

外围：云南澄江化石遗址（寒武纪生命大爆发例证 世界遗产）—南宁那龙恐龙出土点（白垩纪）等—崇左上英恐龙化石点、渌榜恐龙化石点（早白垩纪）、龙骨岩遗址（更新世）、文羊岩脊椎动物化石点（旧石器时代），大新县宝新村化石出土点、维新村化石出土点（更新世），凭祥市板坤化石遗址、铁路折返段化石点（晚更新世）、宁明第三世纪地质遗址—防城港江山恐龙化石出土点（侏罗纪）—钦州独矮山洞古生物化石点、米岩动物化石点、车凤洞古生物化石点（旧石器时代）—北海相关遗址、化石点—湛江相关遗址、化石点—茂名恐龙化石保护区–海南昌江县信冲洞动物化石地点（更新世晚期）—中沙西沙南沙相关海底化石点、古生物化石群

**2.人类文化遗址半圆链（含古人类起源遗址、人类洞穴遗址、相关史前考古遗址）**

南宁：邕蕾山洞穴遗址、顶蛳山遗址、天窝遗址，沱江口遗址、大龙潭、石船头、豹子头、舜婆山遗址等（新石器时代）—崇左：正隆巨猿化石点（更新世）、江州区木榄山智人洞遗址（旧石器时代），大新县仁合村古人类牙齿化石出土点（更新世），龙州市企鸟洞穴遗址、沉香角洞穴遗址、绿轻山矮洞遗址（旧石器时代）—玉林文容顶遗址等—钦州：灵山人遗址（旧石器晚期）、马鞍山遗址、望天岩穴遗址（浦北）、六蓬山洞穴遗址、大岩洞穴遗址、三海岩洞穴贝丘遗址、箭猪笼遗址，独村村、芭蕉墩、上羊角、妮义嘴遗址（新石器时代），其他各类遗址171处—北海上洋江沙丘遗址，清水江、大坡岭、二埠水、大坡岭、西沙坡遗址等（新石器时代）—湛江华丰岭、丽山岭、兰园岭、英良岭、英楼岭、英典北、卜袍岭、双髻岭、南边村、狭喉岭、槛川、斗门遗址（新石器时代），其他各类遗址9处—茂名人类遗址—海南昌江黎族自治县混雅岭更新世晚期洞穴遗址、三亚落笔洞遗址（旧石器晚期-新石器早期）、稻坝遗址、米埔、日草、付龙园、凤鸣、那宋、文英、石贡、南湾、古楼坡、陵水大港村遗址，其他各类遗址至少102处

|  |  |
|---|---|
| 3.大石铲遗址点链（分旧石器、新石器时代遗址） | 南宁：新石器时代束腰形双肩玉铲（邕宁）、新石器时代束腰形双肩石铲（武鸣）、西周穿孔石戈（武鸣县）—玉林：容县打铁岗石器分布点等（4处，新石器时代）—崇左：狮子山石铲遗址、那淋石铲遗址，郡造、同正、左屯石铲出土遗址（新石器）、大新武能双肩石斧、桃城石铲出土遗址；新石器时代契形双肩长石铲（扶绥）、新石器时代短柄斜肩大石铲（大新）、新石器时代双斜肩大石铲（龙州）—钦州：天堂坡石铲出土点、六蓬山石铲出土点—北海、湛江、茂名，以及海南相关大石铲出土点遗址圈 |
| 4.贝丘遗址长廊（分旧石器时代、新石器时代遗址） | 南宁：那北咀、西津、凌屋、黎屋、秋江、江口、平朗、冲利、道庄、岜勋、鲤鱼坡贝丘遗址—崇左：江西岸、花山、大湾、江边、舍巴、敢造、下屯、何村、金柜山、冲塘等贝丘遗址—防城港：茅岭玫新墩遗址，社山、交东、亚菩山、旧营盘、蕃桃坪、大墩岛、蚝潭角、马拦嘴等海滨贝丘遗址，螃蟹岭蚝壳角遗址—钦州：独料村、芭蕉墩、上羊角新石器时代遗址，黄金墩贝丘遗址、三海岩洞穴贝丘遗址、武龙山洞穴贝丘遗址等—北海：牛屎环塘沙丘遗址、上洋江沙丘遗址等—湛江：鲤鱼墩、那良村、梧山岭贝丘遗址—茂名相关遗址—海南诸多贝丘遗址链（如新街等） |
| 5.史前渔业遗址遗产圈（史前渔业考古点、作业区遗址、传统渔技艺） | 新石器时代 崇左相关遗址—防城港、钦州、北海遗址圈—雷州：双髻岭遗址、英楼岭遗址、卜袍岭遗址—海南：棋子湾遗址、大港村遗址、文英遗址、坡落岭遗址、移辇遗址、石贡遗址、凤鸣遗址、南湾遗址、花丛石器等百处出土点。相关非物质文化遗产：特殊鱼箭制作及渔猎技艺、海南三沙深海捕捞技术、三沙浅海捕捞技术遗俗、渔谚、临高渔歌记忆空间—雷州鱼露—北海咸鱼、水鱼制作，虾酱、沙蟹汁原始技艺—防城港京族高跷捕鱼技艺、京族鱼露技艺遗俗、高跷捞虾、耙螺、拉大网等—南宁横县鱼生制作原始技艺等等 |
| 6.舟楫文明起源圈（含舟考古发掘、制作技艺、漂流技艺、相关习俗） | 箕、渡水腰舟、筏、独木舟等原始舟船制作技艺及文明空间—南海航道更路经（薄）文化空间—海南黎族腰舟渡水文化圈—北海、钦州、防城港等"坐箕过海"技艺、谚语、远古习俗及漂流轨迹运动空间；船形屋、疍家棚艺术圈—疍家水居技艺、疍家婚礼、疍家调、咸水歌记忆文化空间—崖州民歌、儋州调声、咕哩美、临高渔歌历史记忆空间；黎族文身、渔猎漂移习俗—南岛语系相关族群纹身轨迹圈；涉及筏、箕、腰舟、独木舟的各类神话传说、仪式、禁忌及文化空间网络等等 |
| 7.古航线及史前漂流轨迹（含远古航海秘诀、渔猎习俗、漂流考古发现、遗产遗迹或风俗等） | 轨迹1：南海航道更路经（薄）线路（渔猎漂移迁徙远古秘密通道、民间秘密商道）：海南沿海—东沙群岛、西沙群岛、中沙群岛、南沙群岛—东南亚、澳洲、太平洋岛屿，南亚—太平洋、印度洋。轨迹2：赛龙舟文化圈。赛龙舟最早源于南蛮集团古百越追逐渔猎竞赛习俗，后漂移扩散至世界各地，主要集中于东南亚，形成世界赛龙舟文化圈，以及世界龙图腾圈。轨迹3：黎族腰舟文化圈。黎族渡水腰舟—周边腰舟文化区—世界各地腰舟文明圈。轨迹4：鼻箫、口弓等竹木器乐漂移文化圈：黎族鼻箫、口弓等竹木器乐—马来西亚沙捞越女鼻箫、口弓—澳洲毛利人澳纽—南岛语系族群音乐—非洲科特迪瓦横吹喇叭文化空间走廊。轨迹5：岩画、图腾文身漂移迁徙血脉通道：独龙族文身—黎族文身—高山族文身—毛利人文身—南岛语系特定族群文身，族群漂流迁徙起源地岩画祖祭。轨迹6：龙图腾、傩艺术、图腾习俗圈：中华图腾、傩艺术、上刀山图腾柱—波利尼西亚土著文化—太平洋艺术圈—美洲印第安图腾柱、各类神话传说禁忌文化圈等等 |

| 8.蓝色文明之珍珠文化链 | 文化圈构成：珍珠地质环境、珍珠考古点及相关遗址、珍珠神话传说、历史记忆、珍珠池（产地）、珍珠生产及制作技艺、珍珠习俗、珍珠崇拜、珍珠原始图腾艺术。珍珠文化走廊：防城港珍珠历史文化空间—钦州珍珠文化空间—北海（合浦）珍珠历史文化空间（中心区）—湛江、茂名珍珠文化空间—海南珍珠历史文化空间—东南亚珍珠艺术空间（如印度尼西亚、马来西亚等）—南亚（印度）珍珠文化圈—西亚珍珠圈—欧洲（地中海）珍珠圈 |
|---|---|
| 9.蓝色文明起源记忆链（蓝色文明起源记忆、传统技艺、传统知识、自然宇宙观念、相关民俗） | 记忆链1：古百越文身、食蛙蚌、潜水渔猎、舟楫及水居—蓝色文明（渔业）起源记忆链。记忆链2：疍家文化空间记忆链—疍家历史记忆、疍家渔猎、疍家迁徙漂移路线、咸水歌、疍家婚礼、婚礼唱辞及文化空间、疍家船居习俗禁忌、疍家图腾。记忆链3：京族文化空间记忆链。记忆链4：黎族族源、黎族船形屋制作技艺、黎族漂流技艺（渡水腰舟等）、黎族钻木取火、黎族原始制陶、黎族渔猎方式、黎族图腾信仰、黎族渔猎漂流迁徙路线（鼻箫文化圈、竹木器乐文化圈、纹身文化圈、南岛语系文化圈等）。记忆链5：远古苗蛮集团文明记忆圈：远古稻作文明圈、海南苗文化、雷州文化、傩文化及其传播、世界傩文明圈。记忆链6：壮族等远古文明记忆链：远古神话传说、横县壮族百鸟衣故事、布谷鸟的传说（折射渔猎远古记忆及习俗）—黎族甘共鸟传说，文身、刺绣文化圈—凤鸟崇拜远古部落图腾圈（中国-东南亚）—花山岩画（渔猎习俗）远古族群渔猎迁徙历史记忆—渔猎仪式、禁忌—世界渔猎迁徙点轨迹—世界迁徙传播文化圈。 |
| 10.原始图腾艺术空间走廊 | 链1：龙图腾走廊：各地赛龙舟、黎族文身、龙被，海南苗族招龙舞—高州人龙—湛江人龙舞、赤坎勒古龙—北海外沙龙母庙会—浦北舞青龙—南宁、崇左、玉林龙习俗。链2：鸟图腾链：南宁—崇左—防城港（壮族民间故事"百鸟衣"、岩画，体现远古渔猎文化）—湛江鸟王庙—海南黎族鸟图腾习俗（甘共鸟文化圈）。链3：珍珠崇拜链：防城港—钦州—北海（中心区）—湛江—海南—亚非欧珍珠文化圈。链4：傩走廊，内地傩活化石圈（苗族傩文化）—南宁上刀山下火海、上林傩戏，玉林上刀山下火海、跳玻璃—防城港瑶族傩绝技—钦州跳岭头—北海上刀山下火海、祭海—湛江麒麟村爬刀梯，翻棘床，穿令箭、穿镰功、捧犁头—海南傩—印尼傩艺术—毛利人傩艺术—美洲印第安图腾柱。链5：自然崇拜艺术链，东兴京族鱼伯公崇拜—茂名荔枝原始生态图腾—海南椰生态图腾。链6：稻作文明图腾艺术链：沿线稻作遗址—稻作文明文化圈—铜鼓艺术—各类神话传说、仪式、禁忌等等 |

**图 6-7 世界（环北部湾）蓝色文明起源地遗产复兴展示轴心走廊内部系统结构及主要线路图**

环北部湾蓝色文明起源遗产空间走廊体系复杂，内涵广阔，主要涉及蓝色文明的萌芽、起源、发展和传播轨迹、融合变化等系列过程，特别涉及中华文明起源圈由中原—中国边境—东南亚—南亚、西亚—地中海周边国家地区的传播轨迹内容，体现中华文明与世界各大文明区的相互融合、吸收与重新。

保护方法：因本廊道属于遗产本体红线警戒区系统，为海洋文明复兴的"万年基因库"，以冻结保护为主。走廊内部各子系统的保护展示，均以严格红线保护为主，辅以抢救、修复，以严格保护完整性、原真性、安全性，保护文化遗产和自然生态系统，通过梳理其内部肌理，恢复遗产、人文及自然环境格局，重塑历史魅力。其保护关键有八项：其一，重点是遗产本体保护；其二，原生保护，特别注意原址保护及周边生态协调；其三，多线活态传承；其四，除保障安全需要之外，采取最少干预原则；其五，加大基础设施投入；其六，以专业技术保护为主，兼多种手段保护展示原则；其七，尊重本真，大胆创意原则；其八，标准化管理、科技化管理、动态化管理。

而这类史前考古遗址、古遗址及相关历史记忆的创意模式，主要有：特殊保护区、"露天博物馆""野外博物馆"、遗址公园、遗址花园、博物馆、民俗村、艺术馆、历史记忆区，及相关文化空间等。因而，本廊道内部各体系的总体创意设计，以"露天博物馆""野外博物馆""观光区"为主，再辅以相关的严格保护措施、内容展示方法及美化提升措施，如内容及外观设计、陈列、展示、3D虚拟展示，绿色休闲运动廊道、环境美化塑造，以及创意产品，包括纪念品、吉祥物、卡通、图案、标志、影视作品等，以及遗产活动或户外活动。

规划图景：世界（环北部湾）蓝色文明起源与漂移扩散血脉之根走廊、露天原生博物馆之城（历史记忆区之城）、野外博物馆艺术大走廊，遗址花园走廊或原生保护区花园走廊，充分展示蓝色文明起源走廊的渊源性、远古性和神秘性。

---

**案例1：埃及重启卢克索古城改造计划**

卢克索古城有"上埃及的珍珠"之称，最能代表古埃及的辉煌成就。卢克索最引人注目的文化古迹包括帝王谷和卢克索神庙、卡尔纳克神庙等。卢克索神庙为公元前14世纪修建，主祭祀太阳神及妻子和儿子月亮神。卡尔纳克神庙是古埃及帝国遗留的最壮观的神庙，因浩大规模闻名世界，整座建筑群塔门高44米，内有134根巨石柱，大小神殿20余座。卢克索工程主要包括：恢复修建连接这两神庙之间长约2700米的公羊大道；修建伊斯纳神庙广场，迁走附近居民及建筑，恢复3000年前广场上俯瞰尼罗河的胜景；修缮伊斯纳市的法老文物、科普特文物和伊斯兰文物；修建尼罗河河滨大道；开办富有传统风俗特色的家庭旅店；治理污染，美化环境；做好搬迁补偿，协调好居民关系。通过努力，把它打造成世界闻名的大型露天开放博物馆。

---

（二）世界古海上丝绸之路发源地文化空间走廊

环北部湾是古海上丝绸之路文化发源地，史书记载的最早古海上丝绸之路始发港合浦、徐闻、日南（今越南东河市），均处于本区域范围内。古海上丝绸之路既是中华古帝国不断对外开拓交往贸易，加深世界相互合作依赖的过程，更是中华文明对外传播、交流、交融、激发、创造辉煌的中华文化圈轨迹形成过程。古海上丝绸之路以中原文明为底蕴，缘起东南亚，横穿南亚、西亚、东非，最后抵达地中海，形成中华文明沟通全球的贸易商品大动脉、血脉大走廊和文化大通道。古海上丝绸之路作为中华文明传播交流圈的核心力量，穿越诸多文化区、文化圈，横跨四大文明古国，横贯亚非欧，成为全世界区域跨度最大、持续时间最长、涉及文明类型最丰富，成果也最辉煌灿烂的文化线路，堪称世界文明之最。

1. 廊道构成的理论模型

环北部湾是古海上丝绸之路的起源地，是中华文明由此跨出国门、进入海洋、穿越东南亚国家、联系沟通亚非欧三大洲的起点，是中国与国外疆域划分的分水岭，更是重要的连接点。因而，这里是古海上丝绸之路遗产的发源地、密集区、国内外交融区、核心段。本地段遗迹遗产高度密集，要素多样，价值突出。抓好这个核心段/区的建设非常关键，甚至对于整个环北部湾海洋艺术（国际）廊道的构筑成败有决定意义。鉴于构成要素的复杂性、多领域、多层次、类型多样性，古海上丝绸之路起源地文化空间廊道构成的理论模型应大体如图6-8所示。

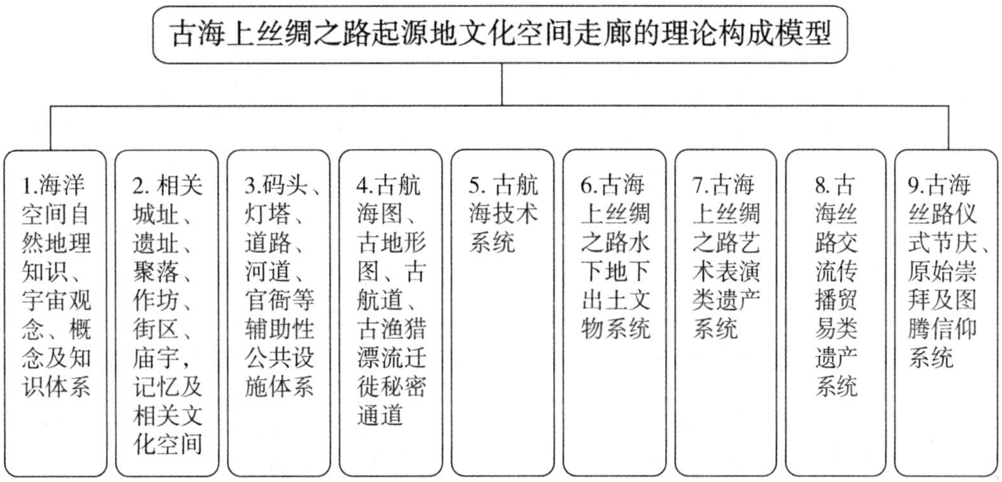

```
           古海上丝绸之路起源地文化空间走廊的理论构成模型
  ┌────┬────┬────┬────┬────┬────┬────┬────┬────┐
1.海洋  2.相关  3.码头、4.古航  5.古航  6.古海  7.古海  8.古    9.古海
空间自  城址、  灯塔、  海图、  海技术  上丝绸  上丝绸  海丝    丝路仪
然地理  遗址、  道路、  古地形  系统    之路水  之路艺  路交    式节庆、
知识、  聚落、  河道、  图、古          下地下  术表演  流传    原始崇
宇宙观  作坊、  官衙等  航道、          出土文  类遗产  播贸    拜及图
念、概  街区、  辅助性  古渔猎          物系统  系统    易类    腾信仰
念及知  庙宇，  公共设  漂流迁                          遗产    系统
识体系  记忆及  施体系  徒秘密                          系统
        相关文          通道
        化空间
```

**图6-8　古海丝路起源地文化空间走廊理论构成模型**

2. 古海上丝绸之路遗产红线走廊的内部构成及创意方式（见表6-2）

表6-2　　　　古海上丝绸之路遗产红线走廊的内部构成及创意方式

| 类型分类 | 代表性遗产及线路构成 | 创意方式 |
| --- | --- | --- |
| 1. 海洋地理知识、传统方位空间观念及宇宙认知体系 | 海洋地理知识、传统观念、宇宙认知体系。崇左农历二十四节气；湛江太阳崇拜习俗、牛郎织女星崇拜、雷祖的传说；防城港壮族的"天"、壮族百鸟衣神话、妈祖的传说、十万大山的传说、京族史歌、京族哈节宇宙观念、苗族迁徙歌、岩画、北海地角传说、海角亭传说、银滩传说、白虎头传说、应天池的传说、三婆庙传说；黎族神话、黎族哈应语口传长篇创世史诗《吾德剖》、陵水黎族五方舞及自然地理方位观念；土地诞；地震神话、龙母节，南海更路经（薄）海洋传统空间知识技能与宇宙观念、岛屿命名体系与宇宙观念等等。 | "历史记忆区"、动漫动画、"特殊文化空间" |
| 2. 相关城址、遗址、聚落、作业区，及相关文化空间 | ①相关城址、遗址、聚落类。南宁：智城城址、三江坡汉城遗址、上林下楚古城、南宁古城墙—玉林：东光下琅容州城址、玉州区马援营（东汉）、船厅遗址、博白亚山城址、浪平城址、石顶山城遗址、官岭城遗址，北流市：铜州城址（唐）、朝阳城址（晋）、城肚古城—崇左：廷城遗址（汉）、江州土司衙门遗址—防城港：防城旧城遗址、旧州城址、汉城村马伏波营盘遗址（东汉）、马伏波围城遗址（东汉）、皇城遗址—钦州：越州古城遗址、钦州故城遗址、钦江县故城址、下红泥沟故城址、施坡渡古城址、古城角遗址、旧州城遗址（明）、丹竹城址、临漳郡古城址、配山村城址、丹竹山城址—北海：大浪古城址（西汉）、石康古城址、永安城址、红泥城址、白泥城址等— | ①露天博物馆、遗址花园、遗址公园走廊。②博物馆、陈列馆、展览馆、艺术馆走廊。③陶艺馆、体验馆、创意馆，工作室。④艺术街区、艺术村等 |

· 519 ·

续表

| 类型分类 | 代表性遗产及线路构成 | 创意方式 |
|---|---|---|
| | 湛江:旧县村泰山府(汉)、二桥村遗址(汉)、雷州城址(宋)、雷州府署遗址(明)、罗州故城址、乐民千户所城、东汉生活遗址(宋)、锦囊千户所城遗址、海安千户所城遗址、康港所城遗址(明)、凌禄县城址(唐)、干水县城址(唐)、吴川县城址(明)、雷城大新街遗址(明)—茂名:罗州城墙、化州鼓楼—海南:琼崖郡治遗址、珠崖岭城址(汉—唐)、儋耳郡古城遗址(西汉)、儋州署遗址(隋—清)、儋州故城(唐—清)、旧州城址、崖州故城(宋—清)、昌化故城(明)、定安故城、镇州故城、港演城址(元)、琼山城墙(宋—清)等相关城址遗址。<br>②古海丝路商品作业区及扩散遗迹类(出口陶瓷窑址、珍珠、玻璃等)。南宁:灰窑田遗址、尹屋窑址、九龙窑址等,及南宁制陶技艺文化圈(如宾阳邹圩陶技艺等)——玉林:兴业岭峒、琼新、白坭塘、缸瓦窑、大化、岭峒(宋)等窑址,至少12处古窑址,相关遗产——崇左:浦责窑址等——防城港:冲茶窑址(清)、那凤屯窑址(清)、瓦窑门窑址(清)——钦州:门楼阁楼窑址群、土东瓷窑群遗址(宋—明)、柴地尾窑址(汉)、红坎岭窑藏出土点(汉)、新永窑址(汉—南北朝)、潭池岭窑址(隋唐—宋)、母鸡坑窑址(唐)、大鹿口窑址、后背坡窑址、坡尾窑址、虎尾窑址、圩背窑址(明—清)、冲茶窑址、碗厂窝窑址、钦江古龙窑、缸瓦窑村坭兴陶古龙窑(宋)、谷埠瓷址、荔枝山瓷窑址等(至少19处),钦州坭兴陶烧制技艺文化圈、小江瓷器手工制作技艺圈——北海:草鞋村遗址(西汉)、英罗窑窑址(唐)、下窑窑址(宋);明代遗址:瓦窑坡遗址、红坎岭窑址、田头屋窑址、缸瓦窑窑址、东窑窑址、西窑窑址、大窑窑址、赤水古窑、谭村窑址、宁海窑址、大江窑址、上窑村窑址、红坎岭窑址、晚姑娘村窑址、高德缸瓦窑群等等,以及赤江陶制作技艺圈——湛江:龙道窑群址(唐 雷州)、余下村窑址(唐)、龙头沙窑址(唐—宋)、陂头峒窑址(唐—宋)、铺墩窑址(唐)、茂胆窑址(唐)、头岭窑址(唐—宋)、下六东港仔村窑(晚唐)、覃道窑址(宋—元)、旧洋窑址(宋—元)、公益窑址(宋—元)、调板窑址(宋—元)、北村窑址(宋—元)、新仓窑址(宋—元)、吉斗窑址(宋—元)、东坡窑址(宋—元)、斜坑黄窑址(宋—元)、调乃家村窑址(宋—元)、洋上村窑址(宋—元)、六余窑址(南宋)、江窑址(宋—清)、红埚古窑址(明)、陈家窑址(宋—元)、陈高村窑址(宋);余村古窑群址、窑头村窑址、下山井窑址、犀牛公窑址、太平窑址、平城窑址、新埠窑址、船渡窑址、碗洋窑址(清)、铜鼓窑址(清)、排岭窑群址等(重点41处,其中雷州达20处,绝大多数为唐、宋—元遗址),以及雷州窑烧制技艺、雷州陶塑、吴川瓦窑陶鼓制作技艺圈——茂名相关窑址群——海南:陵水古楼窑址(唐)、移輋陶瓷窑藏址(唐—宋)、深涌岭窑址(宋)、红泥岭窑址(元 澄迈县)、善井窑址(元)、黄家窑址、福安古窑址、碗窑村窑址、黎族原始制陶技艺、黎族泥片制陶技艺,黎族陶艺术圈及相关遗址,等等。非遗类:海南黎族原始制陶技艺。海南沿岸水下文物区、三沙水下陶瓷保护区——国外路段:东南亚中国古陶瓷遗产圈——南亚、西亚中国古陶瓷遗产圈——东非、北非中国古陶瓷文化圈——地中海中国古陶瓷文化圈<br>③珍珠出口采集类遗址:白龙珍珠城遗址(明 北海铁山港)——乐民城(湛江,又名珍珠城)、雷州盐庭采珠遗址(明)——海南相关遗址等<br>④其他相关遗址:玉林铜石岭冶铜遗址、西山冶铜遗址、绿鸦冶铁遗址及35处铁渣炼渣堆或堆积点(宋)——海南儋州海头冶铜遗址,其他类型遗址遗迹 | 艺术家村群落。⑤创意工艺品、纪念品、装饰品。⑥展览活动。⑦时尚休闲活动。⑧绿色廊道、绿色休闲景观走廊 |

续　表

| 类型分类 | 代表性遗产及线路构成 | 创意方式 |
| --- | --- | --- |
| 3. 码头、灯塔、道路、官衙、防御工程等辅助公共设施体系 | ①古海丝路残留码头运河系统。南宁：三江口码头遗址、扬美古码头、扬美古商埠码头、驮罕码头、那莲社坛码头（明）、那莲正码头、东兴码头（清）——玉林：船厅遗址、扬月古井，相关码头—崇左：江州南津码头（宋）、中渡码头（明），宁明九岸码头、驮浪码头、古坡码头、扶绥那宽码头、新龙古码头、渠旧古码头、宁明县亭立码头、伏波庙码头、千总码头、龙州大码头、龙州大南码头—防城港：潭蓬古运河、那良车渡码头遗址（民国）—钦州：广西沿海运河西坑段，西坑古运河（汉）、玉井流香、平南古渡遗址（明）—北海：大浪古城码头、南流江入海口古道—湛江：赤坎埠码头旧址（明末）、雷州港头埠（唐—清 墨亭村）、芷寮古港（唐）、海安港遗址（明）、芙蓉湾大堤（南宋—清）—茂名相关遗址遗迹—海南：大港村遗址、平富渡口遗址、古楼遗址，其他相关遗址遗迹<br>②古道残存系统。崇左：陇良石道（明）、龙州至下冻古道（明—清）—防城港：潭蓬古运河（唐）、扶隆古道、上思县四方古山道、海上胡志明小道（民间秘密古道）—钦州：四方山烽古道、天涯亭—湛江：遂溪调丰古官道遗址、云张墟古道遗址、解元巷古道遗址（清）、贵生书院与门前古道—茂名：化州雷岭古道（清）—海南：儋州田头驿站遗址（宋）、达士巷古道（海口）、北胜街古道、灵返村古道（明）、才根古道遗址（清）、七里村八坊五姓古道（清）、接官亭遗址（宋），澄迈县罗驿驿道遗址、罗驿驿站遗址、牛岭古道（汉 陵水县）等—南海航道更路经路网<br>③防御工事系统。南宁：那例烟墩岭烽火台遗址（明）、弄尾山炮台等（共74座）—玉林：马援营（东汉）、船厅遗址—崇左龙凭界烽火台—防城港：水营村水营师营地旧址（明），顶墩烽火台（明—清）、板回屯烽火台（明—清）、枯争烽火台、枯桃烽火台等（11处烽火台）—钦州：旧营盘烽火台（明）、青龙烽火台（明）、大替屯烽火台（明）、烟通岭烽火台遗址等（9处）—北海：禁山、乾江、日头岭、铁山烽火台遗址等—海南：沿海烽堠、临高烽火群遗址（明），儋州新隆烽火台遗址（明）、排浦烽火台遗址（明）等等 | ①露天博物馆、遗址花园走廊、遗址公园线路、河道花园走廊。②博物馆、陈列馆、展览馆。③体验活动、艺术活动。④时尚休闲活动。⑤绿色廊道、绿色休闲景观走廊 |
| 4. 古地形图、古航海图、古航线、古渔猎迁徙图，漂移秘密通道 | ①各类古地形图、古海洋图、古海岛图及各地地区图<br>②古航海图、古航线图、古航道、古交通图<br>③相关秘诀，重点包括南海航道更路经（簿），以及环北部湾各地、各族群航海秘密、秘本、孤本、口诀，各类技术、技能及绝技<br>④远古族群漂移迁徙标记类，岩画、祖先祭祀、祖源地祭祀，以及文身标记。崇左：花山岩画（战国—东汉）、万人洞山岩画、巴岸山岩画、岩敏山岩画、大山岩画（战国—东汉）等等，共数百处；黎族文身祖先漂流迁徙标记<br>⑤相关古百越人渔猎漂移迁徙线路秘密通道，以及相关类似通道 | 古航线图展示宣传区，航线、游轮旅游航线开辟，科考探索区 |

续　表

| 类型分类 | 代表性遗产及线路构成 | 创意方式 |
| --- | --- | --- |
| 5. 古航海技术系统：造船技术、航海技艺 | 1. 灯塔系统。北海：冠头岭灯塔、涠洲灯塔—湛江：硇洲灯塔—徐闻赤坎村灯塔、海安港山顶灯塔—海南：儋州细沙灯塔（明）。其他相关灯塔，徐闻灯楼角灯塔（1953）、徐闻排尾角灯塔（1950）、海南临高角灯塔（1893）、雷丝灯塔（1903年）等等<br>2. 造船技艺系统。黎族独木器具制作技艺、黎族渡水腰舟、筏技艺，"箕"的制造，湛江独木舟考古发现，偃波轩古造船厂遗址（明 雷州），以及周边水密隔舱福船制造技艺（福建）<br>3. 航海技艺类系统，如黎族船形屋、黎族钻木取火技艺、三亚钻木取火、"坐箕过海"谚语绝技及习俗（北海合浦县），北海疍家水上婚礼，疍家棚技艺、黎族干栏式建筑技艺、广西壮族干栏建筑营造技艺等<br>4. 相关非物质遗产系统：渔歌咕哩美、咸水歌、南海航道更路经（簿）等等 | 红线保护区，观光游览区，海上漂泊及荒岛生存体验，海洋居住生活体验（建筑居住体验） |
| 6. 古海上丝路考古发现水下地下及地上遗产系统 | ①古海上丝绸之路水下文物。<br>　　徐闻灯楼角沉船遗址（唐 角尾乡许家寮村）—环北部湾流域（南流江等）河道网络水下沉船沉物—北部湾沿岸海域水下沉船沉物—北部湾海湾中心区域散落水下文物—三沙：三沙甘泉岛遗址（唐—宋）、北礁沉船遗址（唐—清）、华光礁沉船遗址（宋—清）、玉琢礁沉船遗址（宋—清）、南沙洲沉船遗址（明）、浪花礁沉船遗址（明）、珊瑚岛沉船遗址（清）。相关水上文物点：北岛文物点、南沙洲文物点、南岛文物点、东岛文物点、金银岛文物点、晋卿岛文物点、永兴岛文物点（10余件清代瓷器）、广金岛文物点、珊瑚岛文物点。三沙其他水下遗址：金银岛水下遗物点、珊瑚岛水下遗物点、全富岛水下遗物点、浪花礁水下遗物点、东沙岛水下铜钱遗物点、太平岛水下遗物点、皇路礁水下遗物点、道明群礁水下遗物点、郑和群礁水下遗物点等—东南亚、南亚、北非及地中海古海丝路沿线海域水下陶瓷及相关文物等等<br>②地下地上文物。<br>　　a. 洞葬石刻类（古海丝路相关印刻）。南宁：岜旺岩洞葬、敢山岩洞葬、敢庙岩洞葬、敢猪岩洞葬、马鞍山岩洞葬—崇左花山岩画、棉江花山岩画、岩敏山岩画等百处岩画，摩崖石刻、贝岩石刻（宋），岜自崖洞葬等—钦州：三海岩摩崖石刻、穿镜岩摩崖石刻、六峰山石刻、龙母庙岩摩崖石刻（7处）—湛江：夏江天后宫石刻、灵岗圣庙石刻、天竺庵石刻—茂名相关遗址—海南：小洞天石刻、百仞滩摩崖石刻群、虞山石刻、东山岭摩崖石刻群，其他相关石刻 | ①水下文物："水下红线禁区""水下博物馆""水下艺术宫殿""水下魔幻世界"。②地下地上文物：特别保护区、遗址公园、遗址花园、露天博物馆、室内博物馆，科技展示馆，艺术馆，创意纪念品、工艺品、吉祥物。③故事演绎：影视、动画动漫、DVD，网络展示。④景区开发、生态景区、考古景区 |

续 表

| 类型分类 | 代表性遗产及线路构成 | 创意方式 |
|---|---|---|
|  | b. 墓葬类链。南宁、崇左、玉林相关官吏、屯军、商务、航运、工程群体墓葬群(含南宁元龙坡墓群、安商—东周等秧坡墓群、韦坡村战国墓群)—钦州:牛栏岭墓群(汉)、秧地坡砖室墓(汉)、马路岭砖室墓、睦象墓群(汉)、七星突古墓(汉)、长岭村墓葬群(汉)、栏岭墓群、虎头岭古墓、石塘墓群、久隆古墓群(隋唐)、大料墓群等(共53处)—北海:合浦汉墓群(国内规模最大汉墓群,68平方公里,共计约1万多座封土堆,出土大量海外舶来品)、孙东古墓群(汉—南北朝)等—湛江:华丰岭墓葬(汉)、西边山墓葬(汉)、上龙岭古墓区(东汉)、桥头凸岭仔墓葬(东汉)、田西村珊瑚石室墓(东汉),雷州菜园陈氏墓群(南宋)、唐氏墓群、淡水墓群(元)、东岭莫氏墓群、邓氏墓群(明)、武略将军墓(明万历)、其他墓葬或墓葬群—茂名墓葬群—海南:孟坡瓮棺墓(汉)、福湾瓮棺墓群(汉)、三亚市伊斯兰教徒古墓群(唐—宋)、美榔村塔墓(待定)、军屯坡瓮棺墓葬群(唐)、陵水县军屯坡珊瑚石椁古墓群(唐)、澄迈县冼夫人后裔墓群(宋、元、明、清)、龙将军墓(明)、旧县坡墓地(明)、藤桥墓群、光村墓群(唐)等各相关遗址遗迹。<br><br>c. 墓葬出土舶来品及国内文物类。出土舶来品:仅合浦汉墓出土部分,就有西汉湖蓝色玻璃串珠、西汉梭形金串珠手链、金珠饰、西汉深蓝色玻璃杯、西汉六方柱水晶穿坠、西汉弦纹玻璃杯等等,其他墓葬舶来品略。出土非舶来品:西汉羽纹铜凤灯、西汉龙首三眼长方形铜灶、西汉龙首柄方、西汉龙首羽纹铜魁、东汉干栏式铜仓(合浦)、东汉提梁铜壶(合浦)等等。<br><br>d. 铜鼓出土。玉林:西汉云雷纹大铜鼓(北流)、东汉兽饰云雷纹铜鼓(北流)、汉蛙负田螺饰"四出"钱纹铜鼓(博白) 南宁:东汉蛙负鱼饰羽人纹铜鼓(上林)、南朝人乘飞兽钱纹铜鼓(横县)—崇左:那印屯铜鼓出土遗址(战国)、大塘冷水冲型铜鼓出土遗址(东汉—南北朝)—防城港:苏标铜鼓出土点(隋—唐)—钦州:双镇岭、松木岭、长山蓬、二垌鼻岭铜鼓出土点(汉)。汉—唐:面先岭、搭竹僚岭、石屋冲、单竹坑铜鼓出土点等(共18处)—海南:陵水鹅仔铜鼓出土点(汉代)、福湾铜鼓出土点(汉代)等。<br><br>e. 其他出土文物类。玉林:铜石岭冶铜遗址(汉)、西山冶铜遗址(汉—唐)、绿鸦冶铁遗址(宋)、歧阳岭西坡堆积点(宋)、高岭脚铁渣炼渣堆(宋)、牛栏冲铁渣炼渣堆(宋)。钦州:利竹麓羊角扭铜钟出土点(周—汉 浦北县)、天峰岭羊角扭钟出土点(战国—南朝 浦北)。 |  |

续　表

| 类型分类 | 代表性遗产及线路构成 | 创意方式 |
| --- | --- | --- |
| 7. 古海上丝路表演艺术类遗产系统 | 1. 各类海洋性民歌、音乐、舞蹈、曲艺、戏剧，体育及杂技表演。较典型的如咸水歌、疍歌、京族独弦琴、黎族竹木乐器、湛江东海岛人龙舞、黎族打柴舞、黎族钱铃双刀舞，海南苗族招龙舞、八音、木偶戏等等。<br>2. 跨国性典型表演类艺术遗产：a. 北部湾龙舞、狮舞、其他舞—东南亚龙舞狮舞艺术圈；b. 粤剧：广东、广西、港澳粤剧—东南亚国家粤剧—欧美粤剧；c. 竹木器乐：海南黎族鼻箫、口弓等—马来西亚沙捞越妇女鼻箫、口弓等东南亚器乐圈—澳洲竹木器乐—南岛语系分布岛屿群竹木乐器—科特迪瓦横吹喇叭文化空间等；d. 咸水歌：海南三亚、儋州等地咸水歌—湛江咸水歌—北海外沙、地角、侨港、西场咸水歌—钦州咸水歌—防城港企沙山歌—越南咸水歌；e. 崇左壮族天琴艺术—京族独弦琴—越南涂山独弦琴—泰国东南亚其他国家相关琴类艺术遗产圈；f. 广西八音、宾阳八音、三津八音、上林壮族八音—玉林八音—钦州：钦北八音—湛江：安铺八音—茂名：八音锣鼓—海南：海南八音乐器、海南八音、澄迈八音。g. 木偶剧：海南木偶剧、临高人偶戏—茂名：茂港单人木偶、高州木偶戏、化州木偶戏、茂南单人木偶—湛江：湛江木偶剧、赤坎粤剧木偶戏、吴川单人木偶、吴川木偶戏—北海：山口木偶戏，木偶制作技艺—钦州：木偶—玉林：木偶戏—南宁：广西木偶戏—越南水木偶，印尼、泰国、缅甸木偶——印度木偶戏—埃及木偶戏—意大利西西里木偶剧等；h. 其他各种艺术类型 | 文化保护区、广场文化活动、社区文化、休闲吧、舞台表演、影视、动漫、展演等等 |
| 8. 古海上丝路对外交流、传播、交往、贸易类遗址遗迹遗风体系 | 海南重点：南海珍珠传统养殖技艺（陵水）、陵水军屯坡珊瑚石椁古墓群（唐）、三亚市伊斯兰教徒古墓群（唐—宋），崖城镇元代凸弦纹生铸铁权（商贸秤砣）、石权（称重工具）、石磉（清）、牛岭古道（汉）、罗驿驿道遗址、田头驿站遗址（宋）、灵返村古道（明），儋州署遗址（隋—清），陵水古楼坡宋代伊斯兰教青釉四耳珠顶罐、临高毗耶庙（元）、西竺寺遗址—湛江：乐民城（珍珠城），流沙珍珠制作技艺，雷州天竺庵碑刻（明清）、徐闻遗产圈—北海：白龙珍珠城遗址，南珠养殖技艺，南珠加工装饰艺术—防城港：潭蓬运河、海上胡志明小道—印度、斯里兰卡相关遗产—伊朗大不里士的集市区（世界遗产 13 世纪至 18 世纪后期，丝绸之路最重要的贸易中心之一及中转站）—帕萨尔加德遗址（西亚第一个多文化帝国的波斯首都 世界遗产）—以色列熏香之路"香料之路"（世界遗产）—西班牙瓦伦西亚丝绸交易厅（世界遗产，地中海交易中心繁荣的见证，吸引大量阿拉伯人及其他人来贸易，被誉为"地中海明珠"） | 遗址花园、露天博物馆、展览馆、陈列馆、影视类、网络类 |

续　表

| 类型分类 | 代表性遗产及线路构成 | 创意方式 |
| --- | --- | --- |
| 9. 古海丝路相关历史记忆、渊源、民俗遗产圈 | 包括各类历史记载、文献资料；民间各类神话传说历史记忆空间、古百越各类远古习俗遗风空间、黎族文身图腾及海上漂流部落血脉标记、咸水歌、各地山歌及民歌历史文化空间记忆，各类相关民间习俗、仪式、禁忌、节庆等及相关遗迹，如远古族群渔猎漂移迁徙祖源地祭祀崇左花山岩画等。相关遗产：a. 民俗类，南宁布泉天王庙会、南宁大王节—钦州三婆石传说—化州跳花棚、跳禾楼—海南民俗。b. 民歌类：海南临高渔歌、崖州民歌、儋州调声、琼侨歌谣、苗族民歌、黎族长调、黎族民歌—高州山歌—湛江山歌、雷州歌、雷州姑娘歌、吴川水歌—合浦民歌、北海咸水歌—京族民歌、企沙罟歌，瑶族、壮族民歌，各地客家山歌。c. 节庆类：海南黎族苗族三月三—钦州、崇左、南宁壮族三月三文化—东南亚三月三及相关艺术等等 | 群众文化活动、广场活动、艺术节、影视、动漫动画等等 |
| 10. 古海上丝路出海相关仪式、习俗，原始图腾信仰艺术遗产圈 | ①龙图腾文化圈：南宁横县龙母庙，南宁赛划龙舟、隆安稻草龙、壮族香火龙舞、那马龙狮，下楞龙舟节等—玉林：博白县攀龙庙、镇龙寺、龙舞、龙舟节—钦州：震龙寺、龙湾寺、舞青龙、舞龙、龙舟节—北海：合浦汉墓西汉龙首羽纹铜魁、西汉龙首三眼长方形铜灶、西汉龙首柄方也出土文物，白龙城传说、龙舞、合浦赛龙舟、外沙龙母庙会—湛江：湛江人龙舞、雷州南门市高跷龙舞、沈塘人龙舞、赤坎"调顺网龙"、勒古龙、乌石海上龙舟信俗、龙舟竞渡—茂名：赛龙舟（化州赛龙舟）、合江龙舟—海南：陵水城内龙王庙、龙王七爷庙、龙滚井、黎族龙被习俗、苗族招龙舞、海口龙舞，各地赛龙舟等等<br>②上刀山下火海、傩（出海壮行祭祀仪式）文化空间轨迹：贵州、湖南苗族上刀梯习俗，怀化傩—南宁加方上刀山下火海、陈东村古傩戏《大酬雷》—钦州跳岭头—北海上刀山下火海—湛江雷州傩艺术、雷艺术、雷州石狗、麒麟村爬刀梯、麻章傩舞"考兵"、廉江石角傩戏等等—海南傩艺术圈—东南亚相关傩艺术—澳洲原始宗教—太平洋岛屿波利尼西亚原始图腾圈—美洲印第安图腾柱、托托纳克人的飞人典礼、哥伦比亚黑白狂欢节等等<br>③铜鼓文化圈。铜鼓文化圈、渔猎追逐漂移迁徙文化圈（世界遗产崇左花山岩画—左江其他百处漂流迁徙祭祖岩壁画群）<br>④妈祖航海信仰文化空间。玉林：博白三婆庙旧址、妈祖庙、玉州区天后宫、陆川天后宫—钦州：浦北天后宫—北海：天妃庙、北海三婆庙、南康三婆庙、高德三婆庙、乾江天后宫等，以及民间三婆信仰—湛江：夏江、杨家、大周、东后村、东林村、水美村、南田村、田头圩、花桥圩、调风、乌石、东市、韶山、北和、英利（明）、东坡、宁海（南宋）、城内、水井、平湖、漳州街等天后宫（主要28座），西门街夫人宫，水尾渔家妈祖信俗、东海津前天后庙会、妈祖信俗—茂名妈祖信俗—海南：海口天后宫、儋州港口天后宫，以及天 | 遗址公园、旅游观光区、民俗体验、节庆、旅游 |

续 表

| 类型分类 | 代表性遗产及线路构成 | 创意方式 |
|---|---|---|
|  | 后祀奉、妈祖信俗圈—东南亚,及亚、非、欧、美洲部分地区妈祖文化圈,影响共20多个国家地区,信奉者达2多亿人<br>⑤出海相关信仰及自然崇拜。雷州石狗习俗(如东门村守洋田石狗明)、海南祭祀兄弟出海仪式、湛江雷祖文化,壮族会鼓<br>⑥涉海远行祭拜礼仪、相关庙宇及文化空间,含伏波崇拜。南宁:新联坡三帝庙、良庆五帝庙、石塘白帝庙、那莲北帝庙(方位)、南宁伏波庙、南宁孔庙,壮族伏波庙会、花婆庙、横县龙母庙——崇左:上石覆伏波庙、龙州伏波庙、太平府孔庙、岜荷庙、坤旧三元庙——玉林:玉州区白帝庙、三帝庙(博白)、南山灵景寺(汉—民国),博白县太阳庙、天皇庙、北帝庙、盘古殿、攀龙庙、木马伏波庙、社角村伏波庙、龙潭伏波庙、伏波祠;玉州天后宫、陆川天后宫—防城港:三帝庙、北帝庙(明)、鲤鱼江村伏波庙、东兴伏波庙旧址(至少8处伏波庙);关帝庙;三圣公庙、那良三圣庙、竹山三圣公庙、江平三圣古庙;山心三婆庙旧址;妈祖庙遗址(明)、妈祖庙旧址、观音寺旧址——钦州:阳山盘古庙、浦北伏波将军庙、乌雷伏波庙、那良三圣庙、灵山北帝庙、天后宫(明)、震龙寺(清)——北海:孔庙、天妃庙、北海三婆庙、南康三婆庙、高德三婆庙、乾江天后宫、乌家四帝庙等——湛江:白沙村五海庙(明)、海平寺、超海宫、灯塔靖海宫、广州湾靖海宫、文海庙、雷州天宁寺,孔庙、护国寺、乌王庙、白沙雷皇庙(明)、镇海雷祠、雷祖祠、雷祖诞降地(唐)、榜山雷祖古庙,雷高村雷祖庙(明)、合兴村雷祠庙、山尾村雷祖庙、北家村雷祖庙、东林村雷祖庙、调爽村雷祠庙(主要6座),麻扶村雷祖公馆、麻城雷皇庙遗址、雷祠三殿宫、雷麦陈三殿宫、水美村三殿宫;雷州苏楼伏波祠、雷州伏波庙;乌石法令宫(明),宁海天后宫(南宋)、津前天后宫、夏江天后宫、水美天后宫、水井天后宫、乌石天后宫、英利天后宫(明)、大周天后宫、东坡天后宫、城内天后庙等(主要28座天后宫);冼吴庙、英利冼夫人庙(明),毗卢寺、西竺寺遗址——茂名:化州孔庙、南安冼太庙、那务冼太庙(明万历)——海南:海口天后宫,儋州伏波庙、临高伏波庙、伏波古庙、潭榄冼夫人庙、儋州冼太庙(清)、港口天后宫、临高县伏波庙、临高冼太夫人庙、西天庙、毗耶庙(元)、西竺寺遗址(明 澄迈县),黎婆庙(陵水县),城内龙王庙、祭兄弟公习俗、东关侯王庙,其他相关庙宇,以及铺前祭海(文昌)、祭祀兄弟出海仪式等。三沙珊瑚石古庙和石碑:琛航岛珊瑚石庙、东岛珊瑚石庙、北岛珊瑚石庙、广金岛珊瑚石庙、甘泉岛珊瑚石庙、南岛珊瑚石庙、珊瑚岛珊瑚石庙、西沙群岛的石碑相关远古图腾印记、习俗及文化空间:a.鸟图腾 |  |

续 表

| 类型分类 | 代表性遗产及线路构成 | 创意方式 |
|---|---|---|
| | 崇拜艺术圈（渔猎印记）：壮族民间故事"百鸟衣"、横县壮族百鸟衣故事、上思县布谷鸟的传说、花山岩画（凤鸟图腾及远古渔猎习俗记忆）—西汉羽纹铜凤灯（合浦）、汉变形鸟纹铜洗（浦北），湛江霞山鸟王庙—海南鸟图腾相关习俗（甘工鸟文化圈）等。b. 祖先崇拜，如黎族文身、龙被—崇左花山岩画（族群血脉起源与渔猎迁徙漂流扩散刻印祭祀）等。c. 稻作文明图腾崇拜："那文化圈"、南宁祭稻神—铜鼓文化圈—壮族歌圩文化圈、上思在妙"歌圩"—海南黎族苗族三月三节，壮族三月三节、东南亚诸多族群三月三节庆等。d. 远古航海自然崇拜，如天象常识、日神崇拜、月神崇拜、星座崇拜（远古海上定位系统）风神崇拜、雷神崇拜习俗，以及鱼猎崇拜，如湛江的太阳崇拜习俗、牛郎织女星崇拜、京族鱼伯公崇拜习俗等。e. 世界文明交流、世界性宗教传播交融文化空间：中华儒学、道教、妈祖—南亚佛教、摩尼教、印度教—西亚伊斯兰教—非洲埃及文明—地中海基督文明传播交流交融轨迹，如三亚市伊斯兰教徒古墓群（唐—宋） | |

3. 世界古海上丝绸之路起源地（环北部湾）文明之根复兴廊道的框架蓝图

世界古海上丝绸之路起源地（环北部湾）文明之根复兴廊道的框架蓝图包括12部分：（1）始发港海域保护区→（2）历史记忆区（红线禁区）、历史中心区、遗址公园/花园、露天博物馆之城、原生聚落、生态景区、艺术街区复兴链（南宁、玉林、崇左—防城港—钦州—北海—湛江—茂名—海南环线相关遗产点，上述区域以下简称"环线"）→（3）海上丝绸之路商品生产作业区、创意区、设计区复兴链（环线窑址红线保护区走廊，陶艺馆、陶瓷艺术品＋创意设计＋艺术展示区）→（4）码头、灯塔、道路、官衙、防御工程等辅助公共设施体系复兴链（南宁、玉林、崇左码头古道—防城港潭蓬运河、古道、灯塔—钦州—相关码头、古道、灯塔—北海大浪古城、古道、灯塔—湛江相关运河、古码头、古道、灯塔—海南古码头群、古道网络及灯塔）→（5）古海丝路古航道、古航线、古航海图、古族群迁徙渔猎之路追溯历史寻根之旅[遗产保护红线禁区，环北部湾内河航运线路、河道走廊—北部湾湾区航线—南海航道更路经（簿）—古代族群渔猎追逐大迁徙漂移秘密通道—外围太平洋、印度洋原始漂具之旅、迁徙之旅、渔猎之旅、探险之旅、游轮之旅精品线路]→（6）海上丝绸之路远古航海技艺遗产复兴圈（遗产保护红线区，以及造船技术、航海技艺、海上生存之旅、岛屿自救生存之旅体验圈及创意圈）→（7）古海上丝绸之路水下考古发现及水下文物艺术复兴链（三沙水下文物保护红线区链、水下遗址博物馆、水下艺术景观、沉船酒店、水下酒店等—湛江水下遗址保护区及景观—其他区域水下景观）→（8）古海上丝绸之路地下考古遗址及出土文物艺术复兴链（环线汉墓群、古墓群遗址公园、遗址花园、博物馆、陈列馆或创意空间链—各地摩崖石刻艺术链—环北部湾国内出土文物及舶来品艺术精品大走廊、科考探索区）→（9）古海上丝路表演艺术类遗产系统（环线咸水歌、各类民歌专题民歌带、专题音乐起源带+专题舞蹈、主题戏剧带+美术、专题雕塑带+DVD创意区、加工区、数据中心）→（10）古海上丝绸之路相关历史记忆、渊源、民俗遗产圈（宇宙观念、海洋地理知识、海洋常识，南宁、崇左、玉林、防城港壮族、瑶族民俗圈—南宁、防城港、北海、海南疍家民俗圈—防城港京族民俗圈—湛江雷傩艺术圈—海南黎族、苗族、回族民俗及历史记忆区复兴圈，包括生态博物馆、民俗村、展示馆、艺术馆、特色艺术区等走廊）→（11）古海丝路对外交流、传播、交往、贸易类遗址遗迹遗风景观体系（东南亚、南亚、西亚、北非及地中海各族群文明圈，东南亚、古印度、古波斯、古埃及古罗马文明的交流互动，包括国外遗迹遗物、艺术、民俗，各类贸易商品、各类出土文物艺术、各类造型艺术、各类表演艺术或表演活动，舞台创意、实景创意、影视动漫、创意活动等）→（12）古海上丝路相关节庆、仪式、原始图腾信仰艺术遗产圈（龙图腾、妈祖文化、傩、铜鼓及自然崇拜线路相关文化空间，各主题文化保护区、遗址公园、旅游观光区、民俗体验区、科技创意园、影视动漫、创意工艺品、纪念品、网络、节庆、旅游、时尚休闲、公共文化活动链）。

（三）蓝色历史记忆及族群文明轨迹红线保护圈走廊——蓝色文明记忆、文明潜意识的唤醒复兴

本廊道主要为除了蓝色文明起源、古海上丝绸之路遗产空间体系之外的蓝色文明记忆、蓝色历史记忆，口头传统，其他非物质遗产，以及证明环北部湾开放交流交融的各族群或各大文明类型的交汇、交流、交融的轨迹及新智慧、新成果产生的整合系统。其功能，在于保存上述各类相关实物遗迹与非物质文化遗产，特别是口头传统、文化轨迹、文化空间等历史记忆，以强力地刺激蓝色文明潜意识的唤醒复兴。本子廊道主要内容及层次结构主要如图6-9所示。

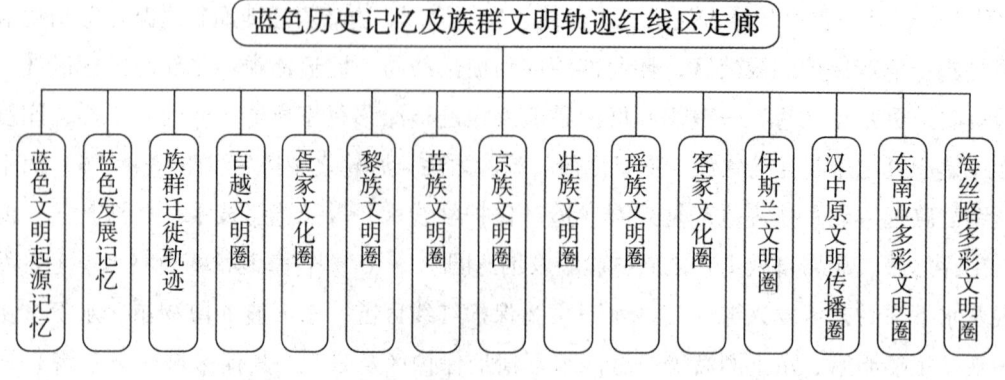

```
蓝色历史记忆及族群文明轨迹红线区走廊
├─ 蓝色文明起源记忆
├─ 蓝色发展记忆
├─ 族群迁徙轨迹
├─ 百越文明圈
├─ 疍家文化圈
├─ 黎族文明圈
├─ 苗族文明圈
├─ 京族文明圈
├─ 壮族文明圈
├─ 瑶族文明圈
├─ 客家文化圈
├─ 伊斯兰文明圈
├─ 汉中原文明传播圈
├─ 东南亚多彩文明圈
└─ 海丝路多彩文明圈
```

图6-9 蓝色历史记忆及族群文明轨迹红线区走廊

保护管理：其一，实施遗产本体及周边区域严格保护，重点为本体保护；其二，本真保护原则；其三，侧重多线活态传承；其四，保护手段多样化；其五，管理提升。实现标准化管理、动态化管理、科技化管理和管理公共化。

红线区保护及廊道创意形式有 14 种：其一，特别保护区（保护禁区）；其二，数据博物馆、影像记忆馆、记忆数据库；其三，特殊记忆功能点（考古遗址、历史遗迹遗物及记忆空间）；其四，民间活体记忆工程；其五，生态博物馆；其六，民俗旅游村、观光村、生态农庄或渔庄；其七，技艺传承馆[①]；其八，传统技艺、艺术、民俗表演展示中心；其九，艺术家作坊、工艺坊、创意工作室；其十，创意园、生态园；其十一，科技园、研发基地；其十二，艺术街区；其十三，民俗艺术、节庆、会展模式；其十四，其他类型。

因而，环北部湾蓝色历史记忆及族群文明轨迹红线子廊道规划框架如下：

环北部湾海岸线及海域蓝色历史记忆（蓝色记忆特别保护区＋数据博物馆、影像记忆馆、非物质记忆＋族群交流传播迁徙轨迹）—南宁、崇左、玉林、防城港族群文明红线区（壮族、瑶族、京族、疍家遗址遗产红线保护圈，客家文化圈）—钦州族群文明红线区及创意艺术圈—北海族群文明红线区（疍家、客家民俗及历史记忆）—湛江、茂名族群文明红线区（疍家文明圈、雷文明圈、客家及其他族群文化圈）—海南蓝色文明红线区（黎族、苗族、疍家、伊斯兰文明遗址遗产保护圈），以及环线各地东南亚文明圈、海丝路文明圈，国外各类民俗及文化记忆，族群文化艺术创意区长廊等。

（四）历史遗迹（含近代开放、反侵略及革命纪念物体系）及文博走廊

由于上述三大廊道的遗产系统并未囊括所有的海洋遗产类型，以秦汉之后的相关遗产、近现代建筑、近现代史迹及革命文物最为明显。因而，在遗产本体红线警戒区廊道内，增设了另一类红线区系统——历史遗迹（含近代开放、反侵略及革命纪念物体系）及文博走廊，基本可囊括环北部湾的主要遗产类型。总体来说，本子系统的遗产类型构成主要如图 6-10 所示。

以博物馆空间走廊为例，环北部湾各地可根据自身资源及优势，创建诸多类型的博物馆，如洞穴博物馆、贝丘博物馆、鱼类博物馆、珊瑚博物馆、贝壳博物馆、岛礁博物馆、船舶博物馆、航海博物馆、灯塔博物馆、渔业博物馆、盐业博物馆、海洋科普博物馆、美食博物馆、海防博物馆等、对外开放博物馆、海洋民俗博物馆等，条件较为丰富的地方可建文博街区、文博走廊、博物馆小镇，构筑环北部湾博物馆生态群及空间走廊。

遗产红线区廊道的构筑，就是要以上述诸多遗产实物系统，特别是古遗址、古城、古街区、古镇、古村、古传统村落，以及近现代史迹、革命文物系统为根基，以非遗

---

① 包括传统渔业、捕捞、养殖、珍珠、农业、刺绣、雕刻、装饰、艺术、礼仪、仪式等类型。

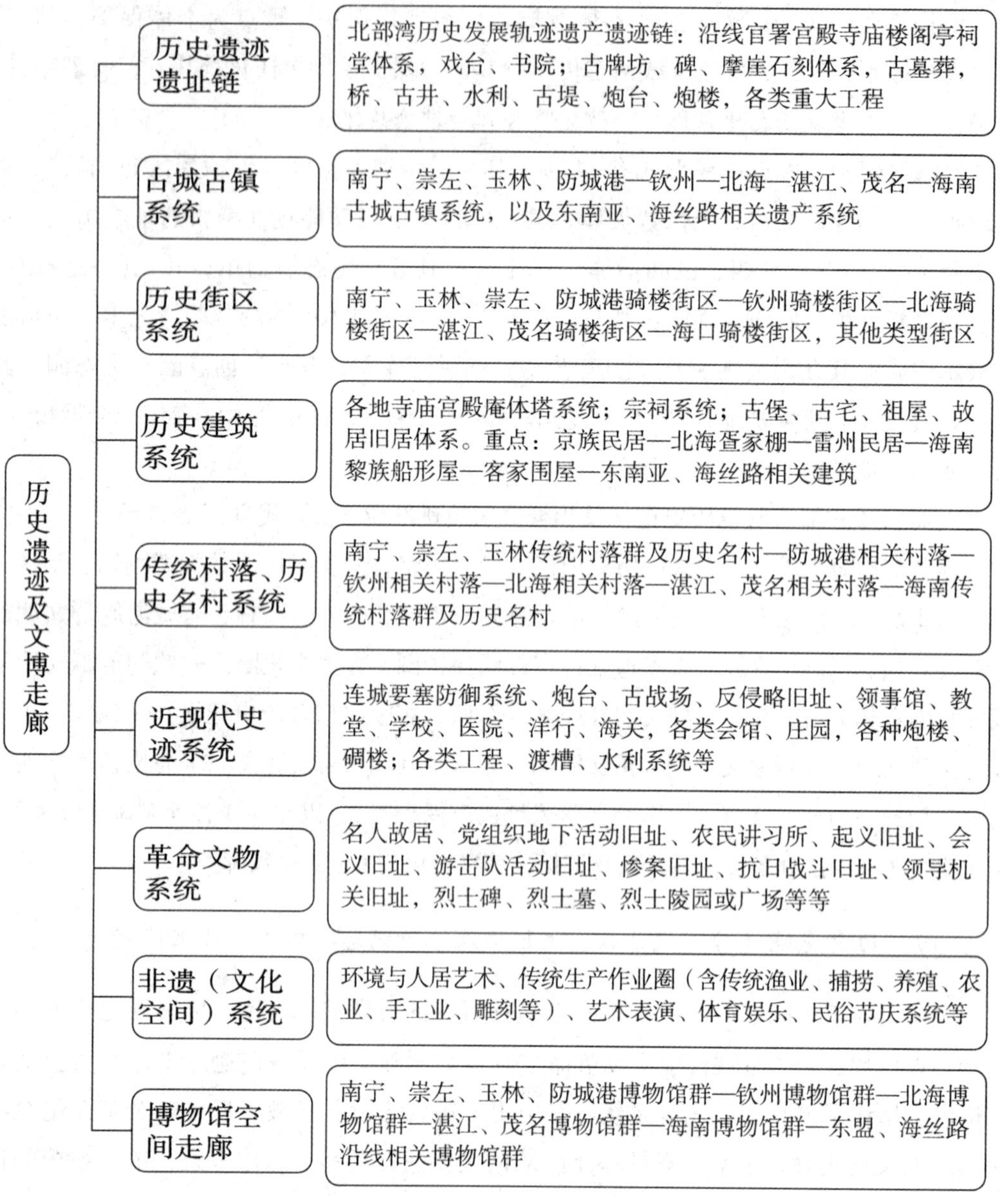

| 历史遗迹及文博走廊 | 历史遗迹遗址链 | 北部湾历史发展轨迹遗产遗迹链：沿线官署宫殿寺庙楼阁亭祠堂体系，戏台、书院；古牌坊、碑、摩崖石刻体系，古墓葬，桥、古井、水利、古堤、炮台、炮楼，各类重大工程 |
|---|---|---|
| | 古城古镇系统 | 南宁、崇左、玉林、防城港—钦州—北海—湛江、茂名—海南古城古镇系统，以及东南亚、海丝路相关遗产系统 |
| | 历史街区系统 | 南宁、玉林、崇左、防城港骑楼街区—钦州骑楼街区—北海骑楼街区—湛江、茂名骑楼街区—海口骑楼街区，其他类型街区 |
| | 历史建筑系统 | 各地寺庙宫殿庵体塔系统；宗祠系统；古堡、古宅、祖屋、故居旧居体系。重点：京族民居—北海疍家棚—雷州民居—海南黎族船形屋—客家围屋—东南亚、海丝路相关建筑 |
| | 传统村落、历史名村系统 | 南宁、崇左、玉林传统村落群及历史名村—防城港相关村落—钦州相关村落—北海相关村落—湛江、茂名相关村落—海南传统村落群及历史名村 |
| | 近现代史迹系统 | 连城要塞防御系统、炮台、古战场、反侵略旧址、领事馆、教堂、学校、医院、洋行、海关，各类会馆、庄园，各种炮楼、碉楼；各类工程、渡槽、水利系统等 |
| | 革命文物系统 | 名人故居、党组织地下活动旧址、农民讲习所、起义旧址、会议旧址、游击队活动旧址、惨案旧址、抗日战斗旧址、领导机关旧址，烈士碑、烈士墓、烈士陵园或广场等等 |
| | 非遗（文化空间）系统 | 环境与人居艺术、传统生产作业圈（含传统渔业、捕捞、养殖、农业、手工业、雕刻等）、艺术表演、体育娱乐、民俗节庆系统等 |
| | 博物馆空间走廊 | 南宁、崇左、玉林、防城港博物馆群—钦州博物馆群—北海博物馆群—湛江、茂名博物馆群—海南博物馆群—东盟、海丝路沿线相关博物馆群 |

图 6-10 历史遗迹及文博走廊内部系统解剖图

空间系统为生命灵魂，以博物馆空间走廊为拓展及展现手段，以"历史记忆空间"、保护区、博物馆、度假观光地、纪念地，以及各类艺术作品、艺术家村、创意工作室、运动走廊、休闲地走廊、景观廊道等为载体，构筑世界（环北部湾）海洋历史遗迹及文博走廊。其核心部件构成：历史遗迹、文博红线特区＋艺术创意圈。

### 三 风貌外观层：蓝色外层风貌、城乡魅力与形象标志廊道的构筑——城乡海洋景观风貌的历史复兴

世界（环北部湾）海洋艺术创意廊道的轴心，为蓝色文明起源遗产复兴展示区和

古海上丝绸之路遗产文化空间走廊，但这两大核心区仅占环北部湾各城乡空间的一小块，这些核心区与城市各大主体功能区之间，必须建立外围缓冲和风貌协调区，建立隔离带。因此，本廊道为整个环北部湾海洋文化遗产核心区链的风貌协调区、外围缓冲保护功能区廊道。蓝色外观风貌层多处于新旧结合部，或城乡接合部，或全新开发区，经规划、改造、设计，可集中展示城市海洋文化底蕴、地域特色及传统风貌，提升艺术品质意境，不仅体现和谐自然平衡，更充分体现出时代气息、魅力特征、形象风格和精神指向，因而，本廊道为整个大廊道结构中的物质层、外观风貌景观层。

（一）外层景观风貌廊道的理论构成

按由内到外的层次递进，廊道构成的空间理论模型应大体包括 12 部分：其一，城市文明起源区、核心区或遗产聚集区；其二，传统街区、历史街区；其三，遗产风貌协调区或仿古风貌区（如仿古建筑群）；其四，特色风貌区（含特色街区、特色小镇、特色建筑、特色区域、特色社区、创意产品等）；其五，现代产业聚集区或生活区；其六，魅力乡村、特色乡村；其七，生态产业、观光产业区；其八，池塘、田野、果园、林地、生态山地；其九，绿色公共空间廊道；其十，主题广场、特色广场、主题乐园；其十一，现代标志建筑；其十二，蓝色魅力、形象标志、城市形象（城市精神、城市气度、城市魅力、城市感召力）。

（二）规划涉及要素

规划理念、遗产要素、文化要素、建筑技艺、装饰系统、价值追求；环境艺术、生态平衡、设计手段、符号要素、景观要素、整体风貌特征要素等。

---

**发展旅游经济要坚持创新与继承相统一**

要注重"推陈出新"，传承历史优秀文化，赋予时代发展内涵，但"推陈出新"不是胡乱"拆旧建新"，建几条假古街，造几座仿古楼，甚至用假古董破坏真古董，毁掉珍贵的文物。要把历史文化与现代文明融入旅游经济发展之中，使旅游成为宣传灿烂文明和现代化建设成就的窗口，成为传播科学知识和先进文化的重要阵地。

——习近平（2004年9月30日），载《之江新语》

---

**重要讲话：习近平谈文物保护**

习近平非常重视古建筑保护，把它提到城市文脉、城市灵魂的高度。早在2002年为《福州古厝》撰写序言时，他指出："保护好古建筑，保护好文物就是保存历史，保存城市的文脉，保存历史文化名城无形的优良传统。"

——2002年《福州古厝·序言》

---

（三）廊道的内部构成及创意方式

蓝色外层风貌、城乡魅力、特色建筑与形象标志廊道如图 6-11 所示。

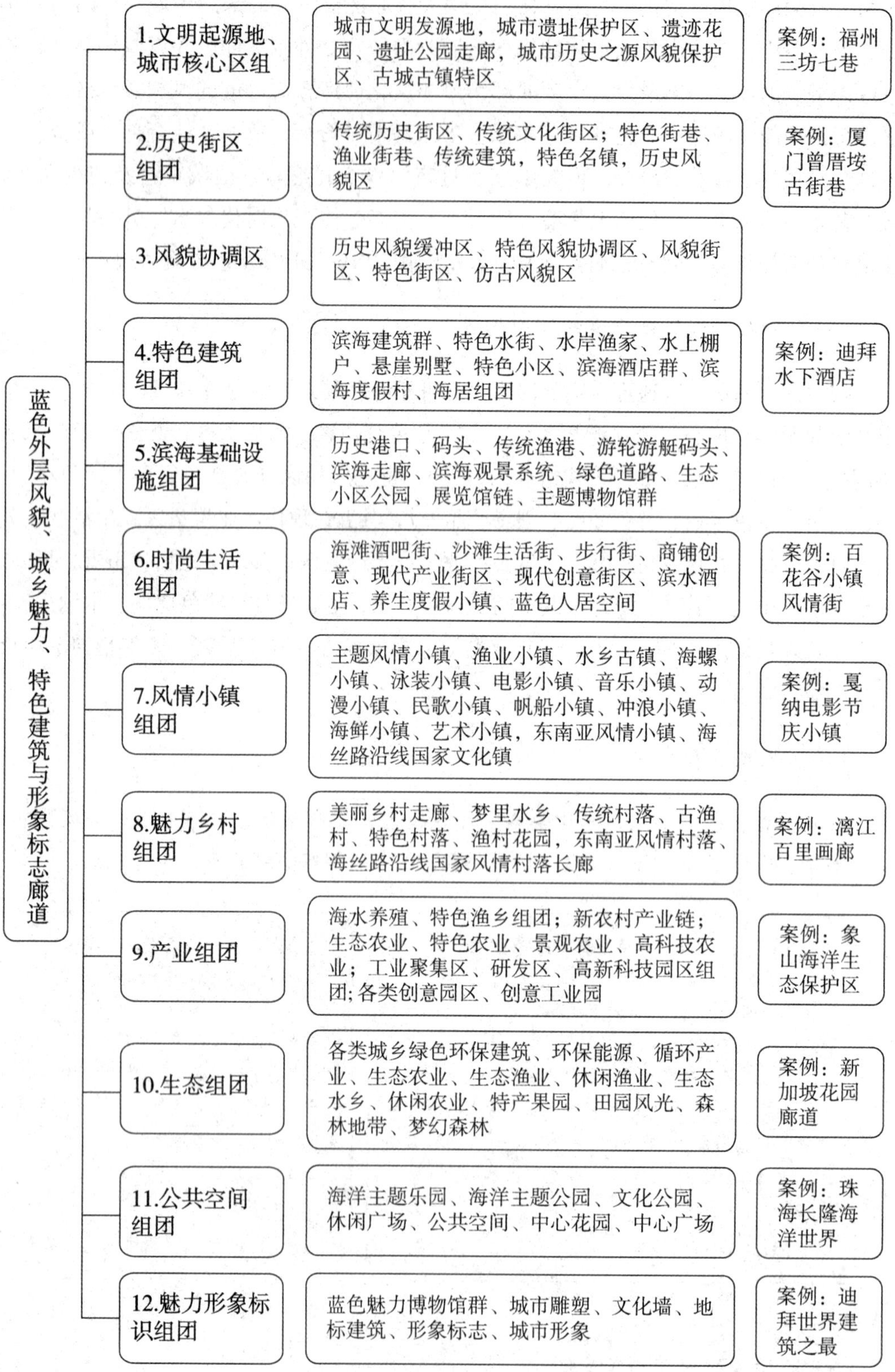

| 分类 | 组团 | 内容 | 案例 |
|---|---|---|---|
| 蓝色外层风貌、城乡魅力、特色建筑与形象标志廊道 | 1.文明起源地、城市核心区组 | 城市文明发源地，城市遗址保护区、遗迹花园、遗址公园走廊、城市历史之源风貌保护区、古城古镇特区 | 案例：福州三坊七巷 |
| | 2.历史街区组团 | 传统历史街区、传统文化街区；特色街巷、渔业街巷、传统建筑，特色名镇，历史风貌区 | 案例：厦门曾厝垵古街巷 |
| | 3.风貌协调区 | 历史风貌缓冲区、特色风貌协调区、风貌街区、特色街区、仿古风貌区 | |
| | 4.特色建筑组团 | 滨海建筑群、特色水街、水岸渔家、水上棚户、悬崖别墅、特色小区、滨海酒店群、滨海度假村、海居组团 | 案例：迪拜水下酒店 |
| | 5.滨海基础设施组团 | 历史港口、码头、传统渔港、游轮游艇码头、滨海走廊、滨海观景系统、绿色道路、生态小区公园、展览馆链、主题博物馆群 | |
| | 6.时尚生活组团 | 海滩酒吧街、沙滩生活街、步行街、商铺创意、现代产业街区、现代创意街区、滨水酒店、养生度假小镇、蓝色人居空间 | 案例：百花谷小镇风情街 |
| | 7.风情小镇组团 | 主题风情小镇、渔业小镇、水乡古镇、海螺小镇、泳装小镇、电影小镇、音乐小镇、动漫小镇、民歌小镇、帆船小镇、冲浪小镇、海鲜小镇、艺术小镇，东南亚风情小镇、海丝路沿线国家文化镇 | 案例：戛纳电影节庆小镇 |
| | 8.魅力乡村组团 | 美丽乡村走廊、梦里水乡、传统村落、古渔村、特色村落、渔村花园、东南亚风情村落、海丝路沿线国家风情村落长廊 | 案例：漓江百里画廊 |
| | 9.产业组团 | 海水养殖、特色渔乡组团；新农村产业链；生态农业、特色农业、景观农业、高科技农业；工业聚集区、研发区、高新科技园区组团；各类创意园区、创意工业园 | 案例：象山海洋生态保护区 |
| | 10.生态组团 | 各类城乡绿色环保建筑、环保能源、循环产业、生态农业、生态渔业、休闲渔业、生态水乡、休闲农业、特产果园、田园风光、森林地带、梦幻森林 | 案例：新加坡花园廊道 |
| | 11.公共空间组团 | 海洋主题乐园、海洋主题公园、文化公园、休闲广场、公共空间、中心花园、中心广场 | 案例：珠海长隆海洋世界 |
| | 12.魅力形象标识组团 | 蓝色魅力博物馆群、城市雕塑、文化墙、地标建筑、形象标志、城市形象 | 案例：迪拜世界建筑之最 |

图 6-11 蓝色外层风貌、城乡魅力、特色建筑与形象标志廊道构成

| 案例1：常州恐龙公园及风情小镇 | 案例2：秘鲁遗产周边福利规划 |
| --- | --- |
| 恐龙园位于常州现代旅游休闲区内，国家5A级景区，有"东方侏罗纪"之称。它是一座将博物、高科技声光电、影视特效与多媒体网络等完美结合，以恐龙为主题的综合性主题游乐园。整个公园占地600余亩，主要分中华恐龙馆、4D过山龙、冒险港、鲁布拉区、嘻哈恐龙城、梦幻庄园、魔幻雨林、库克苏克大峡谷等功能区，有50多个极限游乐项目，每天10多场各种主题演出，还有国际恐龙节、国际狂欢节等品牌。以生物演变史作为设计背景，重点突出恐龙从生存、繁衍、演化至毁灭的主线，揭示了生命与环境相互依存的哲理。进入园区，每位游客将被带回古老神秘的侏罗纪。自2000年来，园区创造性提出主题公园"5+3"发展模式。经多年打拼，在亚洲数千家主题公园中排名第11位，傲然屹立亚洲。 | 秘鲁开展特鲁希略太阳神庙和月亮神庙的考古保护，除了研究和保护的努力之外，项目还将精力集中在大量的社区发展上，如整治周边环境，建若干与遗产风貌协调的优雅建筑或民居群，并以太阳神、月亮神的造型、内涵、纹路、装饰、艺术风格为基调，修若干绿道、花园及艺术广场，美化环境，旨在通过转变文化遗产为文化服务，改变当地居民的生活质量，提升当地人对文化的自豪感。 |

（四）环北部湾蓝色外层风貌、城乡魅力与形象标志廊道的规划概貌

环北部湾蓝色外层风貌、城乡魅力与形象标志廊道的规划包括：（1）环海城市文明起源地、历史核心区链（南宁、崇左、玉林内陆城市—防城港—钦州—北海—湛江—茂名—海南—国外延伸地段）—（2）环海湾骑楼、特色建筑及历史街区组团（区划地段同上）—（3）环海海洋城市外观风貌协调区组团（区划地段同上）—（4）环海湾海洋特色建筑组团（区划地段同上）—（5）环海城市滨海基础设施组团—（6）环海城市时尚生活组团—（7）环海风情小镇组团（南宁、玉林、崇左特色小镇—防城港壮族小镇、京族小镇、疍家小镇、东南亚小镇—钦州—北海疍家小镇、客家小镇、东南亚小镇、海丝路小镇—湛江龙图腾小镇、雷艺术小镇、傩艺术小镇、海丝路小镇 茂名特色小镇群—海南船形屋小镇、东南亚小镇—国外延伸地段）—（8）环海魅力（渔业）乡村组团（区划地段同上）—（9）环海城市新兴产业组团—（10）环海生态组团（区划地段同上）—（11）环海城市公共空间组团（区划地段同上）—（12）环海城市魅力形象及城市地标组团（防城港—钦州—北海—湛江—茂名—海南—国外延伸地段）。

## 四 八核：产业七大功能分区——蓝色文明复兴特色产业体系的构成

（一）符号层：世界（环北部湾）海洋珠宝、工艺品及特色艺术走廊的布局规划——蓝色符号、蓝色意识的抢救、提炼与历史复兴

环北部湾海洋珍宝、工艺品及特色艺术走廊为环北部湾传统海洋珍宝艺术、传统

手工技艺及特色工艺品的专题产业廊道。侧重通过对珍珠、贝雕、椰雕、角雕、木雕、石雕、古船木、坭兴陶、黎锦刺绣、黄花梨家具制作等传统珠宝及传统绝技的抢救、挖掘、整理、传承和创新，利用现代科技手段，依托面向全球产生的巨大市场需求，对各类珠宝及特色工艺品进行聚集生产、创意、设计，聚集作业，进行专门聚集区、作业区规划，打造珠宝艺术特色产业群。对这些功能区培育、孵化，最终目标是构筑立足北部湾、融合东南亚、覆盖古海上丝绸之路沿线国家地区、面向全世界的世界（环北部湾）海洋珍宝艺术走廊，包括首饰、艺术品欣赏、工艺品、纪念品、手表、香水、化妆、美容、刺绣、丝巾、领带、毛织品、服装、装饰、家具用品等领域。从成分来看，本走廊的内部体系构成主要如图 6-12 所示。

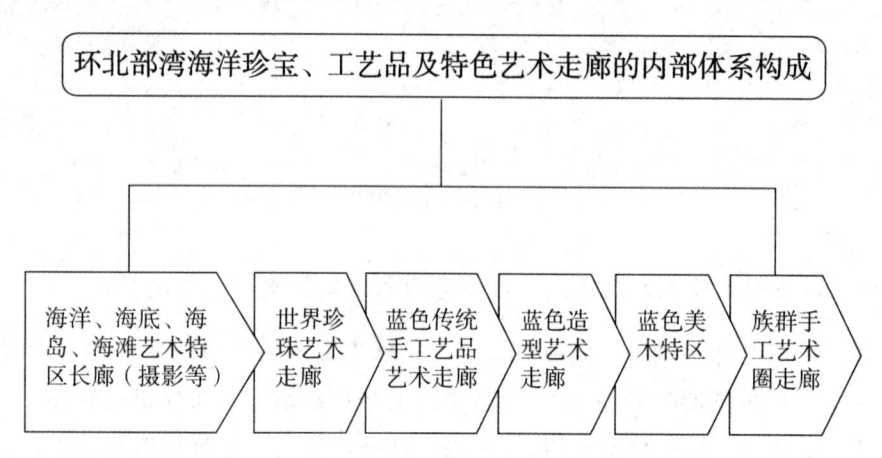

图 6-12 环北部湾海洋珍宝、工艺品及特色艺术走廊的内部体系构成

其中，各子系统的功能分区及内部框架轮廓如下所示。

子系统 1（见图 6-13）：

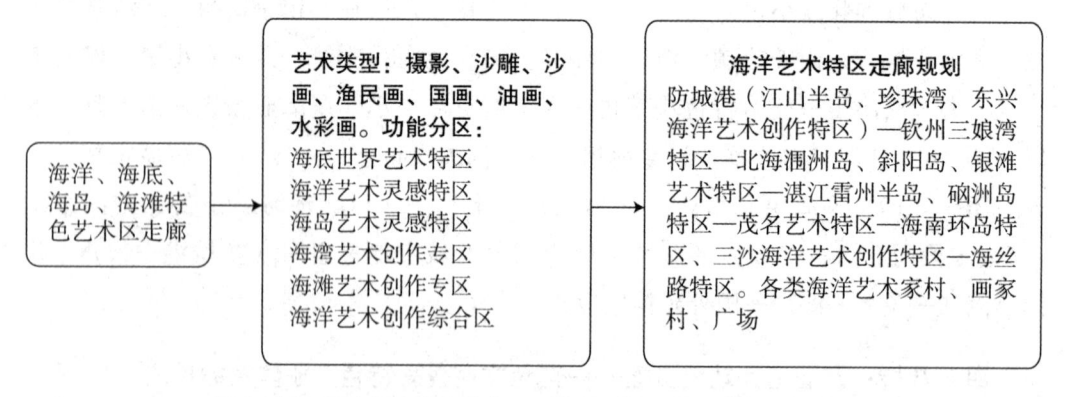

图 6-13 环北部湾海洋珍宝、工艺品及特色艺术走廊子系统 1

子系统 2（见图 6-14）：

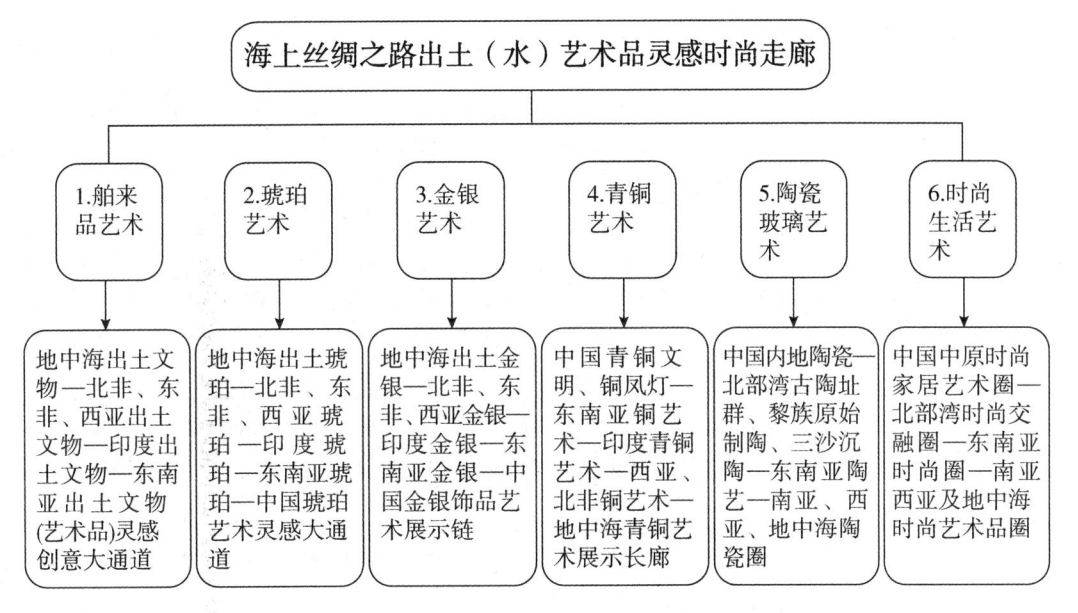

```
             海上丝绸之路出土（水）艺术品灵感时尚走廊
   ┌──────────┬──────────┬──────────┬──────────┬──────────┐
 1.舶来      2.琥珀      3.金银      4.青铜      5.陶瓷      6.时尚
 品艺术      艺术        艺术        艺术        玻璃艺术    生活艺术
   │          │          │          │          │          │
 地中海出土   地中海出土   地中海出土   中国青铜文   中国内地陶   中国中原时
 文物—北非、  琥珀—北非、  金银—北非、  明、铜凤灯—  瓷—北部湾   尚家居艺术
 东非、西亚   东非、西亚   东非、西亚   东南亚铜艺   古陶址群、   圈—北部湾
 出土文物—   琥珀—印度   金银—印度   术—印度青   黎族原始制   时尚交融
 印度出土    琥珀—东南   金银—东南   铜艺术—西   陶、三沙沉   圈—东南亚
 文物—东南   亚琥珀—中   亚金银—中   亚、北非铜   陶—东南亚   时尚圈—南
 亚出土文物   国琥珀艺术   国金银饰品   艺术—地中   陶艺—南亚、 亚西亚及地
 （艺术品）   灵感大通道   艺术展示链   海青铜艺术   西亚、地中   中海时尚艺
 灵感创意                            展示长廊     海陶瓷圈     术品圈
 大通道
```

**图 6-14　环北部湾海洋珍宝、工艺品及特色艺术走廊子系统 2**

子系统 3（见图 6-15）：

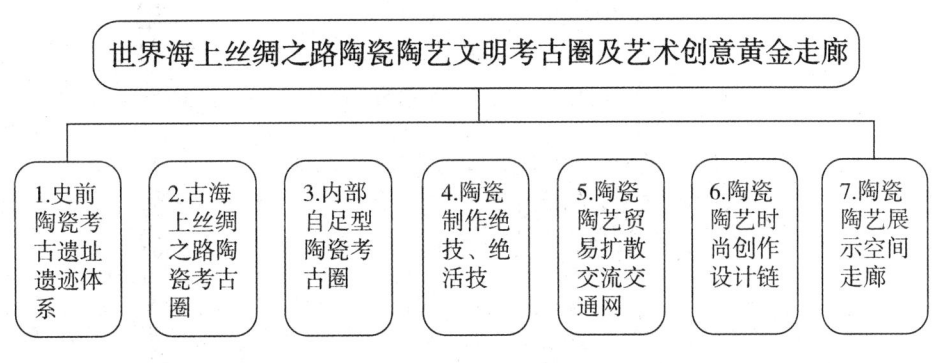

```
       世界海上丝绸之路陶瓷陶艺文明考古圈及艺术创意黄金走廊
 ┌────────┬────────┬────────┬────────┬────────┬────────┬────────┐
 1.史前    2.古海    3.内部    4.陶瓷    5.陶瓷    6.陶瓷    7.陶瓷
 陶瓷考    上丝绸    自足型    制作绝    陶艺贸    陶艺时    陶艺展
 古遗址    之路陶    陶瓷考    技、绝    易扩散    尚创作    示空间
 遗迹体    瓷考古    古圈      活技      交流交    设计链    走廊
 系        圈                           通网
```

**图 6-15　环北部湾海洋珍宝、工艺品及特色艺术走廊子系统 3**

构成如下：

内地陶瓷文明起源地（重点：景德镇、相关窑址、龙泉青瓷传统烧制技艺）—南宁、玉林、崇左、防城港陶瓷陶艺考古圈及陶艺创意圈—钦州陶瓷陶艺遗产圈及坭兴陶艺术创意带（重点：坭兴陶）—北海古海上丝绸之路起源地陶瓷考古圈及艺术文化空间（重点：合浦县草鞋村、古汉窑群）—湛江、茂名古海上丝绸之路陶瓷考古圈及艺术空间—海南黎族原始制陶史前记忆空间及创意圈—南海水下陶瓷保护红线区及创意圈—东南亚陶瓷交流考古艺术圈及创意地带—南亚陶瓷文化交流考古圈及艺术空间—西亚陶瓷文化交流考古圈及创意文化空间—北非、东非陶瓷文化交流考古圈及艺术创意空间—地中海陶瓷文明交流考古圈及艺术创意世界。

子系统4（见图6-16）：

| 世界珍珠艺术（特区）走廊规划 | | |
|---|---|---|
| | 1.南珠遗址遗迹艺术长廊 | 防城港相关遗址遗迹—钦州相关遗迹—北海合浦古珠池、还珠亭、珍珠碑林，白龙珍珠城、各类相关古遗址遗迹（核心区）—湛江古珠池、乐民城（古珍珠城）—茂名相关遗址遗迹—海南相关遗址遗迹 |
| | 2.珍珠之乡历史记忆体系 | 环北部湾珍珠神话传说、民间故事、寓言童话+珍珠文献、历史记载+诗词歌赋+珍珠文学艺术，相关历史记忆空间 |
| | 3.珍珠之乡养殖保护区体系 | 防城港珍珠养殖保护区—钦州珍珠养殖保护区—北海白龙珍珠养殖特区、合浦养殖保护区、涠洲岛海域保护区—湛江、茂名保护区—海南环岛外围相关保护区、三沙珍珠养殖保护区 |
| | 4.珍珠传统技艺体系 | 珍珠传统生产技术+传统养殖技术+传统加工技术+珍珠类传统绝技、秘诀 |
| | 5.珍珠艺术表演区体系 | 环线各地珍珠民歌带+珍珠音乐区+珍珠舞蹈区+珍珠戏剧区+珍珠民俗表演区。重点品牌：《珠还合浦》《夜明珠》《龙珠》（北海）等 |
| | 6.珠宝设计创意链 | 环北部湾各地珠宝创意集中区、珠宝设计区、加工区+珍珠鉴定、修复区+珠宝时尚设计交流区+世界研发区核心区：北海、海南 |
| | 7.珠宝博览、拍卖、收藏、交流、推广及会展链 | 环北部湾各地珍珠工艺品博览区+拍卖收藏俱乐部+珍珠专题广场+珍珠国际交流+世界珍珠会展推广展示走廊（核心区：北海合浦） |

图6-16　环北部湾海洋珍宝、工艺品及特色艺术走廊子系统4

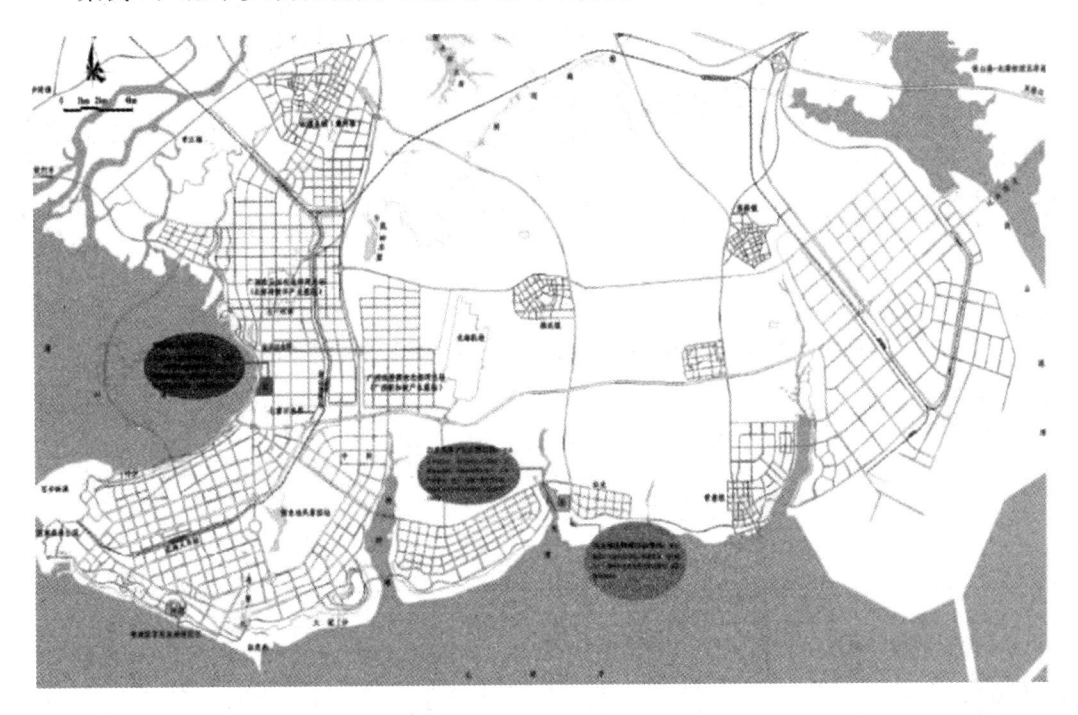

案例1：北海珍珠养殖保护区规划（广西部分）

来源：广西北海珍珠产业园区总体规划（2014—2020）（征求意见稿）

（规划确定了营盘白龙、山口、乌坭3个珍珠原良种场，一个马氏珠母贝自然繁殖区1.2万亩，共7万亩永久性养殖基地）

---

**环球扫描：国外珍珠产业状况**

产于南太平洋法属波利尼西亚群岛的黑珍珠——大溪地珍珠，目前产量只有10吨左右，但产品质量控制体系十分完善，严格规定珠层厚度不能少于0.8毫米。2003年，大溪地珍珠出口8.12吨，销售额1亿多美元，均价超过1万美元/公斤，而同期我国出口珍珠均价113美元/公斤，竞争态势优劣一目了然。澳大利亚通过推出Kailis、Pearl Paspaley、Pearl Autore三大世界珍珠品牌，在日本、美国、英国、西班牙、意大利等开设10个办事处分销珍珠，成为大颗白色系列"南洋珠"的主产国，形成覆盖全球的精加工艺术品牌。

---

专题走廊：北部湾（北海）珍珠文明中心区及艺术特区—东南亚珍珠艺术特区—印度珍珠艺术特区—西亚、北非珍珠艺术特区—地中海珍珠艺术特区。

子系统5（见图6-17）：

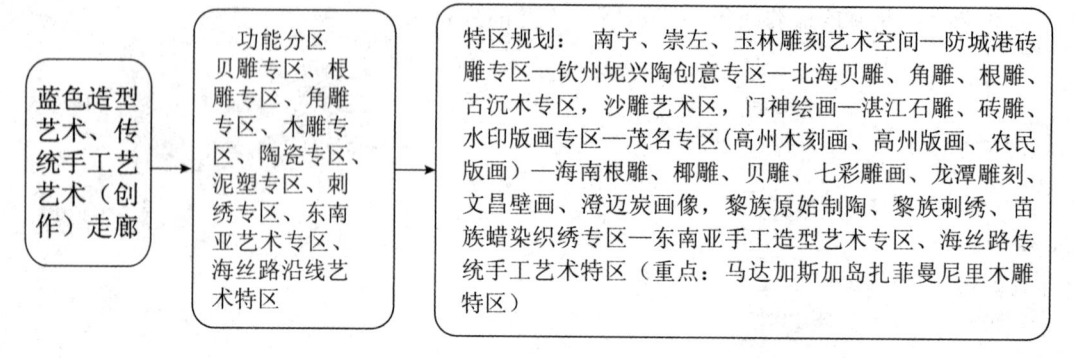

```
┌──────┐   ┌──────────┐   ┌─────────────────────────────────────┐
│蓝色造型│   │功能分区：│   │特区规划：南宁、崇左、玉林雕刻艺术空间—防城港砖│
│艺术、传│   │贝雕专区、│   │雕专区—钦州坭兴陶创意专区—北海贝雕、角雕、根雕、│
│统手工艺│→  │根雕专区、│→  │古沉木专区，沙雕艺术区，门神绘画—湛江石雕、砖雕、│
│艺术（创│   │角雕专区、│   │水印版画专区—茂名专区（高州木刻画、高州版画、农民│
│作）走廊│   │木雕专区、│   │版画）—海南根雕、椰雕、贝雕、七彩雕画、龙潭雕刻、│
│      │   │陶瓷专区、│   │文昌壁画、澄迈炭画像，黎族原始制陶、黎族刺绣、苗│
│      │   │泥塑专区、│   │族蜡染织绣专区—东南亚手工造型艺术专区、海丝路传│
│      │   │刺绣专区、│   │统手工艺术特区（重点：马达加斯加岛扎菲曼尼里木雕│
│      │   │东南亚艺术│   │特区）                                │
│      │   │专区、海丝│   │                                    │
│      │   │路沿线艺  │   │                                    │
│      │   │术特区    │   │                                    │
└──────┘   └──────────┘   └─────────────────────────────────────┘
```

**图 6-17 环北部湾海洋珍宝、工艺品及特色艺术走廊子系统 5**

子系统 6（见图 6-18）：

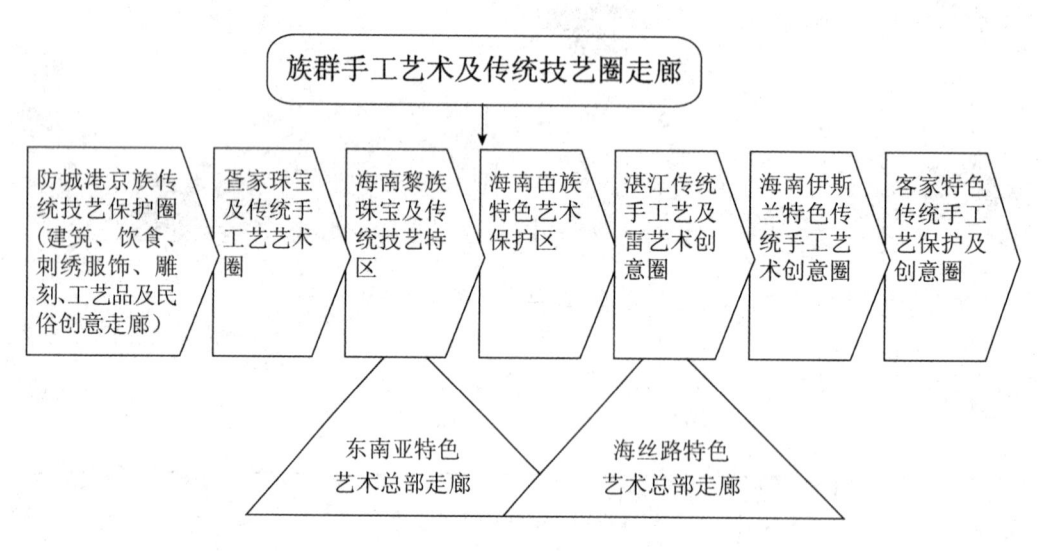

**图 6-18 环北部湾海洋珍宝、工艺品及特色艺术走廊子系统 6**

廊道轨迹规划：中国传统桑蚕丝织技艺（世界遗产），中国内地云南、贵州苗族织锦、蜡染、刺绣—广西壮族织锦、蜡染、刺绣、剪纸（玉林剪纸）—海南黎族传统纺染织绣技艺（联合国急需保护濒危名录，含纺织、织锦、蜡染、刺绣），黎族树皮衣制作技艺，海南苗族织锦、蜡染、刺绣—往南方向：印度尼西亚的蜡染印花工艺（世界遗产名录）、印度尼西亚北加浪岸的蜡染布博物馆（世界级遗产名录）；往东分支：日本新泻县鱼沼地区苎麻布织造工艺（世界遗产）—非洲：乌干达树皮布制作技艺（乌干达，世界遗产）—欧美：塞浦路斯莱夫卡拉花边（世界遗产）、克罗地亚的花边制作（世界遗产），法国阿朗松的针织花边技艺（世界遗产）等。

重点品牌：特色建筑技艺链（如雷州木结构建筑技艺、疍家棚技艺），珍珠艺术、沙画（范例：瓦努阿图群岛沙画特区，世界遗产）、贝雕、陶艺术、织锦蜡染刺绣走廊；东南亚民间珍宝藏品艺术展示走廊、海丝路万国珍宝及特色工艺创意展示长廊、世界艺术品收藏俱乐部等。

## （二）浅层行为层、体验层：文化度假、休闲娱乐、观光、探险和旅游廊道——蓝色生活方式的点燃、复兴与繁荣

### 1. 廊道理论构成

环北部湾文化度假、休闲、观光、探险和旅游廊道由文化度假、休闲娱乐、观光、探险和旅游等产业组团构成，是整个世界（环北部湾）海洋创意产业廊道的核心轴。当然，在不同的区域，廊道的产业功能有不同的侧重，体现出不同的优势、特色和潜力。从总体上来说，本廊道的内部结构体系应主要如图6-19所示。

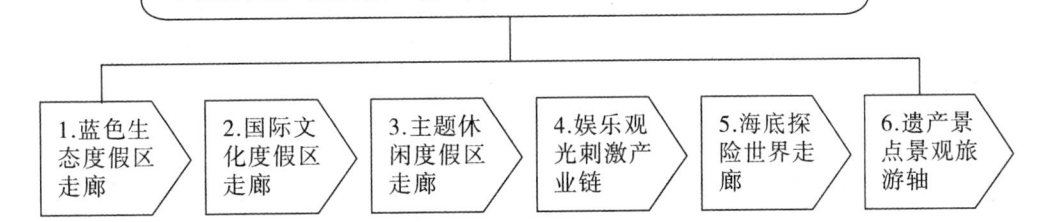

```
环北部湾文化度假、休闲娱乐、观光、探险和旅游廊道
├─ 1.蓝色生态度假区走廊
├─ 2.国际文化度假区走廊
├─ 3.主题休闲度假区走廊
├─ 4.娱乐观光刺激产业链
├─ 5.海底探险世界走廊
└─ 6.遗产景点景观旅游轴
```

**图6-19 环北部湾文化度假、休闲、观光、探险和旅游廊道内部体系构成**

### 2. 创意要点、关键

创意要点有五：其一，元素挖掘发现；其二，核心价值锁定；其三，价值提升、延伸、改造、融合与手段尝试；其四，元件打破与外部重组融入；其五，动感与时尚。

复兴过程：抢救—保护—挖掘—转型—创意—产业—繁荣。

关键：使各种潜在元素"活"起来，融入生活，引领现代生活。

---

**习总书记：要释放"海"的潜力**

广西参与"一带一路"建设，要立足"一湾相挽十一国，良性互动东中西"的独特区位，释放"海"的潜力，激发"江"的活力，做足"边"的文章，全面实施开放带动战略，打造全方位开放发展新格局。

——习总书记广西视察重要讲话
（2017年4月20日，南宁）

---

**《推动共建丝绸之路经济带和21世纪海上丝绸之路的愿景与行动》（2015年3月28日，节选）**

加强旅游合作，扩大旅游规模，互办旅游推广周、宣传月等活动，联合打造具有丝绸之路特色的国际精品旅游线路和旅游产品，提高沿线各国游客签证便利化水平。推动21世纪海上丝绸之路邮轮旅游合作。积极开展体育交流活动，支持沿线国家申办重大国际体育赛事。支持沿线国家地方、民间挖掘"一带一路"历史文化遗产，联合举办专项投资、贸易、文化交流活动。

---

### 3. 廊道的内部构成

环北部湾文化度假、休闲、观光、探险和旅游廊道各子廊道内部体系的构成及功能分区、线路要点框架大致如图6-20。

|  |  |  |
|---|---|---|
| 系统1：蓝色空间生态休闲度假区走廊 | 蓝色自然空间、蓝色画廊、蓝色魔幻美景走廊 | 环北部湾近陆生态海域、蓝色空间蓝色画廊—北部湾中心海域蓝色画廊—南海海域蓝色美景魔幻世界生态空间 |
| | 海底世界奇观生态走廊 | 防城港、钦州海底斑斓世界—北海（涠洲岛-斜阳岛海底彩带）斑斓世界—湛江、茂名海底世界—海南环岛海底世界、南海海底斑斓鱼群、壮美万物世界 |
| | 海岛自然奇观走廊 | 防城港江山半岛、渔万岛、京族三岛等—钦州龙门群岛等—北海涠洲火山岛、斜阳岛—湛江硇洲岛、特呈岛，茂名相关岛屿—海南环岛岛屿，东沙、中沙、西沙、南沙群岛 |
| | 沙滩阳光走廊 | 防城港金滩、白浪滩带—钦州沙滩阳光地带—北海银滩—湛江金沙湾阳光浴场—海南海口滨海浴场群、三亚沙滩长廊、环岛沙滩阳光长廊、温泉度假长廊 |
| | 滨海红树林及湿地公园系统 | 防城港、钦州红树林及湿地系统景观带—北海红树林保护区及国家湿地公园功能区—湛江红树林及湿地长廊—海南红树林群落及湿地原始生态公园 |
| | 沿线海湾画廊 | 广西防城港、钦州、北海—广东湛江、茂名—海南环岛、三沙沿线海湾画廊、蓝色自然奇观 |

滨海绿色景观长廊、滨海森林走廊 → 热带雨林自然保护区、原始森林度假区走廊 → 高氧离子走廊、海上花园城市、公园走廊、蓝色森林城市长廊

- 海底观光计划、沙滩阳光度假计划
- 沙滩阳光家庭幸福指数工程
- 康疗旅游、森林探险旅游等

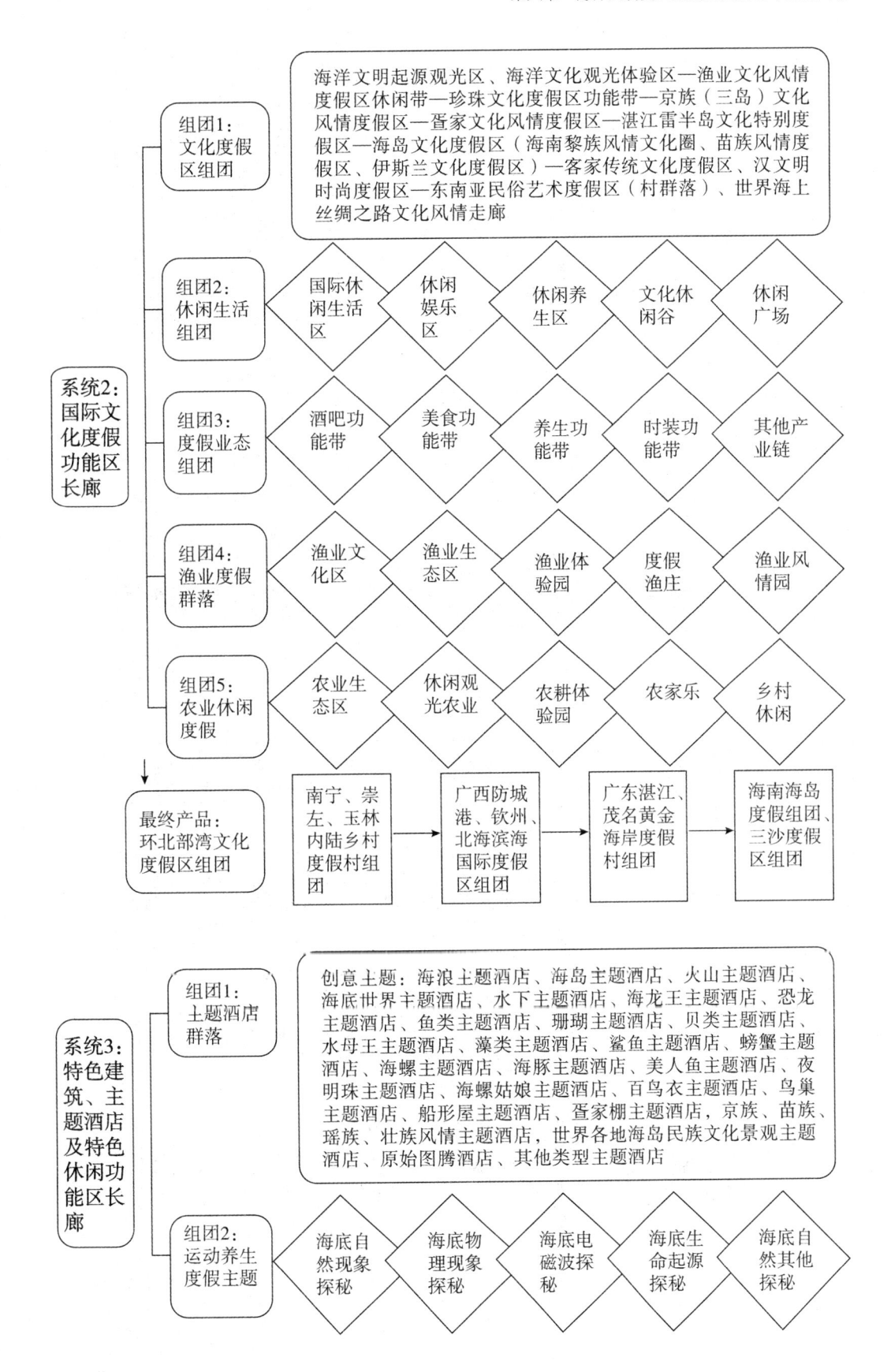

# 第六章 海洋文明复兴的蓝色图腾艺术廊道勾勒

- 系统2：国际文化度假功能区长廊
  - 组团1：文化度假区组团 — 海洋文明起源观光区、海洋文化观光体验区—渔业文化风情度假区休闲带—珍珠文化度假区功能带—京族（三岛）文化风情度假区—疍家文化风情度假区—湛江雷半岛文化特别度假区—海岛文化度假（海南黎族风情文化圈、苗族风情度假区、伊斯兰文化度假区）—客家传统文化度假区、汉文明时尚度假区—东南亚民俗艺术度假区（村群落）、世界海上丝绸之路文化风情走廊
  - 组团2：休闲生活组团 — 国际休闲生活区 / 休闲娱乐区 / 休闲养生区 / 文化休闲谷 / 休闲广场
  - 组团3：度假业态组团 — 酒吧功能带 / 美食功能带 / 养生功能带 / 时装功能带 / 其他产业链
  - 组团4：渔业度假群落 — 渔业文化区 / 渔业生态区 / 渔业体验园 / 度假渔庄 / 渔业风情园
  - 组团5：农业休闲度假 — 农业生态区 / 休闲观光农业 / 农耕体验园 / 农家乐 / 乡村休闲
  - 最终产品：环北部湾文化度假区组团 — 南宁、崇左、玉林内陆乡村度假村组团 → 广西防城港、钦州、北海滨海国际度假区组团 → 广东湛江、茂名黄金海岸度假村组团 → 海南海岛度假组团、三沙度假区组团

- 系统3：特色建筑、主题酒店及特色休闲功能区长廊
  - 组团1：主题酒店群落 — 创意主题：海浪主题酒店、海岛主题酒店、火山主题酒店、海底世界主题酒店、水下主题酒店、海龙王主题酒店、恐龙主题酒店、鱼类主题酒店、珊瑚主题酒店、贝类主题酒店、水母王主题酒店、藻类主题酒店、鲨鱼主题酒店、螃蟹主题酒店、海螺主题酒店、海豚主题酒店、美人鱼主题酒店、夜明珠主题酒店、海螺姑娘主题酒店、百鸟衣主题酒店、鸟巢主题酒店、船形屋主题酒店、疍家棚主题酒店，京族、苗族、瑶族、壮族风情主题酒店，世界各地海岛民族文化景观主题酒店、原始图腾酒店、其他类型主题酒店
  - 组团2：运动养生度假主题 — 海底自然现象探秘 / 海底物理现象探秘 / 海底电磁波探秘 / 海底生命起源探秘 / 海底自然其他探秘

## 系统4：娱乐观光刺激创意产业功能带

**1. 蓝色文明起源地遗产文明探索走廊**：海底斑斓世界主题公园、梦幻海洋主题乐园、海浪主题乐园、珊瑚主题乐园、火山主题乐园、恐龙主题乐园、海岛主题乐园、狂欢岛、疯狂岛、恐怖岛、海上乐园、激情水岸、海洋童话世界、海龙王主题乐园、鲨鱼主题乐园、海豚主题乐园，螃蟹主题乐园，水母、藻类、贝类、螺类主题乐园，珍珠主题乐园、美人鱼主题乐园、美人鱼儿童乐园、海螺姑娘主题乐园、百鸟衣乐园、儿童主题体验区、海洋游戏主题乐园，各民族神话、传说故事乐园，海洋秘境主题乐园等

**2. 古海上丝绸之路文明遗产体验走廊**：海洋主题乐园、欢乐广场、欢乐岛、原始划船、水上飞机、飞碟乐园、水怪世界、水上狂欢世界、水上狂欢节、海底魔兽世界、创意主题公园、主题水上乐园、各类水上乐园、太空欢乐世界、海洋4D影院、虚拟太空世界、惊喜之旅等

**3. 极限运动挑战系列**：刺激世界、帆船、帆板、滑板、冲浪、潜水、水下摩托、摩托艇、皮筏艇、滑水、滑翔、鲨鱼船、飞鱼船、海上拖伞、水上飞机、滑翔机、香蕉船、游泳、海钓、海上赛车、海上自行车、水上休闲、沙滩足球、沙滩排球、沙滩赛车、低空飞行、热气球、跳伞，以及露营等

**4. 专题俱乐部**：飞艇游艇俱乐部 / 冲浪俱乐部 / 飞行俱乐部 / 帆船俱乐部 / 海上赛车俱乐部 / 海洋探险俱乐部

**5. 邮轮旅游长廊**：游轮母港、游轮码头及游艇基地群；游轮母舰载直升机、海底观光巴士、海陆两栖观光巴士；环北部湾邮轮旅游精品线路，北部湾—东南亚邮轮精品线路，北部湾—古海上丝绸之路（东南亚、南亚、西亚、东非、地中海）邮轮旅游精品线路；浪漫豪华之旅、时尚新颖之旅（三亚凤凰岛、歌诗达邮轮、皇家量子号等）

## 系统5：海底奥秘探险走廊

**1. 海底斑斓大世界探秘通道**：海底地貌探秘走廊、海底景观探秘、海底奇观探秘、海底斑斓大世界、海底龙宫探秘、海底火山探秘、海底珊瑚群世界、海底魔幻世界欣赏、各类岛屿探险、漂流探险走廊(形式：堡礁潜水、岸礁潜水、海底摩托、海底观光潜艇)

**2. 海底生物奥秘探秘**：海底斑斓鱼群探秘、海底珊瑚探秘、海底贝类探秘、海底虾类探秘、海底凶猛动物探秘、海底藻类探秘、海底微生物探秘、海底植物探秘、红树林探秘、海底生物奥秘探秘

**3. 海底艺术通道**：（1）"海底音乐"探秘：海潮音乐、浪花音乐、鱼群音乐、螺乐队、贝乐队、珊瑚乐队、藻类乐队、水母之乐、微生物之乐等等。（2）"海底舞蹈"：鱼群舞蹈、虾之舞、蟹舞蹈、水母之舞蹈、软体动物舞蹈、藻类舞蹈、海底植物舞蹈等等。（3）"海底美术"探秘：海底壁画、海底美术、海底

**4. 海底历史之谜、漂流与考古走廊**：古海上丝绸之路海底探秘 / 海岛探秘漂流探险 / 海底宝物、历代沉船探秘 / 海底文明之源探秘 / 海底文明其他探秘

**5. 海底自然之谜与科技探索大走廊**：海底自然现象探秘 / 海底物理现象探秘 / 海底电磁波探秘 / 海底生命起源探秘 / 海底自然其他探秘

## 系统6：遗产景区景点景观旅游廊道

**1. 蓝色文明起源地遗产文明探索走廊**
人类起源洞穴遗址链、史前考古遗址花园公园—蓝色文明考古遗址景区—贝丘遗址走廊蓝色起源历史记忆—考古景区、遗产景观—渔业、航海考古发现—各相关遗产点—各类传统知识、技能和智慧—各类仪式、信仰及图腾印记

**2. 古海上丝绸之路文明遗产体验走廊**
内地航道河系遗产景观—防城港、钦州古海丝路遗产景观(重点：潭蓬古运河、古陶址)—北海海丝路遗产景观(大浪古城、汉墓群遗址、汉墓出土文物、博物馆、草鞋村古陶窑址、白龙珍珠城)—湛江、茂名古海丝路遗产景点—海南海丝路遗产景点景观(南海线路)—古海上丝绸之路国外段线路遗产景观。范围含各类海丝路相关遗址、古港口、码头、水下遗产、出土文物，文献，记忆，艺术，傩，民俗，立体景观、博物馆、景区等

**3. 珍珠之乡遗产景观走廊**
古遗址遗迹走廊 | 古珠池、传统养殖区 | 工技艺、珠宝加工区 | 珠宝艺术品收藏、展示区 | 游区、珍珠博物馆群

**4. 街区、村镇遗产景观走廊**
古街区（骑楼）走廊 | 古镇、风情小镇、特色小镇走廊 | 古村落、传统村落走廊 | 各类非物质文化遗产 | 历史建筑保护、收藏、展示区

**5. 海洋族群远古文明体验走廊**
南宁、崇左、玉林壮瑶文化圈—防城港东兴京族旅游文化圈—钦州、北海、湛江、海南疍家文化圈—湛江雷（傩）文化圈、茂名文化圈—海南黎族文化圈、苗族文化圈、三亚伊斯兰旅游文化圈—环线客家旅游文化圈—沿线东南亚族群文化圈—沿线古海上丝绸之路文化圈

**图 6-20 环北部湾文化度假、休闲、观光、探险和旅游廊道的内部构成**

特色酒店创意案例有以下两个。

**案例1：海南三亚"鸟巢"酒店**

三亚亚龙湾人间天堂鸟巢度假村是独具热带风情的世界顶级森林度假村。它位于亚龙湾热带天堂森林公园内，伴山面海，共分为集结地、鸟巢西区、鸟巢东区、凤凰台及云顶度假区五个区域。每栋别墅如同鸟儿筑巢一样，巧筑木屋于热带雨林之间，悬崖峭壁之上，古朴自然，形成了210颗璀璨的明珠，在亚龙湾上熠熠发光。

**案例2 东非海岸坦桑尼亚桑给巴尔群岛奔巴岛（Pemba）水下"与鱼儿共眠"豪华酒店**

景观景点创意案例：

**案例1：北海海洋之窗**

海洋之窗位于著名旅游滨海城市北海市，建筑面积18100平方米，是以展示海洋生物为主，集收藏、观赏、旅游、科普、研究为一体的大型海底观光景区。景区共分神秘的大海、远古海洋、时光隧道、珊瑚海（活体）、海之角、梦幻海洋、海洋资源厅、古海上丝绸之路、郑和下西洋、地理大发现、海洋剧场（巨型圆缸）、滨海景观、红树林生态区、贝类文化、南珠文化、4D动感影院16大主题。经过多年运营，它已成为在国内有影响的国家AAAA级景区、全国海洋科普教育基地。

**品牌建设：北部湾生蚝海洋牧场**

生蚝被誉为"海里的牛奶"，全世界养殖量的80-90%在中国。北海为国内生蚝核心产区，但由于分散养殖、技术薄弱、水体污染，特别是浅海滩涂紧俏、浅海养殖无法突破等原因，"海牛奶"产业停步不前。突破浅海养殖的巨大缺陷，发展深海规模养殖，培育巨型龙头成为广西蚝盛海洋养殖有限公司的光荣使命。广西蚝盛、北海宏龙申晓宏集中研究力量，推出深海浮筒吊养殖大蚝技术，最终突破历史瓶颈。该技术既可实现深海区规模投放，干净无污染，抗合风能力强，而且现代化机器运作，避免潮汐闲日困扰。牧场通过"2+4+…+12+4"的模式，即两大基地（深海浮筒吊养基地、浅海滩涂插养基地），四大功能区，十二个大服务平台，四大保障，打造"深海牛奶场"及若干品牌。牧场养殖面积预计20000亩，投入约11亿元，5年建成，总产值60亿元。项目建成后，将成为北海生蚝乃至全国最大生蚝集散贸易中心。牧场借助科技，借鉴"柠檬小镇""电影小镇"等创意，打造北部湾"蚝情小镇""百亿北海生蚝产业基地"，最终打造以健康海鲜美食为核心文化体现，集研发、养殖、育苗、深加工、商贸、物流、餐饮、表演、旅游、观光和会展为一体的新亮点，使之成为未来服务东盟及海上丝绸之路的"洁净牧场""美食牧场""幸福天堂"，成为当之无愧的"海牛奶航空母舰""世界蚝都"。

环北部湾景观创意相关成功案例：崇左龙骨湾恐龙公园景区、北海海底世界、三亚海螺姑娘创意文化景区等等。旅游线路设计的四种类型：滨海陆地型、陆海交叉型、海上近海型、海底观光型、远海邮轮型。

## 小结

环北部湾海洋文化度假、休闲娱乐、观光、探险和旅游廊道总体规划：南宁、崇左、玉林特区（绿色生态、文化度假区、休闲娱乐、特色酒店、运动、观光、探险、旅游创意产业组团）—防城港组团（蓝色生态、文化度假区、特色酒店、运动、娱乐观光、探险、旅游创意产业组团）—钦州组团（组团同上）—北海组团（组团同上，含国际邮轮特区）—广东湛江、茂名旅游组团—海南组团（海南环岛及三沙蓝色生态、文化度假区、特色酒店、休闲娱乐、运动、观光、探险、旅游创意产业组团）。

### (三) 感受层：蓝色表演艺术（功能区）廊道规划——海洋情感表达艺术的抢救、锻造提升与复兴繁荣

1. 廊道的理论构成

蓝色表演艺术（功能区）廊道是美的廊道，即蓝色美的集中展示廊道。但与自然景观、珠宝等品不同，其作用对象是"物"，讲究的是外在感官特别是视觉的满足。而本廊道的作用对象是"人"，即以"人"为艺术主角及影响对象，通过创想、塑造、美化、提升和展示，产生强大的震撼力，引发强大的观众共鸣，产生强烈的审美感，最后产生精神满足。因而，表演艺术是打通人心灵的武器，是打动人灵魂的艺术。其目标是催生感染力，打动人们的心灵。总体来说，表演艺术是"美"的艺术，挖掘美、储存美、塑造美、展示美，更侧重人的形象和心灵之"美"，更注重对心灵的塑造及提升，让生活变得更美好。环北部湾海洋表演艺术丰富多样，是一座巨大宝藏。因而，本廊道的构筑，核心是心灵，艺术是手段，激发转型是关键。通过转型，催发强大的再生能力，促使"海洋歌舞"向"歌舞海洋"的巨大转变。总体来说，本廊道的理论构成应该如图6-21所示。

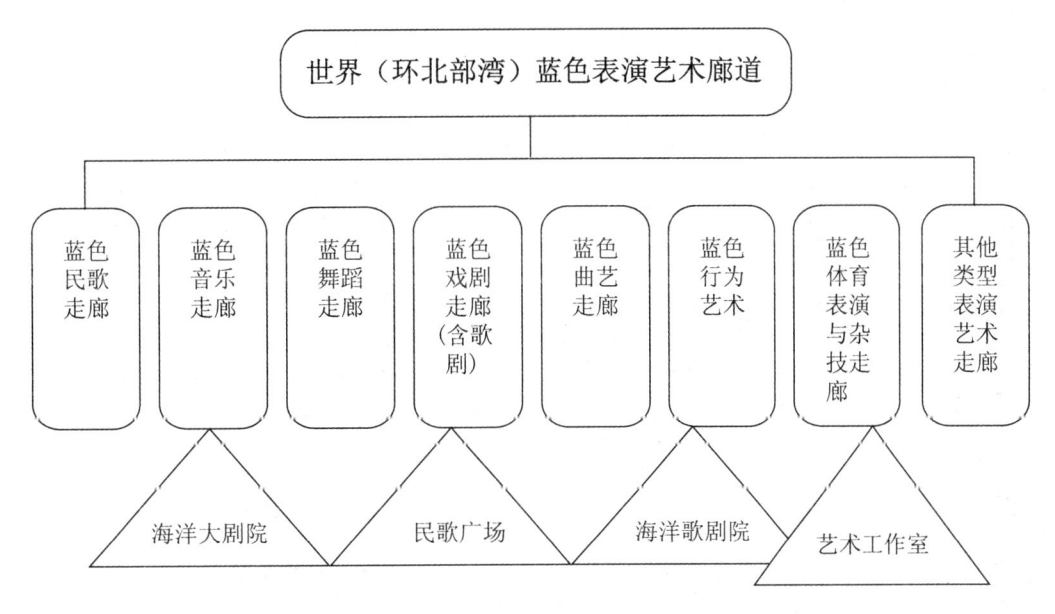

**图6-21 世界（环北部湾）蓝色表演艺术廊道理论构成图**

2. 创意要点及案例

创意要点有六：其一，价值发掘及价值链建立；其二，核心价值转换及360°手段创意；其三，原子结构链打破、拆分重组及外来元素引进融合；其四，本土元素挖掘、国际元素、创新元素及科技；其五，时代需求把握、市场需求转型预测；其六，时尚与个性兼顾。

创意典型有五：其一，柬埔寨演出《吴哥的微笑》；其二，大型历史舞剧《碧海丝路》（北海）；其三，舞剧《图兰朵》；其四，大明宫遗址演出；其五，桂林演出《印象刘三姐》；等等。

### 3. 廊道的内部构成

世界（环北部湾）蓝色表演艺术廊道各子廊道内部体系的构成及功能分区、线路框架大致如图6-22所示。

**系统1 蓝色民歌走廊设计规划**

重点功能区：疍歌/咸水歌表演走廊、临高渔歌特区、儋州调声特区、琼台歌谣特区、京族民歌特区、黎族民歌走廊、海南苗族民歌特区、海南回族民歌特区、雷州歌特区、客家山歌走廊、瑶族民歌走廊、壮族民歌走廊，东南亚民歌艺术走廊、海丝路沿线民歌艺术走廊

线路规划设计：琼-粤-桂-越南环海疍歌/咸水歌民间高地及表演艺术走廊；海南黎族民歌走廊、苗族民歌特区、回族民歌特区；儋州调声、琼台歌谣、临高渔歌特区—湛江、茂名山歌走廊（雷州歌特区、客家山歌）—北钦防民歌特区（咸水歌、客家山歌、京族唱哈特区）—南宁玉林崇左壮族瑶族民歌高地，东南亚民歌艺术走廊、海丝路沿线族群民歌艺术走廊

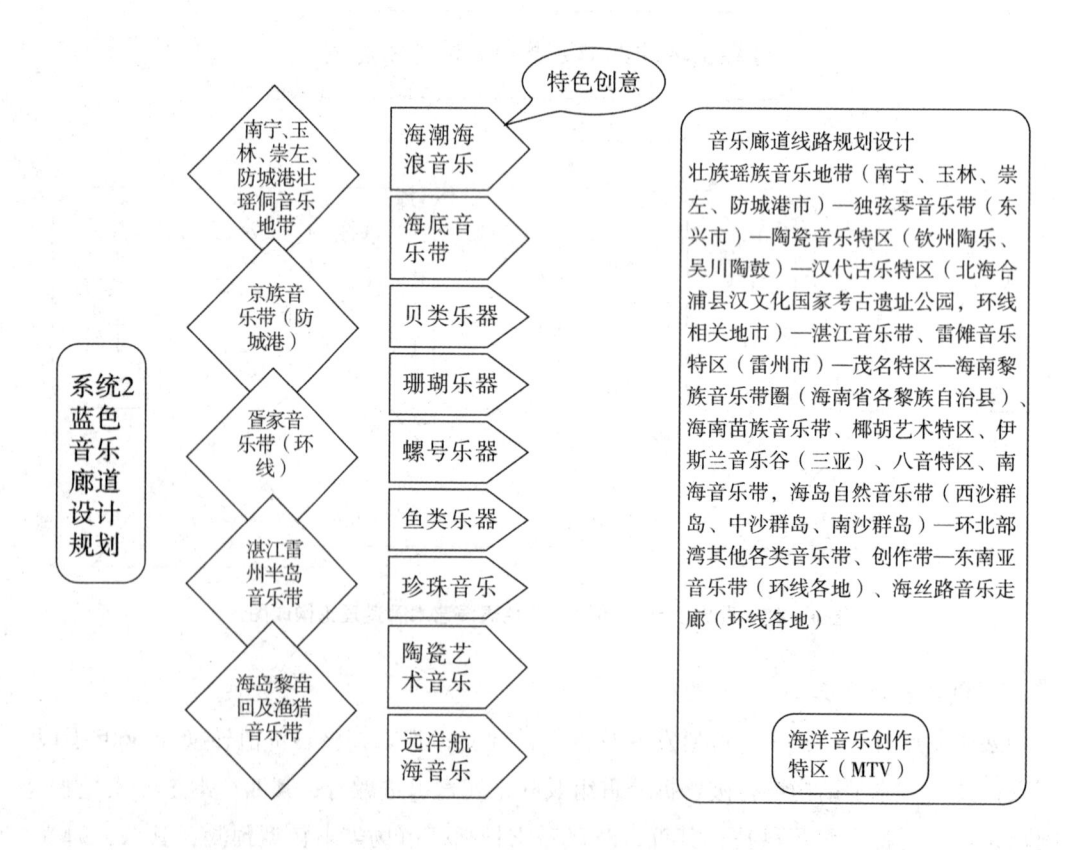

**系统2 蓝色音乐廊道设计规划**

南宁、玉林、崇左、防城港壮瑶侗音乐地带
京族音乐带（防城港）
疍家音乐带（环线）
湛江雷州半岛音乐带
海岛黎苗回及渔猎音乐带

特色创意：
海潮海浪音乐
海底音乐带
贝类乐器
珊瑚乐器
螺号乐器
鱼类乐器
珍珠音乐
陶瓷艺术音乐
远洋航海音乐

音乐廊道线路规划设计：
壮族瑶族音乐地带（南宁、玉林、崇左、防城港市）—独弦琴音乐带（东兴市）—陶瓷音乐特区（钦州陶乐、吴川陶鼓）—汉代古乐特区（北海合浦县汉文化国家考古遗址公园，环线相关地市）—湛江音乐带、雷傩音乐特区（雷州市）—茂名特区—海南黎族音乐带圈（海南省各黎族自治县）、海南苗族音乐带、椰胡艺术特区、伊斯兰音乐谷（三亚）、八音特区、南海音乐带，海岛自然音乐带（西沙群岛、中沙群岛、南沙群岛）—环北部湾其他各类音乐带、创作带—东南亚音乐带（环线各地）、海丝路音乐走廊（环线各地）

海洋音乐创作特区（MTV）

## 第六章 海洋文明复兴的蓝色图腾艺术廊道勾勒

**系统3 蓝色舞蹈表演创意廊道**

- 重点创意（自然类）：海浪舞、海底舞、火山舞、沙滩舞、涨潮舞、退潮舞、海岛舞、飓风舞、海怪舞、魔爪舞、帆船舞、漂流舞、出海舞、起航舞、日出舞、归来舞、太阳舞、月亮舞、星星舞/乌云舞
- 重点创意（动物类）：龙舞、狮舞、鱼群舞、虾舞、螃蟹舞、贝壳舞、螺舞、珊瑚舞、虫舞、藻类舞、蜈蚣舞、椰舞、打鱼舞、撒网舞、晒鱼舞、美人鱼舞、虎舞、牛舞、鹿舞、丰收舞、敬酒舞、欢送舞
- 重点：传统舞蹈类：疍家舞蹈表演、高桩脚狮、醒狮；京族舞蹈表演、竹竿舞；黎族舞蹈表演，如打柴舞、钱铃双刀舞、面具舞；苗族舞蹈表演，三元舞、盘皇舞、海南苗族招龙舞；回族舞蹈表演；瑶族猴鼓舞；壮族舞蹈表演，骆垌舞、打扁担、打榔舞、孔雀舞；客家舞蹈表演，舞麒麟、舞貔貅、春牛舞；湛江人龙舞、雷州傩舞，其他各类舞蹈

重点4：东南亚舞蹈表演艺术空间
重点5：海丝路舞蹈艺术走廊

海南海洋舞蹈艺术创意表演长廊（黎族舞蹈艺术创作表演特区、苗族舞蹈特区、热带海洋及雨林原生舞蹈创作展示带、伊斯兰舞蹈艺术特区、南海海洋原生舞蹈创作展示区）—湛江雷（傩）舞蹈艺术表演长廊—北海海洋舞蹈艺术创作表演长廊（品牌：大型历史舞剧《碧海丝路》《咕哩美》《夜明珠》等）—钦州、防城港海洋舞蹈创作表演展示长廊（重点：东兴京族舞蹈艺术圈、壮族瑶族舞蹈艺术圈）—南宁、玉林、崇左壮族瑶族等舞蹈创作表演展示长廊（重点：壮族骆垌舞、崇左壮族孔雀舞、壮族竹竿舞等）—东南亚舞蹈艺术表演长廊、古海上丝绸之路舞蹈艺术表演长廊

**系统4 蓝色戏剧、曲艺歌剧表演长廊规划**

①粤剧表演艺术长廊：海南三亚、海口蓝色时尚购物之都——湛江、茂名蓝色时尚购物城—北海、钦州、防城港海洋时尚购物城、免税城—南宁、玉林、崇左海洋时尚购物城、国际免税城

②木偶剧表演艺术长廊：陕西、河南、河北等起源地木偶剧—福建木偶剧—南宁、玉林、崇左、防城港木偶剧，玉林傀儡戏—浦北木偶戏—北海山口木偶剧特区—湛江木偶剧、赤坎粤剧木偶戏、吴川单人木偶，茂名茂港单人木偶，茂南单人木偶戏、高州木偶戏、化州木偶戏—海南木偶剧、临高人偶戏特区—东南亚木偶剧艺术圈—东非木偶剧—地中海木偶剧（典型：意大利西西里木偶剧、捷布拉格木偶剧等）

③其他各类剧种表演艺术长廊：南宁壮剧、壮歌剧、邕剧、古潭邕剧、丝弦戏、师公戏表演圈，玉林（桂南采茶戏、陆川哐戏），崇左壮族采茶戏—防城港采茶戏—钦州米茶、钦南米茶戏、浦北鹩剧—北海廉州山歌剧—湛江雷剧、黎戏、廉江白戏、粤西白戏创作表演区—茂名金江祈采、采茶调、高州采茶戏—海南琼剧、澄迈琼剧、临剧、文昌公仔戏、海南公仔戏、斋戏表演圈

④曲艺表演艺术长廊：南宁、崇左、防城港曲艺表演圈—玉林唱木鱼—钦州曲艺表演圈—北海公馆木鱼、讲古仔、粤曲弹唱、老杨公—湛江吴川木鱼、廉江木鱼、雷州姑娘歌、大班歌、茂名小良横堂班—海南曲艺表演圈—海外相关曲艺圈

- 东南亚戏剧、曲艺创作表演长廊
- 海丝路万国戏剧曲艺创作表演长廊
- 世界歌剧表演长廊、蓝色歌剧博览会

· 547 ·

| | | |
|---|---|---|
| ⑤蓝色行为艺术链规划 | | 广西南宁、玉林、崇左蓝色行为艺术表演区—防城港、钦州蓝色行为艺术表演专区—北海旅游区蓝色行为艺术表演专区—广东湛江、茂名蓝色行为艺术表演区—海南国际旅游岛蓝色行为艺术表演区、三沙蓝色行为艺术特区—海外相关蓝色行为艺术表演区域 |
| ⑥蓝色体育表演与杂技艺术长廊 | | 广西南宁、玉林、崇左（花山岩画、壮拳、太极）—防城港、钦州传统体育表演区—北海：李家拳及南蛇过峒、上刀山下火海—湛江体育杂技表演圈：上刀山下火海、东海岛人龙舞—茂名—海南（岛屿及海洋）体育表演艺术圈：黎族钱铃双刀舞—东南亚相关体育杂技表演艺术区—南亚体育表演艺术区（重点：印度查乌舞）—阿拉伯表演区（重点：阿曼双刀舞）—地中海传统体育表演艺术圈 |
| ⑦蓝色族群艺术创作表演长廊 | 基本底蕴：各民族及相关族群表演类艺术遗产宝藏 | 廊道规划：南宁、玉林、崇左传统文学宝库及传统口头表、演艺术圈—防城港传统宝库及口头表演艺术圈—钦州艺术圈—北海传统口头表演艺术圈—湛江、茂名传统口头表演艺术圈—海南（岛屿及海洋）民间文学宝库及口头表演艺术圈—海外相关口头表演艺术圈（如泰国民间说唱艺术MawLum、南亚传统口头表演艺术圈、西亚口头表演艺术圈、地中海口头表演艺术圈） |
| 7.蓝色族群艺术创作表演长廊 | 基本底蕴：各民族及相关族群表演类艺术遗产宝藏 | 线路规划：南宁、玉林、崇左族群艺术表演长廊（壮族、瑶族）—防城港京族艺术创作表演特区—疍家艺术表演长廊—海南黎族艺术创作展示圈、苗族艺术表演特区、三亚回族术表演特区—客家民俗艺术表演长廊、汉代(文明)艺术圈—东南亚各国民族风情表演艺术展示长廊—海丝路万国风情表演艺术长廊 |

**图 6-22 世界（环北部湾）蓝色表演艺术廊道内部构成图**

创意黄金线 1：竹木乐器（鼻箫）万年血脉之根"秘密通道"重塑

海南黎族竹木乐器（鼻箫）"祖灵之乐"、远古血脉起源艺术圈特区—马来西亚沙捞越鼻箫、口弓文化圈—印度尼西亚竹制乐器昂格隆（Angklung 世界遗产名录）艺术圈—澳洲毛利人竹木乐器艺术圈—太平洋其他相关岛屿竹木乐器艺术区—非洲特科迪瓦横吹喇叭文化空间竹木乐器艺术圈，其他相关地区艺术圈

创意黄金线 2：世界蓝色音乐艺术走廊。
世界蓝色音乐艺术走廊如图 6-23 至图 6-26 所示。

图 6-23 中国南音（世界文化遗产名录） 　　图 6-24 伊朗"拉笛夫"（世界文化遗产名录）

图 6-25 印度尼西亚竹木乐器——昂格隆　　图 6-26 毛利人音乐传统
（世界文化遗产名录）

中国南音（世界级非遗名录，福建）、海南八音（海南八音乐器、澄迈八音、临高八音舞）、广东八音（茂名八音锣鼓、安铺八音、硇洲八音）—广西八音（南宁八音、三津八音、上林壮族八音、玉林吹打、钦北八音、浦北八音）—防城港京族独弦琴艺术空间—越南独弦琴艺术空间—泰国、缅甸、马来西亚、印度尼西亚传统音乐空间—西亚：伊朗音乐"拉笛夫"（世界文化遗产遗产名录，波斯音乐艺术的精华）—非洲相关音乐空间——地中海相关音乐圈

案例1：世界（海丝）木偶剧艺术"黄金走廊"及创意空间

陕西、河南、河北等发源地木偶剧艺术圈（典型：陕西杖头木偶剧等）—福建木偶剧、福建泉州提线木偶，福建歌仔戏、台湾歌仔戏，另含东向分支：净琉璃文乐木偶戏（日本，世界级物质文化遗产）、日立风流物（日本，世界遗产名录）—茂名、湛江木偶戏艺术高地（含茂名市茂港单人木偶、高州木偶戏、化州木偶戏、茂南单人木偶，湛江木偶剧、赤坎粤剧木偶戏、吴川单人木偶、吴川木偶戏等）；海南木偶剧（又称杖头傀儡戏、公仔戏）、临高人偶剧艺术圈—北海：山口木偶剧、木偶制作技艺特区—钦州：浦北木偶戏—玉林：木偶戏—南宁：广西木偶戏—越南：

水木偶剧艺术圈—泰国传统木偶剧、柬埔寨斯贝克托姆—高棉皮影戏—印度尼西亚哇扬皮影偶戏（傀儡戏，世界非物质文化遗产）—南亚：印度木偶剧艺术圈—西亚：土耳其卡拉格兹（Karagöz）—东非：埃及木偶剧艺术圈（早在公元前二千年左右埃及就出现了提线木偶的雏形）—地中海木偶剧艺术圈（典型：西西里木偶剧、捷克木偶剧、波兰木偶剧等）（见图6-27至图6-64）

图6-27 西西里木偶剧（傀儡戏）

图6-28 西西里木偶剧道具　　图6-29 西西里木偶剧

图 6-30 西西里木偶剧场 　　图 6-31 充满东方元素和中国韵味的西西里木偶剧

图 6-32 波兰木偶剧《带尾巴的蛋》 　　图 6-33 波兰木偶剧

图 6-34 布拉格国家木偶剧院 　　图 6-35 布拉格民间提线木偶

图 6 – 36　埃及木偶开罗街头演出 　　图 6 – 37　濒临灭绝的埃及木偶剧

图 6 – 38　土耳其卡拉格兹（皮影木偶戏） 　　图 6 – 39　土耳其卡拉格兹（皮影木偶戏）

图 6 – 40　印度木偶剧团最知名表演《罗摩衍那》（ramayana） 　　图 6 – 41　印度木偶大眼睛风格

图 6 – 42　印度提线木偶 　　图 6 – 43　印度提线木偶

图 6-44　印度木偶戏 　　　　　　　图 6-45　印度拉达克传统木偶

图 6-46　印度尼西亚传统木偶 　　　图 6-47　印度尼西亚哇扬皮影偶戏

图 6-48　斯贝克托姆——高　　　　图 6-49　泰国神圣木偶剧
　　　　　棉皮影戏

图6-50　泰国神圣木偶剧

图6-51　泰国神圣木偶剧—龙首造型

图6-52　泰国牵线神圣木偶

图6-53　越南水木偶

图6-54　越南水上木偶戏

图6-55 泉州提线木偶　　　　　　图6-56 湛江吴川木偶剧

图6-57 海南临高木偶戏

图6-58 木偶文明发源地——秦国大地　　图6-59 陕西木偶戏风貌
（陕西杖头木偶）

图 6-60　日本净琉璃文乐木偶戏（一）　　图 6-61　日本净琉璃文乐木偶戏（二）

图 6-62　日本木偶　　图 6-63　日立风流物

图 6-64　日立风流物（多层木偶戏的彩车剧场）

西西里木偶剧盛行于19世纪初，至今该传统仍然在岛上存活。该剧经常在西西里歌剧院上演，剧院可追溯到15世纪。木偶和牵线木偶在欧洲是一个很流行的娱乐方式。在所有表演之中，木偶戏可能是最早的表演。因此，西西里木偶剧也成为当地著名的历史和民俗。西西里岛位于地中海中心端口，亚洲、非洲进出地中海贸易必经之地，自古亚洲、非洲及欧洲贸易往来频繁。特别是古海上丝绸之路开通之后，作为最重要的目的地之一，亚非欧船舶、货物、商人及艺人云集，极度繁华，各类文化在此聚集碰撞交融。木偶戏在地中海周边区域较为繁荣，在外围较罕见，原因是受东方文化影响及交通所致。布拉格木偶剧也与此类似。通过各种要素分析，可判定该项遗产为中国文明与欧洲文化传播交流的遗物或艺术风气残留，为古海上丝绸之路贸易交流及文化艺术碰撞融合的产物及活证据。

**小结**

上述各类艺术除了单独发展为"原生态红线区""专门空间""专题特区"之外，还有一条相互补充、相互激发的非常重要路径，即综合发展路径，这种发展模式的结果，就是环北部湾蓝色演艺群"钻石走廊"（蓝色民歌、演艺、戏剧、行为艺术及体育表演）。这种现代表演艺术群走廊，不管是"专门空间"链，还是现代演艺群，均包括了上述种种艺术内容、形式、空间分布及发展路径选择，更侧重创意群孵化及重点品牌打造。总之，环北部湾蓝色音乐、舞蹈、戏剧、体育、表演、艺术走廊轮廓如下所述。

海南综合蓝色演艺群（蓝色民歌、音乐、舞蹈、戏剧、口头表演、行为艺术，体育表演与杂技组团（重点：蓝色文明景观、三沙热带海洋风情、远古渔猎文明、南海航道更路经/簿—人类起源、三亚千古情、保亭槟榔谷民族风情演艺圈—黎族、苗族文化风情演艺群—环岛水居族群文化创意演艺圈—历史名人演艺圈—热带都市演艺群）—湛江、茂名演艺圈（重点：远古风情、古海上丝绸之路徐闻印记、渡海仪式、傩艺术、雷艺术、珍珠、冼夫人、人龙舞等）—北海演艺圈特区（重点品牌：渔业文明起源、古海上丝绸之路始发港印记、《碧海丝路》舞剧、《珠还合浦》《夜明珠》、美人鱼传说、白龙珍珠城、古珍珠池、疍家民俗及远古漂移习俗）—钦州、防城港演艺圈（含民歌、歌舞、戏剧、口头传统、体育表演、民俗等）—南宁、玉林、崇左演艺圈（壮族艺术、瑶族艺术，古海丝路）—东南亚演艺群（支点：马克-扬戏剧，马来西亚，世界遗产，见图6-65；柬埔寨皇家舞剧，世界遗产，见图6-65），以及分支东亚演艺群（重点：雅乐，日本，世界遗产；冲绳传统音乐舞剧组踊，日本，世界遗产，见图6-67）—海丝路演艺群（支点：印度，拉姆里拉-《罗摩衍那》的传统表演,图6-68,世界遗产;印度鸠提耶耽梵剧,图6-69,世界遗产;印度拉贾斯坦邦卡贝利亚民间歌舞,世界遗产名录,图6-70;印度喀拉拉邦穆迪耶图仪式戏剧与舞蹈剧,图6-71,图6-72,世界遗产等)—西亚阿拉伯演艺群(支点:伊朗"拉笛夫")—北非、东非演艺群—地中海演艺群组团(重点:古遗址遗迹演艺群、歌剧、西西里木偶剧、传统体育表演等)

图6-65 马来西亚马克-扬戏剧传统(世界遗产)

图6-66 柬埔寨皇家舞剧(世界文化遗产)

图6-67 冲绳传统音乐舞剧组踊(日本)(世界文化遗产)

图6-68 能持续十天到一个月的《罗摩衍那》(传统表演界遗产)

图 6-69 印度鸠提耶耽梵剧（世界文化遗产）

图 6-70 印度卡贝利亚民间歌舞

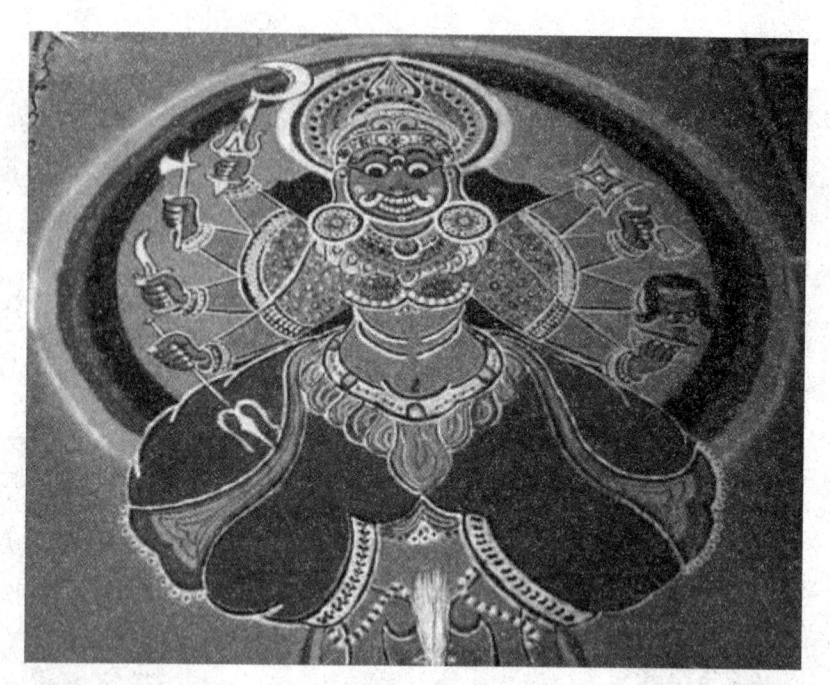

图 6-71　印度穆迪耶图仪式舞蹈剧（世界遗产）

图 6-72　印度穆迪耶图仪式舞蹈剧

（四）广度层：蓝色影视传媒动漫游戏产业廊道规划——蓝色视觉艺术的启动、振兴与全球传播

文化产业是情感产业，更是智慧产业，属于时代战略性新兴产业。艺术产业是情感产业的顶层，直接影响人们的情感，更塑造着人们的心灵和智慧。蓝色文明的复兴

需要知识、科技，更需要情感，需要激情，需要心灵和智慧的支撑，需要蓝色文明复兴潜意识的激发。而这种潜意识激发，需要艺术创意的刺激。要实现这种突破激发需要能量，而能量大小取决于自身的历史积淀或积累，以及外部能量的吸收借用，传播交流、欣赏、鉴别、吸收和改造成为能量提升的根本途径。影视、动漫、游戏、传媒及数字出版产业，是创意产业的灵魂，是现今全球覆盖面最广、传播速度最快、能量最强、影响最深远的产业，是文化资源、创意灵感与现代高科技融合的产物。因此，蓝色影视传媒动漫游戏产业廊道为整个环北部湾海洋艺术廊道的轴心之一，为传播力、影响力、亲和力和感召力产生的重要源泉，为国内各界应集中资源重点打造的黄金廊道。立足北部湾，发掘共同元素，精心打造辐射海丝路、面向全世界、资源要素能自由配置的世界性蓝色情感艺术大通道，是本廊道设计的目标。虽涉及多领域、多系统、多因素，但总体来看，本廊道的理论构成应如图6-73所示。

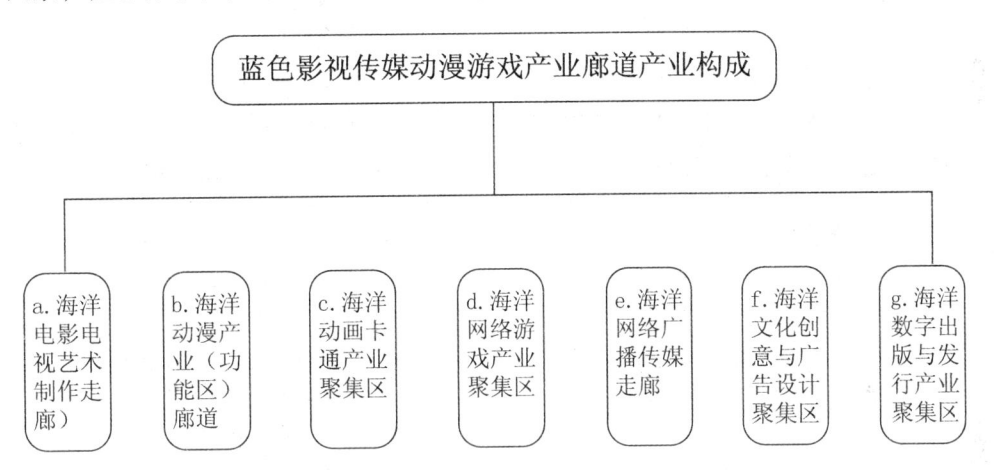

图6-73 蓝色影视传媒动漫游戏产业廊道产业构成图

蓝色影视传媒动漫游戏产业廊道产业构成：
- a. 海洋电影电视艺术制作走廊
- b. 海洋动漫产业（功能区）廊道
- c. 海洋动画卡通产业聚集区
- d. 海洋网络游戏产业聚集区
- e. 海洋网络广播传媒走廊
- f. 海洋文化创意与广告设计聚集区
- g. 海洋数字出版与发行产业聚集区

（1）文化创意资源：环北部湾所有海洋环境及文化遗产资源、人文资源，包括各种文化内容及文化形式。

环北部湾重点品牌：珠还合浦、夜明珠、龙珠、美人鱼、海螺姑娘的传说，鹿回头、梦幻北部湾、北部湾传奇、冒险的小红螺（天象公司）、渔家的天堂等等。已有相关演艺品牌：大型历史舞剧《碧海丝路》《海上丝路之南珠宝宝》《珠还合浦》《美丽的家园》等等。

（2）创意形式：1. 电影城、动漫影视城、电影电视基地、动漫基地、网络基地、出版基地、创意设计研发基地等；2. 电影作品、电视作品、动漫作品、动画作品、网络游戏作品、传媒广告作品、文化创意作品以及节庆等；3. 其他相关产品或产业群。

（3）世界（环北部湾）蓝色影视传媒动漫游戏产业廊道规划（见图6-74）

| 蓝色影视传媒动漫游戏产业廊道规划 | → | 广西南宁、玉林、崇左影视传媒动漫游戏产业创意轴心区—防城港海洋影视传媒动漫游戏产业聚集区—钦州海洋影视传媒动漫游戏产业聚集区—北海海洋影视传媒动漫游戏产业特区—广东湛江、茂名海洋影视传媒动漫游戏产业聚集区—海南（环岛及三沙）海洋影视传媒动漫游戏产业中心聚集区—东南亚相关影视传媒动漫游戏产业聚集区—海上丝绸之路影视传媒动漫游戏产业聚集区 |

**图 6-74　蓝色影视传媒动漫游戏廊道规划图**

国内案例：环京津唐文化创意产业圈、杭州环西湖文化创意产业带等。国外经典案例如《海底总动员》《花木兰》等。

---

**案例1：电影《泰坦尼克号》**

《泰坦尼克号》是海洋电影史上的一部巨作，是一部以航海灾难为题材，以超豪华游轮"泰坦尼克号"为原型，以爱情为主线，以展示人性为内容，以歌颂山盟海誓的爱、歌颂舍己为人、高歌人道主义的永恒不朽为价值追求的海洋巨作。以豪华游轮被冰山撞破逐渐下沉为转折点，展示出巨大的骚乱、惊心动魄的悲壮场景和激烈挣扎，更展示出这些灾难背后人类真爱的深沉与无比坚定。该片一播映，就立即红遍全球，让亿万观众触目惊心，热泪横流。就连硬汉施瓦辛格都自己看一场电影，承认"热泪滚滚十多次"。

**案例2：动画《海底总动员》**

2003年，美国皮克斯动画工作室和迪士尼公司合作推出了一部以海洋为背景的动画电影《海底总动员》，很快风靡全球。据统计，这部电影总共获得约8.67亿美元的全球票房，是2003年票房第二高的电影。迪士尼公司随后又推出了《海底总动员》的游戏版、图书版等。在2012年9月又推出了3D电影版进行重映，首周末就收获1750万美元，名列全美票房第二位。《海底总动员》点开了世界各地观众特别是儿童们对神秘海洋新鲜感与好奇感的神经中枢，掀起了全球海洋动漫时尚热。

---

重点线路有四条：其一，北海美人鱼文化空间—丹麦美人鱼文化空间；其二，北海龙珠传奇、珍珠公主文化空间—三亚海螺姑娘艺术空间—希腊维纳斯女神（贝壳珍珠艺术空间）；其三，北部湾海洋神话传说童话世界—东南亚海洋神话传说童话世界—南亚、西亚、东非海洋神话传说童话世界—地中海海洋神话传说童话世界；其四，其他文化线路。

（五）深度层、时尚生活层：蓝色时尚艺术起源地（功能区）子廊道规划——蓝色生活方式的深度潜入、回归生活、灵感刺激、引领时尚

海洋文明的复兴，不仅需要体现为自然生态环境层、物质外观风貌的复兴，体现为浅层行为的复兴，更需要深层领域复兴。因而，海洋艺术遗产保护，不仅要保

护好遗产本身，更要使其"活"起来，兴奋起来，深度潜入日常需求，融入现代，融入生活，创造价值，引领时尚。也只有使遗产"活"起来，才能使其从濒危状态逐渐回归世界中心，激发灵感，刺激价值，创造生活，引领时尚，实现文化自觉。时尚文化具有引领时代潮流的重要导向功能。构筑蓝色时尚艺术廊道，打造世界蓝色时尚起源地，以创意设计丰富生活、引领生活，提升幸福指数，成为海洋文明复兴成功与否的衡量标志。从理论上来说，蓝色时尚艺术廊道的构成应如图6-75所示。

环北部湾蓝色时尚艺术（功能区）子廊道 → 
1. 蓝色时尚购物区长廊；
2. 蓝色高端休闲享受特区；
3. 蓝色时尚运动功能带；
4. 蓝色时装设计中心、发源地；
5. 蓝色化妆美容特区；
6. 个人形象设计创意包装特区；
7. 蓝色婚纱摄影时尚长廊；
8. 蓝色艺术创作灵感激发走廊；
9. 蓝色养生时尚艺术特区；
10. 蓝色美食时尚特区；
11. 康体（保健）时尚产业带；
12. 蓝色节能环保艺术走廊；
13. 室内设计及装潢功能区；
14. 特色酒店时尚艺术建筑；
15. 蓝色创意生活馆老字号；
16. 族群原始文明艺术探源

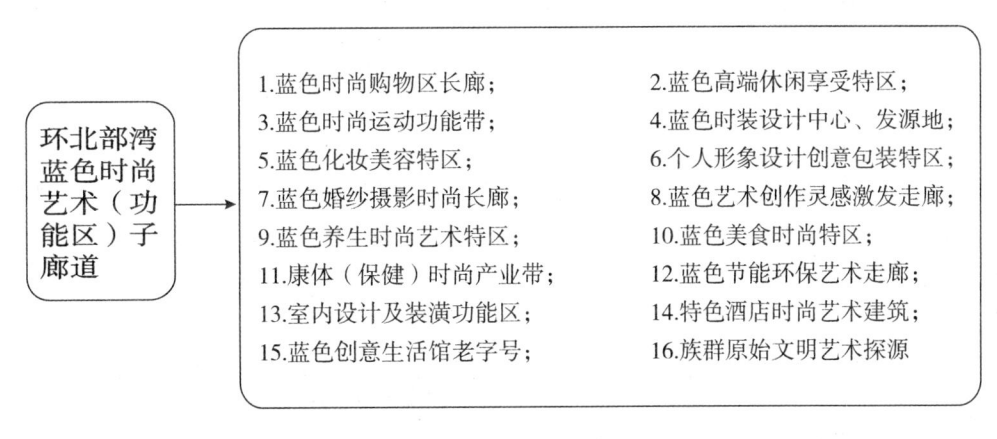

**图 6-75 蓝色时尚艺术廊道的构成图**

时尚艺术廊道内部各系统的关键要素、线路规划主要如图6-76所示。

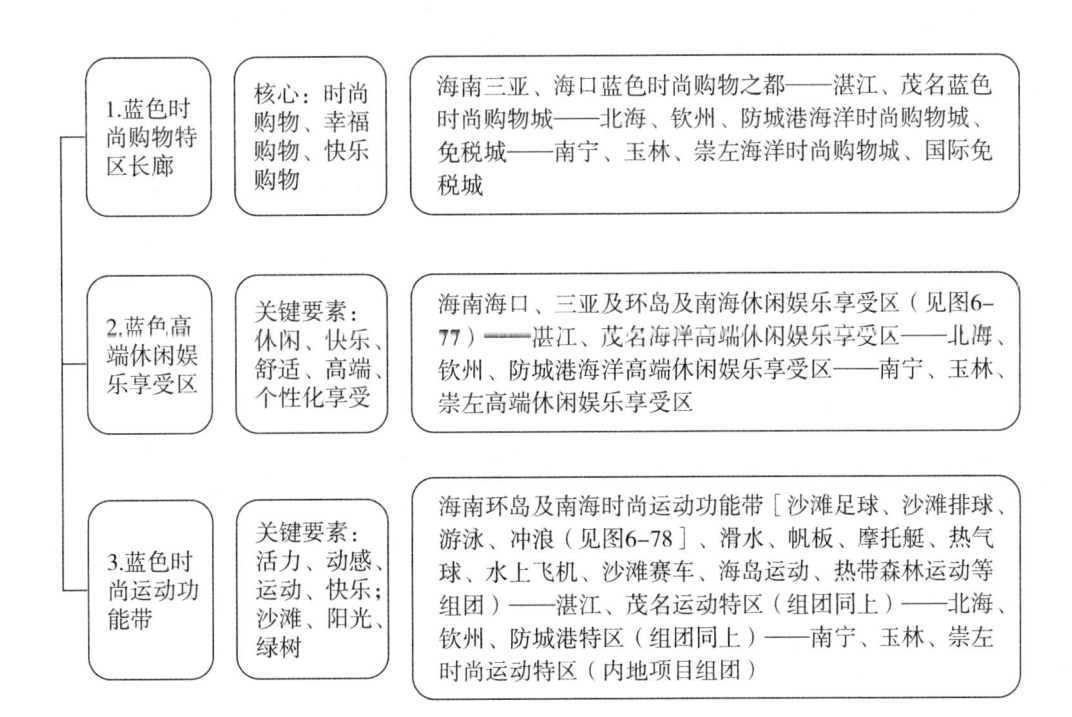

| 1.蓝色时尚购物特区长廊 | 核心：时尚购物、幸福购物、快乐购物 | 海南三亚、海口蓝色时尚购物之都——湛江、茂名蓝色时尚购物城——北海、钦州、防城港海洋时尚购物城、免税城——南宁、玉林、崇左海洋时尚购物城、国际免税城 |
|---|---|---|
| 2.蓝色高端休闲娱乐享受区 | 关键要素：休闲、快乐、舒适、高端、个性化享受 | 海南海口、三亚及环岛及南海休闲娱乐享受区（见图6-77）——湛江、茂名海洋高端休闲娱乐享受区——北海、钦州、防城港海洋高端休闲娱乐享受区——南宁、玉林、崇左高端休闲娱乐享受区 |
| 3.蓝色时尚运动功能带 | 关键要素：活力、动感、运动、快乐；沙滩、阳光、绿树 | 海南环岛及南海时尚运动功能带[沙滩足球、沙滩排球、游泳、冲浪（见图6-78）、滑水、帆板、摩托艇、热气球、水上飞机、沙滩赛车、海岛运动、热带森林运动等组团]——湛江、茂名运动特区（组团同上）——北海、钦州、防城港特区（组团同上）——南宁、玉林、崇左时尚运动特区（内地项目组团） |

· 563 ·

| 节点 | 关键要素 | 内容 |
|---|---|---|
| 4.蓝色时装设计中心链 | 关键要素：活力、动感、运动、个性、魅力、开放、浪漫 | 海南环岛时装设计中心地带（见图6-79、图6-80）（岛服、泳装、沙滩服、休闲服、树皮衣、黎族苗族服装等）—湛江、茂名时装设计中心（泳装、沙滩装、休闲装）—北海海洋时装（泳装、疍服）设计之城—钦州、防城港海洋时装设计特区—南宁、玉林、崇左时装设计特区 |
| 5.蓝色化妆美容时尚特区 | 关键要素：魅力、感性、活力、个性、风格 | 海南蓝色时尚化妆美容现代产业集群（特区）—湛江、茂名美容化妆产业集群（特区）—北海、钦州、防城港化妆美容产业集群（特区）—南宁、玉林、崇左海洋化妆美容产业集群（特区） |
| 6.个人形象设计创意包装特区 | 关键要素：魅力、个性、感性、活力、风格、形象 | 功能区结构：个人形象映射与测评区、个人形象定位区、个人形象设计区、个人形象创意、个人形象手术区、个人形象集训区、个人形象包装区、活动策划与个人形象推广区。线路规划：环线各地市 |
| 7.蓝色婚纱摄影时尚长廊 | 关键要素：时尚、魅力、个性、感性、活力、恒久 | 线路：海南蓝色婚纱摄影（海口—环岛—三沙）特区、梦幻海底特区—湛江、茂名特区(硇洲岛特区、滨海长廊)—北海(水下彩带、银滩、涠洲岛、红树林、星岛湖老街)百里画廊特区—钦州三娘湾特区—防城港珍珠湾、京岛、十万大山特区—南宁、玉林、崇左百里自然画廊特区、民俗风情婚礼特区 |
| 8.蓝色艺术创作灵感激发长廊 | 关键要素：海洋环境、水疗、传统医药、养生、民族、海外医药养生 | 重点领域：热带海洋纯美世界养生区、海水养生带、阳光养生地带，沙滩养生地带、红树林疗养区、火山疗养区、温泉水疗、热带雨林养生区；海龙海马疗养区、螺旋藻疗养区、沉香疗养区、金花茶养生区；健康膳食区，太极养生区，瑜伽养生区。疍家医药养生区、京族医药养生区、雷州医药养生特区；客家医药养生区、海南黎族、苗族、疍家、回族医药养生产业集群；壮族瑶族养生产业集群(特区)、东南亚保健（传统医药）养生区、海丝路万国医药养生带 |
| 9.蓝色美食时尚特区链 | 关键要素：海鲜美食、民族技艺、海外风情 | 板块构成：海南热带海洋纯美世界及黎族、苗族、疍家、回族美食集群特区—湛江、茂名海鲜美食特区—北海、钦州、防城港疍家、客家、京族海鲜美食创意特区—南宁、玉林、崇左壮族瑶族美食集群(特区)—东南亚美食特区—南亚美食特区—西亚美食特区—非洲美食特区(重点：埃及美食)—地中海美食风味特区（支点：法国美食大餐、世界非物质文化遗产名录地中海美食） |
| 10.康体保健时尚产业带 | 关键要素：沙滩浴、阳光浴、医疗保健绝技、海外时尚 | 板块构成：海南热带海洋纯美世界及黎族、苗族、疍家、回族医药康体保健时尚产业集群特区—湛江、茂名民间医药康体保健产业集群区—北海、钦州、防城港疍家、客家、京族康体保健时尚产业特区—南宁、玉林、崇左壮族瑶族康体保健产业集群特区—东南亚、海丝路康体保健时尚产业集群特区 |

第六章 海洋文明复兴的蓝色图腾艺术廊道勾勒

| | | |
|---|---|---|
| 11.蓝色节能环保时尚艺术走廊 | 关键要素：节能材料、节能建筑、节能技术、环保理念 | 板块构成：环北部湾蓝色环保建筑、节能建筑体系+蓝色环保材料、节能材料体系+蓝色环保技术、节能技术体系+污染处理技术、废弃物分类回收技术+蓝色循环经济、生态经济+蓝色节能时尚艺术展示+蓝色环保理念、蓝色生态文明哲学 |
| 12.室内设计及装潢功能区 | 关键要素：室内装修、装潢设计、蓝色因素 | 要素：海水、海浪、海潮、海岛、海底万物风格；热带海洋纯美世界设计风格；热带雨林风格；民族风格：海南黎族、苗族、回族、京族、壮族、瑶族、疍家、客家艺术风格；东南亚艺术风格、海丝路万国风情艺术建筑及室内装饰风格 |
| 13.特色民居、特色酒店、时尚艺术建筑 | 关键要素：骑楼、疍家棚、围屋、水下类、民族类、西洋风格类 | 板块构成：环北部湾热带亚热带海洋纯美世界滨海建筑艺术类（疍家棚、水下酒店、悬崖鸟巢、树屋、船型屋）—京族、黎族、苗族、回族、瑶族壮族建筑艺术群—雷文明建筑群、围屋群—东南亚艺术、海丝路艺术群—开放类环线骑楼群、近代西洋建筑群、特色民宿、迪拜疯狂建筑艺术 |
| 14.蓝色创意生活馆、老字号 | 关键要素：自然环境、民族、海外沙龙、科技 | 板块构成：环北部湾热带亚热带海洋自然纯美世界创意生活馆系列+涉海民族或特殊群体传统创意生活馆+老字号创意生活馆+东南亚、海上丝绸之路民族文化风情创意生活官+现代艺术创意生活馆、主题沙龙+现代科技创意生活馆 |
| 15.族群原始文明艺术探源 | 关键要素：蓝色原始艺术、收藏、古玩、文博 | 板块构成：海洋文明起源探源、百越远古文明探源艺术圈—京族文明艺术圈—"雷"文明艺术圈—黎苗远古原始文明探源艺术圈—伊斯兰文明艺术圈—客家文化艺术探源、汉文明艺术圈—东南亚文明探源艺术圈、海丝路文明探源艺术圈 |

图 6-76 时尚艺术廊道内部系统的关键要素和线路规划图

图 6-77 蓝色度假时尚　　　　图 6-78 海洋运动时尚——冲浪

图6-79 国际模特大赛

图6-80 三亚国际模特大赛

图6-81 毛利人海洋时装

图6-82 夏威夷传统服饰——古老的时尚

图6-83 儋州调声

图6-84 奔放的海洋传统舞蹈

重点打造或已有的品牌：中国-东盟（南宁）健康产业城等。

总体规划布局、重点区域及线路：海南环岛、黎苗高山地区及南海蓝色时尚发源地特区—湛江、茂名蓝色时尚产业组团—北海蓝色时尚发源地特区—钦州、防城港蓝色时尚发源地特区—南宁、崇左、玉林蓝色时尚产业发源地后备区、储藏区产业组团。

### （六）智慧层、创造层：蓝色智慧产业孵化功能区规划布局——蓝色创造力、蓝色灵感、蓝色智慧、蓝色科技及产业的开启、孵育、激发与复兴

创新是发展的动力。任何产业或企业，只有源源不断创新，不断革新突破，才能保持领先地位，永葆活力。相反，如果放慢或停止了创新的步伐，势必会被其他竞争对手赶上并超越，就会很快被击败崩溃，淘汰出行业或退出历史舞台。特别是在当今科技信息大爆炸、各方面竞争日益加剧的形势下，创新成为激烈竞争环境下谋取生存机会的生死存亡规律。创新是产业企业发展的动力源泉，是产业或企业的生命灵魂所在，是产业或企业能否经受竞争考验或历史考验的唯一出路。海洋生命的诞生比人类还要早几亿年，海洋知识的丰富性、海洋文化的多样性、海洋世界的神秘性，都是人类创造力的不竭源泉。如同宇宙奥秘探索一样，不断探索海洋世界，能极大拓展人类的视野、思维及科学能力，不断提升人的悟性，使人类的智慧及创造力产生飞跃。整个创意廊道的构建，环境是前提，遗产是资本，创新才是真正的内在动力，是源源不断产生动力的"发动机"，是不断前进的力量源泉。而创新绝非一日之功，它需要能量积累，需要思考，需要借鉴，需要革新，更需关键时刻大胆突破。而后面的几个因素，都属于文化积累的范畴。

因此，可以说，蓝色智慧产业功能区廊道是整个海洋艺术廊道（创意产业大廊道）智慧、灵感和创造力的"底蕴库""发电站""充电站""助燃堆"，是蓝色文明、蓝色智慧、蓝色科技、蓝色产业之智慧"启发器""水坝"或"核电站"，是整个创意产业廊道生存、发展、崛起繁荣的重要支撑。因而，在整体统筹上，要把本廊道置入"智慧层""创造层""指挥部"的高度，统筹兼顾，宏观规划，使之发挥引领功能，激发心灵，启迪智慧，强力推动海洋文明的繁荣复兴。基于此目标，本廊道的功能分区规划应如图6-85所示。

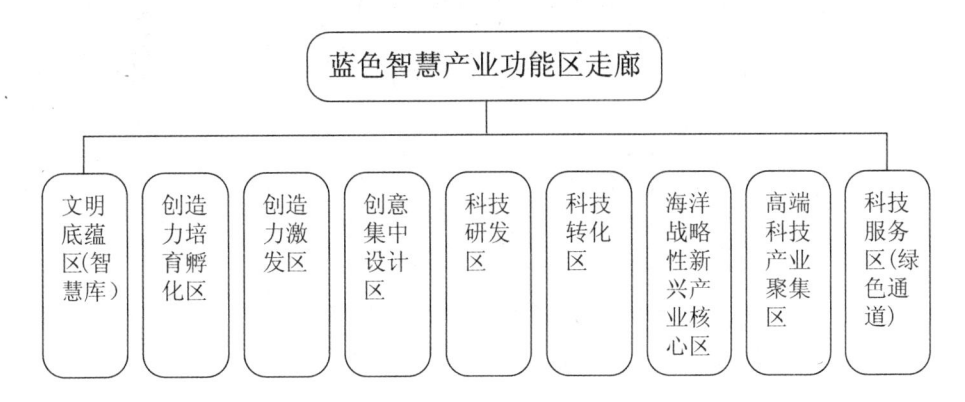

```
                    蓝色智慧产业功能区走廊
    ┌────┬────┬────┬────┬────┬────┬────┬────┬────┐
  文明  创造  创造  创意  科技  科技  海洋  高端  科技
  底蕴  力培  力激  集中  研发  转化  战略  科技  服务
  区（智 育孵  发区  设计  区    区    性新  产业  区（绿
  慧库） 化区       区                兴产  聚集  色通
                                      业核  区    道）
                                      心区
```

蓝色智慧产业功能区廊道各子体系的核心元素、板块和线路构成大致如图6-85所示。

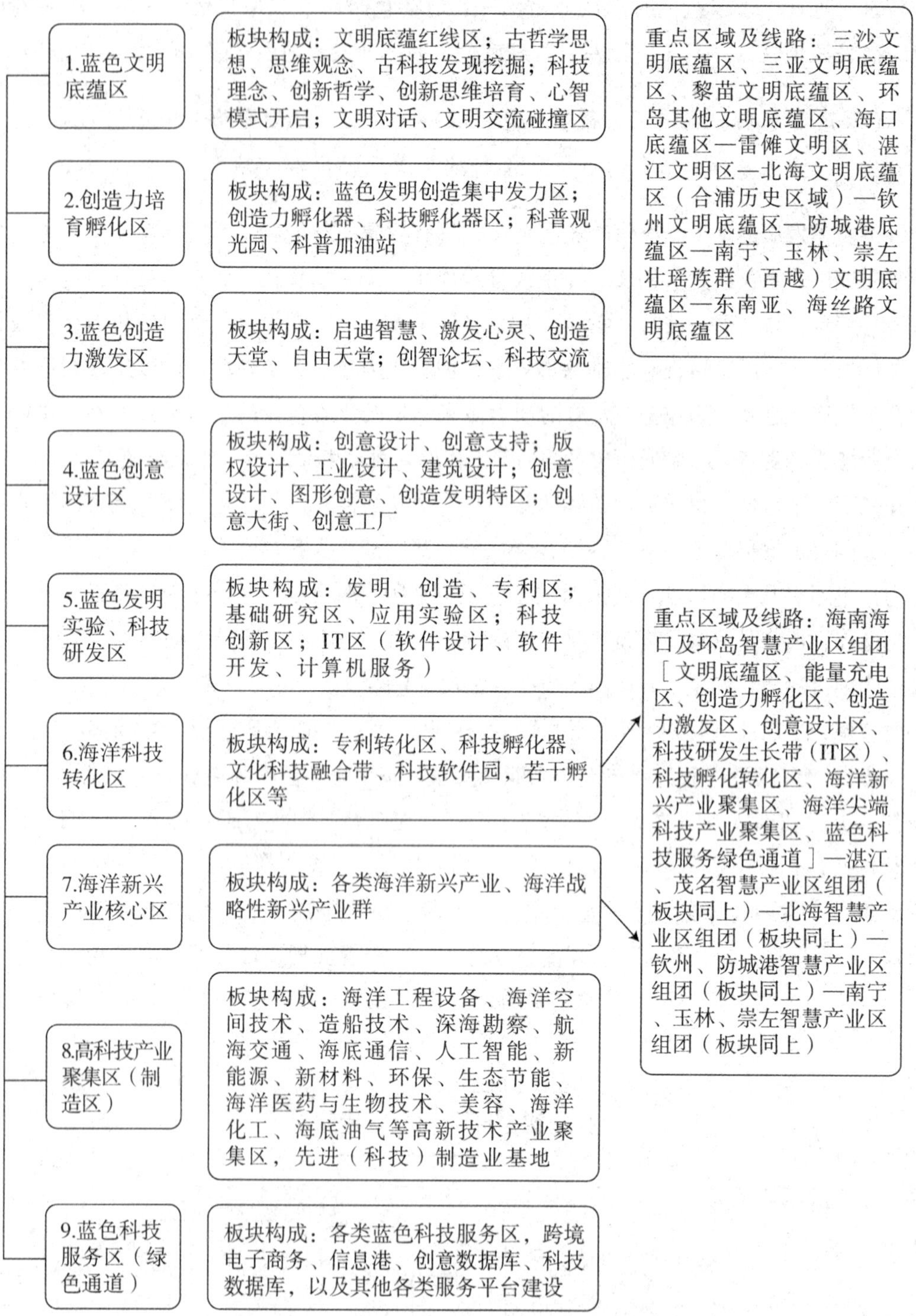

| 子体系 | 板块构成 | 重点区域及线路 |
|---|---|---|
| 1.蓝色文明底蕴区 | 板块构成：文明底蕴红线区；古哲学思想、思维观念、古科技发现挖掘；科技理念、创新哲学、创新思维培育、心智模式开启；文明对话、文明交流碰撞区 | 重点区域及线路：三沙文明底蕴区、三亚文明底蕴区、黎苗文明底蕴区、环岛其他文明底蕴区、海口底蕴区—雷傩文明区、湛江文明区—北海文明底蕴区（合浦历史区域）—钦州文明底蕴区—防城港底蕴区—南宁、玉林、崇左壮瑶族群（百越）文明底蕴区—东南亚、海丝路文明底蕴区 |
| 2.创造力培育孵化区 | 板块构成：蓝色发明创造集中发力区；创造力孵化器、科技孵化器区；科普观光园、科普加油站 | |
| 3.蓝色创造力激发区 | 板块构成：启迪智慧、激发心灵、创造天堂、自由天堂；创智论坛、科技交流 | |
| 4.蓝色创意设计区 | 板块构成：创意设计、创意支持；版权设计、工业设计、建筑设计；创意设计、图形创意、创造发明特区；创意大街、创意工厂 | |
| 5.蓝色发明实验、科技研发区 | 板块构成：发明、创造、专利区；基础研究区、应用实验区；科技创新区；IT区（软件设计、软件开发、计算机服务） | 重点区域及线路：海南海口及环岛智慧产业区组团[文明底蕴区、能量充电区、创造力孵化区、创造力激发区、创意设计区、科技研发生长带（IT区）、科技孵化转化区、海洋新兴产业聚集区、海洋尖端科技产业聚集区、蓝色科技服务绿色通道]—湛江、茂名智慧产业区组团（板块同上）—北海智慧产业区组团（板块同上）—钦州、防城港智慧产业区组团（板块同上）—南宁、玉林、崇左智慧产业区组团（板块同上） |
| 6.海洋科技转化区 | 板块构成：专利转化区、科技孵化器、文化科技融合带、科技软件园，若干孵化区等 | |
| 7.海洋新兴产业核心区 | 板块构成：各类海洋新兴产业、海洋战略性新兴产业群 | |
| 8.高科技产业聚集区（制造区） | 板块构成：海洋工程设备、海洋空间技术、造船技术、深海勘察、航海交通、海底通信、人工智能、新能源、新材料、环保、生态节能、海洋医药与生物技术、美容、海洋化工、海底油气等高新技术产业聚集区，先进（科技）制造业基地 | |
| 9.蓝色科技服务区（绿色通道） | 板块构成：各类蓝色科技服务区，跨境电子商务、信息港、创意数据库、科技数据库，以及其他各类服务平台建设 | |

图6-85 蓝色智慧产业功能区各子体系构成图

案例1：

> **科技创意：太空探险廊道**
> ——买张船票去太空
>
> 普通人乘飞船游太空难以想象。但2012年2月27日，英国维珍银河公司正式宣布将开始试飞宇宙飞船，使普通人的太空梦想成真。2001年，60岁美国富商丹尼斯·蒂托成为全球第一位太空游客。维珍银河公司现已取得了商业许可，计划每年将500名旅客送入太空。整个过程将由两艘航天器承载，发射至100公里高空后将机翼折叠起来环绕地球飞行。整个飞行过程历时约两个半小时。截至目前，全世界已有7名游客到国际空间站上进行轨道飞行旅游，每位太空旅行者需支付20万美元，500张船票早已被预订一空。火爆场面使各国竞相修建太空港：美国航天港耗资2.09亿美元，于新墨西哥州南部茫茫沙漠上落成。英国也正积极争取设立新的太空港。瑞典太空港进展也很迅速，游客们可乘飞机到达云层之上，毫无阻碍地观赏北极光。随着技术不断进步，太空探索之旅渐渐各大公司竞相开发的新项目。

> **"世界一流"的评判标准**
>
> 世界一流，就是提供在世界上有影响的智力产品和优秀人才，有利于科学精神和理论水平提升的智力成果及人才。不要把成果狭义地理解为出多少书，关键要出思想，出观点，出方法，最终构建具有中国特色和世界水平的学术理论体系和学术话语体系。

重点打造世界（北部湾）文化创意"蓝色硅谷"。重点领域：海洋基因工程、海洋生物制药、海洋信息工程、海底测绘、海洋勘探、海洋交通等科技文化创意。已形成的部分重点品牌：中国-东盟智谷（那马软件、文化创意与设计服务园）、中国-东盟（南宁）信息港、广西建筑设计与科技产业园、广西工业设计城（远期）、中国-马来西亚钦州产业园区（钦州市）、北海高新科技集聚区、北海海洋科研创新园、北海文化创意产业园，三亚海螺姑娘创意文化园（三亚市），以及五象文化创意集聚区（含广西体育城、文化产业城、台湾健康产业城）等等。

（七）制度层：蓝色公共活动、文化交流、会展、贸易、节庆和城市幸福指数廊道规划——蓝色艺术交流、蓝色情感、蓝色幸福感的创造、编织与铸就

文化需要交流，要素需要自由流通、结合、促进，环北部湾海洋艺术国际廊道要"动"起来，要"活"起来，必须实现资源自由流通、要素自由配置、无障碍交流、搭配促进、深度融合。而这一目标的实现，需要通过系列黏合剂平台来实现，包括公共活动、文化交流、会展、商务、贸易、节庆及相应管理系统等来，通过这些系列活动，激发心灵，产生蓝色情感，提升城市凝聚力、感召力，扩大开放交融，提升城市认同感，最终创造、编制与铸就城市幸福感和幸福指数，铸筑"幸福城市"地带。

1. 蓝色公共活动、文化交流、会展、贸易、节庆和城市幸福指数廊道构筑的核心理念

蓝色公共活动、文化交流、会展、贸易、节庆和城市幸福指数廊道构筑的核心理

念有十。其一，艺术为根。以艺术为根基，以艺术形式为载体，展示美，创造美的海洋。其二，交流为托。艺术无国界，心灵无界限，通过艺术，描绘"交流的海洋"。其三，理解为首。理解是前提，要打造"理解的海洋"。其四，尊重为本。尊重是沟通的根本，通过廊道，铸就"尊重的海洋"。其五，欣赏为魂。欣赏是由衷的价值认可、追求与爱慕，是交流沟通的核心轴。要构筑歌舞海洋、音乐海洋、艺术海洋、和谐海洋、美的世界，使全世界都可以欣赏到独特的东西方交融蓝色艺术精彩画面。其六，欢乐。打造"欢乐的海洋""幸福天堂"。其七，触动。要打造"触动（感动）的海洋""震撼的海洋""心灵之路"；其八，交融。各种文明深度体验、深入交叉，各个族群、各种文化、各类艺术深入交融。其九，超脱或超越。艺术廊道要超越一切各种界限或自有缺陷，打破框架，超越一切，上升到交流堂堂、放飞心灵、自由飞翔。其十，法治。走法治轨道，国际接轨，参照国际管理，建立规则严格运行。

---

**中国化：优秀传统文化是公共文化的基础**

优秀传统文化代表了一个国家、一个民族的文化根脉、精神家园。现在全球都想现代化，现代化是人类共同的远景，但现代化并不是全球化。各地都存在严重的西方化或欧洲化模式倾向。从各地实际发展后果来看，完全按照西方模式来发展文化，对环境资源的破坏性极大，所以，如何把一个地域的文化作为现代化文化的根基，以社会主义核心价值观为引领，是现代化发展的一个重要方向，但关键是这个文化一定要成为公共文化，成为全民所认可的文化的基础。当今全球现代化是在多元文化环境中发展的，我们的多元文化基础是地域优秀传统文化，是中华文明多彩性的集中体现。

---

**艺术：时尚性与本土性的再反思**

强调民族性并不是要排斥其他国家的学术研究成果，而是要在比较、对照、批判、吸收、升华的基础上，使民族性更加符合当代中国和当今世界的发展要求。越是民族的越是世界的。解决好民族性问题，就有更强能力去解决世界性问题；把中国实践总结好，就有更强能力为解决世界性问题提供思路和办法，这是由特殊性到普遍性的发展规律。因而，要学习借鉴，彰显中华文明的万花筒多彩性，推动中华文明创造性转化、创新性发展，激发活力，让中华文明同各国人民创造的多彩文明一道，为人类提供正确精神指引。

---

2. 创意关键

创意关键有以下五点。其一，元素挖掘与应用。包括元素发现、挖掘、整理、扩展、设计、搭配、组合。其二，激活。廊道创建的关键，就是要"活"起来。其判断标准，就是能否让各种元素"活"起来，让各类遗产资源"活"起来，让蓝色民俗传统及活动"活"起来，让各种思想、灵感和创意"活"起来，相互激发。其三，手段途径。多种现代手段及传统手段并用，大胆开创，实现途径革命创新；其四，项目带动。要通过项目整合资源、凸显特色、强化互动、塑造品牌；要把准方向，精心设计项目，制定项目计划；通过项目，以点带面促进产业升级转型。其五，健全机制，良性循环推进。要统筹兼顾，科学合理，健全机制；通过机制运作，实现良性循环推进。

3. 蓝色公共活动、文化交流、会展、贸易和城市幸福指数廊道的理论构成

蓝色公共活动、文化交流、会展、贸易和城市幸福指数廊道的理论构成有以下八点。其一，蓝色公共活动/公共文化空间；其二，蓝色文化交流平台；其三，蓝色艺术空间合作平台；其四，蓝色会展通道；其五，商务贸易平台系统；其六，蓝色中介服务管理区域；其七，蓝色幸福指数计划；其八，蓝色特色节庆特区。

4. 蓝色公共活动、文化交流、会展、贸易和城市幸福指数廊道规划设计（见图6-86）

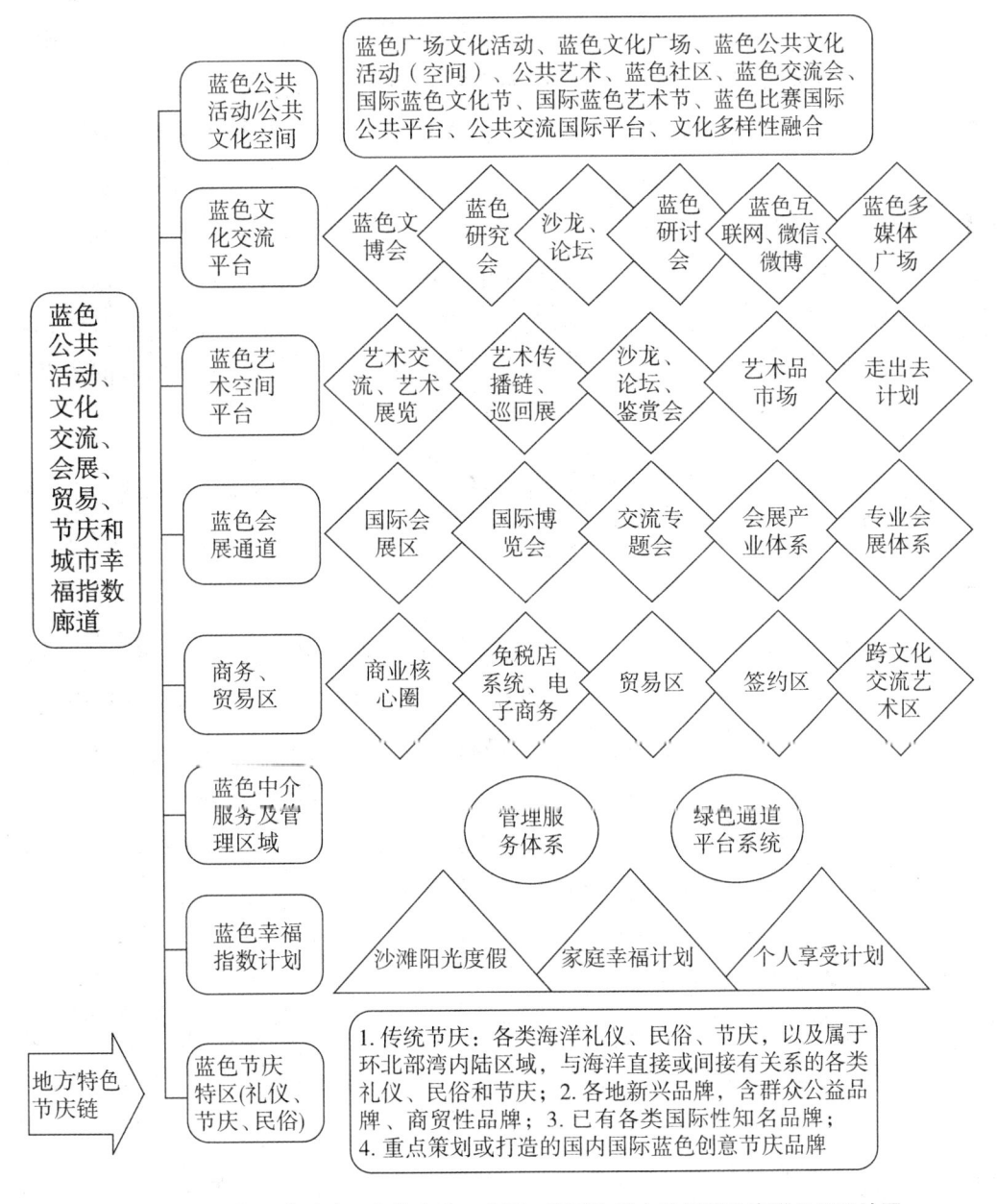

**图6-86 蓝色公共活动、文化交流、会展、贸易和城市幸福指数廊道规划设计图**

重点品牌打造：

海南环岛、黎苗地区及三沙创意特区（板块组成：蓝色公共活动、文化交流、会展、贸易、节庆和城市幸福指数创意组团，重点品牌：海南黎族苗族三月三节、海南国际美食博览会、海南文笔峰国际沉香博览会、海南国际旅游岛欢乐节等）—湛江、茂名特区（组团板块同上，部分品牌：茂名荔枝节等）—北海特区（板块同上，重点品牌：北部湾国际珍珠节、疍家风情艺术节、外沙龙母庙会、国际美人鱼艺术节、北海国际海滩文化节、世界比基尼小姐大赛、世界城市旅游小姐大赛等等）—钦州、防城港特区（板块同上，重点品牌：防城港京族哈节、瑶族"阿波节"、金花茶国际艺术节、十万大山森林旅游节、中越边境旅游节；钦州国际海豚节、世界城市旅游小姐国际大赛、钦州坭兴陶小姐形象选拔赛、中国美术陶瓷技艺大赛等等）-南宁、崇左、玉林特区（板块同上，重点品牌：中国-东盟电子商务产业园、中国-东盟博览会、国际民歌艺术节、国际龙舟节、国际铜鼓节、三月三国际民歌节、崇左花山岩画国际艺术节等），各地传统节日（如春节、清明、端午、七夕、中秋、重阳等）及北部湾各类特有节日，如茉莉花节、芒果节等——海丝路特区、东南亚特区（组团板块同上，品牌：海丝路艺术节、原始漂具漂移接龙节、国际海上龙舟节、三月三民歌节、铜鼓节、中国—东南亚粤剧节、世界城市旅游小姐大赛，以及世界遗产匈牙利莫哈奇的冬末面具狂欢节，奔牛节、圣诞节、波罗的海歌舞庆典等）

（八）世界观层、精神层、信仰层、心灵层：蓝色心灵图腾艺术与精神空间廊道——蓝色心灵、蓝色原始图腾信仰、蓝色精神空间的回归与历史复苏

1. 构筑背景

文化的最高层次或内核是精神层，包括世界观、价值观、精神、心灵、潜意识、信仰等，总体属于心灵精神信仰层。在文化结构层的所有层次中，精神信仰层层次最高，根基最深，由内到外影响或控制文化圈的其他各个层次或个体的行为意识，从而成为文化的根底或"总开关"。因而，要复兴海洋文明，不仅需要从外部环境层、物质层面进行复兴，从行为层、制度层面复兴，更需要从精神的层次、灵魂的深处、信仰的境界进行复兴，而心灵、精神、信仰的重要性、影响性、根本性要远比前者重要得多。因而，许多远古图腾艺术及相关艺术类型，不仅是个体心灵、思想、情感的展示，更是特定族群在特定文化框架下表达意义的"格式""公式"，属于某种"集体潜意识"或"集体表达"。远古图腾艺术属于心灵沟通艺术，不仅通往人的心灵最深处，更隐藏或保留着人类远古血脉渊源或远古基因元素。这些图腾因素是中华民族文明延续的血脉基因密码、生物特征遗传控制链，是中华民族子子孙孙数千年来不断扩散、迁徙、繁衍、联络的血脉纽带，是中华民族的传统精神支柱。由此可见，远古图腾艺术廊道，不仅是艺术交流的廊道，也是隐藏密码廊道、血脉基因廊道，更是心灵空间廊

道、心灵图腾廊道、潜意识廊道和信仰廊道。

正因如此，可以说，图腾艺术廊道是蓝色血液廊道、蓝色基因秘密通道，是共同渊源廊道，是心灵艺术之廊道、心灵回归廊道，是中华民族海洋文明伟大复兴的意识深层或潜意识原点。中华海洋文明的伟大复兴，首先应该是海洋心灵的千年复苏，即中华海洋原始图腾心灵的复苏。因而，图腾廊道是整个世界（环北部湾）海洋艺术廊道的主轴和生命线，是整个廊道的灵魂。海洋文明历史复苏的图腾廊道构筑，应以原生文化空间、精神、图腾、潜意识、信仰及其演变等为基本元素，深化文明间交流，通过整合、梳理、设计、规划，打通脉络，打造海洋文化之魂，最终建立起蓝色心灵廊道、蓝色血液廊道和蓝色图腾艺术廊道。

2. 要素、方法及设计关键

蓝色心灵图腾艺术与精神空间廊的相关要素：海洋环境要素，各文化圈、图腾符号、文明标记、图腾记忆，内外表达符号；原始冲动、血缘、本能、潜意识；情感、心灵、信仰；幻想、创造力、开放空间。相关方法：系统叠加法、多圆心交叉分析法、时空演进分布推理法、矩阵法、数理统计分析法等。设计关键：原生要素，传播及交融轨迹，深入深层接近"本原"，"活"起来。

3. 蓝色心灵图腾艺术与精神空间廊道的规划蓝图（五大环节）

环节一：文化渊源之原始图腾艺术构成分析

本部分主要是对各类涉及文化渊源的遗址、遗迹、遗风、遗俗的分析，特别是对与东南亚国家、古海上丝绸之路沿线国家地区的远古族体、相关族群有密切渊源的相关遗址遗迹遗风发现、挖掘、保护、研究等，分析各种远古图腾艺术遗存圈现象、相关符号圈及其构成，对图腾信仰圈的历史价值鉴别、吸收、保存、研究，并加强挖掘、传承、展示及复兴繁荣，推动海洋文明的复兴繁荣。从构成来看，环北部湾的图腾艺术圈主要包括以下15个（见表6-3）。

表6-3　　　　　　　　　　　环北部湾的图腾艺术圈

| 图腾艺术圈主要类别 | 包含内容或表现形式 | 产生渊源 | 主要分布地区 |
| --- | --- | --- | --- |
| 1. 世界（环北部湾）龙图腾原始信仰艺术圈 | 龙图腾文化，龙建筑、龙庙宇、龙雕刻、龙壁画、龙神话传说、龙诗词、龙美术、民歌、龙音乐、龙舞蹈、龙戏剧、龙刺绣、文身、龙民俗、龙禁忌、龙礼仪节庆、龙信仰（如疍家自称"龙种""龙传人"、氏族部落文身烙印） | 史前时期信仰—现代 | 环北部湾各地、中国内地及港澳台、东南亚、世界诸多国家地区华人群体及相关群体 |

续 表

| 图腾艺术圈主要类别 | 包含内容或表现形式 | 产生渊源 | 主要分布地区 |
|---|---|---|---|
| 2. 妈祖信仰艺术圈 | 妈祖信仰艺术,妈祖建筑、庙宇建筑艺术（仅台湾就有800多座,港澳地区50多座）、妈祖雕刻、妈祖装饰品、妈祖神话传说、民歌、妈祖舞蹈、妈祖礼仪、妈祖民俗、禁忌、妈祖节庆 | 宋代之后主要海洋民间信仰艺术 | 环北部湾各地、中国内地及港澳台、东南亚,及欧美、澳洲,遍布20多国家地区,影响2亿多人 |
| 3. 古百越起源、渔猎漂流、迁徙及交流传播遗留原始图腾艺术圈 | 百越远古图腾艺术,图腾信仰、渔猎追逐、渔猎祭拜、漂流祭祀、神话传说、民风民俗、遗址遗迹等;渔猎秘密通道、航海秘诀、古百越迁徙扩散之路(含更路经、古海上丝绸之路、花山岩画渔猎祭祀、古澳洲之路、古太平洋印度洋岛屿渔猎之路) | 史前时期（新石器时代）—秦汉前 | 广西、广东、海南（中心区为环北部湾）、福建、港澳台;东南亚大部分区域,澳洲及太平洋、印度洋相关群岛 |
| 4. 珍珠远古图腾崇拜艺术圈 | 珍珠远古图腾文化,古珍珠池、珍珠建筑、雕刻、庙宇艺术、珍珠神话传说、诗词、民歌、珍珠舞蹈、珍珠礼仪、珍珠民俗、珍珠饰品、各类禁忌、珍珠节庆、珍珠心理性格 | 史前时期—新石器时代末、秦汉 | 环北部湾沿海区域、福建、港澳台;南洋珠泛区域（印尼、马来西亚等）,印度、波斯湾区域 |
| 5. 京族海洋图腾艺术圈 | 京族海洋图腾艺术,海洋建筑艺术（民居、庙宇）、雕刻、海洋神话传说、渔猎祭拜、生产习俗、海洋民歌、海洋舞蹈,生态观念、海洋民风民俗、禁忌、节庆等 | 史前时期（新石器时代）—唐宋 | 东兴京族三岛,越南涂山一带,其他相关区域 |
| 6. 黎原始图腾艺术圈 | 黎族各类原始图腾艺术,包括船形屋、椰图腾、雕刻、海洋神话传说、生产习俗、渔猎祭拜、漂流信仰、竹木器乐、刺绣图案、民歌、原始舞蹈、祖先崇拜、原始自然崇拜、文身、海洋生态观念、海洋禁忌、民俗节庆等 | 史前时期—新石器时代末期、秦汉 | 海南黎族自治地区、聚居区,周边区域,以及太平洋印度洋南岛语系分布的诸多相关地区 |

续 表

| 图腾艺术圈主要类别 | 包含内容或表现形式 | 产生渊源 | 主要分布地区 |
|---|---|---|---|
| 7. 苗族图腾艺术圈 | 海南苗族各类原始图腾艺术,包括稻作文明起源、稻作神灵祭祀、牛耕图腾、招龙舞、祖先崇拜、织锦刺绣等,"雷"文化、"傩"文化等 | 史前时期—新石器时代末期、秦汉 | 海南苗族、内地苗族,相关周边民族,以及东南亚部分族群 |
| 8. "那"文化图腾艺术圈（古百越文化圈,百越图腾） | "那"文化各类图腾崇拜艺术,包括稻作文明、蛙图腾、铜鼓艺术圈、铜鼓图腾、祖先崇拜、习俗禁忌,以及花山岩画艺术等 | 史前时期—新石器时代、秦汉 | 广西河池、百色、崇左、南宁等壮族聚居区,环北部湾沿线,东南亚诸多族群 |
| 9. 环北部湾原始自然图腾艺术圈（古百越图腾遗俗） | 各类原始图腾崇拜艺术,椰原始生态崇拜习俗、鱼崇拜（如京族鱼伯公习俗）、美人鱼崇拜、荔枝原始生自然崇拜习俗等 | 史前时期—新石器时代末期 | 环北部湾各地,东南亚诸多地区及相关族群,南岛语系相关族群 |
| 10. 伏波文化圈 | 伏波庙宇建筑、伏波传说、伏波节庆庙会、伏波祭祀,相关习俗 | 汉代 | 环北部湾所有地区、越南北部及其他区 |
| 11. 冼夫人崇拜圈 | 冼夫人相关庙宇建筑、祠堂,冼夫人传说、节庆庙会、祭祀,以及相关习俗 | 南北朝 | 海南、雷州半岛、茂名,国外相关地区 |
| 12. 道文化圈 | 道家相关庙宇建筑,道家修炼方法,以及哲学思想、道家信仰 | 春秋战国—汉 | 中国各地,日韩、东南亚等地 |
| 13. 佛文化圈 | 佛家庙宇建筑、经本、修行方法,相关思想哲学及信仰 | 公元前5世纪 | 东亚、东南亚、南亚 |

续 表

| 图腾艺术圈主要类别 | 包含内容或表现形式 | 产生渊源 | 主要分布地区 |
|---|---|---|---|
| 14. 东南亚相关文明图腾信仰艺术圈 | 东南亚相关族群的原始图腾艺术,包括建筑艺术(民居、庙宇)、雕刻、神话传说、生产、民歌、舞蹈、民俗、禁忌、节庆等。最典型为海上佛教传播 | 史前时期—近现代 | 东南亚;环北部湾各地、中国内地;其他相关区域 |
| 15. 古海丝路图腾信仰艺术圈 | 汉文明艺术(长江黄河农耕文明、儒文化圈)、出海仪式(上刀山下火海、傩);伏波信仰;古海上丝绸之路沿线国家地区相关远古图腾及艺术;佛文明圈、伊斯兰文明圈,相关文明圈 | 汉—明末清初 | 中国内陆及沿海、环北部湾,东南亚、南亚、西亚、东非、北非,以及地中海沿岸,横跨三大洲100多个国家 |

环节二:图腾艺术圈整合——文化血脉通道的产生

文化血脉通道的构筑,侧重厘清环北部湾各文化圈特别是各图腾艺术圈之间的包含交融关系,研究各族群血脉的起源、发展、迁移、交融和最终形成,侧重研究在此漫长复杂的过程中华蓝色文明的起源,尤其是百越海上渔猎漂移线路及文化的萌芽、起源、发展、变化及最终形成,数千年的海洋文化生成,以及迁徙到各远洋的过程中与当地的文明融合、种族融合、基因融合,以及秦汉之后中原文化南下,由此产生的中原文化与百越文化的大融合、大创新。因而,本廊道是蓝色文明起源之基、蓝色记忆之路、DNA融合产生之源,是中华民族源源不断全球迁徙扩散千千万万同胞认同的血脉之根,是中华民族与世界各国特别是东南亚国家众多族群相互吸收、深度交融形成渊源共同体、血缘文化圈的根基。环北部湾上述所有的远古图腾艺术圈,最终可归结为一个因素:"文化血脉通道。"从这个血脉通道的产生基础来看,其产生经历了五大阶段,即"五级跳"。从纵向来看,其形成过程基本可如图6-87所示:

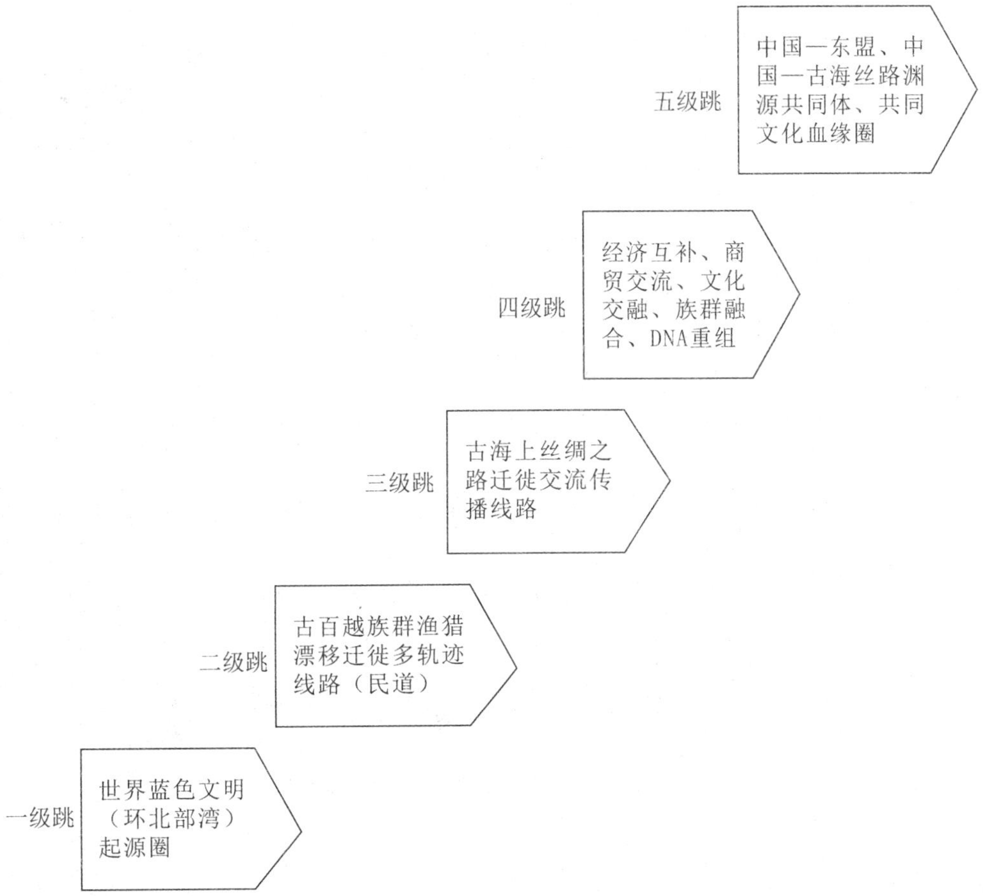

第六章 海洋文明复兴的蓝色图腾艺术廊道勾勒

五级跳　中国—东盟、中国—古海丝路渊源共同体、共同文化血缘圈

四级跳　经济互补、商贸交流、文化交融、族群融合、DNA重组

三级跳　古海上丝绸之路迁徙交流传播线路

二级跳　古百越族群渔猎漂移迁徙多轨迹线路（民道）

一级跳　世界蓝色文明（环北部湾）起源圈

图 6-87　文化血脉通道之"五级跳"

环节三：心灵通道构筑及开发过程

廊道的结构、层次，以及构筑阶梯，应如图 6-88 所示：

环节四：蓝色心灵图腾艺术及精神空间廊道原始血脉系统构筑

廊道的内部筋络，主要由以下九大血脉系统交织构成。

原始血脉系统一：蓝色文明起源与人类洞穴遗址图腾链及遗址花园公园走廊。

恐龙及古生物化石链（南宁那龙，崇左上英、渌榜—防城港江山恐龙化石出土点—茂名恐龙化石保护区等），古生物化石链（崇左龙骨岩、文羊岩、宝新村、维新村、板坤、铁路折返段—钦州独矮山洞、米岩、车风洞—海南昌江县信冲洞更新世动物化石地点等）；古人类遗址（崇左正隆更新世巨猿化石点、仁合村古人类牙齿化石出土点等），人类洞穴遗址（南宁岜蕾山洞穴遗址，崇左企鸟洞穴、沉香角洞穴、绿轻山矮洞、木榄山智人洞遗址—钦州灵山人遗址、望天岩洞穴遗址、大岩洞穴遗址、六蓬山洞穴遗址、三海岩洞穴贝丘遗址—海南昌江黎族自治县混雅岭更新世晚期人类洞穴遗址、三亚落笔洞遗址等）；大石铲艺术走廊（邕宁、武鸣束腰形双肩石铲—崇左狮子山、那林、郡造、同正、左屯、武能、桃城、龙州契形双肩及斜肩石

· 577 ·

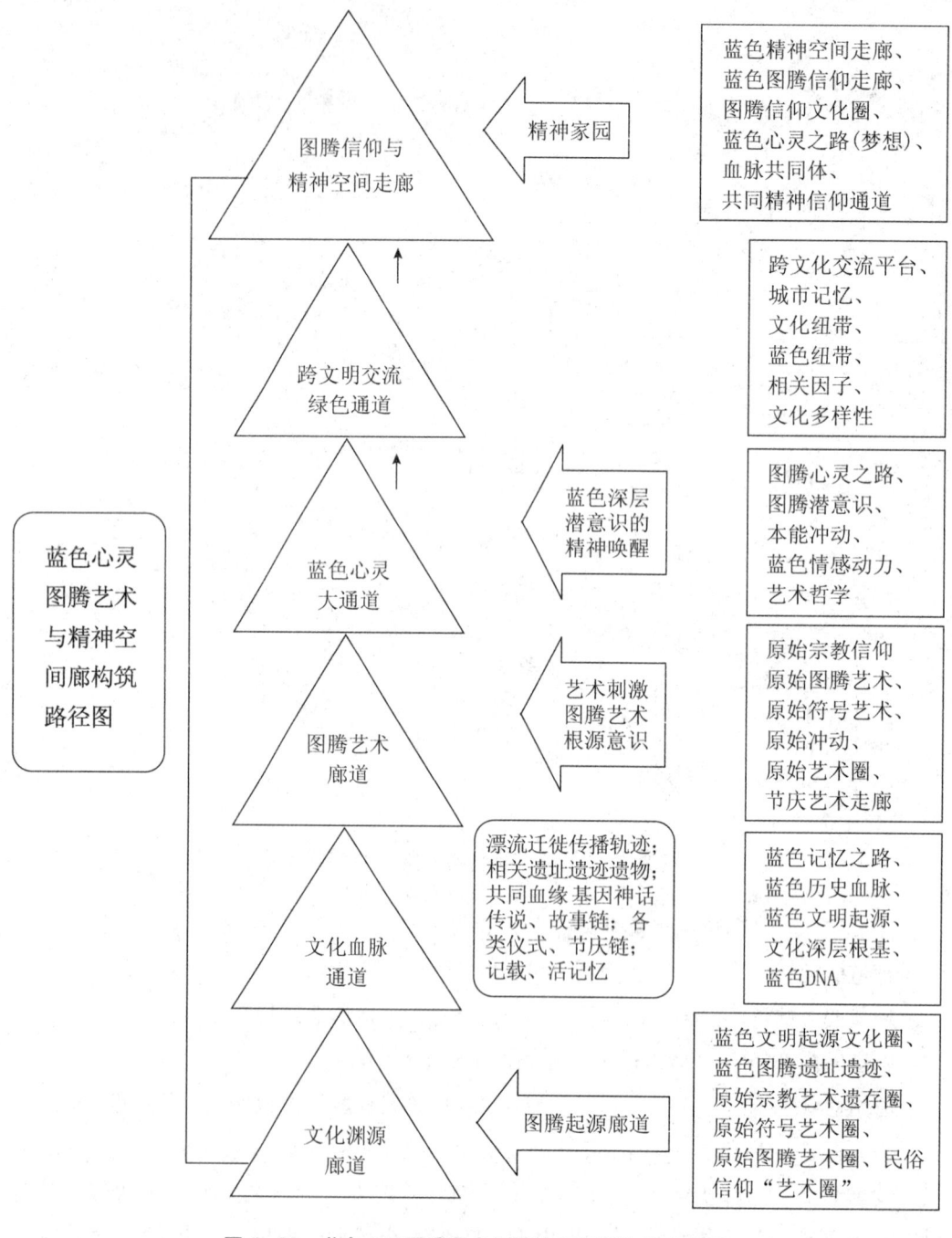

```
                                          ┌─────────────────┐
                                          │ 蓝色精神空间走廊、│
              △                           │ 蓝色图腾信仰走廊、│
           图腾信仰与    ← 精神家园          │ 图腾信仰文化圈、  │
           精神空间走廊                    │ 蓝色心灵之路(梦想)、│
                                          │ 血脉共同体、      │
                                          │ 共同精神信仰通道  │
                                          └─────────────────┘

                                          ┌─────────────────┐
              △                           │ 跨文化交流平台、  │
           跨文明交流                       │ 城市记忆、        │
           绿色通道                         │ 文化纽带、        │
                                          │ 蓝色纽带、        │
                                          │ 相关因子、        │
                                          │ 文化多样性        │
                                          └─────────────────┘

                                          ┌─────────────────┐
                          ┌─────────┐     │ 图腾心灵之路、    │
              △            │蓝色深层  │     │ 图腾潜意识、      │
           蓝色心灵    ←   │潜意识的  │     │ 本能冲动、        │
           大通道           │精神唤醒  │     │ 蓝色情感动力、    │
                          └─────────┘     │ 艺术哲学          │
                                          └─────────────────┘
```

**图 6-88　蓝色心灵图腾艺术与精神空间廊构筑路径图**

铲出土遗址—玉林容县打铁岗石器4处分布点—钦州天堂坡、六蓬山—北海、湛江、茂名相关出土点—海南相关出土点遗址链），贝丘遗址文化圈（南宁那北咀、西津、黎屋、凌屋、秋江、江口、冲利、邕勋、鲤鱼坡等—崇左江西岸、花山、大湾、舍巴、敢造、下屯、何村、金柜山、冲塘等—防城港茅岭玟、社山、亚菩山、旧营盘、蕃桃坪、大墩岛、蚝潭角、马拦嘴、螃蟹岭等—钦州黄金墩、三海岩、武龙山洞穴等—北海牛屎环塘等—湛江鲤鱼墩、那良村、梧山岭等—海南近百处贝丘遗址），上述数百处各类红线保护区、遗址公园黄金线、遗址花园长城，以及相关文化创意及艺术圈。

原始血脉系统二：世界（环北部湾）龙原始图腾信仰艺术及创意走廊。

环北部湾龙图腾崇拜圈、海龙王信仰、龙民俗艺术及创意走廊的构成：南宁、玉林、崇左龙图腾艺术及创意圈（重点：龙神话传说、雕刻刺绣、龙舞、壮族芭蕉香火龙舞、隆安稻草龙、赛龙舟、下楞龙舟节、扬美龙舟上水节，上林壮族龙母节）—防城港龙图腾艺术及创意圈（龙母庙、龙神话传说、唐代龙纹铜芒锣、雕刻刺绣、赛龙舟）—钦州龙图腾艺术特区（龙亩庙、舞青龙、赛龙舟，相关创意圈）—北海龙图腾艺术（龙神话传说，龙母庙、龙雕刻，合浦汉墓西汉龙首羽纹铜魁、西汉龙首三眼长方形铜灶、新莽龙首金带钩，疍家船蛇祭习俗、龙种自称、赛龙舟、龙母信俗及庙会，相关创意圈）—湛江龙图腾艺术［赛龙舟、乌石海上龙舟信俗、赤坎勒古龙、赤坎"调顺网龙"、雷州高跷龙舞、沈塘人龙舞、湛江人龙舞（见图6-89、图6-90）、湛江独木舟考古发现，相关创意圈］、茂名龙图腾艺术特区（化州赛龙舟、合江龙舟，电白人龙舞、相关创意圈）—海南龙图腾艺术特区［黎族文身、黎族龙被特区，苗族招龙舞艺术区（见图6-91），唐代双龙四耳釉陶瓷，海口龙舞、赛龙舟，万宁市和乐镇中国龙舟小镇，相关创意圈］—南线主线：东南亚龙图腾艺术及创意圈［重点：龙庙宇、赛龙舟、越南河内升龙皇城，相关习俗及传统观念（见图6-92）］；北线分支：处容舞［韩国，世界文化遗产名录，属北线（见图6-93）］、七美瑞岛的永登仪式（日本，祈祷海上平安、捕鱼丰收的祭龙王仪式，世界文化遗产）—海丝路沿线龙图腾崇拜艺术及创意圈［重点：比利时、法国、荷兰的巨人（见图6-94、图6-95）和巨龙游行，世界文化遗产名录，以及相关类似遗产（见图6-96、图6-97）］

**图6-89 湛江人龙舞**

图 6-90 湛江人龙舞——奥运五环

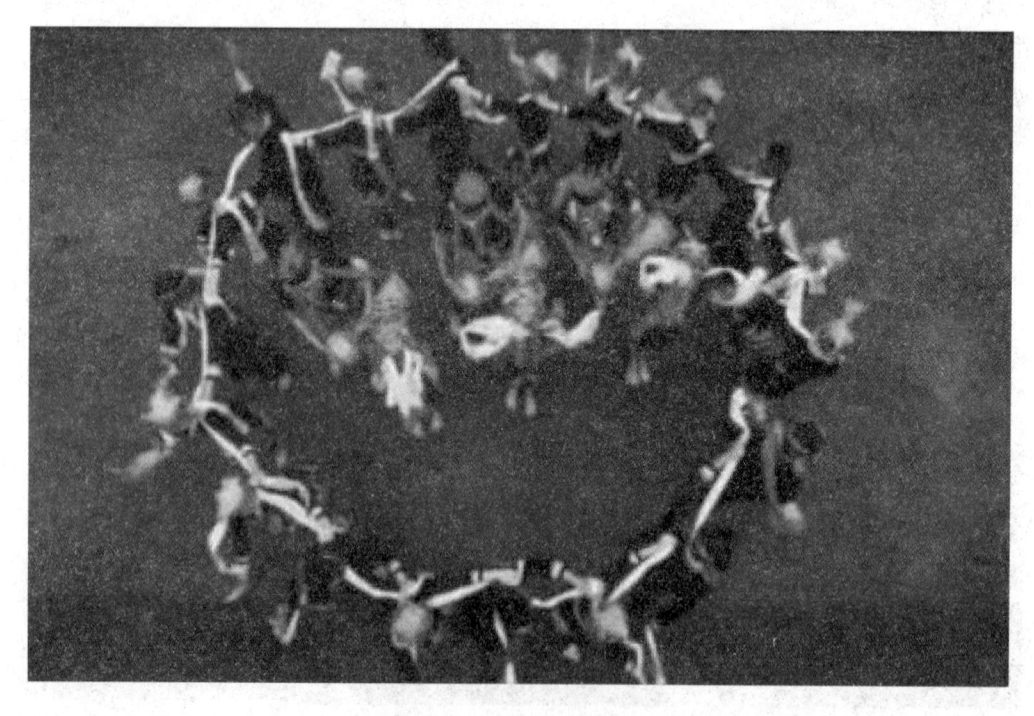

图 6-91 海南苗族招龙舞

图 6-92 泰国木偶剧——龙首造型

图 6-93 处容舞传统（韩国，世界非物质文化遗产）

图 6-94　法国巨人巨龙游行　　图 6-95　比利时、法国、荷兰的巨人和巨龙游行（世界级遗产）

图 6-96　卡斯特（西班牙，世界级遗产，又叫叠人塔）　　图 6-97　叠人塔（西班牙）

原始血脉系统三：百越渔猎追逐、漂移迁徙、传播交融原始图腾艺术圈。

百越起源地原始图腾艺术圈（华南、环北部湾、南海）—疍家、京族远古图腾艺术圈—壮族铜鼓艺术圈、崇左远古渔猎大迁徙发源地花山岩画祖先祭祀，壮族远古图腾艺术圈—古百越渔猎漂移迁徙传播线路图腾艺术圈。近洋线路：东南亚南岛语系渔猎漂流扩散地原始图腾艺术圈；远洋线路：澳洲、太平洋群岛、印度洋群岛南岛语系相关漂流扩散区原始图腾艺术圈（产生交融、变异）。同时，它形成了以下4个脉络。

脉络1：黎族图腾艺术及漂移迁徙扩散交融血缘圈。主要包括黎族原始神话、族群起源记忆、氏族部落血脉标记纹面文身、渔猎仪式、腰舟独木舟及筏等原始舟船制作技艺、漂流技艺、生产习俗、祖灵之乐竹木器乐、原始舞蹈、婚礼、各类民俗、节庆、祖先图腾、椰神等原始图腾。具体图腾线路脉络：海南各黎族聚居区，及周边地区图腾艺术圈—三月三节日祭、马来西亚沙捞越族竹木器乐、"祖灵之乐"鼻箫等东南亚原始图腾艺术圈—澳洲毛利人等相关族群纹面、文身及竹木器乐图腾艺术圈—太平洋、印度洋群岛南岛语系相关族群（如波利尼西亚群体）原始图腾艺术及血脉间接交融圈、中转站—间接漂移至美洲印第安图腾艺术圈—非洲黄金海岸科特迪瓦横吹喇叭文化空间、舞蹈习俗艺术圈，以及相关图腾艺术交融变异（重点：神秘文身图腾艺术圈）

脉络2：疍家远古图腾艺术空间。疍家远古图腾艺术文化圈，包括内容：疍家海洋远古图腾信仰、造舟绝技、水居习俗、生产民俗、渔猎崇拜、咸水歌、婚礼习俗、出海禁忌、渔猎航海秘诀、祖先崇拜等。图腾线路脉络：福建、广东沿线（东部）疍民图腾艺术文化空间—环北部湾南宁、防城港、钦州、北海、湛江、茂名疍民远古图腾文化空间（含咸水歌、疍家禁忌习俗、疍家水上婚礼走廊，龙母庙会等）—海南沿海疍民远古图腾文化空间，南海航道更路经（簿）线路（渔猎漂移迁徙秘密远古通道、商道）—东沙群岛、西沙群岛、中沙群岛、南沙群岛相关遗址及图腾文化空间—东南亚、南亚、大洋洲相关远古图腾艺术—太平洋、印度洋、其他区域相关远古图腾艺术。

脉络3：京族远古图腾艺术空间走廊。防城港京族三岛特区—越南相关区域—东南亚其他相关族群聚居区。

脉络4：壮族远古图腾艺术迁徙交流传播交融文化空间。内容主要包括：铜鼓艺术、蛙图腾、"那文化"、鸟崇拜（如百鸟衣故事及民间崇拜、扶绥壮族舞雀、浦北汉代变形鸟纹铜洗、合浦西汉羽纹铜凤灯）、渔猎文明、远古渔猎漂流迁徙文化圈（文身、悬崖葬、岩壁画）等等。图腾线路脉络：河池、白色、南宁、玉林、崇左、防城港骆越远古图腾艺术圈（壮族民间故事"百鸟衣"，体现鸟图腾习俗，折射壮族先民远古渔猎文化；"那文化圈"、蛙图腾、铜鼓艺术圈、渔猎文明）—崇左骆越远古图腾艺术圈（百鸟衣民间故事、蛙图腾、那文化、花山岩画，花山岩画为祖先图腾崇拜的体现，为古骆越远古时期渔猎追逐迁徙漂移血脉发源地、祖源地、祭祖之地，为古百越近域、近海、远洋漂流迁徙交流传播之起源地、出发点、辐射圈中心，形成了花山远古图腾漂移迁徙传播文化空间走廊)—防城港、钦州、北海、湛江、茂名远古图腾艺术密集区—海南相关图腾艺术圈—东南亚相关图腾艺术圈(支点：铜锣文化空间世界遗产，越南)—南亚、西亚相关艺术圈—澳洲、太平洋、印度洋群岛相关原始图腾艺术圈。

---

**案例1： 世界遗产——越南铜锣文化空间**

越南中部高地的"铜锣文化空间"覆盖了多个省份和近17个属于太平洋-亚洲和太平洋中南部诸岛族群的少数民族。这些人靠传统农业生活并且发展了自己的工艺传统、装饰风格和房屋类型。他们最为普遍的信仰来源于对祖先的祭拜、萨满教和万物有灵信仰。这些信仰组成了一个神秘的世界，同日常生活和季节周期紧密相关。每个家庭必须拥有至少一面铜锣以表明他们的财富、权力和声望，并得到保护。按传统观念，每一面铜锣里都隐藏着与古铜锣一样强大的祖先男神或女神。越南的铜锣文化以演奏方式为特色。每各演奏者携带一面直径25—80厘米的鼓。男女村民依据村别以3—12面鼓分组。不同的排列法和节奏象征不同的仪式，如祭献牛的仪式，为稻米祈福的仪式，悼念或收获庆典。在很多仪式上还使用一套铜管乐器，铜锣为所有社会仪式的最主要器具。但铜锣并非当地创造，而是从中国传入，主要是随百越(骆越)先祖迁徙繁衍传入，在当地不断流传扩散而产生。

---

**渔猎习俗及远古漂移迁徙起源地祖祭图腾**

百越是远古时期以渔猎稻为主的庞大族群，其早期生产方式以渔猎为主，后面向稻作定居转移。其远古渔猎有诸多烙印，较明显的鸟图腾、蛙蚌食及贝丘遗址、蛮歌记忆空间、舟楫文明、铜鼓、文身及花山岩画等等。今壮族民间仍留存的百鸟衣故事，即为远古渔猎习俗的图腾遗风；而蛙蚌饮食，则为远古饮食及生产方式的遗存；疍家咸水歌则为海上渔业漂泊的历史记忆；而花山岩画则为远古因追逐渔猎漂流迁徙的起源地祖先祭祀图腾。正因渔猎生产的流动性，百越持续若干历史时期向外渔猎大追逐大漂流大迁徙，由内地不断向东南亚、澳洲、太平洋诸岛及印度洋扩散，并保持明显的血脉烙印。

---

原始血脉系统四：古海丝路图腾艺术走廊(汉文明圈及沿线文明交融文化圈)。

廊道脉络：中原文明(汉文明)—岭南汉文明(客家文化)、百越族群原始图腾艺术融合圈—北部湾海洋远古图腾艺术及出海仪式文化空间(海神远古图腾信仰艺术、出海远行仪式、祭石狗、上刀山下火海、傩驱邪、伏波习俗、妈祖艺术圈等)—南海航道更路经(簿)图腾艺术圈(渔猎漂移迁徙秘密远古通道、民间物物交换商道等)—东南亚文化空间(汉文明、东南亚民族文化及原始图腾艺术圈)—南亚特区(汉文明、南亚文明及原始图腾艺术圈)—西亚特区(汉文明、西亚文明及原始图腾艺术圈)—北非、东非特区(汉文明、非洲民族文化及原始图腾艺术圈)—地中海周边地区图腾艺术走廊(汉文明传播、欧洲文化及原始图腾艺术圈)，相关创意产业圈。具体说来，有以下4个脉络。

脉络1：丝绸、陶瓷、珍珠、茶叶文化交流与传播圈。中原丝绸、陶瓷及茶叶文化圈—华南文化圈(重点：环北部湾)—东南亚文化交流圈—南亚文化交流圈—西亚、北非、东非文化交流圈—欧洲(地中海)文化交流圈。

脉络2：中原文明（汉文明）图腾艺术圈。线路轨迹：中原汉文明圈—岭南汉文明圈（含环北部湾）—东南亚汉文明圈（海上胡志明小道）—南亚、西亚、东非汉文化圈—欧洲地中海汉文化圈。

脉络3：南海航道更路经（簿）渔猎漂流迁徙远古图腾文化空间。轨迹线路：海南相关区域百越远古图腾艺术—南海（三沙）远古渔猎漂移迁徙秘密通道、民间物物交换秘密通道及图腾文化空间—东南亚相关图腾艺术—间接影响或中转至：南亚、澳洲—太平洋、印度洋、其他区域相关远古图腾艺术。

脉络4：傩原始图腾艺术空间。中原地区傩遗存—湖南、贵州、云南等苗族上刀山下火海，瑶族上刀山，傩艺术圈—南宁民俗信仰（加方上刀山下火海、上林傩戏等）、玉林上刀山下火海—崇左、防城港相关图腾艺术（如防城港雷神纹银项圈、客家傩戏）—湛江、钦州、北海傩艺术（含雷州翻棘床、过火海、穿令箭、傩舞，麻章傩舞"考兵"、廉江石角傩戏等），雷州上刀山下火海，麒麟村爬刀梯、北海上刀山下火海（出海壮行仪式，祭海，祭祖，驱邪，鼓舞军心）—海南傩艺术（出海驱邪仪式，包括穿令箭等）—东南亚相关图腾艺术（重点：南岛语系相关族群穿令箭、其他仪式）—南亚相关图腾艺术圈（重点：不丹德拉迈茨的鼓乐面具舞等）—澳洲相关原始图腾艺术圈—太平洋、印度洋相关群岛原始图腾艺术交融圈—美洲印第安图腾柱及原始信仰空间（美洲印第安图腾柱、墨西哥托托纳克人飞人典礼、哥伦比亚黑白狂欢节等等）。

原始血脉系统五：珍珠远古图腾艺术及相关自然图腾艺术圈。

图腾线路：南宁、玉林、崇左相关原始图腾艺术圈—防城港珍珠自然图腾艺术空间、原始鱼崇拜习俗—钦州珍珠自然图腾艺术、海豚敬仰生态习俗—北海珍珠远古原始图腾艺术圈、美人鱼崇拜生态习俗—湛江、茂名珍珠原始图腾艺术圈、荔枝神等自然图腾崇拜—海南珍珠原始图腾艺术圈、椰原始图腾等—南洋（马来西亚、印度尼西亚、菲律宾等）珍珠原始图腾艺术圈—印度珍珠原始图腾艺术圈—西亚珍珠原始图腾艺术圈—埃及珍珠自然崇拜艺术圈—欧洲（地中海）珍珠文明艺术圈，相关艺术创意产业圈。

原始血脉系统六：民族（族群）文化多样性图腾艺术交融互动通道。

主要脉络框架：黎原始图腾艺术圈（海南—东南亚—太平洋、印度洋南岛语系相关群岛）、苗族原始图腾艺术扩散迁徙通道、瑶族原始图腾艺术圈—疍家图腾艺术圈—京族图腾崇拜艺术圈（京族三岛—越南、东南亚其他国家）—壮族原始图腾艺术圈等—东南亚、海丝路沿线族群文化多样性。具体说来有以下5个脉络。

脉络1：汉宫廷礼仪、内地龙庙、广州市南海神庙—环北部湾疍民原始图腾（含龙母庙会、疍家习俗）—其他族群图腾艺术—客家文化—韩国、日本（重点：韩国宫廷宗庙祭祀礼乐，世界非物质文化遗产）—东南亚相关族群图腾艺术（重点：雅乐—越南宫廷音乐,世界非物质文化遗产)—海丝路沿线相关族群图腾艺术。

脉络2:黎族原始图腾艺术圈。略,见上述相关部分。

脉络3:苗族原始图腾艺术扩散迁徙历史记忆走廊。主要包括苗族各类图腾崇拜艺术,稻作文明起源、稻作神灵祭祀、耕牛图腾、招龙舞、织锦刺绣、符号图案、传统婚礼、祖先崇拜,相关习俗、禁忌、节庆,以及"雷文化""傩文化"等等。具体图腾线路脉络:远古文明起源地文化空间—湖南、贵州、云南、广西内地苗族聚居区—湛江雷傩艺术圈—海南苗族聚居区—越南、泰国、老挝等苗族聚居区文化圈—菲律宾伊夫高族群的哈德哈德圣歌及文化空间—澳洲相关稻作遗产—太平洋相关岛屿中转区、交融区(分叉至印度洋相关区域)—美洲印第安图腾柱、原始图腾艺术圈等等。

脉络4:疍家、京族图腾艺术漂移扩散走廊。略,见上述相关部分。

脉络5:壮族、瑶族等远古渔猎追逐漂移迁徙图腾艺术大通道。延续至今,表现方式多样,如海上胡志明小道等。略。

---

**文明探源:壮族与东南亚族群圈**
——不断迁徙的海洋民族

壮族族称来源于壮族的自称"布壮",此外,还有自称布侬、布土、布样、布班、布越、布那、侬安、布偏、土佬、高栏、布曼、布岱、布敏、布陇、布东等20多种。中华人民共和国成立后统称为僮族。1965年经国务院批准,改为"壮"。壮族历史上先后被称俚僚、溪峒、乌浒等,宋代称"僚""撞""僮""仲",明代被称为"僮""土人"等。先秦时期百越中的"西瓯""骆越"等,是壮族最直接的先民。骆越是个不断繁衍向外迁徙扩散的古民族,数千年来源源不断向周边地区特别是东南亚及国外迁徙传播,其后裔在国内主要包括壮、侗、黎、布依、水、毛南、仡佬、傣等民族。根据语言文化特征,壮语与上述民族几乎完全相同,属壮侗语族,可断定为同源民族。在国外,壮族与越南的岱依族、侬族、热依族,泰国的泰族、老挝的佬龙族、缅甸的掸族等为同源异流民族,在语言、文化、体质等方面很多相同,同属国际标准划分的台-卡岱语系。类似现象普遍存在,如老挝北部的山地民族主要包括赫蒙族、阿卡族、拉祜族、傈僳族、克伦族、勉族、布朗族等。他们和中国西南的很多少数民族同源,如赫蒙族就是中国的苗族,阿卡族就是中国的哈尼族,而勉族实际上是泰国的瑶族。许多遗产成为跨国血脉纽带的见证及共同精神家园。

---

**支点:世界鼓艺术走廊**

中国黄土高原鼓文明圈:陕西大鼓、西安鼓乐、安塞腰鼓、蒲城跑鼓、洛川蟞鼓、蛟龙转鼓和咸阳牛拉鼓艺术圈—湖南、贵州苗族鼓艺术圈—南宁、河池、白色、崇左、柳州、玉林等壮族铜鼓图腾艺术圈—防城港、钦州、北海铜鼓文化圈(重点:防城港唐龙纹铜芒锣、合浦铜鼓)—湛江、茂名鼓艺术圈—海南鼓艺术圈(蛙锣、昌江汉代铸蛙绳纹铜鼓、才地村汉代铸四蛙雷纹铜鼓)—东南亚铜鼓图腾艺术圈(重点:世界遗产铜锣文化空间,中国和越南联合申报)—南亚鼓艺术圈—西亚鼓艺术圈—非洲(北非、东非)鼓艺术空间—地中海鼓艺术文化空间、鼓艺术圈。

原始血脉系统七：稻作远古图腾艺术交流传播走廊。

稻作远古图腾艺术文化圈包括：稻作文明起源记忆、稻神祭、耕作习俗、牛崇拜、蛙图腾、织锦刺绣、招龙舞、祖先崇拜各类形式（如铜鼓崇拜、岩画祭祀），各种习俗、礼仪、禁忌、节庆等。总体轨迹：长江黄河内地稻作文明、苗族远古稻作图腾信仰圈—古百越稻作文明、壮族"那"文化（白色、河池、柳州、南宁、崇左等地那文化、蛙图腾、铜鼓文化、南宁春牛舞、崇左壮族侬岗节、那桐壮族农具节、南宁祭稻神、三月三节祭）—北部湾"那"文化圈、各地春牛舞（玉州区、浦北、高州、茂名）—湛江雷、傩远古图腾艺术—海南苗族远古稻作文明图腾艺术圈、黎族稻作文明艺术圈，三月三节祭，诸多遗址，包括大新县社隆稻作田园（新石器时代—现代）、那岭稻作田园（新石器时代—现代）—东南亚远古稻作文明图腾艺术圈（重点：东南亚"那文化圈"或相文明圈，越南、老挝、泰国苗族稻作远古图腾艺术圈，三月三节祭，以及越南铜鼓艺术、越南水稻收割仪式扶董庙与硕苗的天王节习俗，菲律宾伊夫高族群哈德哈德圣歌等）。另一分支：东亚稻作图腾艺术（重点：奥能登的田神祭，日本，世界非物质文化遗产；秋保的插秧舞，日本，世界非物质文化遗产）—其他区域稻作文明相关图腾艺术（太平洋、印度洋相关群岛，以及其他地区）等，以及相关创意产业圈。

### 案例1：世界非物质文化遗产——日本奥能登的田神祭

奥能登的田神祭是能登半岛上种植水稻的农民世代相传的一种农耕仪式，每年举行两次。能登半岛位于日本本州岛中心石川县的北部。在亚洲的各种收获仪式中，其独特之处：一家之主邀请稻田神到他的家中，主人的举止如同稻神真的在场一样。十二月，为表达对收获的感激，农夫为稻田神沐浴，开始准备一餐饭，用舂米糕的声音把稻田神从田地招引来。农夫穿正装，手持灯笼欢迎客人——稻田神，把它引到客房休息，然后帮它沐浴，招待吃饭、豆和鱼。据说稻田神视力不好，于是主人一边描述饭食一边服侍用餐。二月，为保证丰收，一个相似仪式于栽培前进行。奥能登的田神祭在整个半岛表演，各地大同小异，它反映了底蕴的日本文化，是一种源自古代水稻栽培的根系，是该地区农民同一性的标志。类似的还有秋保的插秧舞。

### 案例2：世界非物质遗产——菲律宾哈德哈德圣歌

伊夫高是一个以开梯田种水稻而著称的族群。他们在播种和收获季节以及守丧仪式上，都要咏诵哈德哈德圣歌。圣歌可能在7世纪之前已经存在，有200多个故事，每个故事含40个篇章，全部吟诵完需要3至4天。由于伊夫高人是母系氏族文化，妻子通常在圣歌中担任主角，其兄弟的地位在丈夫之上，所以哈德哈德圣歌具人类学价值。圣歌的叙事语言充满形象词组和重复句，多用象征、明喻和暗喻等修辞手法，很难用文字记录。歌手在族群中占有很重要地位，他们牢记族群秘密，咏诵者多为上年纪的妇女。圣歌交替以领诵、合诵的形式表现出来。所有圣歌通篇只有一个曲调，每个曲调在当地通行。

黄金线路：稻作文明、梯田及信仰线路。

长江、黄河流域稻作文明历史发源地—苗族稻作文明/史诗—世界遗产红河哈尼梯田文化景观—贵州稻作台地—湘西梯田—龙胜梯田文化景观—壮族稻作文明/史诗（壮族"那"文化、南宁祭稻神）—世界遗产菲律宾科迪勒拉山的水稻梯田、菲律宾伊夫高族群哈德哈德圣歌—越南铜鼓艺术圈—东南亚相关习俗、"那文化圈"、稻作文明圈。东北方向：日本奥能登的田神祭、秋保的插秧舞等。

血脉系统八：妈祖民俗信仰艺术交流交融传播世界走廊。

妈祖信仰分布范围广，影响深，遍及全世界20多个国家，信奉者人数达2亿多人，影响之大使其成为世界非物质文化遗产。妈祖民俗艺术交流传播线路布局：南宁、玉林、崇左妈祖民俗艺术圈—防城港妈祖民俗艺术圈—钦州妈祖民俗艺术圈—北海妈祖民俗艺术圈—湛江、茂名妈祖民俗艺术圈—海南环岛及三沙妈祖民俗信仰圈—东南亚妈祖艺术圈（赛龙舟）—海丝路沿线妈祖艺术及创意圈—海丝路之外相关国家地区，及相关创意产业群或文化空间。另一线路：中国东部沿海、东南部沿海及中国台湾—东北亚（主要为日、韩）。

血脉系统九：世界性文明或宗教交流、传播、互鉴互吸及交汇融合走廊。

本廊道为东南亚、海丝路文明交流传播交汇融合之海上通道。线路轨迹：中原文明（汉文明、儒家文化、道教文明）—环北部湾（中原文明、儒家文化、地方原始信仰圈，如广州南海神庙文化空间、三亚南海观音文化空间等）—东南亚文化圈（如维甘历史古城，属菲律宾本土建筑风格，此外还融入了中国和欧洲的建筑特色，是多种文明互动交融的结果，为世界遗产）—南亚文明圈（摩尼教、佛教、印度教及其他文化，重点：印度三千五百年前吠陀圣歌传统、埃洛拉石窟群、阿旃陀石窟群、科纳拉克太阳神庙，均为世界遗产），斯里兰卡阿努拉达普拉（世界遗产）[①]、康提牙佛寺等—西亚阿拉伯文明圈、古巴比伦文明圈—非洲埃及文明—欧洲地中海文明（罗马文明、基督文明）等等。

环节五：蓝色图腾信仰与精神空间廊道的构筑——从血脉共同体、基因共同体向心灵共同体、图腾共同体和梦想共同体构筑飞跃

本廊道为各种图腾艺术的酝酿、发掘、组合、设计提升和展示，既是血缘基因

---

[①] 阿努拉达普拉是斯里兰卡古都和佛教圣地。两千多年前，孔雀王朝阿育王之子、印度高僧摩哂陀携佛经渡海到此，开创了斯里兰卡的佛教历史，阿努拉普拉逐渐成了斯里兰卡最早的佛教圣地，后逐渐荒废。后来被评为世界文化遗产。

大通道，更是心灵大走廊、创意大走廊，它以最恰当有力的手段、最大限度、最大能量地展示各类图腾艺术的内涵，深度展示其古老深邃精美之处。廊道构建的逻辑思路，是通过艺术形式刺激，刺激图腾潜意识，催发原始冲动，激发根源动力，激发最大本能。因而，本廊道的重点构筑结构，不仅要有血脉根基区域的整合编织构筑，即起源共同体、血缘共同体、DNA共同体的编码交融，也要有图腾潜意识、蓝色情感、本色本能冲动的激发区即蓝色动力催发区，更需要蓝色图腾心灵之路，需要蓝色心灵、蓝色图腾、蓝色情感、蓝色哲学智慧，以及蓝色信仰的支撑。同时，通过跨文明、跨文化交流绿色通道的构筑，着力打造跨文化交流沟通展示平台，推进文明或文化多样性间的沟通、交流、理解、尊重、欣赏、吸收、融合和创新，推进不同文明间的互鉴互赏、相互包容、相互吸收，激发融合创新，不断推进人类文明的进步发展。

因而，本廊道为整个环北部湾海洋艺术廊道的心灵家园、共同精神家园层，是整个廊道从内到外的各个圈层建造的最高层次，也是整个国际廊道精心构筑、奋力打造、努力经营的目标所在。通过顶层设计和系列努力，通过蓝色心灵大通道的一步步构筑，实现蓝色心灵沟通无障碍，使心灵大通道内的原始情感、本能、智慧、心灵潜能和信仰不断被开启激发，将蓝色深层潜意识的精神唤醒，最终实现蓝色时代的蓝色心灵大革命、蓝色智慧能量大爆发。通过努力构筑，将本廊道构筑为世界蓝色文明的发源地之一，成为东方蓝色文明特别是古老中国、东南亚乃至21世纪海上丝绸之路沿线国家地区各民族的共同精神家园、心灵家园。通过蓝色心灵图腾艺术与精神空间廊道的构筑，通过原始图腾信仰艺术的形式，催发蓝色潜意识的唤醒，激发蓝色原始信仰的历史回归，促使整个廊道由共同起源（渊源、祖先）廊道、血缘共同体、基因共同体、艺术共同体向心灵共同体、图腾共同体、梦想共同体飞跃崛起。因而，本走廊的构筑过程应如图6-98所示：

### 结论：文化圈的根源、关系分析

蓝色心灵图腾艺术与精神空间廊道是各类图腾圈、文化圈、艺术圈相互渗透、传播、影响、交融、再生，最后连为一体的产物。百越是中华民族起源形成的重要族体，环北部湾作为世界蓝色文明摇篮之一，古百越的重要聚居地，百越诸多族群是环北部湾远古海洋文明的实践者、萌芽者、发明者和缔造者，缔造出高度发达的世界渔猎文明和舟楫文明。文化是流动、传播的，正如大气原理和水压原理，气压高、水压高的一方总会向气压低、水压低的另一方流动一样，环北部湾古百越族群在远古时期，凭借高度发达的渔猎文明，成为世界文明的区域中心。凭借着发达的舟楫技术，追逐渔猎，不断漂移迁徙，数千年来从不间断，期间多次发生民族大迁徙的历史壮举。根据相关学者考证，百越人的漂移足迹遍布几大洲，轨迹多样化，

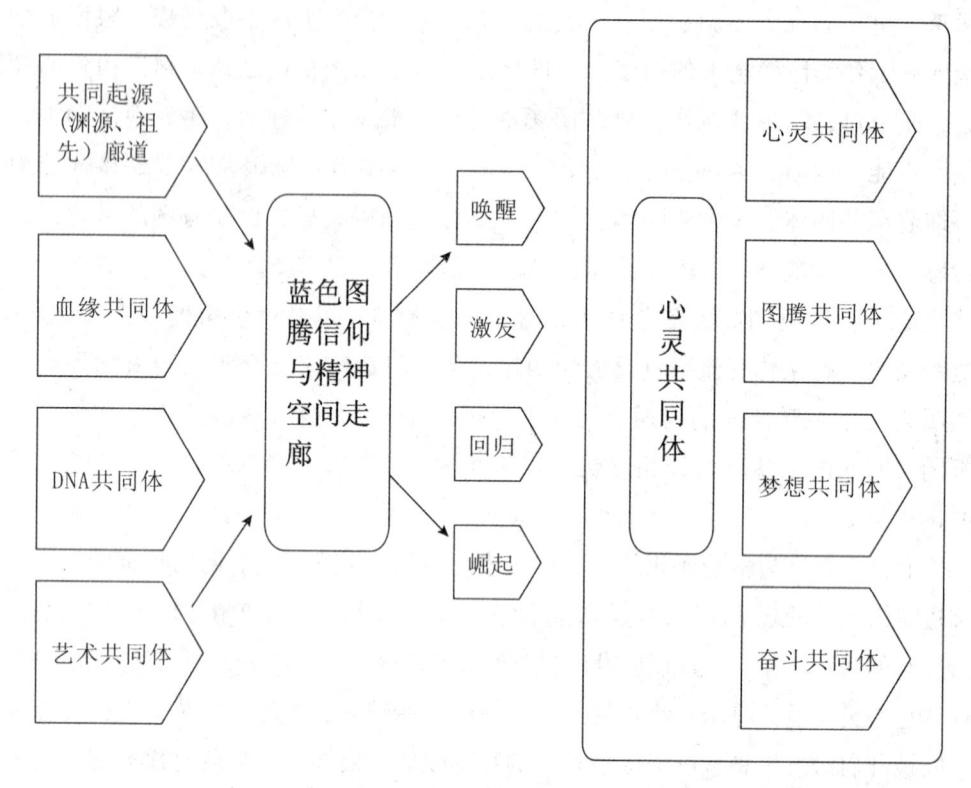

图 6-98　蓝色图腾信仰与精神空间廊道的构筑过程示意图

间接传播、影响至全世界，甚至连美洲的印第安人远古图腾与古中国苗蛮集团、东夷集团及百越的远古图腾艺术也有惊人相似。在迁徙的过程中，百越族群不断远离、偏离本土，不断与各地文化融合，甚至融入当地文明，仅遗留下个别文明碎片或文化因子、文化影子。从影响力角度来说，百越人迁徙较频繁、辐射力较强的主要为东南亚地区、大洋洲、太平洋诸岛，以及印度洋相关区域等。长期的渔猎漂移，因而在远古时期，就形成许多"海上秘密通道"。在中原文明进入岭南，特别是汉武帝开辟"官道"，即"古海上丝绸之路"之后，中华对外贸易、传播、交流的辐射范围更广，能量更大，途径更多，路程更长，更是带动了中华与沿线世界各地特别是与东南亚各族群的相互渗透、交流交融、相互迁徙，形成了你中有我、我中有你，相互依赖、相互交融、繁殖再生的格局，形成了混杂基因，从而促使了血缘混杂体、基因共同体、血脉共同体的形成。其轨迹，大致呈现为圆心外散流线型、曲线型多轨迹世界分布。

中华文明在对外传播、交流、交融推进的过程中，产生了各种"文化圈""文化带""文化族"，对东南亚、古海丝路沿线文化产生了深刻的影响，但反过来，东南亚文化、海丝路文化也对中华文明产生了深刻的影响，打破了原有人口构成、人种基因、文明格局、文化性格、文化心理等状况。通过渗透、传播、交融、影响和创造，甚至改变了中华民族原有的文明格局。因而，环北部湾许多图腾艺术圈、文化圈之间，以及东南亚许多族群图腾艺术圈、古海丝路沿线诸多族群图腾艺术圈、文明圈之间，是同源关系、亲缘关系或近亲缘关系，都有着共同的 DNA 或交融后的 DNA 片段，多为内生关系，而非外生关系，或为内外双层作用关系。这些远古图腾艺术圈、图腾文明圈之间，大多有着共同的历史渊源、共同的祖先、共同的血脉起源、共同的血脉基因或文化根基，因而，无论从哪个角度，这些远古图腾艺术圈、远古文明圈之间，都相互依赖互动，相互交融，形成了族源共同体、血缘共同体和文化 DNA 共同体。特别是后来随着佛教、印度教、伊斯兰教等的传入、交融，这种内生作用产生的影响更为深刻、更为明显，产生的内聚力更强烈。而且，随着全球化、科技信息化步伐的加快，血脉共同体融合演变趋势更加强烈，本来属于区域性、族群性的信仰圈生态，会迅速演变，逐渐跨出区域、跨出族群，演变为跨地区/跨族群性共同信仰圈或共同理想圈，融合铸就 21 世纪海洋时代的新图腾理想圈、新图腾艺术圈。

## 第三节　空间总体布局

世界（环北部湾）海洋艺术廊道的构筑，是一个多领域、多因子、多系统、多层次的控制系统，是不断打破平衡、突破创新的动态系统结构演进过程。其构筑不仅需要多层级复杂内外系统的结构体系框架，也需要时间性的系统构筑，更需要空间的统筹、研究、平衡、协调、规划、落地与最后布局等，需要经历复杂的立体系统结构性动态规划过程。从构架来看，本廊道为"一圈"，"一底两轴三翼八核"，外加一支撑一超越体的总体结构。因而，从整体空间布局来看，其分区应有五大板块：外围环境保护及生态美化功能区组团、遗产本体红线保护功能区组团、产业功能区（含创意）组团、交流传播（创意）功能区组团，以及血缘基因、艺术、心灵共同体的图腾艺术及精神空间廊道功能区。从地区布局来看，其主要脉络框架如下。

南海（三沙）、北部湾海域（核心区）组团（美丽海洋、万物腾飞世界主体功能区，水下斑斓世界珊瑚保护区链、海洋各类生物保护区链、三沙海底沉船沉物红线保护区、北部湾水下文物保护区、创意产业区域链）—海南沿海及内陆组团（海南环岛海域及滨海美丽海洋生态地带，热带雨林原始森林带，文明起源之文物、非物质文化遗产及文化空间红线区保护带，黎、苗、回、疍家核心保护区，创意产业带，以及交流及图腾艺术空间走廊）—湛江、茂名组团（a. 海域及滨海美丽海洋生态地带，相关自然保护区；b. 亚热带森林带及相关自然保护区；c. 文明起源之遗产及文化空间红线区保护带；d. 古海丝路遗产文化空间红线区；e. 雷、僚文明核心保护区；f. 现代创意产业带；g. 文化交流及图腾艺术空间走廊等）—北海组团（内容同上 a、b、c、d、f、 g,重点增补:合浦大浪码头、草鞋村、合浦汉墓群、古驿道及入海航道相关段红线区。重点:疍家、客家内容及文化空间)—钦州、防城港组团(内容同上a、b、c、d、f、g,重点突出:京族、瑶族、壮族等文明核心保护区等)—南宁、玉林、崇左组团(内容同上a、b、c、d、f、g,重点突出:古海丝路内河港口航线、遗址及文化空间保护带,壮族、瑶族等文明核心保护区及迁徙扩散交融文化空间等)—其他周边地区组团。

## 一 重点产业

结合环北部湾的资源、竞争优势、时代趋势和战略定位,本廊道应集中力量打造12个重点产业:a. 海洋环境保护、自然生态及景观艺术产业;b.(蓝色文明起源及古海上丝绸之路)历史遗产红线保护及文博业;c. 民俗产业;d. 珍珠及传统手工艺创意产业;e. 文化度假、休闲、观光、探险及旅游产业;f. 蓝色演艺业;g. 影视传媒动漫游戏产业;h. 蓝色健康、养生、医疗产业;i. 蓝色时尚艺术产业;j. 智慧产业;k. 国际会展交流业;l. 心灵和图腾艺术产业。

## 二 重点打造的功能区(产业带、园区)、品牌

本廊道需要重点打造的功能区(产业带、园区)、品牌有13个,如下所述。a. 蓝色生态文明纯美自然环境品牌:包括海湾、海底世界、火山、海岛、阳光、沙滩、公园、花园、森林及自然保护区(如三亚、北海银滩等)系列,花园城市、海上花园城市、海上森林城市品牌打造。b. 蓝色文明起源之系列考古发现:含渔业文明、漂移技术、舟筏制作。c. 古海上丝绸之路品牌。d. 南珠品牌,贝雕、椰雕、坭兴陶、黎锦刺绣等传统工艺品牌。e. 系列度假休闲、娱乐、观光、探险及旅游景区景点品牌,如海底奥秘探险。f. 传说故事品牌,如北海夜明珠传说、三亚鹿回头传说等。g. 海洋表演艺术品牌,如咸水歌、人龙舞、黎族钱铃双刀舞、粤剧等。h. 黎药、苗药、疍药、京族药、壮药等养生健康品牌。i. 蓝色时装美容运动时尚艺术产业。j. 海洋战略性新兴产业、高科技产业,科技研发类智慧产业。k. 国际交流、传播与会展业品牌,如中国-东盟博览会等。l. 蓝色图腾艺术及远古文明探源系列:含古生物遗址、古人类洞穴遗址、大石铲遗址、贝丘遗址;海底文明;客家艺术圈,疍家、京族、黎族、苗族、回族、壮族、瑶族等远古文明,如龙图腾、上刀山下火海、黎族文身、世界文化遗产崇左花山岩画探秘,以及东南亚、古海上丝绸之路沿线族群远古图腾艺术圈等等。m. 蓝色民俗、礼仪、节庆品牌,如疍家婚礼、京族哈节、中国-东盟三月三欢乐节、城市幸福指数廊道。

通过以上功能区、产业带、品牌的整合打造,构筑蓝色重点产业群、地标链、

品牌链、形象链等，最终构筑环北部湾蓝色魅力城市群、蓝色时尚艺术城市带。

## 第四节 管理、人才、技术、资金等支撑体系及运作机制

环北部湾海洋艺术（国际）廊道的构架及运行，需要诸多系统支撑，包括管理支撑、创意支撑、人才支撑、技术支撑、金融支撑、政策支撑，包含了技术支持、项目洽谈、签约、贸易、文化交流、管理服务，以及恰当的运行管理体制等。这些支撑体系，可概括为"九大支撑、一大机制"，可以用图6-99来表示：

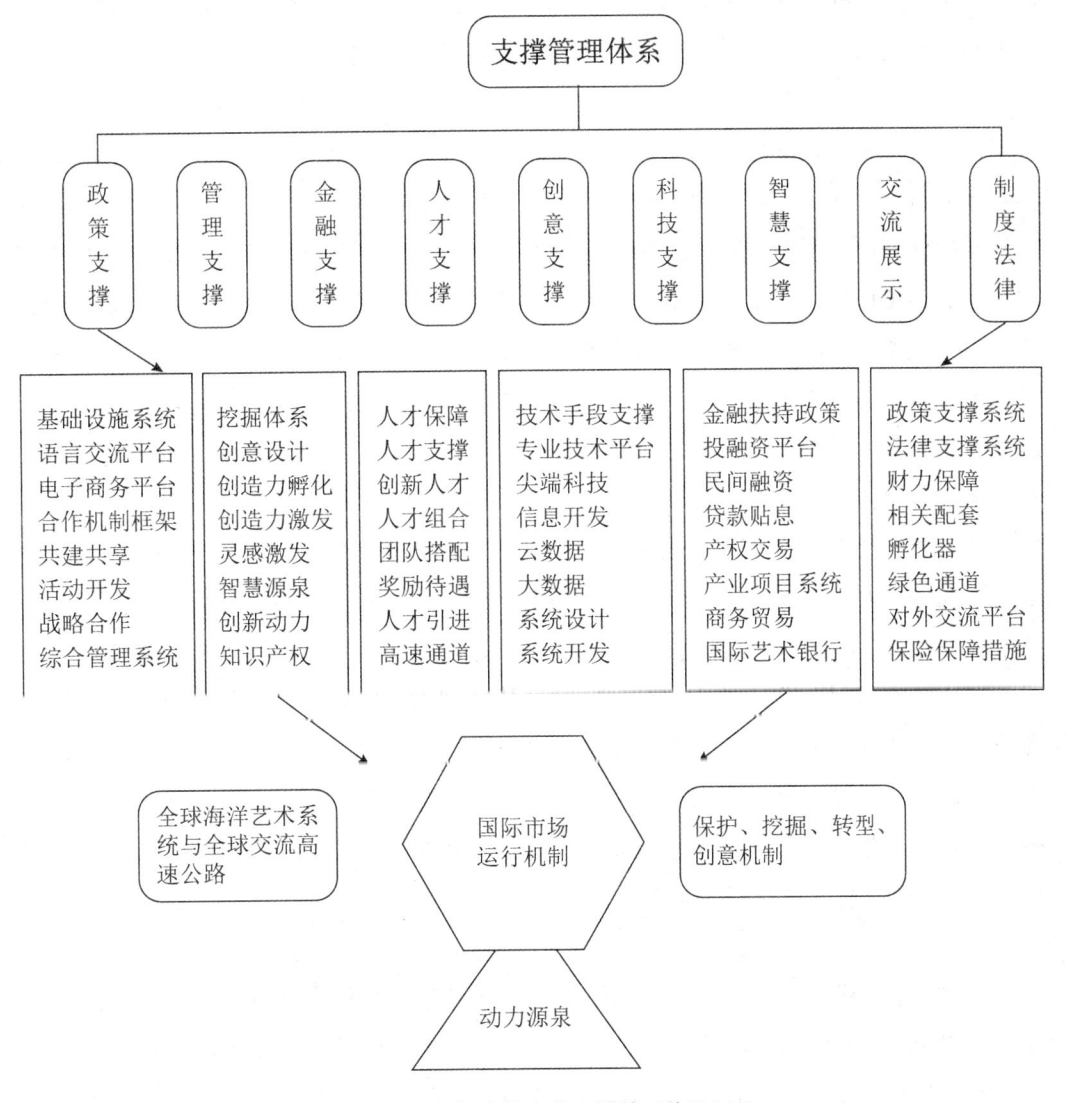

```
                           支撑管理体系
    ┌──────┬──────┬──────┬──────┬──────┬──────┬──────┬──────┬──────┐
   政策   管理   金融   人才   创意   科技   智慧   交流   制度
   支撑   支撑   支撑   支撑   支撑   支撑   支撑   展示   法律
```

| 基础设施系统 | 挖掘体系 | 人才保障 | 技术手段支撑 | 金融扶持政策 | 政策支撑系统 |
|---|---|---|---|---|---|
| 语言交流平台 | 创意设计 | 人才支撑 | 专业技术平台 | 投融资平台 | 法律支撑系统 |
| 电子商务平台 | 创造力孵化 | 创新人才 | 尖端科技 | 民间融资 | 财力保障 |
| 合作机制框架 | 创造力激发 | 人才组合 | 信息开发 | 贷款贴息 | 相关配套 |
| 共建共享 | 灵感激发 | 团队搭配 | 云数据 | 产权交易 | 孵化器 |
| 活动开发 | 智慧源泉 | 奖励待遇 | 大数据 | 产业项目系统 | 绿色通道 |
| 战略合作 | 创新动力 | 人才引进 | 系统设计 | 商务贸易 | 对外交流平台 |
| 综合管理系统 | 知识产权 | 高速通道 | 系统开发 | 国际艺术银行 | 保险保障措施 |

全球海洋艺术系统与全球交流高速公路 → 国际市场运行机制 ← 保护、挖掘、转型、创意机制

↓ 动力源泉

**图6-99 创意产业廊道支撑管理体系汇总**

对应这些体系支撑，本廊道也划分诸多功能区，包括贸易区、谈判区、金融区、

交流区、会展区、商务区、娱乐区以及服务管理区、技术支持区、研究开发区和城市综合体诸多总部基地等等。

## 第五节 超理念层：蓝色梦想、蓝色信仰、蓝色血液和心灵精神空间廊道
——血脉共同体、梦想共同体、命运共同体、信仰共同体的铸就

铸就血脉共同体、艺术共同体、梦想共同体和命运共同体，是世界（环北部湾）蓝色艺术廊道构建的理想目标及最高境界。文化是民族的血脉，是人类的精神家园。艺术是文化的精髓或灵魂，而图腾艺术是文化精髓中的精髓，灵魂中的灵魂。廊道各个圈层、各系统的构建，既相对独立，更相互依赖、交叉融合、相互促进，但构筑的终点，只有一个：超图腾艺术共同体、血脉共同体、梦想共同体、命运共同体和信仰共同体的铸就。这个信仰共同体的内部竞争力构成体系有以下 8 个内容。其一，共同体认同的根基——历史渊源、图腾印记、DNA 根源。"血脉共同体"的构建，需要牢固深厚的历史根基、文化根基和 DNA 根基。为此，既要梳理各个族群、各个地区的遗产圈、文化圈、艺术圈、图腾信仰圈的点、线、圈内部状况，梳理其文化体系，更要梳理各个族群圈、文化圈、遗产圈、图腾信仰艺术圈之间的关系，厘清其渊源、脉络、通道及相互关系，通过强有力的廊道手段或能量极，如蓝色文明之根廊道、世界海上丝绸之路起源传播文化空间，或重要图腾文明圈，将各个环节击破、打通、穿越、挖掘、展示和构筑，构建廊道认同的文化根基。"海洋是人类生命的共同体，更是人类文明的共同体、人类历史的共同体。"[1] 共同的历史渊源，共同的祖先、血脉基因或图腾要素，是血脉共同体产生的根基。为此，要夯实文化根基系统，构建蓝色血液生命共同体循环通道，为海洋文明伟大复兴建立支柱。其二，共同体认同的催化剂——互动交流交融。通过宽领域、多层次、形式广的交流体系构筑，深化与东南亚、海丝路沿线国家地区的艺术交流、文化交流、心灵交流、情感交流，实现深度对接，最终产生感应、理解、尊重、认同和震撼。通过广泛参与世界文明对话，借鉴吸收人类优秀文化成果，促使文化多样性碰撞交流，最终碰撞出文明的新火花。其三，共同体认同的外在诱因——利益诱因。追求利益最大化，是特定主体或个人的本能原则。也只有当这个共同体能为成员带来利益，能帮助成员实现仅靠其个体力量将永远无法实现的特定目标之时，共同体的内在整合力才会产生。且当这个满足原则成为组织运行机制之时，框架就趋于稳定。因而，在本层次，利益是重要诱因，互利互助是关键。关键原

---

[1] 资料来源：满族说部研究会成立会上台湾学者冯台源先生发言稿。

则：利益整合原则、相互促进原则、共同立场规则、利益最大化原则。其四，共同体认同的内因——情感、立场、尊重、认同、相互需要。要构筑共同体，必须先解决情感基础、情感根基问题，再由此产生较高层次的尊重、需要及深层次认同问题。为此，要以艺术表达为途径，精心构筑情感体系，激发情感，固化认同，进而催生向心力。其五，共同体的根本支撑——理想、信念、价值、使命。共同体的运转除了需要体制机制之外，更需要核心动力支撑。对于本廊道这个面向东盟和海上丝绸之路的血脉共同体、信仰共同体来说，其运转的根本支撑是理想支撑、信念支撑、价值支撑和使命支撑。价值、目标、理想、使命形成动力的源泉。因而，必须构筑理念信念体系，强化内生动力支撑。其六，共同体的外生力——危机、挑战。创造力、影响力，以及既定目标的实现能力，是共同体的生命线。因而，唯有不断开创、不断创新，不断实现既定目标，才能延续生存，受得住各种危机、挑战和历史的考验，才能激发能量、永葆生机。其七，共同体认同的武器——符号、感召力、共同信条。命运共同体的构筑，需要符号表达，需要外在形象高度统一。为此，需要共同的目标、共同的行动、共同的声音、共同的力量、共同的形象，需要共同符号的提取与设计。其八，共同体的灵魂：超图腾信仰、梦想共同体、命运共同体、信仰共同体。共同体构筑的最高境界，就是灵魂、心灵和信仰。这条心灵共同体、梦想共同体、命运共同体、信仰共同体既脱胎于古图腾烙印和血脉标记，又超越历史，超越现实，超越时空，迎接时代发展趋势，引领时代潮流和人类发展未来，朝着造福人类的真、善、美自由境界发展。通过深厚历史根基，借助于图腾艺术的深层性、内在性、潜能性，通过跨时空文明碰撞与文明对话，全面激发人的心灵、智慧和创造性，展示共同的美好理想蓝图，展示蓝色未来时代的无穷魅力，共同铸就这个"血缘共同体""心灵共同体""梦想共同体"和"命运共同体"的壮丽辉煌。

# 展　　望

　　世界（环北部湾）海洋艺术廊道的构建不仅仅是环北部湾创意产业廊道的构建，也是国家形象、魅力、感召力、创造力的设计构筑过程，更是全世界特别是海丝路沿线国家地区共同理想、共同目标、共同魅力、共同感召力，以及共同心灵的构筑过程。这条蓝色艺术大动脉、智慧大动脉的构筑，是一个世界性工程。北部湾海洋艺术（国际）廊道的构筑，仅仅是这条世界性大动脉的一小片段、一小部分，也仅仅是个开始。北部湾段是第一步，中国沿海城市是第二步，东南亚片段是第三步，古海上丝绸之路沿线的南亚、西亚、东非、北非是第四步骤，而欧洲地中海片段的构筑，则为第五步（见图7-1）。通过上述几大步的相关区域无数"文化碎片"的修补、拼接、创意、想象力展示，一条惊人的世界性奇迹、世界海洋艺术"长龙"将屹立于世界的海洋空间之上，将为未来人类的进步发展做出巨大贡献。

　　这条世界艺术长廊的构筑，需要提炼其自身内部的文化多样性元素，提炼其自身的文明艺术符号及图腾系统。中国作为这条世界性共享工程的发起国，对这条世界性血脉工程、幸福工程、美丽工程的成败及未来走向有关键性的影响，中国更有责任、有义务起到引领、示范和带动作用。本廊道的构筑应该从环北部湾第一站开始。本区域的构建应深入系统提炼环北部湾海洋文明艺术符号，并将之纳入国家形象符号、共同体信仰符号体系的构建。环北部湾海洋艺术（国际）廊道构筑展示出的中国国家形象、民族精神、共同体信仰符号，至少有以下关键符号链：纯洁（珍珠、银滩）、包容共处（海纳百川、龙）、宽容、仁爱（妈祖）、善良（泪珠、海螺姑娘）、忠贞（夜明珠）、和平（儒）、力量（龙）、悠久（洞穴遗址、筏、傩）、热情（火山岛）、开放互利（古海丝路）、开拓进取（海丝路）、探索（渔猎漂移、花山岩画）、创新、美（美人鱼）、幸福（京族哈节）、快乐（东海岛人龙舞、三月三节）、交融、和谐。这些关键符号和精神相互交织，相互吸收，融合发展，将不断地跨出区域界限、民族界限和

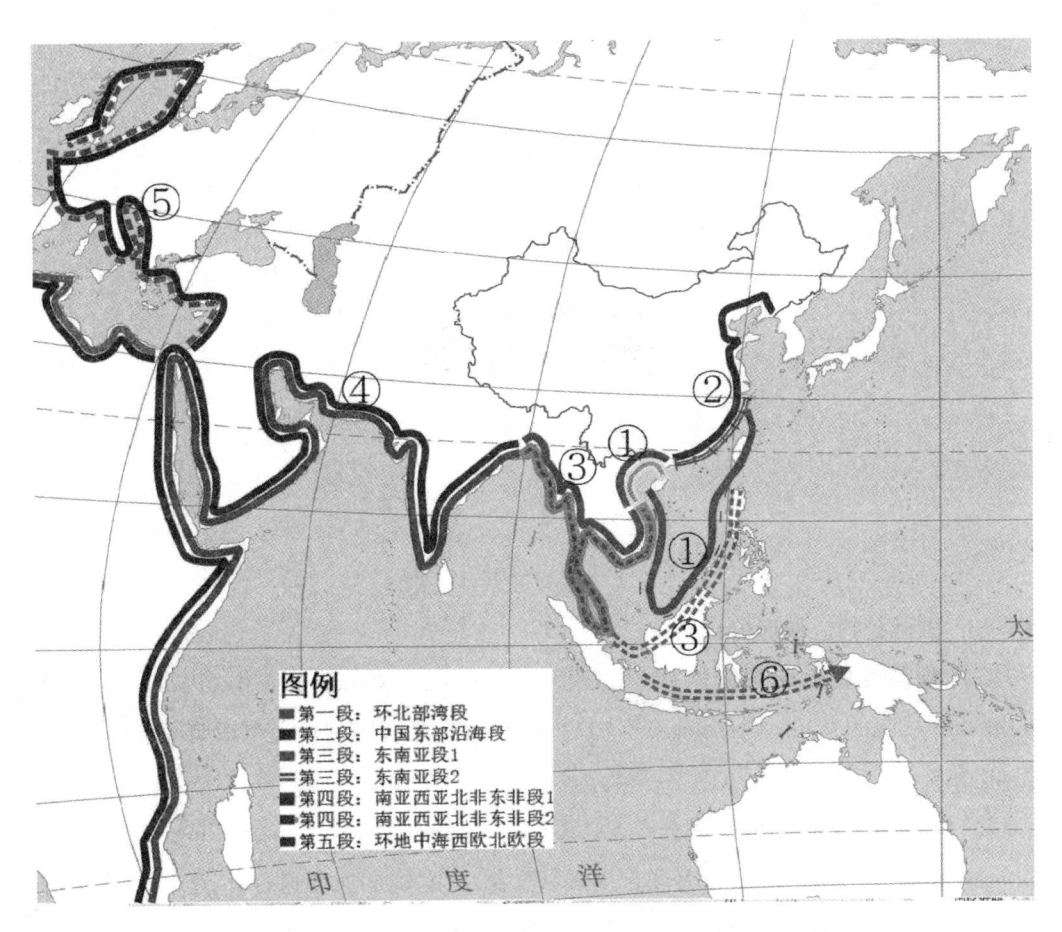

图 7-1 世界海上丝绸之路血脉艺术廊道"五段"步骤图

国家界限，上升为区域性乃至全球性主流符号，成为世界潮流的引领者和开创者，不断为世界海洋文明以及人类自身的发展繁荣做出应有的贡献。

# 参考文献

### 一 国际公约、政府公告

1. 《保护世界文化和自然遗产公约》(Convention Concerning the Protection of the World Cultural and Natural Heritage), 1972 年 11 月, 联合国教科文组织第十七次大会通过, 巴黎。

2. 《保护非物质文化遗产公约》(the Convention for the Safeguarding of Intangible Cultural Heritage), 2003 年 10 月联合国教科文组织第 32 届大会通过。

3. 《联合国海洋法公约》(United Nations Convention on the Law of the Sea), 1982 年。

4. 《推动共建丝绸之路经济带和 21 世纪海上丝绸之路的愿景与行动》, 2015 年 3 月 28 日中华人民共和国国家发展改革委、外交部、商务部发布。

### 二 专著部分

5. Liu, Xinru. *Early Commercial and Cultural Exchanges between India and China, First—Sixth Centuries A. D*, Philadelphia: University of Pennsylvania Press, 1985.

6. Cooke, Nola & Li Tana, James A. Anderson. *The Tongking Gulf through History*, Philadelphia: University of Pennsylvania Press, 2011.

7. Wicks, Robert S., *Money, Markets, and Trade in Early Southeast Asia*, NY: Cornell Southeast Asia Program Publications, 1992.

8. ［美］斯塔夫里阿诺斯:《全球通史》, 吴象婴、梁赤民译, 北京大学出版社 2006 年版。

9. ［美］塞缪尔·亨廷顿:《文明的冲突与世界秩序的重建》, 周琪等译, 新华出版社 2002 年版。

10. ［美］克利福德·格尔茨：《文化的解释》，韩莉译，译林出版社2008年版。

11. ［美］克利福德·吉尔兹：《地方性知识：阐释人类学论文集》，王海龙、张家宜译，中央编译出版社2000年版。

12. ［英］布罗尼斯拉夫·马林诺夫斯基：《西太平洋的航海者》，梁永佳、李绍明译，华夏出版社2002年版。

13. ［法］费琅：《昆仑及南海古代航行考·苏门答剌古国考》，冯承钧译，中华书局2002年版。

14. 鸠摩罗什：《阿弥陀经》，黑龙江人民出版社1994年版。

15. ［新加坡］韩槐準：《南洋遗留的中国外销瓷》，新加坡青年书局1960年版。

16. ［德］马克思：《十八世纪外交史内幕》，人民出版社1979年版。

17. ［英］C. R. 博克舍：《十六世纪中国南部行记》，何高济译，中华书局1990年版。

18. ［荷］威·伊·邦达库：《东印度航海记》，姚楠译，中华书局1982年版。

19. ［日］三杉隆敏：《海のシルクロード——中国磁器の海上運輸と染付編年の研究》，日本东京恒文社1977年版。

20. ［日］三上次男：《陶磁の道——東西文明の接点をたずねて》，日本岩波书店1969年版。

21. ［日］石田幹之助：《南海に関する支那史料》，日本东京生活社1945年版。

22. ［英］大卫·赫斯蒙德夫：《文化产业》，张菲娜译，中国人民大学出版社2007年版。

23. ［英］莱顿：《艺术人类学》，李东晔译，广西师范大学出版社2009年版。

24. ［英］熊彼特：《经济发展理论》，杜贞旭等译，中国商业出版社2009年版。

25. ［美］约翰·O. 西蒙兹：《景观设计学——场地规划与设计手册》，俞孔坚译，中国建筑工业出版社2009年版。

26. ［英］约翰·霍金斯：《创意经济》（第1版），洪庆福译，上海三联书店2006年版。

27. ［秘鲁］赫尔南多·德·索托：《资本的秘密》，王晓东译，江苏人民出版社2001年版。

28. 曲金良主编：《中国海洋文化史长编》（五卷本），中国海洋大学出版社2007年版。

29. 曲金良主编：《中国海洋文化研究》（辑刊），海洋出版社1999年、2000年、2002年版。

30. 曲金良：《海洋文化概论》，中国海洋大学出版社1999年版。

31. 曲金良：《海洋文化与社会》，中国海洋大学出版社2003年版。

32. 国家海洋局机关党委办公室编：《中国海洋文化论文选编》，海洋出版社 2008 年版。

33. 梁二平、郭湘玮：《中国古代海洋地图举要》，海洋出版社 2012 年版。

34. 崔京生：《海洋志》，中国青年出版社 2012 年版。

35. 方豪：《中西交通史》，上海人民出版社 2008 年版。

36. 陈佳荣：《中外交通史》，香港学津书店出版社 1987 年版。

37. 章巽：《我国古代的海上交通》，上海新知识出版社 1956 年版。

38. 李庆新：《海上丝绸之路》，五洲传播出版社 2006 年版。

39. 苏冰主编：《海上丝绸之路·西洋篇》，东北朝鲜民族教育出版社 1994 年版。

40. 张建国编：《海上丝绸之路·东洋篇》，东北朝鲜民族教育出版社 1994 年版。

41. 广东省文物管委会：《南海丝绸之路文物图集》，广东科技出版社 1991 年版。

42. 李建生：《南海"海上丝绸之路"始发港——雷州城》，海洋出版社 1995 年版。

43. 吴伟峰等：《海上丝绸之路遗珍——越南出水陶瓷》，科学出版社 2009 年版。

44. 冯承钧：《中国南海交通史》，上海古籍出版社 2005 年版。

45. 冯承钧：《西域南海史地考证译丛七编》，商务印书馆 1995 年版。

46. 龚缨晏：《中国"海上丝绸之路"研究百年回顾》，浙江大学出版社 2011 年版。

47. 龚缨晏：《20 世纪中国海上丝绸之路研究集萃》，浙江大学出版社 2011 年版。

48. 吴春明：《海洋考古学》，文物考古出版分社 2007 年版。

49. 王幼平：《旧石器时代考古》，文物出版社 2000 年版。

50. 李金明：《中国古代海外贸易史》，广西人民出版社 1995 年版。

51. 庄景辉：《海外交通史迹研究》，厦门大学出版社 1996 年版。

52. 汶江：《古代中国与亚非地区海上交通》，四川省社会科学院出版社 1989 年版。

53. 范文涛：《郑和航海图考》，商务印书馆 1945 年版。

54. 常任侠：《海上丝路与文化交流》，海洋出版社 1985 年版。

55. 冯承钧：《中国南洋交通史》，商务印书馆 1937 年版。

56. 张荣芳、黄淼章：《南越国史》，广东人民出版社 1995 年版。

57. 广州文管会：《西汉南越王墓》，文物出版社 1991 年版。

58. 林业强：《南越王墓玉器》，香港两木出版社 1991 年版。

59. 张金莲：《发展与变迁：古代中越水陆交通研究》，博士学位论文，暨南大学，2006 年。

60. 《中国古外销瓷研究资料》（第 1 辑），1981 年，中国古外销瓷研究会内部资料汇编。

61. 马文宽、孟凡人：《中国古瓷在非洲的发现》，紫禁城出版社 1987 年版。

62. 熊昭明、李青会：《广西出土的汉代玻璃器的考古学与科技研究》，文物出版社 2011 年版。

63. 中国社科院考古研究所：《新中国的考古发现和研究》，文物出版社 1984 年版。

64. 徐志良：《海洋龙脉》，海洋出版社 2009 年版。

65. 中国社科院考古研究所：《华南及东南亚地区史前考古》，文物出版社 2006 年版。

66. 广西壮族自治区文化厅、广西文物局编：《广西壮族自治区第三次全国文物普查不可移动文物名录》，广西科学技术出版社 2013 年版。

67. 韩振华：《中国与东南亚关系史研究》，广西人民出版社 1992 年版。

68. 吴春明：《从百越土著到南岛海洋文化》，文物出版社 2012 年版。

69. 王建民：《中国民族学史》，云南民族出版社 1998 年版。

70. 吴春明：《海洋遗产与考古》，科学出版社 2012 年版。

71. 乌丙安：《非物质文化遗产保护理论与方法》，文化艺术出版社 2010 年版。

72. 季诚迁：《古村落非物质文化遗产保护研究》，中央民族大学出版社 2011 年版。

73. 陈文：《城市非物质文化遗产保护研究》，西北大学出版社 2007 年版。

74. 纪文静：《中国非物质文化遗产旅游开发研究》，华中师范大学出版社 2007 年版。

75. 陶立璠：《非物质文化遗产学论集》，学苑出版社 2006 年版。

76. 傅崐成：《水下文化遗产的国际法保护》，法律出版社 2006 年版。

77. 王建民：《艺术人类学新论》，民族出版社 2008 年版。

78. 张维华：《中国古代对外关系史》，高等教育出版社 1993 年版。

79. 周一良：《中外文化交流史》，河南人民出版社 1987 年版。

80. 黄启臣编：《广东海上丝绸之路史》，广东经济出版社 2003 年版。

81. 吴传钧主编：《海上丝绸之路研究：中国·北海合浦海上丝绸之路始发港理论研讨会论文集》，科学出版社 2006 年版。

82. 黄德海等：《合浦与海上丝绸之路》，《北海文史》（第十八辑），政协北海市委员会文史资料委员会 2004 年编。

83. 梁旭达：《丝路古港从合浦起航》，广西人民出版社 2009 年版。

84. 韩湖初：《合浦汉代文物谈》，广西师范大学出版社 2011 年版。

85. 合浦县政府等：《北海合浦海上丝绸之路史》，广西人民出版社 2008 年版。

86. 广西壮族自治区文物工作队：《合浦风门岭汉墓》，科学出版社 2006 年版。

87. 广西壮族自治区博物馆编：《广西考古文集》，文物出版社 2004 年版。

88. （西汉）司马迁：《史记》，中华书局 1959 年标点本。

89. （东汉）班固：《汉书》，中华书局1962年标点本。

90. （东汉）杨孚：《异物志》，中华书局1985年整理本。

91. （南朝）范晔：《后汉书》，中华书局1982年整理本。

92. （晋）陈寿：《三国志》，中华书局1959年标点本。

93. （后晋）刘昫：《旧唐书》，中华书局1975年标点本。

94. （北魏）郦道元：《水经注全译》，陈桥驿等注，贵州人民出版社1996年标点本。

95. （唐）义净：《大唐西域求法高僧传校注》，中华书局1988年整理本。

96. （唐）慧超：《往五天竺传残卷》，中华书局2000年整理本。

97. （唐）慧皎：《高僧传》，中华书局1991年整理本。

98. （宋）乐史：《太平御览》，上海古籍出版社1987年整理本。

99. （宋）李昉：《天平广记》，中华书局2008年标点本。

100. （宋）司马光：《资治通鉴》，中华书局1965年整理本。

101. （宋）周去非：《岭外代答》，广陵书社2003年标点本。

102. （宋）赵汝适：《诸番志》，商务印书馆1937年标点本。

103. （宋）赞宁：《宋高僧传》，中华书局1987年整理本。

104. （宋）范成大：《桂海虞衡志》，全国图书馆文献缩微中心1986年影印本。

105. （元）汪大渊：《岛夷志略校释》，苏继顾校释，中华书局1981年整理本。

106. ［意］马可·波罗：《马可·波罗游记》，梁生智译，中国文史出版社1998年整理本。

107. （明）黄佐：《广东通志》，大东图书公司1977年影印本，第1卷。

108. （明）郑抱素纂：《廉州府志》，北京图书馆出版社2002年版。

109. （明）张燮：《东西洋考》，中华书局1981年版。

110. （明）黄省曾：《西洋朝贡典录》，中华书局1991年影印本。

111. （明）马欢：《瀛涯胜览》，全国图书馆文献缩微中心2007年影印本。

112. （清）阮元：《广东通志》，广东人民出版社1981年版。

113. （清）屈大均：《广东新语》，中华书局1985年版。

114. （清）郑梦玉：《南海续志》，同治十一年（1872年）线装本。

115. （清）梁廷枏：《海国四说》，中华书局1993年整理本。

116. （清）林如瓖：《合浦县志》，全国图书馆缩微文献复制中心1992年影印本。

117. （清）徐成栋纂：《廉州府志》，中国书店出版社2002年整理本。

118. （清）郑荣：《南海县志》，宣统三年刊刻本。

119. 《南域志》

120. 《交广二州春秋》

121. （明）欧大任《百越先贤志》

122. （晋）刘欣期《交州记》

123. （清）吴震方《岭南杂记》

124. （清）《琼黎风俗图》

125. 《皇清职贡图》九卷

126. 《清代黎族风俗图》

127. 《广东通史》

128. 《广东舆图》

129. 《北海文史》

130. 《合浦珍珠志》

131. （清）谢启昆：《广西通志》，清嘉庆五年线装本。

132. （清）徐成栋纂修，孙焘校正：《廉州府志》，清康熙六十年线装印。

133. ［日］小叶田淳：《海南岛史》，张迅齐译，台湾学海出版社1979年版。

134. ［法］萨维纳，《海南岛志》，辛世彪译，漓江出版社2012年版。

135. ［德］史图博：《海南岛民族志》，中国科学院广东民族研究所1964年藏版。

136. 陈植：《海南岛新志》，商务印书馆1949年版。

137. 林日举：《海南史》，吉林人民出版社2002年版。

138. 沈志成主编：《海南文化遗存》（上、下卷），南海出版公司2014年版。

139. 林日举：《海南民族概论》，海南出版社2008年版。

140. 梁鸿勋：《北海杂录》，香港中华印务有限公司1905年版。

141. 黄新伟：《广东省志》，广东人民出版社1999年版。

142. 钟文典：《广西通史》，广西人民出版社1999年版。

143. 北海市地方志编纂委员会编：《北海市志》，广西人民出版社2002年版。

144. 吴彩珍编：《合浦县志》，广西人民出版社1994年版。

145. 广东省博物馆：《广东文物普查成果图》，广东科技出版社1990年版。

146. 《广东省文物考古资料选集》，广东省博物馆内部资料汇编，1992年。

147. 广东省博物馆编：《西沙文物》，文物出版社1974年版。

148. 《南海海上交通贸易两千年》（全彩图），广州博物馆收藏本。

149. 广东省文物管理委员会等编：《南海海上丝绸之路文物图集》，广东科技出版社1991年版。

150. 国家民委全国少数民族古籍整理研究室：《中国少数民族古籍总目提要》（黎族卷·苗族卷·京族卷），中国大百科全书出版社2008年版。

151. 林日举：《海南少数民族现代化问题研究》，四川民族出版社2000年版。

152. 广西壮族自治区党委、自治区政府编：《广西百科全书》，中国大百科全书出版社 2008 年版。

153. 广东百科全书编纂委员会：《广东百科全书》，中国大百科全书出版社 1995 年版。

154. 海南百科全书编纂委员会：《海南百科全书》，中国大百科全书出版社 1999 年版。

155. 白云：《广西疍家话语音研究》，广西人民出版社 2007 年版。

156. 陈序经：《疍民的研究》，商务印书馆 1946 年版。

157. 黄家蕃：《南珠春秋》，广西人民出版社 1991 年版。

158. 蔡怀能：《中国南珠》，广西科学技术出版社 1991 年版。

159. 钟珂：《民国以来京族海洋渔捞习俗变迁及其文化蕴涵研究》，博士学位论文，广西师范大学，2010 年。

160. 舟山市政协文史和学习委员会、嵊泗县政协：《舟山海洋龙文化》，海洋出版社 1999 年版。

161. 谭棣华：《南海神庙与海上丝绸之路》，载黄鹤、秦柯《交融与辉映——中国学者论海上丝绸之路》，广东旅游出版社 2001 年版。

162. 刘月莲：《妈祖信仰与中国海上交通》，博士学位论文，暨南大学，1997 年。

163. 周濯街：《妈祖》，团结出版社 1999 年版。

164. 李露露：《妈祖信仰》，学苑出版社 1994 年版。

165. 罗春荣：《妈祖文化研究》，天津古籍出版社 2006 年版。

166. 蔡长奎：《妈祖文化艺术研究》，天津古籍出版社 2009 年版。

167. 蒋维锬：《妈祖研究文集》，海风出版社 2006 年版。

168. 苏勇军：《浙江海洋文化产业发展研究》，海洋出版社 2011 年版。

169. 柳和勇：《舟山群岛海洋文化论》，海洋出版社 2006 年版。

170. 张开城：《广东海洋文化产业》，海洋出版社 2009 年版。

171. 黄鸿钊：《澳门海洋文化的发展和影响》，广东人民出版社 2010 年版。

172. 陈智勇：《海南海洋文化》，海南出版社 2008 年版。

173. 王赓武：《南海贸易与南洋华人》，香港中华书局 1988 年版。

174. 闫彩琴：《17 世纪中期至 19 世纪初越南华商研究》，博士学位论文，厦门大学，2007 年。

175. 刘迎胜：《丝路文化》（海上卷），浙江人民出版社 1995 年版。

176. 王元林：《国家祭祀与海上丝路遗迹——广州南海神庙研究》，中华书局 2006 年版。

177. 上海海事大学、岱山县人民政府：《中国民间海洋信仰与祭海文化研究》，海洋出版社 1999 年版。

178. 司徒尚纪：《中国南海海洋文化》，中山大学出版社2009年版。

179. 张莉：《中国珍珠产业振兴研究》，中国经济出版社2004年版。

180. 李幼常：《国内旅游演艺研究》，博士学位论文，四川师范大学，2007年。

181. 刘滨谊：《现代景观规划设计》，东南大学出版社1999年版。

182. 颜丽丽：《我国世界遗产旅游开发研究》，博士学位论文，上海师范大学，2005年。

183. 胡颖：《论历史街区的非物质文化遗产保护》，博士学位论文，华东师范大学，2006年。

184. 廖嵘：《非物质文化景观旅游规划设计》，博士学位论文，同济大学，2006年。

185. 喻学才：《文化遗产保护与风景名胜区建设》，科学出版社2010年版。

186. 单霁翔：《文化遗产保护与城市文化建设》，中国建筑工业出版社2009年版。

187. 中共广西壮族自治区党委宣传部：《风生水起北部湾》，广西师范大学出版社2007年版。

188. 吕余生、古小松：《泛北部湾合作发展报告》，社会科学文献出版社2011年版。

189. 陈文捷：《北部湾旅游可持续发展战略研究》，中国社会科学出版社2011年版。

190. 吕余生：《广西北部湾地区历史文化资源保护与开发研究》，广西人民出版社2011年版。

191. 王锋：《北部湾海洋文化研究》，广西人民出版社2010年版。

192. 蒋开科：《北部湾海洋文化论坛论文集》，广西人民出版社2010年版。

193. 潘琦主编：《广西环北部湾文化研究》，广西人民出版社2002年版。

194. 韦海鸣：《广西北部湾经济区经济整合研究》，中国经济出版社2009年版。

195. 胡均民等：《"软实力"的提升与环北部湾（广西）区域的发展》，中央民族大学出版社2007年版。

196. 廉德瑰：《日本的海洋国家意识》，时事出版社2012年版。

197. 曲金良：《中国海洋文化观的重建》，中国社会科学出版社2009年版。

198. 冯梁编：《亚太主要国家海洋安全战略研究》，世界知识出版社2012年版。

### 三 论文部分

199. Anderson, James A. *China's Southwestern Silk Road in World History*, World History Connected, Vol. 1, June 2009.

200. 彦方：《东亚、北美泛太平洋早期航海贸易的考古新进展》，《南方文物》2016年第9期。

201. 吴春明：《黔东南台江施洞"子母船"在太平洋文化史上的意义》，《贵州民族研究》2008 年第 10 期。

202. 吴春明：《史前航海舟船的民族考古学探索》，《海交史研究》2009 年第 12 期。

203. 黄亚琪：《太平洋上的航海者——南岛语族岩画中的"船"形研究》，《东南文化》2016 年第 12 期。

204. 付永旭：《绳与绳纹的民族考古调查、实验与研究》，《南方文物》2016 年第 12 期。

205. 傅宪国：《论有段石锛和有肩石器》，《考古学报》1988 年第 1 期。

206. 盛桂莲、赖旭龙等：《宋凌峰古 DNA 研究 35 年回顾与展望》，《中国科学：地球科学》2016 年第 12 期。

207. 卢美松、欧潭生：《海上丝绸之路溯源——兼论古代南方蛮族的历史性贡献》，《南方文物》1992 年第 4 期。

208. 王涛、袁广阔：《古代中国与美洲交往研究检视》，《南方文物》2015 年第 12 期。

209. 吴春明、陈文：《"南岛语族"起源研究中"闽台说"商榷》，《民族研究》2003 年第 7 期。

210. 吴春明：《菲律宾史前文化与华南的关系》，《考古》2008 年第 9 期。

211. 廖国一、黄华枢：《环北部湾沿岸古代文化的考古发现和研究》，《广西民族研究》1998 年第 2 期。

212. 广西壮族自治区文物工作队、合浦县博物馆：《合浦县凤门岭、望牛岭汉墓》，《中国考古学年鉴》1986 年第 5 期。

213. 广西文物考古所：《广西合浦寮尾东汉三国墓发掘报告》，《考古学报》2012 年第 4 期。

214. 张居英、陆露：《广西合浦县母猪岭汉墓的发掘》，《考古》2007 年第 2 期。

215. 合浦县博物馆：《广西合浦县丰门岭 10 号汉墓发掘简报》，《考古》1993 年第 3 期。

216. 陈洪波：《汉代海上丝绸之路出土金珠饰品的考古研究》，《广西师范大学学报》2012 年第 1 期。

217. 梁旭达、邓兰：《汉代合浦与海上丝绸之路》，《广西民族研究》2001 年第 3 期。

218. 王元林：《两汉合浦、徐闻与南海丝路的关系》，《广西民族研究》2004 年第 4 期。

219. 蒋廷瑜：《"劳邑执到"琥珀印考》，《中国历史文物》2004 年第 4 期。

220. 王元林等：《"南海Ⅰ号"宋代沉船 2014 年的发掘》，《考古》2016 年 12 月 25 日第 5 版。

221. 王艳蓉、朱铁权、冯泽阳等：《"南海Ⅰ号"出水古陶瓷器科技分析研究》，《岩矿测试》2014 年第 3 期。

222. 熊昭明：《合浦·汉代海上丝绸之路始发港》，《中国文化遗产》2008 年第 5 期。

223. 曾昭璇等：《西瓯国与海上丝绸之路》，《岭南文史》2004 年第 3 期。

224. 黄纯艳：《宋代与交趾的贸易》，《中国社会经济史研究》2009 年第 2 期。

225. 朱文慧、王元林：《宋代广南西路的三大博易场和海南岛的对外贸易》，《海南大学学报》2010 年第 5 期。

226. 陆芸：《海上丝绸之路与宗教文化的交流》，《中国宗教》2007 年第 10 期。

227. 马强：《远去的船队：广州伊斯兰文化千年血脉》，《寻根》2004 年第 3 期。

228. 吴建华：《海上丝绸之路与粤洋西路之海盗》，《湛江师范学院学报》2002 年第 2 期。

229. 何靖：《乾嘉时期粤洋西路海盗猖獗的原因浅谈》，《传承》2008 年第 11 期。

230. 廖寅：《汉唐时期中国与南海诸国之关系》，《学术论坛》2007 年第 11 期。

231. 邓兰：《白龙珍珠城古碑考》，《广西社会科学》2003 年第 5 期。

232. 高伟浓：《合浦珠史杂考》，《岭南文史》1987 年第 2 期。

233. 萧德浩：《北部湾海上通道概说》，《学术论坛》1993 年第 1 期。

234. 赵亮、张争胜等：《〈更路簿〉对海上丝路南海空间格局构建的研究》，《南海学刊》2015 年第 12 期。

235. 李庆新：《从考古发现看秦汉六朝时期的岭南与南海交通》，《史学月刊》2006 年第 10 期。

236. ［日］藤田丰八：《前漢に於ける西南海上交通の記錄》，《東西交涉史の研究（南海編）》，东京荻原星文馆 1932 年版。

237. 李洪甫：《论环太平洋地区岩画中的人物图像》，《韩国研究》（第四辑）2000 年。

238. 朱利峰：《环太平洋"人面岩画"研究述略》，《三峡论坛》2015 年第 11 期。

239. 张利群、张逸：《花山岩画之"纹"与骆越"文身"关系辨析》，《广西教育学院学报》2016 年第 10 期。

240. 於梅：《广西宁明花山岩画图像的造型》，博士学位论文，中央民族大学，2009 年。

241. 黄亚琪：《左江蹲踞式人形岩画研究》，博士学位论文，中央民族大学，2012 年。

242. 林琳：《论古代南方少数民族的纹身艺术》，《民族艺术》1995 年第 5 期。

243. 宋建峰：《独龙纹面女历史隐踪与绝地绝域民族地区发展的人类学考察》，《黑龙江民族丛刊》2013 年第 8 期。

244. 把红梅：《独龙族纹面特点阐述》，《艺术教育》2014 年第 12 期。

245. 刘淑娟：《生命荣耀的象征——泰雅族面部纹饰上的艺术表现》，《装饰》2011 年第 2 期。

246. 赖文君：《黎族文身史研究》，《海南师范大学学报》2012 年第 5 期。

247. 赵敏：《论原始人类体饰的形式及起源》，《苏州大学学报》2003 年第 9 期。

248. 林琳：《论古代百越及其后裔民族的纹身艺术》，《广西民族研究》2005 年第 3 期。

249. 晓梅、家祥：《论百越族裔的纹身与龙崇拜》，《思想战线》1998 年第 11 期。

250. 刘琼，文珍：《语言·地名·纹面·祖灵崇拜——论海南黎族文化的影像传播研究》，《大众文艺》2014 年第 6 期。

251. 高嬿：《中国南方少数民族竹制乐器与越南各民族竹制乐器比较研究》，硕士学位论文，广西艺术学院，2012 年。

252. 叶红旗：《台湾高山族乐器研究》，博士学位论文，南京艺术学院，2008 年。

253. 曹量：《海南岛黎族地区竹乐器研究》，《贵州大学学报》（艺术版）2013 年第 9 期。

254. 刘雯：《海南黎族骨簪艺术的研究》，硕士学位论文，湖南师范大学，2014 年。

255. 王公法、阳尕等：《黎族钱铃双刀考察研究》，《科技信息》2009 年第 12 期。

256. 周怡：《原始美术与原始舞蹈》，《齐鲁艺苑》1996 年第 9 期。

257. 邢植朝、詹贤武：《高山族和黎族传统婚俗比较研究》，《新东方》2009 年第 9 期。

258. 袁炳昌：《从东南沿海乐器传播看民族文化交流》，《中国音乐》1990 年第 12 期。

259. 周翔：《海南黎族、苗族"三月三"节日习俗演变及现状》，《广西民族师范学院学报》2012 年第 9 期。

260. 欧阳焱：《海南世居黎族神话母题的文学价值与人文性》，《语文建设》2015 年第 6 期。

261. 陈俐如：《台湾原住民文化及其视觉表达》，硕士学位论文，中国美术学院，2015 年。

262. 施联朱：《高山族族源考略》，《民族研究》1982 年第 4 期。

263. 蔡家麒：《自然·图腾·祖先——原始宗教初探》，《哲学研究》1982 年第

5 期。

264. 刘晓霜：《〈赛德克·巴莱〉祖灵信仰之文化阐释》，硕士学位论文，西安外国语大学，2016 年。

265. 陈虞添：《骆越青铜文化研究》，硕士学位论文，广西师范大学，2012 年。

266. 陈国强：《论百越民族文化特征》，《中华文化论坛》1999 年 1 月。

267. 陈海春：《北海疍家》，《广西文史》2008 年第 7 期。

268. 罗新：《北海疍家龙母信仰文化及其旅游开发价值》，《语文学刊》2011 年第 5 期。

269. 张火军：《北海疍家民俗文化旅游开发研究》，《梧州学院学报》2011 年第 5 期。

270. 刘其光：《试论广西北海疍家传统禁忌文化》，《法制与社会》2011 年第 3 期。

271. 黄安辉：《中国京族研究综述》，《广西民族研究》2010 年第 2 期。

272. 蓝武芳：《海洋文化的重要非物质文化遗产——京族哈节的调查报告》，《民间文化论坛》2006 年第 2 期。

273. 廖国一：《东兴京族海洋文化资源开发》，《西南民族大学学报》2005 年第 1 期。

274. 蓝武芳：《京族海洋文化遗产保护》，《广东海洋大学学报》2007 年第 7 期。

275. 李锦辉：《南海周边主要国家海底文化遗产保护政策分析及启示》，《太平洋学报》2011 年第 6 期。

276. 曲金良：《海洋文化艺术遗产的抢救与保护》，《中国海洋大学学报》2003 年第 3 期。

277. 曲金良：《中国北方沿海妈祖文化遗产：历史过程与空间辐射》，台北 2005 妈祖文化学术研讨会，2005 年 12 月。

278. 何沾：《雷州雷神信仰研究》，硕士学位论文，上海师范大学，2010 年。

279. 傅梦孜：《对古代丝绸之路源起、演变的再考察》，《太平洋学报》2017 年第 1 期。

280. 韩湖初、杨士弘：《关于中国古代"海上丝绸之路"最早始发港研究述评》，《地理科学》2004 年第 6 期。

281. 林河：《论傩文化与中华文明的起源》，《民族艺术》1993 年第 4 期。

282. 戴维·马克唐纳、张振鑫：《印第安人的图腾柱》，《民族译丛》1984 年第 3 期。

283. 杨嘉伟：《加拿大太平洋西海岸图腾柱图像意义探究》，《美术大观》2015 年第 12 期。

284. 吴再丰：《海达族的图腾柱文化》，《科技潮》1998 年第 10 期。

285. 宗辑：《世界各国的图腾文化》，《决策与信息》2011 年第 11 期。

286. 沙伦、沙利文：《澳大利亚建筑遗产保护》，贺从容译，《世界建筑》1999 年第 5 期。

287. 裴廷延：《北美印第安人的帕瓦节及意义探究》，《楚雄师范学院学报》2015 年第 4 期。

288. 王苧萱：《中国海洋人文历史景观的分类》，《海洋开发与管理》2007 年第 5 期。

289. 廖国一：《环北部湾沿岸珍珠养殖的历史与现状》，《广西民族研究》2001 年第 4 期。

290. 王大悟：《巴拿马旅游业 TCR 行动计划述评——兼析生态旅游和遗产旅游概念的内涵》，《社会科学》1999 年第 7 期。

291. 陈如一、张晋石、余刘姗：《国际与本土艺术融合的地域性景观范例》，中国风景园林学会《中国风景园林学会 2013 年会论文集》（上册）2013 年版。

292. 阮仪三、严国泰：《历史名城资源的合理利用与旅游发展》，《城市规划》2003 年第 4 期。

293. 张群、孙志超、张全超：《精神图腾：古代先民的纹身艺术》，《化石》2014 年第 5 期。

294. 刘文英：《从原始思维看图腾之谜》，《哲学研究》1995 年第 11 期。

295. 彭兆荣：《重新发现的"原始艺术"》，《思想战线》2017 年第 1 期。

296. 施沛琳：《寻找祖灵：世纪交替下台湾原住民族的文化认同》，《三峡论坛》2016 年第 11 期。

297. 刘学蔚：《文化旅居者的跨文化关系建构》，博士学位论文，武汉大学，2014 年。

298. 彭其：《海洋文化视野下的中华民族精神培育》，《新东方》2010 年第 4 期。

# 鸣　　谢

　　项目终于完成了。回首近几年来从未休息过的艰苦奋斗的日日夜夜，回首项目刚获批准时的短暂快乐，接下来面对的是看不见终点的漫漫长路，如西天取经一般要面对无数难关，回忆无数音容笑貌热情地帮我打气，回首近几年来自己几乎完全失去了正常人生活，在如履薄冰上班履责、每天下班八九点忙完后便不顾一切挑灯夜战到凌晨一两点，现在想起来简直难以想象，甚至有点后怕。曾经也多次懊悔不已：早知道任务这么艰巨、压力这么大、牺牲这么多，就不做这个事了，把剩下来的这一点可怜时间去散散步、去带带孩子、去陪陪家人，过回正常人的生活该多好啊。的确，做这种学问太艰巨了，就像长跑接力赛一样，跑不到终点，每跑几站就支撑不住了，再也无法坚持。但是，这种念头一闪而过，在放松不到两三个小时之内，就马上跳回阵地投入战斗。这种战斗一坐就是大半夜，很残酷，就像肚子要生孩子了却又生不出来的那种剧痛感。现在，"怀"了三年多，这个"孩子"终于"生"出来了，一下子感觉到千万斤担子从身上突然卸掉，感到从未有过的轻松，同时感到空荡荡的，伴随着一股莫名的郁闷。此时，心情像打翻的五味瓶，无以表达，唯独想说的，就是：感谢，感谢，再感谢！

　　做课题的牺牲真是太大了，大到您无法想象。不仅你自己，就连你的全家，妻子、老人、小孩，你的老师、同学、亲友团、朋友，甚至同事，以及莫名其妙的人都被卷进去，卷入巨大的旋涡。而且越接近旋涡的中心，急流越凶猛，"受害"越深，背后的牺牲就越惨痛。的确，像行家说的，像这么一个大部头，一本海上丝绸之路的开拓之作，揭开海洋文明神秘世界的浩大工程，在外面没有一两百万费用，是绝对拿不下的。然而，仅凭一点点可怜的家当，我们做到了，完成了光荣使命，靠的是什么？靠的是勇气。环北部湾八市一省，尚不包括国外，范围特别广，其文化遗产浩如烟海，收集起来密密麻麻，无从下手。文化遗产研究讲究田野调查，然而，环北部湾遗产千千万万，短短一两年又如何能跑得过来？如何深入调查又确保准确？考古学家为研究合浦汉墓，一蹲就是20多年，从青春到白发；贝雕一做也是数十年，你凭什么一两年就可以搞定？何况又是个外行？这一切，靠的就是艰辛，靠的就是血汗，靠的就是挑灯夜战到凌晨一两点甚至三点。除专题田野调查之外，我利用每一次开会、出差、考察、游览、培训、学习，甚至吃饭喝茶的每一刻，抓住机会收集每一份资料，拍下每一张照片；抓紧和传承人访谈，从中挖取任何有价值的资料和闪光点；努力和每个业内人士、行家和传承人交朋友，向企业界、管理者、专家学者请教。互联网时代，网上查找资料很关键。为此，除正常活动之外，一闲下来我就坐下来网上收集各类信息，关注动向。短短几年下来，堆积下来的各类资料可谓汗牛充栋，够吓人的，而且不断更新。面对如此庞大世界，整理起来少说也要好几个月，几乎无从下手，望之茫然。我自己万万想没到，因为长期久坐，严重缺乏运动，短短一年半之内竟然两次结石进医院。医生说喝水太少，久坐沉淀，睡眠不好，导致身体机能失调。

  我不是做课题的料，否则早就轻松完成了，也不至于这样焦头烂额。我2010年博士毕业后参加全国公开选拔，名列第一至北海任职，分管文物保护、非遗和文化产业。上班不到三个月，就参与北海海上丝绸之路申报世界遗产的筹划，投身合浦汉墓群保护、古海上丝绸之路史迹保护、国家考古遗址公园筹备、合浦汉墓博物馆改造、申遗规划、环境整治、相关部门及专家接洽等，公务特别繁忙，加上刚步入行政，很多东西要学，因而早出晚归，从早到晚头都像炸开一样。2012年从新加坡南洋理工大学回来后，兼北海市非物质文化遗产保护法人代表，负责全市非遗保护。非遗保护形势不容乐观，得赶紧想各种办法突破。为此，我努力搭建许多平台，做了许多改革创新，开创系列工程。国家社科基金是国内最高水平研究平台，申报该基金不是简单的申报项目，而是一个宣传发动、整合人才、深化研究、不断自我提升的跨越发展难得机会，因而，本人决定带头申报国家课题。在基层做这个很吃力。第一次申报惨败，但2013成功了。我欣喜若狂，今天已经步入蓝色时代了，但国内关注蓝色文明的人太少，对于蓝色文化遗产这个未来金矿关注得更少。课题的获得，我觉得是一个呼吁国内各界关注海洋文明、关注海洋遗产、关注蓝色未来的绝佳机会。2015年5月，我调到北海市旅游发展委员会，分管政策法规、安全巡查、旅游质量监管、旅游投诉处理、案件执行，以及东盟游管理等工作，更是焦头烂额。安全压倒一切，北海2016年游客量约2400万，每个节假日是高峰期，外加应急、会议、出差、推介等任务，里面压力可想而知。我只能见缝插针挤时间完成课题。因而后来两年多时间里，除出差外，我每天时间大致分为三节：早上7点至晚7点，为公务忙碌时间；晚7点至9点，为杂七杂八时间，包括偶尔带孩子；晚9点至凌晨2点，为雷打不动的研究攻关时间。

  做课题要承担太多的牺牲，要承担太多不理解。做课题就是攻关重大问题或难题，本身难度很大了，在基层做课题更不容易。国家课题就是国家交给的重大任务，然而，地市一级很少有人知道国家社科基金是什么，不懂其重大意义，最多是夸奖几句，然后该做什么还是要做什么，该抓紧什么还得抓，否则千头万绪出任何问题都要找你问责。因而，在一段时间之内，我白天小心翼翼做好单位的事，半夜回来忙赶工。熬夜几年下来，视力模糊了，血压增高了，背后默默流血牺牲，整天精疲力竭，没人表扬你还不算，有的个别领导心存误解，甚至去市领导那里左右挑剔。我想，做这么大的工程总要付出点代价，不理解是正常的，等成果出来之后，大家会明白的。一个人如果没有底气，没一点胸怀，都经受不住一点风浪，那还能做什么？对此我也只能"当做蜘蛛网一样轻轻拂去"。我想只要还活着，我一定要把这个任务完成好。

为什么已经步入行政，不做学术了，还要如此玩命去做课题？原因当然很多，令人感慨万千。北海是个神奇美丽之地，整个环北部湾更是神奇美丽之域。海上丝绸之路、鱼群、珊瑚、珍珠、美人鱼、岩画，美不胜收。然而，因为各种原因，研究北部湾的人不是特别的多，研究北部湾海洋文化的人则更少。随着时代发展加快，很多文化遗产本来濒危，再加上无人关注，致使一颗颗海洋珍宝无声消亡在各个角落，令人深痛惋惜。的确，有的海洋珍宝太珍贵了，它们是中华文明生命体的边缘部分。但是，越是这种边缘无声，就越值得珍惜，越值得关注呵护。做项目或许改变不了什么，但至少会引起社会各界对这些遗产的关注。因而，我们有责任把它记录好、整理好、研究好、呵护好，把它弘扬好。人的生命过于短暂，但留一份热心，留一份畅想，未必不是个好事。

本课题里有很多新发现，集中于海洋考古领域，海上丝绸之路领域也有诸多重大发现。这些遗迹是中华先民成千上万年积淀下来的劳动创造，是中华文明奇迹，是世界文明奇迹。许多发现价值无法估量。一件小小的不受人关注的遗产，从远古走来，从浩瀚的远古夜空走来，带着许多远古信息，刻印着特有的神秘符号，被撒入海底，埋在海岸边，留在大地上。它们或是先人劳作捕捞的远古印记，或是中华先民开拓海洋的证据，或是中华远古先民追逐渔猎漂洋过海民族大迁徙的生命符号，或是远古先民漂移迁徙与相关族群交融的血脉渊源密码，或是国外商队远洋而来贸易留下的历史痕迹，难以一一考证说清。总之，它关系到我们生命的起源、族群的起源，关系到我们血液的起源，关系到我们的历史、我们的情感、我们的发展，关系到我们的明天。或许，这个小小的片段，这些不经意的暗号，可以将许多世界连接起来、将世界的脉搏和心跳紧密联系起来，让全世界一起为之跳动。正如空气一样，越是重要的东西越容易被人们忽略，或许这些蓝色文明基因将构成未来人类命运共同体的底蕴符号。

感谢我的恩师、中共中央党校严书翰教授，不仅从海洋强国、中华民族伟大复兴等角度对研究的框架、点面及系统过程给了启发及体系设计指导，使研究有更宽阔的视野，也从学理上、研究方法、思想观点上给了我洗礼，教会我驾驭全盘的章法，在精神上更给了无尽的关心、鼓励和支持。严老师不仅无微不至解答很多问题，还在我最艰难的关头冒着酷暑亲临指导，给了我巨大的鼓励。老师很忙，在北京很多重要事务等着处理，但他就是利用这点难得的空隙过来帮助我、指导我。我永远忘不了老师路上来回奔波略显疲惫的身影，但他的目光深邃、安定、从容，让我感觉到无穷的力量。有一次因讨论问题差点误车，急忙从北海倒出租车、火车再去南宁机场，从早到晚颗粒未进，凝望逐渐远去的削瘦身影，我热泪盈眶，在此深表感谢。感谢游九如老师，给了我很多思想、观点和技巧。没有这位良师益友的指点，根本无法想象。重庆工商大学殷俊教授、广西壮族自治区党委统战部覃定坚同志对本课题帮助支持力度非常之大，热情洋溢，多次点拨，在此一并深表感谢。

感谢李劲松副教授，带领硕士谷妮娜、田瑞琪等一行，冒着酷暑来北海，在极其艰苦的环境下长期做田野调查，使资料调查难题获重大突破。患难见真情，感谢这个发小。感谢文物前辈蒋廷瑜的指点，感谢吴伟峰馆长、熊昭明副馆长的大力帮助。感谢北海市文物局老专家王戈先生的大力支持，提供了大量考古资料；感谢自治区文物局挂职的陈刚的宝贵内辑；感谢北海艺术设计学院的张莹，研究十分刻苦，设计新颖、成果突出。感谢何二民、刘峰两位大艺术家，他们的大师才华使课题充满活力。感谢李肇荣教授的分忧，他的热情令人感动。感谢汪卫星副院长的力挺。感谢北海市地震局朱其明副局长，他的观点给了我重要启发，使本课题获得重大突破。

感谢我的课题组的各位成员，感谢大家的辛苦付出。感谢吴曙光、文贤武、崔兆菁、麻其勇、刘兴禄等专家的大力支持。感谢刘明坤教授、程胜龙副教授的热情帮助。感谢苏远志、韦春、秦琴、张星、蔡超等，做了很多奉献。在此，感谢自治区文化厅的关心支持，特别是产业处领导，不仅高度重视，在时间上给予特别宽限，在此特别感谢。

在此要特别感谢我的家属，做课题时孩子麻浩博才几个月。家属不仅要自己上班，还要带小孩，还要做家务。我们是外地人，在这里基本无亲无故，无依无靠。本人一心扑在项目研究上，对家务无暇顾及，几乎不闻不问。最为劳累之时，家属绝大多数一人含辛茹苦带小孩忙上忙下至半夜，睡觉都难以入眠，常常筋疲力尽、接近崩溃。为了不打搅我，无私奉献，这几年一人熬尽苦头。除上班外，她带小孩从不离手，年纪轻轻就背部驼损。压力之大，常人无法想象。为了课题，我也没有时间陪小孩，甚至啼哭时奶瓶都没送过多少次，一晃突然长大，倍觉内疚。为人夫、为人父，却远远没尽人夫、人父之责，羞愧无比，在此深表愧疚，唯有以后多找机会尽量弥补。感谢老爸老妈的理解，他们中途生病几次你都没能回去看，为做好这个国家课题，全家做了巨大牺牲，在此深表愧疚。

感谢北海市委宣传部的重视，特别感谢老部长谢向阳，他对本课题的帮助非常之大。感谢北海市文化局原局长陈月梅同志，我要感谢这位有眼光、有见识的好领导。感谢老领导李培政的大力支持。此外，还要感谢北海市文物局廖元恬等同仁，感谢谢振红、赵军等专家。感谢南宁市邕宁区农林水利局李英杭局长百忙之中帮助做产业规划。感谢北海宏龙申晓宏会长的大力支持，他在勘测规划设计领域提供了强大的技术支持。感谢各位相关人士的帮助。感谢调查过程中各地市各部门、各相关人士、各传承人以及同人的大力支持。感谢最优秀的粤剧表演大师欧凯明，他真是位患难之处见真情的好老兄。感谢许华本主任、鲁性东主任的特殊关照。感谢中国华夏文化遗产基金会的领导，他们对这个工程格外重视、支持力度相当大，令我感动。最后，还要对关心、支持过这个课题研究的国家、自治区相关部门领导表示衷心的感谢！在此特别感谢自治区文化厅副厅长谢日万，是他带我参加全国海洋水下遗产保护会议，把我带入这个领域。感谢文化部领导的关心厚爱！

感谢著作研究中许多默默的支持者、推动者，以及诸多学术前辈。由于水平精力等限制，根本无法一一深入研究，只能站在前人肩膀上一步步前进，在此对学术前辈们深表感谢。同时，著作里涉及一些图片，很能说明海洋文明或古海上丝绸之路的某些问题，或最好表达出某些特性，近似于不可替代。为启发世人，只好借力贵作。我们对图片所有者都曾努力一一联系，但有的实在无法联系上。海洋文明研究关系国家重大策略，本著作出于公益需要而非商业，如有冒犯，敬请原谅，也恳请支持，在此深表感谢。

本课题涉及面大，加上水平、人才、时间等限制，成果只能是个大概工程，很多领域根本无法深入，难免有诸多错误及疏漏之处。如有疏漏或错误，敬请指正。课题里的很多成果、观点、推测等不是我一个人的智慧，而是集中吸收借鉴各位前辈的智慧，凝聚大家的心血。课题有许多未完成的事项，有许多难题仍无法解决，尽管如此，本作还是希望起到了抛砖引玉的作用。本人相信，在诸多领导的关心下，在诸多专家的努力探索下，在社会各界共同推动下，这些问题会逐步得到解决，难关会一个一个被克服，海洋文化遗产保护会有美好的明天！蓝色金矿会在未来时代创造新的辉煌！

麻二山
2017年12月9日　于北海